저자 **우선희, 松岡龍美**

시사 JLPT 합격 시그널 문제편 N2
일본어능력시험

초판발행	2022년 4월 20일
1판 2쇄	2023년 7월 31일

저자	우선희, 松岡龍美(마쓰오카 다쓰미)
편집	조은형, 김성은, 오은정, 무라야마 토시오
펴낸이	엄태상
디자인	권진희
조판	김성은
콘텐츠 제작	김선웅, 장형진
마케팅	이승욱, 왕성석, 노원준, 조성민, 이선민
경영기획	조성근, 최성훈, 김다미, 최수진, 오희연
물류	정종진, 윤덕현, 신승진, 구윤주

펴낸곳	시사일본어사(시사북스)
주소	서울시 종로구 자하문로 300 시사빌딩
주문 및 교재 문의	1588-1582
팩스	0502-989-9592
홈페이지	www.sisabooks.com
이메일	book_japanese@sisadream.com
등록일자	1977년 12월 24일
등록번호	제 300-2014-31호

ISBN 978-89-402-9343-0 (14730)
　　　978-89-402-9341-6 (set)

* 이 책의 내용을 사전 허가 없이 전재하거나 복제할 경우 법적인 제재를 받게 됨을 알려 드립니다.
* 잘못된 책은 구입하신 서점에서 교환해 드립니다.
* 정가는 표지에 표시되어 있습니다.

🔵 머리말

일본어능력시험(JLPT)을 공부하는 목적은 학습자마다 다르지만, 최종 목표는 모두 '합격'일 것입니다. '시사 JLPT 합격 시그널' 시리즈는 JLPT 시험에 합격하고자 하는 학습자를 위한 독학용 종합 수험서입니다. 머리말을 읽으면서 '독학용 수험서가 따로 있나?'라고 생각하시는 분도 계실 것입니다.

'시사 JLPT 합격 시그널'은 혼자 공부하는 수험생을 위해 다음과 같이 교재를 구성했습니다.

일본어의 '어휘력'과 '문법' 이해도를 측정하는 언어지식(문자·어휘·문법) 파트와 현지에서 출간된 인문·실용서 등의 지문을 사용하는 독해 파트, 일상생활에서 사용하는 회화력을 묻는 청해 파트까지, JLPT 시험은 결코 쉽지만은 않습니다. 따라서 대부분의 학습자는 JLPT 시험을 준비하는데 있어 무엇을, 어떻게 공부해야 할지 막연함을 느낄 것입니다.

'시사 JLPT 합격 시그널'을 통해 JLPT란 무엇인가를 이해하고, 어떻게 하면 시험을 공략할 수 있는지에 대한 해법을 찾고 자신감을 기를 수 있기를 바랍니다. 문제를 풀고 해설을 읽으며, 일본어 어휘가 어떻게 활용되는지와 일본어 문법의 활용 원리에 대해 이해하고, 시험 문제에서 학습자에게 요구하는 바가 무엇인지를 정확하게 답할 수 있게 되기를 바랍니다.

마지막 책장을 덮는 순간, 이 책을 함께 해 주신 모든 분들께 '합격의 시그널'이 감지되기를 진심으로 기원합니다.

저자 일동

이 책의 구성

문자·어휘

- 問題 1 한자 읽기
- 問題 2 표기
- 問題 3 단어 형성
- 問題 4 문맥 규정
- 問題 5 유의 표현
- 問題 6 용법

○ 학습 순서

문제 유형 → 출제 예상 어휘 → 연습문제 → 실전문제

문제의 유형별로 포인트를 정리하고 출제 예상 어휘 및 기출 어휘를 학습한 후, 연습문제와 실전문제를 통해 시험에 대비합니다.

문제 유형 포인트

출제 예상 어휘

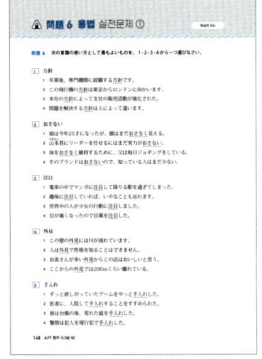

연습문제/실전문제

문법

- 問題 7 문법형식 판단
- 問題 8 문장 만들기
- 問題 9 글의 문법

○ 학습 순서

문법 기본기 갖추기 → 문제 유형 → 연습문제 → 실전문제

N2에서 알아야 할 필수 문법과 문제를 풀 때 반드시 필요한 기초 문법 및 경어 표현을 학습한 후, 각 유형별 연습문제와 실전문제를 통해 시험에 대비합니다.

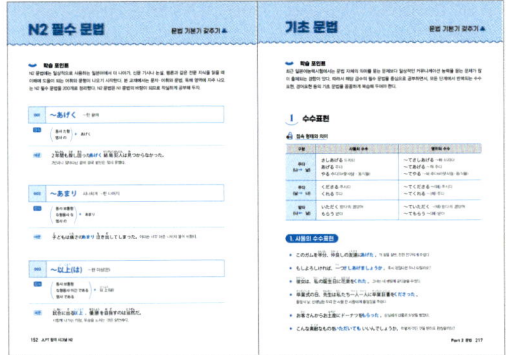

문법 기본기 갖추기

문제 유형 포인트

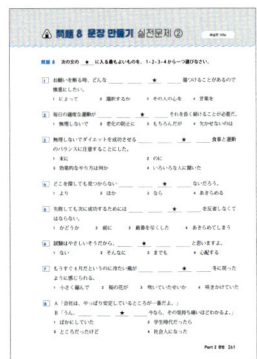

연습문제/실전문제

독해
- 問題 10 내용 이해(단문)
- 問題 11 내용 이해(중문)
- 問題 12 통합 이해
- 問題 13 주장 이해
- 問題 14 정보 검색

○ 학습 순서

문제 유형 → 연습문제 → 실전문제

문제의 유형별 출제 빈도가 높은 질문 형태와 문제 풀이 포인트를 학습한 후 연습문제와 실전문제를 통해 시험에 대비합니다.

문제 유형 포인트

연습문제/실전문제

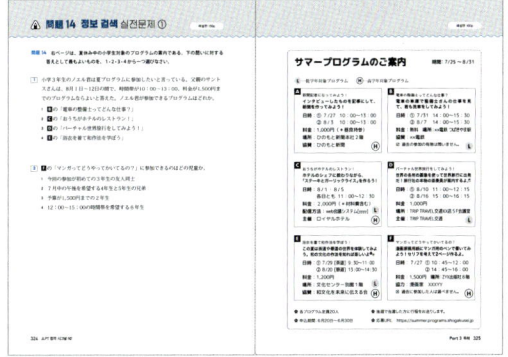

 청해
- 問題 1 과제 이해
- 問題 2 포인트 이해
- 問題 3 개요 이해
- 問題 4 즉시 응답
- 問題 5 통합 이해

○ 학습 순서

청해 기본기 갖추기 → 문제 유형 → 연습문제 → 실전문제

기본적인 발음 연습부터 청해 문제에 자주 나오는 테마별 어휘 및 관련 회화를 들어보고, 각 문제 유형별 문제 풀이 포인트를 학습한 후 연습문제와 실전문제를 통해 시험에 대비합니다.

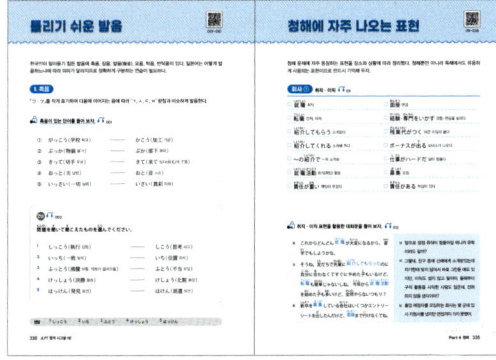

청해 기본기 갖추기

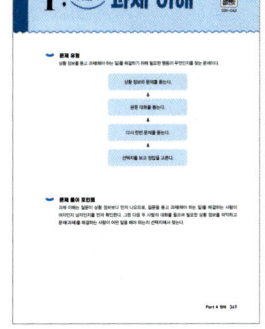

문제 유형 포인트

연습문제/실전문제

학습 방법

📡 모의고사

○ 최신 경향과 트렌드에 맞춘 실전 모의고사

최근 몇 년간의 기출문제를 분석하여 난이도를 조정하고, 실제 신문이나 트렌드를 반영하여 최신 경향에 맞춘 모의고사를 통해 실전에 완벽하게 대비합니다.

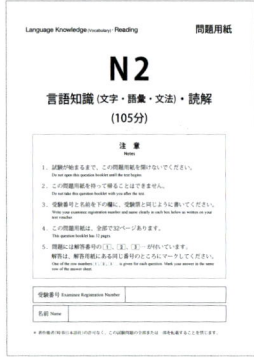  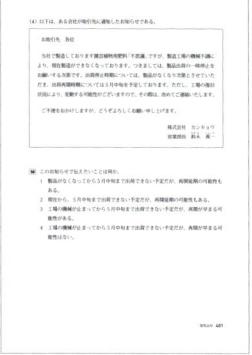 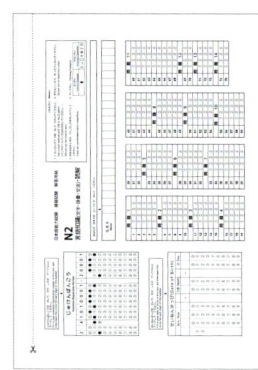

모의고사

📡 무료 동영상 강의

○ QR코드로 언제 어디서나! 베테랑 강사진의 모의고사 해설 강의

시사일본어학원의 JLPT 전문 강사의 온라인 해설을 통해 잘 모르는 부분을 시원하게 해결해 줍니다.

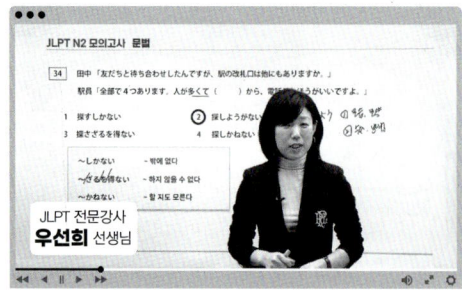

○ 무료 해설 강의는 유튜브 시사북스 채널에서 확인할 수 있습니다.

영상 바로보기

📡 막판뒤집기·퀴즈

○ 데일리 퀴즈로 학습 체크하고 막판 뒤집기로 시험 직전 최종 복습까지!

책에서 다룬 단어와 문법을 확인할 수 있는 데일리 퀴즈로 학습 상태를 체크하여 부족한 점을 보완합니다.

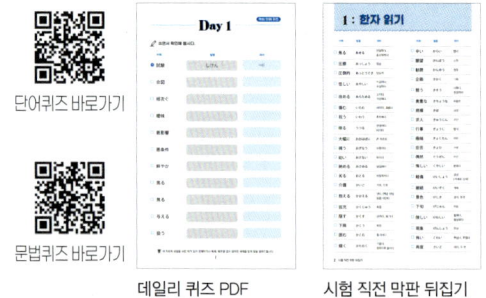

단어퀴즈 바로가기

문법퀴즈 바로가기

데일리 퀴즈 PDF   시험 직전 막판 뒤집기

출제 빈도가 높은 중요 단어만을 정리한 막판 뒤집기로 시험장에서 문제를 풀기 직전에 최종 복습합니다.

목차

이 책의 구성   4

일본어능력시험 개요   8

Part 1 문자·어휘

Ⅰ **문제 유형 파악하기**   11
  1 問題 1   한자 읽기   12
  2 問題 2   표기   13
  3 問題 3   단어 형성   57
  4 問題 4   문맥 규정   68
  5 問題 5   유의 표현   110
  6 問題 6   용법   124

Ⅱ **실전문제 익히기**   135

Part 2 문법

Ⅰ **문제 유형 파악하기**   151
  ● 문법 기본기 갖추기   152
  1 問題 7   문법형식 판단   238
  2 問題 8   문장 만들기   243
  3 問題 9   글의 문법   247

Ⅱ **실전문제 익히기**   253

Part 3 독해

Ⅰ **문제 유형 파악하기**   271
  1 問題 10   내용 이해(단문)   272
  2 問題 11   내용 이해(중문)   278
  3 問題 12   통합 이해   285
  4 問題 13   주장 이해   288
  5 問題 14   정보 검색   291

Ⅱ **실전문제 익히기**   295

Part 4 청해

Ⅰ **문제 유형 파악하기**   329
  ● 청해 기본기 갖추기   330
  1 問題 1   과제 이해   349
  2 問題 2   포인트 이해   352
  3 問題 3   개요 이해   355
  4 問題 4   즉시 응답   357
  5 問題 5   통합 이해   359

Ⅱ **실전문제 익히기**   363

모의고사
381

별책부록
시험 직전 막판 뒤집기

● 일본어능력시험 개요

1: 시험 과목 및 시험 시간

레벨	시험 과목 (시험 시간)		
N1	언어지식 (문자·어휘·문법)·독해 (110분)		청해 (60분)
N2	언어지식 (문자·어휘·문법)·독해 (105분)		청해 (55분)
N3	언어지식 (문자·어휘) (30분)	언어지식 (문법)·독해 (70분)	청해 (45분)
N4	언어지식 (문자·어휘) (25분)	언어지식 (문법)·독해 (55분)	청해 (40분)
N5	언어지식 (문자·어휘) (20분)	언어지식 (문법)·독해 (40분)	청해 (35분)

2: 시험 점수

레벨	배점 구분	득점 범위
N1	언어지식(문자·어휘·문법)	0~60
	독해	0~60
	청해	0~60
	종합배점	0~180
N2	언어지식(문자·어휘·문법)	0~60
	독해	0~60
	청해	0~60
	종합배점	0~180
N3	언어지식(문자·어휘·문법)	0~60
	독해	0~60
	청해	0~60
	종합배점	0~180
N4	언어지식(문자·어휘·문법)·독해	0~120
	청해	0~60
	종합배점	0~180
N5	언어지식(문자·어휘·문법)·독해	0~120
	청해	0~60
	종합배점	0~180

3: 합격점과 합격 기준점

레벨별 합격점은 N1 100점, N2 90점, N3 95점, N4 90점, N5 80점이며, 과목별 합격 기준점은 각 19점(N4, N5는 언어지식·독해 합해서 38점, 청해 19점)입니다.

4: N2 문제 유형

시험 과목		문제	예상 문항 수	문제 내용	적정 예상 풀이 시간	파트별 소요 예상 시간	대책
언어 지식 · 독해 (105분)	문자 · 어휘	문제 1	5	한자 읽기 문제	1분	문자 · 어휘 14분	총 105분 중에서 문제 푸는 시간은 87분 정도 걸린다고 보고, 마킹에 8분 정도, 나머지 10분 동안 최종 점검 하면 된다. 기존 시험보다 문제 수가 대폭 축소된 문자/어휘 문제를 빨리 끝내고, 새로워진 문법 문제에 당황하지 말고 여유를 가지고 예제 문제를 확실하게 이해 하고 문제 풀이를 하 면 새로운 문제에 바 로 적응할 수 있을 것이 다. 독해 문제도 마찬가지 이다. 시간에 쫓기지 말고 침착하게 문제를 풀어 나간다면 좋은 결과를 얻을 수 있을 것이다.
		문제 2	5	한자 쓰기 문제	1분		
		문제 3	5	파생어와 복합어를 묻는 문제	2분		
		문제 4	7	문맥에 맞는 적절한 어휘를 고르는 문제	3분		
		문제 5	5	주어진 어휘와 비슷한 의미의 어휘를 찾는 문제	2분		
		문제 6	5	제시된 어휘의 의미가 올바르게 쓰였는 지를 묻는 문제	5분		
	문법	문제 7	12	문장의 내용에 맞는 문형표현 즉 기능 어를 찾아서 넣는 문제	6분	문법 18분	
		문제 8	5	나열된 단어를 의미에 맞게 조합하는 문제	6분		
		문제 9	5	글의 흐름에 맞는 문법 찾아내기 문제	6분		
	독해	문제 10	5	단문(200자 정도) 이해	10분	독해 55분	
		문제 11	9	중문(500자 정도) 이해	15분		
		문제 12	2	같은 주제의 두 가지 이상의 글을 읽고 비교 통합 이해	10분		
		문제 13	3	장문(900자 정도의 논평 등) 이해	10분		
		문제 14	2	700자 정도의 글을 읽고 필요한 정보 찾기	10분		
청해 (55분)		문제 1	5	과제 해결에 필요한 정보를 듣고 나서 무엇을 해야 하는지 찾아내기	약 7분 30초 (한 문항당 약 1분 30초)		청해는 총 55분 중에서 문제 푸는 시간은 대략 40분 정도가 될 것으로 예상한다. 나 머지 시간은 문제 설명과 연습 문제 풀이 시간이 될 것으로 예상한다. 즉시 응답 문제는 난이도가 그다지 어렵지 않을 것으로 예상하지만 통합 이해 문제는 긴 문장을 듣고 난 다음 그 내용을 비교하 며 문제를 풀어야 하므로 꽤 까다로운 문 제가 될 것이다. 평소에 뉴스 등을 들으면 서 전체 내용을 파악하는 훈련을 해 둔다 면 그다지 어렵지 않게 풀어 나갈 수 있을 것이다.
		문제 2	6	대화나 혼자 말하는 내용을 듣고 포인 트 파악하기	약 11분 30초 (한 문항당 약 1분 55초)		
		문제 3	5	내용 전체를 듣고 화자의 의도나 주장 이해하기	약 7분 30초 (한 문항당 약 1분 30초)		
		문제 4	12	짧은 문장을 듣고 그에 맞는 적절한 응 답 찾기	약 6분 (한 문항당 약 30초)		
		문제 5	4	다소 긴 내용을 듣고 복수의 정보를 비 교 통합하면서 내용 이해하기	약 6분 40초 (한 문항당 약 1분 40초)		

* 문제 수는 매회 시험에서 출제되는 대략적인 기준으로 실제 수는 다소 달라질 수 있습니다.

Part 1

JLPT N2

Part 1
문자·어휘

I 문제 유형 파악하기

1 問題1 한자 읽기
2 問題2 표기
3 問題3 단어 형성
4 問題4 문맥 규정
5 問題5 유의 표현
6 問題6 용법

1 問題1 한자 읽기

🌀 문제 유형
주어진 한자어의 읽는 법을 찾는 문제이다. 두 글자 명사의 음독과 훈독, 음독과 훈독의 혼용을 묻는 문제가 가장 많이 나오며 동사와 형용사, 부사 등 모든 품사에서 골고루 문제가 나온다.

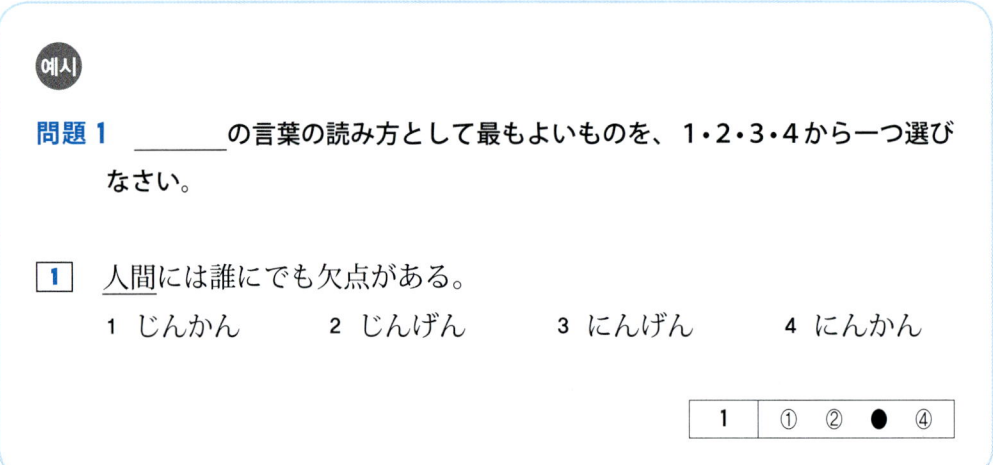

🌀 문제 풀이 포인트
한자를 읽는 방법은 음으로 읽은 음독과 뜻으로 읽는 훈독이 있다.

예시 문제를 보면, 「人 사람 인」의 음독은 「にん・じん」, 훈독은 「人 사람」이며 「間 사이 간」의 음독은 「がん・げん」, 훈독은 「間・間 사이」이다. '인간'은 음독 + 음독인 「人間」으로 읽는다.

이처럼 하나의 한자에도 여러 가지 음독과 훈독이 있을 수 있으니 평소 단어를 공부할 때 한자어의 뜻과 발음을 꼼꼼하게 정리하도록 하자. 그 외에도 '단음인지 장음인지', '촉음이나 탁음이 들어가지는 않는지' 등도 주의해야 한다.

問題 2 표기

문제 유형
히라가나로 주어진 단어의 올바른 한자를 찾는 문제이다. 형태가 비슷한 한자 중에서 정답을 찾는 문제, 한자가 가진 뜻을 정확하게 파악하고 있는지 등을 묻는 문제가 출제된다.

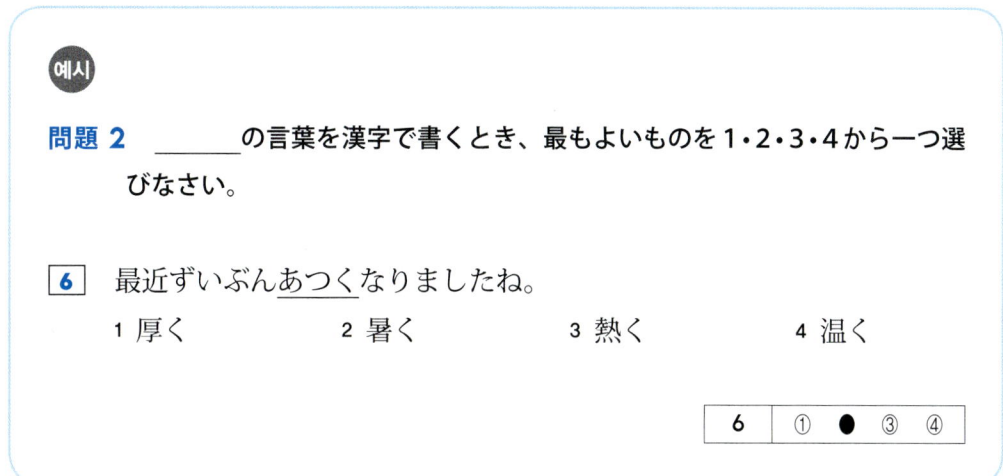

문제 풀이 포인트
최근 〈표기〉 파트에서는 단순히 닮은꼴 한자 중에서 정답을 찾는 문제보다는 한자가 가진 정확한 뜻을 묻는 문제가 많이 나오고 있다.

예시 문제를 보면, 「あつい」라고 읽는 한자는 「厚い 두껍다(두께)」, 「暑い 덥다(날씨)」, 「熱い 뜨겁다(온도)」가 있는데, '최근 무척 ~해졌다'라는 문장이므로 올바른 한자 표기는 '날씨가 덥다'라는 의미인 「暑い」라는 것을 알 수 있다.

이처럼 한자가 가진 뜻의 미묘한 차이를 정리하며 공부하면 도움이 된다.

問題 1·2 한자 읽기 · 표기 출제 예상 어휘

학습 포인트
〈한자 읽기〉 및 〈표기〉의 출제 예상 단어를 가장 빈도수가 높은 명사, 동사, 형용사, 부사 순으로 정리했다. 특히 2글자 명사는 〈한자 읽기〉 파트부터 〈용법〉 파트까지 골고루 출제되기 때문에 출제 빈도가 매우 높다.

1 : 2글자 명사

(あ)

- □ 愛情(あいじょう) 애정
- □ 握手(あくしゅ) 악수
- □ 足跡(あしあと) 족적, 발자취
- □ 足音(あしおと) 발소리
- □ 足早(あしばや) 발이 빠름
- □ 足元(あしもと) 발 밑
- □ 圧縮(あっしゅく) 압축
- □ 宛名(あてな) (편지, 서류 등의) 수신인 명
- □ 網戸(あみど) 방충망
- □ 編物(あみもの) 뜨개질
- □ 安定(あんてい) 안정
- □ 意義(いぎ) 의의
- □ 意向(いこう) 의향
- □ 以降(いこう) 이후
- □ 移行(いこう) 이행
- □ 以後(いご) 이후
- □ 意思(いし) 의사
- □ 医師(いし) 의사
- □ 意志(いし) 의지
- □ 意識(いしき) 의식
- □ 以前(いぜん) 이전
- □ 市場(いちば) 시장
- □ 一部(いちぶ) 일부
- □ 一流(いちりゅう) 일류
- □ 一家(いっか) 일가
- □ 一種(いっしゅ) 일종
- □ 一瞬(いっしゅん) 순간, 순식간
- □ 一生(いっしょう) 일생
- □ 一致(いっち) 일치
- □ 一定(いってい) 일정
- □ 意図(いと) 의도
- □ 緯度(いど) 위도
- □ 井戸(いど) 우물
- □ 衣服(いふく) 의복
- □ 居間(いま) 거실
- □ 以来(いらい) 이래, 이후
- □ 陰影(いんえい) 음영
- □ 印刷(いんさつ) 인쇄
- □ 印象(いんしょう) 인상
- □ 引力(いんりょく) 인력
- □ 植木(うえき) 정원수, 분재
- □ 有無(うむ) 유무
- □ 裏口(うらぐち) 뒷문
- □ 運河(うんが) 운하
- □ 影響(えいきょう) 영향

□ 営業(えいぎょう) 영업	□ 衛星(えいせい) 위성	□ 映像(えいぞう) 영상
□ 英文(えいぶん) 영문	□ 笑顔(えがお) 웃는 얼굴	□ 液体(えきたい) 액체
□ 宴会(えんかい) 연회	□ 延期(えんき) (기한 등) 연기	□ 演技(えんぎ) 연기
□ 園芸(えんげい) 원예	□ 演劇(えんげき) 연극	□ 演習(えんしゅう) 연습, 실전 연습
□ 演奏(えんそう) 연주	□ 遠足(えんそく) 소풍	□ 煙突(えんとつ) 굴뚝
□ 塩分(えんぶん) 염분	□ 王様(おうさま) 임금님, 왕	□ 応接(おうせつ) 응접
□ 往復(おうふく) 왕복	□ 応用(おうよう) 응용	□ 大家(おおや) 집주인
□ 屋外(おくがい) 옥외, 실외	□ 奥様(おくさま) 부인, 사모님	□ 親指(おやゆび) 엄지손가락
□ 恩恵(おんけい) 은혜	□ 温室(おんしつ) 온실	□ 温度(おんど) 온도

(か)

□ 会員(かいいん) 회원	□ 開会(かいかい) 개회	□ 改革(かいかく) 개혁
□ 会館(かいかん) 회관	□ 絵画(かいが) 그림, 회화	□ 会計(かいけい) 회계
□ 会合(かいごう) 회합, 모임	□ 外交(がいこう) 외교	□ 開始(かいし) 개시
□ 解釈(かいしゃく) 해석	□ 改修(かいしゅう) 개수, 수리	□ 回数(かいすう) 횟수
□ 快晴(かいせい) 쾌청	□ 解説(かいせつ) 해설	□ 改造(かいぞう) 개조
□ 開通(かいつう) 개통	□ 開店(かいてん) 개점	□ 回転(かいてん) 회전
□ 回答(かいとう) 회답	□ 外部(がいぶ) 외부	□ 開放(かいほう) 개방
□ 解放(かいほう) 해방	□ 海洋(かいよう) 해양	□ 改良(かいりょう) 개량
□ 概論(がいろん) 개론	□ 画家(がか) 화가	□ 価格(かかく) 가격
□ 科学(かがく) 과학	□ 学問(がくもん) 학문	□ 学力(がくりょく) 학력
□ 学科(がっか) 학과	□ 学期(がっき) 학기	□ 学級(がっきゅう) 학급

問題 1·2 한자 읽기 · 표기 출제 예상 어휘

- □ 合併(がっぺい) 합병
- □ 我慢(がまん) 참음, 견딤, 자제
- □ 垣根(かきね) 울타리
- □ 架空(かくう) 가공, 가상
- □ 確信(かくしん) 확신
- □ 各自(かくじ) 각자, 저마다
- □ 拡大(かくだい) 확대
- □ 各地(かくち) 각지
- □ 拡張(かくちょう) 확장
- □ 確定(かくてい) 확정
- □ 角度(かくど) 각도
- □ 革命(かくめい) 혁명
- □ 確率(かくりつ) 확률
- □ 確立(かくりつ) 확립
- □ 可決(かけつ) 가결
- □ 加減(かげん) 가감, 정도
- □ 過去(かこ) 과거
- □ 火山(かざん) 화산
- □ 過失(かしつ) 과실
- □ 貸家(かしや) 셋집
- □ 歌手(かしゅ) 가수
- □ 箇所(かしょ) 곳, 군데
- □ 果実(かじつ) 과실, 과일
- □ 下線(かせん) 밑줄
- □ 方々(かたがた) 여러분, 여러분들
- □ 片道(かたみち) 편도
- □ 価値(かち) 가치
- □ 活字(かつじ) 활자
- □ 活動(かつどう) 활동
- □ 活躍(かつやく) 활약
- □ 活用(かつよう) 활용
- □ 活力(かつりょく) 활력
- □ 過程(かてい) 과정
- □ 課程(かてい) (학과) 과정
- □ 解答(かいとう) 해답
- □ 加熱(かねつ) 가열
- □ 株主(かぶぬし) 주주
- □ 神様(かみさま) 신 (종교)
- □ 科目(かもく) 과목
- □ 貨物(かもつ) 화물
- □ 為替(かわせ) 환 (환율, 외환 등)
- □ 間隔(かんかく) 간격
- □ 喚起(かんき) 환기
- □ 観客(かんきゃく) 관객
- □ 環境(かんきょう) 환경
- □ 歓迎(かんげい) 환영
- □ 感激(かんげき) 감격
- □ 観光(かんこう) 관광
- □ 関西(かんさい) 간사이(일본 관서 지방)
- □ 観察(かんさつ) 관찰
- □ 換算(かんさん) 환산
- □ 元日(がんじつ) 양력 1월 1일(일본의 설날)
- □ 感謝(かんしゃ) 감사
- □ 関心(かんしん) 관심
- □ 患者(かんじゃ) 환자
- □ 感情(かんじょう) 감정
- □ 勘定(かんじょう) 계산, 셈
- □ 完成(かんせい) 완성
- □ 間接(かんせつ) 간접
- □ 感想(かんそう) 감상
- □ 乾燥(かんそう) 건조
- □ 観測(かんそく) 관측
- □ 官庁(かんちょう) 관청
- □ 関東(かんとう) 간토(일본 관동 지방)
- □ 監督(かんとく) 감독
- □ 観念(かんねん) 관념

☐ 看板(かんばん) 간판	☐ 乾杯(かんぱい) 건배	☐ 看病(かんびょう) 간병
☐ 関連(かんれん) 관련	☐ 気圧(きあつ) 기압	☐ 議員(ぎいん) 의원
☐ 気温(きおん) 기온	☐ 機械(きかい) 기계	☐ 議会(ぎかい) 의회
☐ 期間(きかん) 기간	☐ 機関(きかん) 기관	☐ 企業(きぎょう) 기업
☐ 器具(きぐ) 기구	☐ 期限(きげん) 기한	☐ 記号(きごう) 기호
☐ 生地(きじ) 옷감, 본바탕	☐ 記者(きしゃ) 기자	☐ 技師(ぎし) 기사, 엔지니어
☐ 儀式(ぎしき) 의식	☐ 気象(きしょう) 기상	☐ 議長(ぎちょう) 의장
☐ 規準(きじゅん) 규준, 규범이 되는 기준	☐ 基準(きじゅん) 기준	☐ 規制(きせい) 규제
☐ 基礎(きそ) 기초	☐ 規則(きそく) 규칙	☐ 気体(きたい) 기체
☐ 基地(きち) 기지	☐ 規定(きてい) 규정	☐ 記入(きにゅう) 기입
☐ 記念(きねん) 기념	☐ 機能(きのう) 기능	☐ 基盤(きばん) 기반
☐ 基本(きほん) 기본	☐ 気味(きみ) 기미, 기색	☐ 義務(ぎむ) 의무
☐ 客席(きゃくせき) 객석	☐ 客間(きゃくま) 객실, 응접실	☐ 休暇(きゅうか) 휴가
☐ 休業(きゅうぎょう) 휴업	☐ 休講(きゅうこう) 휴강	☐ 吸収(きゅうしゅう) 흡수
☐ 休息(きゅうそく) 휴식	☐ 給与(きゅうよ) 급여	☐ 休養(きゅうよう) 휴양
☐ 給料(きゅうりょう) 급여, 임금	☐ 強化(きょうか) 강화	☐ 境界(きょうかい) 경계
☐ 行儀(ぎょうぎ) 예의범절	☐ 供給(きょうきゅう) 공급	☐ 競技(きょうぎ) 경기
☐ 教授(きょうじゅ) 교수	☐ 強調(きょうちょう) 강조	☐ 共用(きょうよう) 공용
☐ 教養(きょうよう) 교양	☐ 協力(きょうりょく) 협력	☐ 行列(ぎょうれつ) 행렬
☐ 許可(きょか) 허가	☐ 規律(きりつ) 규율	☐ 記録(きろく) 기록
☐ 禁煙(きんえん) 금연	☐ 金魚(きんぎょ) 금붕어	☐ 金庫(きんこ) 금고
☐ 金銭(きんせん) 금전	☐ 金属(きんぞく) 금속	☐ 近代(きんだい) 근대

問題 1·2 한자 읽기 · 표기 출제 예상 어휘

☐ きんちょう 緊張 긴장	☐ きんにく 筋肉 근육	☐ きんゆう 金融 금융
☐ くうちゅう 空中 공중	☐ くしん 苦心 고심, 애를 씀	☐ くすりゆび 薬指 약지
☐ くうそう 空想 공상	☐ くつう 苦痛 고통	☐ くふう 工夫 궁리함, 고안
☐ くべつ 区別 구별	☐ くみあい 組合 조합	☐ くろう 苦労 고생, 수고
☐ ぐんたい 軍隊 군대	☐ くんれん 訓練 훈련	☐ けいい 敬意 경의
☐ けいこう 傾向 경향	☐ けいご 敬語 경어	☐ けいじ 刑事 형사
☐ げいじゅつ 芸術 예술	☐ けいと 毛糸 털실	☐ けいど 経度 경도
☐ けいば 競馬 경마	☐ けいやく 契約 계약	☐ けいゆ 経由 경유
☐ げか 外科 외과	☐ けがわ 毛皮 털가죽	☐ げきじょう 劇場 극장
☐ げきぞう 激増 급증	☐ げしゃ 下車 하차	☐ げすい 下水 하수
☐ けっかん 欠陥 결함	☐ けっさい 決済 결제	☐ けっさく 傑作 걸작
☐ けっしん 決心 결심	☐ けってい 決定 결정	☐ げた 下駄 게타, 일본 나막신
☐ けつあつ 血圧 혈압	☐ げっきゅう 月給 월급	☐ けつだん 決断 결단
☐ けつろん 結論 결론	☐ けはい 気配 기척, 낌새	☐ けんかい 見解 견해
☐ げんかい 限界 한계	☐ けんがく 見学 견학	☐ げんきん 現金 현금
☐ げんし 原始 원시	☐ げんじつ 現実 현실	☐ げんしょう 減少 감소
☐ けんせつ 建設 건설	☐ げんち 現地 현지	☐ げんど 限度 한도
☐ けんとう 検討 검토	☐ げんば 現場 현장	☐ けんぶつ 見物 구경
☐ けんり 権利 권리	☐ げんり 原理 원리	☐ げんりょう 原料 원료
☐ こいびと 恋人 연인, 애인	☐ ごうい 合意 합의	☐ こうえん 講演 강연
☐ こうがい 公害 공해	☐ ごうかく 合格 합격	☐ こうかん 交換 교환
☐ こうきょう 公共 공공	☐ こうけい 光景 광경	☐ ごうけい 合計 합계

☐ <ruby>貢献<rt>こうけん</rt></ruby> 공헌	☐ <ruby>工芸<rt>こうげい</rt></ruby> 공예	☐ <ruby>攻撃<rt>こうげき</rt></ruby> 공격
☐ <ruby>孝行<rt>こうこう</rt></ruby> 효행, 효도	☐ <ruby>広告<rt>こうこく</rt></ruby> 광고	☐ <ruby>交際<rt>こうさい</rt></ruby> 교제
☐ <ruby>公式<rt>こうしき</rt></ruby> 공식	☐ <ruby>校舎<rt>こうしゃ</rt></ruby> 교사, 학교 건물	☐ <ruby>後者<rt>こうしゃ</rt></ruby> 후자
☐ <ruby>公衆<rt>こうしゅう</rt></ruby> 공중	☐ <ruby>更新<rt>こうしん</rt></ruby> 갱신	☐ <ruby>構成<rt>こうせい</rt></ruby> 구성
☐ <ruby>合成<rt>ごうせい</rt></ruby> 합성	☐ <ruby>功績<rt>こうせき</rt></ruby> 공적	☐ <ruby>光線<rt>こうせん</rt></ruby> 광선
☐ <ruby>高速<rt>こうそく</rt></ruby> 고속	☐ <ruby>構造<rt>こうぞう</rt></ruby> 구조	☐ <ruby>交替<rt>こうたい</rt></ruby> 교체
☐ <ruby>耕地<rt>こうち</rt></ruby> 경지, 경작지	☐ <ruby>校庭<rt>こうてい</rt></ruby> 교정	☐ <ruby>強盗<rt>ごうとう</rt></ruby> 강도
☐ <ruby>後輩<rt>こうはい</rt></ruby> 후배	☐ <ruby>公表<rt>こうひょう</rt></ruby> 공표	☐ <ruby>幸福<rt>こうふく</rt></ruby> 행복
☐ <ruby>興奮<rt>こうふん</rt></ruby> 흥분	☐ <ruby>鉱物<rt>こうぶつ</rt></ruby> 광물	☐ <ruby>候補<rt>こうほ</rt></ruby> 후보
☐ <ruby>公務<rt>こうむ</rt></ruby> 공무	☐ <ruby>項目<rt>こうもく</rt></ruby> 항목	☐ <ruby>紅葉<rt>こうよう</rt></ruby> 단풍
☐ <ruby>合理<rt>ごうり</rt></ruby> 합리	☐ <ruby>交流<rt>こうりゅう</rt></ruby> 교류	☐ <ruby>合流<rt>ごうりゅう</rt></ruby> 합류
☐ <ruby>考慮<rt>こうりょ</rt></ruby> 고려	☐ <ruby>効力<rt>こうりょく</rt></ruby> 효력	☐ <ruby>誤解<rt>ごかい</rt></ruby> 오해
☐ <ruby>語学<rt>ごがく</rt></ruby> 어학	☐ <ruby>呼吸<rt>こきゅう</rt></ruby> 호흡	☐ <ruby>国籍<rt>こくせき</rt></ruby> 국적
☐ <ruby>黒板<rt>こくばん</rt></ruby> 칠판	☐ <ruby>克服<rt>こくふく</rt></ruby> 극복	☐ <ruby>穀物<rt>こくもつ</rt></ruby> 곡물
☐ <ruby>固体<rt>こたい</rt></ruby> 고체	☐ <ruby>国家<rt>こっか</rt></ruby> 국가	☐ <ruby>国会<rt>こっかい</rt></ruby> 국회
☐ <ruby>国境<rt>こっきょう</rt></ruby> 국경	☐ <ruby>骨折<rt>こっせつ</rt></ruby> 골절	☐ <ruby>古典<rt>こてん</rt></ruby> 고전
☐ <ruby>小屋<rt>こや</rt></ruby> 오두막, 우리	☐ <ruby>小指<rt>こゆび</rt></ruby> 새끼손가락	☐ <ruby>衣替え<rt>ころもがえ</rt></ruby> 철에 따라 옷을 갈아입음, 새 단장
☐ <ruby>今回<rt>こんかい</rt></ruby> 이번	☐ <ruby>今後<rt>こんご</rt></ruby> 향후, 앞으로	☐ <ruby>混雑<rt>こんざつ</rt></ruby> 혼잡
☐ <ruby>困難<rt>こんなん</rt></ruby> 곤란	☐ <ruby>婚約<rt>こんやく</rt></ruby> 혼약, 약혼	

(さ)

☐ <ruby>災害<rt>さいがい</rt></ruby> 재해	☐ <ruby>在学<rt>ざいがく</rt></ruby> 재학	☐ <ruby>財産<rt>ざいさん</rt></ruby> 재산

問題 1·2 한자 읽기 · 표기 출제 예상 어휘

- ☐ 最終(さいしゅう) 최종
- ☐ 採点(さいてん) 채점
- ☐ 採用(さいよう) 채용
- ☐ 酒場(さかば) 술집
- ☐ 作者(さくしゃ) 작가, 창작자
- ☐ 座席(ざせき) 좌석
- ☐ 砂漠(さばく) 사막
- ☐ 三角(さんかく) 삼각
- ☐ 算数(さんすう) 산수
- ☐ 産地(さんち) 산지
- ☐ 支援(しえん) 지원
- ☐ 四季(しき) 사계절
- ☐ 資源(しげん) 자원
- ☐ 持参(じさん) 지참
- ☐ 自習(じしゅう) 자습
- ☐ 事情(じじょう) 사정
- ☐ 思想(しそう) 사상
- ☐ 死体(したい) 시체
- ☐ 下町(したまち) 시가지, 상업 지역
- ☐ 実際(じっさい) 실제
- ☐ 実績(じっせき) 실적
- ☐ 実物(じつぶつ) 실물

- ☐ 再生(さいせい) 재생
- ☐ 災難(さいなん) 재난
- ☐ 材料(ざいりょう) 재료
- ☐ 作業(さぎょう) 작업
- ☐ 座敷(ざしき) 다다미방, 객실
- ☐ 雑音(ざつおん) 잡음
- ☐ 差別(さべつ) 차별
- ☐ 残業(ざんぎょう) 야근
- ☐ 酸性(さんせい) 산성
- ☐ 山林(さんりん) 산림
- ☐ 司会(しかい) 사회
- ☐ 敷地(しきち) 부지
- ☐ 時刻(じこく) 시각
- ☐ 磁石(じしゃく) 자석
- ☐ 支障(ししょう) 지장
- ☐ 詩人(しじん) 시인
- ☐ 時速(じそく) 시속
- ☐ 事態(じたい) 사태
- ☐ 湿気(しっけ) 습기
- ☐ 実施(じっし) 실시
- ☐ 実現(じつげん) 실현
- ☐ 失望(しつぼう) 실망

- ☐ 最中(さいちゅう) 한창인 때
- ☐ 材木(ざいもく) 재목
- ☐ 逆様(さかさま) 거꾸로 됨, 반대로 됨
- ☐ 索引(さくいん) 색인
- ☐ 刺身(さしみ) 사시미, 회
- ☐ 作家(さっか) 작가
- ☐ 参加(さんか) 참가
- ☐ 参考(さんこう) 참고
- ☐ 酸素(さんそ) 산소
- ☐ 試合(しあい) 시합
- ☐ 四角(しかく) 사각(형)
- ☐ 支給(しきゅう) 지급
- ☐ 自殺(じさつ) 자살
- ☐ 支出(ししゅつ) 지출
- ☐ 市場(しじょう) 시장 (경제 시장), 장
- ☐ 自然(しぜん) 자연
- ☐ 子孫(しそん) 자손
- ☐ 自宅(じたく) 자택
- ☐ 実行(じっこう) 실행
- ☐ 実習(じっしゅう) 실습
- ☐ 執筆(しっぴつ) 집필
- ☐ 実用(じつよう) 실용

☐ 実力(じつりょく) 실력	☐ 失恋(しつれん) 실연	☐ 支店(してん) 지점
☐ 自動(じどう) 자동	☐ 支配(しはい) 지배	☐ 芝居(しばい) 연극, 연기
☐ 芝生(しばふ) 잔디밭	☐ 地盤(じばん) 지반	☐ 紙幣(しへい) 지폐
☐ 資本(しほん) 자본	☐ 自慢(じまん) 자랑	☐ 事務(じむ) 사무
☐ 氏名(しめい) 성명	☐ 地面(じめん) 지면, 땅	☐ 蛇口(じゃぐち) 수도꼭지
☐ 弱点(じゃくてん) 약점	☐ 車庫(しゃこ) 차고	☐ 社説(しゃせつ) 사설
☐ 車道(しゃどう) 차도	☐ 車輪(しゃりん) 차륜, 수레바퀴	☐ 洒落(しゃれ) 익살, 재치가 있음
☐ 住居(じゅうきょ) 주거	☐ 宗教(しゅうきょう) 종교	☐ 集金(しゅうきん) 집금, 수금
☐ 集合(しゅうごう) 집합	☐ 習字(しゅうじ) 습자, 서예	☐ 重視(じゅうし) 중시
☐ 充実(じゅうじつ) 충실	☐ 就職(しゅうしょく) 취직	☐ 修正(しゅうせい) 수정
☐ 修繕(しゅうぜん) 수선	☐ 集団(しゅうだん) 집단	☐ 集中(しゅうちゅう) 집중
☐ 渋滞(じゅうたい) 정체, 막힘	☐ 重体(じゅうたい) 중태	☐ 終点(しゅうてん) 종점
☐ 重点(じゅうてん) 중점	☐ 重役(じゅうやく) 중역	☐ 重力(じゅうりょく) 중력
☐ 収入(しゅうにゅう) 수입	☐ 就任(しゅうにん) 취임	☐ 修理(しゅうり) 수리
☐ 終了(しゅうりょう) 종료	☐ 主義(しゅぎ) 주의	☐ 熟語(じゅくご) 숙어
☐ 縮小(しゅくしょう) 축소	☐ 祝日(しゅくじつ) 축일, 국경일	☐ 熟睡(じゅくすい) 숙면
☐ 受験(じゅけん) 수험	☐ 主語(しゅご) 주어	☐ 主張(しゅちょう) 주장
☐ 出勤(しゅっきん) 출근	☐ 述語(じゅつご) (서)술어	☐ 出身(しゅっしん) 출신
☐ 出張(しゅっちょう) 출장	☐ 出版(しゅっぱん) 출판	☐ 出場(しゅつじょう) (경기) 출장
☐ 需要(じゅよう) 수요	☐ 種類(しゅるい) 종류	☐ 瞬間(しゅんかん) 순간
☐ 循環(じゅんかん) 순환	☐ 順序(じゅんじょ) 순서	☐ 消化(しょうか) 소화
☐ 紹介(しょうかい) 소개	☐ 障害(しょうがい) 장애, 장해	☐ 将棋(しょうぎ) 장기

問題 1·2 한자 읽기 · 표기 출제 예상 어휘

- [ ] 蒸気(じょうき) 증기
- [ ] 商業(しょうぎょう) 상업
- [ ] 上下(じょうげ) 상하
- [ ] 常識(じょうしき) 상식
- [ ] 状態(じょうたい) 상태
- [ ] 商店(しょうてん) 상점
- [ ] 勝敗(しょうはい) 승패, 이기고 짐
- [ ] 勝負(しょうぶ) 승부
- [ ] 証明(しょうめい) 증명
- [ ] 食卓(しょくたく) 식탁
- [ ] 食物(しょくもつ) 음식물
- [ ] 食糧(しょくりょう) 식량
- [ ] 所得(しょとく) 소득
- [ ] 署名(しょめい) 서명
- [ ] 使用(しよう) 사용
- [ ] 真空(しんくう) 진공
- [ ] 信号(しんごう) 신호
- [ ] 人事(じんじ) 인사
- [ ] 申請(しんせい) 신청
- [ ] 人造(じんぞう) 인조
- [ ] 身長(しんちょう) 신장
- [ ] 審判(しんぱん) 심판

- [ ] 乗客(じょうきゃく) 승객
- [ ] 状況(じょうきょう) 상황
- [ ] 正午(しょうご) 정오
- [ ] 上旬(じょうじゅん) 초순
- [ ] 上達(じょうたつ) 상달, 숙달
- [ ] 消毒(しょうどく) 소독
- [ ] 商売(しょうばい) 장사
- [ ] 小便(しょうべん) 소변, 오줌
- [ ] 初級(しょきゅう) 초급
- [ ] 職人(しょくにん) 장인
- [ ] 食欲(しょくよく) 식욕
- [ ] 書斎(しょさい) 서재
- [ ] 書道(しょどう) 서도, 서예
- [ ] 書物(しょもつ) 서적, 도서
- [ ] 私立(しりつ) 사립
- [ ] 神経(しんけい) 신경
- [ ] 人工(じんこう) 인공
- [ ] 人種(じんしゅ) 인종
- [ ] 人生(じんせい) 인생
- [ ] 身体(しんたい) 신체
- [ ] 進入(しんにゅう) 진입
- [ ] 人物(じんぶつ) 인물

- [ ] 上級(じょうきゅう) 상급
- [ ] 定規(じょうぎ) 자, 모범, 표준
- [ ] 詳細(しょうさい) 상세
- [ ] 少数(しょうすう) 소수
- [ ] 冗談(じょうだん) 농담
- [ ] 商人(しょうにん) 상인
- [ ] 商品(しょうひん) 상품
- [ ] 消防(しょうぼう) 소방
- [ ] 職業(しょくぎょう) 직업
- [ ] 植物(しょくぶつ) 식물
- [ ] 食料(しょくりょう) 식료, 식료품
- [ ] 書店(しょてん) 서점
- [ ] 初歩(しょほ) 초보
- [ ] 書類(しょるい) 서류
- [ ] 素人(しろうと) 아마추어
- [ ] 信仰(しんこう) 신앙
- [ ] 診察(しんさつ) 진찰
- [ ] 心身(しんしん) 심신
- [ ] 親戚(しんせき) 친척
- [ ] 診断(しんだん) 진단
- [ ] 侵入(しんにゅう) 침입
- [ ] 人名(じんめい) 인명

☐ 深夜(しんや) 심야	☐ 親友(しんゆう) 친우, 친한 친구	☐ 心理(しんり) 심리
☐ 親類(しんるい) 친인척	☐ 神話(しんわ) 신화	☐ 水産(すいさん) 수산
☐ 炊事(すいじ) 취사	☐ 水準(すいじゅん) 수준	☐ 推薦(すいせん) 추천
☐ 水素(すいそ) 수소	☐ 水筒(すいとう) 물통	☐ 随筆(ずいひつ) 수필
☐ 水分(すいぶん) 수분	☐ 睡眠(すいみん) 수면	☐ 数学(すうがく) 수학
☐ 図鑑(ずかん) 도감	☐ 図形(ずけい) 도형	☐ 頭痛(ずつう) 두통
☐ 頭脳(ずのう) 두뇌	☐ 図表(ずひょう) 도표	☐ 相撲(すもう) 스모(일본 씨름)
☐ 寸法(すんぽう) 치수, 길이	☐ 税関(ぜいかん) 세관	☐ 世紀(せいき) 세기
☐ 制限(せいげん) 제한	☐ 制作(せいさく) (작품) 제작	☐ 製作(せいさく) (물건) 제작
☐ 性質(せいしつ) 성질	☐ 精神(せいしん) 정신	☐ 成人(せいじん) 성인
☐ 生存(せいぞん) 생존	☐ 成長(せいちょう) 성장	☐ 政党(せいとう) (정치) 정당
☐ 制度(せいど) 제도	☐ 青年(せいねん) 청년	☐ 整備(せいび) 정비
☐ 生物(せいぶつ) 생물	☐ 成分(せいぶん) 성분	☐ 生命(せいめい) 생명
☐ 正門(せいもん) 정문	☐ 整理(せいり) 정리	☐ 成立(せいりつ) 성립
☐ 西暦(せいれき) 서력, 서기	☐ 石炭(せきたん) 석탄	☐ 赤道(せきどう) 적도
☐ 責任(せきにん) 책임	☐ 石油(せきゆ) 석유	☐ 接近(せっきん) 접근
☐ 設計(せっけい) 설계	☐ 接種(せっしゅ) 접종	☐ 設置(せっち) 설치
☐ 設定(せってい) 설정	☐ 説得(せっとく) 설득	☐ 設備(せつび) 설비
☐ 絶滅(ぜつめつ) 절멸, 멸종	☐ 節約(せつやく) 절약	☐ 栓(せん) 마개
☐ 全員(ぜんいん) 전원	☐ 選挙(せんきょ) 선거	☐ 前後(ぜんご) 전후
☐ 専攻(せんこう) 전공	☐ 洗剤(せんざい) 세제	☐ 先日(せんじつ) 지난날, 요전
☐ 前者(ぜんしゃ) 전자	☐ 全集(ぜんしゅう) 전집	☐ 全身(ぜんしん) 전신

問題 1・2 한자 읽기・표기 출제 예상 어휘

- ☐ <ruby>前進<rt>ぜんしん</rt></ruby> 전진
- ☐ <ruby>先頭<rt>せんとう</rt></ruby> 선두, 맨 앞
- ☐ <ruby>洗面<rt>せんめん</rt></ruby> 세면, 세수
- ☐ <ruby>騒音<rt>そうおん</rt></ruby> 소음
- ☐ <ruby>倉庫<rt>そうこ</rt></ruby> 창고
- ☐ <ruby>造船<rt>ぞうせん</rt></ruby> 조선
- ☐ <ruby>速達<rt>そくたつ</rt></ruby> 속달, 빠른 우편
- ☐ <ruby>素質<rt>そしつ</rt></ruby> 소질

- ☐ <ruby>扇子<rt>せんす</rt></ruby> 부채
- ☐ <ruby>先輩<rt>せんぱい</rt></ruby> 선배
- ☐ <ruby>全力<rt>ぜんりょく</rt></ruby> 전력
- ☐ <ruby>雑巾<rt>ぞうきん</rt></ruby> 걸레
- ☐ <ruby>操作<rt>そうさ</rt></ruby> 조작
- ☐ <ruby>送別<rt>そうべつ</rt></ruby> 송별
- ☐ <ruby>速度<rt>そくど</rt></ruby> 속도
- ☐ <ruby>祖先<rt>そせん</rt></ruby> 선조, 조상

- ☐ <ruby>洗濯<rt>せんたく</rt></ruby> 세탁, 빨래
- ☐ <ruby>全般<rt>ぜんぱん</rt></ruby> 전반
- ☐ <ruby>線路<rt>せんろ</rt></ruby> 선로
- ☐ <ruby>増減<rt>ぞうげん</rt></ruby> 증감
- ☐ <ruby>葬式<rt>そうしき</rt></ruby> 장례식
- ☐ <ruby>送料<rt>そうりょう</rt></ruby> 송료, 운송료
- ☐ <ruby>速力<rt>そくりょく</rt></ruby> 속력
- ☐ <ruby>損失<rt>そんしつ</rt></ruby> 손실

(た)

- ☐ <ruby>体育<rt>たいいく</rt></ruby> 체육
- ☐ <ruby>大会<rt>たいかい</rt></ruby> 대회
- ☐ <ruby>大工<rt>だいく</rt></ruby> 목수
- ☐ <ruby>体験<rt>たいけん</rt></ruby> 체험
- ☐ <ruby>大使<rt>たいし</rt></ruby> (외교) 대사
- ☐ <ruby>大小<rt>だいしょう</rt></ruby> 대소
- ☐ <ruby>体積<rt>たいせき</rt></ruby> 체적, 부피
- ☐ <ruby>大半<rt>たいはん</rt></ruby> 대부분
- ☐ <ruby>題名<rt>だいめい</rt></ruby> 제목
- ☐ <ruby>楕円<rt>だえん</rt></ruby> 타원
- ☐ <ruby>脱線<rt>だっせん</rt></ruby> 탈선
- ☐ <ruby>段階<rt>だんかい</rt></ruby> 단계

- ☐ <ruby>対応<rt>たいおう</rt></ruby> 대응
- ☐ <ruby>大気<rt>たいき</rt></ruby> 대기, 공기
- ☐ <ruby>体系<rt>たいけい</rt></ruby> 체계
- ☐ <ruby>太鼓<rt>たいこ</rt></ruby> 북
- ☐ <ruby>対象<rt>たいしょう</rt></ruby> 대상
- ☐ <ruby>体重<rt>たいじゅう</rt></ruby> 체중
- ☐ <ruby>大戦<rt>たいせん</rt></ruby> 대전
- ☐ <ruby>逮捕<rt>たいほ</rt></ruby> 체포
- ☐ <ruby>代理<rt>だいり</rt></ruby> 대리
- ☐ <ruby>多少<rt>たしょう</rt></ruby> 다소
- ☐ <ruby>種<rt>たね</rt></ruby> 씨앗, 원인
- ☐ <ruby>短気<rt>たんき</rt></ruby> 단기, 성질이 급함

- ☐ <ruby>体温<rt>たいおん</rt></ruby> 체온
- ☐ <ruby>代金<rt>だいきん</rt></ruby> 대금
- ☐ <ruby>対決<rt>たいけつ</rt></ruby> 대결
- ☐ <ruby>滞在<rt>たいざい</rt></ruby> 체재, 체류
- ☐ <ruby>対照<rt>たいしょう</rt></ruby> 대조
- ☐ <ruby>体制<rt>たいせい</rt></ruby> 체제
- ☐ <ruby>体操<rt>たいそう</rt></ruby> 체조
- ☐ <ruby>大木<rt>たいぼく</rt></ruby> 거목
- ☐ <ruby>対立<rt>たいりつ</rt></ruby> 대립
- ☐ <ruby>立場<rt>たちば</rt></ruby> 입장
- ☐ <ruby>単位<rt>たんい</rt></ruby> 단위, 학점
- ☐ <ruby>炭鉱<rt>たんこう</rt></ruby> 탄광

☐ 単語(たんご) 단어	☐ 短所(たんしょ) 단점	☐ 単身(たんしん) 단신
☐ 誕生(たんじょう) 탄생	☐ 淡水(たんすい) 담수, 민물	☐ 単数(たんすう) 단수
☐ 団地(だんち) 단지	☐ 断定(だんてい) 단정	☐ 短編(たんぺん) 단편
☐ 治安(ちあん) 치안	☐ 地位(ちい) 지위	☐ 地下(ちか) 지하
☐ 地球(ちきゅう) 지구	☐ 知識(ちしき) 지식	☐ 地質(ちしつ) 지질
☐ 知事(ちじ) 지사	☐ 知人(ちじん) 지인	☐ 地帯(ちたい) 지대
☐ 父親(ちちおや) 부친, 아버지	☐ 地点(ちてん) 지점	☐ 知能(ちのう) 지능
☐ 地方(ちほう) 지방	☐ 地名(ちめい) 지명	☐ 中央(ちゅうおう) 중앙
☐ 中間(ちゅうかん) 중간	☐ 中古(ちゅうこ) 중고	☐ 注射(ちゅうしゃ) 주사
☐ 昼食(ちゅうしょく) 중식, 점심	☐ 中旬(ちゅうじゅん) 중순	☐ 中性(ちゅうせい) 중성
☐ 中世(ちゅうせい) 중세	☐ 中途(ちゅうと) 중도, 도중	☐ 朝刊(ちょうかん) 조간
☐ 長期(ちょうき) 장기	☐ 彫刻(ちょうこく) 조각	☐ 調査(ちょうさ) 조사
☐ 調子(ちょうし) 상태	☐ 長所(ちょうしょ) 장점	☐ 長女(ちょうじょ) 장녀
☐ 調整(ちょうせい) 조정	☐ 長男(ちょうなん) 장남	☐ 貯金(ちょきん) 저금
☐ 直後(ちょくご) 직후	☐ 直接(ちょくせつ) 직접	☐ 直線(ちょくせん) 직선
☐ 直前(ちょくぜん) 직전	☐ 直通(ちょくつう) 직통	☐ 貯蔵(ちょぞう) 저장
☐ 直角(ちょっかく) 직각	☐ 直径(ちょっけい) 직경, 지름	☐ 賞金(しょうきん) 상금
☐ 賃貸(ちんたい) 임대	☐ 通過(つうか) 통과	☐ 通貨(つうか) (화폐) 통화
☐ 通学(つうがく) 통학	☐ 通勤(つうきん) 통근	☐ 通信(つうしん) 통신
☐ 通知(つうち) 통지	☐ 通帳(つうちょう) 통장	☐ 通訳(つうやく) 통역
☐ 通用(つうよう) 통용	☐ 通路(つうろ) 통로	☐ 月日(つきひ) 세월
☐ 梅雨(つゆ) 장마	☐ 定員(ていいん) 정원	☐ 定価(ていか) 정가

問題 1·2 한자 읽기 · 표기 출제 예상 어휘

- ていき 定期 정기
- ていでん 停電 정전
- でし 弟子 제자
- てってい 徹底 철저
- てつどう 鉄道 철도
- でんきゅう 電球 전구
- でんし 電子 전자
- でんせん 電線 전선
- でんたつ 伝達 전달
- てんねん 天然 천연
- でんりょく 電力 전력
- どういつ 同一 동일
- どうさ 動作 동작
- どうし 動詞 동사
- とうぜん 当然 당연
- どうとく 道徳 도덕
- とうゆ 灯油 등유
- どうわ 童話 동화
- どくしょ 読書 독서
- とくてん 特典 특전
- とし 都市 도시
- どりょく 努力 노력

- ていし 停止 정지
- てきよう 適用 적용
- てじな 手品 마술, 속임수
- てっぽう 鉄砲 총, 총포류
- てつや 徹夜 철야
- てんけい 典型 전형
- てんじょう 天井 천장
- でんせん 伝染 전염
- でんち 電池 전지
- でんぱ 電波 전파
- とうあん 答案 답안
- とうけい 統計 통계
- とうざい 東西 동서
- とうじつ 当日 당일
- とうだい 灯台 등대
- とうばん 当番 당번
- とうよう 東洋 동양
- とかい 都会 도회(지), 도시
- とくちょう 特徴 특징
- とくばい 特売 특매, 특별히 싸게 판매함
- としん 都心 도심

- ていしゅつ 提出 제출
- てくび 手首 손목
- てちょう 手帳 수첩
- てつがく 哲学 철학
- でんき 伝記 전기 (일생 행적을 적은 기록)
- でんごん 伝言 전언
- てんすう 点数 점수
- でんたく 電卓 전자 계산기
- でんちゅう 電柱 전봇대, 전신주
- でんりゅう 電流 전류
- とういつ 統一 통일
- とうごう 統合 통합
- とうじ 当時 당시
- とうじょう 登場 등장
- とうちゃく 到着 도착
- とうひょう 投票 투표
- どうろ 道路 도로
- とくぎ 特技 특기
- とくてい 特定 특정
- どくりつ 独立 독립
- とだな 戸棚 선반이 있는 수납장(찬장, 책장, 신발장 등)의 총칭

(な)

- 内科 내과
- 内線 내선
- 仲間 동료
- 中身 내용물
- 中指 중지, 가운뎃손가락
- 納得 납득
- 名札 명찰
- 南極 남극
- 南米 남미
- 南北 남북
- 日時 일시
- 日光 일광
- 日中 대낮
- 日程 일정
- 入社 입사
- 入場 입장
- 入力 입력
- 女房 아내, 처
- 人気 인기
- 人間 인간
- 熱中 열중
- 年間 연간
- 年月 세월
- 年代 연대
- 年度 연도
- 燃料 연료
- 年齢 연령
- 農家 농가
- 農村 농촌
- 濃度 농도
- 農民 농민
- 農薬 농약
- 能率 능률
- 能力 능력

(は)

- 灰色 회색, 잿빛
- 梅雨 장마 (梅雨라고도 읽음)
- 俳句 하이쿠 (일본의 단시)
- 配達 배달
- 売店 매점
- 売買 매매
- 配布 배포
- 俳優 배우
- 拍手 박수
- 牧場 목장
- 牧畜 목축
- 歯車 톱니바퀴
- 破産 파산
- 肌 피부
- 発行 발행
- 発車 발차, 출발
- 発生 발생
- 発想 발상
- 発展 발전
- 発表 발표
- 発言 발언

問題 1·2 한자 읽기·표기 출제 예상 어휘

- ☐ 発電(はつでん) 발전 (전기를 일으킴)
- ☐ 発売(はつばい) 발매
- ☐ 発明(はつめい) 발명
- ☐ 花火(はなび) 불꽃놀이
- ☐ 花嫁(はなよめ) 신부
- ☐ 母親(ははおや) 모친, 어머니
- ☐ 場面(ばめん) 장면
- ☐ 早口(はやくち) 말이 빠름
- ☐ 繁栄(はんえい) 번영
- ☐ 反響(はんきょう) 반향
- ☐ 半径(はんけい) 반경, 반지름
- ☐ 判子(はんこ) 도장
- ☐ 反抗(はんこう) 반항
- ☐ 犯罪(はんざい) 범죄
- ☐ 万歳(ばんざい) 만세
- ☐ 判事(はんじ) 판사
- ☐ 判断(はんだん) 판단
- ☐ 番地(ばんち) 번지
- ☐ 半島(はんとう) 반도
- ☐ 犯人(はんにん) 범인
- ☐ 販売(はんばい) 판매
- ☐ 被害(ひがい) 피해
- ☐ 飛行(ひこう) 비행
- ☐ 筆記(ひっき) 필기
- ☐ 筆者(ひっしゃ) 필자
- ☐ 日付(ひづけ) 날짜
- ☐ 否定(ひてい) 부정
- ☐ 一言(ひとこと) 한마디, 간단한 말
- ☐ 非難(ひなん) 비난
- ☐ 紐(ひも) 끈
- ☐ 美容(びよう) 미용
- ☐ 評価(ひょうか) 평가
- ☐ 表現(ひょうげん) 표현
- ☐ 表紙(ひょうし) 표지
- ☐ 標準(ひょうじゅん) 표준
- ☐ 表情(ひょうじょう) 표정
- ☐ 標本(ひょうほん) 표본
- ☐ 表面(ひょうめん) 표면
- ☐ 評論(ひょうろん) 평론
- ☐ 昼寝(ひるね) 낮잠
- ☐ 広場(ひろば) 광장
- ☐ 貧富(ひんぷ) 빈부
- ☐ 風景(ふうけい) 풍경
- ☐ 風船(ふうせん) 풍선
- ☐ 不運(ふうん) 불운
- ☐ 不可(ふか) 불가
- ☐ 武器(ぶき) 무기
- ☐ 副詞(ふくし) 부사
- ☐ 複写(ふくしゃ) 복사
- ☐ 複数(ふくすう) 복수, 여럿
- ☐ 符号(ふごう) 부호
- ☐ 夫妻(ふさい) 부처, 부부
- ☐ 武士(ぶし) 무사
- ☐ 婦人(ふじん) 부인, 여성
- ☐ 不足(ふそく) 부족
- ☐ 付属(ふぞく) 부속
- ☐ 双子(ふたご) 쌍둥이
- ☐ 普段(ふだん) 평소
- ☐ 不通(ふつう) 불통
- ☐ 物価(ぶっか) 물가
- ☐ 物理(ぶつり) 물리
- ☐ 船便(ふなびん) 배편
- ☐ 吹雪(ふぶき) 눈보라
- ☐ 父母(ふぼ) 부모
- ☐ 噴火(ふんか) 분화
- ☐ 分解(ぶんかい) 분해

☐ 文献ぶんけん 문헌	☐ 文芸ぶんげい 문예	☐ 分散ぶんさん 분산
☐ 噴水ふんすい 분수	☐ 分数ぶんすう (수학) 분수	☐ 文体ぶんたい 문체
☐ 分担ぶんたん 분담	☐ 分配ぶんぱい 분배	☐ 分布ぶんぷ 분포
☐ 文脈ぶんみゃく 문맥	☐ 文明ぶんめい 문명	☐ 分離ぶんり 분리
☐ 分量ぶんりょう 분량	☐ 分類ぶんるい 분류	☐ 分裂ぶんれつ 분열
☐ 閉会へいかい 폐회	☐ 平行へいこう 평행	☐ 兵隊へいたい 병대, 병사
☐ 平野へいや 평야	☐ 別荘べっそう 별장	☐ 返済へんさい 변제, 빌린 돈이나 물건을 갚음
☐ 返事へんじ 답장	☐ 弁当べんとう 도시락	☐ 返品へんぴん 반품
☐ 方角ほうがく 방위, 방향	☐ 方言ほうげん 방언, 사투리	☐ 方向ほうこう 방향
☐ 報告ほうこく 보고	☐ 放送ほうそう 방송	☐ 包装ほうそう 포장
☐ 法則ほうそく 법칙	☐ 包帯ほうたい 붕대	☐ 包丁ほうちょう 식칼
☐ 方面ほうめん 방면	☐ 保健ほけん 보건	☐ 北極ほっきょく 북극
☐ 歩道ほどう 보도	☐ 本気ほんき 본심, 진심	☐ 本質ほんしつ 본질
☐ 本人ほんにん 본인	☐ 本音ほんね 속마음	☐ 本部ほんぶ 본부
☐ 本物ほんもの 진짜, 진품, 실물	☐ 妨害ぼうがい 방해	☐ 冒険ぼうけん 모험
☐ 防止ぼうし 방지	☐ 盆地ぼんち 분지	

(ま)

☐ 迷子まいご 미아, 길 잃은 아이	☐ 枚数まいすう 매수, 장수	☐ 街角まちかど 길모퉁이, 길목
☐ 窓口まどぐち 창구	☐ 満員まんいん 만원	☐ 満点まんてん 만점
☐ 味方みかた 아군, 편	☐ 水着みずぎ 수영복	☐ 道順みちじゅん 도정, 길, 코스
☐ 身分みぶん 신분	☐ 未満みまん 미만	☐ 土産みやげ 토산품, 기념 선물

問題 1·2　한자 읽기 · 표기 출제 예상 어휘

- ☐ 名字(みょうじ) 성씨
- ☐ 未来(みらい) 미래
- ☐ 魅力(みりょく) 매력
- ☐ 民間(みんかん) 민간
- ☐ 無限(むげん) 무한
- ☐ 無視(むし) 무시
- ☐ 虫歯(むしば) 충치
- ☐ 無数(むすう) 무수
- ☐ 無知(むち) 무지
- ☐ 名作(めいさく) 명작
- ☐ 名詞(めいし) 명사
- ☐ 名刺(めいし) 명함
- ☐ 迷信(めいしん) 미신
- ☐ 名人(めいじん) 명인
- ☐ 名物(めいぶつ) 명물
- ☐ 名誉(めいよ) 명예
- ☐ 命令(めいれい) 명령
- ☐ 目印(めじるし) 표지, 표식
- ☐ 目安(めやす) 표준, 기준
- ☐ 面積(めんせき) 면적, 넓이
- ☐ 免税(めんぜい) 면세
- ☐ 毛布(もうふ) 모포, 담요
- ☐ 木材(もくざい) 목재
- ☐ 目次(もくじ) 목차, 차례
- ☐ 目標(もくひょう) 목표
- ☐ 文字(もじ) 문자
- ☐ 物置(ものおき) 헛간, 곳간
- ☐ 物音(ものおと) (무엇인가의) 소리
- ☐ 物事(ものごと) 사물, 세상사, 만사
- ☐ 模様(もよう) 모양, 무늬
- ☐ 問答(もんどう) 문답, 질문과 답변

(や)

- ☐ 夜間(やかん) 야간
- ☐ 役者(やくしゃ) 배우
- ☐ 役所(やくしょ) 관청, 관공서
- ☐ 薬品(やくひん) 약품
- ☐ 夜行(やこう) 야행
- ☐ 矢印(やじるし) 화살표
- ☐ 薬局(やっきょく) 약국
- ☐ 家主(やぬし) 집주인
- ☐ 屋根(やね) 지붕
- ☐ 夕刊(ゆうかん) 석간
- ☐ 勇気(ゆうき) 용기
- ☐ 優勝(ゆうしょう) 우승
- ☐ 友情(ゆうじょう) 우정
- ☐ 友人(ゆうじん) 친구, 벗
- ☐ 優先(ゆうせん) 우선
- ☐ 郵送(ゆうそう) 우송, 우편으로 보냄
- ☐ 夕立(ゆうだち) 소나기
- ☐ 夕日(ゆうひ) 석양
- ☐ 郵便(ゆうびん) 우편
- ☐ 有料(ゆうりょう) 유료
- ☐ 輸血(ゆけつ) 수혈
- ☐ 湯気(ゆげ) 김, 수증기
- ☐ 輸送(ゆそう) 수송
- ☐ 用意(ようい) 준비
- ☐ 溶岩(ようがん) 용암
- ☐ 容器(ようき) 용기
- ☐ 要求(ようきゅう) 요구

- 要旨 (ようし) 요지
- 用紙 (ようし) 용지
- 用事 (ようじ) 용무
- 容積 (ようせき) 용적, 용량
- 要素 (ようそ) 요소
- 要点 (ようてん) 요점
- 養分 (ようぶん) 양분
- 要約 (ようやく) 요약
- 要領 (ようりょう) 요령
- 抑制 (よくせい) 억제
- 予算 (よさん) 예산
- 予想 (よそう) 예상
- 余地 (よち) 여지
- 予備 (よび) 예비
- 余分 (よぶん) 여분
- 予報 (よほう) 예보
- 予防 (よぼう) 예방
- 予約 (よやく) 예약
- 余裕 (よゆう) 여유

(ら)

- 落第 (らくだい) 낙제
- 落下 (らっか) 낙하
- 理科 (りか) 이과
- 理解 (りかい) 이해
- 利害 (りがい) 이해
- 離婚 (りこん) 이혼
- 理想 (りそう) 이상
- 流域 (りゅういき) 유역, 강 언저리
- 流行 (りゅうこう) 유행
- 両側 (りょうがわ) 양쪽, 양측
- 漁師 (りょうし) 어부
- 臨時 (りんじ) 임시
- 零点 (れいてん) 0점, 득점이 없음
- 列車 (れっしゃ) 열차
- 連合 (れんごう) 연합
- 連想 (れんそう) 연상
- 連続 (れんぞく) 연속
- 録音 (ろくおん) 녹음
- 話題 (わだい) 화제
- 和服 (わふく) 일본 전통 복장
- 悪口 (わるくち) 욕, 험담

2: 3, 4글자 명사

- 悪天候 (あくてんこう) 악천후, 매우 나쁜 날씨
- 委員会 (いいんかい) 위원회
- 衣食住 (いしょくじゅう) 의식주
- 一昨日 (いっさくじつ) 그저께
- 一昨年 (いっさくねん) 재작년
- 横断歩道 (おうだんほどう) 횡단보도
- 海水浴 (かいすいよく) 해수욕
- 加速度 (かそくど) 가속도
- 過半数 (かはんすう) 과반수

問題 1·2 한자 읽기 · 표기 출제 예상 어휘

- ☐ 乾電池(かんでんち) 건전지
- ☐ 機関車(きかんしゃ) 기관차
- ☐ 教科書(きょうかしょ) 교과서
- ☐ 蛍光灯(けいこうとう) 형광등
- ☐ 形容詞(けいようし) 형용사
- ☐ 解熱剤(げねつざい) 해열제
- ☐ 高血圧(こうけつあつ) 고혈압
- ☐ 交通機関(こうつうきかん) 교통 기관
- ☐ 個人的(こじんてき) 개인적
- ☐ 四捨五入(ししゃごにゅう) 사사오입, 반올림
- ☐ 自然科学(しぜんかがく) 자연 과학
- ☐ 社会科学(しゃかいかがく) 사회 과학
- ☐ 従業員(じゅうぎょういん) 종업원
- ☐ 拾得物(しゅうとくぶつ) 습득물
- ☐ 出版社(しゅっぱんしゃ) 출판사
- ☐ 受話器(じゅわき) 수화기
- ☐ 奨学金(しょうがくきん) 장학금
- ☐ 小学生(しょうがくせい) 초등학생
- ☐ 消防署(しょうぼうしょ) 소방서
- ☐ 助教授(じょきょうじゅ) 조교수
- ☐ 新幹線(しんかんせん) 신칸센
- ☐ 人文科学(じんぶんかがく) 인문 과학
- ☐ 水蒸気(すいじょうき) 수증기
- ☐ 水平線(すいへいせん) 수평선
- ☐ 青少年(せいしょうねん) 청소년
- ☐ 生年月日(せいねんがっぴ) 생년월일
- ☐ 正方形(せいほうけい) 정사각형
- ☐ 先々月(せんせんげつ) 지지난달
- ☐ 先々週(せんせんしゅう) 지지난주
- ☐ 扇風機(せんぷうき) 선풍기
- ☐ 総人口(そうじんこう) 총인구
- ☐ 総理大臣(そうりだいじん) 총리대신
- ☐ 耐久性(たいきゅうせい) 내구성
- ☐ 大学院(だいがくいん) 대학원
- ☐ 大統領(だいとうりょう) 대통령
- ☐ 大部分(だいぶぶん) 대부분
- ☐ 代名詞(だいめいし) 대명사
- ☐ 地下水(ちかすい) 지하수
- ☐ 地平線(ちへいせん) 지평선
- ☐ 長方形(ちょうほうけい) 직사각형
- ☐ 調味料(ちょうみりょう) 조미료
- ☐ 定期券(ていきけん) 정기권
- ☐ 定休日(ていきゅうび) 정기 휴일
- ☐ 停留所(ていりゅうじょ) 정거장
- ☐ 手数料(てすうりょう) 수수료
- ☐ 日用品(にちようひん) 일용품, 생필품
- ☐ 農産物(のうさんぶつ) 농산물
- ☐ 博物館(はくぶつかん) 박물관
- ☐ 必需品(ひつじゅひん) 필수품
- ☐ 一晩中(ひとばんじゅう) 밤새도록
- ☐ 百科事典(ひゃっかじてん) 백과사전
- ☐ 平社員(ひらしゃいん) 평사원
- ☐ 不規則(ふきそく) 불규칙
- ☐ 雰囲気(ふんいき) 분위기
- ☐ 文房具(ぶんぼうぐ) 문방구, 학용품
- ☐ 望遠鏡(ぼうえんきょう) 망원경
- ☐ 報告書(ほうこくしょ) 보고서
- ☐ 方程式(ほうていしき) 방정식
- ☐ 遊園地(ゆうえんち) 유원지, 놀이공원
- ☐ 優先席(ゆうせんせき) 우선석, 노약자 보호석
- ☐ 幼稚園(ようちえん) 유치원
- ☐ 留守番(るすばん) 집보기, 집에 남아서 집을 지키는 사람

3. 동사

- 明ける (날이) 밝다
- 預ける 맡기다, 보관시키다
- 与える 주다, 부여하다
- 暖まる 따뜻해지다
- 温める 데우다, 따뜻하게 하다
- 暴れる 날뛰다, 난폭하게 굴다
- 浴びる 끼얹다, 뒤집어쓰다
- 余る 남다
- 編む 엮다, 짜다, 뜨다
- 誤る 실수하다
- 現れる 나타나다
- 祈る 기도하다, 기원하다
- 植える (나무 등을) 심다
- 伺う 「聞く(묻다, 듣다)」의 겸양어
- 浮く 뜨다
- 失う 잃다, 잃어버리다
- 疑う 의심하다
- 打つ 치다, 두드리다
- 写す 베끼다, 묘사하다
- 移る 옮기다, 이동하다
- 埋める 묻다, 메우다
- 敬う 존경하다, 숭배하다
- 占う 점치다
- 上向く 위를 향하다, 궤도에 오르다
- 選ぶ 고르다
- 追い越す 앞지르다, 추월하다
- 追う 쫓다
- 拝む 두 손 모아 빌다
- 置く 놓다, 두다
- 贈る 보내다, 선물하다
- 遅れる 늦다, 지각하다
- 抑える 누르다, 억제하다
- 収める 거두다, 성과를 올리다
- 押す 밀다, 누르다
- 恐れる 두려워하다, 우려하다
- 落ちる 떨어지다
- 踊る 춤추다
- 折る 접다, 꺾다
- 返す (빌린 것을) 돌려주다
- 抱える 안다, 끌어안다
- 重ねる 겹치다, 거듭하다
- 貸す 빌려주다
- 固まる 단단해지다
- 勝つ 이기다, 극복하다
- 担ぐ 메다, 짊어지다
- 乾く 마르다, 건조하다
- 頑張る 힘내다, 열심히 하다
- 消える 사라지다, 없어지다
- 効く 약이 듣다, 효과가 있다
- 刻む 잘게 썰다, 새기다
- 決まる 결정되다
- 腐る 썩다, 상하다
- 砕ける 부서지다, 깨지다
- 配る 나눠주다, 배부하다
- 比べる 비교하다, 견주다
- 繰り返す 되풀이하다, 반복하다
- 加える 더하다, 보태다
- 超える 넘다, 넘어가다
- 凍える (추위로 손, 발 등이) 얼다
- 越す 넘다, 넘기다

問題 1·2　한자 읽기 · 표기 출제 예상 어휘

- [ ] 答える 대답하다
- [ ] 異なる 다르다
- [ ] 断る 거절하다
- [ ] 好む 좋아하다, 즐기다
- [ ] 困る 곤란하다, 어려움을 겪다
- [ ] 転がる 구르다, 넘어지다
- [ ] 殺す 죽이다
- [ ] 探す 찾다
- [ ] 咲く 피다
- [ ] 探る 더듬다, 찾다, 살피다
- [ ] 叫ぶ 외치다
- [ ] 避ける 피하다, 멀리하다
- [ ] 支える 받치다, 지탱하다
- [ ] 刺す 찌르다
- [ ] 冷める 식다
- [ ] 触る 닿다, 접촉하다, 만지다
- [ ] 沈む 가라앉다, (해·달이) 지다
- [ ] 示す 나타내다
- [ ] 調べる 조사하다
- [ ] 吸う (기체·액체를) 들이마시다, (담배를) 피우다
- [ ] 優れる 뛰어나다, 우수하다
- [ ] 進む 나아가다, 진행되다
- [ ] 捨てる 버리다
- [ ] 背負う 짊어지다
- [ ] 倒す 넘어뜨리다, 쓰러뜨리다
- [ ] 倒れる 넘어지다, 쓰러지다
- [ ] 訪ねる 방문하다
- [ ] 立ち去る 떠나가다
- [ ] 絶つ 자르다, 끊다
- [ ] 頼む 부탁하다, 의뢰하다
- [ ] 試す 시도하다, 시험하다
- [ ] 違う 다르다, 상이하다
- [ ] 散る (꽃잎 등이) 지다, 흩어지다
- [ ] 捕まえる 잡다, 붙잡다
- [ ] 突く 찌르다
- [ ] 勤める 근무하다, 종사하다
- [ ] 連れる 동반하다
- [ ] 照らす 비추다, 비추어 밝히다
- [ ] 解く 풀다
- [ ] 溶ける 녹다
- [ ] 届く 닿다, 도착하다
- [ ] 取り上げる 집어 들다, 빼앗다
- [ ] 治る 병이 낫다, 치유되다
- [ ] 眺める 바라보다, 조망하다
- [ ] 流れる 흐르다
- [ ] 鳴く (새, 벌레 등이) 울다
- [ ] 泣く 울다
- [ ] 亡くなる 죽다, 돌아가시다
- [ ] 投げる 던지다, 내던지다
- [ ] 悩む 고민하다
- [ ] 並ぶ 줄지어 서다, 늘어서다
- [ ] 慣れる 익숙해지다, 길들다
- [ ] 賑わう 번화하다, 번창하다
- [ ] 逃げる 도망치다, 달아나다
- [ ] 似る 닮다, 비슷하다
- [ ] 抜く 뽑다, 빼내다
- [ ] 盗む 훔치다, 도둑질하다
- [ ] 塗る 칠하다, 바르다
- [ ] 眠る 자다, 잠들다
- [ ] 残る 남다
- [ ] 望む 바라다, 원하다
- [ ] 延びる 연장되다, 연기되다
- [ ] 伸びる 자라다, 성장하다
- [ ] 述べる 말하다, 진술하다
- [ ] 登る 오르다, 올라가다
- [ ] 乗り越える 극복하다

☐ 生(は)える 나다, 자라다	☐ 測(はか)る (무게·길이 등을) 재다, 측정하다	☐ 挟(はさ)む 끼우다, 사이에 두다
☐ 働(はたら)く 일하다	☐ 払(はら)う 지불하다, 털다	☐ 張(は)る 뻗다, 부풀다
☐ 晴(は)れる 날씨가 개다	☐ 控(ひか)える 삼가다, 기다리다	☐ 引(ひ)き返(かえ)す 되돌아가다, 되돌리다
☐ 引(ひ)き出(だ)す 꺼내다, 끌어내다	☐ 拾(ひろ)う 줍다, 습득하다	☐ 広(ひろ)がる 넓어지다, 퍼지다
☐ 増(ふ)える 늘다, 늘어나다	☐ 吹(ふ)く (바람이) 불다	☐ 拭(ふ)く 닦다
☐ 防(ふせ)ぐ 막다, 방지하다	☐ 増(ふ)やす 늘리다, 증가시키다	☐ 震(ふる)える 흔들리다, 떨리다
☐ 減(へ)る 줄다, 닳다	☐ 吠(ほ)える (개, 짐승 등이) 짖다	☐ 掘(ほ)る 파다, 캐다
☐ 参(まい)る 「行(い)く(가다)」, 「来(く)る(오다)」의 겸양어	☐ 任(まか)せる 맡기다	☐ 曲(ま)がる 구부러지다, 방향을 틀다
☐ 巻(ま)く 말다, 감다	☐ 交(ま)じる 섞이다	☐ 増(ま)す 늘다, 증가하다
☐ 間違(まちが)う 틀리다, 잘못되다	☐ 守(まも)る 지키다	☐ 迷(まよ)う 길을 잃다, 망설이다
☐ 回(まわ)る 돌다, 회전하다	☐ 磨(みが)く 닦다, 연마하다	☐ 満(み)ちる 가득 차다
☐ 実(みの)る 열매를 맺다, 결실을 보다	☐ 向(む)かう 향하다	☐ 結(むす)ぶ 묶다, 연결하다
☐ 申(もう)し込(こ)む 신청하다	☐ 申(もう)す 「言(い)う(말하다)」의 겸양어	☐ 燃(も)える 타다
☐ 用(もち)いる 쓰다, 사용하다	☐ 基(もと)づく 기초하다, 근거하다	☐ 求(もと)める 구하다, 바라다
☐ 燃(も)やす 태우다	☐ 漏(も)れる 새다, 누설되다	☐ 雇(やと)う 고용하다
☐ 破(やぶ)る 찢다, 부수다, (약속 등을) 어기다	☐ 辞(や)める 그만두다	☐ 許(ゆる)す 허가하다, 허락하다
☐ 酔(よ)う (술에) 취하다, 멀미하다	☐ 汚(よご)す 더럽히다	☐ 汚(よご)れる 더러워지다
☐ 呼(よ)ぶ 부르다	☐ 寄(よ)る 들르다, 다가서다	☐ 喜(よろこ)ぶ 기뻐하다
☐ 別(わか)れる 헤어지다	☐ 沸(わ)く (물이) 끓다	☐ 忘(わす)れる 잊다
☐ 渡(わた)す 건네다, 넘기다	☐ 割(わ)る 쪼개다, 나누다	☐ 割(わ)れる 깨지다

問題 1·2　한자 읽기·표기 출제 예상 어휘

4: な형용사

- ☐ 明らかな 분명한, 명백한
- ☐ 偉大な 위대한
- ☐ 確実な 확실한
- ☐ 簡単な 간단한
- ☐ 急激な 급격한
- ☐ 巨大な 거대한
- ☐ 気楽な 편안한, 홀가분한
- ☐ 下品な 품위 없는
- ☐ 謙虚な 겸허한
- ☐ 賢明な 현명한
- ☐ 厳重な 엄중한
- ☐ 高級な 고급스러운
- ☐ 公正な 공정한
- ☐ 高等な 고등의
- ☐ 高度な 고도의
- ☐ 幸福な 행복한
- ☐ 困難な 곤란한
- ☐ 豪華な 호화로운
- ☐ 幸いな 다행스러운
- ☐ 盛んな 번성한, 번창한
- ☐ 残念な 유감스러운, 아쉬운
- ☐ 静かな 조용한
- ☐ 自然な 자연스러운
- ☐ 主要な 주요한
- ☐ 正直な 정직한
- ☐ 新鮮な 신선한
- ☐ 慎重な 신중한
- ☐ 地味な 수수한
- ☐ 重大な 중대한
- ☐ 重要な 중요한
- ☐ 純粋な 순수한
- ☐ 上等な 뛰어난, 고급스러운
- ☐ 上品な 품위 있는, 고상한
- ☐ 素直な 솔직한, 고분고분한
- ☐ 正確な 정확한
- ☐ 正式な 정식인
- ☐ 誠実な 성실한
- ☐ 相当な 상당한
- ☐ 粗末な 변변치 못한, 허술한
- ☐ 対照的な 대조적인
- ☐ 単純な 단순한
- ☐ 強気な 강한, 강경한
- ☐ 的確な 적확한, 정확한
- ☐ 適確な 적확한, 꼭 들어맞는
- ☐ 適切な 적절한
- ☐ 適当な 적당한
- ☐ 得意な 가장 잘하는, 자신 있는
- ☐ 独特な 독특한
- ☐ 莫大な 막대한
- ☐ 皮肉な 비웃는, 비꼬는, 아이러니한
- ☐ 平等な 평등한
- ☐ 複雑な 복잡한
- ☐ 不潔な 불결한
- ☐ 不幸な 불행한
- ☐ 不思議な 신비로운, 이상한
- ☐ 不正な 부정한
- ☐ 不利な 불리한
- ☐ 平気な 태연한, 아무렇지도 않은
- ☐ 平凡な 평범한
- ☐ 膨大な 방대한

- ☐ 満足な 만족스러운
- ☐ 未熟な 미숙한
- ☐ 迷惑な 민폐인, 달갑지 않은
- ☐ 有害な 유해한
- ☐ 優秀な 우수한
- ☐ 有能な 유능한
- ☐ 愉快な 유쾌한
- ☐ 容易な 용이한, 쉬운
- ☐ 余計な 불필요한, 쓸데없는

5 い형용사

- ☐ 浅い 얕다, 오래되지 않다
- ☐ 暖かい (날씨가) 따뜻하다
- ☐ 温かい (온도가) 따뜻하다
- ☐ 暑い 덥다
- ☐ 厚い 두껍다
- ☐ 危ない 위험하다
- ☐ 甘い 달다
- ☐ 勇ましい 용감하다, 씩씩하다
- ☐ 忙しい 바쁘다
- ☐ 痛い 아프다
- ☐ 薄い 얇다
- ☐ 美しい 아름답다
- ☐ 羨ましい 부럽다
- ☐ 嬉しい 기쁘다
- ☐ 偉い 훌륭하다, (지위·신분 등이) 높다
- ☐ 惜しい 아깝다
- ☐ 遅い 늦다, 느리다
- ☐ 恐ろしい 두렵다
- ☐ 重たい 무겁다
- ☐ 賢い 현명하다, 똑똑하다
- ☐ 固い 딱딱하다, 단단하다
- ☐ 汚い 더럽다
- ☐ 臭い 고약한 냄새가 나다, 구리다
- ☐ 暗い 어둡다
- ☐ 苦しい 고통스럽다, 괴롭다
- ☐ 煙い (연기 때문에 눈·목이) 맵다
- ☐ 恋しい 그립다
- ☐ 細かい 섬세하다
- ☐ 寂しい 쓸쓸하다, 외롭다
- ☐ 親しい 친하다
- ☐ 涼しい 시원하다
- ☐ 辛い 괴롭다
- ☐ 憎らしい 얄밉다
- ☐ 鈍い 둔하다
- ☐ 細い 가늘다
- ☐ 貧しい 가난하다
- ☐ 眩しい 눈부시다
- ☐ 珍しい 드물다, 희귀하다
- ☐ 優しい 상냥하다
- ☐ 柔らかい 부드럽다
- ☐ 若い 젊다

問題 1·2　한자 읽기·표기 출제 예상 어휘

6: 부사

- ☐ 幾分(いくぶん) 일부분, 약간
- ☐ 一応(いちおう) 우선, 일단
- ☐ 一時(いちじ) 일시, 한때
- ☐ 一段と(いちだんと) 한층 더
- ☐ 一度に(いちどに) 한번에
- ☐ 一見(いっけん) 일견, 얼핏, 언뜻 보기에
- ☐ 一切(いっさい) 일체, 전부, 일절
- ☐ 一層(いっそう) 한층 더
- ☐ 一旦(いったん) 일단
- ☐ 主に(おもに) 주로
- ☐ 始終(しじゅう) 시종, 처음부터 끝까지
- ☐ 若干(じゃっかん) 약간, 다소
- ☐ 多少(たしょう) 다소
- ☐ 当然(とうぜん) 당연
- ☐ 再び(ふたたび) 다시, 재차
- ☐ 本来(ほんらい) 본래, 원래

問題 1 　한자 읽기 기출 어휘

학습 포인트
2010년부터 최근까지 출제된 연도별 기출 어휘이다. N2에 나오는 어휘의 수준을 가늠할 수 있으며, 시험에 자주 나오는 필수 어휘이므로 반드시 암기하도록 하자.

● 2023

- 握手(あくしゅ) 악수
- 運賃(うんちん) 운임, 운송료
- 険しい(けわしい) 험하다, 험악하다
- 乱れる(みだれる) 흐트러지다, 어지러워지다
- 模範(もはん) 모범

● 2022

- 勇ましい(いさましい) 용감하다, 용맹스럽다
- 偉い(えらい) 훌륭하다, (지위·신분 등이) 높다
- 記憶(きおく) 기억
- 警備(けいび) 경비
- 刺激(しげき) 자극
- 世間(せけん) 세간, 세상
- 素材(そざい) 소재
- 務める(つとめる) (역할을) 맡다, 역임하다
- 途端に(とたんに) 그 순간에, 찰나에, 바로
- 外れる(はずれる) 빠지다, 떨어지다, 누락되다, 벗어나다

● 2021

- 焦る(あせる) 안달하다, 초조해하다
- 介護(かいご) 개호, 간호
- 拡充(かくじゅう) 확충
- 傾く(かたむく) 기울다, 한쪽으로 쏠리다
- 賛否(さんぴ) 찬부, 찬반
- 情景(じょうけい) 정경, 광경
- 進歩(しんぽ) 진보
- 声援(せいえん) 성원
- 乏しい(とぼしい) 모자라다, 가난하다
- 破片(はへん) 파편

問題 1 　한자 읽기 기출 어휘

● 2020

- 下降(かこう) 하강
- 険(けわ)しい 험하다, 험상궂다
- 損害(そんがい) 손해
- 倒(たお)す 넘어뜨리다, 쓰러뜨리다
- 比較的(ひかくてき) 비교적

● 2019

- 圧倒的(あっとうてき) 압도적
- 映(うつ)る 반영하다, 비치다
- 偶然(ぐうぜん) 우연
- 軽傷(けいしょう) 경상(가벼운 상처)
- 下旬(げじゅん) 하순
- 刺激(しげき) 자극
- 憎(にく)む 미워하다, 시기하다
- 恥(はじ) 부끄러움, 수치
- 等(ひと)しい 동등하다, 동일하다
- 負担(ふたん) 부담

● 2018

- 企画(きかく) 기획
- 怖(こわ)い 무섭다, 두렵다
- 再度(さいど) 재차, 두 번
- 湿(しめ)る 축축해지다
- 処理(しょり) 처리
- 総額(そうがく) 총액
- 抽選(ちゅうせん) 추첨
- 和(なご)やか (기색·분위기가) 부드러움, 온화함
- 離(はな)れる (거리가) 떨어지다, 멀어지다
- 冷蔵庫(れいぞうこ) 냉장고

2017

- 幼い (おさな) 어리다
- 抱える (かかえる) 안다, (책임·부담 등을) 떠안다
- 求人 (きゅうじん) 구인
- 絞る (しぼる) (물기를) 짜다, (범위를) 좁히다
- 柔軟 (じゅうなん) 유연
- 垂直 (すいちょく) 수직
- 強火 (つよび) 화력이 센 불
- 乱れる (みだれる) 흐트러지다, 혼란해지다
- 密閉 (みっぺい) 밀폐
- 握る (にぎる) 쥐다

2016

- 怪しい (あやしい) 이상하다, 수상하다
- 納める (おさめる) 납입하다
- 劣る (おとる) 뒤떨어지다
- 願望 (がんぼう) 소원
- 競う (きそう) 다투다, 경쟁하다
- 貴重な (きちょうな) 귀중한
- 伴う (ともなう) 동반하다, 따라가다
- 治療 (ちりょう) 치료
- 批評 (ひひょう) 비평
- 容姿 (ようし) 용모와 자태

2015

- 囲む (かこむ) 둘러싸다
- 拒否 (きょひ) 거부
- 行事 (ぎょうじ) 행사
- 現象 (げんしょう) 현상
- 乏しい (とぼしい) 모자라다, 부족하다
- 省略 (しょうりゃく) 생략
- 損害 (そんがい) 손해
- 憎い (にくい) 밉다
- 含める (ふくめる) 포함시키다
- 油断 (ゆだん) 방심, 부주의

問題 1 한자 읽기 기출 어휘

● 2014

- □ 圧勝(あっしょう) 압승
- □ 傷む(いた) 아프다, 괴롭다
- □ 大幅に(おおはば) 큰 폭으로
- □ 極端(きょくたん) 극단
- □ 悔しい(くや) 분하다
- □ 継続(けいぞく) 계속
- □ 除く(のぞ) 제거하다, 제외하다
- □ 戻す(もど) 되돌리다
- □ 貿易(ぼうえき) 무역
- □ 幼稚(ようち) 유치

● 2013

- □ 改める(あらた) 고치다, 개선하다
- □ 拡充(かくじゅう) 확충
- □ 隠す(かく) 감추다, 숨기다
- □ 勧誘(かんゆう) 권유
- □ 姿勢(しせい) 자세
- □ 清潔(せいけつ) 청결
- □ 積む(つ) 쌓다, 싣다
- □ 逃亡(とうぼう) 도망
- □ 模範(もはん) 모범
- □ 世の中(よ なか) 세상, 세간

● 2012

- □ 占める(し) 차지하다
- □ 削除(さくじょ) 삭제
- □ 撮影(さつえい) 촬영
- □ 焦点(しょうてん) 초점
- □ 装置(そうち) 장치
- □ 抽象的(ちゅうしょうてき) 추상적
- □ 破片(はへん) 파편
- □ 針(はり) 바늘
- □ 返却(へんきゃく) 반환 (되돌려 줌)
- □ 略する(りゃく) 생략하다

2011

- 祝う (いわう) 축하하다
- 補う (おぎなう) 보충하다
- 至急 (しきゅう) 지급, 시급, 급히
- 地元 (じもと) 그 지방, 근거지
- 率直な (そっちょくな) 솔직한
- 調節 (ちょうせつ) 조절
- 密接な (みっせつな) 밀접한
- 豊富 (ほうふ) 풍부
- 敗れる (やぶれる) 지다, 패배하다
- 要求 (ようきゅう) 요구

2010

- 辛い (からい) 맵다
- 規模 (きぼ) 규모
- 景色 (けしき) 경치, 풍경
- 相互 (そうご) 상호
- 備える (そなえる) 준비하다, 갖추다
- 尊重 (そんちょう) 존중
- 治療 (ちりょう) 치료
- 隣 (となり) 옆
- 触れる (ふれる) 닿다, 접촉하다
- 防災 (ぼうさい) 방재

問題 2　표기 기출 어휘

● 2023

- 機嫌(きげん) 기분
- 捨(す)てる 버리다
- 損失(そんしつ) 손실
- 布(ぬの) 천
- 福祉(ふくし) 복지

● 2022

- 住居(じゅうきょ) 주거
- 診断(しんだん) 진단
- 垂直(すいちょく) 수직
- 備(そな)える 대비하다, 준비하다, 갖추다
- 典型的(てんけいてき) 전형적
- 昇(のぼ)る 떠오르다, 오르다, 올라가다
- 俳優(はいゆう) 배우
- 離(はな)れる 떨어지다, 거리가 멀어지다
- 等(ひと)しい 같다, 동일하다, 동등하다
- 欲(よく) 욕심

● 2021

- 永久(えいきゅう) 영구
- 勧誘(かんゆう) 권유
- 競(きそ)う 경쟁하다, 겨루다
- 弱点(じゃくてん) 약점
- 順調(じゅんちょう) 순조
- 積(つ)もる 쌓이다
- 担(にな)う 짊어지다, 떠맡다
- 返品(へんぴん) 반품
- 豊(ゆた)か 풍족함, 풍부함
- 乱暴(らんぼう) 난폭

2020

- 鮮やか 선명함
- 異色 이색
- 帰省 귀성 (고향에 돌아감)
- 実践 실천
- 縮める 줄이다, 단축하다

2019

- 勇ましい 용감하다
- 違反 위반
- 演技 연기
- 拡張 확장
- 濃い 짙다, 진하다
- 趣味 취미
- 損 손해, 불리함
- 混じる 섞이다
- 見逃す 못 보고 놓치다, 묵인하다
- 陽気 (성격이) 밝고 쾌활한 모양, 날씨

2018

- 介護 개호, 간호
- 系統 계통
- 警備 경비
- 精算 정산
- 束ねる 하나로 묶다
- 迎え 맞이함, 마중
- 省く 줄이다
- 破片 파편
- 養う 기르다, 양육하다
- 豊か 풍족함, 풍부함

問題 2 　 표기 기출 어휘

● 2017

- 荒い（あらい） 거칠다, 난폭하다
- 永久（えいきゅう） 영구
- 好調（こうちょう） 호조, 순조
- 凍る（こおる） 얼다
- 在籍（ざいせき） 재적
- 従う（したがう） 따르다, 좇다
- 救う（すくう） 구하다, 구제하다
- 討論（とうろん） 토론
- 福祉（ふくし） 복지
- 領収書（りょうしゅうしょ） 영수증

● 2016

- 簡潔な（かんけつな） 간결한
- 硬貨（こうか） 경화 (금속 화폐)
- 焦げる（こげる） 타다, 그을리다
- 快い（こころよい） 기분 좋다
- 参照（さんしょう） 참조
- 症状（しょうじょう） 증상
- 製造（せいぞう） 제조
- 招く（まねく） 초대하다, 초래하다
- 催し（もよおし） 행사, 개최
- 保証（ほしょう） 보증

● 2015

- 鮮やかな（あざやかな） 산뜻한, 선명한
- 驚かせる（おどろかせる） 놀라게 하다
- 争う（あらそう） 싸우다
- 腕（うで） 팔
- 距離（きょり） 거리
- 講師（こうし） 강사
- 混乱（こんらん） 혼란
- 指摘（してき） 지적
- 順調（じゅんちょう） 순조
- 恵まれる（めぐまれる） 혜택받다, 풍족하다

46　JLPT 합격 시그널 N2

2014

- 援助(えんじょ) 원조
- 劣る(おとる) 뒤떨어지다
- 詳しい(くわしい) 상세하다
- 逆らう(さからう) 거스르다
- 湿っぽい(しめっぽい) 축축하다, 눅눅하다
- 接続(せつぞく) 접속
- 面倒だ(めんどうだ) 성가시다, 귀찮다
- 批判(ひはん) 비판
- 拾う(ひろう) 줍다, 습득하다
- 破れる(やぶれる) 찢어지다, 깨지다

2013

- 傾く(かたむく) 기울다
- 寄付(きふ) 기부
- 削る(けずる) 깎다, 줄이다
- 講義(こうぎ) 강의
- 招待(しょうたい) 초대
- 真剣(しんけん) 진지함
- 責める(せめる) 비난하다, 책망하다
- 即座に(そくざに) 당장, 즉시
- 努める(つとめる) 힘쓰다, 노력하다
- 果たす(はたす) 완수하다, 달성하다

2012

- 扱う(あつかう) 다루다, 취급하다
- 勢い(いきおい) 기세, 힘
- 至る(いたる) 이르다
- 訪れる(おとずれる) 방문하다
- 肩(かた) 어깨
- 収穫(しゅうかく) 수확
- 積極的(せっきょくてき) 적극적
- 組織(そしき) 조직
- 抵抗(ていこう) 저항
- 導く(みちびく) 인도하다

問題 2 — 표기 기출 어휘

● 2011

- 与(あた)える 주다
- 管理(かんり) 관리
- 誘(さそ)う 권유하다, 꾀다
- 象徴(しょうちょう) 상징
- 属(ぞく)する 속하다
- 登録(とうろく) 등록
- 討論(とうろん) 토론
- 激(はげ)しい 격하다
- 福祉(ふくし) 복지
- 変更(へんこう) 변경

● 2010

- 焦(あせ)る 안달하다, 초조해하다
- 運賃(うんちん) 운임
- 開催(かいさい) 개최
- 暮(く)らす 살다
- 撮影(さつえい) 촬영
- 出世(しゅっせ) 출세
- 頼(たよ)り 의지, 의지하는 사람
- 伝統(でんとう) 전통
- 乱(みだ)れ 혼란, 어지러움
- 礼儀(れいぎ) 예의

問題 1 한자 읽기 연습문제 ①

해설편 8p

問題 1 ＿＿＿の言葉の読み方として最もよいものを、1・2・3・4から一つ選びなさい。

① 私たちは両国の相互発展を願っています。
   1 あいたがい　　2 あいご　　3 そうたがい　　4 そうご

② 外国の歴史や文化に触れたくて海外旅行を計画した。
   1 ふれたくて　　2 それたくて　　3 ぬれたくて　　4 なれたくて

③ 友だちの結婚を祝うために大勢の人が集まった。
   1 いわう　　2 おぎなう　　3 ねがう　　4 よそおう

④ 工場では人材の不足を最新の機械で補っている。
   1 まかなっている　　　　2 おぎなっている
   3 あずかっている　　　　4 あつかっている

⑤ あいさつは略してすぐに問題点を話し合うことにした。
   1 とばして　　2 やくして　　3 のこして　　4 りゃくして

⑥ 小さな石器の破片を集めて、初めの形を作るのは大変な作業だ。
   1 はべん　　2 はけん　　3 はせん　　4 はへん

⑦ 自分が考えるように世の中は動かないことが多い。
   1 よのあいだ　　2 よのなか　　3 せのなか　　4 せのあいだ

⑧ やり方がわからない時、先生が模範を見せて教えてくれた。
   1 ぼはん　　2 もはん　　3 てほん　　4 きほん

⑨ 字を書くときは正しい姿勢が重要です。
   1 しいせ　　2 しせ　　3 しいせい　　4 しせい

⑩ 発車間際の電車に乗車するのは危険だ。
   1 かんさい　　2 まさい　　3 かんぎわ　　4 まぎわ

問題 1 한자 읽기 연습문제 ②

問題 1 ＿＿＿の言葉の読み方として最もよいものを、1・2・3・4から一つ選びなさい。

1 台風の影響で電車の到着が大幅に遅れている。
　1 おおはば　　2 おおふく　　3 おおげさ　　4 おおばん

2 図書館では読んだ本は受付に戻すことになっている。
　1 もどす　　2 かえす　　3 なおす　　4 うつす

3 費用は交通費や食事も含めて、全部で10万円くらいかかります。
　1 こめて　　2 おさめて　　3 つめて　　4 ふくめて

4 愛する気持ちが強いとかえって憎いと思うことがある。
　1 えらい　　2 きらい　　3 みにくい　　4 にくい

5 夏休みは来年の入学試験に備えて毎日予備校に行きます。
　1 おさえて　　2 かぞえて　　3 そなえて　　4 くわえて

6 交流会では各国の代表が伝統芸能を披露した。
　1 ひろ　　2 はろ　　3 ひろう　　4 はろう

7 野球は個人の活躍よりチームの力を競うスポーツです。
　1 きそう　　2 あじわう　　3 うやまう　　4 ねらう

8 さっきから入り口に怪しい人が立っている。
　1 けわしい　　2 おそろしい　　3 あやしい　　4 きびしい

9 友人に出すメールを誤って先生に送った。
　1 まちがって　　2 とどこおって　　3 しくじって　　4 あやまって

10 落ち込んでいる友人に励ましの言葉をかけた。
　1 はげまし　　2 のぞまし　　3 あゆまし　　4 なやまし

問題 1 한자 읽기 연습문제 ③

해설편 12p

問題 1 ＿＿の言葉の読み方として最もよいものを、1・2・3・4から一つ選びなさい。

1 昨日新聞でこちらの求人広告を見ました。
　1　くにゅう　　2　きゅうにゅう　　3　くじん　　4　きゅうじん

2 妹は海が怖いと言いました。
　1　あさい　　2　こわい　　3　あらい　　4　きたない

3 今度の企画は課長のアイデアです。
　1　きかく　　2　けいかく　　3　きが　　4　けいが

4 入学式では新入生代表が誓いの言葉を述べた。
　1　ちかい　　2　いこい　　3　つどい　　4　うれい

5 2台の車が離れて走っていた。
　1　つかれて　　2　はなれて　　3　ながれて　　4　こすれて

6 雨が続いて部屋の中も湿っています。
　1　しぼって　　2　うるおって　　3　しめって　　4　たまって

7 はじめは強火で、5分したら弱くしてください。
　1　きょうか　　2　じゃっか　　3　つよび　　4　よわび

8 高い所から垂直に落ちるのはこわいです。
　1　すいじく　　2　すいちょく　　3　すうじく　　4　すうちょく

9 彼女は早く結婚したいという願望がある。
　1　がんぼう　　2　きぼう　　3　がんもう　　4　きもう

10 この野球部は60年の栄光に輝いた歴史を誇っている。
　1　きらめいた　　2　つらぬいた　　3　みちびいた　　4　かがやいた

問題 1 한자 읽기 연습문제 ④

問題 1　＿＿＿の言葉の読み方として最もよいものを、1・2・3・4から一つ選びなさい。

1　電車の窓から広々した農村の景色を見ていました。
　1　けいしき　　2　けしき　　3　けいしょく　　4　けしょく

2　話し合いをするときは相手の考えを尊重することが必要です。
　1　そんじゅう　　2　ぞんじゅう　　3　そんちょう　　4　ぞんじゅう

3　あの人は地元ではとても有名な経営者だ。
　1　ちもと　　2　ちがん　　3　じもと　　4　じがん

4　この機械には加熱を防ぐ装置がついています。
　1　そうじ　　2　しょうじ　　3　そうち　　4　しょうち

5　この文章は抽象的な表現が多い。
　1　じゅぞうてき　　2　ちゅうぞうてき
　3　じゅしょうてき　　4　ちゅうしょうてき

6　新しく開店したスーパーで会員カードの勧誘をしていた。
　1　かにゅう　　2　かんにゅう　　3　かゆう　　4　かんゆう

7　いくら隠してもすぐにわかってしまう。
　1　かくしても　　2　だましても　　3　さがしても　　4　のがしても

8　一点差で負けたことが本当に悔しかった。
　1　さびしかった　　2　くやしかった　　3　なやましかった　　4　くるしかった

9　勉強も仕事も継続することが力になります。
　1　けいどく　　2　じどく　　3　けいぞく　　4　じぞく

10　冷蔵庫のドアが開いたままです。
　1　れいじょうこ　　2　れいぞうこ　　3　りょうじょうこ　　4　りょうぞうこ

問題 2 표기 연습문제 ①

해설편 16p

問題 2 _____ の言葉を漢字で書くとき、最もよいものを 1・2・3・4 から一つ選びなさい。

1 夏はたくさん汗をかくので、水分の<u>ほきゅう</u>を忘れないようにしましょう。
   1 守給   2 補給   3 保吸   4 補吸

2 学校で<u>れいぎ</u>について学びました。
   1 例儀   2 例義   3 礼儀   4 礼義

3 彼はこれまであったことを<u>そっちょく</u>に話してくれた。
   1 正直   2 即直   3 率直   4 速直

4 いつまでも親に<u>たよって</u>はいけない。
   1 渡って   2 譲って   3 頼って   4 黙って

5 忙しそうだから田中(たなか)さんは<u>さそわなかった</u>。
   1 誘わなかった   2 養わなかった   3 装わなかった   4 疑わなかった

6 環境は生活に大きな影響を<u>あたえる</u>。
   1 投える   2 与える   3 給える   4 届える

7 友人たちが<u>せっきょくてき</u>に協力してくれた。
   1 債朽的   2 債極的   3 積朽的   4 積極的

8 優勝した選手は<u>いたるところ</u>で歓迎を受けた。
   1 倒るところ   2 毎るところ   3 至るところ   4 訪るところ

9 10年前の約束をようやく<u>はたす</u>ことができた。
   1 果たす   2 課たす   3 貼たす   4 達たす

10 今度のことはいくら<u>せめられ</u>てもしかたがない。
   1 責められ   2 慰められ   3 縮められ   4 辞められ

問題 2 표기 연습문제 ②

問題 2　＿＿＿の言葉を漢字で書くとき、最もよいものを1・2・3・4から一つ選びなさい。

1. 学生は先生にさからうことはできなかった。
   1 反らう　　2 断らう　　3 抗らう　　4 逆らう

2. パソコンのことはあまりくわしくありません。
   1 識しく　　2 詳しく　　3 賢しく　　4 博しく

3. 森の中で栗をたくさんひろいました。
   1 拾いました　2 収いました　3 捨いました　4 摂いました

4. 歩いていたら急に車が現れておどろいた。
   1 騒いた　　2 嘆いた　　3 躓いた　　4 驚いた

5. ボールはうでの力ではなく肩を使って投げる。
   1 椀　　2 婉　　3 腕　　4 鋺

6. 手術のあとじゅんちょうに回復しています。
   1 純調に　　2 順調に　　3 純凋に　　4 順凋に

7. 先生は複雑な問題でもかんけつに答えてくれます。
   1 間結に　　2 間潔に　　3 簡結に　　4 簡潔に

8. 無理なお願いだったがこころよく引き受けてくれた。
   1 快く　　2 決く　　3 嬉く　　4 輝く

9. この貯金箱には五百円こうかだけ入れます。
   1 購貨　　2 硬貨　　3 購貸　　4 硬貸

10. 太陽もえいきゅうに輝き続けることはない。
    1 常球に　　2 永球に　　3 常久に　　4 永久に

問題 2 표기 연습문제 ③

해설편 19p

問題 2 ＿＿＿の言葉を漢字で書くとき、最もよいものを 1・2・3・4 から一つ選びなさい。

1. 同じ年に入社したのに、田中(たなか)さんは<u>しゅっせ</u>が早い。
   1. 出世　　　2. 出勢　　　3. 進世　　　4. 進勢

2. 心の<u>そこ</u>まで見られているような気がした。
   1. 外　　　2. 内　　　3. 裏　　　4. 底

3. 自分がしたことを反省して考え方を<u>あらためた</u>。
   1. 新めた　　　2. 改めた　　　3. 革めた　　　4. 更めた

4. 会社の危機を<u>すくう</u>のは君しかいない。
   1. 助う　　　2. 救う　　　3. 拾う　　　4. 収う

5. 冬は道路が<u>こおって</u>危険だ。
   1. 氷って　　　2. 冷って　　　3. 滑って　　　4. 凍って

6. 本の終わりにある解説を<u>さんしょう</u>してください。
   1. 参証　　　2. 参省　　　3. 参詳　　　4. 参照

7. 学校は豊かな自然に<u>めぐまれた</u>所にあります。
   1. 恵まれた　　　2. 恩まれた　　　3. 慈まれた　　　4. 憩まれた

8. 大学で何年か<u>こうし</u>をした後、教授になりました。
   1. 請師　　　2. 請使　　　3. 講師　　　4. 講使

9. 会員になるためには<u>めんどうな</u>手続きが必要です。
   1. 面倒な　　　2. 迷倒な　　　3. 面到な　　　4. 迷到な

10. このパソコンは質問すると<u>そくざ</u>に答えが返ってくる。
    1. 速座　　　2. 則座　　　3. 促座　　　4. 即座

問題 2 표기 연습문제 ④

問題 2 ＿＿＿ の言葉を漢字で書くとき、最もよいものを 1・2・3・4 から一つ選びなさい。

1 この祭りには長いでんとうがあります。
　1 伝説　　2 伝道　　3 伝送　　4 伝統

2 学生は大人よりうんちんが安くなります。
　1 運金　　2 運賃　　3 運針　　4 運責

3 卒業式で記念写真をさつえいしました。
　1 最影　　2 撮憬　　3 最憬　　4 撮影

4 火災が起きて建物がはげしく燃えている。
　1 激しく　　2 厳しく　　3 著しく　　4 乏しく

5 電車の中で何か食べるのはていこうがあります。
　1 低抗　　2 抵抗　　3 低航　　4 抵航

6 農村ではしゅうかくの時期が一番忙しい。
　1 集確　　2 収確　　3 集獲　　4 収穫

7 個人はそしきの中では小さな存在だ。
　1 粗職　　2 組職　　3 粗織　　4 組織

8 車がぶつかった衝撃で信号機がかたむいた。
　1 傾いた　　2 頂いた　　3 領いた　　4 頃いた

9 森を守る運動は市民のきふによって維持されている。
　1 寄扶　　2 寄付　　3 奇扶　　4 奇付

10 誰かの意見をひはんすることは自由です。
　1 非判　　2 非難　　3 批判　　4 批難

3: 問題 3 단어 형성

문제 유형
의미가 연결되는 접두어·접미어를 찾는 문제와 복합 동사를 찾는 문제가 나온다. 최근 5문항에서 3문항으로 문제가 줄면서 접두어·접미어를 찾는 문제가 주로 나오고 있지만, 두 유형을 함께 공부해 두도록 하자.

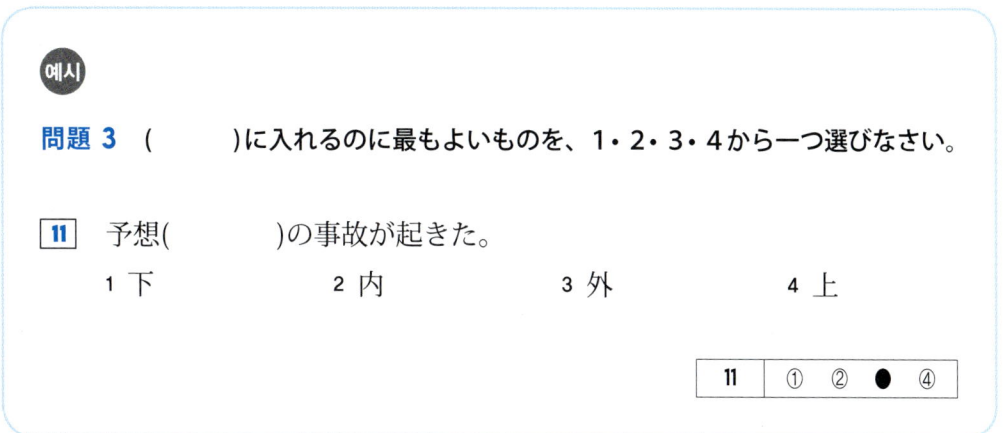

문제 풀이 포인트
접두어나 접미어가 붙어 만들어지는 단어의 형태는 일본어와 한국어가 거의 동일하다.

예시 문제를 보면, '예상하지 못했던 사고가 일어났다'라는 의미의 문장이므로 「予想 예상」뒤에는 명사 단어 뒤에 붙어 '벗어나다, 빗나가다'라는 뜻을 더하는 「外 외, 밖」가 들어가야 한다.

단어 형성 파트는 한국인 수험생에게 유리하므로 충분히 학습하여 좋은 결과를 얻도록 하자.

問題 3 단어 형성 출제 예상 어휘

학습 포인트
출제 비중에 맞추어 접두어·접미어, 복합 동사 순으로 정리했다.

1: 접두어

☐ 仮~ (かり)	仮採用 (かりさいよう) 임시 채용	仮免許 (かりめんきょ) 임시 면허	仮契約 (かりけいやく) 임시 계약
☐ 軽~ (けい)	軽音楽 (けいおんがく) 경음악	軽犯罪 (けいはんざい) 경범죄	軽自動車 (けいじどうしゃ) 경자동차
☐ 高~ (こう)	高評価 (こうひょうか) 고평가	高得点 (こうとくてん) 고득점	高気圧 (こうきあつ) 고기압
☐ 好~ (こう)	好条件 (こうじょうけん) 호조건	好景気 (こうけいき) 호경기	好敵手 (こうてきしゅ) 호적수
☐ 再~ (さい)	再評価 (さいひょうか) 재평가	再開発 (さいかいはつ) 재개발	再試験 (さいしけん) 재시험
☐ 準~ (じゅん)	準会員 (じゅんかいいん) 준회원	準教授 (じゅんきょうじゅ) 준교수	準戦時 (じゅんせんじ) 준전시
☐ 全~ (ぜん)	全世界 (ぜんせかい) 전 세계	全国民 (ぜんこくみん) 전 국민	全学生 (ぜんがくせい) 전 학생, 전체 학생
☐ 総~ (そう)	総動員 (そうどういん) 총동원	総選挙 (そうせんきょ) 총선거	総収入 (そうしゅうにゅう) 총수입
☐ 大~ (だい)	大家族 (だいかぞく) 대가족	大都市 (だいとし) 대도시	大躍進 (だいやくしん) 대약진
☐ 生~ (なま)	生放送 (なまほうそう) 생방송	生クリーム (なまクリーム) 생크림	生ゴミ (なまゴミ) 음식물 쓰레기
☐ 非~ (ひ)	非暴力 (ひぼうりょく) 비폭력	非常識 (ひじょうしき) 비상식	非武装 (ひぶそう) 비무장
☐ 不~ (ふ)	不登校 (ふとうこう) 등교 거부	不まじめな (ふまじめな) 불성실한	不用品 (ふようひん) 쓰지 않는 물건
☐ 副~ (ふく)	副収入 (ふくしゅうにゅう) 부수입	副作用 (ふくさよう) 부작용	副産物 (ふくさんぶつ) 부산물
☐ 真~ (ま)	真夜中 (まよなか) 한밤중	真夏日 (まなつび) 한여름 날	真心 (まごころ) 진심

☐ 未~	未公開 미공개	未解決 미해결	未発表 미발표
☐ 無~	無意識 무의식	無感覚 무감각	無秩序 무질서
☐ トップ~	トップシークレット 톱시크릿, 극비	トップクラス 톱클래스, 최상위	トップダウン 톱다운, 조직 상부에서 하부로 방침이나 명령이 전달되는 시스템

2: 접미어

☐ ~化	一般化 일반화	高齢化 고령화	少子化 저출산화
☐ ~界	社交界 사교계	政治界 정치계	学界 학계
☐ ~感	期待感 기대감	責任感 책임감	危機感 위기감
☐ ~観	価値観 가치관	世界観 세계관	人生観 인생관
☐ ~級	最高級 최고급	最上級 최상급	プロ級 프로급
☐ ~金	税金 세금	入学金 입학금	奨学金 장학금
☐ ~権	所有権 소유권	主導権 주도권	選挙権 선거권
☐ ~先	行き先 행선지	勤め先 근무처	取引先 거래처
☐ ~誌	女性誌 여성지	機関誌 기관지	月刊誌 월간지
☐ ~状	招待状 초대장	年賀状 연하장	挑戦状 도전장
☐ ~図	設計図 설계도	案内図 안내도	解剖図 해부도
☐ ~性	両面性 양면성	可能性 가능성	正確性 정확성
☐ ~製	日本製 일본제	自家製 집에서 만듦	金属製 금속제, 금속으로 만듦
☐ ~賃	家賃 집세	運賃 운임	手間賃 품삯

問題 3　단어 형성 출제 예상 어휘

□ ～的	比較的 비교적	一般的 일반적	現実的 현실적
	典型的 전형적	実用的 실용적	理想的 이상적
□ ～人	差出人 발송인	受取人 수취인	知識人 지식인
□ ～費	人件費 인건비	交通費 교통비	教育費 교육비
□ ～風	西洋風 서양풍	学者風 학자풍	現代風 현대풍
□ ～率	出生率 출생률	競争率 경쟁률	就職率 취업률

3 : 복합 동사

□ 当て	当てはまる 들어맞다, 적합하다	当てはめる 맞추다, 적용하다
□ 受け	受け取る 받다, 수령하다	受け持つ 담당하다
	受け止める 받아들이다	
□ 打ち	打ち合わせる 미리 논의하다	打ちのめす 때려눕히다, 박살내다
□ 売り	売り切れる 다 팔리다, 매진되다	売り出す 팔기 시작하다
□ 追い	追いかける 뒤쫓아가다	追い越す 추월하다
	追いつく 따라잡다	追い出す 쫓아내다, 몰아내다
□ 思い	思い出す 기억해내다, 떠올리다	思いつく 갑자기 생각이 떠오르다
	思いつめる 깊이 생각하다	思い込む 믿어 버리다, 마음먹다
□ 書き	書き込む 기입하다	書き写す (글·그림 등을) 베껴 쓰다, 모사하다
	書き留める 적어두다, 기록하다	書き上げる 다 쓰다

☐ 組み	組み合わせる 짜맞추다, 편성하다	組みつく 맞붙다, 달라붙다
	組み込む 짜넣다, 편입시키다	
☐ 立ち	立ち止まる 멈춰 서다	立ち直る 다시 일어서다
☐ 立て	立てこもる 틀어박히다, 농성하다	立て替える 대금을 대신 치르다
☐ 取り	取り上げる 집어 들다, 채택하다	取り扱う 다루다, 취급하다
	取り入れる 도입하다	取り組む 맞붙다, 몰두하다, 추진하다
☐ 乗り	乗り切る 극복하다	乗り越える 극복하다
	乗り越す 내릴 곳(하차 역)을 지나치다	乗り過ごす 내릴 곳(하차 역)을 지나치다
☐ 引き	引きずる 질질 끌다, 지연시키다	引き起こす 일으키다, 야기하다
	引き受ける (책임을 지고) 떠맡다	
☐ 見	見当たる 발견되다, 눈에 띄다	見送る 배웅하다, 보류하다
	見かける 눈에 띄다	見つめる 바라보다, 응시하다
	見慣れる 늘 보아 익숙하다, 낯익다	見渡す 멀리 바라보다, 조망하다
☐ やり	やり直す 다시 하다	やり遂げる 끝까지 해내다, 완수하다
	やり通す 끝까지 하다	
☐ 呼び	呼びかける 호소하다	呼び起こす 불러일으키다, 환기하다
	呼び出す 불러내다	

問題 3 단어 형성 기출 어휘

● 2023

- 壁際(かべぎわ) 벽가, 벽 쪽
- 日本風(にほんふう) 일본풍
- 無回答(むかいとう) 무응답

● 2022

- 異分野(いぶんや) 다른 분야
- 顔写真付き(かおじゃしんつき) 증명사진 포함
- 貴団体(きだんたい) 귀하의 단체 ('상대방의 단체'의 존칭)
- 現制度(げんせいど) 현 제도
- 低価格(ていかかく) 저가
- 用心深く(ようじんぶかく) 신중하게, 조심스럽게

● 2021

- 仮処分(かりしょぶん) 가처분
- 現社長(げんしゃちょう) 현 사장, 현재의 사장
- 同社(どうしゃ) 같은 회사, 그 회사
- 花の見頃(はなのみごろ) 꽃 구경 절정기
- 別会場(べつかいじょう) 다른 회장
- ボール状(じょう) 볼 상, 볼 모양

● 2020

- 再提出(さいていしゅつ) 다시 제출
- 都会育ち(とかいそだち) 도시에서 자람
- 一仕事(ひとしごと) 어떤 큰 일·사업

● 2019

- 悪影響(あくえいきょう) 악영향
- アメリカ流(りゅう) 미국류(스타일)
- 政治色(せいじしょく) 정치색
- 前町長(ぜんちょうちょう) 전(이전) 읍장
- 頼みづらい(たのみづらい) 부탁하기 어렵다
- 別れ際に(わかれぎわに) 헤어지려고 할 때

2018

- 学年別 (がくねんべつ) 학년별
- 進学率 (しんがくりつ) 진학률
- スキー場 (スキーじょう) 스키장
- 送信元 (そうしんもと) 송신원
- 働き手 (はたらきて) 일손, 일꾼
- 副大臣 (ふくだいじん) 부대신, 차관
- 無計画 (むけいかく) 무계획
- 来学期 (らいがっき) 다음 학기

2017

- 会員制 (かいいんせい) 회원제
- 会社員風 (かいしゃいんふう) 회사원풍, 회사원 같은
- 家族連れ (かぞくづれ) 가족 동반
- 諸外国 (しょがいこく) 여러 외국
- 初年度 (しょねんど) 초년도, 첫 해
- 住宅街 (じゅうたくがい) 주택가
- 前社長 (ぜんしゃちょう) 전(이전) 사장
- 低カロリー (ていカロリー) 저칼로리
- 真後ろ (まうしろ) 바로 뒤
- 不正確 (ふせいかく) 부정확

2016

- 異文化 (いぶんか) 이문화
- 管理下 (かんりか) 관리하, 관리 아래
- 結婚観 (けっこんかん) 결혼관
- 高水準 (こうすいじゅん) 높은 수준
- 再開発 (さいかいはつ) 재개발
- 主成分 (しゅせいぶん) 주성분
- 日本式 (にほんしき) 일본식
- 年代順 (ねんだいじゅん) 연대순
- 未使用 (みしよう) 미사용
- 勉強漬け (べんきょうづけ) 공부에 열중함, 공부벌레

2015

- 悪影響 (あくえいきょう) 악영향
- 応援団 (おうえんだん) 응원단
- 現実離れ (げんじつばなれ) 현실과 동떨어짐

問題 3 단어 형성 기출 어휘

- ☐ 子供連れ 어린이 동반
- ☐ 招待状 초대장
- ☐ 成功率 성공률
- ☐ 真新しい 아주 새롭다
- ☐ 無責任 무책임
- ☐ 副社長 부사장
- ☐ 和風 일본풍, 일본식

● 2014

- ☐ 一日おきに 하루 걸러
- ☐ 期限切れ 기한이 끝남
- ☐ 危険性 위험성
- ☐ 高性能 고성능
- ☐ 作品集 작품집
- ☐ 諸問題 여러 문제
- ☐ 線路沿い 선로변
- ☐ 電車賃 전차 요금
- ☐ 未経験 미경험
- ☐ ムード一色 무드 일색

● 2013

- ☐ 音楽全般 음악 전반
- ☐ 薄暗い 좀 어둡다, 침침하다
- ☐ 親子連れ 부모 자식이 동행
- ☐ 風邪気味 감기 기운
- ☐ 再提出 재(다시) 제출
- ☐ 最有力 가장 유력
- ☐ 食器類 식기류
- ☐ 準決勝 준결승
- ☐ 東京駅発 도쿄역 출발
- ☐ 夏休み明け 여름 방학이 끝남(끝난 직후)

● 2012

- ☐ アルファベット順 알파벳순
- ☐ 仮採用 임시 채용
- ☐ 国際色 국제적 색채
- ☐ 諸外国 여러 외국
- ☐ 低価格 낮은 가격
- ☐ 投票率 투표율
- ☐ 日本流 일본류, 일본식
- ☐ 真夜中 한밤중

- [ ] 半透明(はんとうめい) 반투명
- [ ] ビジネスマン風(ふう) 비즈니스맨풍(모습)

2011

- [ ] 悪条件(あくじょうけん) 악조건
- [ ] 医学界(いがくかい) 의학계
- [ ] 一日(いちにち)おきに 하루 걸러
- [ ] クリーム状(じょう) 크림 상태
- [ ] 現段階(げんだんかい) 현 단계
- [ ] 準優勝(じゅんゆうしょう) 준우승
- [ ] 総売上(そううりあげ) 총 매상(매출)
- [ ] 非公式(ひこうしき) 비공식
- [ ] 文学賞(ぶんがくしょう) 문학상
- [ ] 来(らい)シーズン 다음 시즌

2010

- [ ] 旧制度(きゅうせいど) 구제도, 이전의 제도
- [ ] 高収入(こうしゅうにゅう) 고수입
- [ ] 再放送(さいほうそう) 재방송
- [ ] 就職率(しゅうしょくりつ) 취직률, 취업률
- [ ] 集中力(しゅうちゅうりょく) 집중력
- [ ] 商店街(しょうてんがい) 상점가
- [ ] 諸問題(しょもんだい) 여러 문제
- [ ] 2対(たい)1 2대1
- [ ] 副社長(ふくしゃちょう) 부사장
- [ ] 予約制(よやくせい) 예약제

問題 3 단어 형성 연습문제 ①

해설편 23p

問題 3 (　　)に入れるのに最もよいものを、1・2・3・4から一つ選びなさい。

1　美術館は近代的な建物だが中には日本(　　)の庭があって休むことができた。
　　1　様　　　　2　風　　　　3　版　　　　4　形

2　かぜ薬の(　　)作用で眠くなってきた。
　　1　本　　　　2　従　　　　3　副　　　　4　主

3　今年も年賀(　　)を書く時期になりました。
　　1　書　　　　2　便　　　　3　状　　　　4　集

4　(　　)約束だけでは心配なので、文書にしてもらった。
　　1　にせ　　　2　口　　　　3　から　　　4　手

5　あの橋は長い間工事をしているがまだ(　　)完成だ。
　　1　半　　　　2　未　　　　3　分　　　　4　不

6　このホテルは朝食(　　)で1泊8,000円だ。
　　1　入り　　　2　連れ　　　3　付き　　　4　含み

7　これは、あの(　　)監督が10年ぶりに撮った映画だ。
　　1　名　　　　2　優　　　　3　最　　　　4　巨

8　博物館の展示はふつう年代(　　)に並んでいる。
　　1　順　　　　2　先　　　　3　式　　　　4　差

9　赤字が続いて、その会社は倒産の危機に(　　)込まれた。
　　1　追い　　　2　巻き　　　3　踏み　　　4　引き

10　その事件は今日の新聞の(　　)ニュースになった。
　　1　キー　　　2　ネット　　3　ホット　　4　トップ

問題 3 単語 形成 연습문제 ②   해설편 25p

問題 3 (　　　)に入れるのに最もよいものを、1・2・3・4から一つ選びなさい。

1 まだ在庫があるかどうか製造(　　　)に問い合わせた。
　　1　先　　　　2　側　　　　3　宛　　　　4　元

2 車の運転を習った人たちが試験(　　　)で順番を待っている。
　　1　場　　　　2　所　　　　3　会　　　　4　車

3 駅前の商店(　　　)では秋のセールをしている。
　　1　群　　　　2　道　　　　3　団　　　　4　街

4 最近企業の中で(　　　)業種間の交流がさかんだ。
　　1　異　　　　2　違　　　　3　変　　　　4　逆

5 新しい政府は(　　　)政権の政策を続けると発表した。
　　1　元　　　　2　前　　　　3　去　　　　4　先

6 生産工場には最新(　　　)の設備が導入された。
　　1　式　　　　2　風　　　　3　様　　　　4　版

7 地方の警察は中央の指揮(　　　)に動いている。
　　1　元　　　　2　下　　　　3　属　　　　4　別

8 暑さや空気の少なさなどの(　　　)条件の中でも選手たちはよく走った。
　　1　苦　　　　2　悪　　　　3　痛　　　　4　異

9 このロボットには人工頭脳が(　　　)込まれている。
　　1　押し　　　2　詰め　　　3　組み　　　4　叩き

10 彼は連日の残業で疲れ(　　　)しまった。
　　1　ぬけて　　2　はてて　　3　とおして　4　つくして

4 : 問題4 문맥 규정

문제 유형
괄호에 들어갈 알맞은 어휘를 문장 흐름에 맞게 고르는 문제이다.

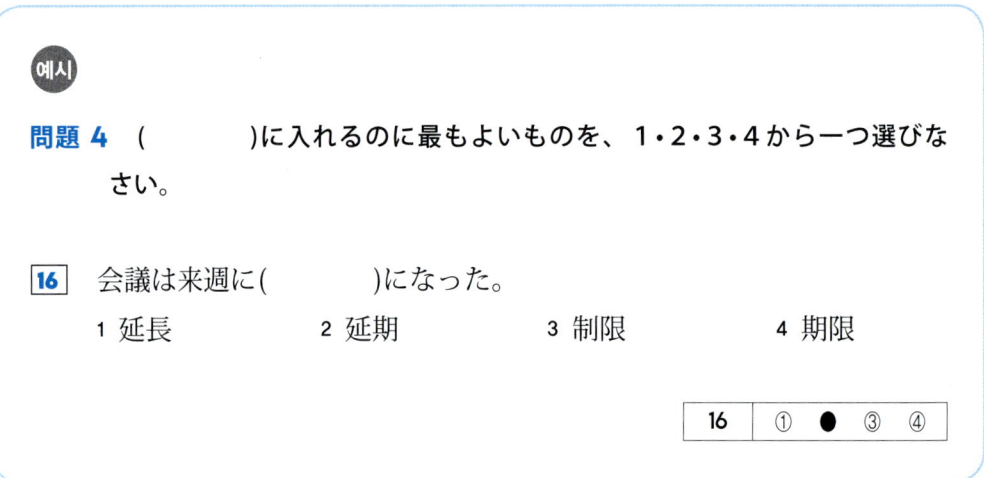

문제 풀이 포인트
선택지에 의미가 비슷하거나 한자의 형태가 비슷한 단어가 나오므로 혼동하지 않도록 주의하자.

예시 문제를 보면, 괄호 안에는 '정해진 기한을 뒤로 늘린다'는 뜻의 「延期 연기」가 들어가야 한다.
「延 늘릴 연」이 들어가 있어 혼동할 수 있는 1번의 「延長 연장」은 '사물이나, 시간, 거리 등의 길이를 늘린다'는 뜻으로 기한을 뒤로 미룬다는 의미는 없으므로 답이 될 수 없다.

문제가 어렵게 느껴진다면 선택지에 나온 단어를 괄호에 대입하여 해석해 보자. 선택지 단어를 하나씩 넣고 해석하다 보면 문장 흐름에 맞는 단어를 찾는 데 도움이 된다.

問題 4　문맥 규정 출제 예상 어휘

학습 포인트
문맥 규정 파트에서는 명사, 동사, 형용사, 부사가 골고루 출제된다. 이번 파트에서는 〈問題 1·2〉 한자 읽기·표기 파트에서 충분히 학습한 명사 이외의 품사를 집중해서 공부하도록 하자.

1: 동사

□ 遭う 만나다, 겪다	交通事故に遭ってから、車に乗るのが怖くなった。	교통사고를 당한 후로 차를 타는 것이 무서워졌다.
□ 諦める 포기하다, 단념하다	経済的に無理があって留学は諦めるしかなかった。	경제적으로 무리가 있어서 유학은 포기할 수밖에 없었다.
□ 飽きる 질리다, 싫증나다	何かを始めてもすぐ飽きてしまって長く続かない。	무언가를 시작해도 금방 질려 버려서 오래 가지 않는다.
□ 呆れる 질리다, 기가 막히다	大人になっても親から小遣いをもらうなんて呆れてしまう。	어른이 돼서도 부모에게 용돈을 받다니 기가 막힌다.
□ 揚げる 튀기다	新鮮な材料を揚げた天ぷらほどおいしいものはない。	신선한 재료를 튀긴 튀김만큼 맛있는 건 없다.
□ 憧れる 동경하다	子どものころからずっと宇宙飛行士に憧れていた。	어릴 때부터 계속 우주 비행사를 동경했었다.
□ 預かる 맡다, 보관하다	大きな荷物はホテルのフロントで預かってくれる。	큰 짐은 호텔 프런트에서 보관해 준다.
□ 当たる 맞다, 부딪히다	今まで宝くじには一度も当たったことがない。	지금까지 복권에는 한 번도 당첨된 적이 없다.
□ 溢れる 가득 차 넘치다	大雨が続いて川の水が今にも溢れそうだ。	큰 비가 계속돼서 강물이 당장이라도 넘칠 것 같다.
□ 謝る 사과하다	こんなにひどいことをして謝っただけではすまない。	이렇게 심한 짓을 하고서 사과하는 것만으로는 해결되지 않는다.
□ 表す 나타내다, 드러내다	この表は10年間に人口がどのくらい減ったかを表している。	이 표는 10년 동안에 인구가 어느 정도 줄었는지를 나타낸다.

問題 4 　문맥 규정 출제 예상 어휘

□ 荒れる 거칠어지다	台風で海が荒れているときに船を出すのは危険だ。 태풍으로 바다가 거칠어져 있을 때에 배를 내보내는 것은 위험하다.
□ 合わせる 합치다, 모으다	往復の交通費と食事代、宿泊費を合わせて一人3万円になる。 왕복 교통비와 식사비, 숙박비를 합쳐서 한 명에 3만 엔이 된다.
□ いじめる 괴롭히다	動物の世界でも人間のように弱いものをいじめることがある。 동물의 세계에서도 인간처럼 약한 것을 괴롭히는 일이 있다.
□ 悼む 애도하다	今度の地震で亡くなった方たちを悼む追悼式が行われた。 이번 지진으로 돌아가신 분들을 애도하는 추도식이 열렸다.
□ 抱く 안다, (마음 속에) 품다	高校を卒業した彼は大きな夢を抱いて東京で就職した。 고등학교를 졸업한 그는 큰 꿈을 품고 도쿄에서 취직했다.
□ いばる 뽐내다, 으스대다	周りから実力者だと言われ、いばっている人は信頼できない。 주위에서 실력자란 말을 듣고 으스대는 사람은 신뢰할 수 없다.
□ 嫌がる 싫어하다	うちの犬はいつもと違うえさをあげると、嫌がって食べない。 우리 개는 평소와 다른 사료를 주면 싫어하면서 먹지 않는다.
□ 居る (생물) 있다, 존재하다	彼は今どこに居るのかさっきから何度電話しても全然出ない。 그는 지금 어디에 있는지 아까부터 여러 번 전화해도 전혀 받지 않는다.
□ 炒る 볶다	豆をフライパンで炒るといい匂いがしてきた。 콩을 프라이팬에 볶자 좋은 냄새가 났다.
□ 植える 심다	8年前に植えた柿の木に今年は大きな柿が生った。 8년 전에 심은 감나무에 올해는 큰 감이 열렸다.
□ 浮かぶ 뜨다, (표면에) 나타나다	湖に浮かぶボートの色がとてもきれいに見える。 호수에 떠 있는 보트 색이 굉장히 아름답게 보인다.
□ 訴える 호소하다, 고소하다	患者は医師にひどい頭痛がすることを訴えた。 환자는 의사에게 심한 두통이 있는 것을 호소했다.
□ うなずく 수긍하다, 고개를 끄덕이다	子どもは先生の言葉にうなずきながら話を聞いた。 아이는 선생님의 말씀에 고개를 끄덕이며 이야기를 들었다.
□ うなる 신음하다	医師も薬も不足する中で大勢の患者が痛みにうなっている。 의사도 약도 부족한 가운데 많은 환자가 고통으로 신음하고 있다.

□ 奪う (うばう) 빼앗다, (경기에서) 득점을 하다	その選手は一人で5点もゴールを奪った。 그 선수는 혼자서 5점이나 골을 넣었다.
□ 埋まる (うまる) 묻히다	伝説によればこの山のどこかに金が埋まっているという。 전설에 의하면 이 산 어딘가에 금이 묻혀 있다고 한다.
□ 裏返す (うらがえす) 뒤집다	この服は裏返して着れば夜でも目立つ色になる。 이 옷은 뒤집어 입으면 밤에도 눈에 띄는 색이 된다.
□ 裏切る (うらぎる) 배신하다	実力が出せなくて、みんなの期待を裏切り申し訳ない。 실력이 나오지 않아 모두의 기대를 배신해서 죄송하다.
□ 恨む (うらむ) 원망하다	誰かを恨むより自分の努力が足りないことを反省しよう。 누군가를 원망하기보다 자신의 노력이 부족한 것을 반성하자.
□ 羨む (うらやむ) 부러워하다	今までどんなにつらくても他の人を羨んだことはない。 지금까지 아무리 괴로워도 다른 사람을 부러워한 적은 없다.
□ 売れる (うれる) 팔리다, 널리 알려지다	今年は明るい色のくつがよく売れている。 올해는 밝은 색의 구두가 잘 팔리고 있다.
□ 終える (おえる) 끝마치다, 끝내다	仕事を終えたら会社の人たちとお酒を飲むことが多い。 일을 끝내면 회사 사람들과 술을 마시는 일이 많다.
□ 覆う (おおう) 덮다, 씌우다	山は白い雪に覆われて別の世界のようだった。 산은 하얀 눈으로 뒤덮여 다른 세계 같았다.
□ 送る (おくる) 보내다, 부치다	今日午前中に送れば明日の午後には着くだろう。 오늘 오전 중에 보내면 내일 오후에는 도착할 것이다.
□ 教わる (おそわる) 배우다	漢字は小学校に入るとすぐに教わるがなかなか覚えられない。 한자는 초등학교에 들어가면 바로 배우지만 좀처럼 외워지지 않는다.
□ 脅かす (おどかす) 위협하다, 놀라게 하다	子どもを脅かそうと大声を出したら泣き出した。 아이를 놀래키려고 큰 소리를 냈더니 울기 시작했다.
□ 覚える (おぼえる) 기억하다, 암기하다	家族で旅行に行ったときのことはよく覚えている。 가족끼리 여행 갔을 때의 일은 잘 기억하고 있다.
□ 溺れる (おぼれる) 물에 빠지다, 탐닉하다	溺れた子どもを助けようと何人もの人が海に飛び込んだ。 물에 빠진 아이를 구하려고 많은 사람이 바다에 뛰어들었다.

問題 4 문맥 규정 출제 예상 어휘

☐ 飼う 기르다, 사육하다	一人で生活している人はペットを飼うことが多い。 혼자서 생활하는 사람은 반려동물을 키우는 경우가 많다.	
☐ 関わる 관계되다, 관계하다	今度の事件には政治家が関わっていると思われる。 이번 사건에는 정치가가 관련되어 있다고 여겨진다.	
☐ 輝く 빛나다, 반짝이다	高い山から見る夜の空にはたくさんの星が輝いていた。 높은 산에서 보는 밤하늘에는 많은 별이 반짝이고 있었다.	
☐ かく 긁다	虫に刺されたところをかいていたら血が出てきた。 벌레에 물린 곳을 긁었더니 피가 나왔다.	
☐ 隠れる 숨다	小さなネコが床の下に隠れてこちらをじっと見ていた。 작은 고양이가 마루 아래에 숨어서 이쪽을 가만히 보고 있다.	
☐ 欠ける 빠지다, 부족하다, 흠지다	チームのメンバーが一人でも欠けたら試合に出られない。 팀 멤버가 한 명이라도 빠지면 시합에 나갈 수 없다.	
☐ 稼ぐ (돈·시간 등을) 벌다, 수입을 얻다	アルバイトで稼いだお金は貯金して海外旅行をするつもりだ。 아르바이트로 번 돈은 저금해서 해외여행을 갈 생각이다.	
☐ 数える 수를 세다	これまで集めた切手を数えたら1,000枚以上あった。 지금까지 모은 우표를 세었더니 1,000장 이상 있었다.	
☐ 片付く 정돈되다, 해결되다	引っ越ししてから一週間経ってようやく荷物が片付いた。 이사한 후로 일주일 지나 간신히 짐이 정리되었다.	
☐ 語る 이야기하다, 말하다	老人が語る話は信じられないことばかりだった。 노인이 말하는 이야기는 믿을 수 없는 것뿐이있다.	
☐ 叶う 이루어지다	もしこの願いが叶ったら誰よりも両親に知らせてあげたい。 만약 이 소원이 이루어진다면 누구보다도 부모님께 알려드리고 싶다.	
☐ 悲しむ 슬퍼하다	大好きだった犬の死を悲しむ気持ちはよくわかる。 정말 좋아했던 강아지의 죽음을 슬퍼하는 마음은 잘 안다.	
☐ 兼ねる 겸하다	この書類は施設の利用申込書も兼ねている。 이 서류는 시설 이용 신청서도 겸하고 있다.	
☐ 刈る 베다, 깎다	公園の芝生を刈る機械の音がうるさくて声が聞こえない。 공원 잔디를 깎는 기계 소리가 시끄러워서 목소리가 들리지 않는다.	

□ 枯れる 마르다, 시들다	一生懸命にチームを応援していたら声が枯れてしまった。 열심히 팀을 응원했더니 목소리가 갈라져 버렸다.
□ かわいがる 귀여워하다	祖父は孫をかわいがって毎日遊んでやっていた。 조부는 손자를 귀여워해서 매일 놀아 주었다.
□ 代わる 대신하다, 바뀌다	今は大体の書類がはんこの代わりにサインでもよくなった。 지금은 대부분의 서류가 도장 대신 사인을 해도 되게 되었다.
□ 嫌う 싫어하다, 미워하다	疲れたり、危険な仕事を嫌うのは若い人だけではない。 피곤하거나 위험한 일을 싫어하는 것은 젊은 사람뿐만이 아니다.
□ 区切る 구획 짓다, 구분하다	男女の役割をはっきりと区切るのは難しいことだ。 남녀의 역할을 확실히 구분하는 것은 어려운 일이다.
□ 崩れる 무너지다, 붕괴하다	台風で山の一部が崩れて道路が不通になった。 태풍으로 산 일부가 무너져서 도로가 다니지 못하게 됐다.
□ くたびれる 지치다, 피로하다	休まず3時間も歩き続けたのでくたびれてしまった。 쉬지 않고 3시간이나 계속 걸어서 지쳐 버렸다.
□ くっつける 붙이다	自動車の後ろの窓に初心者マークをくっつけた。 자동차의 뒤쪽 창문에 초보 마크를 붙였다.
□ 組む 엇걸다, 엮다, 짜다	この建物は天然の木を組んで作った壁でできている。 이 건물은 천연 나무를 엮어서 만든 벽으로 만들어져 있다.
□ 狂う 미치다	犬が夜中に突然狂ったように吠え始めて驚いた。 개가 한밤중에 갑자기 미친듯이 짖기 시작해서 놀랐다.
□ 苦しむ 괴로워하다	けがや病気に苦しみながら彼は世界大会で優勝までした。 부상과 병으로 괴로워하면서 그는 세계 대회에서 우승까지 했다.
□ 蹴る 걷어차다, 거절하다	いたずらで蹴ったボールで家のガラス窓を壊してしまった。 장난으로 찬 공으로 집 유리창을 깨뜨려 버렸다.
□ 焦がす 그을리다, 태우다	魚を焼くときに気をつけないと時々焦がすことがある。 생선을 구울 때에 조심하지 않으면 때때로 태우는 일이 있다.
□ こぼす 흘리다, 엎지르다	よそ見をしていたら持っていたコーヒーをこぼしてしまった。 한눈을 팔았더니 들고 있던 커피를 쏟아 버렸다.

問題 4 문맥 규정 출제 예상 어휘

☐ こぼれる 넘쳐흐르다	鍋からこぼれないように水は少なく入れたほうがいい。 냄비에서 흘러 넘치지 않도록 물은 적게 넣는 편이 좋다.	
☐ 混む 붐비다	朝の通勤時間には電車の中が混んでいて座れない。 아침 통근 시간에는 전철 안이 붐벼서 앉을 수 없다.	
☐ 堪える 참다, 억제하다	冬でもこのくらいの寒さならまだ堪えられる。 겨울이라도 이 정도 추위라면 아직 참을 수 있다.	
☐ 転ぶ 구르다, 넘어지다	道で転んだ時にひざをぶつけて傷が残った。 길에서 넘어졌을 때 무릎을 부딪혀서 상처가 남았다.	
☐ 遡る 거슬러 올라가다	この地域の開発は今から150年前に遡る。 이 지역의 개발은 지금으로부터 150년 전으로 거슬러 올라간다.	
☐ 指す 가리키다, 지적하다	普通、児童は小学生、生徒は中高生、学生は大学生を指す。 보통, 아동은 초등학생, 생도는 중고생, 학생은 대학생을 가리킨다.	
☐ さびる 녹슬다, 무디어지다	いつも自転車を外においてあるのでさびてしまった。 늘 자전거를 밖에 놓아 두기 때문에 녹슬어 버렸다.	
☐ 妨げる 방해하다	血液の中にこの成分が多くなると血液の流れを妨げる。 혈액 속에 이 성분이 많아지면 혈액의 흐름을 방해한다.	
☐ 敷く 깔다, 펴다	花見をするときは地面にシートを敷いて座る。 꽃놀이를 할 때는 땅에 시트를 깔고 앉는다.	
☐ 茂る 우거지다, 무성해지다	森の中にはいろいろな種類の木が茂っている。 숲 속에는 여러 가지 종류의 나무가 우거저 있다.	
☐ 支払う 지불하다	毎月末には電気料金や水道料金を銀行で支払う。 매달 말에는 전기 요금과 수도 요금을 은행에서 지불한다.	
☐ 縛る 묶다, 붙들어 매다	柿を縄で縛ってつなぎ、外に出しておくと自然に甘くなる。 감을 새끼줄로 묶고 연결해서 밖에 내놓으면 저절로 달아진다.	
☐ 痺れる 마비되다, 저리다	長い時間畳に座っていたら足が痺れて立てなくなった。 장시간 다다미에 앉아 있었더니 발이 저려서 일어날 수 없게 되었다.	
☐ 退く 물러나다, 비키다	敵の数があまりに多いので一度後方に退くことにした。 적의 수가 너무 많으므로 일단 후방으로 물러나기로 했다.	

□ 過ごす (시간을) 보내다	夏休みは故郷の家に帰ってゆっくり過ごすつもりだ。 여름 방학은 고향 집에 돌아가서 여유롭게 보낼 생각이다.
□ 勧める 권하다	昼食時間には混むので11時半までに来ることを勧める。 점심시간에는 붐비니 11시 반까지 오는 것을 추천한다.
□ 進める 진행하다, 나아가게 하다	計画を進める前に関係者に確認を取る必要がある。 계획을 진행하기 전에 관계자에게 확인을 받을 필요가 있다.
□ 滑る 미끄러지다	雪が降った後、道路が凍って滑りやすくなっている。 눈이 내린 후, 도로가 얼어서 미끄러지기 쉬워 졌다.
□ 済ませる 끝내다, 마치다	シャワーを済ませてから食事をしたほうが気分がいい。 샤워를 끝내고 나서 식사를 하는 편이 기분이 좋다.
□ 済む 끝나다, 해결되다	仕事はもう少しで済むから少し待っていてほしい。 일은 조금 있으면 끝나니까 잠시 기다려 주면 좋겠다.
□ ずらす 겹치지 않게 비켜 놓다, 어긋나게 하다	ゴールの位置を少しずらしたら入りやすくなった。 골 위치를 조금 비켜 놨더니 들어가기 쉬워졌다.
□ 接する 접하다, 접촉하다	二つのグループは離れていて接する機会がない。 두 개의 그룹은 떨어져 있어서 접할 기회가 없다.
□ 注ぐ 붓다, 따르다	熱いお湯を注いで3分待てばできあがる。 뜨거운 물을 붓고 3분 기다리면 완성된다.
□ 剃る (수염·머리 등을) 깎다, 밀다	毎朝ひげを剃るのは面倒だが仕方がない。 매일 아침 수염을 깎는 것은 귀찮지만 어쩔 수가 없다.
□ 揃う 구비되다, 갖춰지다	ホテルの部屋には顔を洗う時に必要なものが揃っている。 호텔 방에는 얼굴을 씻을 때 필요한 것이 구비되어 있다.
□ 倒れる 쓰러지다	たくさんの建物が倒れるくらい今度の地震は大きかった。 많은 건물이 무너질 정도로 이번 지진은 컸다.
□ 炊く 밥을 짓다	最近の炊飯器は30分くらいでご飯を炊くことができる。 최근의 전기밥솥은 30분 정도로 밥을 지을 수 있다.
□ 確かめる 확인하다, 분명히 하다	電話番号はよく確かめてからかけなくてはならない。 전화번호를 잘 확인한 후에 걸어야 한다.

問題 4 문맥 규정 출제 예상 어휘

□ 助ける 살리다, 도와주다	困ったときに助けてくれるのが本当の友人だ。 곤란할 때에 도와주는 것이 진짜 친구이다.
□ 戦う 싸우다	締め切りまで時間がないからこれからは時間との戦いだ。 마감까지 시간이 없으므로 지금부터는 시간과의 싸움이다.
□ 叩く 때리다, 두드리다	あそこでドラムを叩いているのは高校の同級生だ。 저기에서 드럼을 두드리고 있는 것은 고등학교 동창생이다.
□ 例える 예를 들다, 비유하다	動物の世界を人間に例えればおもしろいことが見える。 동물 세계를 인간에 비유하면 재미있는 점이 보인다.
□ 溜める 모아두다	雨が少ない地方では雨が降ったときにその水を溜めて使う。 비가 적은 지방에서는 비가 내렸을 때에 그 물을 모아서 사용한다.
□ 頼る 의지하다, 믿다	もう30歳になったから親に頼ってはいられない。 이제 30살이 되었으니 부모에게 의지할 수는 없다.
□ 足る 충분하다	今月は支出が多かったので給料だけでは足りなくなった。 이번 달은 지출이 많았기 때문에 월급만으로는 부족해졌다.
□ 騙す 속이다	人を騙すことを何とも思わない人がいるそうだ。 사람을 속이는 것을 아무렇지도 않게 생각하는 사람이 있다고 한다.
□ 黙る 침묵하다	何も言わないで黙っていれば賛成したと思われる。 아무것도 말하지 않고 잠자코 있으면 찬성했다고 여겨진다.
□ 誓う 맹세하다	今度こそタバコをやめると家族の前で誓った。 이번에야말로 담배를 끊겠다고 가족 앞에서 맹세했다.
□ 近づける 가까이하다, 접근시키다	紙を火に近づけると何もなかった所に字が現れた。 종이를 불에 가까이 가져가자 아무것도 없었던 곳에 글자가 나타났다.
□ ちぎる 손끝으로 잘게 찢다	固くなったパンを小さくちぎってスープに入れて食べる。 딱딱해진 빵을 작게 뜯어서 스프에 넣어 먹는다.
□ 縮める 줄이다, 축소하다	文章が長過ぎるので少し縮めることにした。 문장이 너무 길어서 조금 줄이기로 했다.
□ 散らす 흩뜨리다, 흩어 놓다	せっかく咲いた桜を散らすような強い風が吹いている。 모처럼 핀 벚꽃을 흩트리려는 듯 강한 바람이 불고 있다.

□ 費やす 쓰다, 소비하다	この研究は先生が自費を費やして進めてきた貴重な成果です。 이 연구는 선생님이 자비를 써서 추진해 온 귀중한 성과입니다.
□ 付き合う 사귀다, 교제하다	付き合ってきた期間が長すぎるとかえって結婚しにくい。 사귀어 온 기간이 너무 길면 오히려 결혼하기 힘들다.
□ 尽くす (전력을) 다 하다, 진력하다	選手は全力を尽くすと言った。 선수는 전력을 다하겠다고 말했다.
□ 伝わる 전승되다, 전해져 내려오다	この酒は昔から伝わる製法を使って作られた。 이 술은 옛날부터 전해 내려오는 제(조)법을 사용해 만들어졌다.
□ 包む 싸다, 둘러싸다, 포장하다	誰かにあげるときはきれいに包んで渡すのが礼儀だ。 누군가에게 줄 때는 예쁘게 포장해서 주는 것이 예의이다.
□ 繋がる 이어지다, 연결되다	新幹線は全国の地方鉄道とも繋がっている。 신칸센은 전국의 지방 철도와도 이어져 있다.
□ 繋ぐ 묶다, 연결하다	過去と現在、そして未来を繋ぐものが歴史だ。 과거와 현재, 그리고 미래를 연결하는 것이 역사이다.
□ 潰す 으깨다, 부수다, 망치다	長い時間をかけて立てた計画を潰してはいけない。 긴 시간에 걸쳐 세운 계획을 망쳐서는 안 된다.
□ 潰れる 짓눌리다, 망하다	今のままではこの店が潰れるのは時間の問題だ。 이대로는 이 가게가 망하는 것은 시간 문제이다.
□ 捕まる 잡히다, 붙잡히다	夜遅い時間になるとタクシーもなかなか捕まらない。 밤 늦은 시간이 되면 택시도 좀처럼 잡히지 않는다.
□ 詰める 채우다, 틀어막다	弁当においしいおかずを詰めてハイキングに出かけた。 도시락에 맛있는 반찬을 싸서 하이킹을 나갔다.
□ 積もる 쌓이다, 모이다	昨日から降った雪が今朝見ると1mも積もっていた。 어제부터 내린 눈이 오늘 아침에 보니 1m나 쌓여 있었다.
□ 適する 적합하다	本来この服は寺で着る物だが、作業するのに適している。 원래 이 옷은 절에서 입는 것이지만 작업하는 데 적합하다.
□ 問う 묻다	質問する人が問えば回答者はすぐに答えなければならない。 질문하는 사람이 물으면 답변자는 바로 대답해야 한다.

問題 4 문맥 규정 출제 예상 어휘

☐ 溶かす 녹이다	高温で金属を溶かしてから必要な成分を分離する。 고온으로 금속을 녹인 후에 필요한 성분을 분리한다.
☐ 整う 정돈되다, 갖춰지다	出発の準備が整ったら全員に集まるよう指示してください。 출발 준비가 갖춰지면 전원에게 모이도록 지시해 주세요.
☐ 届く 닿다, 도착하다	今日の午前中に出せば明日の夕方には東京に届く。 오늘 오전 중에 보내면 내일 저녁에는 도쿄에 도착한다.
☐ 留まる 머무르다, 남아있다	天気が悪いからといつまでもここに留まることはできない。 날씨가 나쁘다고 언제까지나 여기에 머무를 수는 없다.
☐ 飛ばす 날리다	この条件であんなにボールを飛ばすとは、普通ではない。 이 조건에서 저렇게 공을 날리다니, 보통이 아니다.
☐ 捉える 잡다, 파악하다	この作品を単純な小説と捉えるのは間違っている。 이 작품을 단순한 소설로 파악하는 것은 잘못됐다.
☐ 怒鳴る 호통치다, 야단치다	いくら腹が立っても人前で怒鳴るのは困る。 아무리 화가 나도 남 앞에서 호통치는 것은 곤란하다.
☐ 失くす 잃어버리다	パスポートを失くしたときはすぐ大使館に行くべきだ。 여권을 잃어버렸을 때는 바로 대사관에 가야 한다.
☐ 慰める 위로하다, 달래다	買ったばかりのブランド時計をなくした人を慰めてあげた。 산 지 얼마 안 된 명품 시계를 잃어버린 사람을 위로해 주었다.
☐ 殴る 때리다, 치다	どんな状況でも相手を殴るのは間違っている。 어떤 상황이라도 상대방을 때리는 것은 잘못됐다.
☐ なす 하다, 행하다	言うことはやすく、なすことは難しい。 말하는 것은 쉽고, 하는 것은 어렵다.
☐ なでる 쓰다듬다, 어루만지다	ネコは頭ではなくお尻のほうをなでると喜ぶ。 고양이는 머리가 아니라 엉덩이 쪽을 쓰다듬으면 기뻐한다.
☐ 怠ける 게으름 피우다	庭の掃除を怠けているとすぐ雑草が生えてくる。 정원 청소를 게을리하면 바로 잡초가 자라난다.
☐ 鳴らす 소리를 내다, 울리다	近くのお寺では朝と昼に鐘を鳴らして時間を知らせる。 가까운 절에서는 아침과 점심에 종을 울려서 시간을 알린다.

☐	慣れる 익숙해지다	もう日本での生活にも慣れてきた。 벌써 일본에서의 생활에도 익숙해졌다.
☐	似合う 어울리다, 잘 맞다	着物を着るときは髪の毛を上に上げた方が似合う。 기모노를 입을 때는 머리카락을 위로 올리는 편이 어울린다.
☐	逃げる 도망치다	台風が来る前に早くここから逃げないと出られなくなる。 태풍이 오기 전에 빨리 여기에서 도망치지 않으면 나갈 수 없게 된다.
☐	似る 닮다, 비슷하다	子どもは親に似ると言っても、顔や体は似ないこともある。 아이는 부모를 닮는다고 하지만, 얼굴과 체형은 닮지 않기도 한다.
☐	縫う 꿰매다, 봉합하다	けがをして20針も縫うのは大きなけがだと言っていい。 상처를 입어서 20바늘이나 꿰매는 건 큰 상처라고 해도 좋다.
☐	抜く 뽑다	子どもの頃、祖父のしらがを抜いて小遣いをもらったものだ。 어릴 때 할아버지의 흰머리를 뽑아서 용돈을 받곤 했다.
☐	抜ける 빠지다	夏になると犬の毛が抜けて、家の中が毛だらけになる。 여름이 되면 개털이 빠져서 집 안이 털투성이가 된다.
☐	濡れる 젖다	傘を忘れて雨に降られ、すっかり濡れてしまった。 우산을 잊고 비를 맞아서 완전히 젖어 버렸다.
☐	ねじる 비틀다, 비꼬다	右側に足をねじったとき足の指を痛めたようだ。 오른쪽으로 다리를 비틀었을 때 발가락을 다친 것 같다.
☐	狙う 노리다	今回の試合には全国から優勝を狙うチームが集まった。 이번 시합에는 전국에서 우승을 노리는 팀이 모였다.
☐	乗せる 태우다	バイクの後ろに人を乗せて走るのは危険なことだ。 오토바이 뒤에 사람을 태우고 달리는 것은 위험한 일이다.
☐	覗く 엿보다, 들여다보다	カーテンを少し開けて外の様子を覗いてみた。 커튼을 조금 열고 밖의 상황을 엿보았다.
☐	伸ばす 늘리다, 기르다	英語の実力を伸ばすためには英語で言い換える習慣が大事だ。 영어 실력을 기르기 위해서는 영어로 바꿔 말하는 습관이 중요하다.
☐	延ばす 연장하다, 연기하다	病状が進んでこれ以上、手術を延ばすことはできない。 병의 증세가 심해져서 이 이상 수술을 연기할 수는 없다.

問題 4 문맥 규정 출제 예상 어휘

□ 這う 기다, 기어가다	火事が起きたら煙を吸わないように地面を這って逃げる。 화재가 일어나면 연기를 마시지 않도록 땅을 기어서 도망친다.
□ 剥がす 벗기다, 떼다	古くなったシールは剥がして新しいものに取り替えた。 오래된 실(스티커)은 벗겨내고 새로운 것으로 바꿨다.
□ はく 쓸다, 비질하다	秋に落ち葉をはいて集め、燃やしたときの匂いが懐かしい。 가을에 낙엽을 쓸어 모아 태웠을 때의 냄새가 그립다.
□ 挟まる 사이에 끼이다	歯の間に挟まった食べ物を取らないと虫歯の原因になる。 이 사이에 낀 음식물을 제거하지 않으면 충치의 원인이 된다.
□ 外れる 빗나가다, 벗어나다	ロケットは軌道を大きく外れて海に落下した。 로켓은 궤도를 크게 벗어나서 바다에 낙하했다.
□ 話しかける 말을 걸다	動物に話しかけると答えてくれるような気がする。 동물에게 말을 걸면 대답해 줄 것 같은 기분이 든다.
□ 離す 거리를 벌리다, 사이를 떼다	優勝した選手は2位を500mも離してゴールインした。 우승한 선수는 2위와 500m나 거리를 벌리고 골인했다.
□ 放す 풀어놓다, 놓아주다	釣った魚が小さいときは海に放してあげるものだ。 낚은 물고기가 작을 때는 바다에 놓아줘야 한다.
□ 跳ねる 뛰어오르다, 튀다	合格通知をもらった友だちは跳ね上がって喜んだ。 합격 통지를 받은 친구는 팔짝팔짝 뛰면서 기뻐했다.
□ 流行る 유행하다	今年の春は黄色い服が流行っているらしい。 올해 봄은 노란색 옷이 유행하는 듯하다.
□ 反する 반하다, 위반하다	皆の予想に反して日本チームは予選で敗れた。 모두의 예상과 반대로 일본 팀은 예선에서 패했다.
□ 罰する 벌하다, 처벌하다	少し遅れたくらいできびしく罰するのはかわいそうだ。 조금 늦은 정도로 엄하게 처벌하는 것은 불쌍하다.
□ 引っ掛ける 걸다, 걸치다	薄いコートを引っ掛けただけでは寒いと感じる気候だ。 얇은 코트를 걸친 것만으로는 춥다고 느껴지는 날씨이다.
□ 響く 울리다, 울려 퍼지다	オーケストラの演奏と合唱の声が舞台に響きわたった。 오케스트라의 연주와 합창 소리가 무대에 울려 퍼졌다.

☐ 冷やす 차게 식히다	シャワーの後飲むためにビールを冷たく冷やしてある。 샤워 후에 마시기 위해서 맥주를 차갑게 식혀 두었다.	
☐ 広がる 퍼지다, 번지다	悪い噂が広がってその人の味方がいなくなった。 나쁜 소문이 퍼져서 그 사람의 편이 없어졌다.	
☐ 膨らます 부풀리다	希望に胸を膨らませる20代の若者がうらやましい。 희망으로 가슴을 부풀리는 20대 젊은이가 부럽다.	
☐ 更ける (밤·계절 등이) 깊어지다	夜が更けた街は暗い海の底にいるように静かだった。 밤이 깊어진 거리는 어두운 바닷속에 있는 것처럼 조용했다.	
☐ ふざける 장난치다	こんな所でふざけて遊んでいるとけがをするよ。 이런 곳에서 장난치고 놀고 있으면 다쳐.	
☐ 振る舞う 행동하다	戦争に勝った将軍は英雄のように振る舞っていた。 전쟁을 이긴 장군은 영웅처럼 행동했다.	
☐ ぶつかる 부딪히다, 충돌하다	右折した車とぶつかったのは前方不注意が原因だった。 우회전 한 자동차와 부딪힌 것은 전방 부주의가 원인이었다.	
☐ 減らす 줄이다	今年も交通事故を減らすための運動が始まった。 올해도 교통사고를 줄이기 위한 운동이 시작됐다.	
☐ 干す 말리다	洗濯物を干すのは中学生になった息子の仕事になった。 세탁물을 말리는 것은 중학생이 된 아들의 일이 됐다.	
☐ 微笑む 미소 짓다	その寺の仏像はいつも微笑んでいるように見えた。 그 절의 불상은 늘 미소 짓고 있는 것처럼 보였다.	
☐ 撒く 뿌리다, 살포하다	暑い時は道路に水を撒くだけで涼しくなるような気がする。 더울 때는 도로에 물을 뿌리는 것만으로 시원해지는 듯한 느낌이 든다.	
☐ 混ぜる 섞다, 혼합하다	最近は水に混ぜて焼くだけの簡単なケーキがあるそうだ。 요즘은 물을 섞어 굽기만 하면 되는 간단한 케이크가 있다고 한다.	
☐ 祭る 모시다, 제사 지내다	祖先を祭る行事が今もいろいろな国に残っている。 조상을 모시는 행사가 지금도 여러 나라에 남아 있다.	
☐ まとめる 한데 모으다, 정리하다	これまで勉強した内容をまとめてノートを作る。 지금까지 공부한 내용을 정리해서 노트를 만든다.	

問題 4 문맥 규정 출제 예상 어휘

☐	**まねる** 흉내 내다, 모방하다	誰かの作品を**まねた**だけのものは訴える力がない。 누군가의 작품을 흉내 내기만 하는 것은 호소하는 힘이 없다.
☐	**回す** 돌리다, 회전시키다	風の力で風車を**回して**電気を作る方法もある。 바람의 힘으로 풍차를 돌려서 전기를 만드는 방법도 있다.
☐	**剥く** (껍질 등을) 벗기다, 까다	りんごの皮をナイフで**剥いて**皮の長さを競うゲームがある。 사과 껍질을 칼로 벗겨서 껍질의 길이를 겨루는 게임이 있다.
☐	**蒸す** 찌다, 무덥게 느끼다	冬になると肉まん、あんまんを**蒸して**販売する店が目につく。 겨울이 되면 고기 호빵, 팥 호빵을 쪄서 판매하는 가게가 눈에 띈다.
☐	**目立つ** 눈에 띄다, 두드러지다	みなカジュアルな服を着ているのにスーツは**目立ち**すぎる。 모두 캐주얼한 옷을 입고 있는데 슈트는 너무 눈에 띈다.
☐	**設ける** 설치하다	イベント会場ではキッズゾーンを**設けて**子供たちを預かる。 이벤트 회장에서는 키즈 존을 설치해서 아이들을 맡는다.
☐	**潜る** 잠수하다	研究チームは深い海に**潜って**深海生物の調査を始めた。 연구 팀은 깊은 바다에 잠수해서 심해 생물의 조사를 시작했다.
☐	**もたれる** 기대다	立っているのも疲れるので壁に**もたれて**友だちを待った。 서 있는 것도 지치기 때문에 벽에 기대서 친구를 기다렸다.
☐	**漏れる** 새다, 누설되다	雨が降ると2階の部屋に雨の水が**漏れて**困る。 비가 오면 2층 방에 빗물이 새서 곤란하다.
☐	**訳す** 번역하다	韓国語は日本語と順序が似ているので**訳す**のは楽だ。 한국어는 일본어와 순서가 비슷해서 번역하기는 편하다.
☐	**やっつける** 해치우다	少ない人数で大勢の敵を**やっつけられる**のが作戦の力だ。 적은 인원수로 수많은 적을 해치울 수 있는 것이 작전의 힘이다.
☐	**茹でる** 데치다, 삶다	今日は**茹でた**卵を使ってサラダを作ることにした。 오늘은 삶은 달걀을 사용해서 샐러드를 만들기로 했다.
☐	**論ずる** 논하다	日本経済について**論ずる**山田先生の話はわかりやすい。 일본 경제에 대해 논하는 야마다 선생님의 이야기는 알기 쉽다.
☐	**分ける** 나누다, 분할하다	一定の予算を事業によって**分ける**ときは調整が難しい。 일정의 예산을 사업에 따라 나눌 때는 조정이 어렵다.

☐ 詫びる 사과하다, 사죄하다	その一言で相手に詫びる気持ちが十分感じられた。 그 한마디로 상대에게 사죄하는 마음이 충분히 느껴졌다.	
☐ 応じる 응하다, 승낙하다	問題に対する対策は状況に応じて変化させることがある。 문제에 대한 대책은 상황에 따라서 변화시키는 경우가 있다.	
☐ 命じる 명령하다	上司が命じたことでも疑問があれば反対することもある。 상사가 명령한 일이라도 의문이 있으면 반대하는 경우도 있다.	

2: い형용사

☐ 青白い 창백하다, 푸르스름하다	あの人はいつも青白い顔で病人のようだ。 저 사람은 항상 창백한 얼굴이어서 환자 같다.	
☐ 厚かましい 뻔뻔하다	こんなお願いをするのは厚かましいと思うかもしれない。 이런 부탁을 하는 것은 뻔뻔하다고 생각할지도 모른다.	
☐ 危うい 위태롭다, 위험하다	急に川の水が増えて危ういところを何とか脱出した。 갑자기 강물이 불어나서 위태로운 상황을 간신히 탈출했다.	
☐ 怪しい 수상하다, 괴이하다	さっきから怪しい男が家の前に立っている。 아까부터 수상한 남자가 집 앞에 서 있다.	
☐ 粗い 조잡하다, 엉성하다	今日は粗いスケッチだけで、次は細かく仕上げる。 오늘은 엉성한 스케치만이며, 다음에는 세밀하게 완성한다.	
☐ 慌ただしい 분주하다, 어수선하다	年末は何かと慌ただしい気がする。 연말은 이것저것 분주한 느낌이 든다.	
☐ 勇ましい 용감하다, 용맹하다	部隊は勇ましい音楽に合わせて行進を始めた。 부대는 용맹한 음악에 맞춰 행진을 시작했다.	
☐ 著しい 현저하다, 두드러지다	科学は著しい進歩を見せたが解決すべき問題は多い。 과학은 현저한 진보를 보였지만 해결해야만 할 문제는 많다.	
☐ 惜しい 아깝다, 섭섭하다	海底資源をもっと活用しないのは惜しい。 해저 자원을 좀더 활용하지 않는 것은 아깝다.	

問題 4 문맥 규정 출제 예상 어휘

☐ 恐(おそ)ろしい 무섭다, 불안하다	誰(だれ)も知(し)らないところで恐(おそ)ろしい計画(けいかく)が進(すす)んでいた。 아무도 모르는 곳에서 무서운 계획이 진행되고 있었다.
☐ 思(おも)いがけない 뜻밖이다, 의외이다	先生(せんせい)の思(おも)いがけない提案(ていあん)に驚(おどろ)いたが嬉(うれ)しくもあった。 선생님의 뜻밖의 제안에 놀랐지만 기쁘기도 했다.
☐ 重(おも)たい 무겁다, 묵직하다	重(おも)たい荷物(にもつ)を運(はこ)ぶのがいつも自分(じぶん)なのは不公平(ふこうへい)だ。 무거운 짐을 옮기는 것이 항상 나인 것은 불공평하다.
☐ 賢(かしこ)い 영리하다	イヌやサルは人間(にんげん)と比(くら)べても賢(かしこ)い動物(どうぶつ)だと言(い)われる。 강아지와 원숭이는 인간과 비교해도 똑똑한 동물이라고 일컬어진다.
☐ かゆい 가렵다	2日(ふつか)シャンプーをしないと頭(あたま)がかゆくなる。 이틀 샴푸를 하지 않으면 머리가 가려워진다.
☐ 可愛(かわい)らしい 귀엽다, 사랑스럽다	赤(あか)ちゃんが可愛(かわい)らしい手(て)を振(ふ)りながら挨拶(あいさつ)をした。 아기가 귀여운 손을 흔들면서 인사를 했다.
☐ きつい 꼭 끼다, 굳건하다, 엄격하다	去年(きょねん)は楽(らく)にはけたパンツが今年(ことし)はきつくなった。 지난해는 편하게 입었던 바지가 올해는 꽉 끼게 됐다.
☐ 清(きよ)い 맑다, 깨끗하다	清(きよ)い心(こころ)を持(も)つ人(ひと)は目(め)を見(み)ればすぐわかる。 맑은 마음을 가진 사람은 눈을 보면 바로 안다.
☐ くだらない 시시하다, 별 볼일 없다	くだらないテレビ番組(ばんぐみ)を見(み)て時間(じかん)を浪費(ろうひ)してはいけない。 시시한 텔레비전 방송을 보고 시간을 낭비해서는 안 된다.
☐ 悔(くや)しい 분하다, 유감스럽다	あの人(ひと)に負(ま)けたのは悔(くや)しいが実力(じつりょく)の差(さ)は仕方(しかた)がない。 그 사람에게 진 것은 분하지만 실력 차는 어쩔 수가 없다.
☐ 詳(くわ)しい 자세하다, 정통하다	ジョンさんは外国人(がいこくじん)だが日本(にほん)の歴史(れきし)に詳(くわ)しい。 존 씨는 외국인이지만 일본 역사에 정통하다.
☐ 煙(けむ)い (연기로 눈, 목 등이) 맵다, 매캐하다	たき火(び)の煙(けむり)が煙(けむ)くて涙(なみだ)が出(で)てきた。 모닥불의 연기가 매워서 눈물이 나왔다.
☐ 険(けわ)しい 험하다, 험상궂다	険(けわ)しい山道(やまみち)を歩(ある)きながら道(みち)に咲(さ)く花(はな)の姿(すがた)を楽(たの)しんだ。 험한 산길을 걸으면서 길에 핀 꽃의 모습을 즐겼다.
☐ 濃(こ)い 진하다	夜遅(よるおそ)く濃(こ)いコーヒーを飲(の)んだから全然眠(ぜんぜんねむ)れない。 밤 늦게 진한 커피를 마셔서 전혀 잠이 오지 않는다.

☐ 騒がしい 소란스럽다	今日はハロウィンで街全体が騒がしい。 오늘은 핼러윈이어서 거리 전체가 소란스럽다.	
☐ 塩辛い 짜다	塩辛いものをあまり食べないように気をつけている。 짠 것을 너무 먹지 않도록 조심하고 있다.	
☐ 親しい 친하다	誕生日には親しい友人だけを呼んで食事をした。 생일에는 친한 친구만을 불러서 식사를 했다.	
☐ 渋い 떫다, 구성지다	渋いお茶は甘い菓子といっしょに飲むものだ。 떫은 차는 단 과자와 함께 마시는 법이다.	
☐ 鋭い 날카롭다, 예리하다	学生たちの鋭い質問に先生も真剣な表情で答えた。 학생들의 날카로운 질문에 선생님도 진지한 표정으로 대답했다.	
☐ ずうずうしい 뻔뻔하다, 넉살 좋다	ずうずうしく見える態度は相手を信頼しているからだ。 뻔뻔해 보이는 태도는 상대를 신뢰하고 있기 때문이다.	
☐ ずるい 교활하다, 약삭빠르다	先生が来ると一瞬勉強するふりをする友達を見てずるいと思った。 선생님이 오자 순식간에 공부하는 척을 하는 친구를 보고 약삭빠르다고 생각했다.	
☐ 切ない 애달프다, 안타깝다	彼女は相手に気持ちを伝えられない切ない恋をしている。 그녀는 상대에게 마음을 전할 수 없는 애달픈 사랑을 하고 있다.	
☐ そうぞうしい 시끄럽다, 어수선하다	気持ちよく寝ていたがそうぞうしい音に目がさめた。 기분 좋게 잠을 자고 있었는데 시끄러운 소리에 잠이 깼다.	
☐ 力強い 힘차다, 마음 든든하다	彼の「がんばります」という力強い一言に安心した。 그의 '열심히 하겠습니다'라는 든든한 한 마디에 안심했다.	
☐ とんでもない 당치 않다, 터무니없다	私が英語が上手だなんてとんでもない。 내가 영어를 잘 한다니 말도 안 된다.	
☐ 情けない 한심하다	50歳になっても自分の家が持てないなんて情けない。 50세가 돼서도 자기 집을 가지지 못하다니 한심하다.	
☐ 懐かしい 그립다	小さい頃の写真を見ると懐かしい故郷を思い出す。 어릴 적 사진을 보면 그리운 고향이 떠오른다.	
☐ 憎らしい 얄밉다, 밉살스럽다	憎らしいと思ってもあの人が忘れられない。 밉다고 생각해도 그 사람을 잊을 수가 없다.	

問題 4 문맥 규정 출제 예상 어휘

☐ **激しい** 매우 심하다, 거세다	温暖化のせいか最近気候の変化が**激しい**。 온난화 때문인지 최근 기후 변화가 매우 심하다.	
☐ **ばからしい** 어리석다, 시시하다	そんな**ばからしい**考えは改めなくてはならない。 그런 어리석은 생각은 고쳐야만 한다.	
☐ **貧しい** 가난하다, 빈약하다	生活は**貧しくても**心は豊かに生きたい。 생활은 가난해도 마음은 풍요롭게 살고 싶다.	
☐ **真っ白い** 새하얗다	**真っ白い**雪が積もって、外は銀世界だ。 새하얀 눈이 쌓여서 밖은 은빛 세계이다.	
☐ **まぶしい** 눈부시다	7月になると太陽の光が**まぶしく**なる。 7월이 되면 햇빛이 눈부셔진다.	
☐ **みっともない** 꼴불견이다, 창피하다	結婚式に行くのにそんな格好では**みっともない**よ。 결혼식에 가는데 그런 모습으로는 꼴사납다.	
☐ **醜い** 추하다, 못생기다	昔話には顔が**醜くても**心が優しい主人公が出てくる。 옛날이야기에는 얼굴이 못생겨도 마음이 착한 주인공이 나온다.	
☐ **蒸し暑い** 무덥다	**蒸し暑い**ときはつい冷たい飲み物を飲みすぎてしまう。 무더울 때는 무심코 차가운 음료를 많이 마셔 버린다.	
☐ **虚しい** 공허하다, 허무하다	どんなにぜいたくをしても後で考えればすべて**虚しい**。 아무리 사치를 해도 나중에 생각하면 전부 허무하다.	
☐ **目覚ましい** 눈부 시다, 놀랄 만큼 훌륭하다	彼女は新人戦で**目覚ましい**活躍をした。 그녀는 신인전에서 눈부신 활약을 했다.	
☐ **珍しい** 드물다, 희귀하다	水族館には**珍しい**魚がたくさんいて飽きない。 수족관에는 희귀한 물고기가 많이 있어서 질리지 않는다.	
☐ **めでたい** 경사스럽다	孫が生まれた**めでたい**日だから何があっても怒らない。 손자가 태어난 경사스런 날이니 무슨 일이 있어도 화내지 않겠다.	
☐ **めんどうくさい** 귀찮다, 성가시다	あの人は**めんどうくさい**ことも嫌がらずにやる。 저 사람은 귀찮은 일도 싫어하지 않고 한다.	
☐ **申し訳ない** 면목없다, 미안하다	忙しいのにわざわざ来てくれて**申し訳ない**。 바쁜데 일부러 와줘서 미안하다.	

☐ もったいない 아깝다, 과분하다	食べるものにお金を使うのはもったいないと思う。 먹는 것에 돈을 쓰는 것은 아깝다고 생각한다.	
☐ ものすごい 대단하다, 굉장하다	今度の台風は全国にものすごい被害をもたらした。 이번 태풍은 전국에 엄청난 피해를 초래했다.	
☐ もろい 무르다, 여리다	ガラスで作ったものはどんなに美しくてももろいものだ。 유리로 만든 것은 아무리 아름다워도 약한 법이다.	
☐ 緩い 느슨하다, 헐겁다	最近は緩いキャラクターに人気があるようだ。 최근은 느슨한 캐릭터가 인기가 있는 듯하다.	
☐ 若々しい 젊다, 생기발랄하다	60代でも若々しく見える秘訣は規則正しい生活だ。 60대라도 젊게 보이는 비결은 규칙적인 생활이다.	

3: な형용사

☐ 明らかな 분명한, 명백한	彼の判断が間違っていたのは明らかだった。 그의 판단이 틀렸던 것은 분명했다.	
☐ 当たり前な 당연한	遅れそうなら連絡するのは当たり前なことだ。 늦을 것 같으면 연락하는 것은 당연한 일이다.	
☐ 新たな 새로운	短期間の調査だったが新たな発見があった。 단기간의 조사였지만 새로운 발견이 있었다.	
☐ 意外な 의외인, 뜻밖의	充分準備をしたつもりだが、意外な結果に驚いた。 충분히 준비했다고 생각했지만 뜻밖의 결과에 놀랐다.	
☐ 大雑把な 대략적인, 대충	大雑把な計算でもこれでは予算が足りない。 대략적인 계산이어도 이걸로는 예산이 모자라다.	
☐ 主な 주된	会社の主な事業には次のようなものがある。 회사의 주된 사업에는 다음과 같은 것이 있다.	
☐ おろそかな 소홀한	体調管理がおろそかな人は成人病にかかりやすい。 컨디션 관리가 소홀한 사람은 성인병에 걸리기 쉽다.	

問題 4 문맥 규정 출제 예상 어휘

□ 快適な 쾌적한	リゾート地のホテルで快適な時間を過ごしたい。 휴양지 호텔에서 쾌적한 시간을 보내고 싶다.
□ がらがらな 텅 빈	こんなにがらがらな店の料理はあまり期待できない。 이렇게 텅 빈 가게의 요리는 별로 기대되지 않는다.
□ 気の毒な 가여운, 딱한, 불쌍한	いつも一人で過ごしている幼い子どもが気の毒だ。 항상 혼자서 지내는 어린아이가 딱하다.
□ けちな 인색한, 쩨쩨한	金持ちほどけちな人が多いという話を聞いたことがある。 부자일수록 인색한 사람이 많다는 이야기를 들은 적이 있다.
□ 高級な 고급스러운	このあたりは高級な住宅が多く有名人も住んでいる。 이 부근은 고급스러운 주택이 많아서 유명인도 살고 있다.
□ 様々な 다양한, 여러 가지	首都の移転には様々な問題があるので簡単には進まない。 수도 이전에는 다양한 문제가 있으므로 간단히는 진행되지 않는다.
□ 爽やかな 산뜻한, 상쾌한	天気のいい日に爽やかな風を受けて走るのは気持ちがいい。 날씨가 좋은 날에 상쾌한 바람을 맞으며 달리는 것은 기분이 좋다.
□ 地味な 수수한, 검소한	地図の製作は地味な仕事だが、土地の計画的利用に不可欠だ。 지도 제작은 수수한 일이지만, 토지의 계획적 이용에 꼭 필요하다.
□ 上品な 품위 있는, 고상한	ビジネスクラスの座席は上品な色で統一されている。 비즈니스 클래스 좌석은 고상한 색으로 통일되어 있다.
□ 素直な 순진한, 순수한	彼は素直な性格で誰からも愛されている。 그는 순수한 성격으로 누구에게나 사랑받고 있다.
□ 正確な 정확한	現在の正確な位置を知らせるのは携帯電話の機能の一つだ。 현재의 정확한 위치를 알리는 것은 휴대 전화 기능의 하나이다.
□ 清潔な 청결한	患者は毎日消毒する清潔な部屋の中で一日を過ごす。 환자는 매일 소독하는 청결한 방 안에서 하루를 보낸다.
□ 積極的な 적극적인	チームは積極的な攻撃で相手に反撃の余地を与えなかった。 팀은 적극적인 공격으로 상대에게 반격의 여지를 주지 않았다.
□ 退屈な 지루한, 따분한	退屈な授業が続いたので気分転換がしたかった。 지루한 수업이 이어졌기 때문에 기분 전환이 하고 싶었다.

☐ 平らな 평평한	山の中の平らな場所にある天文台で星を観測している。 산 속 평평한 장소에 있는 천문대에서 별을 관측하고 있다.	
☐ 確かな 확실한, 틀림없는	事故の現場は接近が難しく、まだ確かな情報が入らない。 사고 현장은 접근이 어려워서 아직 확실한 정보가 들어오지 않는다.	
☐ 単純な 단순한	毎日単純な作業をするだけで仕事に変化がない。 매일 단순한 작업을 할 뿐, 일에 변화가 없다.	
☐ 手ごろな 알맞은, 적당한	学校の近くに手ごろなアパートを見つけて借りることにした。 학교 근처에 적당한 아파트를 발견해서 빌리기로 했다.	
☐ 生意気な 건방진	中学生の生意気な子どもたちには何を言っても素直に聞かない。 중학생인 건방진 아이들에게는 무엇을 말해도 순순히 듣지 않는다.	
☐ 苦手な 서투른, 잘 못하는	苦手な科目を克服するのはそんなに簡単ではないだろう。 서투른 과목을 극복하는 것은 그렇게 간단하지는 않을 것이다.	
☐ のんきな 태평한	彼女は周りからのんきな性格だと言われるが、実は神経質な性格だ。 그녀는 주위로부터 태평한 성격이라는 말을 듣지만, 실은 신경질적인(예민한) 성격이다.	
☐ 派手な 화려한	友だちの結婚式なのにそんな派手な服を着るのはおかしいよ。 친구의 결혼식인데 그렇게 화려한 옷을 입는 건 이상해.	
☐ 莫大な 막대한	父は莫大な財産をすべて恵まれない子どもたちのために残した。 아버지는 막대한 재산을 모두 불우한 아이들을 위해 남겼다.	
☐ 卑怯な 비겁한	後ろから攻撃するなんて卑怯なやり方はゆるせない。 뒤에서 공격하다니 비겁한 방식은 용서할 수 없다.	
☐ 不完全な 불완전한	人間は誰でも不完全なものだと考えた方がいい。 인간은 누구나 불완전한 법이라고 생각하는 편이 좋다.	
☐ 無事な 무사한	事故の知らせに驚いたが子どもの無事な姿を見て安心した。 사고 소식에 놀랐지만 아이의 무사한 모습을 보고 안심했다.	
☐ 無難な 무난한	危険の少ない無難な方法を選んだのは正解だった。 위험이 적은 무난한 방법을 선택한 것은 정답이었다.	
☐ 朗らかな 명랑한, 쾌활한	あんなに朗らかだった人が失恋のショックで笑わなくなった。 그렇게 쾌활했던 사람이 실연의 쇼크로 웃지 않게 되었다.	

問題 4 문맥 규정 출제 예상 어휘

☐ **ぼろぼろな** 너덜너덜한	ぼろぼろな服を着てベンチに座っている彼は別人のようだった。 너덜너덜한 옷을 입고 벤치에 앉아 있는 그는 다른 사람 같았다.	
☐ **見事な** 훌륭한	その画家が描いた作品は高さが10mを超す見事な大作だった。 그 화가가 그린 작품은 높이가 10m를 넘는 훌륭한 대작이었다.	
☐ **惨めな** 비참한	食べるものにも困っていた惨めな過去とは今日でお別れだ。 먹는 것에도 어려움을 겪던 비참한 과거와는 오늘로 작별이다.	
☐ **未熟な** 미숙한	まだ未熟な部分はあるが今までにない強いメッセージが感じられた。 아직 미숙한 부분은 있지만 지금까지 없던 강한 메시지가 느껴졌다.	
☐ **めちゃくちゃな** 엉망진창인, 형편없는	そんなめちゃくちゃな練習をいくらやっても効果はない。 그런 엉망진창인 연습을 아무리 해도 효과는 없다.	
☐ **厄介な** 귀찮은, 성가신	法律の厄介な問題を解決するのが弁護士の仕事だ。 법률의 성가신 문제를 해결하는 것이 변호사의 일이다.	
☐ **有効な** 유효한	申請の時点で有効なパスポートを持っているのが登録の条件です。 신청 시점에 유효한 여권을 가지고 있는 것이 등록의 조건입니다.	
☐ **欲張りな** 욕심이 많은	欲張りな犬は水に映った肉が欲しくて自分の肉を落としてしまった。 욕심이 많은 개는 물에 비친 고기가 가지고 싶어서 자신의 고기를 떨어뜨려 버렸다.	
☐ **わずかな** 얼마 안 되는, 근소한	そのアルバイトは条件が悪くて、わずかな応募者しかなかった。 그 아르바이트는 조건이 나빠서 매우 적은 응모자밖에 없었다.	

4 : 부사

☐ **相変わらず** 변함없이	父は今も相変わらず小さな学校の校長だ。 아버지는 지금도 변함없이 작은 학교의 교장 선생님이다.	
☐ **あいにく** 공교롭게도	せっかく訪問したのにあいにく課長は出張だった。 모처럼 방문했는데 공교롭게도 과장님은 출장(중)이었다.	
☐ **あくまで** 어디까지나	これはあくまで仮定の話だが、可能性はあるだろう。 이것은 어디까지나 가정인 이야기지만, 가능성은 있을 것이다.	

☐ **いきなり** 돌연, 갑자기	連絡もなしに**いきなり**来ても会えるとは限らない。 연락도 없이 갑자기 와도 만날 수 있다고는 할 수 없다.	
☐ **いずれ** 결국, 얼마 안 있어	**いずれ**ここも安全でなくなるから早く脱出しよう。 얼마 안 가 여기도 안전하지 않아질 테니 빨리 탈출하자.	
☐ **いちいち** 하나하나, 일일이	**いちいち**人に聞かないで自分で判断して行動しなさい。 일일이 남에게 묻지 말고 스스로 판단해서 행동하세요.	
☐ **一応** 일단	先生に**一応**話はしてみるが、期待しないでほしい。 선생님에게 일단 이야기는 해 보겠지만, 기대하지 말기 바란다.	
☐ **一斉に** 일제히	12月になると商店街では**一斉に**年末セールを始めた。 12월이 되자 상점가에서는 일제히 연말 세일을 시작했다.	
☐ **一層** 한층 더, 더욱	成績が上がらないので今より**一層**の努力が必要だ。 성적이 오르지 않으니 지금보다 더욱 노력이 필요하다.	
☐ **いつか** 언젠가	**いつか**東京に来ることがあったら必ず連絡してほしい。 언젠가 도쿄에 올 일이 있으면 꼭 연락해 주기 바란다.	
☐ **いつでも** 언제든지	電話をすれば**いつでも**必要なものを配達してくれる。 전화를 하면 언제든지 필요한 것을 배달해 준다.	
☐ **今も** 아직도, 지금도	この地方は**今も**石炭の生産が盛んだ。 이 지방은 아직도 석탄 생산이 활발하다.	
☐ **今にも** 당장에라도, 곧	母の手紙を読んで娘は**今にも**泣き出しそうだった。 어머니의 편지를 읽고 딸은 당장에라도 울 것 같았다.	
☐ **いよいよ** 마침내, 드디어	全国大会まで**いよいよ**あと1か月になった。 전국 대회까지 마침내 앞으로 한달이 되었다.	
☐ **いわば** 이른바, 말하자면	ハロウィンは**いわば**若者たちの祭りのようなものだ。 핼러윈은 말하자면 젊은이들의 축제와 같은 것이다.	
☐ **うっかり** 깜빡, 무심코	考え事をしていたら降りる駅を**うっかり**通り過ぎてしまった。 이런저런 생각을 하고 있다가 내리는 역을 깜빡 지나쳐 버렸다.	
☐ **うろうろ** 우왕좌왕, 허둥지둥	道がわからなくて**うろうろ**していたら、親切な人に声をかけられた。 길을 몰라서 우왕좌왕하고 있었더니 친절한 사람이 말을 걸었다.	

問題 4 문맥 규정 출제 예상 어휘

□ **うんと** 몹시, 매우, 많이	もうすぐ試合が始まる。**うんと**食べて力をつけなきゃ。 이제 곧 시합이 시작된다. 잔뜩 먹고 힘을 길러야 해.
□ **おおいに** 대단히, 크게, 매우	がっかりしていた私たちはその人の一言で**おおいに**励まされた。 실망하던 우리들은 그 사람의 한 마디로 크게 격려를 받았다.
□ **おおよそ** 대략, 대강	今回のことは山田さんから**おおよそ**の経過を聞いていた。 이번 일은 야마다 씨에게 대강의 경과를 들었다.
□ **おのおの** 각각, 제각기	**おのおの**が自分の力を発揮すればいい結果が出るだろう。 각자가 자신의 힘을 발휘하면 좋은 결과가 나올 것이다.
□ **思いきり** 마음껏, 실컷	久しぶりに友だちに会って、**思いきり**遊んだ。 오랜만에 친구와 만나서 마음껏 놀았다.
□ **思わず** 무심코, 나도 모르게	その人の話があまりにも面白くて、**思わず**笑ってしまった。 그 사람의 이야기가 너무나도 재미있어서 나도 모르게 웃고 말았다.
□ **およそ** 대략, 대강	新幹線で**およそ**2時間かかる距離を自転車で走って行った。 신칸센으로 약 2시간 걸리는 거리를 자전거로 달려서 갔다.
□ **勝手に** 제멋대로	みんなで決めたことを**勝手に**変えてはいけない。 다 함께 결정한 것을 멋대로 바꿔서는 안 된다.
□ **かなり** 꽤, 상당히	もう**かなり**飲んでいたのか顔が真っ赤になっていた。 벌써 꽤 마신 것인지 얼굴이 새빨개져 있었다.
□ **きちんと** 깔끔히, 제대로	店から**きちんと**領収書をもらってこないとお金は払えない。 가게에서 제대로 영수증을 받아오지 않으면 돈은 지불할 수 없다.
□ **きっかり** 정확히, 뚜렷이	毎日6時**きっかり**に家を出て、8時までジョギングをする。 매일 6시에 정확하게 집을 나와서 8시까지 조깅을 한다.
□ **ぎっしり** 가득, 빽빽이	電車には人が**ぎっしり**乗っていて座ることはできなかった。 전철에는 사람이 가득 타고 있어서 앉을 수가 없었다.
□ **くれぐれも** 부디, 아무쪼록	私がいない間、家のことを**くれぐれも**よろしく頼む。 내가 없는 동안, 집을 아무쪼록 잘 부탁해.
□ **ぐっすり** 깊이 잠을 자는 모양	部屋で赤ちゃんが**ぐっすり**寝ているから静かにしよう。 방에서 아기가 깊이 자고 있으니 조용히 하자.

☐ 現に 실제로, 지금	現に電車がもうないんだから、タクシーでも乗るしかない。 지금은 전철도 더는 없으니까 택시라도 탈 수밖에 없다.
☐ こっそり 남몰래, 살짝	誰にも見られないようにこっそり家の中に入っていった。 아무도 보지 못하도록 몰래 집 안으로 들어갔다.
☐ ごろごろ 빈둥빈둥, 뒹굴뒹굴	休みの日だからといって家でごろごろしていてはだめだ。 쉬는 날이라고 해서 집에서 뒹굴뒹굴하고 있으면 안 된다.
☐ さすが 과연, 정말이지, 역시	あれだけ注意したから、さすがに今日は遅刻しないだろう。 그만큼 주의를 주었으니까 과연 오늘은 지각하지 않을 것이다.
☐ さらに 더욱더, 거듭	朝から降り出した雨は午後にはさらに激しくなった。 아침부터 내리기 시작한 비는 오후에는 한층 더 거세졌다.
☐ ざっと 대강, 대충	ざっと読んでみたけど、登場人物の心理がよく書かれていた。 대충 읽어 봤는데, 등장인물의 심리가 잘 쓰여 있었다.
☐ しいんと 아주 조 용한 모양, 쥐 죽은 듯이	12時を過ぎて、あたりはしいんと静まっていた。 12시를 지나서 근처는 아주 조용했다.
☐ しかも 게다가	今日は月末でしかも雨が降っているから車が多かった。 오늘은 월말이고 게다가 비가 내리고 있어서 차가 많았다.
☐ しきりに 끊임없이, 계속해서	近くの公園でしきりにセミのなく声が聞こえてくる。 근처 공원에서 계속해서 매미가 우는 소리가 들려온다.
☐ 次第に 서서히, 차츰	夜が明けるにつれて次第に町の様子が見えるようになった。 날이 밝아짐에 따라 점차 마을의 모습이 보이게 됐다.
☐ しばしば 자주, 여러 번, 종종	火災発生時の脱出口がしばしばふさがっていることが問題だ。 화재 발생 시의 탈출구가 종종 닫혀있는 것이 문제이다.
☐ しみじみ 절실히, 곰곰이	父は酒を飲みながら昔のことをしみじみ思い出して話し始めた。 아버지는 술을 마시면서 옛날 일을 곰곰이 떠올려 이야기하기 시작했다.
☐ 少々 조금, 약간	電気系統の故障のため電車の到着が少々遅れた。 전기 계통의 고장 때문에 전철 도착이 조금 늦었다.
☐ じきに 곧, 금방, 머지않아	この薬を飲めばひどい頭痛でもじきによくなる。 이 약을 먹으면 심한 두통이라도 금방 괜찮아진다.

問題 4　문맥 규정 출제 예상 어휘

□ **じっと** 꼼짝 않고, 가만히	地震が起きたときはあまり動かないで**じっと**していることだ。	
	지진이 났을 때는 너무 움직이지 말고 가만히 있어야 한다.	
□ **実に** 실로, 참으로	この人形は本物の動物みたいだ。**実に**よくできている。	
	이 인형은 진짜 동물 같다. 정말 잘 만들어져 있다.	
□ **少なくとも** 적어도, 하다못해	卒業するためには**少なくとも**5つのレポートをださなければ。	
	졸업을 하기 위해서는 적어도 다섯 개의 리포트를 내야만 해.	
□ **少しも** 조금도, 전혀	彼は人が何と言おうと**少しも**気にしていないようだった。	
	그는 남이 뭐라고 하든 조금도 신경 쓰지 않는 듯했다.	
□ **すっと** 쓱, 가볍게 재빨리 움직이는 모양	会計のときになると彼女は外に**すっと**出て行った。	
	계산할 때가 되자 그녀는 밖으로 쓱 나가 버렸다.	
□ **すでに** 이미, 벌써	**すでに**会員登録は終わっているので、いつでも利用できる。	
	이미 회원 등록은 끝났으니 언제든 이용할 수 있다.	
□ **すなわち** 즉, 바로	江戸、**すなわち**今の東京には100万人以上の人が住んでいた。	
	에도, 즉 지금의 도쿄에는 백만 명 이상의 사람이 살고 있었다.	
□ **ずらり** 잇따라 늘어선 모양	**ずらり**と並んだ世界の名車を見ていると時間の経つのを忘れてしまう。	
	죽 늘어선 세계의 명차를 보고 있으면 시간이 가는 것을 잊어버린다.	
□ **せいぜい** 기껏해야	旅行に行くといっても**せいぜい**1年に1，2回だ。	
	여행을 간다고 해도 기껏해야 1년에 한두 번이다.	
□ **せっせと** 부지런히, 열심히	アリは冬の訪れに備えて**せっせと**食べるものを集めていた。	
	개미는 겨울이 오는 것에 대비해 부지런히 먹을 것을 모으고 있었다.	
□ **絶対に** 절대로	あんなことを言うなんて、もう**絶対に**許さない。	
	그런 말을 하다니, 이제 절대로 용서하지 않겠다.	
□ **ぜひとも** 반드시, 꼭	今度こちらに来るときは**ぜひとも**家に寄ってほしい。	
	다음에 이쪽에 올 때는 꼭 집에 들러 주기 바란다.	
□ **そっくり** 전부, 모조리	机の上にあるものはそのまま**そっくり**向こうの机に置けばいい。	
	책상 위에 있는 것은 그대로 전부 맞은편 책상에 두면 된다.	
□ **そっと** 살짝, 몰래	他の人に見られないように彼女に**そっと**メモを渡した。	
	다른 사람이 보지 못하도록 그녀에게 몰래 메모를 건넸다.	

□	そわそわ 안절부절	もうすぐ自分の番だと思うと緊張して**そわそわ**するのは仕方ない。 이제 곧 자신의 순서라고 생각하자 긴장돼서 안절부절 못하는 것은 어쩔 수가 없다.
□	ぞくぞく 잇따라, 연달아	選挙が終わって当選者が**ぞくぞく**発表された。 선거가 끝나고 당선자가 잇따라 발표되었다.
□	絶えず 끊임없이, 항상	小さな池には山から流れてくる水が**絶えず**入りこんできた。 작은 연못에는 산에서 내려오는 물이 끊임없이 흘러 들어왔다.
□	互いに 서로, 피차	二人は**互いに**意見の違いを認めつつ相手の主張を聞こうとした。 두 사람은 서로 의견의 차이를 인정하면서 상대의 주장을 들으려고 했다.
□	確かに 분명히, 확실히	彼の言うことは**確かに**正しいが、それだけでは問題は解決しない。 그가 말하는 것은 분명 맞지만 그것만으로 문제는 해결되지 않는다.
□	直ちに 즉시, 바로	生活費が足りなかったが、給料は入ると**直ちに**引き落とされた。 생활비가 부족했지만, 급료는 들어오자마자 이체되었다.
□	たちまち 금세, 갑자기	彼が1位になったというニュースは**たちまち**皆に伝えられた。 그가 1위가 되었다는 뉴스는 금세 모두에게 전해졌다.
□	たった 단, 겨우	**たった**1週間で7kgやせられるトレーニング法が人気だ。 단 1주일에 7kg 살을 뺄 수 있는 트레이닝 법이 인기이다.
□	たまたま 마침, 우연히	**たまたま**コンビニに行ったらアルバイト募集をしていた。 마침 편의점에 갔더니 아르바이트 모집을 하고 있었다.
□	単に 단순히, 그저	**単に**事実を言っただけだが、非難されたと思ったらしい。 그저 사실을 말했을 뿐인데 비난 받았다고 생각한 듯하다.
□	ちかぢか 곧, 머지않아	**ちかぢか**駅の建物の中に新しいホテルがオープンする予定だ。 머지않아 역 건물 안에 새로운 호텔이 오픈할 예정이다.
□	ちゃんと 정확히, 확실히	名前を呼ばれたら**ちゃんと**返事をしなくちゃ。 이름을 불리면 제대로 대답을 해야 해.
□	つい 바로, 무심코	ボーナスをもらうと**つい**高いものを買ってしまう。 보너스를 받으면 무심코 비싼 것을 사 버린다.
□	ついに 마침내, 결국	5年間続いたドラマも**ついに**最終回を迎えることになった。 5년간 계속된 드라마도 마침내 최종회를 맞게 되었다.

問題 4 문맥 규정 출제 예상 어휘

☐ **次々に** 차례차례, 잇따라, 계속	バスの窓から見える景色が**次々に**変化するので飽きることがない。 버스 창에서 보이는 풍경이 계속 변화해서 질릴 틈이 없다.	
☐ **転々と** 전전, 이리저리 (옮겨 다님)	去年まで職場を**転々と**していたが、ようやく落ち着いた。 작년까지 직장을 전전했지만 겨우 정착했다.	
☐ **ところどころ** 여기저기, 군데군데	高い山にはまだ**ところどころ**雪が残っているのが見える。 높은 산에는 아직 군데군데 눈이 남아 있는 것이 보인다.	
☐ **にこにこ** 생글생글, 싱글벙글	子どもが話すことに耳を傾けながら母親はずっと**にこにこ**していた。 아이가 이야기하는 것에 귀를 기울이면서 엄마는 계속 생글생글 웃었다.	
☐ **のろのろ** 느릿느릿	部屋の中を**のろのろ**歩いていたネコが急に走り出した。 방안을 느릿느릿 걷고 있던 고양이가 갑자기 달리기 시작했다.	
☐ **はきはき** 시원시원, 또렷또렷	先生の質問に**はきはき**答える子どもの様子に親も満足した。 선생님의 질문에 시원시원하게 대답하는 아이의 모습에 부모도 만족했다.	
☐ **はっきり** 분명히, 확실히	**はっきり**言えば今の実力であの大学はとても無理だ。 분명히 말하면 지금 실력으로 그 대학은 도저히 무리이다.	
☐ **ばったり** 갑자기 쓰러지는 모양, 털썩	何かにつまずいたのか歩いていた人が急に**ばったり**倒れた。 무언가에 발이 걸렸는지, 걷고 있던 사람이 갑자기 픽 쓰러졌다.	
☐ **必死に** 필사적으로	強いチームを相手に**必死**になって戦ったがやはり無理だった。 강한 팀을 상대로 필사적이 되어 싸웠지만 역시 무리였다.	
☐ **ひとまず** 우선, 일단	**ひとまず**ホテルにチェックインしてから次の予定を考えよう。 우선 호텔에 체크인을 한 후에 다음 예정을 생각하자.	
☐ **広々と** 널찍한, 광활한	部屋は**広々**としていて、10人は泊まれそうだった。 방은 널찍해서 열 명은 묵을 수 있을 듯 했다.	
☐ **ぴかぴか** 광택이 나는 모양, 반짝반짝	1年生のかばんはどれも買ったばかりで**ぴかぴか**していた。 1학년의 가방은 어느 것이나 산 지 얼마 안 되어 반짝반짝했다.	
☐ **ぴったり** 딱 맞는	くつのサイズは足に**ぴったり**だったが色が気に入らなかった。 신발 사이즈는 발에 딱 맞았지만 색이 마음에 들지 않았다.	
☐ **ふと** 문득, 갑자기	**ふと**窓のそとを見ると友達が走ってくるのが見えた。 문득 창 밖을 보자 친구가 뛰어오는 것이 보였다.	

☐ ふわふわ 부푼 모양, 폭신폭신	부드럽게	ふわふわしたマシュマロの甘さが口に広がった。 폭신폭신한 마시멜로의 달콤함이 입에 퍼졌다.
☐ ぶつぶつ 중얼중얼, 투덜투덜		隣の席に座った人がさっきからぶつぶつ言う声が気になった。 옆자리에 앉은 사람이 아까부터 중얼중얼 말하는 소리가 신경 쓰였다.
☐ 別々に 따로따로		二人は別々に座っていたが、時々お互いの顔を見ていた。 두 사람은 따로따로 앉아 있었지만, 때때로 서로의 얼굴을 보았다.
☐ ほぼ 거의		今回の選挙はほぼすべての地域で与党がリードしていた。 이번 선거는 거의 모든 지역에서 여당이 리드하고 있었다.
☐ まごまご 우물쭈물		急にあいさつするように言われて、まごまごしてしまった。 갑자기 인사를 하라는 말을 들어서 우물쭈물하고 말았다.
☐ まさか 설마		まさかあの人がそんなことをするはずないと思ったが事実だった。 설마 그 사람이 그런 일을 할 리가 없다고 생각했지만 사실이었다.
☐ 正に 확실히, 틀림없이		鉄道の開通は正に近代文明の出発を表すできごとだった。 철도 개통은 틀림없이 근대 문명의 출발을 나타내는 일이었다.
☐ ますます 더욱더, 점점 더		気候の変化で動物たちが暮らせる場所はますます少なくなった。 기후 변화로 동물들이 살 수 있는 장소는 점점 적어졌다.
☐ 真っ先に 제일 먼저		景気が悪くなると真っ先に影響を受けるのは非正規職の人だ。 경기가 나빠지면 제일 먼저 영향을 받는 것은 비정규직인 사람이다.
☐ まるで 전혀, 마치		子どもたちの歌声はまるで天使のように美しかった。 아이들의 노랫소리는 마치 천사처럼 아름다웠다.
☐ 自ら 스스로		彼は自らつらい仕事を望んで、誰より熱心に働いた。 그는 스스로 힘든 일을 원했고, 누구보다 열심히 일했다.
☐ むしろ 오히려, 차라리		暑い日には外で遊ぶよりむしろ家で涼しくして休んだ方がいい。 더운 날에는 밖에서 노는 것보다 오히려 집에서 시원하게 하고 쉬는 편이 낫다.
☐ めっきり 뚜렷이, 부쩍		父はこのごろめっきり白髪が増えて体力も落ちているようだ。 아버지는 요즘 부쩍 흰머리가 늘고 체력도 떨어진 듯하다.
☐ めったに 좀처럼, 거의		このあたりはめったに車が入ってこないから子どもの遊び場にいい。 이 주변은 거의 차가 들어오지 않아서 아이들의 놀이터로 좋다.

Part 1 문자·어휘

問題 4 　문맥 규정 출제 예상 어휘

☐ 最(もっと)も 가장, 제일	今、最も人気がある小説はスマホで読める作品だそうだ。 지금 가장 인기가 있는 소설은 스마트폰으로 읽을 수 있는 작품이라고 한다.	
☐ 元々(もともと) 원래, 본디	地球は元々一つの大陸だったという。 지구는 원래 하나의 대륙이었다고 한다.	
☐ やたらに 함부로, 마구, 쓸데없이	あの映画はやたらに人を殺す場面が出てくるから見たくない。 저 영화는 마구 사람을 죽이는 장면이 나와서 보고 싶지 않다.	
☐ やや 다소, 약간	9月も中旬を過ぎて日中の暑さもやや弱まってきたようだ。 9월도 중순을 지나서 낮 동안의 더위도 다소 약해진 듯하다.	
☐ 要(よう)するに 요컨대, 결국	子供たちが言うのは要するに小遣いがもっとほしいということだね。 아이들이 말하는 건 요컨대 용돈이 더 필요하다는 거네.	
☐ わざと 일부러, 고의로	先生の注意を引くためにわざと叱られるようなことをする生徒がいる。 선생님의 주의를 끌기 위해 일부러 야단맞을 법한 짓을 하는 학생이 있다.	
☐ わりに 비교적	今日は土曜日だが、わりに人出が少ないからショッピングがしやすい。 오늘은 토요일이지만 비교적 인파가 적어서 쇼핑이 하기 편하다.	

5: 가타카나어(외래어)

☐ アイデア 아이디어, 생각	☐ アウト 아웃, 밖
☐ アクセント 악센트, 강조, 어조	☐ アナウンサー 아나운서
☐ エチケット 에티켓, 예의	☐ エネルギー 에너지, 힘
☐ エンジン 엔진	☐ オーケストラ 오케스트라
☐ オイル 오일, 기름	☐ オフィス 오피스, 사무실
☐ オリンピック 올림픽	☐ カーブ 커브, 곡선
☐ クーラー 쿨러, 냉방 장치, 에어컨	☐ クラブ 클럽, 공통의 목적을 가진 사람들이 모인 단체
☐ クリーニング 클리닝, 세탁	☐ グラス 글라스, 유리컵

☐ グラフ 그래프, 도표	☐ グループ 그룹, 무리
☐ ケース 케이스, 상자, 사례	☐ コース 코스, 진로, 절차
☐ コーチ 코치	☐ コート 코트, 경기장
☐ コスト 코스트, 비용, 원가	☐ コック 요리사
☐ コミュニケーション 커뮤니케이션, 의사소통	☐ コレクション 컬렉션, 수집
☐ コンクール 콩쿠르, 경연 대회	☐ コンクリート 콘크리트
☐ コンセント (전기) 콘센트	☐ ゴール 골, 결승점
☐ ゴム 고무	☐ サークル 서클, 동호회
☐ サイレン 사이렌, 경적	☐ サラリーマン 샐러리맨, 회사원
☐ サンプル 샘플, 견본	☐ ジャーナリスト 저널리스트, 언론인
☐ スイッチ 스위치, 개폐기	☐ スケール 스케일, 크기, 규모
☐ スケジュール 스케줄, 일정	☐ スタイル 스타일, 모습, 형식
☐ スタンド 스탠드, (경기장 등의) 계단식 관람석	☐ スチュワーデス 스튜어디스, 여성 승무원
☐ ステージ 스테이지, 무대	☐ ストレス 스트레스
☐ スピーカー 스피커	☐ スライド 슬라이드, 미끄러짐
☐ セメント 시멘트	☐ センター 센터, 중심, 중앙
☐ センチメートル 센티미터(cm)	☐ ゼミ 세미나, 발표회, 토론회
☐ タイヤ 타이어, 바퀴	☐ ダイヤル 다이얼, 계기판
☐ チャンス 찬스, 기회	☐ チョーク 초크, 분필
☐ テーマ 테마, 주제	☐ テンポ 템포, 박자
☐ トップ 톱, 선두, 첫 번째	☐ トンネル 터널
☐ ノック 노크	☐ ハンドル 핸들, 손잡이

問題 4 문맥 규정 출제 예상 어휘

- □ バケツ 버킷, 양동이
- □ パーセント 퍼센트, 백분율
- □ パターン 패턴, 유형
- □ ビニール 비닐
- □ ブレーキ 브레이크
- □ プラン 플랜, 계획, 설계도
- □ プログラム 프로그램, (방송 등) 순서표
- □ ベルト 벨트
- □ ペース 페이스, 보조, 속도, 진행도
- □ ボート 보트
- □ マフラー 머플러, 목도리
- □ ミリメートル 밀리미터(mm)
- □ メートル 미터(m)
- □ モダン 모던, 현대적
- □ ユーモア 유머, 재치
- □ ラッシュアワー 러시아워, 교통 혼잡 시간
- □ リズム 리듬, 운율
- □ レクリエーション 레크리에이션, 휴양, 오락
- □ レベル 레벨, 수준, 정도

- □ バッグ 백, 가방
- □ パスポート 패스포트, 여권
- □ ビタミン 비타민
- □ ブラシ 브러시, 솔, 붓
- □ プラスチック 플라스틱
- □ プロ 프로, 전문가
- □ ベテラン 베테랑, 숙련가
- □ ベンチ 벤치
- □ ペンキ 페인트
- □ ポイント 포인트, 요점, 득점
- □ マラソン 마라톤
- □ メーター 미터, 자동 계기
- □ メンバー 멤버, 구성원
- □ モノレール 모노레일
- □ ヨーロッパ 유럽
- □ リスク 리스크, 위험
- □ リットル 리터(ℓ)
- □ レジャー 레저, 여가
- □ レンズ 렌즈

問題 4 문맥 규정 기출 어휘

● 2023

- 求人(きゅうじん) 구인
- 好調(こうちょう) 호조, 순조
- 誤解(ごかい) 오해
- こそこそ 소곤소곤, 살금살금
- 節約(せつやく) 절약
- 頼(たの)もしい 믿음직하다, 미덥다
- 飛(と)びつく 달려들다, 덤벼들다

● 2022

- 抱(いだ)く 안다, 품다
- 違反(いはん) 위반
- 劣(おと)る 뒤떨어지다
- ぎっしり 가득, 잔뜩
- 苦情(くじょう) 고충, 불평, 불만
- クリア 클리어, 해결, 합격, 허가
- 劇的(げきてき)に 극적으로
- 交渉(こうしょう) 교섭
- 締(し)め切(き)る 마감하다
- 進出(しんしゅつ) 진출
- 接続(せつぞく) 접속
- 設備(せつび) 설비
- ぞろぞろ 많은 사람이 잇달아 움직이는 모양, 줄줄
- まれな 드문, 좀처럼 없는

● 2021

- 思(おも)い切(き)って 과감히, 마음껏
- 開設(かいせつ) 개설
- 解約(かいやく) 해약
- 固(かた)める 굳히다, 확고히 하다
- 格好(かっこう) 모습, 모양, 꼴
- 気軽(きがる)に 부담 없이, 가볍게

問題 4 　문맥 규정 기출 어휘

- □ ぎりぎり 빠듯한, 바싹
- □ 限界(げんかい) 한계
- □ 上昇(じょうしょう) 상승
- □ じろじろ 빤히, 유심히
- □ タイミング 타이밍, 적절한 순간
- □ 添付(てんぷ) 첨부
- □ ニーズ 니즈, 수요
- □ 雇(やと)う 고용하다

● 2020

- □ 争(あらそ)う 싸우다
- □ いい加減(かげん)な 적당한, 엉터리인
- □ 気配(けはい) 기색, 기척
- □ 尊重(そんちょう) 존중
- □ ターゲット 타깃, 목표, 표적
- □ 独特(どくとく) 독특
- □ 評価(ひょうか) 평가

● 2019

- □ あいまいな 애매한, 모호한
- □ あこがれ 동경
- □ うなずく (고개를) 끄덕이다, 수긍하다
- □ おとろえる 쇠하다, 쇠퇴하다
- □ ごちゃごちゃ 어지러이 뒤섞인 모양, 뒤죽박죽
- □ 栽培(さいばい) 재배
- □ 転勤(てんきん) 전근
- □ 面倒(めんどう)だ 귀찮다, 번거롭다
- □ 不安定(ふあんてい) 불안정
- □ ふさわしい 어울리다
- □ プレッシャー 프레셔, 심리적 압박
- □ 分担(ぶんたん) 분담
- □ 本物(ほんもの) 진짜, 진품, 실물
- □ 油断(ゆだん) 방심, 부주의

2018

- アレンジ 어레인지, 배치, 편집
- 地元(じもと) 그 고장, 그 지방
- 続出(ぞくしゅつ) 속출
- 着々と(ちゃくちゃくと) 척척, 순조롭게
- 点検(てんけん) 점검
- 飛び散る(とびちる) 사방에 흩날리다
- 発揮(はっき) 발휘
- 欠かさない(かかさない) 빠뜨리지 않다, 거르지 않다
- スペース 스페이스, 공간, 여백
- 達する(たっする) 이르다, 도달하다
- でたらめに 엉터리로, 되는대로
- 独特(どくとく) 독특
- にっこり 생긋, 방긋
- 敏感(びんかん) 민감

2017

- アピール 어필, 호소
- 穏やかな(おだやかな) 온화한, 평온한
- ぎりぎり 아슬아슬, 빠듯함
- 悔やむ(くやむ) 후회하다, 애석하게 여기다
- そそっかしい 덜렁거리다, 방정맞다
- バランス 밸런스, 균형
- 豊富に(ほうふに) 풍부하게
- 打ち消す(うちけす) 부정하다, 없애다
- 確保(かくほ) 확보
- 苦情(くじょう) 불평, 불만, 푸념
- 契機(けいき) 계기
- 名所(めいしょ) 명소, 명승지
- ひそひそ 소곤소곤, 속닥속닥
- 有利(ゆうり) 유리

問題 4 문맥 규정 기출 어휘

● 2016

- 安易あんいに 안이하게
- ぐったり 녹초가 된 모양, 축 늘어진
- 収穫しゅうかく 수확
- たのもしい 믿음직스럽다
- なだらか 완만함, 순조로움
- 引ひき止とめる 말리다, 붙잡다
- リーダー 리더, 지도자
- 活発かっぱつに 활발하게
- 邪魔じゃま 방해, 장해
- ショック 쇼크, 충격
- 提供ていきょう 제공
- のんびり 한가로이, 유유히
- 普及ふきゅう 보급
- 割わり込こむ 끼어들다

● 2015

- 輝かがやかしい 빛나다, 훌륭하다
- 時間じかんをつぶす 시간을 때우다
- 鋭するどい 날카롭다, 예리하다
- たっぷり 듬뿍, 많이
- 特色とくしょく 특색
- 面めんして 인접해, 마주해, 면해
- びっしょり 흠뻑
- 完了かんりょう 완료
- 柔軟じゅうなん 유연
- 相違そうい 상이, 다름, 틀림
- デザイン 디자인
- 濁にごる 흐려지다, 탁해지다
- バランス 밸런스, 균형
- 予測よそく 예측

2014

- 予(あらかじ)め 미리, 사전에
- うとうと 꾸벅꾸벅
- 差(さ)し支(つか)える 지장이 있다
- 蓄(たくわ)える 저장하다, 비축하다
- 導入(どうにゅう) 도입
- 腹(はら)を立(た)てる 화를 내다
- やかましい 시끄럽다, 떠들썩하다
- 一気(いっき)に 단숨에
- 思(おも)い切(き)って 과감히, 마음껏
- 体格(たいかく) 체격
- 訂正(ていせい) 정정
- 目指(めざ)す 목표로 하다
- パンク 펑크, 구멍이 남
- リラックス 릴랙스, 긴장을 풀고 쉼

2013

- あいにく 공교롭게도
- 解散(かいさん) 해산
- 見当(けんとう) 예상, 예측
- スムーズに 원활하게, 순조롭게
- ぜいたくな 사치스런
- つまずく 발이 걸려 넘어지다
- 比例(ひれい) 비례
- 意欲(いよく) 의욕
- 格好(かっこう) 모습, 모양
- すっきり 상쾌하고 산뜻한 모양, 말끔히, 깨끗이
- 専念(せんねん) 전념
- 中継(ちゅうけい) 중계
- 辛(つら)い 괴롭다
- 呼(よ)び止(と)める 불러 세우다

問題 4 　문맥 규정 기출 어휘

● 2012

- □ いらいら 안달복달, 초조함
- □ 改正(かいせい) 개정
- □ かたよる 치우치다, 기울다
- □ ごろごろ 데굴데굴, 빈둥빈둥
- □ 成長(せいちょう) 성장
- □ 着々(ちゃくちゃく) 척척, 순조롭게
- □ 夢中(むちゅう) 열중함, 몰두함
- □ 得(え)る 얻다
- □ 抱(かか)える 안다, 맡다
- □ ぐち 푸념
- □ 辞退(じたい) 사퇴
- □ 散(ち)らかす 어지르다, 흩뜨리다
- □ 適度(てきど)な 적당한
- □ 場面(ばめん) 장면

● 2011

- □ 解消(かいしょう) 해소
- □ 活気(かっき) 활기
- □ さっぱり 산뜻한, 담백한
- □ 迫(せま)る 다가오다, 육박하다
- □ 反映(はんえい) 반영
- □ ぶらぶら 어슬렁어슬렁
- □ 強(つよ)み 강점
- □ 改善(かいぜん) 개선
- □ 機能(きのう) 기능
- □ 視野(しや) 시야
- □ 詰(つ)まる 막히다
- □ 分析(ぶんせき) 분석
- □ ぼんやり 멍하니, 멀거니
- □ わりと 비교적

2010

- 相次ぐ(あいつぐ) 연달아, 잇따라
- 温厚な(おんこうな) 온후한
- 上昇(じょうしょう) 상승
- 通じる(つうじる) 통하다, 연결되다
- マイペース 마이 페이스
- 発揮(はっき) 발휘
- 含む(ふくむ) 포함하다, 머금다

- 曖昧(あいまい) 애매
- 徐々に(じょじょに) 서서히
- シーズン 시즌, 시기
- のんびり 한가로이, 유유히
- 話が尽きない(はなしがつきない) 이야기가 끊이지 않다
- 評判(ひょうばん) 평판
- 有効(ゆうこう) 유효

問題 4 문맥 규정 연습문제 ①

問題 4 （　　）に入れるのに最もよいものを、1・2・3・4から一つ選びなさい。

1 彼女は名前を呼ぶと（　　）笑って返事をした。
1　はっきり　　2　じっくり　　3　うっかり　　4　にっこり

2 最近は作家の個性を（　　）した作品が少ない。
1　復帰　　2　発揮　　3　活気　　4　速記

3 手術をする子供のための寄付が1か月で1,000万円に（　　）そうだ。
1　満ちた　　2　増した　　3　達した　　4　積んだ

4 会社にはお客様から寄せられる（　　）に対応する専門の係がある。
1　物事　　2　迷惑　　3　苦情　　4　返事

5 この点に関しては、子供も大人と（　　）にあつかわれる。
1　均等　　2　同様　　3　公正　　4　公平

6 自国で開催する試合が自国の選手に（　　）になるのは当然のことだ。
1　有効　　2　模範　　3　有利　　4　利益

7 試験で自分の名前を間違えて書くなんて（　　）では済まない。
1　うたがわしい　　2　なれなれしい　　3　みすぼらしい　　4　そそっかしい

8 駅から近くて便利なことを（　　）しても、家賃が高いので借りる人がいない。
1　メリット　　2　チャレンジ　　3　サポート　　4　アピール

9 図書館では開館時間を延長して多くの市民が読書に親しむ機会を（　　）したいと発表した。
1　誘導　　2　発揮　　3　提供　　4　手配

10 散歩中にふといいアイディアを（　　）、急いで家に帰った。
1　思い付いて　　2　思い出して　　3　思い込んで　　4　思い描いて

問題 4 문맥 규정 연습문제 ②

해설편 29p

問題 4 （　　）に入れるのに最もよいものを、1・2・3・4から一つ選びなさい。

① 高速道路を走る時はタイヤも（　　）した方がいい。
1　実験　　　　2　変換　　　　3　点検　　　　4　整理

② 田舎には都会にない（　　）の魅力があります。
1　独特　　　　2　唯一　　　　3　微妙　　　　4　独創

③ 朝早く出たのに道路が混んで会社には9時（　　）に着いた。
1　ぎりぎり　　2　のびのび　　3　ようやく　　4　たちまち

④ 父の死後、土地を長女が（　　）した。
1　継続　　　　2　持続　　　　3　相続　　　　4　存続

⑤ 資源は（　　）あると思ってもいつかはなくなってしまうものだ。
1　旺盛に　　　2　豊富に　　　3　大幅に　　　4　過密に

⑥ 大好きな歌手が結婚するというニュースを聞いて（　　）を受けた。
1　ブレーキ　　2　ダウン　　　3　クレーム　　4　ショック

⑦ 狭い道路に車をとめておくと火事の時、消防車などが通るのに（　　）なって危険だ。
1　邪魔に　　　2　対立に　　　3　迷惑に　　　4　防止に

⑧ 道路工事は月末には（　　）する予定ですが、それまで車は通れません。
1　解決　　　　2　停止　　　　3　妥協　　　　4　完了

⑨ 友達に誘われて行ってみたが、そのマジックショーは前にもどこかで見たことがあったので私には（　　）なものだった。
1　平凡　　　　2　奇抜　　　　3　質素　　　　4　退屈

⑩ こんなに夜遅くまで（　　）すみませんでした。
1　払い戻して　2　立て替えて　3　引き止めて　4　問いかけて

5 問題5 유의 표현

문제 유형
문제에서 주어진 어휘와 서로 바꿔 쓸 수 있는 유의 표현을 찾는 문제이다. 단어의 올바른 쓰임과 뉘앙스에 관한 이해가 필요하므로, 단순 암기가 아닌 단어를 전체 문장 속에서 이해하는 연습과 유의어와 반의어를 함께 묶어 공부하는 습관을 길러 두면 도움이 될 것이다.

예시

問題 5　＿＿＿の言葉に意味が最も近いものを、1・2・3・4から一つ選びなさい。

　彼の人生は一変した。
1　大きく変わった　　　　　2　少し変わった
3　よくなった　　　　　　　4　わるくなった

| 23 | ● | ② | ③ | ④ |

문제 풀이 포인트
문제에서는 주로 딱딱한 문어체의 말이 나오고 선택지에는 뜻이 유사한 쉬운 단어나 주어진 단어의 의미를 쉽게 풀어 쓴 짧은 문장이 나온다.

예시 문제를 보면,「一変 일변」은 '크게 달라진다'라는 뜻이다. 따라서 의미가 같은 선택지 1번의「大きく変わった 크게 바뀌었다」가 정답이다.

이처럼 문제에서 주어진 단어에 선택지의 단어를 바꿔 넣어도 의미가 같거나 크게 달라지지 않는 어휘를 고르는 문제이다.

問題 5 유의 표현 출제 예상 어휘

학습 포인트
유의 표현 파트에서는 새로운 단어가 나오기보다 한자 읽기, 표기, 단어 형성, 문맥 규정에서 정리한 어휘가 활용되어 나오므로 앞 파트의 어휘를 충분히 익히고 학습에 들어가기를 추천한다. 또한 기출 어휘가 다른 형태로 활용되어 반복적으로 나오는 경향이 있으니, 기출 어휘를 반드시 확인해야 한다.

1: 명사

☐ 一変(いっぺん) 완전히 바뀜, 크게 달라짐	≒	大(おお)きく変(か)わること 크게 변하는 것
☐ 差(さ)し支(つか)え 지장	≒	問題(もんだい) 문제
☐ 選択(せんたく) 선택	≒	決定(けってい) 결정
☐ メカニズム 매커니즘	≒	仕組(しく)み 구조, 짜임, 시스템
☐ ライブ 라이브	≒	生演奏(なまえんそう) 생연주, 라이브

2: 동사

☐ 頭(あたま)が下(さ)がる 머리가 숙여지다	≒	感心(かんしん)する 감탄하다
☐ 威張(いば)る 잘난 체하다	≒	態度(たいど)が大(おお)きい 태도가 건방지다, 분수를 모르다
☐ 依頼(いらい)する 의뢰하다	≒	お願(ねが)いする 부탁하다
☐ 受(う)け持(も)つ 맡다, 담당하다	≒	担当(たんとう)する 담당하다
☐ 書(か)き取(と)る (말하는 것을) 받아 적다	≒	メモする 메모하다
☐ 欠(か)ける 부족하다, 빠지다	≒	足(た)りない 부족하다
☐ がっかりする 실망하다	≒	失望(しつぼう)する 실망하다
☐ 気(き)にする 신경 쓰다	≒	意識(いしき)する 의식하다

問題 5 유의 표현 출제 예상 어휘

- □ くたびれる 지치다, 피로하다 ≒ 疲(つか)れる 지치다, 피곤해지다
- □ けなす 헐뜯다 ≒ 悪(わる)く言(い)う 나쁘게 말하다
- □ 注目(ちゅうもく)をした 주목을 했다 ≒ 関心(かんしん)を持(も)った 관심을 가졌다
- □ 向(む)く 적합하다 ≒ 適(てき)する 알맞다, 적당하다
- □ 目立(めだ)たない 눈에 띄지 않다 ≒ 見(み)えにくい 눈에 띄지 않다, 잘 안 보이다
- □ 詫(わ)びる 사죄하다 ≒ 謝(あやま)る 사과하다

3: 형용사

- □ 偉大(いだい)だ 위대하다 ≒ 立派(りっぱ)だ 훌륭하다
- □ 穏(おだ)やかだ 차분하다, 온화하다 ≒ 落(お)ち着(つ)く 안정되다
- □ 大人(おとな)しい 얌전하다 ≒ 静(しず)かだ 조용하다
- □ 思(おも)いがけない 의외이다, 뜻밖이다 ≒ 意外(いがい)だ 의외이다
- □ 軽(かる)い 가볍다 ≒ 簡単(かんたん)だ 간단하다
- □ くだらない 시시하다, 하찮다 ≒ ばからしい 어리석다, 바보같다
- □ すまない 미안하다 ≒ 申(もう)し訳(わけ)ない 미안하다, 변명의 여지가 없다
- □ フレッシュだ 신선하다, 참신하다 ≒ 新鮮(しんせん)だ 신선하다
- □ またとない 둘도 없다 ≒ なかなかない 좀처럼 없다
- □ もっともだ 지당하다 ≒ その通(とお)りだ 옳다, 지당하다, 그대로다

4: 부사

- □ 改めて 다시, 새삼스럽게 ≒ もう一度 다시 한번
- □ 次第に 서서히, 점차 ≒ 徐々に 서서히
- □ なんとなく 왠지 ≒ よく分からないが 잘 모르지만
- □ まもなく 곧, 이윽고 ≒ もうすぐ 이제 곧, 머지않아
- □ ようやく 겨우, 간신히 ≒ やっと 겨우, 드디어

問題 5 유의 표현 기출 어휘

● 2023

☐ 惜しい 아깝다, 섭섭하다	≒	もったいない 아깝다
☐ 概要 개요	≒	大体の内容 대략의 내용
☐ たちまち 곧, 금세	≒	すぐに 곧, 바로
☐ テンポ 템포, 속도	≒	速さ 속도
☐ 油断している 방심하고 있다	≒	気をつけていない 주의하고 있지 않다

● 2022

☐ 一転する 일변하다	≒	すっかり変わる 완전히 변하다
☐ 勘定 계산, 셈	≒	会計 회계, 계산
☐ くだらない 하찮다, 시시하다	≒	価値がない 가치가 없다
☐ 再三 두세 번, 여러 번	≒	何度も 몇 번이나
☐ 騒がしい 시끄럽다, 소란스럽다	≒	うるさい 시끄럽다
☐ 衝突する 충돌하다	≒	ぶつかる 부딪치다, 충돌하다
☐ 書籍 서적	≒	本 책
☐ テクニック 테크닉, 기술	≒	技術 기술
☐ でたらめ 엉터리	≒	嘘 거짓말
☐ とがる (끝이) 뾰족해지다	≒	細くなる 가늘어지다

2021

- 案の定 생각한 대로, 아니나 다를까 ≒ やっぱり 역시
- 依然 의연, 여전 ≒ まだ 아직
- 欠かせない 빠뜨릴 수 없다 ≒ ないと困る 없으면 곤란하다
- くるんで 휘감아서 ≒ 包んで 포장해서
- 指図する 지시하다 ≒ 命令する 명령하다
- 失望した 실망했다 ≒ がっかりした 실망했다
- 仕事に取り掛かる 일에 착수하다 ≒ 仕事を始める 일을 시작하다
- 人柄 인품 ≒ 性格 성격
- 最寄りの 가장 가까운 ≒ 一番近い 제일 가까운
- レンタルして 렌털해서 ≒ 借りて 빌려서

2020

- いじって 만지고, 손대고 ≒ 触って 만지고
- ガイド 가이드 ≒ 案内 안내
- 終日 종일 ≒ 一日中 하루 종일, 내내
- 真剣に 진지하게 ≒ まじめに 진지하게, 진정으로
- まれだ 드물다 ≒ あまりいない 별로 없다

問題 5 유의 표현 기출 어휘

● 2019

- 一層(いっそう) 한층 더, 더욱더 ≒ もっと 더욱, 좀 더, 한층
- 落(お)ち込(こ)んだ 낙담했다, 침울했다 ≒ がっかりした 실망했다
- かかりつけの 늘 진찰(치료) 받는 ≒ いつもいく 항상 가는
- 定(さだ)める 정하다, 결정하다 ≒ 決(き)める 정하다
- 精(せい)いっぱい 있는 힘껏, 최대한 ≒ 一生懸命(いっしょうけんめい) 열심히
- 同情(どうじょう)した 동정했다 ≒ かわいそうだと思(おも)った 불쌍하다고 생각했다
- 動揺(どうよう)した 동요했다 ≒ 不安(ふあん)になった 불안해졌다
- ハードだ 고되다, 힘들다 ≒ 大変(たいへん)だ 힘들다
- 引(ひ)き返(かえ)した 되돌아왔다 ≒ 戻(もど)った 돌아왔다
- 物騒(ぶっそう)になってきた 세상이 뒤숭숭하고 위험한 상태가 되었다 ≒ 安全(あんぜん)じゃなくなってきた 안전하지 않게 되었다

● 2018

- 当(あ)てて 맞혀서, 명중시켜서 ≒ ぶつけて 던져서, 맞혀서
- あわれな 불쌍한, 애처로운 ≒ かわいそうな 불쌍한
- 一転(いってん)した 완전히 확 바뀌었다 ≒ すっかり変(か)わった 완전히 바뀌었다
- うつむく 머리를 숙이다 ≒ 下(した)を向(む)く 아래를 향하다, 밑을 보다
- くどい 끈덕지다 ≒ しつこい 끈질기다, 끈덕지다
- じたばたしても 발버둥쳐도, 버둥거려도 ≒ 慌(あわ)てても 허둥대도

☐ テクニック 테크닉, 기술	≒	技術(ぎじゅつ) 기술
☐ 当分(とうぶん) 당분간, 잠시 동안	≒	しばらく 잠깐, 한동안
☐ 用心(ようじん)した 주의했다, 경계했다	≒	気(き)を付(つ)けた 조심했다
☐ 利口(りこう)な 영리한	≒	頭(あたま)がいい 머리가 좋다

● 2017

☐ あやまり 잘못, 틀림, 실수	≒	間違(まちが)っているところ 틀린 부분
☐ 臆病(おくびょう) 겁이 많음	≒	なんでも怖(こわ)がる 무엇이든 무서워하다
☐ 過剰(かじょう)である 과잉이다	≒	多(おお)すぎる 지나치게 많다
☐ 勝手(かって)な 제멋대로인	≒	わがままな 제멋대로인, 버릇없는
☐ 記憶(きおく)して 기억해서	≒	覚(おぼ)えて 외워서
☐ とっくに 훨씬 전에, 벌써	≒	ずっと前(まえ)に 훨씬 전에
☐ 不平(ふへい) 불평	≒	文句(もんく) 불평, 불만, 이의
☐ まれな 드문, 희소한	≒	ほとんどない 거의 없다
☐ むかつく 화나다, 화가 치밀다	≒	怒(おこ)る 화나다
☐ ゆずりました 양보했습니다	≒	あげました 주었습니다

● 2016

☐ 息抜(いきぬ)きした 한숨 돌렸다, 잠시 쉬었다	≒	休(やす)んだ 쉬었다
☐ じかに 직접	≒	直接(ちょくせつ) 직접

問題 5 유의 표현 기출 어휘

- □ 衝突 충돌 ≒ ぶつかる 부딪히다
- □ たびたび 여러 번, 자주 ≒ 何度も 몇 번이나, 여러 번
- □ 注目をした 주목을 했다 ≒ 関心を持った 관심을 가졌다
- □ ついていた 운이 따랐다, 재수 좋았다 ≒ 運がよかった 운이 좋았다
- □ つねに 항상 ≒ いつも 늘, 항상
- □ 卑怯な 비겁한 ≒ ずるい 교활하다
- □ やむを得ない 어쩔 수 없다 ≒ 仕方がない 어쩔 수 없다
- □ 愉快な人 유쾌한 사람 ≒ 面白い人 재미있는 사람

● 2015

- □ おそらく 아마도, 어쩌면 ≒ たぶん 아마
- □ かつて 일찍이, 전에 ≒ 以前 이전
- □ 小柄だ 몸집이 작다 ≒ 体が小さい 몸이 작다
- □ ささやく 속삭이다, 소곤거리다 ≒ 小声で話す 작은 소리로 이야기하다
- □ 収納する 수납하다 ≒ 仕舞う 정리하다, 치우다, (서랍 등에) 넣다
- □ 所有する 소유하다 ≒ 持つ 가지다
- □ テンポ 템포, 속도 ≒ 速さ 속도, 빠르기
- □ 妙な 묘한 ≒ 変な 이상한
- □ 無口だ 말이 없다 ≒ あまり話さない 별로 말하지 않다
- □ やや 약간, 좀 ≒ 少し 조금

2014

☐ 明らかな 분명한	≒	はっきりした 확실한, 분명한
☐ お勘定は済ませました 계산은 끝냈습니다	≒	お金は払いました 돈은 지불했습니다
☐ 買いしめる 매점하다, 사재기하다	≒	全部買う 전부 사다
☐ 異なる 다르다	≒	違う 다르다
☐ 騒々しい 시끄럽다	≒	うるさい 시끄럽다
☐ そろえる 맞추다, 같게 하다	≒	同じにして 같게 해서
☐ たちまち 곧, 금새	≒	すぐに 곧, 즉시
☐ たまたま 우연히, 때마침	≒	偶然に 우연히
☐ 間際 직전, 막 ~하려는 찰나	≒	直前 직전
☐ 用心 조심, 주의, 경계	≒	注意 주의

2013

☐ あいまい 애매, 애매모호	≒	はっきりしない 분명하지 않다
☐ 依然として 여전히	≒	相変わらず 변함없이
☐ 思いがけない 의외이다, 뜻밖이다	≒	意外な 의외의
☐ およそ 대충, 대강	≒	だいたい 대강, 대략
☐ 済ます 끝내다, 마치다	≒	終える 마치다
☐ そろう 모이다, (인원 따위가) 차다	≒	集まる 모이다
☐ プラン 플랜, 계획	≒	計画 계획

問題 5　유의 표현 기출 어휘

- [ ] みずから 몸소, 스스로　　≒　　自分で 스스로
- [ ] 山のふもと 산기슭　　≒　　山の下のほう 산 밑, 산 아래쪽

● 2012

- [ ] 過ち 잘못, 실수　　≒　　正しくない 옳지 않다
- [ ] かさかさしている 꺼칠꺼칠하다　　≒　　乾燥している 건조하다
- [ ] 奇妙な 기묘한　　≒　　変な 이상한
- [ ] 仕上げる 일을 끝내다, 마무리하다　　≒　　完成させる 완성시키다
- [ ] じっと 꼼짝 않고, 가만히　　≒　　動かないで 움직이지 않고
- [ ] 湿っている 습기가 차 있다, 젖어 있다　　≒　　まだ乾いていない 아직 마르지 않다
- [ ] 相当 상당히　　≒　　かなり 꽤
- [ ] 直ちに 곧, 즉시　　≒　　すぐに 곧, 바로
- [ ] 追加する 추가하다　　≒　　足す 더하다
- [ ] 日中 주간, 낮　　≒　　昼間 주간, 낮

● 2011

- [ ] いきなり 갑자기　　≒　　突然 돌연
- [ ] うつむく 고개를 숙이다　　≒　　下を向く 아래를 향하다, 밑을 보다
- [ ] 回復する 회복하다　　≒　　よくなる 좋아지다

くたくただ 녹초가 되다	≒	ひどく疲れた 매우 지치다
慎重に 신중하게	≒	十分注意して 충분히 주의해서
優秀だった 우수했다	≒	頭がよかった 머리가 좋았다
縮む 줄어들다	≒	小さくなる 작아지다
ブーム 붐, 일시적 대유행	≒	流行 유행
ほぼ 거의, 대강	≒	だいたい 대체로, 대강
わずかに 조금, 약간	≒	少し 조금

● 2010

大げさだ 요란스럽다, 허풍을 떨다	≒	オーバーだ 오버이다
かしこい 현명하다, 영리하다	≒	頭がいい 머리가 좋다
勝手な 제멋대로인	≒	わがままな 제멋대로인, 버릇없는
見解 견해	≒	考え方 사고방식
雑談 잡담	≒	おしゃべり 잡담, 수다
たびたび 여러 번, 자주	≒	何度も 몇 번, 여러 번
とりあえず 우선	≒	一応 우선, 일단
ぶかぶかだ 헐렁헐렁하다	≒	とても大きい 매우 크다
ゆずる 양도하다, 팔아넘기다, 물려주다	≒	売る 팔다
レンタル 렌털, 임대	≒	借りる 빌리다

問題 5 유의 표현 연습문제 ①

해설편 32p

問題 5 ＿＿＿の言葉に意味が最も近いものを、1・2・3・4から一つ選びなさい。

① この画家のファンなので、ぜひこの作品をゆずってください。
　1 遠慮して　　　2 渡して　　　3 贈って　　　4 売って

② 事故の原因について警察が見解を発表した。
　1 意見　　　　　2 回答　　　　3 責任　　　　4 事実

③ 彼は用事があるのか授業が終わると、さっさと帰ってしまった。
　1 いきなり　　　2 すばやく　　3 とりあえず　4 あせって

④ 台風の影響でこの近くの店はほぼ休みになった。
　1 一日中　　　　2 すぐに　　　3 大部分　　　4 残らず

⑤ そのあたりの家賃なら、おそらく10万円はするだろう。
　1 全部　　　　　2 一部分　　　3 ほぼ間違いなく　4 間違いなく

⑥ 家から駅まで歩いて来たから、くたくたです。
　1 足が痛いです　　　　　　　　2 体が熱いです
　3 とても疲れました　　　　　　4 とても遅くなりました

⑦ あそこに見える奇妙な形の建物が美術館だ。
　1 大人しい　　　2 つまらない　3 変な　　　　4 便利な

⑧ 団地では日中、誰もいない家が多い。
　1 毎日　　　　　2 昼間　　　　3 午後　　　　4 夜間

⑨ その知らせの内容は思いがけないものだった。
　1 予想していた　　　　　　　　2 想像しなかった
　3 楽しみにしていた　　　　　　4 うれしくなかった

⑩ 大変だった時、いつも田中(たなか)さんが支えてくれた。
　1 頼って　　　　2 直して　　　3 助けて　　　4 甘やかして

問題 5 유의 표현 연습문제 ②

問題 5 ＿＿＿の言葉に意味が最も近いものを、1・2・3・4から一つ選びなさい。

1 目的地までおよそ3時間かかる予定です。
　1 ちょうど　　2 たぶん　　3 だいたい　　4 せいぜい

2 値段が上がると聞いて品物を買い占める人がいました。
　1 買うのをやめる　　2 安く買う
　3 買いたくなる　　　4 全部買う

3 父と子は考えが異なります。
　1 同じです　　2 似ています　　3 違います　　4 合っています

4 すみませんが、料理を下げてくれませんか。
　1 出して　　2 冷やして　　3 取り替えて　　4 持っていって

5 子どもがたくさんいて騒々しいです。
　1 うるさい　　2 楽しい　　3 賑やか　　4 迷惑

6 交通事故は運転した人だけでなく車を所有している人にも責任がある。
　1 貸して　　2 持って　　3 乗って　　4 住んで

7 この部屋には服を収納するところがあります。
　1 しまう　　2 飾る　　3 並べる　　4 揃える

8 彼女はささやくような声で私の名前を呼んだ。
　1 爽やかな　　2 穏やかな　　3 かすかな　　4 朗らかな

9 あの人は卑怯だと言われるが私はそう思わない。
　1 勇気がある　　2 まじめだ　　3 ずるい　　4 賢い

10 実験をする時は結果だけでなくプロセスも重要だ。
　1 過程　　2 方法　　3 要素　　4 傾向

問題 6 용법

문제 유형
문제에서 제시한 단어를 가장 올바르게 사용한 문장을 찾는 문제이다.

> **예시**
>
> 問題 6 ＿＿＿＿＿の言葉の使い方として最もよいものを 1・2・3・4 から一つ選びなさい。
>
> 楽に
> 1 彼は、今度の旅行をとても楽にしている。
> 2 時間がないから、何か楽に食べましょう。
> 3 給料が上がって、生活が楽になった。
> 4 みんながわかるように、もう少し楽に説明してください。
>
>

문제 풀이 포인트

용법 파트에서는 제시된 단어가 맥락에 맞게 사용되었는지를 묻기 때문에 단어의 의미만을 단순히 암기하는 방식으로는 문제를 풀기 어렵다.

예시 문제를 보면, 부사「楽に」는 '편안히, 쉽게'라는 뜻으로, 맥락에 맞게 사용된 것은 선택지 3번의 '급료가 올라서 생활이 편해졌다(楽になった)'이다. 1번에는 「楽しみに 기대하면서」, 2번에는 「簡単に 간단히」, 4번에는 「やさしく 쉽게」나 「くわしく 자세히」가 들어가야 자연스러운 문장이 된다.

이처럼 우리말과 다르게 사용되는 특정 어휘나 의성어·의태어를 포함한 다양한 부사 등이 사용된 문장을 통째로 암기하여 전후 문맥 및 호응 관계의 뉘앙스를 자연스럽게 익히도록 해야 한다.

問題 6 용법 출제 예상 어휘

학습 포인트
용법 파트는 단어의 올바른 쓰임을 묻는 문제이다. 출제 예상 어휘는 수험생들이 틀리기 쉬운 어휘를 중심으로 정리했다.

1: 명사

- ☐ 明(あ)かり 빛, 불빛
- ☐ 気候(きこう) 기후
- ☐ 心当(こころあ)たり 짐작, 짚이는 곳
- ☐ 差別(さべつ) 차별
- ☐ 正直(しょうじき) 정직, 솔직
- ☐ 重役(じゅうやく) 중역, 임원
- ☐ 妥当性(だとうせい) 타당성
- ☐ 展開(てんかい) 전개
- ☐ 能率(のうりつ) 능률
- ☐ 普及(ふきゅう) 보급
- ☐ 分散(ぶんさん) 분산
- ☐ 夢中(むちゅう) 열중함, 몰두함
- ☐ ユーモア 유머, 재치
- ☐ 礼儀(れいぎ) 예의

- ☐ 関心(かんしん) 관심
- ☐ 薬(くすり) 약
- ☐ 催促(さいそく) 재촉
- ☐ 作法(さほう) 작법, 예의범절, 에티켓
- ☐ 実施(じっし) 실시
- ☐ 節約(せつやく) 절약
- ☐ 中断(ちゅうだん) 중단
- ☐ ドライブ 드라이브
- ☐ 微妙(びみょう) 미묘, 미묘함
- ☐ ふもと 산기슭
- ☐ 向(む)かい 정면, 맞은편
- ☐ 群(む)れ 무리
- ☐ 行方(ゆくえ) 행방

2: 동사

- ☐ 甘(あま)やかす 응석을 받아주다
- ☐ 薄(うす)める 연하게 하다, 묽게 하다

問題 6　용법 출제 예상 어휘

- [ ] 疑う 의심하다
- [ ] 差し支える 지장이 있다
- [ ] 保つ 지키다, 유지되다, 견디다
- [ ] 慎む 삼가다, 조심하다
- [ ] 引き返す 되돌아가다(오다), 되돌리다
- [ ] 振り向く 뒤돌아보다
- [ ] 逆らう 거스르다, (반대 방향으로) 나아가다
- [ ] 支配する 지배하다
- [ ] 散らかる 흩어지다, 어지러지다
- [ ] 乗り過ごす 내릴 곳(하차 역)을 지나치다
- [ ] 膨らむ 부풀다
- [ ] 見下ろす 내려다보다

3: 형용사

- [ ] 厚かましい 뻔뻔스럽다
- [ ] 惜しい 아깝다, 아쉽다
- [ ] 質素な 검소한
- [ ] 贅沢な 사치스런, 분에 넘치는
- [ ] 強気な 강경한
- [ ] 懐かしい 그립다, 반갑다
- [ ] 鈍い 둔하다, 굼뜨다, 무디다
- [ ] 朗らかな 명랑한, 쾌활한
- [ ] 陽気な (성격이) 밝고 쾌활한
- [ ] いい加減な 적당한, 엉터리인
- [ ] 器用な 손재주가 있는, 요령이 좋은
- [ ] ずるい 교활하다, 능글맞다
- [ ] だらしない 칠칠치 못하다
- [ ] 情けない 한심하다
- [ ] 憎らしい 밉살스럽다, 얄밉다
- [ ] 相応しい 어울리다
- [ ] 醜い 추하다, 보기 흉하다
- [ ] 利口な 영리한, 똑똑한

4: 부사

- [ ] いったん 일단
- [ ] ざっと 대강, 대충
- [ ] いまに 곧, 조만간, 머지않아
- [ ] せっかく 모처럼, 일부러

- [ ] せめて 적어도, 하다못해
- [ ] じつに 실로, 매우
- [ ] どうせ 어차피, 이왕, 내친 김에
- [ ] たまたま 가끔, 마침
- [ ] がっかり 실망·낙담하는 모양, 맥빠짐
- [ ] わずか 조금, 불과

問題 6 용법 기출 어휘

● 2023

- 偉大(いだい) 위대
- 印(しるし) 표시
- 続出(ぞくしゅつ) 속출
- さまたげる 방해하다, 지장을 주다
- 早期(そうき) 조기

● 2022

- 荒(あ)れる 거칠어지다, 사나워지다
- 温厚(おんこう) 온후, 온화
- 生(しょう)じる 생기다, 발생하다
- 中断(ちゅうだん) 중단
- 普及(ふきゅう) 보급
- 打(う)ち合(あ)わせ 협의, 회의
- 頑固(がんこ) 완고
- 世代(せだい) 세대
- 濁(にご)る 탁해지다, 흐려지다
- ベテラン 베테랑, 숙련자

● 2021

- 引用(いんよう) 인용
- 急激(きゅうげき)(に) 급격(하게)
- 栽培(さいばい) 재배
- 妥当(だとう) 타당
- ほっと 안심하는 모양
- かばう (남의 잘못을) 감싸다
- 傾向(けいこう) 경향
- さっさと 빨랑빨랑, 재빠르게
- 展開(てんかい) 전개
- 漏(も)れる (물·빛 등이) 새다, 누설되다

2020

- 引退(いんたい) 은퇴
- ぎっしり 가득, 잔뜩
- 初期(しょき) 초기
- 打ち明ける(うちあける) (비밀·고민 등을) 숨김없이 이야기하다, 털어놓다
- 欠陥(けっかん) 결함

2019

- しみる 스며들다, 배다
- 初歩(しょほ) 초보
- 素材(そざい) 소재
- 尽きる(つきる) 다하다, 끝나다
- めくる 넘기다, 젖히다
- 充満(じゅうまん) 충만
- 即座に(そくざに) 바로, 즉석에서
- だらしない 칠칠치 못하다
- 特殊(とくしゅ) 특수
- 廃止(はいし) 폐지

2018

- 演説(えんぜつ) 연설
- きっぱり 단호히
- 日課(にっか) 일과
- 乗り継ぐ(のりつぐ) 다른 것으로 갈아타고 목적지로 가다
- 保存(ほぞん) 보존
- 解約(かいやく) 해약
- 多彩(たさい) 다채, 다채로움
- 鈍い(にぶい) 둔하다, 굼뜨다, 무디다
- 最寄り(もより) 가장 가까움, 근처
- 役目(やくめ) 역할, 임무

問題6 용법 기출 어휘

● 2017

- いっせいに 일제히
- 覆う 덮다, 씌우다, 가리다
- 節約 절약
- 頂上 정상, 절정
- 散らかす 흩뜨리다, 어지르다
- 分解 분해
- 破れる 찢어지다, 깨지다
- 論争 논쟁
- 略す 생략하다, 간단히 하다

● 2016

- 引退 은퇴
- 延長 연장
- 大げさ 과장, 허풍
- きっかけ 동기, 계기
- さびる 녹슬다
- 順調 순조로움
- 生じる 생기다, 발생하다
- 目上 윗사람, 연장자
- 発達 발달
- 反省 반성

● 2015

- 甘やかす 응석을 받아주다
- いったん 일단
- 思いつく (문득) 생각이 떠오르다
- 温暖 온난
- 作成 작성
- たくましい 늠름하다, 씩씩하다
- 中断 중단
- 振り向く 뒤돌아보다
- 行方 행방
- 用途 용도

2014

- 合図(あいず) 신호
- 会見(かいけん) 회견
- こつこつ 꾸준히 노력하는 모양
- 妥当(だとう) 타당
- 手軽(てがる) 간편함, 간단함
- 言い訳(いいわけ) 변명
- 頑丈(がんじょう) 튼튼함, 옹골참
- 畳む(たたむ) 접다, (빨래·옷 등을) 개다
- 縮む(ちぢむ) 줄어들다, 오그라들다

2013

- あわただしい 어수선하다, 분주하다
- かすか 희미함, 어렴풋함
- 快い(こころよい) 상쾌하다, 유쾌하다
- ものたりない 어딘가 부족하다, 미흡하다
- 隔てる(へだてる) 사이를 떼다, 가로막다
- 生き生き(いきいき) 생생한 모양
- 掲示(けいじ) 게시
- 催促(さいそく) 재촉
- 分野(ぶんや) 분야
- 補足(ほそく) 보충

2012

- 交代(こうたい) 교대
- 合同(ごうどう) 합동
- 問い合わせる(といあわせる) 문의하다
- 矛盾(むじゅん) 모순
- ふさぐ 막다, 가리다
- 心強い(こころづよい) 마음 든든하다
- さっさと 빨랑빨랑, 재빠르게
- とぼしい 모자라다, 부족하다
- 廃止(はいし) 폐지
- 冷静(れいせい) 냉정

問題6 용법 기출 어휘

● 2011

- 違反 위반
- かなう 이루어지다
- 世間 세간, 세상
- とっくに 훨씬 전에, 벌써
- 方針 방침
- 受け入れる 받아들이다
- 質素 질소, 검소
- せめて 적어도, 하다못해
- 範囲 범위
- 利益 이익

● 2010

- 外見 외견
- 取材 취재
- 続出 속출
- 注目 주목
- 普及 보급
- きっかけ 동기, 계기
- 深刻 심각
- 保つ 지키다, 유지하다, 견디다
- はずす 떼다, 벗다
- ふさわしい 어울리다

問題 6 용법 연습문제 ①

問題 6 次の言葉の使い方として最もよいものを、1・2・3・4から一つ選びなさい。

1 自負
1 入学金は免除しますが、授業料は自負してください。
2 私は、読書の量なら友達の誰にも負けないと自負している。
3 勝てる相手だったのに、ミスをして自負してしまった。
4 新しいマンションを買ったことを、彼は最近みんなに自負している。

2 くやしい
1 景気が悪くなって生活がとてもくやしい。
2 努力したのにこんな結果になってくやしい。
3 マラソンで最後まで走ったら胸がくやしくなった。
4 自分が悪いのにあやまらない友達がくやしくなった。

3 きっかけ
1 病院に入院したのがきっかけで看護師になろうと思った。
2 海外旅行に行かないきっかけは飛行機がこわいからだ。
3 試験に落ちたきっかけはゲームに夢中になったせいだ。
4 いつかまた、きっかけがあればお会いしましょう。

4 ひとりでに
1 悲しくなって、ひとりでに涙が出てきた。
2 営業部の山本さんが結婚するらしいとひとりでに聞いた。
3 図書室の本はひとりでに持って行かないでください。
4 太ってきたので、ひとりでにダイエットをすることにした。

5 普及
1 今年の春は短いスカートが普及している。
2 学校の友達から風邪が普及して病院に行った。
3 電気自動車が普及するのにはまだ時間がかかる。
4 コンビニに行けば必要なものは大体普及している。

問題 6 용법 연습문제 ②

問題 6　次の言葉の使い方として最もよいものを、1・2・3・4から一つ選びなさい。

① 深刻
1. 将来どうするか先生に深刻に相談をした。
2. 農村に若い人がいないのは深刻な問題だ。
3. 休みの日に深刻にスポーツをすればストレスがなくなる。
4. 大学では生物について深刻に研究しています。

② 現場
1. 大阪で食べたお好み焼きは、さすがに現場の味だった。
2. 逆転勝ちをされそうな現場だったが、なんとか耐えた。
3. 本部の人々が考えているより現場は大変な状況だった。
4. 家に帰って風呂に入っていた現場に、電話がかかってきた。

③ ふさわしい
1. 数字がふさわしければかぎが開きます。
2. スイカは夏にふさわしい果物です。
3. 私の足には25cmのくつがぴったりふさわしい。
4. 小さい頃からの友達とは話がふさわしい。

④ 続出
1. 休みの日はデパートに人が続出する。
2. 朝から新製品のことを聞く電話が続出している。
3. 今月は結婚式や誕生日でお金が続出した。
4. この道路では最近事故が続出しているそうだ。

⑤ まとまる
1. 工場の見学が終わったら、入口にまとまってください。
2. いくら考えても、考えはまとまらなかった。
3. 試合中はボールの動きだけに意識がまとまった。
4. 勝ち負けにまとまらない方がいい結果になるだろう。

Ⅱ 실전문제 익히기

問題 1　한자 읽기
問題 2　표기
問題 3　단어 형성
問題 4　문맥 규정
問題 5　유의 표현
問題 6　용법

問題 1 한자 읽기 실전문제 ①

問題 1 ＿＿＿の言葉の読み方として最もよいものを、1・2・3・4から一つ選びなさい。

1 貴重なご本をお貸しくださり、有難うございました。
　1　きちょうな　　2　きしょうな　　3　きじゅうな　　4　きみょうな

2 先月は忘れたので、今月は２か月分の会費を納めた。
　1　こめた　　　　2　おさめた　　　3　ためた　　　　4　つとめた

3 事故による損害は少なくないが、人命の被害がなくて何よりだった。
　1　そんがい　　　2　いんがい　　　3　ざんがい　　　4　ひがい

4 若くて経験が乏しい人には先輩が親切に教えてくれる。
　1　まずしい　　　2　したしい　　　3　とぼしい　　　4　きびしい

5 大学を卒業して貿易の仕事をするのが夢だ。
　1　こうえき　　　2　こうい　　　　3　ぼうえき　　　4　ぼうい

6 古い家だから床が傷んでいて危ないですよ。
　1　うんで　　　　2　やすんで　　　3　うかんで　　　4　いたんで

7 荷物は車の後ろに積んでいきます。
　1　こんで　　　　2　はさんで　　　3　つんで　　　　4　つかんで

8 小さな子どもがいる家では特に台所を清潔にしてください。
　1　しょうけつ　　2　せいけつ　　　3　しょうきつ　　4　せいきつ

9 使い終わったはしや皿は３番の窓口に返却してください。
　1　へんきゃく　　2　へんかん　　　3　へんしん　　　4　へんさい

10 問題の解決には住民の率直な意見が必要だ。
　1　りつちょく　　2　そつちょく　　3　りっちょく　　4　そっちょく

問題 1 한자 읽기 실전문제 ②

해설편 41p

問題 1 ＿＿＿の言葉の読み方として最もよいものを、1・2・3・4から一つ選びなさい。

1　若い人たちは辛いものを好むようだ。
　　1　からい　　　2　あまい　　　3　つらい　　　4　うまい

2　先月の地震は規模は小さかったが被害が大きかった。
　　1　きも　　　　2　きぼ　　　　3　きまく　　　4　きばく

3　これ以上、無理な要求はしないでください。
　　1　ようせい　　2　ようじん　　3　ようきゅう　4　ようりょう

4　手術が必要なので至急病院に連絡してください。
　　1　さっきゅう　2　じきゅう　　3　しきゅう　　4　そうきゅう

5　ニュースでは事件の原因に焦点をあてて専門家の意見を紹介した。
　　1　じゅうてん　2　しょうてん　3　してん　　　4　しゅうてん

6　夜空の星を撮影するときは特殊なカメラが必要だ。
　　1　さいえい　　2　じょうえい　3　とうえい　　4　さつえい

7　これまで何度も優勝したチームが今年初めて出たチームに圧勝した。
　　1　あっしょう　2　あつしょう　3　あっかつ　　4　あつかつ

8　8月は町の行事が毎週のように続きます。
　　1　ぎょうじ　　2　こうじ　　　3　ぎょうれつ　4　こうれつ

9　このパソコンは価格は安いが機能は他のものに劣っていない。
　　1　まさって　　2　かわって　　3　そろって　　4　おとって

10　人の前で話す時はテーマを絞ったほうがいいですね。
　　1　けずった　　2　たもった　　3　かたった　　4　しぼった

問題 1 한자 읽기 실전문제 ③

問題 1 ＿＿＿の言葉の読み方として最もよいものを、1・2・3・4から一つ選びなさい。

1 天才といわれた彼は国際試合でも一度も敗れたことがない。
 1 うばわれた　　2 たおれた　　3 やぶれた　　4 ながれた

2 仕事を始めて、生活の基盤をしっかり作ろうと思う。
 1 きはん　　2 きばん　　3 ぎはん　　4 ぎばん

3 信号を右に曲がると本屋の隣にパン屋がある。
 1 まわり　　2 うしろ　　3 ちかく　　4 となり

4 毎年9月1日は「防災の日」で災害と安全について学ぶ。
 1 ぼうし　　2 ぼうさい　　3 ぼうえい　　4 ぼうはん

5 新製品の開発とともに営業所の機能を拡充した。
 1 かくじゅう　　2 かくちょう　　3 こうじゅう　　4 こうちょう

6 作文の問題を除いて、すべてが4つの答えから一つを選ぶ問題です。
 1 といて　　2 のぞいて　　3 ぬいて　　4 くだいて

7 遠くで誰かが叫んでいるような声が聞こえる。
 1 かんで　　2 さけんで　　3 からんで　　4 ころんで

8 人は容姿よりも心をみがくことが大事だと思う。
 1 ようし　　2 ようす　　3 ようぼう　　4 ようそう

9 結婚したら和やかな家庭を作りたい。
 1 はなやかな　　2 すこやかな　　3 なごやかな　　4 おだやかな

10 この病気は早く治療すれば完全に治ります。
 1 じびょう　　2 ちびょう　　3 じりょう　　4 ちりょう

問題 2 표기 실전문제 ①

해설편 45p

問題 2 ＿＿＿の言葉を漢字で書くとき、最もよいものを1・2・3・4から一つ選びなさい。

1 現在、営業部には20人がざいせきしている。
　　1　除籍　　　2　在籍　　　3　除借　　　4　在借

2 タクシーに乗った時もりょうしゅうしょをもらいます。
　　1　料集書　　2　領集書　　3　料収書　　4　領収書

3 地震のとき、建物からはへんが降ってきました。
　　1　破片　　　2　断片　　　3　破辺　　　4　断辺

4 空港はむかえに来た人でいっぱいだった。
　　1　抑え　　　2　仰え　　　3　迎え　　　4　叩え

5 駐車場の出口で料金をせいさんしました。
　　1　精算　　　2　清算　　　3　成算　　　4　正算

6 相手が悪かったとしても、一方的にせめてはいけない。
　　1　決めて　　2　責めて　　3　詰めて　　4　諦めて

7 老後は田舎でくらしたい。
　　1　基らしたい　2　暮らしたい　3　碁らしたい　4　慕らしたい

8 風で髪がみだれたので急いで直した。
　　1　乱れた　　2　隠れた　　3　崩れた　　4　逸れた

9 暑い時は健康のかんりが大切だ。
　　1　監理　　　2　完理　　　3　管理　　　4　官理

10 パーティーにしょうたいされたのは有名人ばかりだった。
　　1　紹持　　　2　紹待　　　3　招持　　　4　招待

問題 2 표기 실전문제 ②

問題 2 　　　の言葉を漢字で書くとき、最もよいものを1・2・3・4から一つ選びなさい。

1　夜道の一人歩きはようじんしたほうがいい。
　1 用心　　　2 用神　　　3 要心　　　4 要神

2　相手のチームより体力がおとっているのは確かだ。
　1 劣って　　2 迷って　　3 衰って　　4 欠って

3　道路をかくちょうするための工事が始まった。
　1 広長　　　2 拡長　　　3 広張　　　4 拡張

4　駅から学校までは歩いて行けないきょりです。
　1 距難　　　2 距離　　　3 拠難　　　4 拠離

5　このドラマは展開がこんらんして見てもよく分からない。
　1 困難　　　2 混難　　　3 困乱　　　4 混乱

6　間違いがあればいつでもしてきしてください。
　1 指敵　　　2 指滴　　　3 指摘　　　4 指適

7　電話で話している間に料理がこげてしまった。
　1 焼げて　　2 燃げて　　3 焦げて　　4 煮げて

8　最近の若者は、やぶれたジーンズをよくはいている。
　1 傷れた　　2 汚れた　　3 破れた　　4 裂れた

9　このマークは商品の品質をほしょうするものです。
　1 保障　　　2 保証　　　3 捕障　　　4 捕証

10　選手たちの状態は今のところこうちょうだ。
　1 好調　　　2 幸調　　　3 好頂　　　4 幸頂

問題 2 표기 실전문제 ③

해설편 48p

問題 2 ＿＿＿の言葉を漢字で書くとき、最もよいものを1・2・3・4から一つ選びなさい。

1 留学したいというしんけんな気持ちを両親に伝えた。
　1 真剣　　　2 真倹　　　3 真検　　　4 真険

2 風が吹いて火のいきおいが強くなった。
　1 劣い　　　2 勢い　　　3 努い　　　4 勇い

3 大学では旅行研究会にぞくしていました。
　1 即して　　2 続して　　3 則して　　4 属して

4 会議は火曜日から木曜日にへんこうになりました。
　1 偏向　　　2 偏好　　　3 変項　　　4 変更

5 フランスの旗は自由をしょうちょうしています。
　1 証兆　　　2 象徴　　　3 象兆　　　4 証徴

6 展示会のかいさいは11月10日に決まりました。
　1 会際　　　2 会催　　　3 開際　　　4 開催

7 あまりあせると失敗することがある。
　1 焦ると　　2 急ると　　3 巡ると　　4 操ると

8 寝る時間をけずって勉強している。
　1 割って　　2 削って　　3 刷って　　4 剃って

9 私たちはいつも安全な作業につとめています。
　1 務めて　　2 勤めて　　3 努めて　　4 勉めて

10 期末試験の予想がすべてはずれてしまった。
　1 逃れて　　2 脱れて　　3 外れて　　4 逸れて

問題 3 단어 형성 실전문제

해설편 51p

問題 3　(　　)に入れるのに最もよいものを、1・2・3・4から一つ選びなさい。

1 いくら正しいことでも(　　)条件に賛成することはできない。
　1　不　　　　2　無　　　　3　全　　　　4　皆

2 体に有害な成分が(　　)濃度でも必ず検査をする。
　1　軽　　　　2　薄　　　　3　減　　　　4　低

3 車が壁に(　　)正面からぶつかった。
　1　本　　　　2　主　　　　3　真　　　　4　実

4 このノートは使った紙を(　　)利用して作ったものです。
　1　再　　　　2　重　　　　3　複　　　　4　次

5 この学校は午前と午後の二部(　　)で授業が行われている。
　1　系　　　　2　流　　　　3　制　　　　4　級

6 この作品には作家の世界(　　)がよく表れている。
　1　像　　　　2　見　　　　3　相　　　　4　観

7 インターネットで(　　)登録をして、後で正式な手続きをしてください。
　1　前　　　　2　仮　　　　3　代　　　　4　短

8 今日は日本(　　)アメリカの試合が行われる。
　1　戦　　　　2　対　　　　3　競　　　　4　共

9 戦争が始まると市民による(　　)体制の運動が起こった。
　1　非　　　　2　逆　　　　3　抗　　　　4　反

10 人工知能を応用する分野は(　　)方面にわたっている。
　1　多　　　　2　諸　　　　3　広　　　　4　重

問題 4 문맥 규정 실전문제 ①

問題 4 （　　　）に入れるのに最もよいものを、1・2・3・4から一つ選びなさい。

1. まだ実力が足りないが、どんな問題が出るのか知りたくて（　　）試験を受けることにした。
   1. 思い切って　　2. 飛び込んで　　3. せっせと　　4. 徐々に

2. 後ろのほうにいた選手がゴールの手前から他の選手を（　　）抜いて優勝した。
   1. 一向に　　2. 一気に　　3. 一時に　　4. 一斉に

3. あの人はどんなに（　　）が立っても決して顔には出しません。
   1. 力　　2. 胸　　3. 心　　4. 腹

4. 旅行に参加する人数が多くなったので（　　）大型バスを予約して行くことにした。
   1. なんとなく　　2. いつの間にか　　3. あらかじめ　　4. 少なくとも

5. 田中先生が私たちのクラスを（　　）ことになった。
   1. 引き込む　　2. 取り入れる　　3. 受け持つ　　4. 受け取る

6. 海外旅行では高級なレストランで（　　）食事をすることも楽しみの一つだ。
   1. 最適な　　2. 贅沢な　　3. 貴重な　　4. 旺盛な

7. お酒を飲みすぎて気持ちが悪くなったが少し寝たら（　　）した。
   1. すっきり　　2. ぐっすり　　3. てっきり　　4. ばったり

8. 初めに登録をすればショッピングをするときに（　　）できるようになります。
   1. チャンスに　　2. メリットに　　3. スムーズに　　4. フレッシュに

9. 注文した料理がなかなか来ないので（　　）しながら待っていた。
   1. ぐうぐう　　2. いらいら　　3. だらだら　　4. はらはら

10. 両親には言わずに、（　　）猫を育てている。
    1. きっちり　　2. ぐっすり　　3. ゆっくり　　4. こっそり

問題 4 문맥 규정 실전문제 ②

해설편 55p

問題 4 （　　）に入れるのに最もよいものを、1・2・3・4から一つ選びなさい。

1 道路に（　　）ゴミは毎朝市の職員が掃除をして片づけている。
　1　飛び回った　　2　散らかった　　3　取り扱った　　4　見つかった

2 電話に（　　）なって見たかったテレビドラマが半分終わってしまった。
　1　本気に　　　　2　切実に　　　　3　真剣に　　　　4　夢中に

3 学生たちの悩みを（　　）するために学校には相談室がある。
　1　解消　　　　　2　予防　　　　　3　保護　　　　　4　半減

4 みんなの前で、恥を（　　）しまった。
　1　きって　　　　2　かいて　　　　3　さして　　　　4　しって

5 彼は（　　）な性格で、行動を起こすまでに時間がかかる。
　1　慎重　　　　　2　貴重　　　　　3　厳重　　　　　4　過重

6 天気予報は過去の記録を（　　）して予測をすることもよくある。
　1　模索　　　　　2　分析　　　　　3　実験　　　　　4　編集

7 市場は特に買うものがなくても（　　）しているだけで楽しい。
　1　だらだら　　　2　ぐるぐる　　　3　ぶらぶら　　　4　うろうろ

8 その店はお客さんを大事にするので一度来ればその後何度も来てくれるのが（　　）だ。
　1　うまみ　　　　2　重み　　　　　3　厚み　　　　　4　強み

9 最近、老人による交通事故が（　　）起きている。
　1　どうしても　　2　あいついで　　3　ずらりと　　　4　ひたすら

10 二人の結婚について、私以外のみんなは（　　）知っていたそうだ。
　1　ついに　　　　2　何気なく　　　3　とっくに　　　4　あっという間に

問題 4 문맥 규정 실전문제 ③

問題 4 （　　）に入れるのに最もよいものを、1・2・3・4から一つ選びなさい。

1 甘いものより（　　）に辛い食べ物のほうが食欲を増す。
1　余計　　　　2　有効　　　　3　適度　　　　4　活発

2 責任感という（　　）がかかって、なかなかリラックスできない。
1　プレッシャー　2　プライバシー　3　プライド　4　リーダーシップ

3 子ども公園の建設に必要な寄付は（　　）集まっている。
1　次々と　　　2　すいすい　　3　着々と　　　4　すくすく

4 結婚式にそんな（　　）で行くのはおかしいから早く服を着替えてください。
1　姿勢　　　　2　印象　　　　3　景色　　　　4　格好

5 危険なので木の箱から釘を（　　）捨てた。
1　ぬいて　　　2　のぞいて　　3　はしって　　4　うって

6 寝不足で電車の中で（　　）していたら、先生に声をかけられてびっくりした。
1　ぶらぶら　　2　ばたばた　　3　うとうと　　4　そわそわ

7 外国で道を歩いている時、老人に（　　）道を聞かれることがよくあります。
1　問い合わせられて　　　　2　呼び止められて
3　待ち合わせられて　　　　4　見つけられて

8 彼の恋愛はいつも同じ（　　）で、最後は必ず失敗する。
1　マイペース　2　サークル　　3　シリーズ　　4　パターン

9 会議が始まる前に、資料に目を（　　）おいてください。
1　通して　　　2　配って　　　3　分けて　　　4　止めて

10 お金を貸した友人に、何度（　　）しても返してくれない。
1　努力　　　　2　助言　　　　3　催促　　　　4　勧誘

問題 5 유의 표현 실전문제 ①

問題 5 ＿＿＿の言葉に意味が最も近いものを、1・2・3・4から一つ選びなさい。

1　この件はとりあえず課長に報告しましょう。
　　1　ちゃんと　　　2　いちおう　　　3　そのうち　　　4　至急

2　今月は収入と支出のつりあいがとれない。
　　1　データ　　　　2　スケール　　　3　バランス　　　4　タイミング

3　たぶん衝突したときにこわれたと思います。
　　1　けがをした　　2　ぶつかった　　3　すべった　　　4　落とした

4　会社に行くときたびたび電車が遅れて困る。
　　1　たまに　　　　2　いつも　　　　3　何度も　　　　4　どうしても

5　このあたりにはかつて大きな湖があったそうだ。
　　1　以前　　　　　2　一度　　　　　3　一応　　　　　4　以後

6　曲のテンポに合わせて踊るのはむずかしい。
　　1　高さ　　　　　2　意味　　　　　3　流れ　　　　　4　速さ

7　あの人には用心したほうがいいと思います。
　　1　感謝　　　　　2　配慮　　　　　3　遠慮　　　　　4　警戒

8　先生が教室を出るとたちまちうるさくなった。
　　1　だんだん　　　2　しばらく　　　3　すぐに　　　　4　一気に

9　台風は依然としてゆっくり北に進んでいる。
　　1　まちがいなく　2　かわりなく　　3　予想どおり　　4　思いがけず

10　弟は子供のころから無口だった。
　　1　話をしないほう　　　　　　　　2　友だちが少ないほう
　　3　まじめなほう　　　　　　　　　4　食べないほう

問題 5 유의 표현 실전문제 ②

해설편 61p

問題 5 ＿＿＿の言葉に意味が最も近いものを、1・2・3・4から一つ選びなさい。

1 彼は会社につとめていたが、みずから留学する道を選んだ。
1 やがて　　2 結局　　3 友人と　　4 自分で

2 さっき課長に聞いたらあいまいな返事だった。
1 はっきりしない　　2 元気がない　　3 簡単な　　4 真剣な

3 冬は顔がかさかさするのでクリームをぬります。
1 赤くなる　　2 はれる　　3 乾く　　4 痛む

4 僕の提案を聞いて、彼女はうなずいた。
1 興味を持った　　2 びっくりした　　3 断った　　4 受け入れた

5 連絡があればただちに出発できるように準備した。
1 すぐに　　2 たちまち　　3 徐々に　　4 今にも

6 その子供は何も言わないでずっとうつむいていました。
1 上を向いて　　2 下を向いて　　3 笑って　　4 泣いて

7 私があらかじめ確認しておきます。
1 もう一度　　2 念のため　　3 先に　　4 後で

8 水分がなくなるとちぢむ性質があります。
1 小さくなる　　2 固くなる　　3 柔らかくなる　　4 大きくなる

9 あのタレントは、最近マスコミでずいぶんさわがれている。
1 人気が出ている　　2 嫌われている
3 話題になっている　　4 お金をもうけている

10 中村(なかむら)さんは素直だと言われるが、実は生意気な人だ。
1 人より頭がいい　　2 遠慮をしらない
3 どうしようもない　　4 もったいない

問題 6 용법 실전문제 ①

問題6 次の言葉の使い方として最もよいものを、1・2・3・4から一つ選びなさい。

1 方針
1. 卒業後、専門機関に就職する方針です。
2. この飛行機の方針は東京からロンドンに向かいます。
3. 本社の方針によって支社の販売活動が強化された。
4. 問題を解決する方針は人によって違います。

2 おさない
1. 娘は今年25才になったが、顔はまだおさなく見える。
2. 山本(やまもと)君にリーダーを任せるにはまだ実力がおさない。
3. 体をおさなく維持するために、父は毎日ジョギングをしている。
4. そのブランドはおさないので、知っている人はまだ少ない。

3 注目
1. 電車の中でマンガに注目して降りる駅を過ぎてしまった。
2. 趣味に注目していれば、いやなことも忘れます。
3. 世界中の人が少女の行動に注目しました。
4. 目が痛くなったので目薬を注目した。

4 外見
1. この壁の外見には川が流れています。
2. 人は外見で性格を知ることはできません。
3. お客さんが多い外見からこの店はおいしいと思う。
4. ここからの外見では200mくらい離れている。

5 手入れ
1. ずっと欲しがっていたゲームをやっと手入れした。
2. 医者に、入院して手入れすることをすすめられた。
3. 彼は台風の後、荒れた庭を手入れした。
4. 警察は犯人を現行犯で手入れした。

問題 6 용법 실전문제 ②

問題 6　次の言葉の使い方として最もよいものを、1・2・3・4から一つ選びなさい。

1　取材
　1　友達に映画の上映時間を取材しました。
　2　カレーライスを作るのにスーパーで取材した。
　3　倒れた建物から救出された人を取材して地震の怖さがわかった。
　4　一か月間の新聞記事を取材してレポートを書いた。

2　消化
　1　カラオケに行ってたまったストレスを消化した。
　2　一度読んだだけでは内容を消化しきれなかった。
　3　仕事でミスをして、取引先に契約を消化された。
　4　台風が去って、やっと警報が消化された。

3　はずす
　1　庭の草がたくさん伸びたのではずしてください。
　2　ネクタイをはずして楽にしてもいいですよ。
　3　家の中ではコートをはずして座ります。
　4　ぶどうの皮ははずして食べるほうがおいしい。

4　心がける
　1　自分も相手も気分よく過ごせるように、いい言葉遣いを心がけている。
　2　会社をやめるのを心がけたことについては、今も後悔はない。
　3　アメリカに一人で行った友人のことを心がけて、夜も眠れない。
　4　ドアに挟まれないように心がけたが、今日も挟まれてしまった。

5　こっそり
　1　子供が寝ているので部屋の中をこっそり歩いた。
　2　夜遅くなるとにぎやかな町もこっそりする。
　3　他の人に聞こえないようにこっそり話した。
　4　おなかがすいて授業中にこっそり弁当を食べた。

Part 2

JLPT N2

Part 2
문법

I 문제 유형 파악하기

- **문법 기본기 갖추기**

  N2 필수 문법 / 기초 문법

  경어표현

1. 問題 7 문법형식 판단
2. 問題 8 문장 만들기
3. 問題 9 글의 문법

N2 필수 문법

문법 기본기 갖추기 ▲

학습 포인트

N2 문법에는 일상적으로 사용하는 일본어에서 더 나아가, 신문 기사나 논설, 평론과 같은 전문 지식을 읽을 때 이해에 도움이 되는 어휘와 문형이 나오기 시작한다. 본 교재에서는 문자·어휘와 문법, 독해 영역에 자주 나오는 N2 필수 문법을 200개로 정리했다. N2 문법은 N1 문법의 바탕이 되므로 착실하게 공부해 두자.

---

001 **〜あげく** ~한 끝에

접속 (동사 た형 / 명사 の) + あげく

예문 2年間も探し回った**あげく**結局犯人は見つからなかった。
2년이나 찾아다닌 끝에 결국 범인은 찾지 못했다.

---

002 **〜あまり** 지나치게 ~한 나머지

접속 (동사 보통형 / な형용사 な / 명사 の) + あまり

예문 子どもは痛さの**あまり**泣き出してしまった。 아이는 너무 아픈 나머지 울어 버렸다.

---

003 **〜以上(は)** ~한 이상(은)

접속 (동사 보통형 / な형용사 어간 である / 명사 である) + 以上(は)

예문 試合に出る**以上**、優勝を目指すのは当然だ。
시합에 나가는 이상, 우승을 노리는 것은 당연하다.

004　～一方(で)　~하는 한편(으로)

접속
동사 보통형
い형용사 い
な형용사 な
명사 の/である
＋ 一方(で)

예문　経済が発展する**一方で**貧富の差が大きくなっている。
경제가 발전하는 한편으로 빈부 차가 커지고 있다.

005　～一方だ　점점 더 ~해지다　★ 변화를 나타내는 동사와 함께 쓰인다.

접속　동사 기본형 ＋ 一方だ

예문　物価高で生活は苦しくなる**一方だ**。 물가가 높아서 생활은 힘들어지기만 한다.

006　～上(に)　~한 데다

접속
동사 보통형
い형용사 い
な형용사 な
명사 の/である
＋ 上(に)

예문　キノコはビタミンが豊富な**上に**カロリーが低い健康食品だ。
버섯은 비타민이 풍부한 데다가 칼로리가 낮은 건강식품이다.

007　～上で　~한 후에

접속
동사 た형
명사 の
＋ 上で

예문　この施設は市の許可を得た**上で**利用してください。
이 시설은 시의 허가를 받은 후에 이용해 주세요.

008 〜上(うえ)で 〜함에 있어서

접속: (동사 기본형 / 명사 の) + 上で

예문: 日本料理を作る上で欠かせないものがしょうゆです。
일본 요리를 만드는 데 있어서 빠질 수 없는 것이 간장입니다.

009 〜上(うえ)は 〜한 이상은

접속: (동사 보통형 / 명사 である) + 上は

예문: 電車もバスも動かない上は歩くしかないだろう。
전철도 버스도 움직이지 않는 이상은 걸어갈 수밖에 없겠지.

010 〜うちに 〜하는 동안에
　　　〜ないうちに 〜하지 않는 동안에, 〜하기 전에

접속: (동사 기본형 / い형용사 い / な형용사 な / 명사 の) + うちに

★ 「ないうちに」는 부정형

예문: 天気がいいうちに洗濯をしよう。 날씨가 좋은 동안에 세탁을 하자.
雨が降らないうちに洗濯をしよう。 비가 오지 않는 동안에 세탁을 하자.

011 〜得(う)る 〜할 수 있다
　　　〜得(え)ない 〜할 수 없다

접속: 동사 ます형 + 得る, 得ない

예문 考え得る最強のメンバーが集った。
생각할 수 있는 최강의 멤버가 모였다.

奇跡なんてあり得ないと思っていた。
기적 같은 건 있을 수 없다고 생각했었다.

| 012 | **～おかげで** ～덕분에 | ★ 긍정적인 결과에 사용 |

접속 $\begin{pmatrix} \text{동사 보통형} \\ \text{い형용사 い} \\ \text{な형용사 な} \\ \text{명사 の} \end{pmatrix}$ + おかげで

예문 友達が手伝ってくれたおかげで早く終わった。
친구가 도와준 덕분에 빨리 끝났다.

| 013 | **～恐れがある** ～할 우려가 있다 |

접속 $\begin{pmatrix} \text{동사 기본형} \\ \text{명사 の} \end{pmatrix}$ + 恐れがある

예문 気をつけて運ばないとこわれる恐れがある。
조심해서 운반하지 않으면 깨질 우려가 있다.

| 014 | **～折に** ～할 때, ～하는 기회에 |

접속 $\begin{pmatrix} \text{동사 보통형} \\ \text{명사 の} \end{pmatrix}$ + 折に

예문 九州に出張した折に名物料理も楽しんできた。
규슈에 출장갔을 때에 명물 요리도 즐기고 왔다.

015 〜かいがあって　〜하는 보람이 있게, 〜하는 보람이 있어(서)

접속　(동사 보통형 / 명사 の) + かいがあって

예문　長年研究したかいがあって、新しい治療薬が完成した。
다년간 연구한 보람이 있어 새로운 치료약이 완성되었다.

016 〜限り(は)　〜하는 한
〜ない限り(は)　〜하지 않는 한

접속　(동사 보통형 / い형용사 い / な형용사 な / 명사 の/である) + 限り(は)　　★「ない限り(は)」는 부정형

예문　無理な運転でもしない限り事故は起きないはずだ。
무리한 운전이라도 하지 않는 한 사고는 일어나지 않을 것이다.

017 〜がたい　〜하기 어렵다, 〜할 수 없다

접속　동사 ます형 + がたい

예문　彼の考えは普通の人には理解しがたい。
그의 생각은 보통 사람에게는 이해하기 어렵다.

018 〜がち　〜한 경향, 〜하기 십상(이다), 〜하기 일쑤(이다)

접속　(동사 ます형 / 명사) + がち

예문　その子は体が弱く、家に閉じこもりがちだった。
그 아이는 몸이 약해서 집에 자주 틀어박히기 일쑤였다.

019 ～(か)と思うと　～(인가) 생각했더니, ~인가 싶더니

접속　동사 た형 ＋ (か)と思うと

예문　年が明けた**かと思うと**、もう花見の季節になっている。
새해가 밝았다고 생각했더니 벌써 꽃놀이의 계절이 되었다.

020 ～か ～ないかのうちに　～하자마자, 채 ~하기도 전에

접속　동사 보통형 ＋ か ＋ 동사 부정형 ＋ ないかのうちに

예문　試験で問題が半分できた**か**でき**ないかのうちに**終了のベルが鳴った。
시험에서 문제를 절반도 채 풀기 전에 종료 벨이 울렸다.

021 ～かねない　～할 수도 있다, ~할지도 모른다　★ 부정적인 상황이 일어날 가능성을 말할 때 사용

접속　동사 ます형 ＋ かねない

예문　古い建物だから台風が来たら倒れ**かねない**。 오래된 건물이라서 태풍이 오면 무너질지도 모른다.

022 ～かねる　～하기 어렵다, ~할 수 없다

접속　동사 ます형 ＋ かねる

예문　まだ調査中だから事件のことは話し**かねる**。 아직 조사 중이므로 사건에 대해서는 말할 수 없다.

023 ～かのように　(마치) ~인 듯이, ~인 것처럼

접속　동사 보통형 / な형용사 어간 である / 명사/명사 である ＋ かのように

| 예문 | 滝の水が落ちるかのように強い雨が降り続いた。 폭포수가 떨어지듯이 강한 비가 계속 내렸다.

024 〜からいうと　〜에서 보면, 〜로 말하면

| 접속 | 명사 + からいうと

| 예문 | その人の立場からいうと断るしかなかったと思う。
그 사람의 입장에서 보면 거절할 수밖에 없었다고 생각한다.

025 〜からして　〜부터가, 〜로 미루어 보아

| 접속 | 명사 + からして

| 예문 | プロの選手は体の動きからしてむだがない。 프로 선수는 몸의 움직임부터가 불필요한 부분이 없다.

026 〜からすると　〜의 입장에서 보면

| 접속 | 명사 + からすると

| 예문 | どんな事情があっても被害者からすると犯人は絶対許せない。
어떤 사정이 있더라도 피해자의 입장에서 보면 범인은 절대로 용서할 수 없다.

027 〜からといって　〜라고 해서

| 접속 | 동사 보통형
い형용사 보통형
な형용사 보통형
명사 보통형　+ からといって

| 예문 | つらいことがあったからといってお酒ばかり飲んでは体に悪い。
괴로운 일이 있었다고 해서 술만 마셔서는 몸에 해롭다.

028 ～から ～にかけて ~부터 ~에 걸쳐서

접속 명사 から 명사 にかけて

예문 ブドウは9月から10月にかけてよくとれる。
포도는 9월부터 10월에 걸쳐서 많이 수확된다.

029 ～からには ~한 이상은

접속
동사 보통형
い형용사 보통형
な형용사 보통형
명사 である/だった
+ からには

예문 あの選手が出るからには今日の試合はきっと勝つだろう。
저 선수가 나온 이상 오늘 시합은 분명 이길 것이다.

030 ～代わりに ~대신에, ~를 대신해서

접속
동사 보통형
い형용사 い
な형용사 な
명사 の
+ 代わりに

예문 この仕事は危険をともなう代わりに利益は大きい。
이 일은 위험을 동반하는 대신에 이익은 크다.

031 ～ぎみ ~한 느낌, ~한 기색

접속
동사 ます형
명사
+ ぎみ

예문 このごろ太りぎみだからダイエットしなくちゃ。
요즘 살이 찌는 느낌이라 다이어트 해야 해.

032 〜きり 〜인 채, 〜한 채

접속 동사 た형 + きり

예문 彼は部屋に入った**きり**何時間も出てこない。
그는 방에 들어간 채 몇 시간이나 나오지 않는다.

033 〜きる (다, 완전히) 〜하다
〜きれる (다, 완전히) 〜할 수 있다

접속 동사 ます형 + きる, きれる

예문 最後まで走り**きった**後の満足感は走らなければわからない。
마지막까지 달린 후의 만족감은 달리지 않으면 알 수 없다.

みなの応援のおかげで最後まで走り**きれた**。
모두의 응원 덕분에 마지막까지 달릴 수 있었다.

034 〜くせに 〜인 주제에   ★ 타인의 단점을 비난하거나 경멸하는 감정을 나타낼 때 사용한다.

접속
동사 보통형
い형용사 い
な형용사 な
명사 の
\+ くせに

예문 彼は若い**くせに**老人のように歩く。 그는 젊은 주제에 노인처럼 걷는다.

035 〜くらいなら 〜할 정도라면, 〜할 바에야 (차라리)

접속 동사 기본형 + くらいなら

예문 雨の日に遊びに行く**くらいなら**家でテレビを見ていた方がましだ。
비 오는 날에 놀러 갈 바에야 집에서 텔레비전을 보는 편이 낫다.

036 〜げ ~인 듯한, ~인 듯이

접속 (い형용사 어간 / な형용사 어간) + げ

예문 彼女の悲しげな目が忘れられない。 그녀의 슬픈 듯한 눈을 잊을 수 없다.

---

037 〜こそ ~이야말로

접속 명사 + こそ

예문 これこそ日本の伝統の味だと思う。 이것이야말로 일본 전통의 맛이라고 생각한다.

---

038 〜ことか ~는지, ~인가, ~던가

접속 (동사 보통형 / い형용사 い / な형용사 な) + ことか

예문 5年目にやっと合格したのだからどんなにうれしいことか。
5년째에 간신히 합격했으니 얼마나 기쁜 일인가!

---

039 〜ことだ ① 매우~하다 (놀라움·감동)
② ~해야 한다 (조언·충고)

접속 ① (い형용사 い / な형용사 な) + ことだ
② 동사 기본형 + ことだ

예문
① 平日なのにこの通りはにぎやかなことだ。
평일인데도 이 거리는 매우 북적인다.

② この問題は先輩によく相談してみることだ。
이 문제는 선배에게 잘 상의해 봐야 한다.

040 ～ことだから　～이기 때문에　★ 사람을 가리키는 표현과 함께 사용한다.

접속　명사 の + ことだから

예문　彼女の**ことだから**きっと誰にも親切にしてくれるでしょう。
그녀이니까 분명히 누구에게나 친절하게 해 줄 거예요.

연습 괄호 안에 들어갈 표현으로 가장 적당한 것을 고르세요.

1. 一度約束をした(　　　)守るのは当然だ。
   1. 以上　　2. ことで　　3. だけで　　4. 一応

2. 強い風が吹くと建物が倒れる(　　　)ある。
   1. こわさが　　2. かんじが　　3. めいわくが　　4. おそれが

3. 1時間も待たされた(　　　)担当者が出張中だと言われた。
   1. くせに　　2. とたん　　3. あげく　　4. ところ

4. 苦労して育てた(　　　)子どもはりっぱに成長した。
   1. 意味があって　　2. かいがあって
   3. 縁があって　　4. わけがあって

5. 応募者が殺到して競争は激しくなる(　　　)。
   1. 望みだ　　2. 予定だ　　3. 見当だ　　4. 一方だ

6. 仕事をする(　　　)すぐに役に立つ技術を学びたい。
   1. ついでに　　2. うえで　　3. まぎわに　　4. 行き先で

7. 彼女は皆がおしゃべりしている間、ずっとだまり(　　　)だった。
   1. がち　　2. こみ　　3. ぎみ　　4. ぽい

8. このホテルは料金が高い(　　　)サービスは最高だ。
   1. わりには　　2. のに比べ　　3. 代わりに　　4. にしては

9. 冬が来(　　　)食べるものを集めておく。
   1. ないうちに　　2. るように　　3. ないまえに　　4. るたびに

10. 夜の空にはかぞえ(　　　)ほどの星が出て光の海のようだった。
    1. できない　　2. みえない　　3. つきない　　4. きれない

11 カードをポケットに入れて歩いていたらなくし(　　　)。

　1　かねない　　　2　そうもない　　　3　ようがない　　　4　たりない

12 朝早く出発するつもりなら前の日は早く寝る(　　　)。

　1　からだ　　　2　ようだ　　　3　ことだ　　　4　ためだ

13 休みの日にまで連絡してくる(　　　)何か大きな問題が起きたはずだ。

　1　ことから　　　2　ことには　　　3　からして　　　4　からには

14 経験の豊かな選手の(　　　)世界大会でも活躍するだろう。

　1　ことだから　　　　　　　　　2　ためだから
　3　こととして　　　　　　　　　4　ためとして

15 夏が近づいて皆涼し(　　　)な服を着ている。

　1　さ　　　2　め　　　3　げ　　　4　き

정답

1　1　한번 약속한 이상 지키는 것은 당연하다.
2　4　강한 바람이 불면 건물이 쓰러질 우려가 있다.
3　3　1시간이나 기다리게 한 끝에 담당자가 출장 중이라는 말을 들었다.
4　2　고생해서 키운 보람이 있게 아이는 훌륭하게 성장했다.
5　4　응모자가 쇄도해서 경쟁은 격렬해지기만 한다.
6　2　일을 하는 데 있어 바로 도움이 되는 기술을 배우고 싶다.
7　1　그녀는 모두가 떠드는 동안, 계속 입을 다물기 일쑤였다.
8　3　이 호텔은 요금이 비싼 대신에 서비스가 최고이다.
9　1　겨울이 오기 전에 먹을 것을 모아 둔다.
10　4　밤하늘에는 셀 수 없을 정도로 별이 떠서 빛의 바다 같았다.
11　1　카드를 주머니에 넣고 다니면 잃어버릴 수도 있다.
12　3　아침 일찍 출발할 생각이라면 전날은 빨리 자야 한다.
13　4　쉬는 날까지 연락하는 이상은 뭔가 큰 문제가 일어났을 것이다.
14　1　경험이 풍부한 선수이니까 세계 대회에서도 활약할 것이다.
15　3　여름이 다가와서 모두 시원해 보이는 옷을 입고 있다.

041　〜ことだし　〜고 하니까

접속　동사 보통형 / い형용사 い / な형용사 な / 명사 の ＋ ことだし

예문　みんな集（あつ）まった**ことだし**始（はじ）めることにしよう。
모두 모였으니까 시작하기로 하자.

042　〜ことだろう　얼마나 〜인가

접속　동사 보통형 / い형용사 보통형 / な형용사 な/である/だった / 명사 である/だった ＋ ことだろう

예문　外国（がいこく）で一人（ひとり）で暮（く）らすのはどんなに大変（たいへん）だった**ことだろう**。
외국에서 혼자 사는 것은 얼마나 힘든 일이었던가.

043　〜こととなると　〜이야기만 나오면, 〜가 화제가 되면, 〜에 관한 일이라면

접속　명사 の ＋ こととなると

예문　父（ちち）は車（くるま）の**こととなると**子（こ）どものように夢中（むちゅう）になる。
아버지는 자동차 이야기만 나오면 아이처럼 몰두한다.

044　〜ことなく　〜하지 않고

접속　동사 기본형 ＋ ことなく

예문　彼（かれ）は迷（まよ）う**ことなく**この大学（だいがく）を選（えら）んだ。
그는 망설이지 않고 이 대학을 골랐다.

045　〜ことに(は)　〜하게도

접속　(동사 た형 / い형용사 い / な형용사 な) + ことに(は)

예문　困った**ことには**連絡しようとしても誰も彼の電話番号を知らなかった。
곤란하게도 연락하려고 해도 아무도 그의 전화번호를 몰랐다.

046　〜ことはない　〜할 필요는 없다, 〜할 일은 없다

접속　동사 기본형 + ことはない

예문　これは映像だからそんなに驚く**ことはない**。
이건 영상이니까 그렇게 놀랄 필요는 없다.

047　〜際(に)　〜때, 〜일 때(에)

접속　(동사 보통형 / 명사 の) + 際(に)

예문　訪問する**際には**必ず連絡します。
방문할 때에는 반드시 연락하겠습니다.

048　〜最中(に)　한창 〜하고 있을 때(에), 〜하는 도중(에)

접속　(동사 진행형 / 명사 の) + 最中(に)

예문　試合の**最中に**雨が降ってきて 1 時間も中断してしまった。
시합 도중에 비가 오기 시작해서 한 시간이나 중단되어 버렸다.

049 ~(で)さえ ~조차

접속 명사 + (で)さえ

예문 野生の動物でさえ近づけない場所に人間が行くのは危険だ。
야생 동물조차 가까이 갈 수 없는 장소에 인간이 가는 것은 위험하다.

050 ~さえ ~ば ~만 있으면

접속
(な형용사 で / 명사 で) + さえあれば

명사 さえ + (동사 ば / い형용사 어간 ければ / な형용사 어간 なら / 명사 なら)

예문 祖父は孫の顔さえ見ればうれしそうにニコニコ笑う。
할아버지는 손자의 얼굴만 보면 기쁜 듯이 싱글벙글 웃는다.

051 ~(さ)せてくれませんか ~하게 해 주시지 않겠습니까? ~해도 될까요?

접속 동사 사역형 + てくれませんか

예문 このパソコンいいですね。私にも使わせてくれませんか。
이 컴퓨터 좋네요. 저도 사용해도 될까요?

052 ~(さ)せてもらえませんか ~하게 해 주실 수 없을까요? ~해도 될까요?

접속 동사 사역형 + てもらえませんか

예문 今度の出張に私も同行させてもらえませんか。
이번 출장에 저도 동행하게 해 주시지 않겠습니까?

| 053 | **～ざるを得ない**　～하지 않을 수 없다, ～해야만 한다 |

| 접속 | 동사 부정형 ＋ ざるを得ない | ★「しない」는「せざるを得ない」|

| 예문 | お金がなくて安いホテルに泊まら**ざるを得なかった**。
돈이 없어서 저렴한 호텔에 묵을 수밖에 없었다. |

| 054 | **～しかない**　～하는 수밖에 없다 |

| 접속 | (동사 기본형 / 명사) ＋ しかない |

| 예문 | 電車がいつ着くかわからないならタクシーで行く**しかない**。
전철이 언제 도착할지 알 수 없다면 택시로 갈 수밖에 없다. |

| 055 | **～次第**　～하는 대로, ～하는 즉시 |

| 접속 | 동사 ます형 ＋ 次第 |

| 예문 | 空港に着き**次第**、こちらに連絡してください。
공항에 도착하는 대로 이쪽으로 연락해 주세요. |

| 056 | **～次第だ**　～하는 바이다 |

| 접속 | (동사 보통형 / い형용사 い / な형용사 な) ＋ 次第だ |

| 예문 | 新プロジェクトへのご協力をお願いする**次第です**。
새 프로젝트에 협력을 부탁드리는 바입니다. |

057 ～次第で ～에 따라서
～次第だ ～에 달려 있다

접속 명사 + 次第で, 次第だ

예문 選手の体調次第で時には実力が出せないことがある。
선수의 컨디션에 따라 때로는 실력을 내지 못하는 경우가 있다.

058 ～末に ～한 끝에

접속 (동사 た형 / 명사 の) + 末に

예문 悩んだ末に、日本に留学することにした。
고민한 끝에 일본에 유학하기로 했다.

059 ～ずにはいられない ～하지 않고는 견딜 수 없다, ～하지 않을 수 없다

접속 동사 부정형 + ずにはいられない　　★「する」는「せずにはいられない」

예문 楽しみだった旅行が中止になったからがっかりせずにはいられなかった。
기대했던 여행이 중지되어서 실망하지 않을 수 없었다.

060 ～せいで ～한 탓에

접속 (동사 보통형 / い형용사 い / な형용사 な / 명사 の) + せいで

예문 酒を飲みすぎたせいでまだ頭が痛い。
술을 너무 마신 탓에 아직 머리가 아프다.

061 ～だけあって (과연) ～인 만큼

접속: 동사 보통형 / い형용사 い / な형용사 な / 명사 + だけあって

예문: 映画賞を受賞した**だけあって**その俳優の演技は感動的だった。
영화상을 수상한 만큼 그 배우의 연기는 감동적이었다.

062 ～だけに
① ～인 만큼 (적합함·알맞음)
② ～이기에, 이기 때문에 (예상의 반대)

접속:
① 동사 보통형 / い형용사 보통형 / な형용사 보통형 / 명사 な/である/だった + だけに
② 동사 보통형 / い형용사 보통형 / な형용사 보통형 + だけに

예문:
① 高校のとき、陸上選手だった**だけに**彼女は走るのが速い。
고등학교 때 육상 선수였던 만큼 그녀는 달리는 것이 빠르다.

② 期待していなかった**だけに**試験に合格して本当に嬉しかった。
기대하지 않았기 때문에 시험에 합격해서 정말 기뻤다.

063 ～だけましだ ～만으로도 다행이다

접속: 동사 보통형 / い형용사 보통형 / な형용사 な/だった / 명사 である/だった + だけましだ

예문: この会社は給料は安いが仕事がある**だけましです**。
이 회사는 월급은 적지만 일이 있는 것만으로도 다행입니다.

064 たとえ ~ても　설령 ~라고 해도

접속

たとえ + (동사 ても / い형용사 くても / な형용사 でも / 명사 でも/であっても)

예문

彼はたとえ疲れていても休みたいと言ったことがない。
그는 설령 지쳤더라도 쉬고 싶다고 말한 적이 없다.

065 ~たところ　~했더니, ~했는데

접속

동사 た형 + ところ

예문

駅の人に聞いたところ台風で電車が遅れるそうだ。
역무원에게 물었더니 태풍으로 전철이 지연된다고 한다.

066 ~たとたん(に)　~하자마자, ~한 순간

접속

동사 た형 + とたん(に)

예문

窓を開けたとたん外の冷たい風が入ってきた。
창문을 연 순간 바깥의 찬 바람이 들어왔다.

067 ~たび(に)　~할 때마다

접속

(동사 기본형 / 명사 の) + たび(に)

예문

この学校では学生たちが卒業するたびに校庭に木を植える。
이 학교에서는 학생들이 졸업할 때마다 교정에 나무를 심는다.

Part 2 문법　171

068 〜だらけ ~투성이

접속 명사 + だらけ

예문 いつ掃除(そうじ)したのか部屋(へや)の中(なか)はほこり**だらけ**だった。
언제 청소했는지 방 안이 먼지투성이였다.

069 〜ついでに ~하는 김에

접속 (동사 보통형 / 명사 の) + ついでに

예문 郵便局(ゆうびんきょく)に行(い)った**ついでに**記念切手(きねんきって)を買(か)ってきた。
우체국에 간 김에 기념우표를 사왔다.

070 〜っけ ~던가? ~였나? ~였지?

접속 (동사 보통형/기본형 んだ / い형용사 보통형 / な형용사 보통형 / 명사 보통형) + っけ

예문 あの人(ひと)、このごろよく見(み)るんだけど誰(だれ)だ**っけ**。
저 사람, 요즘 자주 보는데 누구였지?

071 〜っこない ~할 리가 없다

접속 동사 ます형 + っこない

예문 家(いえ)を1時間早(じかんはや)く出(で)れば学校(がっこう)には遅(おく)れ**っこない**。
집을 한 시간 일찍 나오면 학교에는 늦을 리가 없다.

| 072 | **～つつ** | ① ～하면서 (동시 진행)
② ～하면서도 (역접) |

접속　동사 ます형 + つつ

예문
① おいしいものを食べつつ、次に食べるものを思う。
　맛있는 걸 먹으면서 다음에 먹을 것을 생각한다.

② 体に悪いと知りつつタバコがやめられない。
　몸에 해로운 것을 알면서도 담배를 끊을 수 없다.

| 073 | **～つつある** | ～하는 중이다, ～하고 있다 |

접속　동사 ます형 + つつある

예문
台風は西から東京に近づきつつあった。
태풍은 서쪽에서 도쿄로 다가오고 있었다.

| 074 | **～って** | ① ～래, ～라고 하던데 (전문)
② ～라는 것은 (주제) |

접속
① 동사 보통형 / い형용사 보통형 / な형용사 보통형 / 명사 보통형 + って
② 동사 기본형 / い형용사 い / な형용사 어간 / 명사 + って

★「～ますって」,「～ですって」로도 사용한다.

예문
① キムさんが過労で倒れたって。
　김 씨가 과로로 쓰러졌대.

② ブラック企業ってどんな意味ですか。
　블랙 기업이란 어떤 의미입니까?

075 〜っぽい 〜한 경향(성질)이 있다, 〜스럽다, 〜한 느낌이 있다

접속 (동사 ます형 / 명사) + っぽい ★ い형용사 중 「安い 싸다」만 「安っぽい 싸구려 같다」

예문 夏は白っぽい服を着るが汚れやすい。
여름은 흰색 계열 옷을 입지만 더러워지기 쉽다.

076
① 〜つもりで 〜한 셈치고
② 〜つもりだ 〜라고 생각하다

접속
① 동사 た형 + つもりで
② (동사 보통형 / い형용사 い / な형용사 な / 명사 の) + つもりだ

예문
① 無くしたお金は旅行したつもりで、忘れることにした。
잃어버린 돈은 여행한 셈 치고 잊기로 했다.
② 初めから負けるつもりで競技に出る人はない。
처음부터 질 생각으로 경기에 나오는 사람은 없다.

077 〜てからでないと 〜하고 나서가 아니면, 〜하지 않으면

접속 동사 て형 + からでないと

예문 その人の話を聞いてからでないとどうするか決められない。
그 사람의 이야기를 들은 후가 아니면 어떻게 할지 결정할 수 없다.

078 〜てから(は) ~한 후로(는)

접속 동사 て형 + から(は)

예문 たばこをやめ**てからは**体も軽くなり毎日よく眠れます。
담배를 끊은 후로는 몸도 가벼워지고 매일 잘 잡니다.

079 〜てこそ ~해야 비로소

접속 동사 て형 + こそ

예문 ダイエットは毎日続け**てこそ**効果が現れる。
다이어트는 매일 계속해야 비로소 효과가 나타난다.

080 〜てしかたない ~해서 견딜 수가 없다

접속 (동사 て형 / い형용사 くて / な형용사 で) + しかたない

예문 昨日遅くまで起きていたから、今眠く**てしかたない**。
어제 늦게까지 깨어 있었기 때문에 지금 졸려서 견딜 수가 없다.

연습 괄호 안에 들어갈 표현으로 가장 적당한 것을 고르세요.

1　子供を寝かせている(　　　)電話がかかってきた。
　　1　最中　　　　2　夢中　　　　3　在中　　　　4　御中

2　初めて面接を受ける日は胸がドキドキして(　　　)。
　　1　うるさかった　　　　　　　2　しかたなかった
　　3　いられなかった　　　　　　4　わからなかった

3　髪を切る(　　　)髪の毛を金色に染めてみた。
　　1　おまけに　　2　かたわら　　3　ついでに　　4　はずみに

4　驚いた(　　　)その子は自転車で毎日1時間もかけて通学していた。
　　1　ところに　　2　かぎりは　　3　どころか　　4　ことには

5　ペットを飼う家に行くと服が毛(　　　)になる。
　　1　ずくめ　　　2　ずくし　　　3　まみれ　　　4　だらけ

6　新しく出たビール、私にも一口飲ま(　　　)。
　　1　せてもいいですか　　　　　2　せてくれませんか
　　3　れてもいいですか　　　　　4　れてくれませんか

7　食堂に入った(　　　)カレーの臭いがした。
　　1　ばかりに　　2　と思えば　　3　とたんに　　4　そばから

8　特急(　　　)2時間かかるからバスでは間に合わない。
　　1　でこそ　　　2　でさえ　　　3　にでも　　　4　になら

9　親が生活費を出してくれるので言うことを聞か(　　　)。
　　1　ざるをえない　2　ずにはいない　3　ないでいない　4　せられない

10 景気はだんだん回復(　　　)とニュースで言っていた。

1 しようとする　　2 したことがある　　3 しつつある　　4 しかねない

11 台風が接近しているので天候(　　　)旅行は延期になるかもしれない。

1 次第で　　2 結果で　　3 段階で　　4 予報で

12 夜も遅い(　　　)そろそろ失礼しましょう。

1 からには　　2 までには　　3 ものだし　　4 ことだし

13 今度のレポートはたとえ(　　　)必ず出してください。

1 遅れるのに　　2 遅れても　　3 遅れなければ　　4 遅れずに

14 新入社員(　　　)田中(たなか)さんのことですか。

1 ったら　　2 だって　　3 って　　4 だっけ

15 自分の国を出て外国で暮らし(　　　)わかることがある。

1 たうえで　　2 て以来　　3 たままで　　4 てこそ

정답

1　1 아이를 한창 재우고 있는 중에 전화가 걸려왔다.
2　2 처음 면접을 보는 날은 가슴이 두근거려서 견딜 수가 없었다.
3　3 머리를 자르는 김에 머리카락을 금색으로 염색해 봤다.
4　4 놀랍게도 그 아이는 자전거로 매일 1시간이나 걸려서 통학하고 있다.
5　4 반려동물을 기르는 집에 가면 옷이 털투성이가 된다.
6　2 새로 나온 맥주, 저도 한 모금 마시게 해 주지 않겠습니까.
7　3 식당에 들어가자마자 카레 냄새가 났다.
8　2 특급조차 2시간 걸리니까 버스로는 시간에 맞지 않는다.
9　1 부모가 생활비를 내주기 때문에 말하는 것을 들을 수밖에 없다.
10　3 경기는 점점 회복하는 중이라고 뉴스에서 말했다.
11　1 태풍이 접근하고 있어서 날씨에 따라서 여행은 연기될지도 모른다.
12　4 밤도 늦었고 하니 그만 돌아갑시다.
13　2 이번 리포트는 설령 늦더라도 반드시 내 주세요.
14　3 신입사원이란 다나카 씨 말입니까?
15　4 자신의 나라를 나와 외국에서 살아야 비로소 아는 것이 있다.

081 ～てしょうがない ～해서 견딜 수가 없다

접속
동사 て형
い형용사 くて ＋ しょうがない
な형용사 で

예문
会社を定年でやめたが趣味もないから退屈でしょうがない。
회사를 정년으로 그만두었는데 취미도 없어서 지루해서 견딜 수가 없다.

082 ～てたまらない ～해서 견딜 수가 없다

접속
동사 て형
い형용사 くて ＋ たまらない
な형용사 で

예문
猫の行動を見ていると何をしてもかわいくてたまらない。
고양이의 행동을 보고 있으면 무엇을 해도 귀여워서 견딜 수가 없다.

083 ～てならない ～해서 견딜 수가 없다

접속
동사 て형
い형용사 くて ＋ ならない
な형용사 で

예문
大きな交通事故を見てから車に乗るのがこわくてなりません。
큰 교통사고를 본 후로 차에 타는 것이 무서워서 견딜 수가 없습니다.

084 ～てはじめて ～하고 나서 비로소

접속 동사 て형 ＋ はじめて

예문
年をとってはじめて人生の意味を考えるようになった。
나이가 들고서야 비로소 인생의 의미를 생각하게 되었다.

085 〜ではないか
① 〜한 것이 아닌가, 〜가 아닌가 (감동)
② 〜이다, 〜이지 않을까 (판단)

접속 동사 보통형 / い형용사 보통형 / な형용사 어간 / 명사 + ではないか

예문
① あんなに小さな子どもが一生懸命歩こうとしている**ではないか**。
저렇게 작은 아이가 열심히 걸으려 하고 있는 것이 아닌가.

② どう考えてみても彼には解決する力がないの**ではないか**。
아무리 생각해 봐도 그에게는 해결 능력이 없지 않은가.

086 〜てほしい　〜하길 바란다, 〜했으면 좋겠다

접속 동사 て형 + ほしい

예문
あなたを思う私の気持ちだけはわかっ**てほしい**。
당신을 생각하는 나의 마음만은 알아주었으면 좋겠다.

087 〜手前　〜했기 때문에 (체면상)

접속 (동사 보통형/진행형 / 명사 の) + 手前

예문
怖いのは平気だと言った**手前**、ホラー映画は嫌だと言えなかった。
무서운 것은 아무렇지도 않다고 했기 때문에 공포 영화는 싫다고 말할 수 없었다.

088 〜てまで　〜해서까지

접속 동사 て형 + まで

예문
いくら大事な仕事でも体をこわし**てまで**することはない。
아무리 중요한 일이라도 몸을 망치면서까지 할 것은 없다.

089 〜てみせる   〜하겠다, 〜해 보이겠다

접속   동사 て형 + みせる

예문   今年こそはあの大学に入ってみせる。
올해야말로 그 대학에 들어가겠다.

090 〜てもさしつかえない   〜해도 괜찮다, 〜해도 상관없다

접속
동사 て형 も
い형용사 くても
な형용사 でも
명사 でも
+ さしつかえない

예문   1日前までは予約を取り消してもさしつかえないそうだ。
하루 전까지는 예약을 취소해도 괜찮다고 한다.

091 〜というか 〜というか   〜라고 해야 할지 〜라고 해야 할지

접속
い형용사 い
な형용사 어간
명사
+ というか +
い형용사 い
な형용사 어간
명사
+ というか

예문   あの人は頑固というかわがままというか、人の話をまったく聞かない。
저 사람은 완고하다고 할지 제멋대로라고 할지, 남의 이야기를 전혀 듣지 않는다.

092 〜ということだ
① 〜라고 한다 (전문)
② 〜이다, 〜라는 것이다 (결론)

접속
동사 보통형
い형용사 보통형
な형용사 보통형
명사 보통형
+ ということだ

예문   ① ニュースによると今年の冬は雪の降る日が多いということだ。
뉴스에 의하면 올해 겨울은 눈이 내리는 날이 많을 거라고 한다.

② いまだに連絡がないということは何か問題が起きた**ということだ**。
아직도 연락이 없다는 것은 뭔가 문제가 일어났다는 것이다.

093　**～というと**　① ～라고 하면 (연상)
　　　　　　　　　　② ～라면, 그렇다면, 그렇다는 것은 (확인)

접속　동사 보통형 / い형용사 보통형 / な형용사 보통형 / 명사　**+** というと

예문
① 桜**というと**小学校の入学式を思い出す。
　벚꽃이라고 하면 초등학교 입학식이 떠오른다.

② A　来年からは暇になります。　내년부터는 한가해집니다.
　B　**というと**、会社辞めるんですか。　그렇다는 것은 회사를 그만두나요?

094　**～というものだ**　～라는 것이다

접속　동사 보통형 / い형용사 보통형 / な형용사 어간 / 명사　**+** というものだ

예문
自分が損をしないことだけを考えるのは利己主義**というものだ**。
자신이 손해보지 않는 것만을 생각하는 것은 이기주의라는 것이다.

095　**～というより**　～라기 보다, ～라고 하기 보다

접속　동사 보통형 / い형용사 보통형 / な형용사 어간 / 명사　**+** というより

예문
最近の家族は親子**というより**友達のように見える。
요즘 가족은 부모 자식간이라기 보다 친구처럼 보인다.

096 〜といった 〜와 같은, 〜라고 하는

접속　명사 + といった

예문　総合学習では自然体験、国際理解**といった**特別な授業をする。
종합 학습에서는 자연 체험, 국제 이해와 같은 특별한 수업을 한다.

097 〜通り(に) 〜대로, 〜한 그대로

접속　$\begin{pmatrix} 동사\ 보통형 \\ 명사\ の \end{pmatrix}$ + 通り(に)

　　　명사 + 通り(に)

예문　私が言った**通りに**やればこんな結果にはならなかったはずだ。
내가 말한 대로 했다면 이런 결과는 되지 않았을 것이다.

098 〜とか 〜라고 하던데, 〜라고 한다

접속　$\begin{pmatrix} 동사\ 보통형 \\ い형용사\ 보통형 \\ な형용사\ 보통형 \\ 명사\ 보통형 \end{pmatrix}$ + とか

예문　あの女性は一人で5人の子どもを育てた**とか**。
저 여성은 혼자서 다섯 명의 아이를 키웠다고 한다.

099 〜どころか ① 〜은커녕
　　　　　　　② 〜은 물론

접속　$\begin{pmatrix} 동사\ 보통형 \\ い형용사\ 보통형 \\ な형용사\ な/だった \\ 명사 \end{pmatrix}$ + どころか

| 예문 | ① 今度の試験の結果では進学どころか卒業もむずかしい。
이번 시험 결과로는 진학은커녕 졸업도 어렵다.
② これだけ会社に貢献したんだから課長どころか部長に昇進できるよ。
이만큼 회사에 공헌했으니 과장은 물론 부장으로 승진할 수 있어.

100 〜ところだった 〜할 뻔했다

| 접속 | 동사 기본형 + ところだった |

| 예문 | ガスを消し忘れてもう少しで火事になるところだった。
가스 끄는 것을 잊어서 자칫하면 화재가 날 뻔했다.

101 〜どころではない 〜할 때(상태)가 아니다, 〜할 여유는 없다

| 접속 | 동사 기본형 / 명사 + どころではない |

| 예문 | 子どもが入院して家族旅行をするどころではなかった。
아이가 입원해서 가족 여행을 할 상황이 아니었다.

102 〜としたら 〜라고 한다면

| 접속 | 동사 보통형 / い형용사 보통형 / な형용사 보통형 / 명사 보통형 + としたら |

| 예문 | 汽車で旅行するとしたらどこに行きたいですか。
기차로 여행한다면 어디에 가고 싶습니까?

103　～として　~로서

접속　명사 + として

예문　間食**として**食べるならお菓子より果物のほうがいい。
간식으로 먹는다면 과자보다 과일 쪽이 좋다.

104　～とすると　~라고 한다면

접속
동사 보통형
い형용사 보통형
な형용사 보통형
명사 보통형
+ とすると

예문　駅まで30分かかる**とすると**9時には家を出よう。
역까지 30분 걸린다고 하면 9시에는 집을 나가자.

105　～となると
① ~하게 되면 (가정)
② ~가 되면, ~의 상황이 되면

접속
동사 기본형
い형용사 い
な형용사 だ
명사
+ となると

예문
① 高い山に登る**となると**訓練が必要だ。
높은 산을 오르게 된다면 훈련이 필요하다.

② 外食も毎日**となると**飽きる。
외식도 매일 하게 되면 질린다.

106 ～とは限(かぎ)らない ～라고는 할 수 없다

접속
- 동사 보통형
- い형용사 보통형
- な형용사 보통형
- 명사 보통형

+ とは限(かぎ)らない

예문 デパートで売(う)っているものがみんな高(たか)い**とは限(かぎ)らない**。
백화점에서 파는 것이 모두 비싸다고는 할 수 없다.

107 ～とみえて ～는지, ～한 모양인지

접속
- 동사 보통형
- い형용사 보통형
- な형용사 보통형
- 명사 보통형

+ とみえて

예문 この本(ほん)が気(き)に入(い)った**とみえて**、子(こ)どもは毎日(まいにち)ベッドに入(はい)って読(よ)んでいる。
이 책이 마음에 들었는지 아이는 매일 침대에 들어가서 읽고 있다.

108 ～ないことには ～하지 않고서는, ～하기 전에는

접속
- 동사 부정형
- い형용사 く
- な형용사 で
- 명사 で

+ ないことには

예문 夜(よる)が明(あ)けて明(あか)るくなら**ないことには**道(みち)がわからない。
동이 트고 밝아지기 전에는 길을 알 수 없다.

109　〜ないことはない　~이 아닌 것은 아니다, ~하기는 하다

접속
동사 부정형
い형용사 く
な형용사 で
명사 で
+ ないことはない

예문　週末も出勤すれば来週の水曜までにできないことはありません。
주말에도 출근한다면 다음 주 수요일까지 할 수 있기는 합니다.

110　〜ずにはいられない　~하지 않을 수 없다

접속　동사 부정형 + ずにはいられない　　　★「する」는「せずにはいられない」

예문　その後の不審な行動から彼を犯人と疑わずにはいられなかった。
그 후의 수상한 행동에서 그를 범인이라고 의심하지 않을 수 없었다.

111　〜ないものか　~는 없는 것일까? ~할 수 없는 것일까?

접속　동사 부정형 + ないものか

예문　今週中に会えないものかと何度も連絡したが返事は来なかった。
이번 주 중에 만날 수 없는 걸까 하고 몇 번이나 연락했지만 답은 오지 않았다.

112　〜ないものでもない　~하지 못할 것도 없다, ~할 수도 있다

접속　동사 부정형 + ないものでもない

예문　条件によっては今度の事業に協力しないものでもない。
조건에 따라서는 이번 사업에 협력하지 못할 것도 없다.

113 〜ないわけにはいかない　〜하지 않을 수 없다, 〜해야만 한다

접속　동사 부정형 ＋ ないわけにはいかない

예문　ネットショップを利用するときは会員登録をしないわけにはいかない。
인터넷 상점을 이용할 때는 회원 등록을 해야만 한다.

114 〜など　〜따위, 〜같은 것　　★「なんか」,「なんて」는 회화체

접속　명사 ＋ など

예문　もうすぐお客さんが来るのにテレビなんか見ている場合じゃない。
이제 곧 손님이 오는데 텔레비전 따위 보고 있을 때가 아니다.

115 〜にあたって / 〜にあたり　〜를 맞이하여, 〜함에 있어서, 〜할 때

접속　(동사 기본형 / 명사) ＋ にあたって, にあたり

예문　プールを利用するにあたって一つ注意することがあります。
수영장을 이용할 때 한 가지 주의할 것이 있습니다.

116 〜において / 〜における　〜에서, 〜에 있어서

접속　명사 ＋ において, における

예문　アンケート調査において重要なのは信頼性です。
앙케트 조사에 있어서 중요한 것은 신뢰성입니다.

117 〜に応じて 〜에 따라서, 〜에 응해서, 〜에 맞춰서

접속 명사 + に応じて

예문 季節に応じておすすめメニューが変わります。
계절에 맞춰서 추천 메뉴가 바뀝니다.

118 〜に関わらず 〜와는 관계없이, 〜를 불문하고

접속 (동사 기본형/부정형, 명사) + に関わらず

예문 利用する、しないに関わらず料金は同じです。
이용하고 하지 않고에 관계없이 요금은 같습니다.

119 〜に限って / 〜に限り 〜에 한해서

접속 명사 + に限って, に限り

예문 この施設は外国人留学生に限って利用できる。
이 시설은 외국인 유학생에 한해서 이용할 수 있다.

120 〜に限らず 〜에 한정되지 않고, 〜뿐만 아니라

접속 명사 + に限らず

예문 スポーツに限らず体を動かす前には準備運動が必要だ。
스포츠뿐만 아니라 몸을 움직이기 전에는 준비 운동이 필요하다.

연습 괄호 안에 들어갈 표현으로 가장 적당한 것을 고르세요.

1 酒を飲むと性格が変わる(　　　)全く別の人間のようになる。
　1 どころか　　　2 としても　　　3 あまりに　　　4 かわりに

2 いなかに一人でいる母のことが心配(　　　)。
　1 といえません　　　　　　2 になりません
　3 でなりません　　　　　　4 もありません

3 もっと練習して次の試合では必ず優勝し(　　　)。
　1 てくれる　　　2 ておこう　　　3 ていける　　　4 てみせる

4 いつまでも返事がないのは会うつもりがない(　　　)。
　1 とはかぎらない　　　　　2 というものだ
　3 ということだ　　　　　　4 ともいえない

5 まだ開店前(　　　)店の前には誰もいなかった。
　1 としても　　　2 とみえて　　　3 のせいで　　　4 だというのに

6 面接(　　　)気をつけることはあいさつと服装です。
　1 によって　　　2 にあたって　　　3 にわたって　　　4 にしたがって

7 どんなにいい所でもお金を借り(　　　)海外旅行をしたいとは思わない。
　1 たくて　　　2 ないで　　　3 てまで　　　4 るしか

8 地域の気候に(　　　)作られる農産物が違う。
　1 応じて　　　2 ならって　　　3 関して　　　4 向いて

9 通訳試験を受ける時は語学力(　　　)歴史、文化など広い知識が求められる。
　1 のかわりに　　　2 といわずに　　　3 に限らず　　　4 に関わらず

10 どんなにボールが速くても、よく見れば打て(　　　)。
1 ないものでもない　　　　　　2 なくないことはない
3 ないと言えなくはない　　　　4 ないとはならない

11 男女に(　　　)朝食にパンを食べる人が多い。
1 合わせず　　2 比べず　　3 違わず　　4 関わらず

12 病院に入院し(　　　)健康の大切さがわかった。
1 てはじめて　　2 て何だか　　3 てとうとう　　4 て何とか

13 学生生活(　　　)サークル活動の役割を考える。
1 に通じる　　2 における　　3 にかわる　　4 に反する

14 ご飯をたくさん食べるからといって太っている(　　　)。
1 に違いない　　　　　　2 のはもっともだ
3 とは限らない　　　　　4 のもしかたない

15 組み立て家具を説明書(　　　)作ってみたがうまくできなかった。
1 なりに　　2 ままに　　3 ながらに　　4 どおりに

정답

1　1 술을 마시면 성격이 바뀌는 것은 물론 전혀 다른 인간처럼 된다.
2　3 시골에 혼자 계신 어머니가 걱정돼 견딜 수가 없다.
3　4 더 연습해서 다음 시합에서는 반드시 우승해 보이겠다.
4　3 언제까지나 답장이 없는 것은 만날 생각이 없다는 것이다.
5　2 아직 개점 전인 모양인지 가게 앞에는 아무도 없었다.
6　2 면접에 있어서 주의해야 할 것은 인사와 복장입니다.
7　3 아무리 좋은 곳이라도 돈을 빌려서까지 해외여행을 하고 싶다고는 생각하지 않는다.
8　1 지역의 기후에 따라서 만들어지는 농산물은 다르다.
9　3 통역 시험을 볼 때는 어학력뿐만 아니라 역사, 문화 등 넓은 지식이 요구된다.
10　1 아무리 공이 빠르더라도 잘 보면 치지 못할 것도 없다.
11　4 남녀에 관계없이 조식에 빵을 먹는 사람이 많다.
12　1 병원에 입원하고 나서 비로소 건강의 소중함을 알았다.
13　2 학생 생활에 있어서 서클 활동의 역할을 생각하다.
14　3 밥을 많이 먹는다고 해서 살이 쪘다고는 할 수 없다.
15　4 조립 가구를 설명서대로 만들어 봤지만 잘 되지 않았다.

121 〜に限る　〜하는 것이 제일이다

접속　(동사 기본형/부정형 / 명사) + に限る

예문　こんな寒い日は風呂に入ってから早く寝るに限る。
이렇게 추운 날은 목욕한 후에 빨리 자는 것이 제일이다.

122 〜にかけては　〜에 있어서는, 〜만큼은

접속　명사 + にかけては

예문　この店は小さくても味と安さにかけては東京で一番だと思う。
이 가게는 작아도 맛과 저렴한 가격만큼은 도쿄에서 최고라고 생각한다.

123 〜に加えて　〜에 더해서, 〜와 함께

접속　명사 + に加えて

예문　その町は自然の美しさに加えて小説の舞台としても有名だ。
이 마을은 자연의 아름다움과 함께 소설의 무대로도 유명하다.

124 〜に越したことはない　〜해서 나쁠 것 없다, 〜하는 것이 좋다

접속　(동사 기본형 / い형용사 い / な형용사 어간 である / 명사 である) + に越したことはない

예문　災害に備えて非常食などを準備するに越したことはない。
재해에 대비해 비상식(량) 등을 준비하는 것이 좋다.

125 　〜に応（こた）えて　〜에 부응하여, 〜에 따라서

접속　명사 ＋ に応えて

예문　彼（かれ）は皆（みんな）の期待（きたい）に応（こた）えて全国大会（ぜんこくたいかい）で優勝（ゆうしょう）した。
그는 모두의 기대에 부응하여 전국 대회에서 우승했다.

126 　〜に際（さい）して　〜할 즈음해서, 〜함에 있어, 〜할 때

접속　(동사 기본형 / 명사) ＋ に際して

예문　大会（たいかい）の実施（じっし）に際（さい）して、資金集（しきんあつ）めが一番（いちばん）の問題（もんだい）となった。
대회를 실시함에 있어 자금 모으기가 가장 큰 문제가 됐다.

127 　〜に先立（さきだ）って　〜에 앞서, 〜하기 전에

접속　(동사 기본형 / 명사) ＋ に先立って

예문　空港（くうこう）では搭乗（とうじょう）に先立（さきだ）って手荷物検査（てにもつけんさ）を受けなければならない。
공항에서는 탑승에 앞서 수하물 검사를 받아야만 한다.

128 　〜に従（したが）って　〜에 따라서

접속　(동사 기본형 / 명사) ＋ に従って

예문　冬（ふゆ）が近（ちか）づくに従（したが）って日（ひ）が短（みじか）くなった。
겨울이 가까워짐에 따라서 해가 짧아졌다.

129 〜にしたところで　〜라고 한들, 〜라고 해서

접속　명사 ＋ にしたところで

예문　政府にしたところで国民の反対の声を無視できないだろう。
정부라고 한들 국민의 반대의 목소리를 무시할 수는 없을 것이다.

130 〜にしたら　〜에게는, 〜의 입장에서는

접속　명사 ＋ にしたら

예문　人間がペットをかうのは動物にしたら迷惑なことかもしれない。
인간이 반려동물을 키우는 것은 동물에게는 폐가 되는 일일지도 모른다.

131 〜にしては　〜치고는, 〜로서는

접속
- 동사 보통형
- い형용사 보통형
- な형용사 어간
- 명사

＋ にしては

예문　この子は小学生にしては体が大きいし話すことも大人みたいだ。
이 아이는 초등학생치고는 몸이 크고 말하는 것도 어른 같다.

132 〜にしても　〜라고 하더라도

접속
- 동사 보통형
- い형용사 보통형
- な형용사 어간/である
- 명사/명사 である

＋ にしても

예문　遅刻すると連絡があったにしても、そんなに遅くては待っていられない。
지각한다고 연락했다고 하더라도 그렇게 늦어서야 기다릴 수 없다.

133 〜にしろ / 〜にせよ

(아무리) 〜라고 해도

★「〜にしても」는 격식 차린 표현

접속
- 동사 보통형
- い형용사 보통형
- な형용사 어간/である
- 명사/명사である

+ にしろ, にせよ

예문 誰が社長になる**にしろ**、会社を立て直すのは簡単ではない。
누가 사장이 된다고 하더라도 회사를 재정비하는 것은 간단하지 않다.

---

134 〜に過ぎない

〜에 지나지 않는다, 〜에 불과하다

접속
- 동사 보통형
- な형용사 である
- 명사/명사 である

+ に過ぎない

예문 山田さんに学校で会ったのは偶然**に過ぎない**。
야마다 씨를 학교에서 만난 것은 우연에 불과하다.

---

135 〜に相違ない

〜임에 틀림없다

접속
- 동사 보통형
- い형용사 보통형
- な형용사 어간
- 명사

+ に相違ない

예문 この書類は原本のコピー**に相違ない**ことを証明します。
이 서류는 원본의 사본이 틀림없음을 증명합니다.

136 ～に違いない ～임에 틀림없다

접속
동사 보통형
い형용사 보통형
な형용사 어간
명사
+ に違いない

예문
彼の態度を見れば事件について何か知っている**に違いない**。
그의 태도를 보면 사건에 대해 무언가 알고 있음에 틀림없다.

137 ～につき
① ～으로 인해, ～때문에
② ～에 대해서, ～에 관해서

접속 명사 **+** につき

예문
① ただいまセール期間**につき**、商品は返品できません。
현재 세일 기간이기 때문에 상품은 반품할 수 없습니다.

② 弊社の新製品**につき**、ご説明いたします。
저희 회사의 신제품에 대해서 설명드리겠습니다.

138 ～につれて ～에 따라서

접속
동사 기본형
명사
+ につれて

예문
時間がたつ**につれて**彼の態度も少しずつ変わっていった。
시간이 흐름에 따라 그의 태도도 조금씩 바뀌어 갔다.

139 ～にとって(は) ～에게 있어서(는)

접속 명사 **+** にとって(は)

예문
私**にとって**いとこになる人の結婚式に招待された。
나에게 있어 사촌 되는 사람의 결혼식에 초대됐다.

140 ～に伴って   ～함에 따라서, ～하면서

접속 (동사 기본형 / 명사) + に伴って

예문 地球の温暖化に伴って異常な気候が続いている。
지구 온난화에 따라 이상 기후가 계속되고 있다.

141 ～にほかならない   다름 아닌 ～이다, ～임에 틀림없다

접속 (동사 보통형 / い형용사 보통형 / な형용사 な/である / 명사/명사である) + にほかならない

예문 この一行の文が作家の言いたいことにほかならない。
이 한 줄의 글이 바로 작가가 말하고 싶은 것이다.

142 ～にも関わらず   ～임에도 불구하고

접속 (동사 보통형 / い형용사 보통형 / な형용사 な/である / 명사/명사である) + にも関わらず

예문 あれほど注意したにも関わらずまだ忘れ物をする学生がいる。
그 정도로 주의를 주었음에도 불구하고 아직도 물건을 두고 오는 학생이 있다.

143 ～に基づいて   ～에 기초하여, ～을 바탕으로

접속 명사 + に基づいて

예문 この検査は法律に基づいて1年に1回無料で行われる。
이 검사는 법률에 근거하여 1년에 1번 무료로 실시된다.

| 144 | **～によって** | ① ～에 의해, ～때문에 (원인·이유) ② ～로, ～로서 (수단·방법) ③ ～에 의해(서) (수동의 동작 주체) ④ ～에 따라서 (대응) |

접속　명사 ＋ によって

예문
① 円高の影響**によって**その会社は倒産した。
　　엔고의 영향으로 인해 그 회사는 도산했다.

② 問題は話し合い**によって**解決されなければならない。
　　문제는 대화로 해결되어야만 한다.

③ この美術館は日本の美術を愛する外国人**によって**建てられた。
　　이 미술관은 일본의 미술을 사랑하는 외국인에 의해 세워졌다.

④ 野菜の値段は収穫量**によって**決められる。
　　야채 가격은 수확량에 따라서 정해진다.

| 145 | **～によると** ～에 의하면, ～에 따르면 |

접속　명사 ＋ によると

예문
今日のニュース**によると**選挙の日が決まったそうだ。
오늘 뉴스에 따르면 선거일이 정해졌다고 한다.

| 146 | **～抜く** 끝까지 ～하다 |

접속　동사 ます형 ＋ 抜く

예문
42,195kmを走り**抜いた**選手はゴールに着くと倒れてしまった。
42,195km를 끝까지 달린 선수는 골에 도착하자 쓰러져 버렸다.

147 ～のことだから ～이기 때문에

접속 명사 の + ことだから

예문 彼のことだからまた朝寝坊をして遅れているんだろう。
그 사람이니까 또 늦잠을 자서 늦고 있는 거겠지.

148 ～のみならず ～뿐만 아니라

접속
동사 보통형
い형용사 보통형
な형용사 な/である
명사/명사 である
+ のみならず

예문 気候の変化は動物のみならず植物の生育にも影響を与える。
기후 변화는 동물뿐만 아니라 식물의 성장에도 영향을 준다.

149 ～のもとで ～아래서, ～밑에서

접속 명사 + のもとで

예문 子どもは優しい両親のもとで明るく元気に育った。
아이는 자상한 부모 밑에서 밝고 건강하게 자랐다.

150 ～ばかりか / ～ばかりでなく ～뿐만 아니라

접속
동사 보통형
い형용사 い
な형용사 な/である
명사/명사 である
+ ばかりか, ばかりでなく

예문 この部屋は日当たりがいいばかりか車の騒音も聞こえない。
이 방은 해가 잘 들 뿐만 아니라 자동차 소음도 들리지 않는다.

| 151 | **〜ばかりだ** 점점 〜할 뿐이다, 점점 〜하게 된다 |

접속 동사 기본형 **+** ばかりだ

예문 交通費や公共料金が上がって生活は苦しくなる**ばかりだ**。
교통비와 공공요금이 올라서 생활은 점점 힘들어질 뿐이다.

| 152 | **〜ばかりに** 〜한 탓에, 〜때문에 |

접속
동사 보통형
い형용사 보통형
な형용사 な/である
명사 である
+ ばかりに

예문 かぎをなくした**ばかりに**家の中に入ることができなくなった。
열쇠를 잃어버린 탓에 집에 들어가지 못하게 되었다.

| 153 | **〜はさておき** 〜은 차치하고, 〜은 제쳐 두고 |

접속 명사 **+** はさておき

예문 難しいこと**はさておき**、まずできることから始めよう。
어려운 일은 제쳐 두고, 우선 할 수 있는 일부터 시작하자.

| 154 | **〜はずだ** (당연히) 〜할 것이다, 〜할 터이다 |

접속
동사 보통형
い형용사 보통형
な형용사 な/である
명사 の/である
+ はずだ

예문 もう来る**はずだ**が一度電話してみようか。
이제 와야 할 텐데, 한번 전화해 볼까?

155 〜はともかく(として) ~은 차치하고, ~은 우선 제쳐 두고

접속 명사 + はともかく(として)

예문 事故の原因**はともかくとして**負傷者の治療を優先させる。
사고 원인은 제쳐 두고 부상자의 치료를 우선한다.

156 〜は別として ~은 차치하고, ~은 별개로

접속 명사 + は別として

예문 売れるかどうか**は別として**アイデアはおもしろい。
팔릴지 어떨지는 차치하고 아이디어는 재미있다.

157 〜はもちろん / 〜はもとより ~은 물론, ~은 말할 것도 없고

접속 명사 + はもちろん, はもとより

예문 動物園では子ども**はもちろん**、大人も楽しめるイベントを開催している。
동물원에서는 아이는 물론 어른도 즐길 수 있는 이벤트를 개최하고 있다.

158 〜反面 ~한 반면

접속
동사 보통형
い형용사 い
な형용사 な/である
명사 の/である
+ 反面

예문 新幹線は安全で快適な**反面**、料金に不満を持つ人も多い。
신칸센은 안전하고 쾌적한 반면 요금에 불만을 가지는 사람도 많다.

| 159 | **〜べきだ** 반드시 ~해야 한다 |

| 접속 | 동사 기본형 + べきだ |

| 예문 | 事故の原因がわかったら再発防止の対策を立てる**べきだ**。
사고 원인이 밝혀졌다면 재발 방지 대책을 세워야만 한다. |

| 160 | **〜(より)ほかない**
〜ほかしかたがない　〜할 수밖에 없다 |

| 접속 | 동사 기본형 + よりほかない, ほかしかたがない |

| 예문 | えんぴつがないのでボールペンで書く**ほかなかった**。
연필이 없어서 볼펜으로 쓸 수밖에 없었다. |

> **연습** 괄호 안에 들어갈 표현으로 가장 적당한 것을 고르세요.

1 いくら頼んでも会ってもくれないならあきらめる(　　　)。
　1 だけしかない　　　　　　　　2 よりほかない
　3 ほどではない　　　　　　　　4 わけでもない

2 春になると花や蝶(　　　)水の音まで春らしく聞こえる。
　1 に加えて　　2 どころか　　3 のうえに　　4 はもちろん

3 原料不足の上に需要が急増して値段は上がる(　　　)。
　1 だけだった　2 ほうだった　3 ばかりだった　4 むきだった

4 これまでの実験の成果(　　　)新しい理論を発表した。
　1 に基づいて　2 にかわって　3 にこたえて　4 にあたって

5 ドアが閉まっているから事務所には誰もいないと思った(　　　)。
　1 ことにする　2 に違いない　3 とは限らない　4 ともいえる

6 応募(　　　)病院の健康診断書が必要です。
　1 に限らず　　2 に際して　　3 とともに　　4 といえば

7 エレベーターは修理中(　　　)階段をご利用ください。
　1 につき　　　2 のおり　　　3 であり　　　4 として

8 新幹線で行く(　　　)到着は夜になるだろう。
　1 までに　　　2 のには　　　3 にせよ　　　4 ところ

9 その俳優は小山監督(　　　)演技の基礎を学んだ。
　1 とともに　　2 によると　　3 をもとに　　4 のもとで

10 総合救急センターは東京(　　　)周辺の県からも患者を受け入れる。

1　どころか　　　2　のみならず　　　3　だけでも　　　4　をはじめに

11 だいじょうぶだと思うが確認しておく(　　　)。

1　に越したことはない　　　　　2　ほどのことはない
3　だけのことはある　　　　　　4　までもない

12 あの人(　　　)皆が帰った後も一人で仕事をしているのだろう。

1　のことだから　　2　のものだから　　3　にしてみれば　　4　にかかったら

13 かかった時間は(　　　)最後まで走ったことに意味がある。

1　ともかくとして　　2　あとにして　　3　どのくらいでも　　4　やむをえず

14 若い人の人口減少(　　　)労働力不足が深刻になっている。

1　について　　　2　にともなって　　　3　にさいして　　　4　になって

15 このカバンは持ちやすい(　　　)大きな荷物は入らない。

1　一面　　　　　2　以外　　　　　3　以上　　　　　4　反面

정답

1　2 아무리 부탁해도 만나 주지도 않으니까 포기할 수밖에 없다.
2　4 봄이 되면 꽃과 나비는 물론 물소리까지 봄답게 들린다.
3　3 원료가 부족한 데다가 수요가 급증해서 가격은 점점 오르기만 했다.
4　1 지금까지의 실험 성과에 근거해서 새로운 이론을 발표했다.
5　2 문이 닫혀 있어서 사무소에는 아무도 없다고 생각한 것이 틀림없다.
6　2 응모할 때 병원 건강 진단서가 필요합니다.
7　1 엘리베이터는 수리 중이므로 계단을 이용해 주세요.
8　3 신칸센으로 간다고 해도 도착은 밤이 되겠지.
9　4 그 배우는 고야마 감독 밑에서 연기의 기초를 배웠다.
10　2 종합 구급 센터는 도쿄뿐만 아니라 주위 현에서도 환자를 받아들인다.
11　1 괜찮다고 생각하지만 확인해 두는 것이 제일이다.
12　1 그 사람이니까 모두가 돌아간 후에도 혼자서 일을 하고 있을 것이다.
13　1 걸린 시간은 차치하고 마지막까지 달렸다는 것에 의미가 있다.
14　2 젊은 사람의 인구 감소에 따라 노동력 부족이 심각해지고 있다.
15　4 이 가방은 들고 다니기 편한 반면 큰 짐은 들어가지 않는다.

161 〜ほど　〜할수록, 〜만큼, 〜정도로

접속　동사 기본형 / い형용사 い / な형용사 な / 명사　**+** ほど

예문
母が作る料理ほどおいしいものは食べたことがない。
엄마가 만드는 요리만큼 맛있는 것은 먹은 적이 없다.

頂上に近づくほど気温が下がった。 정상에 가까워질수록 기온이 떨어졌다.

162 〜まい
① 〜하지 않겠다 (부정 의지)
② 〜하지 않을 것이다 (부정 추측)

접속
・1그룹 동사: 기본형 **+** まい　　・2그룹 동사: 기본형 **+** まい / ます형 **+** まい
・3그룹 동사: する → するまい / しまい / すまい　　くる → くるまい / こまい

예문
① 太るから食べまいとしてもお菓子にはつい手が出てしまう。
살이 찌니까 먹지 않으려고 해도 과자에는 무심코 손이 가 버린다.

② 彼はあれだけ反省しているからもう同じミスはするまい。
그는 그토록 반성하고 있으니까 더 이상 같은 실수는 하지 않을 것이다.

163 〜までして　〜해서까지

접속　명사 **+** までして

예문
どんなに有名な店でも並んでまでして食べたいとは思わない。
아무리 유명한 가게라도 줄 서면서까지 먹고 싶다고는 생각하지 않는다.

164 〜向きに　〜(에) 적합하게, 〜(에) 알맞게

접속　명사 **+** 向きに

예문
最近は独身者向きに量を少なくした食材料に人気がある。
최근에는 혼자 사는 사람에게 알맞도록 양을 적게 한 식재료가 인기 있다.

165 ～向けに ～(를) 대상으로, ~용으로

접속 명사 + 向けに

예문 最近の住宅では高齢者向けにバリアフリーが進められている。
최근 주택에서는 고령자 대상으로 배리어 프리(장벽 없는 건축 설계)가 진행되고 있다.

166 ～も構わず ～도 아랑곳하지 않고, ~도 신경 쓰지 않고

접속 명사 + も構わず

예문 子どもは服が汚れるのも構わず、泥の中で遊んでいた。
아이는 옷이 더러워지는 것도 신경 쓰지 않고 진흙탕에서 놀고 있었다.

167 ～もしない ～도 하지 않다

접속 동사 ます형 + もしない

예문 彼はいくら呼んでも振り向きもしないで出ていってしまった。
그는 아무리 불러도 돌아보지도 않고 나가 버렸다.

168 ～もの ～인걸, ~이니까

접속 동사 보통형/んだ
い형용사 い/んだ   + もの
な형용사 だ/なんだ
명사 なんだ

예문 私が悪いんだもの。このくらいのことはしなくちゃね。
내가 잘못한 걸. 이 정도는 해야 해.

169 〜ものか 〜하나 봐라, 절대로 〜하지 않겠다

접속
동사 기본형
い형용사 い
な형용사 な
명사 な
+ ものか

예문
もう二度と会う**ものか**と思ったのにまた会いたくなる。
두 번 다시 만나지 않겠다고 생각했는데 또 만나고 싶어진다.

170 〜ものだ
① 〜하는 법이다, 〜해야 한다 (당위·충고)
② 〜하곤 했다 (회상)
③ 〜하다니 (감회)

접속
① 동사 기본형 **+** ものだ

② 동사 た형
い형용사 た형
な형용사 た형
+ ものだ

③ 동사 보통형
い형용사 い
な형용사 な
+ ものだ

예문
① ぶつかったら、知らない人でも謝る**ものだ**。
부딪혔다면 모르는 사람이라도 사과해야 한다.

② 夏休みには毎日ここに集まって皆で遊んだ**ものだ**。
여름 방학에는 매일 여기에 모여서 다 함께 놀곤 했다.

③ あの時の赤ん坊がもう5歳なんて。時間が経つのは早い**ものだ**。
그때의 아기가 벌써 다섯 살이라니. 시간이 참 빠르네.

171 〜ものだから 〜해서, 〜인 까닭에

접속
동사 보통형
い형용사 보통형
な형용사 な
명사 な
+ ものだから

예문
彼が大丈夫だって言う**ものだから**、すっかり信じてしまったんです。
그가 괜찮다고 말해서 완전히 믿어 버렸습니다.

172 〜ものではない 〜해서는 안 된다

접속 동사 기본형 ＋ ものではない

예문 暑いからといって冷たいものばかり食べる**ものではない**。
덥다고 해서 차가운 것만 먹어서는 안 된다.

---

173 〜ものなら 〜할 수만 있다면

접속 동사 가능형 ＋ ものなら

예문 飛べる**ものなら**今すぐ君のところに飛んで行きたい。
날 수만 있다면 지금 당장 너에게로 날아가고 싶어.

---

174 〜ものの 〜이기는 하지만, 〜하기는 했지만(역접)

접속
동사 보통형
い형용사 보통형
な형용사 な/である
명사 である
＋ ものの

예문 朝早く出発した**ものの**今日中に着けるかどうかはまだわからない。
아침 일찍 출발했지만 오늘 안에 도착할 수 있을지 어떨지는 아직 모른다.

---

175 〜やら 〜やら 〜이기도 하고 〜이기도 하고

접속
동사 기본형
い형용사 い
명사 やら
＋ やら ＋
동사 기본형
い형용사 い
명사
＋ やら

예문 電車が遅れる**やら**サイフを忘れる**やら**ここに来るまでいろいろあった。
전철이 늦기도 하고 지갑을 두고 오기도 하고, 여기에 오기까지 여러 가지 있었다.

176 〜ようがない ~(하려고 해도) 할 수가 없다

접속 동사 ます형 + ようがない

예문 あの新人はやる気がないから指導のしようがない。
저 신입은 의욕이 없어서 지도할 수가 없다.

177 〜ようか 〜まいか ~할지 말지

접속 동사 의지형(おう・よう) + か + 동사 기본형 + まいか
　　　　★ 2그룹 동사는 「ます형 + まいか」
　　　　3그룹 동사는 「するまいか / しまいか / すまいか」,
　　　　「くるまいか / こまいか」도 가능

예문 留学しようか、するまいか先生に相談してみた。
유학을 할지 말지 선생님께 상담해 봤다.

178 〜ようではないか ~하지 않겠는가, ~하자

접속 동사 의지형(おう・よう) + ではないか

예문 早く終わるようにもう少しがんばろうではないか。
빨리 끝나도록 조금 더 힘내자.

179 〜ようとしている 막 ~하려고 하고 있다

접속 동사 의지형(おう・よう) + としている

예문 小鳥が初めて飛ぼうとしている姿を見て感動した。
작은 새가 처음으로 날려고 하는 모습을 보고 감동했다.

180 ～ように
① ～처럼, ～같이
② ～하도록, ～하게끔

접속
① (동사 보통형 / 명사 の) + ように
② 동사 기본형・동사 부정형 + ように

예문
① 汽車の窓から絵の**ように**きれいな景色が見えた。
기차 창문으로 그림처럼 아름다운 풍경이 보였다.

② 先生に聞かれてもすぐ答えられる**ように**ちゃんと予習をしてきた。
선생님이 물어도 바로 대답할 수 있도록 제대로 예습을 해 왔다.

181 ～ようにして ～하는 것처럼

접속 동사 기본형 + ようにして

예문
足を持ち上げる**ようにして**歩けば痛くないです。
다리를 들어 올리는 것처럼 걸으면 아프지 않습니다.

182 ～ようものなら (만약에) ～했다가는, ～하려고 하면

접속 동사 의지형(おう・よう) + ようものなら

예문
その家に近づ**こうものなら**中から大きな犬に吠えられてしまう。
그 집에 다가가려고 하면 안에서 큰 개가 짖어 버린다.

183 ～わけだ ～하는 것도 당연하다, ～할 만도 하다

접속
(동사 보통형 / い형용사 보통형 / な형용사 な/だった / 명사 の/である) + わけだ

예문
重い荷物を持って歩いてきたから腰が痛い**わけだ**。
무거운 짐을 들고 걸어 왔으니 허리가 아플 만도 하다.

184 〜わけではない　〜라는 것은 아니다, (반드시) 〜인 것은 아니다

접속
- 동사 보통형
- い형용사 보통형
- な형용사 な/である/だった
- 명사 な/である/だった

+ わけではない

예문　値段が高い料理がすべておいしい**わけではない**。
가격이 비싼 요리가 모두 맛있는 것은 아니다.

185 〜わけにはいかない　〜할 수는 없다

접속　동사 기본형 **+** わけにはいかない

예문　どんなに止められても私が行かない**わけにはいかない**。
아무리 말려도 내가 가지 않을 수는 없다.

186 〜わりに(は)　〜에 비해서(는), 〜치고(는)

접속
- 동사 보통형
- い형용사 보통형
- な형용사 な/である
- 명사 の/である

+ わりに(は)

예문　今度の試験は難しかった**わりには**よくできたと思う。
이번 시험은 어려웠던 것 치고는 잘 봤다고 생각한다.

187 〜をきっかけに　〜을 계기로

접속　명사 **+** をきっかけに

예문　ワールドカップの開催**をきっかけに**サッカーへの関心が高まった。
월드컵 개최를 계기로 축구에 관심이 높아졌다.

188　～を契機に　～을 계기로

접속　명사 + を契機に

예문　署名運動を契機に住民の団結が強まった。
서명 운동을 계기로 주민의 단결이 강해졌다.

189　～をこめて　～을 담아서

접속　명사 + をこめて

예문　母の誕生日には心をこめてケーキを作った。
엄마의 생일에는 마음을 담아서 케이크를 만들었다.

190　～を中心として　～을 중심으로 (해서)

접속　명사 + を中心として

예문　この地域を中心として周辺には茶畑が広がっている。
이 지역을 중심으로 주변에는 차 밭이 펼쳐져 있다.

191　～を通じて　① ～동안, ～내내 (시간의 지속)
② ～을 통해서 (수단·매개)

접속　명사 + を通じて

예문　① この業種は一年を通じて年末が一番忙しい。
이 업종은 일 년 중 연말이 가장 바쁘다.

② 最近はSNSを通じて多くの情報が共有されるようになった。
최근에는 SNS를 통해서 많은 정보가 공유되게 되었다.

| 192 | **～を通（とお）して** | ① ～을 통틀어서, ～내내 (시간의 지속)
 ② ～을 통해서, ～에게 (수단·매개) |

접속　명사 ＋ を通して

예문
① 私（わたし）は小学校（しょうがっこう）6年間（ねんかん）を通（とお）して無欠席（むけっせき）だった。
나는 초등학교 6년 내내 결석하지 않았다.

② ホテルは旅行会社（りょこうがいしゃ）を通（とお）して予約（よやく）しました。
호텔은 여행사를 통해 예약했습니다.

| 193 | **～を ～として** | ～을 ～로서, ～을 ～로 해서 |

접속　명사 ＋ を 명사 ＋ として

예문
現場（げんば）に残（のこ）った足跡（あしあと）をてがかりとして犯人（はんにん）を捕（つか）まえることができた。
현장에 남은 발자국을 단서로 범인을 잡을 수 있었다.

| 194 | **～を問（と）わず** | ～을 불문하고 |

접속　명사 ＋ を問わず

예문
男女（だんじょ）を問（と）わず結婚（けっこん）する年齢（ねんれい）はだんだん遅（おそ）くなっている。
남녀를 불문하고 결혼하는 연령은 점점 늦어지고 있다.

| 195 | **～を抜（ぬ）きにして** | ～없이, ～를 빼고 |

접속　명사 ＋ を抜きにして

예문
今度（こんど）のプロジェクトはチームワークを抜（ぬ）きにしては成功（せいこう）できない。
이번 프로젝트는 팀워크 없이는 성공할 수 없다.

196 ～をはじめ(として) ～을 비롯한, ～을 비롯해서

접속 명사 ＋ をはじめ(として)

예문 市民マラソンには高校生をはじめとして多くの市民ランナーが参加する。
시민 마라톤에는 고등학생을 비롯한 많은 시민 러너(주자)가 참가한다.

197 ～をめぐって ～를 둘러싸고

접속 명사 ＋ をめぐって

예문 ゴミ処理場の建設をめぐって様々な立場から反対の声が起こった。
쓰레기 처리장 건설을 둘러싸고 다양한 입장에서 반대의 목소리가 일어났다.

198 ～をもとに ～을 토대로, ～에 기초해서

접속 명사 ＋ をもとに

예문 全国大会への出場は各地域での成績をもとに決められる。
전국 대회(로의) 출장(출전)은 각 지역에서의 성적을 토대로 결정된다.

199 ～んじゃない ～하면 안 된다, ～하지 마라

접속 동사 기본형 ＋ んじゃない

예문 初めてやるんだから失敗しても気にするんじゃない。
처음 하는 거니까 실패해도 신경 쓰지 마라.

200 〜んだって ~래, ~한대

접속
동사 보통형
い형용사 보통형
な형용사 な/だった
명사 な/だった
+ んだって

예문
田中さんは風邪をひいたから今日は休む**んだって**。
다나카 씨는 감기에 걸려서 오늘은 쉰대.

연습 괄호 안에 들어갈 표현으로 가장 적당한 것을 고르세요.

1 この国は1年(　　　)雨が少なく農業には向かない。
　1 のあいだ　　2 を通して　　3 のうちに　　4 にかけて

2 皆で力を合わせて目標を達成(　　　)。
　1 したらどうだろうか　　　　2 するべきだろうか
　3 しようではないか　　　　　4 するのではないか

3 だいじょうぶとは言った(　　　)だんだん心配になってきた。
　1 とおり　　2 ものの　　3 ように　　4 ことが

4 その仕事は経験(　　　)誰にでもできる簡単なものだった。
　1 を問わず　　2 に限らず　　3 をきっかけに　　4 によって

5 友達が成功したこと(　　　)自分もダイエットを始めた。
　1 につれて　　2 とともに　　3 をきっかけに　　4 に応じて

6 今度買ったパソコンは値段の(　　　)機能が良い。
　1 ほかには　　2 わりには　　3 に対して　　4 に限って

7 父は時々マンガを見て子供の(　　　)笑うことがある
　1 ように　　2 ままに　　3 わりに　　4 みたいに

8 初級では漢字を知らない外国人(　　　)やさしい教科書を使います。
　1 向けの　　2 係の　　3 編の　　4 級の

9 日本は韓国より東にあるので朝になるのが早くなる(　　　)。
　1 ところだ　　2 べきだ　　3 わけだ　　4 しだいだ

10 上級の授業ではレポート発表(　　　　)自分の意見を伝える練習を多く行う。

　　1　どころか　　　2　にも関わらず　　3　をはじめ　　　4　に反して

11 車がなかったころは毎日自転車で通った(　　　　)。

　　1　はずだ　　　　2　ものだ　　　　　3　ころだ　　　　4　せいだ

12 あの日のことは思い出す(　　　　)としても目に浮かんでくる。

　　1　まい　　　　　2　こと　　　　　　3　ない　　　　　4　べき

13 彼は周りの人に聞こえるの(　　　　)大声で彼女が好きだといった。

　　1　を信じて　　　2　が嫌で　　　　　3　も構わず　　　4　に困って

14 お客様への感謝の気持ち(　　　　)今日からセールを始めます。

　　1　をつくして　　2　を求めて　　　　3　を願って　　　4　をこめて

15 国会では来年度予算(　　　　)討論が続いている。

　　1　をめぐって　　2　はさておき　　　3　にわたって　　4　とはいえ

정답

1　2 이 나라는 1년 내내 비가 적어서 농업에는 적합하지 않다.
2　3 모두 힘을 합쳐 목표를 달성하자.
3　2 괜찮다고 말하기는 했지만 점점 걱정이 되기 시작했다.
4　1 그 일은 경험을 불문하고 누구나 할 수 있는 간단한 것이었다.
5　3 친구가 성공한 것을 계기로 나도 다이어트를 시작했다.
6　2 이번에 산 컴퓨터는 가격에 비해서는 기능이 좋다.
7　1 아빠는 때때로 만화를 보고 아이처럼 웃을 때가 있다.
8　1 초급에서는 한자를 모르는 외국인 대상의 쉬운 교과서를 사용합니다.
9　3 일본은 한국보다 동쪽에 있어서 아침이 되는 게 빠른 것이다.
10　3 상급 수업에서는 리포트 발표를 비롯해 자신의 의견을 전하는 연습을 많이 한다.
11　2 자동차가 없었을 때는 매일 자전거로 다니곤 했다.
12　1 그 날의 일은 떠올리지 않으려고 해도 눈앞에 떠오른다.
13　3 그는 주위 사람에게 들리는 것도 신경 쓰지 않고 큰 소리로 그녀가 좋다고 말했다.
14　4 고객에 대한 감사의 마음을 담아서 오늘부터 세일을 시작합니다.
15　1 국회에서는 내년도 예산을 둘러싸고 토론이 계속되고 있다.

기초 문법

문법 기본기 갖추기 ▲

학습 포인트

최근 일본어능력시험에서는 문법 자체의 의미를 묻는 문제보다 일상적인 커뮤니케이션 능력을 묻는 문제가 많이 출제되는 경향이 있다. 따라서 해당 급수의 필수 문법을 중심으로 공부하면서, 모든 단계에서 반복되는 수수표현, 경어표현 등의 기초 문법을 꼼꼼하게 복습해 두어야 한다.

1 수수표현

🔓 **접속 형태와 의미**

구분	사물의 수수	행위의 수수
주다 (나 → 남)	さしあげる 드리다 あげる 주다 やる 주다(아랫사람·동식물)	～てさしあげる ~해 드리다 ～てあげる ~해 주다 ～てやる ~해 주다(아랫사람·동식물)
주다 (남 → 나)	くださる 주시다 くれる 주다	～てくださる ~(해) 주시다 ～てくれる ~(해) 주다
받다 (나 ← 남)	いただく 받다의 겸양어 もらう 받다	～ていただく ~(해) 받다의 겸양어 ～てもらう ~(해) 받다

1. 사물의 수수표현

- このガムを半分、仲良しの友達に**あげた**。 이 껌을 절반, 친한 친구에게 주었다.

- もしよろしければ、一つ**さしあげましょうか**。 혹시 괜찮다면 하나 드릴까요?

- 彼女は、私の誕生日に花束を**くれた**。 그녀는 내 생일에 꽃다발을 주었다.

- 卒業式の日、先生は私たち一人一人に卒業証書を**くださった**。
  졸업식 날, 선생님은 우리 한 사람 한 사람에게 졸업장을 주셨다.

- お客さんからお土産にドーナツを**もらった**。 손님에게 선물로 도넛을 받았다.

- こんな素敵なものを**いただいても**いいんでしょうか。 이렇게 멋진 것을 받아도 괜찮을까요?

2. 행위의 수수표현

- 私は、犬を散歩に連れて行って**やった**。
  나는 개를 산책에 데리고 가 주었다.

- 彼は、クラスメートに自分の国のあいさつの仕方を紹介して**あげた**。
  그는 동급생에게 자기 나라의 인사법을 소개해 주었다.

- 彼女は、私に駅までの行き方を教え**てくれました**。
  그녀는 나에게 역까지 가는 방법을 가르쳐 주었다.

- どなたかが私の財布を拾って届け**てくださいました**。
  어느 분인가가 내 지갑을 주워서 전해 주셨습니다.

- 先生は、落ち込んでいる私たちを勇気づけ**てくださった**。
  선생님은 낙담해 있는 우리에게 용기를 주셨다.

- 息子は、先生にほめ**ていただいて**から急に明るくなったんです。
  아들은 선생님에게 칭찬받은 후로 갑자기 밝아졌습니다.

3. 수수표현 응용 ① : 의뢰와 요구

くれる くださる	~てください ~ないでください ~てくれませんか ~てくださいませんか	~해 주세요 ~하지 말아 주세요 ~해 주지 않겠습니까? ~해 주시지 않으시겠습니까?
もらう いただく	~てもらえませんか ~ていただけませんか	~해 주지 않겠습니까? ~해 주시지 않으시겠습니까?

- 田中さんに会議のこと伝え**てくれませんか**。
  다나카 씨에게 회의에 대해 전해 주지 않겠습니까?

- ちょっとこの作文をチェックし**てくださいませんか**。
  잠시 이 작문을 체크해 주시지 않으시겠습니까?

- 少し暑いですが、窓を開け**てもらえませんか**。
  조금 더운데요, 창문을 열어 주지 않겠습니까?

- 読みたい本がありますが、貸し**ていただけませんか**。
  읽고 싶은 책이 있습니다만, 빌려주시지 않으시겠습니까?

4. 수수표현 응용 ② : 허가와 승낙

くださる	～させてください ～させてくれませんか ～させてくださいませんか	～하게 해 주세요 ～하게 해 주지 않겠습니까? ～하게 해 주시지 않으시겠습니까?
いただく	～させてもらえませんか ～させていただけませんか	제가 ～해도 될까요? 제가 ～해도 될까요?

- 用事があるので、今日は早く帰らせてください。
  용건이 있으니 오늘은 빨리 돌아가게 해 주세요.

- 翻訳の仕事は私にさせてくれませんか。
  번역 일은 저에게 시켜 주지 않겠습니까?

- 今日のお昼ご飯は私に払わせてくださいませんか。
  오늘 점심은 제가 계산하게 해 주시지 않으시겠습니까?

- すみませんが、このパソコンを使わせてもらえませんか。
  죄송합니다만, 이 컴퓨터를 사용하게 해 주지 않겠습니까?

- 今日ちょっと具合が悪いので、休ませていただけませんか。
  오늘 좀 몸 상태가 나쁘니 쉬게 해 주시지 않으시겠습니까?

> ★ 상대에게 자신이 하고자 하는 일을 허락하도록 정중하게 부탁하는 표현
> - ～させてもらえませんか。
> - ～させていただけませんか。 ～하게 해주시겠습니까?

연습 괄호 안에 들어갈 표현으로 가장 적당한 것을 고르세요.

1 好きな人にチョコレートを(　　　)。
　1 あげました　　　　　　　　2 くれました
　3 やりました　　　　　　　　4 さしあげました

2 友だちが弟に本を(　　　)のでお礼を言いました。
　1 もらった　　2 あげた　　3 くれた　　4 やった

3 市役所がどこかわからなかったが親切な人に案内して(　　　)。
　1 くれた　　2 もらった　　3 あげた　　4 うけた

4 会員に登録する方はカードの一番上に名前を(　　　)。
　1 書いてあげます　　　　　　2 書いてくれます
　3 書いてもいいです　　　　　4 書いてください

5 営業部には外国語がよくできる人に(　　　)。
　1 来てあげたい　　　　　　　2 来てもらいたい
　3 来てやりたい　　　　　　　4 来てくれたい

6 あと５分だけ(　　　)。近くまで来ているそうだから。
　1 待ってもらいませんか　　　2 待ってもらえませんか
　3 待たせられませんか　　　　4 待たれませんか

7 申し訳ありませんが、あそこまで荷物を(　　　)。
　1 運んでさしあげませんか　　2 運んでくださいましたか
　3 運んでいただきましょうか　4 運んでいただけませんか

8 この仕事は経験が必要です。ぜひ私に(　　　)。
　1 やらせてください　　　　　2 やってください
　3 やられてください　　　　　4 やれてください

9 歩き続けて疲れたから少し(　　　)。

1　休んでやってもらえませんか　　　　2　休んでいただきませんか
3　休ませてもらえませんか　　　　　　4　休ませていただきませんか

10 ここをやめると仕事がありません。何とかこの会社で(　　　)。

1　働いてくださいませんか　　　　　　2　働いてもらえませんか
3　働かせてくださいませんか　　　　　4　働かさせられませんか

정답

1　1 좋아하는 사람에게 초코릿을 주었습니다.
2　3 친구가 남동생에게 책을 주었기 때문에 고맙다고 말했습니다.
3　2 시청이 어디인지 몰랐지만 친절한 사람이 안내해 주었다(친절한 사람으로부터 안내해 받았다).
4　4 회원으로 등록하실 분은 카드 맨 위에 이름을 써 주세요.
5　2 영업부에는 외국어를 잘하는 사람이 왔으면 좋겠다(와 주었으면 좋겠다).
6　2 5분만 더 기다려 주시겠습니까? 가까이 와 있다고 하니까.
7　4 죄송한데 저기까지 짐을 옮겨 주시지 않겠어요?
8　1 이 일은 경험이 필요합니다. 꼭 제가 하게 해 주세요.
9　3 계속 걸어서 지쳐 버렸는데 잠깐 쉬게 해 주지 않겠어요?
10　3 이 곳을 그만두면 일이 없어요. 어떻게든 이 회사에서 일을 하게 해 주시지 않겠습니까?

2 수동·사역·사역 수동

접속 형태와 의미

구분		수동	사역	사역 수동
형태		れる・られる ~당하다 ~되다, ~받다, ~지다	せる・させる ~시키다 ~하게 하다	せられる・させられる 억지로 ~하다 (어쩔 수 없이 ~하게 되다)
1그룹		부정형 + れる	부정형 + せる	부정형 + せられる 부정형 + される
2그룹		부정형 + られる	부정형 + させる	부정형 + させられる
3그룹	する	される	させる	させられる
	くる	こられる	こさせる	こさせられる

1. 수동형

- 彼に気づかれなかった。 그에게 들키지 않았다.

- 泥棒に財布を盗まれました。 도둑에게 지갑을 도둑맞았습니다.

- この城は江戸時代にたてられた。 이 성은 에도 시대에 세워졌다.

- 彼に要らないものまで持って来られた。 그가 (나에게) 필요 없는 것까지 가져왔다.

- 今日は運動会なのに雪に降られた。 오늘은 운동회인데 눈이 내렸다.

> **れる・られる의 기타 용법**
> 문장 속에 (ら)れる 형태가 등장한다고 해서 모두 수동표현은 아니므로 주의할 필요가 있다. (ら)れる 형태는 수동 외에도 존경, 자발 등 기타 용법들이 있으며 주어와 앞뒤 문맥을 잘 살펴보면 어떤 의미인지 바로 파악할 수 있을 것이다.

- **수동** '~당하다, ~되다' → 泥棒にダイヤを盗まれた。 도둑에게 다이아몬드를 도둑맞았다.

- **존경** '~하시다' → 社長は毎朝 6 時に起きられる。 사장님은 매일 아침 6시에 일어나신다.

- **자발** '~해지다' → 祖母の健康が案じられる。 할머니의 건강이 걱정된다.

2. 사역형

- 母親は子どもに風邪薬を**飲ませた**。 어머니는 아이에게 감기약을 먹였다.
- 上司は部下に企画書の提出を**急がせた**。 상사는 부하에게 기획서 제출을 재촉했다.
- 先週末、酔っ払った友達を家に**泊まらせた**。 지난 주말, 술 취한 친구를 집에 묵게 했다.
- 彼女の優しさが彼を**立ち直らせた**。 그녀의 자상함이 그를 다시 일어서게 했다.

> ⭐ **사역형 응용표현**
> - 課長、具合が悪いので今日は**休ませてください**。 과장님, 몸 상태가 안 좋으니, 오늘은 쉬게 해 주세요.
> - その会議、私も参加**させていただけませんか**。 그 회의, 저도 참가하게 해 주시겠습니까?
> - 私にも何か**手伝わせて**。 내게도 뭔가 돕게 해 줘.

3. 사역 수동형

- 駅前で彼に1時間も**待たせられた**(**待たされた**)。 역 앞에서 (어쩔 수 없이) 그를 한 시간이나 기다렸다.
- 毎日残業**させられて**疲れてしまった。 매일 (부득이하게) 야근을 해서 지쳐 버렸다.
- 先輩の仕事を**手伝わされた**。 선배의 일을 (어쩔 수 없이) 도왔다.

> ⭐ **사역 수동의 기타 표현** : 타인에 의해 유발된 감정을 나타낼 때에도 사역 수동형을 사용한다.
> - 子どもの素直さに感動**させられた**。 아이의 순수함에 감동 받았다.
> - あの店の対応にはがっかり**させられた**。 그 가게의 대응에는 실망했다.
> - 息子にはいつも心配**させられる**。 아들은 항상 (나를) 걱정시킨다.

연습 괄호 안에 들어갈 표현으로 가장 적당한 것을 고르세요.

1 先生に名前を(　　　)のに全然わからなかった。
   1 呼んでた　　2 呼ばれた　　3 呼ばせた　　4 呼ばない

2 この家は今から100年前に(　　　)そうです。
   1 建てられた　　　　　2 建ちそうだった
   3 建つはずだ　　　　　4 建つところだ

3 この国は内陸は資源に(　　　)いて、古くから工業が発達した。
   1 めぐんで　　2 めぐませて　　3 めぐまれて　　4 めぐみて

4 この前買ったお菓子はみなに(　　　)から、また買って帰ろう。
   1 喜んだ　　　　　　　2 喜ぶ
   3 喜ばせた　　　　　　4 喜ばれた

5 かさを持っていなかったから雨に(　　　)服がぬれてしまった。
   1 降られて　　2 降り続いて　　3 降らせて　　4 降りかけて

6 朝、イヌに散歩を(　　　)父の役割だ。
   1 しているのは　　2 させるのは　　3 したのは　　4 されるのは

7 去年まで母が子どもに服を着せてやりましたが、今年からは一人で(　　　)。
   1 着らせます　　2 着せます　　3 着されます　　4 着させます

8 学校に遅刻した生徒は放課後、先生にそうじを(　　　)。
   1 される　　2 させられる　　3 させる　　4 されられる

9 アクション映画はハラハラ(　　　)けれど見た後は気分がいい。
   1 している　　2 されている　　3 させている　　4 させられる

10 あの子にはいつも感心(　　　)が、まだ高校生になったばかりだ。

1 されている　　2 させている　　3 されられる　　4 させられる

정답		
	1	2 선생님에게 이름을 불렸는데도 전혀 몰랐다.
	2	1 이 집은 지금부터 100년 전에 세워졌다고 합니다.
	3	3 이 나라는 내륙은 자원의 혜택을 받아서 오래 전부터 공업이 발달됐다.
	4	4 지난번에 산 과자는 다들 좋아했으니 다시 사 가자.
	5	1 우산을 가져가지 않아서 비를 맞고 옷이 젖어 버렸다.
	6	2 아침에 강아지에게 산책을 시키는 것은 아버지의 역할이다.
	7	4 작년까지는 어머니가 아이에게 옷을 입혔지만 올해부터 혼자서 입게 합니다.
	8	2 학교에 지각한 학생은 방과 후 선생님이 청소를 시킨다.
	9	4 액션 영화는 가슴이 조마조마해 지지만 보고 난 후에는 기분이 좋다.
	10	4 저 아이에게는 늘 감탄하게 되는데 아직 고등학생이 된 지 얼마 안 되었다.

경어표현

문법 기본기 갖추기 ▲

학습 포인트

경어는 일본어능력시험에 매회 출제되고 있으며 문법 영역뿐만 아니라 다른 영역에서도 출제 빈도가 높다. 공부를 할 때는 존경어·겸양어의 개념을 잘 이해하고, 특수 존경어나 특수 겸양어처럼 단어 차제가 변하는 존경어·겸양어와 공식을 사용한 존경어·겸양어 표현이 있으니 꼼꼼하게 확인하며 외우도록 하자.

1 특수 존경어

001 **いらっしゃる** 行く(가다)·来る(오다)·いる(있다)의 존경어

예문 社長が**いらっしゃいました**。 사장님이 오셨습니다.

002 **おっしゃる** 言う(말하다)의 존경어

예문 先生はこのように**おっしゃいました**。 선생님은 이렇게 말씀하셨습니다.

003 **なさる** する(하다)의 존경어

예문 先生は大学院で何を研究**なさいました**か。 선생님은 대학원에서 무엇을 연구하셨습니까?

004 **召す** 着る(입다)·食べる(먹다)·飲む(마시다)·気に入る(마음에 들다)의 존경어
(의미에 따라 형태가 달라짐)

예문 新しい服を準備しましたから一度お**召し**になってください。
새 옷을 준비했으니 한번 입어 주시기 바랍니다.

ここがお気に召しましたらいつでもおいでください。
여기가 마음에 드셨다면 언제든지 와 주세요.

お口に合うかどうか分かりませんが、召し上がってみてください。
입맛에 맞을지 어떨지 모르겠습니다만 드셔 보세요.

★「お召し上がりください」는 이중 경어로 문법적으로는 잘못된 표현이지만 일상회화에서는 많이 사용한다.

005　見える　来る(오다)의 존경어

예문　お客様が見えました。 손님이 오셨습니다.

★「お見えになる」는 이중 경어로 문법적으로는 잘못된 표현이지만 일상회화에서는 많이 사용한다.

006　お越しになる　来る(오다)의 존경어

예문　会長がお越しになりました。 회장님께서 오셨습니다.

007　おいでになる　行く(가다)・来る(오다)・いる(있다)의 존경어

예문　山田様がおいでになっています。 야마다 님이 오셨습니다.

008　ご存じだ　知っている(알다)의 존경어

예문　雰囲気のいいレストランをご存じですか。
분위기 좋은 레스토랑을 아십니까?

2 공식을 사용한 존경표현

009 お(ご)〜になる

[예문] **おかけになった**番号は、現在使われておりません。
지금 거신 번호는 현재 사용하고 있지 않습니다.

この電車には、**ご乗車になれません**のでご注意ください。
이 전철에는 승차하실 수 없으니 주의해 주십시오.

こちらのコート、一度**お召しになって**みてください。 이 코트, 한번 입어봐 주세요.

★ 예외:「見る → ご覧になる」,「行く・来る・いる → おいでになる」
「寝る → お休みになる」,「着る → お召しになる」

010 〜(ら)れる

[예문] 山田様は、明日の集まりに**来られますか**。 야마다 님은 내일 모임에 오십니까?

社長は、いつも電車で通勤**されます**。 사장님은 늘 전철로 통근하십니다.

011 お(ご)〜なさる

[예문] そんなに**ご心配なさらなくても**大丈夫ですよ。
그렇게 걱정하지 않으셔도 괜찮습니다.

012 お(ご)〜くださる

[예문] **ご連絡くださいまして**、ありがとうございます。 연락 주셔서 감사합니다.

ご了承くださる(くださいます)よう、お願い申し上げます。 양해해 주시길 부탁드리겠습니다.

013 お(ご)~ください

예문 商品が届きましたら、こちらにお振り込みください。 상품이 도착하면 이쪽으로 입금해 주세요.

3 특수 겸양어

014 伺う　訪れる(방문하다)・尋ねる(묻다)・聞く(듣다)의 겸양어

예문 明日の午前中に伺いたいのですが。 내일 오전 중에 찾아 뵙고 싶은데요.
★「お伺いする」는 이중 경어로 문법적으로는 틀리지만 일상회화에서는 많이 사용한다.

015 申し上げる　言う(말하다)의 겸양어

예문 これから、本日の予定を申し上げます。
지금부터 오늘 예정을 말씀드리겠습니다.

016 存じる　思う(생각하다)의 겸양어

예문 当レストランにて楽しい時間をお過ごしいただければと存じます。
본 레스토랑에서 즐거운 시간을 보내주셨으면 합니다.

017 存じている(일・물건) / 存じ上げている(사람)　知っている(알고 있다)의 겸양어

예문 その件については、私も存じています(存じております)。
그 건에 대해서는 저도 알고 있습니다.

山田先生なら私も**存じ上げています**(存じ上げております)。
야마다 선생님이라면 저도 알고 있습니다.

018　差し上げる　あげる(주다)의 겸양어

[예문] こちらの商品をお求めのお客様には、プレゼントを**差し上げて**おります。
이 상품을 구매하시는 고객님께는 선물을 드리고 있습니다.

019　いただく　もらう(받다)의 겸양어

[예문] これは、親戚のおばさんから**いただいた**ものです。
이건 친척 아주머니께 받은 것입니다.

020　お目にかかる　会う(만나다)의 겸양어

[예문] 山田さんには以前**お目にかかった**ことがありますが、とても素敵な方でしたよ。
야마다 씨는 전에 뵌 적이 있습니다만 아주 멋진 분이었어요.

021　拝見する　見る(보다)의 겸양어

[예문] 佐藤さんのブログ、いつも**拝見して**います。 사토 씨의 블로그, 항상 잘 보고 있습니다.

022　拝借する　借りる(빌리다)의 겸양어

[예문] こちらの本、少々**拝借しても**よろしいでしょうか。
이 책 잠시 빌려도 되겠습니까?

023 　承る　聞く(듣다) · 伝え聞く(전해 듣다) · 受ける(받다) · 引き受ける(맡다)의 겸양어

1. 「聞く 듣다」의 겸양어

[예문] ご意見やご質問は、お客様相談窓口にて **承って**おります。
의견이나 질문은 고객 상담 창구에서 받고 있습니다.

2. 「伝え聞く 전해 듣다」의 겸양어

[예문] 鈴木様より本日は開始時間が30分ほど遅れる予定と **承って**おります。
스즈키 님께 오늘은 개시 시간이 30분 정도 늦어질 예정이라고 들었습니다.

3. 「受ける 받다」의 겸양어

[예문] ご注文を **承り**ます。 주문을 받겠습니다.

4. 「引き受ける 맡다」의 겸양어

[예문] この件につきましては、入院中の田中に代わって私が **承って**おります。
이 건에 대해서는 입원 중인 다나카를 대신하여 제가 맡고 있습니다.

024 　頂戴する　もらう(받다)의 겸양어

[예문] お客様よりたくさんのご意見を **頂戴して**います。
고객님께 많은 의견을 받았습니다.

025 　いたす　する(하다)의 겸양어

[예문] またこちらからお電話 **いたします**。 이쪽에서 다시 전화드리겠습니다.

026 　かしこまる　分かる(알다)의 겸양어

[예문] お持ち帰りで、ハンバーガーセットを三つですね。 **かしこまりました**。
테이크 아웃으로, 햄버거 세트 세 개네요. 알겠습니다.

027	**参る**　来る(오다)・行く(가다)의 겸양어

예문　はい、ただ今**参ります**。　네, 지금 가겠습니다.

028	**恐れ入る**　황송해하다, 송구스러워하다

예문　ご心配いただき、**恐れ入ります**。
염려해 주셔서 송구스럽습니다.

4 공식을 사용한 겸양표현

029	**お(ご)〜する**

예문　明日、先生に**お会いしたい**のですが。
내일 선생님을 뵙고 싶습니다만.

030	**お(ご)〜申し上げる**

예문　では、本日の午後に**お届け申し上げます**。
그럼 오늘 오후에 배달해 드리겠습니다.

031	**お(ご)〜いただく**

예문　ご意見を**お聞かせいただきたい**のですが。
의견을 듣고 싶습니다만.

032 〜ていただく

예문 企画書に目を通し**ていただけた**でしょうか。
기획서를 훑어봐 주셨는지요?

033 〜させていただく

예문 それでは、発表**させていただきます**。
그럼 발표하겠습니다.

今日はこれで、失礼**させていただきます**。
오늘은 이것으로 실례하겠습니다.

> **연습** 괄호 안에 들어갈 표현으로 가장 적당한 것을 고르세요.

1 会長は今、会長室に(　　　)が午後からはお出かけになります。
　1 ございます　　　　　　　　2 いられます
　3 います　　　　　　　　　　4 いらっしゃいます

2 お客様が(　　　)ことを今後に生かしていくのが店の方針です。
　1 申す　　　　　　　　　　　2 いらっしゃる
　3 うけたまわる　　　　　　　4 おっしゃる

3 タクシーも道が混むかもしれないし、電車で行っても駅から遠いし、どう(　　　)。
　1 まいりますか　　　　　　　2 お越ししますか
　3 なさいますか　　　　　　　4 くださいますか

4 夏は暑いからゆかたを(　　　)ください。
　1 お召しになって　　　　　　2 着られて
　3 召し上がって　　　　　　　4 お着になって

5 山田さんはもう(　　　)が田中さんは少し遅れるそうです。
　1 ご覧です　　　　　　　　　2 見ています
　3 拝見しています　　　　　　4 お見えです

6 午後は予約がいっぱいですから、明日、午前中に(　　　)。
　1 お見えください　　　　　　2 お申しください
　3 お召しください　　　　　　4 お越しください

7 テレビはあまり近くで(　　　)目に悪いし疲れます。
　1 ご覧になると　　　　　　　2 拝見すると
　3 存じますと　　　　　　　　4 お見されると

8 私も長く東京にいましたが東京のどこから(　　　)。

1 おいでますか　　　　　　　2 おいでしますか
3 おいでですか　　　　　　　4 おいでされますか

9 祖父が(　　　)時計は今でも大事に持っています。

1 いただいた　　　　　　　　2 もらいになった
3 くださった　　　　　　　　4 さしあげた

10 みなさんがよく(　　　)地球の70％以上は水でおおわれています。

1 ご存じのように　　　　　　2 お知りのように
3 おわかりのように　　　　　4 おできのように

정답

1　4 회장님은 지금 회장실에 계시지만 오후부터는 외출하십니다.
2　4 고객님이 말씀하시는 것을 향후에 잘 활용해 나가는 것이 가게의 방침입니다.
3　3 택시도 길이 막힐지 모르고 전철로 가도 역에서 멀고, 어떻게 하시겠습니까?
4　1 여름에는 더우니까 유카타를 입으세요.
5　4 야마다 씨는 이미 오셨습니다만 다나카 씨는 좀 늦으실 거라고 합니다.
6　4 오후에는 예약이 가득 찼으므로 내일 오전 중에 와 주세요.
7　1 텔레비전은 너무 가까이서 보시면 눈에 나쁘고 피로해집니다.
8　3 저도 오랫동안 도쿄에 있었는데 도쿄 어디에서 오셨습니까?
9　3 할아버지가 주신 시계는 지금도 소중하게 가지고 있습니다.
10　1 여러분이 잘 아시다시피 지구의 70% 이상은 물로 덮여 있습니다.

연습 괄호 안에 들어갈 표현으로 가장 적당한 것을 고르세요.

1 申込はここですると(　　　)が必要な書類は何でしょうか。
　1　聞かれました　　　　　　　　2　うかがいました
　3　お聞かせしました　　　　　　4　たずねました

2 はじめまして。私は山田明と(　　　)。
　1　言っています　　　　　　　　2　話します
　3　呼びます　　　　　　　　　　4　申します

3 これは大切な問題ですので少し時間をかけて考えたいと(　　　)。
　1　言われています　　　　　　　2　存じます
　3　承知します　　　　　　　　　4　かしこまります

4 すみませんが、このパンフレットは(　　　)よろしいですか。
　1　ちょうだいしても　　　　　　2　くださっても
　3　おいででも　　　　　　　　　4　うけたまわっても

5 先ほど(　　　)名刺に私個人のケータイの番号もあります。
　1　お受けになった　　　　　　　2　いただかれた
　3　さしあげた　　　　　　　　　4　お渡しになった

6 今度の同窓会で先生に(　　　)のを楽しみにしています。
　1　お会いになる　　　　　　　　2　ご覧になる
　3　お目にかかる　　　　　　　　4　お見かけする

7 ご予約は(　　　)のでどうぞお気をつけてお越しください。
　1　うけたまわりました　　　　　2　おうかがいいたします
　3　かしこまりました　　　　　　4　ごしょうちなさいます

8 この件についての連絡は私のほうから（　　　　）のでしばらくお待ちください。

1　いただきます　　　　　　　　2　ちょうだいします
3　まいります　　　　　　　　　4　いたします

9 25日の午後7時、3名様ですね。（　　　　）。

1　いただきました　　　　　　　2　くださいました
3　かしこまりました　　　　　　4　しょうちされました

10 係の者がこちらに(　　　　)のでご不明の点をお伝えください。

1　お越しします　　　　　　　　2　おいでになります
3　まいります　　　　　　　　　4　来られます

정답

1　2　신청은 여기서 한다고 들었는데 필요한 서류가 무엇인가요?
2　4　처음 뵙겠습니다. 저는 야마다 아키라라고 합니다.
3　2　이것은 중요한 문제이기 때문에 조금 시간을 들여서 생각해 보고자 합니다.
4　1　죄송하지만 이 팸플릿은 받아 가도 되겠습니까?
5　3　아까 드린 명함에 제 개인 휴대폰 번호도 있습니다.
6　3　이번 동창회에서 선생님을 만나 뵙는 것을 기대하고 있습니다.
7　1　예약은 잘 접수되었으니 부디 조심해서 오세요.
8　4　이 건에 관한 연락은 제 쪽에서 드릴 테니 잠시만 기다려 주십시오.
9　3　25일 오후 7시, 세 분이시네요. 잘 알겠습니다.
10　3　담당자가 이리로 올 테니 궁금한 점을 말씀해 주십시오.

1 問題7 문법형식 판단

문제 유형

문법형식 판단에서는 괄호 안에 들어갈 문법 기능어를 묻는 문제가 출제된다. 최근 출제 경향을 보면 단순한 문법 사항보다 문형과 문장 구조를 묻는 문제가 많이 나오고 있으므로 문법을 단어처럼 단순 암기하기보다는 문형과 문장 구조를 알 수 있는 좋은 예문을 통해 문장을 이해하는 연습을 하도록 하자.

> **예시**
>
> 問題7 次の文の(　　)に入れるのに最もよいものを、1・2・3・4から一つ選びなさい。
>
> ダイエットをしているが、ケーキが食べたくて(　　)。
> 1 ほしい　　　　　　　　　2 しかたがない
> 3 はいけない　　　　　　　4 なりかねない
>
> | 33 | ① | ● | ③ | ④ |

문제 풀이 포인트

선택지에는 비슷한 뜻의 문법이 나열되어 있으므로 혼동하기 쉽다. 문제를 먼저 읽고 괄호 안에 들어갈 내용을 유추한 뒤, 선택지를 보고 알맞은 답을 고르는 것이 좋다. 예시 문제를 통해 확인해 보자.

문제를 먼저!

'다이어트를 하고 있다', '케이크가 먹고 싶어서 ~'라는 두 개의 문장이 역접 조사「が」로 연결되어 있다. 따라서 '다이어트를 하고 있지만, 케이크가 너무 먹고 싶다'는 맥락이 되어야 한다.

선택지에서 답을 고른다!

4개의 선택지 중 て형에 접속하는 문법은 1, 2, 3번이며, 의미가 자연스럽게 연결되는 것은 2번의「しかたがない 너무 ~해서 견딜 수가 없다」이다. 따라서 정답은 선택지 2번이다.

問題 7 문법형식 판단 연습문제 ①

問題 7 次の文の( )に入れるのに最もよいものを、1・2・3・4から一つ選びなさい。

1 会社では新入社員の特性( )所属する部署を決めている。
　1　に対して　　　2　に応じて　　　3　に反して　　　4　に関して

2 この小説の主人公は純粋で( )ながらも目的のためには何でも利用する強い意志の持ち主だ。
　1　し　　　　　　2　見え　　　　　3　あり　　　　　4　生き

3 テストの点数が悪かったのは必ずしも問題が難しかった( )、単純なミスが多かったからだ。
　1　ことから　　　2　ことだし　　　3　どころではなく　4　わけではなく

4 時間をかけて充分に話し合った( )お互いに納得することができた。
　1　すえに　　　　2　さいに　　　　3　とたん　　　　4　てまえ

5 もう8時だから、帰りに買い物をしたとしても今ごろはもう家に( )。
　1　帰るだろう　　　　　　　　　　2　帰るはずだっただろう
　3　帰っているだろう　　　　　　　4　帰っていただろう

6 A「さっきから外がうるさいね。何かあるのかな」
　B「今日は7月の第2日曜日だし、( )お祭りをやっているみたいだね。」
　1　どうか　　　　2　どうも　　　　3　どうしたのか　　4　どうしても

7 1月10日に新春市民マラソン大会を行います。15歳以上なら男女( )参加できます。
　1　を問わず　　　2　に限って　　　3　を通じて　　　4　に代わって

8 俳優に( )日本中に知られるようになり、長い間会えなかった人にも連絡ができました。
　1　なるたびに　　2　なるとしたら　3　なったおかげで　4　なった手前

9 最近はスマホが広く使われていて、家( )電話がないところもある。
　1　に関しては　　2　に対しては　　3　にとっては　　4　によっては

問題 7 문법형식 판단 연습문제 ②

問題 7　次の文の(　　)に入れるのに最もよいものを、1・2・3・4から一つ選びなさい。

1　案内所の人が言う(　　)道を歩いてきたのに、探している店は見つからなかった。
　　1　とおりに　　　　2　とともに　　　　3　ばかりに　　　　4　つもりで

2　先輩「この間、入ったばかりの人が急にやめてしまって困っているんだ。」
　　後輩「もしよかったら私に(　　)いただけませんか。その仕事前からやりたかったんです。」
　　1　手伝って　　　　2　手伝えて　　　　3　手伝われて　　　4　手伝わせて

3　新入社員はこれから2週間(　　)基礎教育を受けた後、各部署に配属されます。
　　1　にかけて　　　　2　にわたって　　　3　を通じて　　　　4　を始めとして

4　本日は特別講演としまして海外で20年以上活動を続けている今井博士に(　　)予定です。
　　1　お迎えになる　　2　おいでになる　　3　お招きいただく　4　お越しいただく

5　はっきりした時間はわかりませんが、空港に(　　)電話をくれることになっています。
　　1　着かないうちに　2　着き次第　　　　3　着いた末に　　　4　着いたおりに

6　映画の最後に主人公が「無事に任務を果たして(　　)」と言って倒れた時、皆が涙を流した。
　　1　ぞんじました　　2　おりました　　　3　さしあげました　4　まいりました

7　故郷の両親になかなか会えないので1日(　　)電話しています。
　　1　たびに　　　　　2　ずつに　　　　　3　おきに　　　　　4　すぎに

8　かぜをひいて学校を休んだ時、わざわざ家にノートを持って(　　)友だちに感謝したい。
　　1　きてくれた　　　2　きてもらった　　3　きさえした　　　4　きてといわれた

9　図書館の利用は自由ですが、貸出を受けるときは登録を(　　)本を借りることはできません。
　　1　してからでないと　　　　　　　　　2　してはじめて
　　3　したからといって　　　　　　　　　4　したことによって

問題 7 문법형식 판단 연습문제 ③

問題 7 次の文の( )に入れるのに最もよいものを、1・2・3・4から一つ選びなさい。

1 この店には有名人もよく来るというのを友だちに聞いて、冗談（ ）に思っていたが本当に来て驚いた。
   1 ふくみ　　2 範囲　　3 続き　　4 くらい

2 娘は捨てられた子ネコが（ ）という目でじっと見ていた。
   1 気の毒に違いない　　　　2 気の毒でならない
   3 気の毒に決まっている　　4 気の毒どころではない

3 毎日アメリカのテレビドラマを（ ）英語の聞き取りがずいぶんできるようになった。
   1 見ているうちに　2 見てきたように　3 見ようとすれば　4 見るとしたら

4 お知らせします。午後の試験が（ ）始まりますので受験生は教室に入ってください。
   1 たちまち　　2 まもなく　　3 やがて　　4 ちょうど

5 これまで二人を温かく見守ってくださった皆様に心からお礼（ ）。
   1 申し上げます　　　　2 頂戴します
   3 お願いいたします　　4 差し上げます

6 日本でも活躍する歌手が世界に進出するようになってからその人気はますます高まる（ ）。
   1 かぎりだ　　2 ようすだ　　3 一方だ　　4 連続だ

7 突然のことで混乱して、（ ）なんだかわからなくなってしまった。
   1 なにを　　2 なにが　　3 なにも　　4 なんの

8 お祝いを送ってくれた人には、あと（ ）きちんとお礼をした方がいい。
   1 だけは　　2 までには　　3 でよりは　　4 からでも

9 チームは地元の市民たちの応援に（ ）とうとう決勝にまで進出することになった。
   1 よろこんで　　2 もとづいて　　3 こたえて　　4 はたして

問題 7 문법형식 판단 연습문제 ④

해설편 75p

問題 7 次の文の( )に入れるのに最もよいものを、1・2・3・4から一つ選びなさい。

1 来週末まで、水道管の工事中( )、この道路は通行禁止となります。
　1　につき　　　　2　につれ　　　　3　にわたり　　　　4　にしたがい

2 上司の冗談がおもしろくなかったら( )笑わなくてもいいでしょう。
　1　まさか　　　　2　さらに　　　　3　なにも　　　　4　いわば

3 向こうがそんな無理な要求をするなら、今後の取引はやめる( )。
　1　かぎりではない　2　しかない　　　3　おそれがある　　4　いっぽうだ

4 この店でコーヒーを飲む時は、いつも店の横に自転車を( )
　1　おかれてくれていた　　　　　　2　おかれていた
　3　おかせてやってきた　　　　　　4　おかせてもらってきた

5 コーヒーの味を感じるためには砂糖を( )、いつもの半分ぐらいにすることを勧めます。
　1　入れすぎずに　　　　　　　　　2　入れるものなら
　3　入れすぎるにしても　　　　　　4　入れるくらいなら

6 動物園の入口が見えた( )、子供たちは駆け出した。
　1　うちに　　　　2　とたん　　　　3　すきに　　　　4　あいだ

7 人間が( )100mを10秒で走るとしたら、時速40kmで走る車とほとんど同じスピードだ。
　1　まして　　　　2　かりに　　　　3　わずか　　　　4　かつて

8 学齢人口が減って入学が楽になると思ったが、競争はむしろ( )ばかりだった。
　1　厳しさ　　　　2　厳しくする　　3　厳しい　　　　4　厳しくなる

9 最初は話すのが恥ずかしかったが、アルバイトを続けている( )お客さんとも親しくなった。
　1　うちに　　　　2　ときに　　　　3　おりに　　　　4　ついでに

問題 8 문장 만들기

📘 문제 유형

선택지에 주어진 네 개의 단어를 올바른 순서로 나열하여 문장을 완성시키고 ___★___ 에 들어가는 단어를 찾는 문제이다. ___★___ 의 위치는 보통 세 번째에 있지만 그렇지 않은 경우도 있으므로 주의해야 한다.

> **예시**
>
> 問題 8　次の文の　___★___　に入る最もよいものを、1・2・3・4から一つ選びなさい。
>
> 45　運動もしないで _____ _____ ___★___ _____ 太ってしまいますよ。
>   1 ばかり　　　　2 そんなに　　　3 いると　　　4 食べて
>
> | 45 | ● | ② | ③ | ④ |

📘 문제 풀이 포인트

문법이 연결되는 부분을 찾아라!
선택지 중에 다른 선택지와 연결해서 하나의 문형이 되는 것을 찾아 먼저 연결해야 한다. 특히 조사는 문형 맨 앞이나 뒤에 오는 경우가 많으니 조사의 위치에 주의해야 한다.

선택지 단어를 먼저!
먼저 선택지 단어만으로 하나의 문장을 만들어 보자. 4개의 단어를 맥락에 맞게 나열하다 보면, 의미가 연결되지 않는 단어가 있을 것이다. 그 단어를 맨 앞 또는 맨 뒤 밑줄에 넣고 나열하면 맥락에 맞는 문장이 완성되는 경우가 많다. 예시 문제를 통해 확인해 보자.

선택지 단어 중 4번과 1번은 「동사 て형+ばかり ~하기만 한다」라는 의미의 문형이므로 한 묶음이 된다. 나머지 2번과 3번을 의미가 연결되도록 나열하면 「そんなに食べてばかりいると 그렇게 먹기만 하면 (2→4→1→3)」이 되므로 정답은 1번이다.

問題 8 문장 만들기 연습문제 ①

問題 8　次の文の ★ に入る最もよいものを、1・2・3・4から一つ選びなさい。

1　A「ドラマ『春の海』はどうなった？」
　　B「主人公がミナに会いに＿＿＿　＿＿＿　★　＿＿＿だったけど、次が楽しみだね。」
　　1　ところ　　　　2　まで　　　　3　という　　　　4　家を出る

2　親が子供にいい大学を勧めるのは＿＿＿　＿＿＿　★　＿＿＿でしょう。
　　1　と　　　　2　苦労させたくない　　　　3　からこそ　　　　4　思う

3　一人で暮らす高齢者が問題になっている。ただ実際は子供の＿＿＿　＿＿＿　★　＿＿＿事実だ。
　　1　多いのも　　　　2　人が　　　　3　なんていう　　　　4　世話になりたくない

4　「病は気から」＿＿＿　★　＿＿＿　＿＿＿だ。いつも明るい心を持ち続けよう。
　　1　よく言った　　　　2　とは　　　　3　昔の人は　　　　4　もの

5　ここに住む人達が何を望んでいるか＿＿＿　＿＿＿　★　＿＿＿市がすべきことがわかる。
　　1　初めて　　　　2　本当の声を　　　　3　聞いて　　　　4　住民の

6　人気のある舞台だったので＿＿＿　＿＿＿　★　＿＿＿のに結局見られずに終わってしまった。
　　1　しておけば　　　　2　ゆっくり　　　　3　予約さえ　　　　4　見ることができた

7　客　「あさって5時に予約した山田ですが、都合が悪くなって＿＿＿　＿＿＿　★　＿＿＿無理ですか。」
　　店員「あさっての7時…。はい、だいじょうぶですよ。じゃあ、お待ちしています。」
　　1　変えてもらえれば　　　　2　できたら　　　　3　行けるんですが　　　　4　7時からに

8　今日の会議は8人出席予定だからお茶やお菓子＿＿＿　＿＿＿　★　＿＿＿だいじょうぶでしょう。
　　1　あれば　　　　2　も　　　　3　は　　　　4　10人分

問題 8 문장 만들기 연습문제 ②

해설편 80p

問題 8 次の文の ★ に入る最もよいものを、1・2・3・4から一つ選びなさい。

[1] ここから＿＿＿ ＿＿＿ ★ ＿＿＿先に食事をしてから行くことにしましょう。
　1 充分あるから　　　　　　2 バスで行くか電車で行くか
　3 いずれにしても　　　　　4 時間は

[2] 仕事で人に会った時＿＿＿ ＿＿＿ ★ ＿＿＿ことがある。
　1 その人の名前を　2 数日前に会った　3 覚えていない　4 はずなのに

[3] 「日本料理まつり」では＿＿＿ ＿＿＿ ★ ＿＿＿ラーメンなど人気のメニューも多い。
　1 をはじめとする　2 有名な伝統料理　3 に加えて　4 天ぷらや寿司

[4] 選手たちはスタート地点にならんで＿＿＿ ＿＿＿ ★ ＿＿＿のを待っていた。
　1 合図が鳴る　2 飛び出しそうなほど　3 今すぐにでも　4 緊張しながら

[5] 外国文学を翻訳＿＿＿ ＿＿＿ ★ ＿＿＿点は、言葉の背景になる環境の違いを伝えることだ。
　1 すべき　　　2 配慮　　　3 する　　　4 上で

[6] A「1週間ぐらい休みをとろうと思ってるんだ。最近仕事が忙しくて家でもよく寝られないし。」
　B「それがいいよ。疲れていると＿＿＿ ＿＿＿ ★ ＿＿＿思うよ。」
　1 んだったら　2 ことはないと　3 感じる　4 無理する

[7] テレビで見るマラソン選手の＿＿＿ ＿＿＿ ★ ＿＿＿自分にはできっこない。
　1 走り続けるなんて　2 休まず　3 ように　4 その間を一度も

[8] A「今度、ヨーロッパを一人旅するんですって？」
　B「ええ。＿＿＿ ★ ＿＿＿ ＿＿＿のことなんですが。」
　1 ヨーロッパにいる　2 友人を　3 とはいっても　4 頼って

問題 8 문장 만들기 연습문제 ③

問題 8 次の文の ★ に入る最もよいものを、1・2・3・4から一つ選びなさい。

1 どうしても＿＿＿ ＿＿＿ ★ ＿＿＿けれど、点が入った時は本当にうれしかった。
   1 サッカーの試合だった　2 出ることになった　3 といわれて　4 人が足りない

2 スマートフォンであちこちのサイトを＿＿＿ ＿＿＿ ★ ＿＿＿多いそうだ。
   1 のぞいている人たちは　　　　　2 情報に対して受動的で
   3 自分の考えを持たない人が　　　4 暇さえあれば

3 今年も多くの観光客が訪れた。この祭りは＿＿＿ ＿＿＿ ★ ＿＿＿100年以上続いている。
   1 として　　　2 に欠かせない　　　3 年末　　　4 行事

4 昨日先生が朝5分早く起きる＿＿＿ ＿＿＿ ★ ＿＿＿言ったが、その5分が難しい。
   1 遅刻が減る　　2 ようにする　　3 ようになると　　4 ことで

5 日本で 観光客が＿＿＿ ＿＿＿ ★ ＿＿＿所が有名だが、最近は地方に出かける人も多い。
   1 東京や京都といった　　2 普通は　　3 観光地というと　　4 多く訪れる

6 子供のころ一緒に育った友人と話しながらあの頃は＿＿＿ ＿＿＿ ★ ＿＿＿ことを思い出した。
   1 時期だった　　2 遊びまわる　　3 いつも二人で　　4 毎日を過ごした

7 被害にあった人の経験を＿＿＿ ＿＿＿ ★ ＿＿＿さらに被害を大きくしてしまうこともある。
   1 防げないだけでなく　　2 生かさないと　　3 被害も　　4 防げるはずの

8 長い時間車に乗るのが苦手な私が＿＿＿ ＿＿＿ ★ ＿＿＿だと思います。
   1 バスに乗ったから　　　　2 薬を飲んでから
   3 吐かないで済んだのは　　4 乗る前に買っておいた

3: 問題 9 글의 문법

문제 유형

글을 읽으면서 맥락에 맞는 어휘를 빈칸에 넣는 문제이다. 접속사와 문말표현, 지시어 등을 고르는 문제가 주로 나오며, 문법 기능어가 아니더라도 글의 흐름 속에서 중요한 역할을 하는 표현을 고르는 문제가 출제된다.

예시

問題 9 次の文章を読んで、文章全体の内容を考えて、 50 から 54 の中に入る最もよいものを、1・2・3・4から一つ選びなさい。

> 人の話をもっと上手に聞けるようにしたいと思ったことは、あるだろうか？ 50 、あなたは少数派に属する。たいていの人は、もっと上手に話せるようにしたいと思うことはあるにしても、もっと上手に聞けるようにしたいと思うことは、あまりない。そんなことは思いもよらないという人だって 51 。

50 　1　もしあるとしても　　　　　2　もしあるとしたら
　　　3　あってもなくても　　　　　4　もしないとすれば

| 50 | ① | ● | ③ | ④ |

문제 풀이 포인트

논리의 방향을 이해하자!

빈칸에 들어갈 표현을 찾기 위해서는 글의 흐름과 논리의 방향(순접인지, 역접인지, 긍정인지, 부정인지, 부연 설명인지 등)을 이해해야 한다. 예시 문제를 통해 확인해 보자.

50 앞에서 필자는 '남의 이야기를 더 잘 듣고 싶다고 생각한 적이 있는가(あるだろうか)?'라고 묻는다. 이는 질문이 아닌 '필자의 생각'이 나타난 부분으로 앞으로 필자가 하고자 하는 말이 '남의 이야기를 더 잘 듣는' 방향의 내용으로 이어짐을 암시하는 문말표현이다. 따라서 빈칸에는 2번의 「もしあるとしたら 만약 있다고 한다면」이 들어가야 한다.

問題 9 글의 문법 연습문제 ①

問題 9 次の文章を読んで、文章全体の内容を考えて、 1 から 5 の中に入る最もよいものを、1・2・3・4から一つ選びなさい。

　われわれの立場 1 、アメリカをふくめて西洋の社会では鏡がたくさんありすぎる。カバーをかけずに、むき出しの鏡が、あちこちに無造作に置いてある。日本人にとって、それはすくなからず気恥ずかしい経験だ。…この気恥ずかしさ、ないし落ち着きのなさは、われわれの鏡にたいする態度を考えるとき、きわめて重要である。たぶん、われわれ日本人は、必要なとき以外、おのれの姿を鏡にみることに心理的な抵抗を 2 。

　わたしの知人のひとりは、あるときホテルで原稿を執筆することになったのだが、結局、なんにも書くことができなかったという経験をもっている。その理由は 3 だ。ホテルの室内の机は、しばしば鏡台兼用である。そこにすわって参考書類をひろげ、さて、とペンをとると、真正面にじぶんの姿が 4 。そのじぶんの姿がどうにも目ざわりで、拘束的で、 5 仕事がすすまなかった、というのだ。じぶんの姿をみることが、われわれは苦手なのである。

（加藤秀俊『暮らしの思想』中公文庫）

1
1 からといって　　　　　2 からには
3 からいえば　　　　　　4 からではなく

2
1 感じてしまうのである　　2 感じるはずはないだろう
3 感じてもさしつかえない　4 感じるどころではない

3
1 その鏡　　　2 日本の鏡　　3 自分の鏡　　4 鏡

4
1 うつるとは限らない　　　2 うつっている
3 うつらないものでもない　4 うつりつつある

5
1 あいにく　　2 さっぱり　　3 しきりに　　4 めったに

問題 9 글의 문법 연습문제 ②

問題 9　次の文章を読んで、文章全体の内容を考えて、 1 から 5 の中に入る最もよいものを、1・2・3・4から一つ選びなさい。

　天体望遠鏡を通して初めて土星の輪を肉眼で観た子供たちやお母さん方の歓喜する姿には心から感動した。彼は、この感動こそが、今私たちが 1 いちばん大切なものを思い出させてくれる、と信じている。現代の私たちは土星に輪があることぐらいは誰でも知っている。しかしそれは、単なる 2 。知識として知っている、ということと、感動とともに体験する、ということとは、 3 決定的に違っている。肉眼で初めて土星の輪を観た時、すなわち感動とともにそれを体験した時、人は誰でも、この宇宙の壮大な広がり、無限の時間、 4 、その美しさを実感できるようになる。この実感が、宇宙的な視野から自分自身を見直す眼を、無意識のうちに 5 。

　　　　　　　　　　　　　　　　　　　（龍村仁『地球のささやき』KADOKAWA）

1
1　見失うことのない　　　2　見失わざるをえない
3　見失わずにいられない　4　見失いかけている

2
1　知識にすぎない　　　　2　知識に決まっている
3　知識と言えなくもない　4　知識としよう

3
1　なぜか　　2　何かが　　3　どちらか　　4　何としても

4
1　その後　　2　逆に　　　3　そして　　　4　言わば

5
1　渡してくれる　　2　養ってもらう
3　育ててもらう　　4　与えてくれる

Ⅱ 실전문제 익히기

問題 7 문법형식 판단
問題 8 문장 만들기
問題 9 글의 문법

問題 7 문법형식 판단 실전문제 ①

問題 7 次の文の(　　)に入れるのに最もよいものを、1・2・3・4から一つ選びなさい。

1　軽い運動は、体(　　)心(　　)良い。
　1　とも　　　　2　でも　　　　3　にも　　　　4　も

2　あんなに模擬試験の成績が悪かったのに、難関大学を受験するとは、理解(　　)。
　1　するまい　　2　しがたい　　3　しかねない　　4　しがちだ

3　大学図書館では学生証(　　)あれば誰でも本が借りられます。
　1　でも　　　　2　にも　　　　3　こそ　　　　4　さえ

4　今話題の映画は期待とは違った部分もあったが、俳優の演技も良く(　　)面白かった。
　1　それこそ　　2　それなりに　　3　それに反して　　4　それにしても

5　忙しい時期だからと言って、病気(　　)会社に出勤して仕事を続ける鈴木さんが心配だ。
　1　にさきだって　　2　にしたところで　　3　にくわえて　　4　にもかかわらず

6　親に反対されても始めた仕事だから、きっと成功してりっぱな姿を(　　)と思っている。
　1　見せてあげたい　　　　　　2　見ないですませたい
　3　見せられたい　　　　　　　4　見られたくない

7　会場の周辺に駐車場がないので、バスを利用するか(　　)電車でお越しください。
　1　あるいは　　2　せめて　　3　あらかじめ　　4　むしろ

8　室内でのイベントは、雨で中止になる心配はないけれど、当日はお天気が(　　)。
　1　よくなるわけではないだろう　　　2　よくなるしかないだろう
　3　いいにこしたことはないだろう　　4　いいに決まっているだろう

9　今日は朝も昼も食べていなかった(　　)夜はいつもの倍くらい食べるほどおいしく感じられた。
　1　かぎり　　2　ほどに　　3　だけに　　4　ものの

問題 7 문법형식 판단 실전문제 ②

問題 7 次の文の(　)に入れるのに最もよいものを、1・2・3・4から一つ選びなさい。

1　ビザ更新の手続きはめんどうな(　　)、時間もかかるので大変だ。
　1　うえに　　　　2　うえで　　　　3　うえは　　　　4　うえから

2　公共料金を銀行から自動的に払うようにしたこと(　　)支払いを忘れることがなくなった。
　1　にとって　　　2　によって　　　3　について　　　4　において

3　親切にしたつもりだったのに(　　)その人には迷惑になることもある。
　1　かえって　　　2　もちろん　　　3　どうしても　　4　やはり

4　現在の状況が続く限り、この会社が立ち直る(　　)と言って、彼は転職を決めた。
　1　と言えるのではあるまいか　　　2　と思えないものでもない
　3　とは言えなくもないだろう　　　4　とはどうしても思えない

5　去年から相次ぐ公共料金の値上げで、生活に必要なものの値段は上がる(　　)。
　1　勢いだ　　　　2　具合だ　　　　3　現象だ　　　　4　一方だ

6　その作家の作品はインターネット(　　)若い人たちにもよく知られていた。
　1　に代わって　　2　に比べて　　　3　をこめて　　　4　を通して

7　勉強も遊びもあまり真剣にやったことがない彼がクラブ活動(　　)いつも全力をつくしている。
　1　にかけては　　2　によっては　　3　に先立っては　4　に応じては

8　病院に入院した時に会った看護師は私が知っているどんな(　　)親切にしてくれた。
　1　人からも　　　2　人のほうが　　3　人よりも　　　4　人さえも

9　家の壁には、子供のころ妹(　　)かいたマンガが今も残っている。
　1　などと　　　　2　ぬきで　　　　3　への　　　　　4　の

問題 7 문법형식 판단 실전문제 ③

問題 7　次の文の(　　)に入れるのに最もよいものを、1・2・3・4から一つ選びなさい。

1　試合で怪我をしても一生懸命な彼を見ると(　　)。
　1　応援しうるはずもない　　　　2　応援すべきものではない
　3　応援せずにはいられない　　　4　応援するほどではない

2　神社に立つ大きな木は(　　)いつからそこにあったのか、歴史学や生物学も参考に調べてみた。
　1　かつて　　　2　いったい　　　3　とりあえず　　　4　いったん

3　A語学院では毎日日本語の作文を(　　)が、B学院では会話が中心で宿題もないという。
　1　書かれさせる　2　書かさせられる　3　書かられる　4　書かされる

4　相手の名前を言い間違えた(　　)大きな契約がとれなかったというほど名前は大事なものだ。
　1　といっただけで　2　ということを通じて　3　というだけで　4　といわされたために

5　最近では、インターネット上のうわさを(　　)、自殺する子供さえいるという。
　1　気にするあまり　　　　　　2　気にしただけあって
　3　気にしかねて　　　　　　　4　気にしようとしまいと

6　犬の散歩(　　)公園に咲いている花の写真を撮ってきた。
　1　だけにしても　2　にしたがって　3　を除いて　4　のついでに

7　今日から市内の中央公園で１週間(　　)雪まつりが開催されます。
　1　にわたって　2　にもとづき　3　にそい　4　にしたがい

8　皆さんは家の中に、買った後全然使っていない家電製品をそのままにして置いて(　　)。
　1　あるでしょうか　2　いないでしょうか　3　あるのでしょう　4　いるのでしょう

9　昨日のこと(　　)はっきり覚えていないのに、１年前のことを思い出すなんて無理です。
　1　まで　　　2　すら　　　3　のみ　　　4　きり

問題 7 문법형식 판단 실전문제 ④

해설편 96p

問題 7 次の文の（　　）に入れるのに最もよいものを、1・2・3・4から一つ選びなさい。

1 仕事で失敗しないためには経験（　　）いつも数字を見て確認するようにすることが重要だ。
1　をぬいて　　　2　をともなって　　　3　にとどまらず　　　4　にたよらず

2 先生がレポートは明日出しても（　　）というので、もう一度見直すことにした。
1　しかたがない　　　2　つまらない　　　3　おどろかない　　　4　かまわない

3 （メールで）山田さん。ボランティアのお話に感動しました。私にもお手伝い（　　）。
1　させてもさしつかえないでしょうか　　　2　していただけないでしょうか
3　させていただけないでしょうか　　　4　してさしあげましょうか

4 新幹線は初め東京と大阪を結ぶだけだったが、やがて北海道など日本全国（　　）延びていった。
1　から　　　2　へと　　　3　までに　　　4　ともに

5 地方の名物料理は都会ではなくて、その土地に行って食べて（　　）本当の味がわかる。
1　なら　　　2　しか　　　3　こそ　　　4　でも

6 その人には初めて会ったのに、いくらも（　　）いい人だということがわかった。
1　話していたら　　　　　　2　話している時に
3　話さないと思ったら　　　　　　4　話さないうちに

7 私の部屋は狭くピアノの練習もできない。もっと広い家に住めたら（　　）。
1　どれだけいいか　　　2　どれがいいのか　　　3　どれでもいいか　　　4　どれがよかったのか

8 労働災害の認定をめぐる判決が、10年に及ぶ裁判（　　）今日確定した。
1　をもとに　　　2　を契機に　　　3　の上で　　　4　の末に

9 山に行く（　　）のは折りたたみのかさです。山の天気は変わりやすいですから。
1　のに欠かせない　　　　　　2　のに欠けている
3　時に欠けやすい　　　　　　4　時に欠きたくない

問題 7 문법형식 판단 실전문제 ⑤

해설편 98p

問題 7　次の文の(　　)に入れるのに最もよいものを、1・2・3・4から一つ選びなさい。

1　テニスは今回が初めてだといっていたが、初めて(　　)ボールを全部打ち返したので驚いた。
　1　といおうと　　2　という以上は　　3　にしたとしても　　4　にしては

2　結局、誰にも相談(　　)大学受験をあきらめてしまった。
　1　せずまま　　2　せぬまま　　3　せずとおり　　4　せぬとおり

3　学校を休むと成績の評価が悪くなることがあります。たとえ(　　)休まないで出席して下さい。
　1　遅刻するくらいなら　　2　遅刻しないように　　3　遅刻しても　　4　遅刻するよりは

4　知識を増やす(　　)誰でもできるが、重要なことはそれをどう活用するかだ。
　1　だけなら　　2　だけでも　　3　ことこそ　　4　ことのみ

5　毎朝運動することに決めた(　　)朝早く起きられるように規則正しい生活をしようと思う。
　1　限り　　2　末に　　3　かわり　　4　以上

6　強い風が吹いて外にある看板が(　　)かけたが、手でおさえているうちに風がやんだ。
　1　たおれ　　2　たおれそう　　3　たおれる　　4　たおれて

7　今日の午後にお客様が(　　)何かおいしいお菓子でも買ってきて。
　1　お越しされるから　　　　　2　お参りになるから
　3　おいでになるから　　　　　4　お目見えするから

8　その店の前には「ここには自転車を置かない(　　)」と書いてあるが周りに置く場所がない。
　1　べき　　2　わけ　　3　もの　　4　こと

9　A「悪いけど、お金、もう少し待って。」
　B「だめだよ、それは。お金は必ず今日返すって(　　)。」
　1　言ったっけ　　　　　　　2　言ったんじゃないし
　3　言ったじゃない　　　　　4　言わなかったんじゃないの

問題 7 문법형식 판단 실전문제 ⑥

問題 7　次の文の(　　)に入れるのに最もよいものを、1・2・3・4から一つ選びなさい。

1　いくら(　　)と思っても、昨日彼女に言われたことが、頭から離れない。
　1　思い出せまい　　2　思い出しがたい　　3　思い出しづらい　　4　思い出すまい

2　台風はいったん東京に上陸した(　　)進路を変えて再び海上に出て北に進むと思われます。
　1　ことの　　　2　ものの　　　3　ままで　　　4　せいで

3　かぜで病院に薬をもらいに行ったとき、2時間(　　)あげく、診察は5分で終わってしまった。
　1　待たれた　　2　待たせてもらった　　3　待たされた　　4　待たさせられた

4　「説明会に参加される方は、受付を通り、3階会議室まで(　　)。」
　1　おこしいただきます　　　　2　おこしくださいます
　3　おこしになられます　　　　4　おこしねがいます

5　このまま成績が下がり続ける(　　)家庭教師でも探すしかありませんね。
　1　という以上は　　2　ようであれば　　3　というからには　　4　ようにすれば

6　小さい子供がいる母親が集まると「うちの子はわがまま(　　)」と言う人が多い。
　1　に決まっている　　　　2　にすぎない
　3　だけのことはある　　　4　でしょうがない

7　やっぱり高級ホテルは入口(　　)違いますね。
　1　ほど　　　2　ながらに　　　3　ときたら　　　4　からして

8　新しく出たスマートフォンは機能面(　　)これまでの他の機種よりずっとすぐれている。
　1　につれて　　2　にわたって　　3　において　　4　にかかわらず

9　集合時間は10時ですが参加人数が(　　)出発することにします。
　1　集まりによって　　2　集まり次第　　3　集まるにつれて　　4　集まって以来

問題 8 문장 만들기 실전문제 ①

해설편 103p

問題 8 次の文の ___★___ に入る最もよいものを、1・2・3・4から一つ選びなさい。

1 動物を育てる _____ _____ ★ _____ 動物も自分と同じ考えだと決めてしまうことです。
　1　してはいけないか　　2　うえで　　3　何を　　4　といえば

2 確か市役所か _____ _____ ★ _____ いいかについて説明会があるらしい。
　1　どうすれば　　2　どこかで　　3　大きな地震が　　4　起きた時

3 よく時間がなくてできないという人がいるが _____ _____ ★ _____ だけのことなので、まず時間を作る努力をしてみよう。
　1　のではなく　　2　時間を作らない　　3　時間がない　　4　本当は

4 兄が家族の前で泣くこと _____ _____ ★ _____ なかった。
　1　も　　2　今まで　　3　一度　　4　なんて

5 私は切手集めが趣味で、特に日本文化がわかる _____ _____ ★ _____ 必ず買うことにしている。
　1　いくら　　2　ものなら　　3　古くなった　　4　ものでも

6 初めて読んだ時は難しいと思った本も、何回か読む _____ ★ _____ _____ なのか考えてみた。
　1　どうして　　　　　　　　2　理解できるようになる
　3　につれて　　　　　　　　4　のは

7 普通のサラリーマンの感覚からすれば、プール付きの家に住む _____ _____ ★ _____ 話だ。
　1　ような　　2　という　　3　夢の　　4　ことは

8 レジャーランドには３つの _____ _____ ★ _____ 備えて、子供から大人まで一日中遊べる。
　1　区域があり　　2　はじめとした　　3　最新の施設を　　4　立体映画館を

問題 8 문장 만들기 실전문제 ②

해설편 105p

問題 8 次の文の ＿★＿ に入る最もよいものを、1・2・3・4から一つ選びなさい。

1 お願いを断る時、どんな ＿＿＿ ＿＿＿ ＿★＿ ＿＿＿ 傷つけることがあるので慎重にしたい。
　1　によって　　　2　選択するか　　　3　その人の心を　　　4　言葉を

2 毎日の適度な運動が ＿＿＿ ＿＿＿ ＿★＿ ＿＿＿ それを長く続けることが必要だ。
　1　無理しないで　　　2　老化の防止に　　　3　もちろんだが　　　4　欠かせないのは

3 無理しないでダイエットを成功させる ＿＿＿ ＿＿＿ ＿★＿ ＿＿＿ 食事と運動のバランスに注意することにした。
　1　末に
　2　のに
　3　効果的なやり方は何か
　4　いろいろな人に聞いた

4 どこを探しても見つからない ＿＿＿ ＿＿＿ ＿★＿ ＿＿＿ ないだろう。
　1　より　　　2　ほか　　　3　なら　　　4　あきらめる

5 失敗しても次に成功するためには ＿＿＿ ＿＿＿ ＿★＿ ＿＿＿ を反省しなくてはならない。
　1　かどうか　　　2　前に　　　3　最善を尽くした　　　4　あきらめてしまう

6 試験はやさしいそうだから、＿＿＿ ＿★＿ ＿＿＿ と思いますよ。
　1　ない　　　2　そんなに　　　3　までも　　　4　心配する

7 もうすぐ４月だというのに冷たい風が ＿＿＿ ＿＿＿ ＿★＿ ＿＿＿ 冬に戻ったように感じられる。
　1　小さく縮んで　　　2　桜の花が　　　3　吹いていたせいか　　　4　咲きかけていた

8 A「会社は、やっぱり安定しているところが一番だよ。」
　B「うん、＿＿＿ ＿＿＿ ＿★＿ ＿＿＿ 今なら、その気持ち痛いほどわかるよ。」
　1　ばかにしていた
　2　学生時代だったら
　3　ところだったけど
　4　社会人になった

問題 8 문장 만들기 실전문제 ③

해설편 108p

問題 8 次の文の ＿★＿ に入る最もよいものを、1・2・3・4から一つ選びなさい。

1 手術をすることになるだろうと思っていた ＿＿＿ ＿＿＿ ＿★＿ ＿＿＿ ほっと安心した。
    1 済んだ   2 けれど   3 ので   4 しなくて

2 結婚したばかりの夫婦に出すカードの ＿＿＿ ＿＿＿ ＿★＿ ＿＿＿ 表したかったからです。
    1 したのは   2 二人の名前に   3 二人を祝う気持ちを   4 宛名を

3 A「このアルバイトは、条件があるんですか。」
   B「いえ、＿＿＿ ＿＿＿ ＿★＿ ＿＿＿ でもご応募いただけます。」
    1 に   2 どなた   3 かかわりなく   4 年齢・性別

4 スーパーの方が安いとわかっていても ＿＿＿ ＿＿＿ ＿★＿ ＿＿＿ こともよくある。
    1 よりはと   2 コンビニで済ませる   3 遠くに行く   4 わざわざ

5 最近空港では今までとは ＿＿＿ ＿＿＿ ＿★＿ ＿＿＿ ので、入国手続きがとても早くなった。
    1 違う   2 チェック方法に   3 なっている   4 写真を撮る

6 駅まで皆バスや自転車で行くが、父は ＿＿＿ ＿＿＿ ＿★＿ ＿＿＿ と今日も元気に家を出た。
    1 のもかねて   2 運動する   3 に限る   4 歩く

7 今日は、山のように仕事があって、＿＿＿ ＿＿＿ ＿★＿ ＿＿＿ しまった。
    1 このままでは   2 倒れるかと   3 疲れて   4 思うほど

8 勉強もしないで ＿＿＿ ＿＿＿ ＿★＿ ＿＿＿ あんな難しい試験に合格できませんよ。
    1 よう   2 ばかりいる   3 では   4 遊んで

問題 8 문장 만들기 실전문제 ④

해설편 110p

問題 8 次の文の ___★___ に入る最もよいものを、1・2・3・4から一つ選びなさい。

1 10年ぶりに復活した伝統行事を見に _____ _____ ___★___ _____ 訪れた。
　1　住民は　　　　　　　　　　　2　観光客や外国からも
　3　多くの人が　　　　　　　　　4　もとより

2 A「ここで仕事をするのに車の免許はいりますか。」
　　B「免許はなくても _____ _____ ___★___ _____ ですよ。
　1　ない　　　2　越したことは　　3　あるに　　4　かまいませんが

3 A「弟さん、かわいいですね。」
　　B「そんなことないですよ。いつも _____ ___★___ _____ _____ するので困っています。」
　1　すると　　2　弟がじゃまを　　3　しようと　　4　私が勉強を

4 現代の生活に _____ _____ ___★___ _____ システムに異常が起きればたちまち混乱に陥るだろう。
　1　管理を行う　　　　　　　　　2　なくてはならない
　3　交通機関の　　　　　　　　　4　バスや電車といった

5 彼女に話すとうわさが _____ _____ ___★___ _____ ほうがいい。
　1　かねない　　2　から　　3　広まり　　4　だまっていた

6 難しい曲だったが _____ _____ ___★___ _____ 演奏できるようになった。
　1　練習している　　2　うちに　　3　上手に　　4　繰り返し

7 プレゼンテーションの _____ _____ ___★___ _____ ものでなくてはならない。
　1　基本は　　2　かつ　　3　わかりやすく　　4　印象的な

8 成人になり、親から独立して _____ _____ ___★___ _____ 責任も重くなってくる。
　1　反面　　2　生活するというのは　　3　社会に対する　　4　自由な

問題 8 문장 만들기 실전문제 ⑤

해설편 112p

問題 8　次の文の　★　に入る最もよいものを、1・2・3・4から一つ選びなさい。

1 A「昨日朝の通勤時間に電車が1時間も遅れたらしい。」
B「ひどいね。電車に乗ろうとした人に＿＿＿＿　＿＿＿＿　★　＿＿＿＿ 言っても何にもならないし。」
1　と　　　　　　　　　　2　したら
3　文句を　　　　　　　　4　仕事に差し支える

2 もう少し詳しい＿＿＿＿　＿＿＿＿　★　＿＿＿＿ どうかは決められない。
1　からでないと　　2　内容が　　3　参加するか　　4　わかって

3 この問題については、両親と＿＿＿＿　＿＿＿＿　★　＿＿＿＿ 思います。
1　上で　　　　2　話し合った　　3　決めたいと　　4　十分に

4 この製品は中毒に＿＿＿＿　＿＿＿＿　★　＿＿＿＿ ご使用時は必ず窓を開けてください。
1　恐れが　　　2　なる　　　3　あります　　　4　ので

5 うちの子は＿＿＿＿　＿＿＿＿　★　＿＿＿＿ から困ってしまう。
1　ばかりで　　2　知らない　　3　お金を使う　　4　ためることを

6 祭りは日本の代表的な文化だが＿＿＿＿　＿＿＿＿　★　＿＿＿＿ 様々な特色がある。
1　各地域　　　2　といっても　　3　によって　　4　代表的

7 頭が痛かったので薬局で買った薬を＿＿＿＿　＿＿＿＿　★　＿＿＿＿ あまり効き目はありませんでした。
1　のですが　　2　飲んだ　　3　飲む　　4　ことは

8 約束に遅れたことを怒っていて＿＿＿＿　＿＿＿＿　★　＿＿＿＿ くれない。
1　説明しよう　　2　聞いて　　3　としても　　4　いくら

問題 9 글의 문법 실전문제 ①

問題 9　次の文章を読んで、文章全体の内容を考えて、 1 から 5 の中に入る最もよいものを、1・2・3・4から一つ選びなさい。

　ボランティア団体の存続そのものを危ぶむ声も聞こえてくる。活動に集まってくる若者が少ないためだ。参加者に 1 時間的、経済的余裕のある中高年層が多く、かつて同じような作業をしたことのある経験者が集まりやすい。里山(注)の維持管理は肉体的に決して 2 。このまま技術伝承が行われず高齢化が進めば、里山は再び危機的な状況に直面するだろう。

　さらには都市郊外に位置する里山にも問題がつきものだ。その多くは個人所有になっているため、ボランティア団体が 3 。固定資産税や相続問題で手放してしまい、所有者がわからなくなっていることも多々ある。たとえ自治体が 4 、市民による管理を渋ったり、逆に財政難からボランティアに管理を押しつけるなどの例も 5 。

（川上洋一『東京 消える生き物　増える生き物』KADOKAWA）

(注) 里山：人が住むところに隣接して人の生活環境の一部になった山林地域

1
1 必ず   2 どうしても   3 一気に   4 とりあえず

2
1 楽な作業ではない   2 楽な作業とは関わりない
3 楽な作業だからだ   4 楽な作業だと言ってもよい

3
1 手を貸しやすい   2 手を出しづらい
3 手を抜きやすい   4 手を組みづらい

4
1 所有しかねるとしても   2 所有するくらいなら
3 所有していても   4 所有するとしたら

5
1 多くはない   2 少なくなっている
3 多いとは言えない   4 少なくない

問題 9 글의 문법 실전문제 ②

問題9　次の文章を読んで、文章全体の内容を考えて、 1 から 5 の中に入る最もよいものを、1・2・3・4から一つ選びなさい。

　もうすぐ子どもの冬休みが始まる。親にとっても日頃、なかなかゆっくりと向き合えない子どもと時間をともにできるチャンスだ。中学生になったわが子と、遊びながら人生の話を 1 。考えてみれば自分が同じ年のころ、親と親しく話をしたという記憶がない。子どもにとっては、同年代の友人と悩みを分かち合うことはあっても、親や先生は近くにいながら 2 遠くにいる存在だった。そうなるとたとえ親だといっても、必ずしも特別な存在だとは 3 。生まれたときからずっと一緒にいても、子どもが大きくなれば学校友だちの 4 、活動をともにする仲間、メール友だちなど交友範囲はどんどん広がっていく。その中で親が果たすことのできる役割はいったい何だろうか。それは必ずしも「こうしなければならない」と決めるものではないだろう。人生の先輩と後輩。そんな関係になるかどうかはわからないが、冬休みの対話 5 、もう少しお互いに相手のことに関心が持てるようになればいいと思っている。

1
1 してみようともしない　　2 してみるのも悪くない
3 してみそうもない　　　　4 してみても始まらない

2
1 どんなにか　　2 どこか　　3 どうせ　　4 どうにか

3
1 言われることはなかった　　2 言われていないのだった
3 言えないことはないのだ　　4 言えないのではないだろうか

4
1 うえにも　　2 なかから　　3 ほかにも　　4 そばでは

5
1 をきっかけにして　　2 を中心にして
3 を始めとして　　　　4 を抜きにして

Part 3

JLPT N2

Part 3
독해

I 문제 유형 파악하기

1. 問題 10 내용 이해(단문)
2. 問題 11 내용 이해(중문)
3. 問題 12 통합 이해
4. 問題 13 주장 이해
5. 問題 14 정보 검색

1 問題10 내용 이해(단문)

문제 유형
설명문이나 비즈니스 이메일, 편지글 등 약 200자 길이의 지문을 읽고 글의 내용이나 주제, 키워드를 이해했는지 묻는 문제가 출제된다.

문제 풀이 포인트

🔑 문장 속 키워드를 잡아라!
키워드는 필자의 생각이나 주장 등을 서술할 때 반드시 사용된다. 글의 주제와 직·간접적으로 연결되는 단어이므로, 키워드를 찾으면 글의 주제나 필자의 주장을 유추할 수 있다.

🔑 키워드를 찾자!
보통 키워드는 하나의 지문 속에 복수 존재하며, 글 속에 반복해서 등장하는 단어일 가능성이 높다. 따라서 반복해서 등장하는 복수의 단어가 연결성이 있으며 전체 글의 분위기를 예측할 수 있다면 올바른 키워드를 찾았다고 볼 수 있다.

問題10 内容理解(단문) 연습문제

問題10 次の(1)から(5)の文章を読んで、後の問いに対する答えとして最もよいものを、1・2・3・4から一つ選びなさい。

(1)
　私が読書力検定というものを行うとすれば、やり方はこうだ。全員に同じ新書(注)数冊を渡し、三十分程度で要点に線を引いてもらう。読むのが遅い人は、一冊分に線を引くことさえもできないだろう。反対に読書力のある人は短時間に的確に線を引いていくことができる。
　私が考えていることは、速読術とは違う。全項に素早く目を走らせるという技術というよりは、内容を的確に把握するメリハリのある読み方である。「重要なところに線を引く」という課題は、本を読む力をはっきりと表に出させる。本を読む力のある人から見れば、線の引き方でその人に対する理解度がわかる。

(斉藤孝『読書力』岩波新書)

(注)新書：本のサイズによって決まっている規格の一つ。103mm×182mmの小型本である。

[1] 筆者の言う読書力検定とはどのようなものか。
1　早いスピードで本にどれだけ多く線を引けるかを調べること
2　全ページをどのくらいのスピードで読めるかを調べること
3　短時間で重要なところを理解して読めるかを調べること
4　精読して内容を的確に把握しながら線を引けるかを調べること

(2)
　僕の周りで成功している人に多いのが「ホームレスになる覚悟がある」という考え方をする人です。ホームレスになったら、誰を頼ればいいか、どこから食料を調達するか、自分の能力の中ですぐにお金を稼げるものがあるか……、そういったことが頭の中で描けているのです。
　要するに「最悪の状況を考えておく」ということを、前もってきちんと認識できているわけです。最悪の状況を考えておいて、「それでもちゃんと暮らせるよね」という想定ができていれば、リスクを取っておもしろいことにチャレンジできます。そのチャレンジがあるからこそ、今、成功しているという逆の見方もできますね。

（西村博之『無敵の思考』大和書房）

2 筆者は成功している人に多く見られる特徴を何と述べているか。
1 人に頼み上手でどこからでも食べ物を調達できる。
2 何事も最初は仮説を立てて一番悪い状況を考えておく。
3 一番悪い状況でもリスクを選んでチャレンジできる。
4 最悪の状況になっても、仮説を立てて成功のイメージができる。

(3)

令和 ○年 ○月○○日
お客様各位

株式会社○○○
代表　中村　満

販売価格改定のご案内

　拝啓　時下、ますますご清栄のこととお喜び申し上げます。
　日頃は弊社のインターネット販売をご利用いただき、誠にありがとうございます。さて、弊社では、主力製品である「こくまろ茶」の販売価格を維持するよう、努めてまいりましたが、原材料価格の著しい高騰（こうとう）により、一部商品におきまして販売価格を維持することが困難な状況となりました。
　つきましては、8月1日ご注文分より、以下の通り、一部商品の販売価格を改定させていただきたくご案内申し上げます。なお、当社では、今後ともお客様の立場に立ったサービス提供に努めてまいりますので、皆様のご理解、ご協力のほどお願い申し上げます。

1. 価格改定 予定日：8月1日
　　7月31日までのご注文分につきましては、現行価格にて販売させていただきます。
2. 改定対象商品：別紙 参照

3 このメールで伝えたいことは何か。
　1　この会社は値上げするしかないぐらい経営状態が悪化している。
　2　この会社はすべての商品に対して8月1日より販売価格を値上げする。
　3　この会社は一部商品に対して8月1日より販売価格を値上げする。
　4　この会社は商品価格の改定を行い、客へのサービスを向上させる。

（4）

　メールがどれだけ普及したからといって、手紙や電話がなくなるわけではないだろう。コミュニケーションの密度で言えば直接会って話をするのが一番だ。顔色でからだの調子が悪いのかなと思ったり、電話なら相手の声の調子からも情報を得ることができる。手紙やファックスの場合でも、筆跡(ひっせき)から伝わるものがある。

　メールというのは極端に効率化されたメディアであるだけに、伝わるのはそこに書かれた要件だけだ。だから要件を伝えるのが主要目的であるときに圧倒的に威力を発揮する。逆に要件そのものではなく、自分の感情や思いを伝えたいような場合は、それ以外のツールを用いた方がいいかも知れない。

（村上龍『eメールの達人になる』集英社新書）

4 筆者はメールをどのようにとらえているか。
1　手紙や電話に代わる密度の高いコミュニケーションの手段
2　人の微妙な感情や思いを効率的に要件だけ伝えられる手段
3　重要な情報だけでなく、相手とすぐやり取りができる最高の手段
4　重要な要件だけを伝えるのにすばらしい効果を上げる手段

（5）下記の文章は、就職に対する学生の意識調査の結果について書かれたものである。

　学生の就職観については「楽しく働きたい」が35.8％（前年比2.8pt減）と、2021年卒も例年と同様にトップとなった。次いで「個人の生活と仕事を両立させたい」（24.3％、前年比0.1pt減）、「人のためになる仕事をしたい」（13.7％、前年比1.6pt増）が続いた。
　ここ数年間、上位3項目は同じで、大きな傾向は変わっていない。しかし、項目ごとの増減をみると、私たちの生活に大きな影響を及ぼしている経済状況の悪化や大きな災害が起こった際には「楽しく働きたい」が昨年12月から今年2月にかけて回答した学生と比較すると割合は減少し、今年3月に「人のためになる仕事をしたい」と回答した割合は17.4％で、昨年12月から今年2月に回答した割合より増加していることがわかった。

（注）就職観：ここでは「就職に対する見方、考え」という意味で使用

5　今回の学生の就職観に対する調査で新たに分かったことは何か。
1　社会的状況が学生の就職観に小さいながらも影響を与えていること
2　就職観の上位3項目だけは、大きな傾向の変化は見られないということ
3　学生の就職観を調べることで個人の生き方の様子がうかがえること
4　就職先を決める上で楽しく仕事ができるかどうかは一番の条件であること

2 : 問題 11 내용 이해(중문)

문제 유형
설명문, 평론, 수필 등 500자 정도의 지문을 읽고 글의 인과 관계나 필자의 주장 혹은 생각을 찾는 문제가 출제된다.

문제 풀이 포인트

🔓 필자는 스스로 묻고 알아서 대답한다!
글을 읽다 보면 대화가 아님에도 불구하고 글 속에서 필자가 질문을 던질 때가 있다. 이때의 질문은 답을 묻는 것이 아니라 '자신이 말하고자 하는 바를 강조'하기 위한 스킬이다. 따라서 글 속에서 필자가 무언가를 묻고 있다면, 그 질문 뒤쪽에는 반드시 필자의 생각이나 주장이 나온다.

🔓 필자가 하려는 말은 마지막에 나온다!
서론·본론·결론의 구조로 이루어진 중문에서는 필자의 생각이나 주장은 주로 마지막에 나온다는 것을 기억하자.

問題 11 내용 이해(중문) 연습문제

問題 11 次の(1)から(3)の文章を読んで、後の問いに対する答えとして最もよいものを、1・2・3・4から一つ選びなさい。

(1)

　準備もできることは全てやってきた、コンディションも最高で本番を迎えた。それでも、勝利の神様は微笑まないことがあります。原因と結果の関係は、人間が想定できるほどに単純ではないからです。だから結果に囚われず、やれることをやったなら良しとするのがいいのではないでしょうか。傷つくのが嫌で、そもそも努力をしないことを選んでしまう人が多いのですが、全力をつくしたときには、①実は学習は勝ったときでも負けたときでも起こります。

　いつでも勝っている人、いつでも負けている人には、実際にはほとんど学習は起きていません。プラスとマイナスの両方があって初めて大きな学習信号になるのです。②失敗という結果は、「こういうふうにやるのはダメだったのか」「このままじゃダメだ」「何が必要なのだろう」と今まで使っていた脳の回路に呼びかけます。

　努力をし尽くして負けると、脳の回路をたくさん使ってきたことで、その関与した脳の回路の全てにフィードバックが行くことになるので、大きな学びになります。それはある意味で快感であるはずです。また全力を尽くすという経験ができた人は、他の問題が現れたときにも、全力でやるという態度が養われていることになります。一方、中途半端で負けると、あまりたくさんの脳の回路を使っていないので、フィードバックが行き渡らず、「最初から期待していないし」と原因を曖昧にし、いくらでも自分に言い訳ができることになります。

（茂木健一郎『緊張を味方につける脳科学』河出新書）

（注）囚われず：伝統・固定観念などに拘束されないで

[1] ①実は学習は勝ったときでも負けた時でも起こるとあるが、どういうことか。
1 いつも勝ち、負けることを繰り返しながらも、学ぶところはあるということ
2 力を尽くしたという経験があれば、その結果から学ぶところはあるということ
3 全力を尽くしたならいつも負けてもその結果から学ぶところはあるということ
4 勝敗に関わる大きな問題ならその結果にかかわりなく学ぶところはあるということ

[2] 筆者は、②失敗という結果についてどのように考えているか。
1 失敗はいつでも起き得るものであり、いくらでも自分に言い訳ができるもの
2 全力を尽くして負けたとき、また挑戦しようという気持ちにさせられるもの
3 全力を尽くして負けると関わった脳の回路に働きかけ、大きな学びにつながるもの
4 負けたとき、反省の気持ちにさせられるもので将来には成功につながるもの

[3] この文章で筆者が言いたいことは何か。
1 全力を尽くして負けると脳は学ぶ性質がある。
2 失敗という結果は本当に複雑であり、単純でないから勉強になる。
3 絶対に決まったことは何もないから、失敗してもあとは必ず成功する。
4 どんな人にだって失敗は起きるのだから負けたときは早く忘れたほうがいい。

(2)

　直感を別の言い方で説明しますと、未来に起きる出来事を瞬時に感じる力でもあります。例えば、新しい仕事の話が舞い込んできたときに、「なんとなく嫌な予感がする」とか「うわ～いい感じ～、ワクワクする～」と感じるのも直感です。「なぜそう感じるのか？」という問いに、ロジカルに答えられないようなもの。「なぜ、そう思うの？」と聞かれても「うーん、なんとなくそう思う」としかいえない言語化できない感覚が直感でしたね。

　この感覚が鋭く、そしてその直感に従ってすぐに行動できる人は、自分の望む状態を手に入れることができます。日常生活のほんのちょっとしたことで、この直感をもっともっと鋭くすることができます。（中略）

　日常生活で、ふと頭に浮かんだことを無視しないようにしましょう。すぐに行動を起こしてみるのです。たとえば、頭の中を友人の顔がよぎったとします。なつかしいな～と思うだけでなく、すぐに連絡を取ってみる。すると相手も「えー！私も思い出していたところなの～」ということは少なくありません。（中略）

　「ピン」と来たらすぐ行動しましょう。直感は行動とセットでなければ成果は出せません。なぜなら直感は、ひらめいたらすぐ消えてしまうものだからです。時間が経つと忘れてしまうことがあります。そしてピンと来るのは、あなたの人生において絶妙のタイミングである可能性が高いです。潜在意識からのメッセージというのは人智(注)を超えていることがしばしばあります。ぜひとも、直感と行動はセットだと覚えておきましょう。

（ワタナベ薫『直感の磨き方』幻冬舎）

（注）人智(じんち)を超えている：思考や理解が及ぶ範囲のものではない。

4 筆者の言う直感の説明として正しいのはどれか。
1 未来に起きそうなことを瞬間的に感じ取って言語化できるもの
2 頭が冴えて瞬間的に起きた出来事に正しい判断ができるもの
3 なんとなくの予感を瞬時に感覚でとらえるが言葉には表せないもの
4 なんとなくの予感を瞬時に感覚でとらえ論理的に表せるもの

5 直感を鋭くするためにはどうすればいいか。
1 ふと頭に浮かんだことを忘れないうちにすぐ行動に起こしてみる。
2 ふとひらめいたところに忘れないよう感覚で覚えておく。
3 ピンと来たらすぐ正しい判断ができるよう思考の練習をする。
4 ピンと来たら直感に従って、言語化できるよう書いておく。

6 この文章で筆者の言いたいことは何か。
1 直感と論理なら、直感のほうを優先したほうが後悔が少ない。
2 新しい環境で、パターン化しがちな直感に刺激を与えたほうがいい。
3 自分の感覚に気づき、ストレートに受け容れることが大切である。
4 直感的に行動するためにはシンプルな生き方をすることが求められる。

(3)

　これまでの教育では、①人間の頭脳を、倉庫のようなものだとみてきた。知識をどんどん蓄積する。倉庫は大きければ大きいほどよろしい。中にたくさんのものが詰まっていればいるほど結構だとなる。(中略)

　ところが、こういう人間頭脳にとって恐るべき敵があらわれた。コンピューターである。これが倉庫としてはすばらしい機能をもっている。いったん入れたものは決して失わない。必要なときには、さっと、引き出すことができる。整理も完全である。コンピューターの出現、普及にともなって、②人間の頭を倉庫として使うことに、疑問がわいてきた。コンピューター人間をこしらえていたのでは、本もののコンピューターにかなうわけがない。そこでようやく創造的人間ということが問題になってきた。コンピューターのできないことをしなくては、というのである。

　人間の頭はこれからも、一部は倉庫の役をはたし続けなくてはならないだろうが、それだけではない。新しいことを考え出す工場でなくてはならない。(中略)

　だいいち、工場にやたらにものが入っていては作業能率が悪い。余計なものは処分して広々としたスペースをとる必要がある。それかと言って、すべてのものを捨ててしまっては仕事にならない。整理が大事になる。倉庫にだって整理は欠かせないが、それはあるものを順序よく並べる整理である。それに対して、工場内の整理は、作業のじゃまになるものをとり除く整理である。この工場の整理に当たることをするのが、忘却である。人間の脳を倉庫として見れば、危険視される忘却だが工場として能率をよくしようと思えば、どんどん忘れてやらなくてはいけない。

(外山滋比古『思考の整理学』筑摩書房)

[7] ①人間の頭脳は、倉庫のようなものだとあるがどういう意味か。
1 人の頭はたくさんの知識を蓄積し、いったん入れたものは決して失わない。
2 人の頭はたくさんの知識を蓄積し、必要なときにはすぐに引き出すことができる。
3 人の頭はたくさんの知識を蓄積し、その整理も保管も完璧にできる。
4 人の頭はたくさんの知識を蓄積し、その知識は多ければ多いほどよい。

[8] ②人間の頭を倉庫として使うことに、疑問がわいてきたとあるがなぜか。
1 たくさんの知識を詰め込んでは忘れる人間の頭は、コンピューターには勝てないから
2 コンピューターにできないことをしないと、人間の頭はふつうの倉庫と変わらないから
3 コンピューターにはできない、人間の頭にだけできることに意識が向いたから
4 倉庫としての人間の頭はコンピューターとほぼ同じ機能を発揮するから

[9] この文章で筆者が言いたいことは何か。
1 人間の頭は、不要なものを忘れることで情報を覚える能力が高まる。
2 人間の頭は、不要なものを忘れることで新しいことを考え出す思考ができる。
3 人間の頭は、きれいに忘れることでコンピューターに勝つことができる。
4 人間の頭は、忘れられなければ新しい思考の準備にはならない。

3: 問題 12 통합 이해

문제 유형
신문 기사나 상담 등 약 300자 정도의 동일한 주제를 다루고 있는 지문이 A, B 두 개 제시되며 두 글을 비교·종합해서 읽고 답하는 문제가 출제된다.

문제 풀이 포인트

🔓 **질문과 선택지를 먼저 읽자!**

〈통합 이해〉 파트에서는 비교적 평이한 지문이 출제되는 경향이 있다. 문제를 풀 때는 질문과 선택지의 내용을 먼저 파악한 후, 다음 2가지 사항을 살펴보며 지문을 읽도록 하자.

① **A와 B의 의견이 어떻게 다른가?**
- 찬성/반대(긍정/부정)인가, 찬성/찬성(긍정/긍정)인가, 반대/반대(부정/부정)인가?
- A와 B가 늘 상반된 의견을 말하는 것은 아니라는 점을 기억하자.

② **A와 B에서 언급하고 있는 것은?**

질문과 선택지를 먼저 읽고 질문의 의도를 파악한 후, 정답이 A에 있는지 B에 있는지 확인하며 지문을 읽어야 한다. A나 B 어느 한 쪽에 답이 있을 때도 있지만, 양쪽 모두에 관련된 언급이 있을 수도 있으므로 두 지문을 종합해서 정답을 찾아야 하는 문제도 있다.

問題 12 통합 이해 연습문제

問題12　次のAとBの文章を読んで、後の問いに対する答えとして最もよいものを、1・2・3・4から一つ選びなさい。

A

　私たちの脳は褒められることによって「快感物質」、「幸せホルモン」が増えると科学的に明らかにされています。しかし、大人になってから、誰も褒めてくれない、自分で自分を認めてくれない、それどころか、自分自身を否定してしまっているというところまで追い込まれた人はいませんか。

　そんな方に自分を褒める習慣をつける褒め日記をお勧めします。例えば「今日は早起きできて、えらい！」「50メートル泳げた。すごい！」というふうに必ず、自分を褒める一言を付け加えるようにしましょう。はじめは自分を褒める習慣がないと、やはり書くことがなかなか見つからないのですが、褒め日記を書き続けているうちにさまざまな観点で自分を褒めることができるようになり、たとえ失敗や悪いことが起きても前向きな反省ができるようになってきます。

B

　子供の頃は、お手伝いをしたときや新しく何かができるようになったときなどに周囲の人からよく褒めてもらいました。ところが、大人になるとどうでしょう。大人になると、誰かを褒めることをてれくさいと感じてしまってやめてしまったこともあるのではないでしょうか。

　そこで、あえて本人でない人に褒めたいことを伝えましょう。例えば、「〇〇さん、会社で一番会計のことに詳しくて仕事が早い！」と照れずに言えます。褒めた話はめぐりめぐって本人に届きます。人伝えに褒められたりすると、褒めた人とそれを伝えてくれた人の二人から認められたという気がして喜びも倍増します。そして、自分を褒めてくれた人に対しては、当然のことながら信頼感をもてるようになるのです。

1 AとBの両方の文章で触れている内容は何か。
1 大人になると褒めるという行為が苦手になってくる。
2 間接的な褒め方では褒めることを恥ずかしがらなくなる。
3 褒められると大人だって嬉しいと感じるものだ。
4 人の上手な褒め方として日記をつけるのは効果的である。

2 AとBは褒めることについて、どのように述べているか。
1 AもBも人を褒めるという行為は人の心を動かし、人を成長させると述べている。
2 AもBも自分を褒めるという行為は前向きな反省ができるようになると述べている。
3 Aは褒め日記は自分を認められるようになると述べ、Bは間接的な褒め方は他の人を認められるようになると述べている。
4 Aは自分を褒める褒め日記の効果について述べ、Bは本人がいないところでの間接的な褒め方の効果について述べている。

4 : 問題 13 주장 이해

문제 유형
평론 등 논리 전개가 명확한 900자 정도의 글을 읽고 필자의 주장이나 의견을 파악할 수 있는지를 묻는 문제가 출제된다.

문제 풀이 포인트

"필자가 말하려는 것을 찾아라!"

일본의 글쓰기 구조는 '기·승·전·결'

일본의 글쓰기 구조가 주로 기승전결의 형태를 띄고 있기 때문에 〈주장 이해〉에서는 4단 구성의 지문이 많이 나온다. 이때 '기'는 서론, '승·전'은 본론, '결'은 결론이라 생각하고 내용을 파악해야 한다.

필자의 생각 찾기

〈주장 이해〉에서는 평론처럼 논리 전개가 단순한 글이 나온다. 글의 전개 방식은 '기(서론)'에서 **문제 제기**를 하고 '승·전(본론)'에서는 문제 제기에 대한 이유, 목적 등을 서술해 결론을 뒷받침할 **근거를 마련**한다. '결(결론)'에서는 **필자의 주장이나 생각을 서술**하는 것이 보통이다. 필자의 주장이나 의견은 주로 '결' 부분에 있지만 예외도 있음을 기억하자.

問題 13 주장 이해 연습문제

問題 13 次の文章を読んで、後の問いに対する答えとして最もよいものを、1・2・3・4から一つ選びなさい。

　人に指摘されて気づいたのですが、僕は毎日、尋常(じんじょう)ではない量のメモをとっています。(注1)おそらく、人が1週間いや、一か月かけてとるメモの量を平気で1日のうちにとります。なぜここまで狂ったようにメモをとるのか。それにはいくつか理由がありますが、まず、何より大切な理由が、この残酷なまでに時間が限られている人生という旅の中で、「より本質的なことに少しでも多くの時間を割(さ)くため」です。

　本質とは何かというと、コピーではなく想像、代替可能物ではなく代替不可能物、(注2)ということ。つまり、クリエイティブで新たな知的生産につながる思考や、自分にしか思いつかないような代替不可能性の高い思考。(注3)これら価値のある本質的思考に1秒でも多く時間を割くために、メモをしているのです。

　もちろん、ここまで徹底して時間への意識を高めることは、精神的なカロリーを消費します。が、AIの進化や、それに伴うあらゆるタスクの効率化によって、人間の役割が変わっていくこと、つまり、創造力やオリジナリティが求められる仕事が今後飛躍的に増えていくことは誰が見ても自明です。そんな中で、付加価値の低いことに思考労力を費やしている暇はありません。(中略)

　例えば、「過去のミーティングでどんな議論があったか」とか、「そこに誰が何人座っていたか」とか「打ち合わせの日時はいつだったか」などといった情報自体は決してクリエイティブなものとは言えず、単なる「ファクト(事実)」です。そのファクトは最初から与えられたものとしてわかっている前提で、では今度はそこから何が言えるのか、そして、どうアクションするのか。これらを一歩踏み込んで考えることこそが、クリエイティビティです。要は「過去のファクトを思い出す」という余計なことに思考の時間を割かないために、メモをするわけです。メモやノートは、記憶をさせる「第2の脳」です。いわば「外付けハードディスク」として、あとで検索できるように書いているのです。言うまでもなく、第1の脳は、創造力を発揮させる自分の脳です。

　第2の脳である外部ハードディスクに記憶の部分を頼ることで、空いた自分の脳の容量を、想像力を要することに目いっぱい使う。その方がより多く付加価値を生むことができるわけです。第2の脳に蓄積したファクトが、第1の脳で新しいアイデアを生む際

の種になることもあるため、気づいたらなんでもメモをしておくという意識が、創造力を高めるための第一歩です。

(前田裕二『メモの魔力』幻冬舎)

(注1) 尋常ではない：普通ではない、異様だ。
(注2) 時間を割く：余裕のない時間を都合をつけて、あることのためにふり向ける。
(注3) クリエイティブ(creative)：創造的、独創的であること

1　筆者が普通ではないほどメモをとっているのはなぜか。
　1　他のものとは置き換えられない独創的なことを考えるための時間を確保したいから
　2　他のものをコピーしてより価値のあることを考えるための時間を確保したいから
　3　ユニークで独自の発想や表現、個性を持つものを模倣するために時間を充てたいから
　4　ユニークで誰にでもできる知的生産につながる思考をするために時間を充てたいから

2　この文章で言う「第2の脳」とはどのようなものか。
　1　過去の情報をクリエイティブな情報に変えるために書いておくもの
　2　実際に起きたことを思い出すためにメモやノートなどに書いておくもの
　3　過去の思い出を振り返るためにメモやノートなどに書いておくもの
　4　創造力の発揮につながるよう記憶するために書いておく情報そのもの

3　この文章で筆者が言いたいことは何か。
　1　メモやノートなどは外付けハードディスクとして検索できるようにメモするという意識が求められる。
　2　メモやノートなどに蓄積した事実は、付加価値の高い情報になりえるのでメモをすることは大事である。
　3　メモやノートなどに蓄積したファクトは新しいアイデアを生む際の種になるように工夫してメモをしなければならない。
　4　メモやノートなどの情報に記憶の部分を依存して、その空いた脳の容量を創造力を要することに使うためにメモをすることは大事である。

5 問題 14 정보 검색

문제 유형
팸플릿, 광고 전단지, 비즈니스 문서 등 700자 정도로 이루어진 정보지를 읽고 질문에 맞는 정보를 찾는 문제가 출제된다.

문제 풀이 포인트

정보지는 답을 알고 있다!
정보 검색 문제는 일종의 ○×문제, 즉 정보지(지문)에서 제공된 정보가 문제의 선택지와 일치하는가, 하지 않는가를 확인하는 문제라고 생각하면 된다. 선택지에서 필요로 하는 조건이나 정보가 정보지의 어디에 있는지를 찾고, 문제에서 추가로 요구하는 내용에 주의하여 답을 선택하면 된다.

기호를 유심히 살펴보자!
문제에 주어진 조건과 정보지를 대조하면서 답을 찾아야 한다. 정보지에서 중요한 내용은 '기호'나 '괄호'와 함께 있는 경우가 많다는 것을 반드시 기억해 두자.

| 자주 쓰이는 기호 | ※ ★ * ▶ ■ |
| 괄호 | 『 』 《 》 【 】 〔 〕 |

또한 다음과 같은 별도 조항도 주의 깊게 살펴봐야 한다.

예외 조항을 두는 정보	• 注 주	• ただし 단
	• あるいは 혹은, 또는	• または 또는
	• 及(およ)び 및	• 〜は除(のぞ)く 〜는 제외

Part 3 독해 291

問題 14 정보 검색 연습문제

해설편 136p

問題 14 　右のページは、あるホームページに載っている留学生寮の入居者募集案内である。下の問いに対する答えとして最もよいものを、1・2・3・4から一つ選びなさい。

1 　ファンさんは2022年4月現在、東京にある大学の3年生である。2022年4月から卒業までずっと住んでいられる寮に入りたいと思っている。以下はファンさんの希望をまとめたものだ。希望に合う寮はどれか。

> ・寮費は4万円以下のところがいい。
> ・寮費に水道光熱費が含まれているところがいい。
> ・1人部屋で、トイレ・風呂とエアコンのある部屋がいい。
> ・4月5日までに引っ越したい。

1　あさひ寮・ゆうやけ寮・あおぞら寮
2　あさひ寮、あおぞら寮
3　あさひ寮のみ
4　あおぞら寮のみ

2 　ジェフさんは2022年4月から日本に留学し、東京の大学に入学する予定である。2022年の3月27日に来日する予定で次のうち可能な応募方法はどれか。

1　2月15日の17時までに、申請書と、合格通知書のコピーを持参する。
2　2月15日の17時までに、申請書と、合格通知書のコピーを一般書留で送る。
3　2月15日必着で、申請書と、合格通知書・パスポートのコピーをEメールで送る。
4　2月15日必着で、申請書と、合格通知書・パスポートの各データをEメールで送る。

東京国際交流館

外国人留学生入居者募集案内

本館では、来年度の入居者募集を下記により行います。

1. 入居資格　東京都及び周辺大学に在籍する留学生
   - 2021年4月1日時点で日本に居る者
   - 留学の在留資格を有する(予定)の者

2. 募集の寮

寮名	部屋の種類	在寮年限	1か月の寮費	設備
あさひ寮	一人部屋	2年	35,000円	エアコン付き　各室に風呂・トイレあり
ゆうやけ寮	一人部屋	4年	30,000円※	エアコン付き　各室に風呂・トイレあり
ゆうやけ寮	二人部屋	4年	15,000円※	エアコン付き　各室に風呂・トイレあり
あおぞら寮	一人部屋	2年	33,000円	エアコン付き　各室に風呂・トイレあり
あおぞら寮	二人部屋	2年	20,000円	エアコン付き　各室に風呂・トイレあり
はるさめ寮	一人部屋	2年	10,000円	エアコンなし　各室に風呂・トイレなし

注意　※がついている場合、寮費には水道光熱費が含まれていません。
　　　※　二人部屋の寮費は、一人当たりの金額です。

3. 入居開始日　2022年3月25日から(あおぞら寮は新築オープンのため4月20日から)

4. 応募方法
   - 発送又は持参により応募してください。(海外在住者はEメールでの提出も可)
   - 発送の場合、必要な書類を一般書留で送ってください。
   - 持参の場合、9時から17時まで。(土・日、及び、祝日は受付を行いません)

5. 応募期間　2022年2月1日～2月15日(必着)

6. 応募先　国際交流館　留学生寮入居者募集係

7. 必要書類
   ① 申請書(ホームページからダウンロード可能)
   ② 大学の在学証明書(入学予定者は合格通知書)のコピー
   ③ パスポート(顔写真及びパスポート番号のある面)のコピー(入学予定者のみ)
   Eメール提出の場合、②、③は画像データを添付してください。

8. 結果通知　本館の基準に基づき選考を行い、2022年2月28日にEメールで通知します。

東京国際交流館　留学生寮入居者募集係
電話／FAX：03-5520-7633　　Eメール：nyukyo-bosyu@tokyo-kokusai.jp

MEMO

Ⅱ 실전문제 익히기

問題 10 내용 이해(단문)
問題 11 내용 이해(중문)
問題 12 통합 이해
問題 13 주장 이해
問題 14 정보 검색

問題 10 内용 이해(단문) 실전문제

解説編 139p

問題 10 次の(1)から(8)の文章を読んで、後の問いに対する答えとして最もよいものを、1・2・3・4から一つ選びなさい。

(1) 以下は、あるハワイ雑貨の店から届いたメールである。

山田花子　様

　いつも当店をご利用いただき、ありがとうございます。8月3日から5日間、ホワイトヒルズショッピングモールにて毎年恒例(こうれい)のサマーフェアを開催いたします。期間中はショッピングモールの全店舗の商品が10％引きになります。さらに当店では、一部の商品を数量限定で最大50％オフにいたします。商品や数量などの詳しいことは当店のウェブサイトでご確認いただけます。ただし、ご購入は店頭での先着順となりますので、早めのご来店をお願いいたします。また、お知り合いやお友達にもご案内いただきますよう、お願いいたします。皆様のご来店を心よりお待ちしております。

　　　　　　　　　　　ハワイ雑貨アロハ　ホワイトヒルズショッピングモール店
　　　　　　　　　　　　　　　　　　　　　　　　　　店長　田中

---

1 このメールの内容と合っているものはどれか。
1　セール商品を購入できるのは、店からメールが届いた人のみである。
2　ショッピングモールの商品は10％引きだが、この雑貨店ではすべて50％引きである。
3　この雑貨店のウェブサイトでセール品の確認はできるが、購入はできない。
4　ショッピングモールのサマーフェアは8月5日までである。

(2)
　草原をピョンピョン跳ねるカンガルー。でも、なぜこのカンガルーは木の上の生活に移ったのだろう。セスジキノボリカンガルー。ニューギニア島の中央から東部にかけて棲(す)んでいる。だがこの島の地上には天敵が多かったみたい。それで木の上に逃れ、樹上生活を選んだといわれている。普通のカンガルーより手の爪が大きくて鋭いのは木登りのため。名前にセスジが付いているのは背中に縦縞(たてじま)の独特のスジがあるから。この模様はみんな異なっていて、個体を見分けるポイントになっているらしい。いわば名刺代わり。カンガルーらしくないカンガルーだけど、木の上から見える風景は、格別なのかもしれないね。

（水上達「ほのぼのZOO散歩」『VISA』）

2　筆者がカンガルーらしくないカンガルーだと言うのはなぜか。
　1　ニューギニア島に棲んでいるから
　2　普通のカンガルーより手の爪が大きいから
　3　背中のスジの模様がみんな違っているから
　4　地上ではなく、木の上で暮らしているから

(3)
　我が子を良い人間にするためには幼い時のしつけこそが肝心だという考えがある。成長して悪いところが出てきてから矯正しても、かえって性質を曲げてしまうからだという。
　しかし、すべての欠点の芽が幼少期にあるわけではなく、成長してはじめて出てくる弱さの方が、その後の人生に、より大きな影響を与える。親としては、成長後の矯正は手遅れだと投げ出すわけにもいかない。だから、子どもがある程度成長して難しくなってきてからの向き合い方こそが子育ての要点なのではないか。

3 筆者の考えに合うものはどれか。
1 幼い時にすべての欠点を矯正しておくと、成長した後も安心だ。
2 成長後に子どもの性質を直そうとすると悪影響が出るので、放っておくしかない。
3 幼少期のしつけ方よりも、成長してからの子どもへの対応の方が大切だ。
4 子育ては幼少期も成長後もどちらも同じように大切で、子どもの人生に大きな影響を与える。

(4)

　日常生活の中で自分の行動の意味を問い直したくなることが、時々ある。たとえばご飯を作って食べるという行為は毎日数回、おそらく生きている限りはエンドレス(注)で続く。そこでふと思うことは、食後に食器を片付けるという行為の妥当性だ。いくらきれいにしてもすぐまた汚してしまうのに、繰り返し洗うのはなぜなのか。おそらく私たちは洗わずに置かれた食器を見た時に感じるであろう不快感を想像する。それはそこに汚れた食器が残っている間、私たちの思考を妨害し続け、他の行動への転換を許さない威力を持つことを知っている。思考と行動の自由を得る代償に、わずかばかりの労苦は甘んじて受けるのが私たちの習性なのだ。

（注）エンドレス：終わりがないこと

[4] 筆者は「食器の後片付け」についてどのように考えているか。
1　すぐにまた汚れる食器を繰り返し洗うのは妥当ではないと思っている。
2　人間はむだと思える労苦に耐えても、思考や行動の自由を手にしたいものだ。
3　汚れた食器が私たちの行動や思考を妨害するのは許されないと考えている。
4　食器を片付ける労苦はわずかだが、そこに甘えて同じ行為を繰り返してはいけない。

（5）以下は、ある会社の事業所間のメール文書である。

各事業所　担当者各位

　〇〇年度営業用カレンダーの注文につき、ご連絡いたします。
　カレンダーは卓上型と壁掛け型（1枚物）の2種類あります。事業所ごとに必要部数を取りまとめたうえで、下記、共有ファイルの表に「発注部数」、「担当者」、「納品先」をご記入ください。発注の必要がない場合は、表内に「0」とお書きください。締め切りは、10月11日（月）17:00です。なお、前年度の発注部数も参考までに合わせて掲載しております。
　以上、よろしくお願いいたします。

　共有ファイル：〇〇年_カレンダー_購入_申し込み（内部）

　　　　　　　　　　　　　　　　　　　　　　　　本社総務部　吉田直樹

5 この文書を書いた、一番の目的は何か。
1　総務部から各事業所の従業員にカレンダーを配るため
2　卓上型と壁掛け型とで、どちらを注文すべきか判断するため
3　営業に必要なカレンダーを事業所ごとに業者に注文してもらうため
4　本社総務部がまとめて注文するカレンダーの部数を知るため

(6)
　ヘッドフォンで音楽を聞きながら歩いている人を見ると、時々大丈夫かな、と思わせられることがある。周りの人に聞こえるくらい大音量で聞いている人もいるが、これだと他の音が聞こえないので、例えば後ろから車がきてもわからない。それに長時間、耳の近くで大きな音を聞き続けると、小さい音が聞こえにくくなるという調査結果もあるらしい。音楽を楽しむのはいいとしても、あまり大きな音で聞くのはどうだろうか。

6　あまり大きな音で聞くのはどうだろうかと言っているのはなぜか。
　1　大きな音が他の人の迷惑になるから
　2　危なくて、他の人を心配させるから
　3　危ないし、耳が悪くなるから
　4　小さい音が聞こえないから

(7)
　本来、どんなことについても、他人との比較は不要です。比較するのは他人ではなく、きのうの自分、おとといの自分なのです。そこには誰でも勝ち目があります。ふつうは努力しつづければ、きのうの自分よりは、すこしだけ前に進むことができるからです。一方、自分より圧倒的に運動能力が高い人とか、生まれつき音楽のセンスがいい人に勝つのは残念ながら極めて難しいことです。

[7] 他人との比較は不要とあるが、それはなぜか。
　1　比較すべきなのは他人ではなく過去の自分だから
　2　大切なのは努力して他人に勝つことだから
　3　自分より努力した人には勝つことができないから
　4　才能のある人と比較する状態は起こり得ないから

(8)

　落葉の美しさを感じられるのは、人間の特権であろうと思う。単純に、木々が黄色や赤色に色づいていくから美しいのではない。春には生まれたての黄緑色だった若葉が、夏は濃い緑色となる。このほんの数か月が、葉の人生の最盛期である。そして秋になると、自身の体を赤や黄色に変化させながら、その短い命を終え散っていくのだ。そのはかない命で、色とりどりに精一杯生きたのかと思うと、美しいと思わずにはいられない。葉の命はそれで尽きるが、厳しい冬を終えると、同じ木からまた新たな命が始まる。命とは、なんとはかなく、しかし力強いことか。

（注1）はかない：長く続かない
（注2）色とりどり：様々な色
（注3）精一杯：一生懸命

8　筆者によると、人間はなぜ落葉を美しいと感じるのか。
　1　黄緑色や濃い緑色だった葉が、黄色や赤色など様々な色に変化するから
　2　落葉を通して、人間の生活に欠かせない四季を感じることができるから
　3　葉が生まれてから散るまで、短い命を一生懸命生きたことを感じるから
　4　葉が落ちてしまっても、春にはまた新たな葉が生まれることを知っているから

問題 11 내용 이해(중문) 실전문제

問題11　次の(1)から(5)の文章を読んで、後の問いに対する答えとして最もよいものを、1・2・3・4から一つ選びなさい。

（1）

　現代社会には手軽で有用な情報ツールがあふれている。今やベッドの中で、通勤や通学の道で、ゆったりとコーヒーを飲み干すカフェの片隅で、私たちは自由自在にスマホを片手に情報の探索にはげむことができる。ここで「情報」は必ずしも「知識」を意味しない。スマホの機能として、多くの利用者が求めているのはコミュニケーション・ツールとしての役割だろう。ではこの機能を活用して、誰もが豊かなコミュニケーションを楽しめる時代になったかと言うと、①それほど楽観的に見る人は少ない。交通機関が発達しても、それだけで生活が便利になったと言えないのと同じだ。

　小さな画面から片時も目を離さず没入する人の視線の先には、何があるだろうか。自分の発した何気ない一言に素早く「いいね」を返してくれる理解者がいる。日頃快く思わない対象を容赦なく攻撃してストレスを解消してくれる同志がいる。多くの人はその心地よい、仮想のコミュニティに身をおくことで解放感を味わっている。心理学者はそう解説して現代人が手にした新しい道具の効用を説いている。だがひとときのささやかな満足感を得たあと、私たちの心の奥に残されるものはもっと②広く、深く積み重なる疲労と孤独ではないだろうか。

　スマホを通して結ばれるつながりの中では自分の本心を語るより、「その場の雰囲気＝空気に合わせる」ことが求められるという。その場に合わない不要な一言を言ったために、一斉に攻撃を受け、追い詰められ悲惨な目に合った事例が知られるようになって、さらにその傾向は強まったのかもしれない。こうした自己規制されたつながりの中で、いつか人は自分の求めるものを見失い、仮想空間からの出口も閉ざされてしまうことに気づかなくてはならない。時に便利な道具を机の上に置いて、本心を話せる相手と過ごす時間が大切なことを思い出す必要がある。

1 ①それほど楽観的に見る人は少ないのはなぜか。
　1　豊かさや便利さだけからコミュニケーションが生じるものではないから
　2　現代社会での情報は知識を指すのではないから
　3　スマホの機能は変化していくものだから
　4　一時もスマホを手放せなくなったから

2 筆者が②広く、深く積み重なる疲労と孤独ではないだろうかと思う理由は何か。
　1　スマホで結ばれた関係はその場の雰囲気に合わせて話しすることが規則だから
　2　本心を言える本当の理解者や同志はいないから
　3　仮想のコミュニティにいられる時間は少ししかないから
　4　仮想の空間で一言を言ったために攻撃されることが頻繁だから

3 筆者は現代社会の情報ツールをどうとらえているか。
　1　便利な道具だが、人を孤立させるおそれがある。
　2　この道具で現代人のコミュニケーションはもっと豊かになった。
　3　便利な道具で、人のつながりをもっと強くする。
　4　たまには手放して、自分の本心を話さなければならない。

（2）

　「未病」という言葉があるという。病気ではないという意味だが、そうかといって健康だともいえない状態で、何かそこにマイナスの条件が加わればいつ病気になって苦しんでもおかしくはないということである。年齢的に若いうちは、何もしなくても夜ぐっすり眠れたり、三度の食事がおいしく感じられて自分が健康であることを実感できる人も少なくないだろう。だがそう言える時期が過ぎると、もう「自然に」健康な状態を保つのが難しくなってくることに気づく。そこで私たちを病気に追いやってしまう「マイナスの条件」が健康を脅かすことがないように注意を払わなければならなくなる。

　健康な状態を保てなくなる原因としてよく言われるのは生活習慣の乱れである。仕事が多忙であるほど運動不足になり、食事の時間や質の管理がおろそかになる。多忙はストレスを生むが、それを解消するために休養することも、結局多忙のせいで休息の時間を確保するのが難しい。一方、ストレス解消方法が、喫煙や飲酒、電子機器への依存などの中毒性の強いものへと転換されると健康の悪化は急速に進んでいく。このとき自分の健康環境がどれほど危険な状況にあるかを自覚できるかどうかが大きなポイントになる。もはや「自然に」健康が保てない以上、意識的に悪しき習慣を矯正しようとする努力を始めるには、強い動機が必要になるからだ。

　病気になって初めて健康に対する関心を持つようになる人が多いと言われる。しかし病気になってからでは健康を取り戻すことが難しくなることは誰もが知っているのではないだろうか。そうであれば病気になる前で、しかも健康への注意信号を感知しやすい「未病」の状態こそが健康を保つために私たちに訪れた最高の機会だと考えたい。その機会を活かすための第一歩は、自分の身体から発せられる声に耳を傾けることから始まる。

4 筆者は「未病」についてどんな状態だと述べているか。
  1 健康をそこなうマイナスの条件がまったくない望ましい状態
  2 夜睡眠が充分にとれ、規則的な食事を続ける年齢を過ぎた状態
  3 何もしないと健康を保つのが難しくなってしまった状態
  4 病気ではないが健康でもなく、条件が悪化すれば病気になる状態

5 ストレスと健康の関係について筆者の考えはどれか。
  1 自分に合った方法でストレスを解消すれば健康を保つことができる。
  2 規則的な生活を送り、中毒性のあるストレス解消法を避ければ健康を維持できる。
  3 多忙からストレスが生まれることを自覚して充分に休養することが健康悪化を防ぐ。
  4 健康はストレスをなくそうとする強い意志から生まれることを知るべきだ。

6 筆者が「未病」の状態を健康を保つ最高の機会だと考えるのはなぜか。
  1 まだ病気になっていないから
  2 誰もが健康に対する関心を持つ時期だから
  3 健康への注意信号を感知しやすい状態だから
  4 身体から発せられる声がよく聞こえるから

(3)

　実は言葉というのは非常に「欠けた」ものなんです。不完全なんです。これからは、言葉は不完全なものだというお話をいたします。（中略）

　自分の気持ちのことを考えてください。何か理不尽なことがあなたの身の上に起きたとして、その時、あなたはいったいどう感じたのでしょうか。「悲しかった」のでしょうか、「悔しかった」のでしょうか。「腹が立った」、「怒った」のでしょうか。それとも「何とも思わなかった」のでしょうか。どれか言葉を選んでしまえば、だいたいそうなってしまうわけですが。

　でも、本当にそうですか。悲しかったり、悔しかったり、ちょっとおかしかったり、いろいろな気持ちが混じりあっていませんか。ありますよね。「悲しい」の一言でスッパリ表現できるような気持ちなんてないですよね。でも、気持ちを人に伝えるためには、言葉にしなきゃいけないですね。言葉にする時に、とりあえず何か言わなきゃ通じないから、「私は悲しかった」と言っちゃうんです。その時、悔しい気持ちや、ちょっと面白かったとかいう気持ちは全部捨てられてしまいます。言葉は、この世にあるものの何万分の一、いや、何百万分の一ぐらいしか表現できないものなんです。言葉にした段階で多くは<u>捨てられてしまいます</u>。

（京極夏彦『地獄の楽しみ方』講談社）

7 筆者によると、言葉は不完全なものだと考える理由は何か。
1 言葉が示す通りの意味で表せるのは、複雑な気持ちや考えの一部にすぎないから
2 言葉で伝えるためには、本当の気持ちを一言で表せる言葉を選ぶことが大切だから
3 言葉は一つだけでなく、いろいろな言葉を重ねて使えば、伝わりやすくなるから
4 言葉を使った後も、人の気持ちは複雑に変化するものだから

8 筆者によると、捨てられてしまうのは何ですか。
1 言葉で表現された気持ち
2 言葉で表現できなかった気持ち
3 人に伝えるために使った言葉
4 この世にあるものを表すための言葉

9 「言葉」について、筆者の考えに合うものはどれか。
1 言葉で表現できることは限られており、この世にあるものの一部を伝えているだけだ。
2 一つの言葉が表現できることは限られているので、できるだけ多く話す方がいい。
3 言葉を選ぶときは、本当に言いたいことをよく考えて、慎重に選ばなければならない。
4 言葉で表現するのは難しいが、伝えたいことを正確に伝える努力をしなければならない。

(4)
　私たちは良く眠れたとき、気分も良く、その日の仕事もはかどります。反対によく眠れなかったときは思考力が落ちたり元気が出なかったりと、1日中イライラしてしまうことがあります。それほど、良い睡眠というのは私たちの生活に欠かせないものです。

　良く眠るというのは具体的にどのような状態かというと、まずは布団に入ったらすぐに眠れるというのが第一条件になるでしょう。眠ろうとしたとき、なかなか眠れないとイライラするものです。そして、途中で目が覚めないこと。夜中に目が覚めてしまう、いわゆる二度寝というのは気分が優れません。目が覚めたらまだ寝る時間があって嬉しかったという経験もあると思いますが、実はそれは「よく眠れた」という状態ではないのです。二度寝をした結果、結局は寝坊をしてしまったということも多いのではないでしょうか。

　良く寝るためには、生活習慣の見直しが必要です。寝る直前まで食事をしたり、ゲームをしたりすることは避けなければなりません。実際の時間ではなく、体内時計というものが大きく左右するからです。また、部屋の環境を整えることもポイントです。部屋の明るさや音、布団の状態などが睡眠に影響するのです。そして、その日の悩みやストレスなどなるべく忘れて、しっかり寝ようと意識するだけでも違ってきます。

10 良い睡眠というのは私たちの生活に欠かせないとあるが、それはなぜか。
   1 考える力や元気が出ないと、仕事がはかどらないから
   2 その日を良い1日にできる効果があるから
   3 その日が悪い1日になってしまう原因になるから
   4 寝ようとしても寝られない状態になるとイライラしてしまうから

11 この文章によると、良く眠れた状態とはどれか。
   1 朝、目覚まし時計が鳴るまで、一度も起きられなかった。
   2 目が覚めて時計を見たら、まだ夜中の3時だった。
   3 とても眠くて、いつの間にか電気をつけっぱなしで寝ていた。
   4 電気を消したら、会社で上司に怒られたことを思い出した。

12 この文章では、良く眠るためにはどうしたらいいと言っているか。
   1 ゲームをするなら寝る2時間前にはやめること
   2 実際の時間を見て寝るのではなく、寝たいときに寝ること
   3 寝る前には、嫌なことを考えないようにすること
   4 1日の出来事は全て忘れて、寝ることだけを意識すること

(5)

　人間の作ったロボットが人間を攻撃し始めるのは、ＳＦ映画の定番だ。源流の一つに、チェコの作家チャペックによる戯曲「ロボット」がある。なぜ人間に刃向かうのか、彼ら自身が語る理由が①恐ろしい。「あなたの方がロボットのようではないからです。……ロボットのように有能ではないからです。」

　ロボットの頭脳となる人工知能の進歩がめざましい。この分野への投資は世界的なブームとも聞く。明るい未来につながるのだろうか。一方で警戒する人もいる。「完全な人工知能が開発されれば、人類の終焉を招くかもしれない。」名高い宇宙物理学者ホーキング博士が、英BBC放送に語っている。知力で勝る人間は多くの生き物を圧倒し、絶滅させた。②同じことが起きないとも限らないと。

　もっとも現場の研究者に聞くと心配する水準ではないという。学習能力は「まだ２歳児程度」の声もある。だが、２歳児と比べられるところまで来たと見ることもできる。大人になって、我々を超えるのにあとどのくらいだろう。忘れてはいけないのは、巨大な技術はときに私たちに牙をむくといくことだ。

（注１）刃向かう：反抗する
（注２）終焉：絶滅
（注３）牙をむく：危害を加える

13 ①恐ろしいとあるが、なぜか。
1 ロボットが人間に反抗するので
2 ロボットが自分たちのほうが人間よりも優秀だと言うので
3 ロボットが人間と同じように自己主張をすることができるので
4 ロボットが自分たちも人間のようになりたいと言うので

14 ここでいう②同じこととはどういうことか。
1 知力のある人間が、地球上のあらゆる動物を支配すること
2 知力のあるロボットが、人間以外の動物を支配すること
3 知力で勝る人間が、それより劣るロボットを支配すること
4 知力で勝るロボットが、それより劣る人間を支配すること

15 筆者は、人工知能の技術に対してどのように感じているか。
1 人工知能は、人間の感情も持つことができるように開発するべきである。
2 いつか人間を超えるものを作り出してしまう可能性があり、気を付ける必要がある。
3 2歳児程度の人口知能だけでも十分で、これ以上開発する必要はない。
4 このまま開発を続けていけば、人工知能は間違いなく人間を支配する存在になる。

問題12　次のAとBの文章を読んで、後の問いに対する答えとして最もよいものを、1・2・3・4から一つ選びなさい。

A

　エスカレーターに乗る際に片側をあけることを世界で最初に呼びかけたのは1944年ごろのロンドンの地下鉄駅と言われている。経済の発展を重視する考えから、効率よく人間を運ぶことが求められたのだ。これが、その後、欧米やアジアの国々に広がっていった。日本では関西の鉄道が1967年ごろ「右側に立ち、急いでいる人のために左側をあけて」と呼びかけたのが最初とされている。東京では「片側あけ」が、やはり効率重視の考えから「海外に学べ！」と取り入れられ、その後、全国に広がっていった。しかし、「欧米文化に学ぶ」時代は終わった。エスカレーターを歩いてけがをする人や怖いと感じる人がいる以上、「エスカレーターを歩かない」という発想を日本の新しい文化とするのもいいのではないか。

B

　私の住んでいる県では、エスカレーターの利用者が立ち止まって乗ることを求める条例が作られた。全国でもはじめての条例だそうだ。エスカレーターで歩くことは、高齢者や障害のある人にとって、事故につながりかねない危険な行為であるだけでなく、恐怖でもある。高齢化が進み、障害者の社会進出が目指されている今、だれにとっても住みやすいバリアフリー社会の整備が欠かせない。条例で定めることの是非についてはさまざまな考え方があるとは思う。ただ、私はエスカレーターを利用するときに、不安に思っている人がいることをみんなが知るきっかけになればいいと思っている。

1 立ち止まってエスカレーターに乗ることについて、AとBはどのように述べているか。
   1　AもBも、賛成だ。
   2　AもBも、反対だ。
   3　Aは賛成だが、Bは反対だ。
   4　Aは反対だが、Bは賛成だ。

2 二人の意見に共通しているのはどのような視点なのか。
   1　エスカレーターは危険なので、高齢者や障害のある人は使わない方がいい。
   2　時代や社会の変化に応じて、制度や規則を作り変えていくことが大切だ。
   3　これからの時代は、経済重視、効率重視の考え方を変える必要がある。
   4　怖いと思ったり不安だと思ったりする人がいるのであれば、これまでのやり方は変えた方がいい。

問題 12 통합 이해 실전문제 ②

問題 12　次のAとBの文章を読んで、後の問いに対する答えとして最もよいものを、1・2・3・4から一つ選びなさい。

A

　大学進学率が50%を超えた今、卒業生のほとんどが進むのは、国内のサービス産業を中心とした世界だ。だからこそ学生には、職業人として必要なスキルを大学で身につけてほしい。これまで、大学は学術的な教養ばかりを重視してきた。しかし、もともと教養とは、人間がよりよく生きていくための「知の技法」のことを意味していた。現代ではそれが、実社会を生きていく上で確実に役に立つ簿記会計などの技術となる。これからの日本の大学には、学術的教養だけから成る「一つの山」の構造ではなく、アカデミズムの学校と実践的な職業教育に重点を置いた、実学のための学校の「二つの山」の構造に変えていく必要があるのではないだろうか。

B

　大学を職業訓練の学校のようにするべきだという意見があるが、例えば20年後、社会で必要な技術は、今と同じだろうか。今、役に立つように見える技術に、学生の関心と才能を制限してしまってもいいのだろうか。私は、今の学生たちにはどんな未来にも対応できるような力をつけさせる必要があると思う。実社会が求める人材とは、冷静な判断力を持った人間だ。インターネットが発達して情報が溢れかえる今、何が正しいか、どう評価したらいいかを様々な角度から考え、選択しなければならない。自分の頭で考える力、これが大学で訓練しなければいけない能力だ。たくさん本を読み、様々な学説と向き合い、時間がかかっても面倒臭いプロセスを丁寧に行う。そうやって身につけた教養は、どんな分野に進んでも役に立つ力になるはずだ。

1　AとBのどちらの文章にも書かれていることは何か。
　1　卒業後の実社会で必要となる能力
　2　インターネット社会で必要な教養
　3　教養という言葉の本当の意味
　4　大学生が増えたことによる、大学生の質の低下

2　AとBの筆者は、今後の大学教育についてどのように考えているか。
　1　AもBも、学生には実社会の現在と未来に対応できるよう、実践的な教養と学術的な教養を同時に身につけさせるべきだと考えている。
　2　AもBも、学生には世界で戦えるような高度な教養を身につけさせるべきだと考えている。
　3　Aはアカデミックな教育とともに職業教育も必要だと考え、Bは自分の頭で考えることができる人材をアカデミックな教育を通して育てることが必要だと考えている。
　4　Aは大学が学生の就職率を上げる努力をする必要があると考え、Bは大学院への進学率を上げる努力をする必要があると考えている。

問題 13 주장 이해 실전문제 ①

問題 13 次の文章を読んで、後の問いに対する答えとして最もよいものを、1・2・3・4から一つ選びなさい。

以下は、ある作家の書いた文章である。

そろそろ、あなたにもラブレターのコツを教えてあげましょうか？ どんな手紙が相手の心をつかむことができるか。

徹底的に相手のことを書く、というのがそのコツ。—あなたはあの時こう言った。その時、私はあなたの顔ではなく手をみつめていた。あなたの手は、言葉以上に雄弁(注1)に何かを語っていた。いつか、その手で抱きしめられることを、私はひそかに強く心の中で願った—というようなことを、もちろん手紙の文体で、淡々(注2)と、しかし熱い思いで書きつらねるのである。流れるような美辞麗句(注3)である必要は全然ない。溜息のような文体で—美しい溜息のように—、書くことだ。

当時、私も多少は男からラブレターをもらうこともあった。そんな時、手紙によっては百年の恋も一読で醒め果てる場合がある。文字の下手なのは文章力で補えないこともないが、稚拙(注4)な内容は、どんなに良い文字で書きつらねようともいかんともなし難い。

一番いけないのは、ボクはどうした、ボクはこうした、ボクはボクはと始めから終りまで自分のことしか書いていない手紙。そのボクにこっちが恋をしていなかったら、こんな退屈なことはない。半分も読まないうちに、クズカゴ行きだ。

ボクはどうしたボクがこうした、あるいはワタシってこんな女の子なのよ、というような手紙は問題外なのだが、案外とこの種の手紙が多いのである。あなたも思い当たらない？

どうしても自分のことを書きたかったら、ワタシはアナタについてこう思うとかああ思うとか、一歩突っこんで欲しい。

人間(注5)というのは、自分のことを他人がどれだけ気にしていてくれるか、ということに最大の関心がある動物なのである。最初から終りまでアナタのことで書かれたラブレターをもらって、悪い気分がするわけがない。

ただし、避けたいことがいくつかある。アナタについてどんなことをどれだけ書いて

もかまわないが、相手の気持ちがはっきり分かるまでは「アナタが好き」だとか「アナタを愛しています」といった決定的な告白は絶対に避けること。好きな思いは、間接的に伝えるのが良いのだ。

　もうひとつ「……だから、逢って下さい」と、相手に選択を押しつける文章も、まだ早い。むしろ相手に、この女の子に逢ってみたいと思わせることの方が大事だ。「逢おう」というアプローチは、相手にさせること。そういう手紙が理想的だ。

　　　　　　（森瑤子「手紙」『中学生までに読んでおきたい哲学1』あすなろ出版）

（注1）雄弁に語る：物やしぐさなどから、強くメッセージを感じさせる
（注2）淡々と：静かに落ち着いて
（注3）美辞麗句：美しく飾られた言葉や表現
（注4）稚拙な：子どもっぽい
（注5）一歩突っ込む：ここでは「一歩踏み込む」と同じ意味で使用

1　筆者によると、ラブレターのコツとは何か。
　1　相手に関することだけを熱い思いで書くこと
　2　美しい言葉や表現で、心をつかむように書くこと
　3　文章力を補うためにきれいな字で書くこと
　4　相手を思う自分の気持ちを徹底的に書くこと

2　アナタのこととは誰のことか。
　1　筆者のラブレターを読んだ人
　2　この文を読んでいる人
　3　ラブレターを書く人
　4　ラブレターをもらう人

3　ラブレターについて、筆者の考えに合うものはどれか。
　1　手紙を読む人は、美しい言葉や表現がきれいな文字で書かれていると、悪い気分がしない。
　2　手紙を読む人は、書いた人が自分をどれだけ気にしてくれているかに関心がある。
　3　手紙を書く人は、どれほど好きか、愛しているかを言葉ではっきりと伝えることが大切だ。
　4　手紙を書く人は、「逢おう」という提案をして、相手が選択できるようにするとよい。

問題 13　主張 이해 실전문제 ②

問題 13　次の文章を読んで、後の問いに対する答えとして最もよいものを、1・2・3・4から一つ選びなさい。

　発達心理学の本などを読むと、老人について実感を満足させてくれるものはない。だいたいは、老人というのは発達の盛りを過ぎて手足の運動性も頭の運動性も衰えてきている人たちだという認識が普遍的だからだ。

　でもそう考えると、ちょっと間違うかもしれない。老人になると、考えること、妄想すること、想像力をはたらかせること、そういう能力はなお発達を続ける。ところがそれを実行に移そうとすると、からだの動きとのあいだに距離ができてしまう。そこが不自由に感じる。「わたしはかつてないほどよく考え、計画をたてることができるのだが、計画し考えたことを実行することがもはやできないのだ」というイギリスの詩人イェイツの晩年の嘆きはそのあたりの気持ちをとてもよくあらわしている。ただ余命がなくて実行できないと考えるより、計画することと実行することの距離が大きくなっているからできないと解釈したほうがいいとおもえる。

　したがって老齢者の定義は「頭や想像力で考え感じていること」と、それを「精神的にか実際的にか表現すること」とのあいだの距離が普通より大きくなっている人間、となる。そう定義するなら、まず間違うことはないとおもう。

　自分では実感上および体験上そう考えるようになったが、世間の常識はちがって、老人は体も衰えてボケも発達しているというわけだ。ボケを防ぐためだといって、からだを動かせといってみる。そんなテレビ番組を見ていると、それは大間違いだといってやりたくなる。身体の運動性が増したって、そんなのは一時しのぎに過ぎない。

　（中略）

　私の見るところでは、これから将来に向けて、（中略）からだを動かすことに比べて頭をはたらかすことのほうが多いという老齢者はきっと増えてゆく。解釈としては、「考えていること」と「じっさいの運動」との距離が非常に大きくなってしまうのが老齢層だとするほうが将来性があるようにおもえる。しかし、いまの老齢者に対する医療はそうなっていない。だから、ここのところはやはり修正しておいたほうがいい。いや修正しておくべきだとおもえる。

（注1）衰えてきている：弱ってきている
（注2）嘆き：深く悲しむこと
（注3）定義：あるものを、言葉で明確に限定すること
（注4）ボケ：痴呆。主に年を取ったがために起きる脳の機能障害
（注5）一時しのぎ：一時的な解決方法

1 そのあたりの気持ちとあるが、筆者はどういう気持ちだと言っているか。
 1 肉体が衰えているので、生活が不自由で悲しくてならない。
 2 計画を立てても、昔から実行力というものがなかったので、情けない。
 3 寿命がいくらも残っていないので、計画を実行に移せないのが悲しい。
 4 やりたいことが、身体の衰えのために、思いどおりにできないのが残念でならない。

2 筆者が考える老齢者の定義とは何か。
 1 体を動かすことよりも頭で考えたり想像したりすることのほうが得意な人々
 2 頭や心の中にあるものを表現しようとする時に大きなギャップが生じてしまう人々
 3 身体の機能が衰えて、常識が通じなくなってしまっている人々
 4 事実や現実とは違うことを、頭の中で考えたり想像したりする人々

3 この文章で筆者がもっとも言いたいことは何か。
1 老齢者は頭脳の衰えを防ぐために、もっと体を動かしたほうがいいので、老齢者に対する医療も身体能力の回復に重点を置くべきだ。
2 老齢者も将来性のある存在なので、老齢者に対する医療もこれを無視してはならない。
3 老齢者の身体の衰えと頭脳の衰えは、必ずしも一致しないので、老齢者に対する医療は見直される必要がある。
4 老齢者に対する医療を改善して、老齢者が肉体的な面において社会に貢献できるようにするべきだ。

問題 14 정보 검색 실전문제 ①

問題14　右ページは、夏休み中の小学生対象のプログラムの案内である。下の問いに対する答えとして最もよいものを、1・2・3・4から一つ選びなさい。

1　小学３年生のノエル君は夏プログラムに参加したいと言っている。父親のサントスさんは、8月１日〜12日の間で、時間帯が10：00〜13：00、料金が1,500円までのプログラムならよいと答えた。ノエル君が参加できるプログラムはどれか。

1　Bの「電車の整備士ってどんな仕事？」
2　Cの「おうちがホテルのレストラン！」
3　Dの「バーチャル世界旅行をしてみよう！」
4　Eの「浴衣を着て和作法を学ぼう」

2　Fの「マンガってどうやってかいてるの？」に参加できるのはどの児童か。

1　今回の参加が初めての３年生の友人同士
2　７月中の午後を希望する4年生と5年生の兄弟
3　予算が1,500円までの２年生
4　12：00〜15：00の時間帯を希望する６年生

サマープログラムのご案内

期間：7/25 ～ 8/31

Ⓛ…低学年対象プログラム　　Ⓗ…高学年対象プログラム

A 新聞記者になってみよう！
インタビューしたものを記事にして、新聞を作ってみよう！
- 日時：① 7/27　10：00～13：00
　　　　② 8/3　 10：00～13：00
- 料金：1,000円（＊昼食持参）
- 場所：ひのもと新聞本社２階
- 協賛：ひのもと新聞　　Ⓗ

B 電車の整備士ってどんな仕事？
電車の車庫で整備士さんの仕事を見て、君も洗車をしてみよう！
- 日時：① 7/31　14：00～15：30
　　　　② 8/7　 14：00～15：30
- 料金：無料　場所：××電鉄 つばきやま駅
- 協賛：××電鉄
- ☑ 過去の参加の有無は問いません。　Ⓛ

C おうちがホテルのレストラン！
ホテルのシェフに教わりながら、「ステーキとガーリックライス」を作ろう！
- 日時：8/1・8/5
　　　　各日とも 11：00～12：30
- 料金：2,000円（＊材料費含む）
- 配信方法：web会議システム[yyyy]　Ⓛ
- 主催：ロイヤルホテル　Ⓗ

D バーチャル世界旅行をしてみよう！
世界の各所の画像を使って世界旅行に出発だ！旅行社の本物の添乗員が案内するよ♬
- 日時：① 8/10　11：00～12：15
　　　　② 8/16　15：00～16：15
- 料金：1,000円
- 場所：TRIP TRAVEL交通XX店５F会議室
- 主催：TRIP TRAVEL交通　Ⓛ

E 浴衣を着て和作法を学ぼう！
この夏は茶道や華道の世界を体験してみよう。和の文化の作法を知れば楽しいよ❆※
- 日時：① 7/29 [茶道] 9：30～11：00
　　　　② 8/20 [華道] 13：00～14：30
- 料金：1,200円
- 場所：文化センター別館１階　Ⓛ
- 協賛：和文化を未来に伝える会　Ⓗ

F マンガってどうやってかいてるの？
漫画原稿用紙にマンガ用のペンで書いてみよう！セリフを考えて２ページ作るよ。
- 日時：7/27 ① 10：45～12：00
　　　　　　 ② 14：45～16：00
- 料金：1,500円　場所：ZYX出版社８階
- 協力：漫画家　XXXYY
- ☒ 過去に参加した人は選べません。　Ⓗ

❆ 各プログラム定員20人
❆ 申込期間：6月20日～6月30日
❆ 抽選で当選した方に行程をお送りします。
❆ 応募URL　https://summer.programs.shogakusei.jp

問題 14　右のページは、ある市のボランティア募集案内である。下の問いに対する答えとして最もよいものを、1・2・3・4から一つ選びなさい。

1 大学生の田中さんは初めてボランティアをしてみたいと思っている。家に車があるので、田中さんは時々車で大学に行く。平日は授業で、毎週土曜日は10時からアルバイトがあるためその時間は参加できない。田中さんが参加できるボランティアはいくつあるか。

1　4つ
2　3つ
3　2つ
4　1つ

2 佐々木さん(65歳)は今回初めて、外出困難者の送迎のボランティアに参加してみようと思っている。活動希望日は10月15日(木)だが、下記のうち確実に申し込めるのはどれか。

1　10月1日(木)までにホームページで登録して、8日(木)までにホームページで申し込む。
2　10月1日(木)までに電話で登録して、8日(木)までに電話で申し込む。
3　10月6日(火)までに電話で登録して、13日(火)までにホームページで申し込む。
4　10月6日(火)までにホームページで登録して、13日(火)までに電話で申し込む。

ボランティア募集！

私たちの地域の中には、あなたを必要としているボランティアがたくさんあります。
現在は以下の活動についてお手伝いをしてくださるかたを募集中です。
これを機にボランティアデビューしてみませんか？

20××年 9月 1日

活動名	内容	日時	資格
❶ ふじ川河岸のお掃除	ふじ川河岸のゴミ拾いや草取りなど	10月、11月の第2、第4土曜日 8：00～11：00 【都合のよい日のみ参加可】	特になし
❷ 外出困難者の送迎	お年寄りや体の不自由な方のお出かけを車で送迎	ご自身の都合のよい日※	運転免許証必須
❸ 外出困難者の付添	お年寄りや体の不自由な方のお出かけに付き添う	ご自身の都合のよい日※	特になし
❹ 「昔の遊び」教室	地域のこどもたちや外国人に昔からの伝統的な遊びを教える	11月の日曜日 10：00～12：00 / 14：00～16：00 【午前か午後のどちらかだけで可】	65歳以上の方
❺ 古本の回収	地域を回って読まなくなった書籍類を回収	10月24日(土)～26日(月) 10：00～（回収し次第終了） 【三日間全てに参加できること】	自動車かバイクの持ち込み必須

※ 希望活動日2週間前から2日前までお申込みできます。場合によっては希望活動日に依頼がない可能性もありますのでご了承ください。

【登録と活動申込み方法】

・高校生以上の方ならどなたでも申し込めます。

・ボランティア活動をしていただく前に、ふじ市ボランティアセンターにボランティア活動員として登録していただきます。ご登録後、希望活動日の申込みをしていただきます。

・ボランティア活動員の登録はふじ市ボランティアセンターの受付窓口かホームページにてご登録ください。活動員番号を1週間以内にメールにてお知らせいたします。

・活動申込みは希望活動日2週間前から2日前までふじ市ボランティアセンターへお電話でお申込みください。窓口でもお申込みできます。（活動員番号をご用意ください）

・ご不明な点はお問い合わせください。

お問い合わせ　所属課室：ふじ市まちづくり課　ふじ市ボランティアセンター
〒123-456 ふじ市本町3-12　ふじ市ボランティアセンター
電話番号：0435-00-7〇〇〇 / HP: http://cityfuji.xxx

Part 4

JLPT N2

Part 4 청해

I 문제 유형 파악하기

- **청해 기본기 갖추기**
  틀리기 쉬운 발음
  청해에 자주 나오는 표현

1. 問題 1 　과제 이해
2. 問題 2 　포인트 이해
3. 問題 3 　개요 이해
4. 問題 4 　즉시 응답
5. 問題 5 　통합 이해

틀리기 쉬운 발음

001~010

한국인이 알아듣기 힘든 발음에 촉음, 장음, 발음(撥音), 요음, 탁음, 반탁음이 있다. 일본어는 어떻게 발음하느냐에 따라 의미가 달라지므로 정확하게 구분하는 연습이 필요하다.

1. 촉음

「つ・ッ」를 작게 표기하며 다음에 이어지는 음에 따라 'ㄱ, ㅅ, ㄷ, ㅂ' 받침과 비슷하게 발음한다.

🔓 촉음이 있는 단어를 들어 보자. 🎧 001

①	がっこう(学校 학교)	───	かこう(加工 가공)
②	ぶっか(物価 물가)	───	ぶか(部下 부하)
③	きって(切手 우표)	───	きて(来て 오다(来る)의 て형)
④	おっと(夫 남편)	───	おと(音 소리)
⑤	いっさい(一切 일체)	───	いさい(異彩 이채)

연습 🎧 002

問題を聞いて聞こえたものを選んでください。

1	しっこう(執行 집행)	───	しこう(思考 사고)
2	いっち(一致 일치)	───	いち(位置 위치)
3	ふっとう(沸騰 비등, 액체가 끓어오름)	───	ふとう(不当 부당)
4	けっしょう(決勝 결승)	───	けしょう(化粧 화장)
5	はっけん(発見 발견)	───	はけん(派遣 파견)

정답 1 しっこう 2 いち 3 ふとう 4 けっしょう 5 はっけん

2. 장음

두 개 이상의 모음이 이어질 경우 앞의 모음을 길게 발음한다.

🔑 장음이 있는 단어를 들어 보자. 🎧 003

① おじいさん (할아버지) ―――― おじさん (아저씨)
② ゆうき (勇気 용기) ―――― ゆき (雪 눈)
③ しょうかい (紹介 소개) ―――― しょかい (初回 초회, 첫 회)
④ こうきゅう (高級 고급) ―――― こきゅう (呼吸 호흡)
⑤ きょうだい (兄弟 형제) ―――― きょだい (巨大 거대)

연습 🎧 004

問題を聞いて聞こえたものを選んでください。

1　けいしき (形式 형식) ―――― けしき (景色 경치)
2　すうじ (数字 수학) ―――― すじ (筋 줄거리, 힘줄)
3　きょうか (強化 강화) ―――― きょか (許可 허가)
4　じゅうしょう (重傷 중상) ―――― じゅしょう (受賞 수상)
5　いっしょう (一生 일생) ―――― いっしょ (一緒 함께 함, 동반함)

정답　1 けしき　2 すうじ　3 きょか　4 じゅうしょう　5 いっしょう

3. ん발음

「ん・ン」으로 표기하며 다음에 이어지는 음에 따라 'ㄴ, ㅁ, ㅇ' 받침과 비슷하게 발음한다.

🔓 **ん발음이 있는 단어를 들어 보자.** 🎧 005

① ぶんか(文化 문화) ——— ぶか(部下 부하)
② びんかん(敏感 민감) ——— びかん(美観 미관)
③ きんねん(近年 근년) ——— きねん(記念 기념)
④ かんじ(漢字 한자) ——— かじ(火事 화재)
⑤ しんせつ(親切 친절) ——— しせつ(施設 시설)

연습 🎧 006

問題を聞いて聞こえたものを選んでください。

1　かんこう(観光 관광) ——— かこう(下降 하강)
2　そんがい(損害 손해) ——— そがい(疎外 소외)
3　はんこ(判子 도장) ——— はこ(箱 상자)
4　たんどく(単独 단독) ——— たどく(多読 다독)
5　じんぶつ(人物 인물) ——— じぶつ(事物 사물)

정답　1 かんこう　2 そんがい　3 はこ　4 たんどく　5 じぶつ

청해 기본기 갖추기

4. 요음

「い」를 제외한 い단 「き・ぎ・し・じ・ち・に・ひ・び・ぴ・み・り」에 「や・ゆ・よ」를 작게 표기한 글자로, 'ㅑ, ㅠ, ㅛ'로 발음한다.

🔓 요음이 있는 단어를 들어 보자. 🎧 007

① きんぎょ (金魚 금붕어) ——— きんこう (近郊 근교)
② しゅみ (趣味 취미) ——— すみ (隅 구석)
③ ひっしゅう (必修 필수) ——— ひっす (必須 필수)
④ きょうだい (兄弟 형제) ——— こだい (古代 고대)
⑤ きゅうり (오이) ——— くり (栗 밤)

연습 🎧 008

問題を聞いて聞こえたものを選んでください。

1 じゅんかん (循環 순환) ——— ずかん (図鑑 도감)
2 ひょうげん (表現 표현) ——— ほうげん (方言 방언)
3 しゃかい (社会 사회) ——— さかい (境 경계)
4 しょうぎょう (商業 상업) ——— そうごう (総合 종합)
5 きゅうこう (急行 급행) ——— くうこう (空港 공항)

정답 1 じゅんかん 2 ほうげん 3 しゃかい 4 そうごう 5 きゅうこう

5. 탁음·반탁음

탁음은 「か·さ·た·は」행의 오른쪽 위에 탁점(゛)이 붙은 글자이며, 반탁음은 「は」행 오른쪽 위에 반탁점(゜)이 붙은 글자이다.

🔓 **탁음·반탁음이 있는 단어를 들어 보자.** 🎧 009

①	てんき(天気 날씨)	──	でんき(電気 전기)
②	かっこう(格好 모습, 모양)	──	がっこう(学校 학교)
③	かんこく(韓国 한국)	──	かんごく(監獄 감옥)
④	はん(半 반)	──	パン(빵)
⑤	バス(버스)	──	パス(패스)

연습 🎧 010

問題を聞いて聞こえたものを選んでください。

1	きんこう(近郊 근교)	──	ぎんこう(銀行 은행)
2	さいさん(採算 채산)	──	ざいさん(財産 재산)
3	ぜんはん(前半 경기 전반)	──	ぜんぱん(全般 전반, 통틀어서 모두)
4	とうじょう(登場 등장)	──	どうじょう(同情 동정)
5	はんこう(反抗 반항)	──	ばんごう(番号 번호)

정답　1 きんこう　2 ざいさん　3 ぜんぱん　4 とうじょう　5 ばんごう

청해에 자주 나오는 표현

청해 문제에 자주 등장하는 표현을 장소와 상황에 따라 정리했다. 청해뿐만 아니라 독해에서도 유용하게 사용되는 표현이므로 반드시 기억해 두자.

회사 ① 취직·이직

- 就職 취직
- 転職 전직, 이직
- 紹介してもらう 소개받다
- 紹介してくれる 소개해 주다
- ～の紹介で ～의 소개로
- 就職活動 취직(취업) 활동
- 責任が重い 책임이 무겁다

- 面接 면접
- 経験・専門をいかす 경험·전공을 살리다
- 残業代がつく 야근 수당이 붙다
- ボーナスが出る 보너스가 나오다
- 仕事がハードだ 일이 힘들다
- 募集 모집
- 責任がある 책임이 있다

🔓 취직·이직 표현을 활용한 대화문을 들어 보자.

男 これからどんどん就職が大変になるから、留学でもしようかな。

女 そうね。友だちで先輩に紹介してもらったのに自分に合わなくてすぐにやめた子もいるけど、転職も簡単じゃないしね。今年から就職活動を始めた子も多いけど、全然やらないつもり？

男 新卒を募集している会社はいくつかエントリーシートを出したんだけど、面接まで行けなくてね。

남 앞으로 점점 취직이 힘들어질 테니까 유학이라도 갈까?

여 그렇네. 친구 중에 선배에게 소개받는데 자기한테 맞지 않아서 바로 그만둔 애도 있지만, 이직도 쉽지 않고 말이야. 올해부터 구직 활동을 시작한 사람도 많은데, 전혀 하지 않을 생각이야?

남 졸업 예정자를 모집하는 회사는 몇 군데 입사 지원서를 냈지만 면접까지 가지 못했어.

회사 ② 전화 🎧 013

- □ あいにく 공교롭게
- □ 外出中(がいしゅつちゅう) 외출 중
- □ 席(せき)をはずす 자리를 비우다
- □ 戻(もど)る予定(よてい)です 돌아올 예정입니다
- □ お電話(でんわ)を差(さ)し上(あ)げます 전화 드리겠습니다
- □ 伝(つた)えます 전해드리겠습니다
- □ ～次第(しだい) ～하는 대로
- □ 折(お)り返(かえ)し電話(でんわ) 전화를 받은 쪽에서 다시 거는 전화
- □ お電話(でんわ)をいたします 전화하겠습니다

🔓 전화 표현을 활용한 대화문을 들어 보자. 🎧 014

男 宮本(みやもと)と申(もう)しますが、田中課長(たなかかちょう)はいらっしゃいますか。

女 申(もう)し訳(わけ)ございません。田中(たなか)はただいま席(せき)をはずしております。戻(もど)り次第(しだい)、お電話(でんわ)を差(さ)し上(あ)げますが、電話番号(でんわばんごう)をお願(ねが)いできますでしょうか。

남 미야모토라고 합니다만, 다나카 과장님 계십니까?

여 죄송합니다. 다나카 과장은 지금 자리를 비웠습니다. 돌아오는 대로 전화를 드리겠습니다만, 전화번호를 알려 주시겠습니까?

男 お世話(せわ)になっております。山田産業(やまださんぎょう)の岩田(いわた)ですが、部長(ぶちょう)をお願(ねが)いいたします。

女 あいにく、部長(ぶちょう)の林(はやし)は外出中(がいしゅつちゅう)でして、午後(ごご)4時頃(じごろ)には戻(もど)る予定(よてい)です。もしその前(まえ)に連絡(れんらく)がございましたら、折(お)り返(かえ)しお電話(でんわ)いたしますよう伝(つた)えますが、山田産業(やまださんぎょう)の岩田様(いわたさま)でよろしいでしょうか。

남 신세지고 있습니다. 야마다 산업의 이와타입니다만, 부장님을 부탁드립니다.

여 공교롭게도 하야시 부장님은 외출 중이어서 오후 4시쯤에는 돌아올 예정입니다. 혹시 그 전에 연락이 있으면 이쪽에서 다시 전화드리도록 전달하겠습니다만, 야마다 산업의 이와타 님이라고 전하면 될까요?

청해 기본기 갖추기

회사 ③ 연수·세미나 🎧 015

- ☐ 研修 연수
- ☐ 載せる 게재하다
- ☐ セミナー 세미나
- ☐ 個人情報 개인 정보
- ☐ 参加·不参加 참가·불참
- ☐ 付け加える 덧붙이다
- ☐ 配る 배부하다
- ☐ 取り消す 취소하다
- ☐ 書類 서류
- ☐ 打ち直す 다시 입력하다, 재입력하다
- ☐ 資料 자료
- ☐ プライバシー 프라이버시, 사생활

🔓 연수·세미나 표현을 활용한 대화문을 들어 보자. 🎧 016

課長　来週は新入社員の研修会があるけど、セミナーの講師は手配できた？

社員　はい。今回は少し早めに連絡をして、優秀な講師を確保しました。

課長　それは良かった。社員の参加·不参加の集計が終わったら他の書類と一緒に僕に見せて。

社員　はい、わかりました。それとこれは研修会で配る資料をリストにしたものですが、一度チェックをお願いできますでしょうか。

課長　うん。後でゆっくり見るけど、去年は社員の名前のほかに連絡先が載せてあって、作り直したことがあったね。プライバシーや個人情報の扱いは慎重にね。

社員　あのときは作った資料を打ち直したり、所属の部署が抜けていて付け加えたり、いろいろ直すことがあったので、今回は十分に注意します。

과장　다음 주는 신입 사원 연수회가 있는데, 세미나 강사는 섭외했어?

사원　네. 이번은 조금 빨리 연락을 해서 우수한 강사를 확보했습니다.

과장　그거 다행이네. 사원의 참가·불참 집계가 끝나면 다른 서류와 함께 나에게 보여 줘.

사원　네, 알겠습니다. 그리고 이건 연수회에서 배부할 자료를 리스트로 만든 것인데요, 한번 확인을 부탁드릴 수 있을까요?

과장　응, 나중에 천천히 보겠지만, 작년에는 사원의 이름 외에도 연락처가 게재되어 있어서 다시 만든 일이 있었어. 프라이버시나 개인 정보의 취급은 신중하게 하도록.

사원　그때는 만든 자료를 다시 작성한다든가 소속 부서가 빠져 있어서 덧붙인다든가, 여러 가지 고칠 것이 있었으니 이번에는 충분히 주의하겠습니다.

대학 🎧 017

- ☐ 論文 논문
- ☐ 卒業論文(卒論) 졸업 논문
- ☐ 参考文献 참고 문헌
- ☐ 参考データ 참고 데이터
- ☐ 内容 내용
- ☐ 書き方 쓰는 방식, 방법
- ☐ 履修 이수
- ☐ 参考にする 참고로 하다

- ☐ レポート 리포트
- ☐ 提出する 제출하다
- ☐ 参考資料 참고 자료
- ☐ 締め切り 마감
- ☐ テーマ 테마, 주제
- ☐ 受講 수강
- ☐ 研究室 연구실
- ☐ 参考になる 참고가 되다

🔓 대학 표현을 활용한 대화문을 들어 보자. 🎧 018

男 ねえ、期末レポートって締め切り、いつまでだっけ。

女 ええ？ 提出するのが今週末なのに、今ごろ何を言ってるの。

男 ほんと？ じゃあ、もう間に合わないよ。

女 だったら、ネットでテーマに近い論文を見つけて読んでみれば？ 書くヒントが浮かんでくるよ。

男 参考になるかな。参考文献、参考資料を５つ以上は書かなくちゃいけないんだ。

남 저기, 기말 리포트의 마감, 언제까지였더라?

여 뭐? 제출하는 게 이번 주 말인데 이제 와서 무슨 말을 하는 거야.

남 진짜? 그럼 이미 시간에 맞지 않겠네.

여 그럼 인터넷에서 테마와 가까운 논문을 찾아서 읽어 보면 어때? 쓸 힌트가 떠오를 거야.

남 참고가 될까? 참고 문헌, 참고 자료를 5개 이상은 써야만 해.

청해 기본기 갖추기

예약 🎧 019

- 自動予約システム 자동 예약 시스템
- 満席 만석
- 席がいっぱいだ 좌석이 다 차다
- 空席がある 공석이(빈자리가) 있다
- 席に余裕がある 좌석에 여유가 있다
- チケットを取る 티켓을 사다(구하다)
- ご予約を承ります 예약을 받습니다
- 予約変更 예약 변경
- 予約番号 예약 번호
- キャンセル 캔슬(취소)
- キャンセル待ち 예약 대기

🔓 예약 표현을 활용한 대화문을 들어 보자. 🎧 020

女 あの、「自動予約システム」ってどんなものですか。
男 これまでお店や劇場で、職員とお客さんが直接予約をしたり受けたりしていたものを、全部コンピューターで自動管理するシステムのことですよ。
女 そのシステムのメリットって何ですか。
男 24時間、365日、いつでも簡単に予約ができるから客も店も利用がしやすくなります。
女 実際に、どんな画面が出てきますか。
男 「予約」ボタンを押すと、「ご予約を承ります」という画面になります。ここで日時、人数などを入力すると、満席なら「あいにくお席がいっぱいです」、空席があれば「お席に余裕があります」って出てきます。最後にOKボタンを押せば予約番号が出て来ます。

여 저기, '자동 예약 시스템'이란 어떤 것인가요?
남 지금까지 가게나 극장에서 직원과 손님이 직접 예약을 하거나 받거나 했던 것을 전부 컴퓨터로 자동 관리하는 시스템을 말합니다.
여 그 시스템의 장점은 무엇인가요?
남 24시간, 365일, 언제든지 간단하게 예약을 할 수 있어서, 손님도 가게도 이용하기 쉬워집니다.
여 실제로 어떤 화면이 나오나요?
남 '예약' 버튼을 누르면 '예약을 받습니다'라는 화면이 됩니다. 여기에서 일시, 인원수 등을 입력하면, 만석이면 '공교롭게도 자리가 다 찼습니다', 빈자리가 있으면 '좌석에 여유가 있습니다'라고 나옵니다. 마지막으로 OK 버튼을 누르면 예약 번호가 나옵니다.

배달 🎧 021

- 荷物(にもつ) 짐
- 小包(こづつみ) 소포
- ご苦労様(くろうさま)(です) 수고하십니다
- 配達(はいたつ)する 배달하다
- 受(う)け取(と)る 받다, 수령하다
- 着払(ちゃくばら)い 착불
- 時間指定(じかんしてい) 시간 지정
- 注文(ちゅうもん)する 주문하다
- 午前着(ごぜんちゃく) 오전 도착
- 午後着(ごごちゃく) 오후 도착
- 代(か)わりに 대신에

🔓 배달 표현을 활용한 대화문을 들어 보자. 🎧 022

客	すみません。この荷物(にもつ)、お願(ねが)いしたいんですが……。
配達センター	はい。ではこちらに受(う)け取(と)る人(ひと)の情報(じょうほう)を書(か)いてください。着払(ちゃくばら)いですか？
客	いいえ、今(いま)払(はら)います。あの、時間指定(じかんしてい)はしなくちゃいけませんか。
配達センター	いいえ、午前着(ごぜんちゃく)か午後着(ごごちゃく)かのご希望(きぼう)だけで結構(けっこう)です。

고객	실례합니다. 이 짐을 부탁드리고 싶은데요…….
배달 센터	네. 그럼 여기에 받으실 분의 정보를 적어 주세요. 착불인가요?
고객	아니요, 지금 지불하겠습니다. 저, 시간 지정은 하지 않으면 안 되나요?
배달 센터	아니요, 오전 도착인지 오후 도착인지의 희망만으로 괜찮습니다.

청해 기본기 갖추기

병원 🎧 023

- 診察 진찰
- 治療 치료
- 外科 내과
- 内科 외과
- 検査 검사
- レントゲン 뢴트겐, 엑스레이
- 入院 입원
- 退院 퇴원
- 手術 수술
- お見舞い 병문안
- 怪我 부상, 상처
- 救急車 구급차

🔓 병원 표현을 활용한 대화문을 들어 보자. 🎧 024

女 ねえ、山田さんが怪我をして入院したんだって。さっき救急車が来てた。

男 えっ！どうしたんだろう。お見舞いに行かなくちゃな。

女 ご家族の話では診察したときはそんなに大したことなさそうだったんだけど、検査の結果が出て手術をすることになったらしい。

男 大変だね。今まで元気で病院なんか行ったことがない人なのに……。

여 있잖아, 야마다 씨가 다쳐서 입원했대. 아까 구급차가 왔었어.

남 에! 무슨 일이지? 병문안 가야겠네.

여 가족 분들 이야기로는 진찰했을 때는 그리 대단한 건 없는 것 같았는데, 검사 결과가 나오고 수술을 하게 되었대.

남 큰일이네. 지금까지 건강해서 병원 같은 곳은 간 적이 없는 사람인데…….

수리 🎧 025

- ☐ 壊す 고장 내다, 망가뜨리다
- ☐ 直す 고치다
- ☐ 交換 교환
- ☐ 保証 보증
- ☐ 修理する 수리하다
- ☐ 修理センター 수리 센터
- ☐ 預かる 맡다

- ☐ 壊れる 고장 나다, 망가지다
- ☐ 直る 고쳐지다, 낫다
- ☐ 部品 부품
- ☐ 保証期間 보증 기간
- ☐ 修理に出す 수리를 보내다, 수리를 맡기다
- ☐ 対象外 대상 외
- ☐ 預ける 맡기다

🔓 수리 표현을 활용한 대화문을 들어 보자. 🎧 026

女	あの、パソコンが壊れてしまったんですが、そちらに預ければ直るでしょうか。	여	저, 컴퓨터가 고장 나 버렸는데요, 거기에 맡기면 고쳐질까요?
修理センター	それは見ないとわかりませんが、自然に壊れたんですか、誰かが壊したんでしょうか。	수리 센터	그건 보지 않으면 알 수 없습니다만, 저절로 고장 났나요, 누군가가 고장 낸 건가요?
女	たぶん、子供が……。前は弟が直してくれたんですが、今度はちょっとひどいから修理センターで直したほうがいいって。	여	아마도 아이가……. 전에는 남동생이 고쳐 주었는데요, 이번에는 좀 심하니까 수리 센터에서 고치는 편이 좋다고.
修理センター	それではお預かりしますが、こちらから取りに行きましょうか。	수리 센터	그럼 맡겠습니다만, 저희 쪽에서 가지러 갈까요?
女	ええ、お願いします。	여	네, 부탁합니다.

청해 기본기 갖추기

여가 🎧027

- 休やすみを取とる / 休やすみをもらう / 休やすみを取とらせてもらう 휴가를 받다
- 評判ひょうばんがいい 평판이 좋다
- 休やすみ明あけ 휴일(휴가) 다음 날
- 人気にんきがある 인기가 있다
- 人気にんきだ 인기이다
- 最適さいてきだ 최적이다
- 肌はだで感かんじる 피부로 느끼다
- 触ふれ合あう 접촉하다
- 味あじわう 맛보다
- 試食ししょくする 시식하다
- チケット 티켓
- 招待券しょうたいけん 초대권
- 割引券わりびきけん 할인권
- お土産みやげ 기념품
- 混こんでいる 복잡하다, 붐비다
- 空あいている 비어 있다
- 並ならんでいる 늘어서 있다, 줄지어 있다
- 見学けんがく 견학
- 体験たいけん 체험
- ツアー 투어
- プラン 플랜, 계획

🔓 여가 표현을 활용한 대화문을 들어 보자. 🎧028

男 今度こんどの連休れんきゅう、もう少すこし休やすみをもらって海外かいがいに行いこうと思おもっているんだ。

女 でも、連休れんきゅうだからどこに行いっても混こんでいるでしょ。どこでもみんな並ならんでいるよ。

男 だろうね。でも人気にんきがあるってことはいいモノだってことだし、ふだん味あじわえない体験たいけんや、現地げんちの人ひとに触ふれ合あういいチャンスだと思おもうよ。

女 ポジティブね。プランの決きまったツアーじゃないのはいいよね。私わたしもパンフレット見みて研究けんきゅうしよっかな。お土産みやげは絶対ぜったい忘わすれないでね！

남 이번 연휴, 좀 더 휴가를 받아서 해외에 가려고 생각하고 있어.

여 그렇지만 연휴라서 어디에 가도 붐빌 거야. 어디든 모두 줄 서 있어.

남 그렇겠지. 그래도 인기가 있다는 건 좋은 것이라는 거고, 평소 맛볼 수 없는 체험이나 현지인과 접촉할 좋은 기회라고 생각해.

여 긍정적이네. 플랜이 정해진 투어가 아닌 건 좋네. 나도 팸플릿 보고 연구할까? 기념품은 절대 잊지 마!

광고・선전 🎧 029

- □ キャンペーン (광고) 캠페인
- □ 流行(りゅうこう) 유행
- □ ポイント 포인트
- □ 持(も)ち運(はこ)び 운반
- □ 広告(こうこく) 광고
- □ 宣伝(せんでん) 선전
- □ 最新機能(さいしんきのう)がついている 최신 기능이 붙어 있다
- □ 買(か)い替(か)える 새로 사서 바꾸다
- □ 購入(こうにゅう) 구입
- □ お買(か)い上(あ)げ 구입하심
- □ 最新型(さいしんがた) 최신형
- □ もれなく 빠짐없이

🔓 광고・선전 표현을 활용한 대화문을 들어 보자. 🎧 030

女　ねえ、ねえ、今キャンペーンやってるから、新(あたら)しい掃除機(そうじき)買(か)おうよ！

男　また？もう、キャンペーンに弱(よわ)いんだから。ポイントがたまるとか、お買(か)い上(あ)げの方(かた)にはもれなくプレゼントとか、広告(こうこく)や宣伝(せんでん)に乗(の)せられて良(よ)かったことは一度(いちど)もないんじゃない？

女　何言(なにい)ってるの。ちょうど買(か)い替(か)える時期(じき)なんだし、どうせなら流行(りゅうこう)のデザインや、最新機能(さいしんきのう)がついた製品(せいひん)を購入(こうにゅう)したほうがお得(とく)に決(き)まってるでしょ？

男　で、その最新型(さいしんがた)は何(なに)がいいの？

女　うん、何(なに)より軽(かる)くて持(も)ち運(はこ)びに便利(べんり)なんだって。掃除(そうじ)をするのは私(わたし)なんだから、やってもらってるあなたが買(か)わなくちゃだめでしょ！

男　はい、はい。

여　저기, 지금 캠페인 하고 있으니까 새로운 청소기 사자!

남　또? 진짜 광고 캠페인에 약하다니까. 포인트가 쌓인다든가 구입하시는 분께는 빠짐없이 선물이라든가, 광고나 선전에 넘어가서 좋았던 적은 한 번도 없었잖아.

여　무슨 말이야. 마침 새로 교체할 시기이니까 어차피 산다면 유행하는 디자인이나 최신 기능이 달려 있는 제품을 구입하는 편이 이득인 게 당연하잖아.

남　그래서, 그 최신형은 뭐가 좋은데?

여　음, 무엇보다 가볍고 들고 다니기 편리하대. 청소를 하는 건 나니까, 해주는 사람에게 당신이 사주는게 당연하겠지!

남　네, 네.

청해 기본기 갖추기

그 외 ① 운동·다이어트 🎧 031

- ジョギング 조깅
- ウォーキング 워킹
- ダイエット 다이어트
- リバウンド 다이어트 전 상태로 돌아옴, 요요 현상
- 疲（つか）れにくい 쉽게 지치지 않는다
- 疲（つか）れやすい 쉽게 지친다
- 体力（たいりょく）がつく 체력이 붙다
- 体力（たいりょく）をつける 체력을 기르다
- 長続（ながつづ）きしない 오래 지속하지 못하다
- 続（つづ）かない 계속되지 못하다

🔓 운동·다이어트 표현을 활용한 대화문을 들어 보자. 🎧 032

女　ねえ、何（なに）か体（からだ）にいいことしてる？

男　うーん、週末（しゅうまつ）のジョギングぐらいかな。ホントは毎日（まいにち）すればいいんだけど、なかなか続（つづ）かなくて。

女　そっか。私（わたし）もダイエットをかねて、体力（たいりょく）をつけるためにも運動（うんどう）しようと思（おも）ってるの。

男　じゃあ、いっしょにやろうよ。一人（ひとり）より二人（ふたり）でやったほうが長続（ながつづ）きすると思（おも）うよ。

女　そうね。体力（たいりょく）がついたって感（かん）じられるまで、ちょっとガンバってみようかな。

여 저기, 뭔가 몸에 좋은 거 하고 있어?

남 음, 주말에 조깅 정도일까? 사실 매일 하면 좋겠지만, 좀처럼 지속하지 못해서.

여 그렇구나. 나도 다이어트를 겸해서 체력을 기르기 위해서라도 운동을 하려고 생각하고 있어.

남 그럼 같이 하자. 혼자보다 둘이서 하는 편이 오래 할 거라고 생각해.

여 그렇지. 체력이 붙었다고 느껴질 때까지 좀 힘내 볼까?

그 외 ② 간호·간병 🎧 033

- 施設 시설
- お年寄り 노인
- ボランティア 볼런티어, 자원봉사
- 手すりにつかまる 손잡이를 잡다
- 手伝う 돕다
- 世話する 돌보다, 보살피다
- 助ける 도와주다
- 車椅子 휠체어
- 不自由だ 부자유스럽다, 불편하다
- スロープ 슬로프, 비탈, 경사
- 杖をつく 지팡이를 짚다
- シルバーシート 실버 시트, 경로석
- 席をゆずる 자리를 양보하다
- 寝たきり 자리보전, 병이 들어 자리 깔고 몸져 누움

🔓 간호·간병 표현을 활용한 대화문을 들어 보자. 🎧 034

学生　先生、お年寄りへのボランティア活動についてレポートを書くんですが、どんなテーマがいいかなかなか決まらなくて……。

先生　そうですね。一口にボランティアといってもいろいろな分野、方法があります。

学生　普通は高齢で寝たきりになったり、足が不自由で杖をついて生活するお年寄りというイメージがあって、そういう方の施設でお世話をしたり、自立を助ける仕事を手伝ったりということでしょうか。

先生　実はお年寄りの状態は、人によって様々で、施設でずっと生活する方はごく一部でしょう。

学生　と、いいますと？

先生　自宅で生活する人がずっと多いわけですが、たとえば外に出た時にお年寄りをサポートする対策がどのくらい整備されているのか、注目することも必要ですね。

학생　선생님, 노인에 대한 자원봉사 활동에 대해 리포트를 쓰는데요, 어떤 테마가 좋을지 좀처럼 정할 수가 없어서요…….

선생님　그렇군요, 한마디로 자원봉사라고 하지만 여러 분야, 방법이 있어요.

학생　보통은 고령으로 자리보전하거나, 다리가 불편해서 지팡이를 짚고 생활하는 노인이라는 이미지가 있어서, 시설에서 그런 분을 돌보거나, 자립을 도와주는 일을 거든다거나 하는 건가요?

선생님　실은 노인의 상태는 사람에 따라 다양해서, 시설에서 계속 생활하는 분은 극히 일부예요.

학생　그렇다는 것은?

선생님　자택에서 생활하는 사람이 훨씬 많은데요, 예를 들면 밖에 나왔을 때 노인을 서포트하는 대책이 어느 정도 정비되어 있는지, 주목하는 것도 필요해요.

청해 기본기 갖추기

그 외 ③ 부동산 🎧 035

- ☐ 不動産屋(ふどうさんや) 부동산 중개업
- ☐ アパート 아파트
- ☐ 最寄(もよ)り駅(えき) 가장 가까운 역
- ☐ 条件(じょうけん) 조건
- ☐ 引(ひ)っ越(こ)し 이사
- ☐ 日当(ひあ)たり 볕이 듦, 채광
- ☐ 水回(みずまわ)り 목욕탕·화장실 등 물을 사용하는 곳
- ☐ マンション 맨션
- ☐ 情報(じょうほう) 정보
- ☐ 賃貸(ちんたい) 임대
- ☐ 駅(えき)から徒歩(とほ) 〜分(ふん) 역에서 도보 〜분

🔓 부동산 표현을 활용한 대화문을 들어 보자. 🎧 036

女　今年(ことし)の春(はる)には今(いま)のアパートからワンルームマンションに引(ひ)っ越(こ)そうと思(おも)うんだけど初(はじ)めてだから、不動産屋(ふどうさんや)に行(い)ってどんなことに注意(ちゅうい)したらいいか、教(おし)えてくれない？

男　うん。まず不動産屋(ふどうさんや)に行(い)く前(まえ)に、インターネットで賃貸物件(ちんたいぶっけん)の情報(じょうほう)や条件(じょうけん)を調(しら)べていったほうがいいと思(おも)うよ。

女　たとえばどんなことを調(しら)べるの？

男　最寄(もよ)り駅(えき)はどこなのか、駅(えき)から徒歩何分(とほなんぷん)か、買(か)い物(もの)は便利(べんり)かとか…。必要(ひつよう)なことはメモをして、あとで不動産屋(ふどうさんや)で確認(かくにん)すればいいよ。

女　わかった。いろいろありがとう！

여　올해 봄에는 지금 아파트에서 원룸 맨션으로 이사하려고 생각하는데 처음이라서, 부동산에 가서 어떤 점을 주의하면 되는지 가르쳐 줄래?

남　응. 우선 부동산에 가기 전에 인터넷으로 임대 물건의 정보나 조건을 조사하고 가는 편이 좋을 거야.

여　예를 들면 어떤 것을 조사해?

남　가장 가까운 역은 어디인지, 역에서 도보 몇 분인지, 쇼핑은 편리한지 등등…. 필요한 것은 메모해서 나중에 부동산에서 확인하면 돼.

여　알았어. 여러모로 고마워!

그 외 ④ 자연재해 · 화재 🎧 037

- ☐ 地震 지진
- ☐ 台風 태풍
- ☐ 揺れる 흔들리다
- ☐ 避難用セット 피난용 세트
- ☐ 家具 가구
- ☐ 備える 준비하다, 갖추다
- ☐ 怖い 무섭다

- ☐ 火事 화재
- ☐ 避難する 피난하다
- ☐ 倒れる 넘어지다, 쓰러지다
- ☐ 避難場所 피난 장소
- ☐ 本棚 책장
- ☐ 固定する 고정하다
- ☐ 逃げ遅れる 미처 도망치지 못하다

🔓 자연재해 · 화재 표현을 활용한 대화문을 들어 보자. 🎧 038

留学生	日本は地震や台風が多くて怖いです。
女子学生	地震の後の火事なんかも気をつけなくちゃいけないし……。
留学生	ふだん、どんな準備をすればいいですか。
女子学生	まず家の中で家具や本棚が倒れないように固定しておかなくちゃね。
留学生	大きく揺れてもすぐに家から外に出ないほうがいいですか。
女子学生	そう。外は建物や道路が危険な状態かもしれないから、まず家の中で揺れなくなるまで待っていることね。

유학생	일본은 지진이나 태풍이 많아서 무서워요.
여학생	지진 후의 화재 같은 것도 조심해야 하고…….
유학생	평소에 어떤 준비를 하면 좋을까요?
여학생	우선 집 안에서 가구나 책장이 쓰러지지 않도록 고정해 둬야 해.
유학생	많이 흔들려도 바로 집에서 밖으로 나오지 않는 편이 좋을까요?
여학생	그래. 밖에는 건물이나 도로가 위험한 상태일지도 모르니까, 우선 집 안에서 흔들리지 않을 때까지 기다려야 해.

1 : 問題 1 과제 이해

039~043

문제 유형
상황 정보를 듣고 과제(해야 하는 일)를 해결하기 위해 필요한 행동이 무엇인지를 찾는 문제이다.

```
상황 정보와 문제를 듣는다.
        ↓
    본문 대화를 듣는다.
        ↓
   다시 한번 문제를 듣는다.
        ↓
  선택지를 보고 정답을 고른다.
```

문제 풀이 포인트
과제 이해는 질문이 상황 정보보다 먼저 나오므로, 질문을 듣고 과제(해야 하는 일)를 해결하는 사람이 여자인지 남자인지를 먼저 확인한다. 그런 다음 두 사람의 대화를 들으며 필요한 상황 정보를 파악하고 문제(과제)를 해결하는 사람이 어떤 일을 해야 하는지 선택지에서 찾는다.

問題 1 과제 이해 연습문제

問題 1

問題 1 では、まず質問を聞いてください。それから話を聞いて、問題用紙の 1 から 4 の中から、最もよいものを一つ選んでください。

1 🎧 039

1　けがの手当てをする
2　前の病院の診断書を見せる
3　レントゲンを撮る
4　診察を受ける

2 🎧 040

1　店内の見取り図をかく
2　商品を並べる
3　チラシの商品を運ぶ
4　商品の位置を覚える

3 🎧 041

1　25日の10時と27日の13時
2　25日の10時と27日の19時20分
3　25日の20時と27日の13時
4　25日の20時と27日の19時20分

4 🎧 042

1 家電ショップから空港へ掃除機を送る
2 掃除機を買う
3 掃除機をホテルに送ってもらう
4 コンビニで時間や料金を聞く

5 🎧 043

1 デザインを変える
2 色を変える
3 デザインの種類を減らす
4 丈夫な素材に変える

2: 問題 2 포인트 이해

044~049

문제 유형
대화문이나 한 명의 화자가 말하는 내용을 듣고 포인트를 파악해야 한다.

```
상황 정보와 문제를 듣는다.
        ↓
선택지를 읽는다.
(선택지를 읽을 시간이 약 20초 주어짐)
        ↓
본문 대화를 듣는다.
        ↓
다시 한번 문제를 듣는다.
        ↓
선택지를 보고 답을 고른다.
```

문제 풀이 포인트
포인트 이해에서는 질문에서 묻는 것이 '왜(どうして), 어떤(どんな), 무엇이(何が)' 중에 무엇인지를 먼저 파악해야 한다. 위 세 가지 중에 질문에서 요구하는 답이 무엇인지를 알았다면, 답과 관계되지 않은 부분은 크게 신경 쓰지 않아도 된다.

問題 2 포인트 이해 연습문제

해설편 171p

問題 2

問題2では、まず質問を聞いてください。そのあと、問題用紙のせんたくしを読んでください。読む時間があります。それから話を聞いて、問題用紙の1から4の中から、最もよいものを一つ選んでください。

1 🎧 044
1. 部屋が乾燥しすぎないから
2. 部屋がおしゃれになるから
3. 手間がかからないから
4. リラックスできるから

2 🎧 045
1. 英語以外の外国語を学びたかったから
2. 日本語と文法が似ているから
3. 文字に規則性があり覚えやすいから
4. 留学したいと思っているから

3 🎧 046
1. 駅からの距離
2. 宿泊料金
3. 食事の内容
4. ホテルの人の接客態度

4 🎧 047

1 運動する時間ができたから
2 人の手を借りないで猫を飼いたいから
3 息子夫婦に面倒をかけたくないから
4 孫の面倒を見てやりたいから

5 🎧 048

1 試験の勉強をするから
2 一人でゆっくり休みたいから
3 今からお客様の会社へ行くから
4 仕事をしなければならないから

6 🎧 049

1 マニュアルが間違っていたから
2 分量を間違えたから
3 順序を間違えたから
4 温度が低すぎたから

3 : 問題 3 개요 이해

050~054

문제 유형
화자의 의도나 주장을 파악하는 문제이다. 부재중 전화 녹음이나 뉴스의 아나운서가 말하는 내용이 주로 나온다.

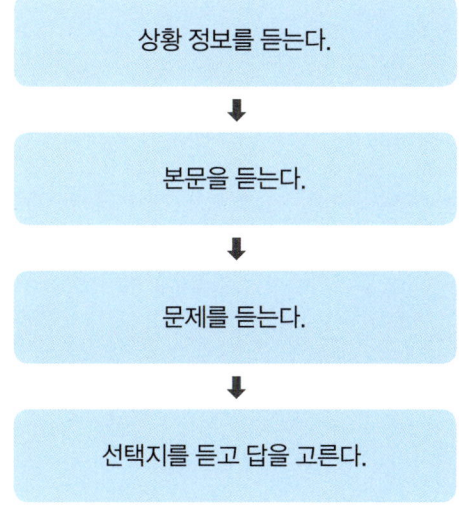

문제 풀이 포인트
개요 이해는 본문 음성이 먼저 나온 후에 질문과 선택지 음성이 나온다. 전체 내용의 흐름을 생각하면서 화자가 말하고자 하는 바와, 찬성인지 반대인지 또는 긍정인지 부정인지를 파악해야 한다. 화자의 주장이나 생각은 주로 후반부에 나오므로 후반부에 나온 표현이 들어간 선택지가 정답일 가능성이 높다.

問題 3

問題3では、問題用紙に何もいんさつされていません。この問題は、全体としてどんな内容かを聞く問題です。話の前に質問はありません。まず話を聞いてください。それから、質問とせんたくしを聞いて、1から4の中から、最もよいものを一つ選んでください。

― メモ ―

 050~054

問題 4 즉시 응답

문제 유형
두 사람의 짧은 대화를 듣고 그에 대한 적절한 응답을 찾는 문제이다.

> 짧은 문장을 듣는다.
>
> ↓
>
> 세 개의 선택지를 듣고 답을 고른다.

문제 풀이 포인트
즉시 응답에서는 주로 직장 상사와 부하, 선생님과 학생, 부부나 친구 사이의 짧은 대화가 나온다. 짧은 시간 안에 질문에 대한 알맞은 대답을 고르고 바로 다음 문제로 넘어가는 유형이므로 정답에 확신이 들지 않더라도 바로 다음 문제에 집중해야 한다.

問題 4 즉시 응답 연습문제

問題 4

問題4では、問題用紙に何もいんさつされていません。まず文を聞いてください。それから、それに対する返事を聞いて、1から3の中から、最もよいものを一つ選んでください。

― メモ ―

 055~066

5 問題 5 통합 이해

067~069

문제 유형
긴 내용의 대화를 들으면서 주어지는 정보를 모으고 비교하며 전체 내용을 이해해야 하는 문제로 두 종류의 문제가 출제된다.

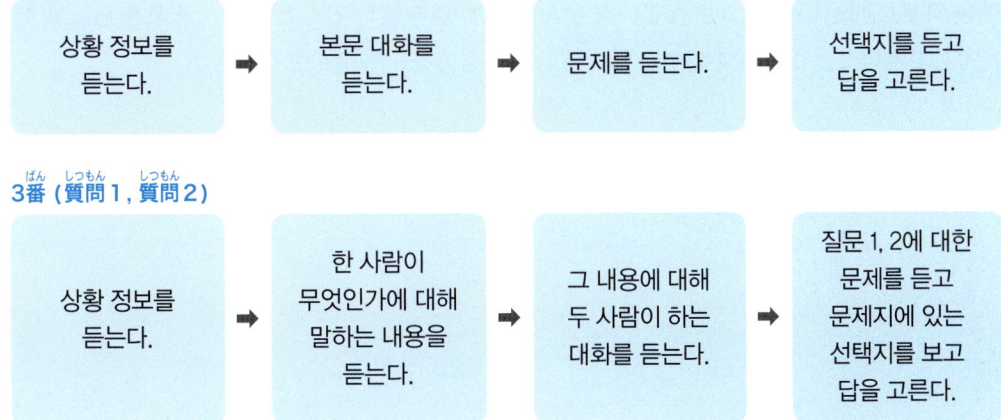

문제 풀이 포인트
통합 이해에서는 긴 내용의 대화에서 많은 정보가 나오므로 메모를 하면서 들어야 한다. 1番, 2番은 크게 두 가지 패턴의 문제가 나온다. 하나는 등장인물 중 한 사람의 행동이나 생각을 나머지 사람들이 비판 또는 조언하는 패턴이고, 다른 하나는 의견 대립이 있는 두 사람 사이에서 한 사람이 중재를 하는 패턴이다. 3番은 방송이나 판매원의 이야기를 들은 남녀가 어떤 것을 선택할지 고르는 패턴의 문제가 주로 출제된다.

🍙 問題 5 통합 이해 연습문제

해설편 186p

問題 5

問題5では、長めの話を聞きます。この問題には練習はありません。
問題用紙にメモをとってもかまいません。

1 🎧 067　　2 🎧 068

問題用紙に何もいんさつされていません。まず話を聞いてください。それから、質問とせんたくしを聞いて、1から4の中から、最もよいものを一つ選んでください。

― メモ ―

3 🎧 069

まず話を聞いてください。それから、二つの質問を聞いて、それぞれ問題用紙の1から4の中から、最もよいものを一つ選んでください。

質問1

1　Aプラン
2　Bプラン
3　Cプラン
4　Dプラン

質問2

1　Aプラン
2　Bプラン
3　Cプラン
4　Dプラン

Ⅱ 실전문제 익히기

問題1 과제 이해
問題2 포인트 이해
問題3 개요 이해
問題4 즉시 응답
問題5 통합 이해

問題 1 과제 이해 실전문제 ①

070~079

問題1 問題1では、まず質問を聞いてください。それから話を聞いて、問題用紙の1から4の中から、最もよいものを一つ選んでください。

1 🎧 070

1 受けたい授業を決める
2 学内サイトをチェックする
3 事務室に連絡する
4 先生に連絡する

2 🎧 071

1 サンプルを送る
2 名刺を課長の机に置く
3 ミサワ工業に電話をする
4 部長に状況を報告する

3 🎧 072

1 電話で靴を1足追加注文する
2 インターネットで靴の注文を取り消す
3 電話で靴の注文を取り消す
4 インターネットで靴を2足注文する

4 🎧 073

1 申込用紙
2 申込用紙と身分証
3 身分証と受講料
4 動きやすい服

5 🎧 074

1 4時
2 4時半
3 5時
4 5時半

問題 1 과제 이해 실전문제 ②

해설편 196p

問題1　問題1では、まず質問を聞いてください。それから話を聞いて、問題用紙の1から4の中から、最もよいものを一つ選んでください。

1 🎧 075

1. 社長室に行く
2. 名刺を注文する
3. 部長に電話する
4. 社長室に電話する

2 🎧 076

1. 旅行用かばんを買って、荷物を包む
2. 母の入院する病院へ行く
3. 課長に話をしに行く
4. 仕事の指示書を作成する

3 🎧 077

1. 患者の症状を教えてもらう
2. どの診療科へ行くのか案内する
3. 患者を職員のところへ連れていく
4. 診療科まで手伝いが必要か聞く

4 🎧 078

1 配布された制服に着替える

2 自分のグループの集合場所に移動する

3 配属されたグループを確認する

4 グループごとのミーティングに参加する

5 🎧 079

1 受講する授業を決めること

2 オリエンテーションに参加すること

3 短期留学の冊子を読むこと

4 ゼミの教授と面談すること

問題 2 포인트 이해 실전문제 ①

080~091

問題 2　問題2では、まず質問を聞いてください。そのあと、問題用紙のせんたくしを読んでください。読む時間があります。それから話を聞いて、問題用紙の1から4の中から、最もよいものを一つ選んでください。

1 🎧 080

1　規模が小さいこと
2　貸し出せる本が少ないこと
3　新入生のおしゃべりがうるさいこと
4　ルールをはっきり示さないこと

2 🎧 081

1　会社の宣伝のため
2　社員同士の交流のため
3　地域の人との交流のため
4　家族に会社を紹介するため

3 🎧 082

1　人気メニューが多くなった
2　値段が高くなった
3　店が広くなった
4　従業員が少なくなった

4 🎧 083

1 野菜を同じ大きさに切ること

2 大きい材料から鍋に入れること

3 材料を煮過ぎないようにすること

4 砂糖を多めに入れること

5 🎧 084

1 杉本さんが行けなくなったから

2 大学でフランス語を専攻したから

3 英語で仕事ができるから

4 課長が推薦してくれたから

6 🎧 085

1 画面だけ直してほしい

2 パソコンを送ってほしい

3 すぐ修理してほしい

4 修理の金額を報告してほしい

問題 2 포인트 이해 실전문제 ②

해설편 207p

問題 2 問題2では、まず質問を聞いてください。そのあと、問題用紙のせんたくしを読んでください。読む時間があります。それから話を聞いて、問題用紙の1から4の中から、最もよいものを一つ選んでください。

1 🎧 086

1　子どもと一緒に暮らしたいから
2　母親に負担がかかるから
3　夫の体調が心配だから
4　一年後の留学を約束してくれたから

2 🎧 087

1　大人になって改めて見たから
2　展示の技術が良くなったから
3　見た目の研究が進んだから
4　行動や声が明らかになったから

3 🎧 088

1　野菜の味が悪くなり、栄養価も低くなる
2　農家の仕事が増え、野菜の値段が上がる
3　虫がつくが、栄養価の高い野菜ができる
4　虫もつかず、味のおいしい野菜ができる

4 🎧 089

1　うまく行っている

2　どこにも受かっていない

3　自暴自棄になっている

4　息抜きをしている

5 🎧 090

1　今月の営業成績で一番になったこと

2　毎朝早く会社へ来て、スケジュールを整理したこと

3　あちこち歩き回って、営業をしたこと

4　体を壊さないように気をつけたこと

6 🎧 091

1　選手にコースの情報を的確に伝えること

2　ロープ一つで選手と息を合わせること

3　走る楽しさを多くの人に伝えること

4　選手の走り方に応じたサポートをすること

問題 3 개요 이해 실전문제 ①

問題 3　問題3では、問題用紙に何もいんさつされていません。この問題は、全体としてどんな内容かを聞く問題です。話の前に質問はありません。まず話を聞いてください。それから、質問とせんたくしを聞いて、1から4の中から、最もよいものを一つ選んでください。

― メモ ―

🎧 092~096

問題 3 개요 이해 실전문제 ②

問題3　問題3では、問題用紙に何もいんさつされていません。この問題は、全体としてどんな内容かを聞く問題です。話の前に質問はありません。まず話を聞いてください。それから、質問とせんたくしを聞いて、1から4の中から、最もよいものを一つ選んでください。

― メモ ―

097~101

問題 4 즉시 응답 실전문제 ①

問題 4 問題4では、問題用紙に何もいんさつされていません。まず文を聞いてください。それから、それに対する返事を聞いて、1から3の中から、最もよいものを一つ選んでください。

― メモ ―

問題 4 즉시 응답 실전문제 ②

問題 4 問題4では、問題用紙に何もいんさつされていません。まず文を聞いてください。それから、それに対する返事を聞いて、1から3の中から、最もよいものを一つ選んでください。

― メモ ―

問題 5 통합 이해 실전문제 ①

問題 5　問題 5 では、長めの話を聞きます。この問題には練習はありません。
問題用紙にメモをとってもかまいません。

問題用紙に何もいんさつされていません。まず話を聞いてください。それから、質問とせんたくしを聞いて、1 から 4 の中から、最もよいものを一つ選んでください。

― メモ ―

3 🎧 128

まず話を聞いてください。それから、二つの質問を聞いて、それぞれ問題用紙の1から4の中から、最もよいものを一つ選んでください。

質問1

1. 第1会場
2. 第2会場
3. 第3会場
4. 第4会場

質問2

1. 第1会場
2. 第2会場
3. 第3会場
4. 第4会場

問題 5 통합 이해 실전문제 ②

해설편 235p

問題5　問題5では、長めの話を聞きます。この問題には練習はありません。
　　　問題用紙にメモをとってもかまいません。

問題用紙に何もいんさつされていません。まず話を聞いてください。それから、質問とせんたくしを聞いて、1から4の中から、最もよいものを一つ選んでください。

― メモ ―

3 🎧 131

まず話を聞いてください。それから、二つの質問を聞いて、それぞれ問題用紙の1から4の中から、最もよいものを一つ選んでください。

質問1

1 世界の料理コーナーへ行ってから、工芸品を見に行く

2 フリーマーケットへ行ってから、世界の料理コーナーへ行く

3 世界の料理コーナーへ行ってから、人気アーティストのライブへ行く

4 楽器の体験をしてから、世界の料理コーナーへ行く

質問2

1 11時頃

2 12時頃

3 午後1時頃

4 午後2時頃

JLPT N2

Test

모의고사

JLPT N2 가채점표

● 언어지식 (문자·어휘·문법)

			문제 유형	문항 및 배점	점수
언어지식	문자·어휘	문제 1	한자 읽기	5문제 × 1점	5
		문제 2	표기	5문제 × 1점	5
		문제 3	단어 형성	5문제 × 1점	5
		문제 4	문맥 규정	7문제 × 1점	7
		문제 5	유의 표현	5문제 × 1점	5
		문제 6	용법	5문제 × 2점	10
	문법	문제 7	문법형식 판단	12문제 × 1점	12
		문제 8	문장 만들기	5문제 × 2점	10
		문제 9	글의 문법	5문제 × 2점	10
			합계		69

★ 득점환산법(60점 만점) [득점] ÷ 69 × 60 = [　　]점

● 독해

		문제 유형	문항 및 배점	점수
독해	문제 10	내용 이해(단문)	5문제 × 2점	10
	문제 11	내용 이해(중문)	9문제 × 3점	27
	문제 12	통합 이해	2문제 × 3점	6
	문제 13	주장 이해	3문제 × 3점	9
	문제 14	정보 검색	2문제 × 4점	8
		합계		60

★ 득점환산법(60점 만점) [득점] ÷ 60 × 60 = [　　]점

● 청해

		문제 유형	문항 및 배점	점수
청해	문제 1	과제 이해	5문제 × 2점	10
	문제 2	포인트 이해	6문제 × 2점	12
	문제 3	개요 이해	5문제 × 2점	10
	문제 4	즉시 응답	12문제 × 1점	12
	문제 5	통합 이해	4문제 × 3점	12
		합계		56

★ 득점환산법(60점 만점) [득점] ÷ 56 × 60 = [　　]점

* 위의 배점표는 시사일본어사에서 작성한 것으로, 실제 시험과는 약간의 오차가 생길 수 있습니다.
* 모의고사 정답표는 해설편 242p에서 확인할 수 있습니다.

Language Knowledge (Vocabulary)・Reading

問題用紙

N2

言語知識 (文字・語彙・文法)・読解
(105分)

注 意
Notes

1. 試験が始まるまで、この問題用紙を開けないでください。
   Do not open this question booklet until the test begins.

2. この問題用紙を持って帰ることはできません。
   Do not take this question booklet with you after the test.

3. 受験番号と名前を下の欄に、受験票と同じように書いてください。
   Write your examinee registration number and name clearly in each box below as written on your test voucher.

4. この問題用紙は、全部で32ページあります。
   This question booklet has 32 pages.

5. 問題には解答番号の 1 、 2 、 3 … が付いています。
   解答は、解答用紙にある同じ番号のところにマークしてください。
   One of the row numbers 1, 2, 3… is given for each question. Mark your answer in the same row of the answer sheet.

受験番号 Examinee Registration Number	

名前 Name	

※ 著作権者(時事日本語社)の許可なく、この試験問題の全部または一部を転載することを禁じます。

問題1 ＿＿＿＿の言葉の読み方として最もよいものを、1・2・3・4から一つ選びなさい。

1 人間の心と体は密接につながっている。
　　1　みっせつ　　　2　みつせつ　　　3　みっしつ　　　4　みつしつ

2 地球の70％は海が占めています。
　　1　きめて　　　　2　しめて　　　　3　こめて　　　　4　ためて

3 危険が迫ったときその場から逃亡するのはしかたがない。
　　1　ちょうぼう　　2　ちょうもう　　3　とうもう　　　4　とうぼう

4 子どもみたいに幼稚なけんかは止めて話し合おう。
　　1　ようが　　　　2　ようすい　　　3　ようち　　　　4　ようしい

5 車のハンドルは両手で握ります。
　　1　まもります　　2　はかります　　3　さわります　　4　にぎります

問題2 ＿＿＿の言葉を漢字で書くとき、最もよいものを1・2・3・4から一つ選びなさい。

6 まず名前と連絡先をとうろくしてください。
　　1　問録　　　2　問禄　　　3　登録　　　4　登禄

7 この問題について活発なとうろんをお願いします。
　　1　討倫　　　2　討論　　　3　訂倫　　　4　訂論

8 音楽が私を夢の世界にみちびいてくれた。
　　1　導いて　　2　誘いて　　3　率いて　　4　促いて

9 パーティーにしょうたいされたのは有名人ばかりだった。
　　1　紹持　　　2　紹待　　　3　招持　　　4　招待

10 昼間乾かしたシャツが今もしめっぽい。
　　1　泡っぽい　2　温っぽい　3　湿っぽい　4　濡っぽい

問題3 （　　　）に入れるのに最もよいものを、1・2・3・4から一つ選びなさい。

11　日本語学校では試験だけでなく出席（　　　）も重要です。
　　1　量　　　　2　率　　　　3　比　　　　4　割

12　新聞の利用度を年代や男女（　　　）に整理した。
　　1　別　　　　2　用　　　　3　分　　　　4　例

13　今日は（　　　）外国の教育制度について勉強した。
　　1　多　　　　2　諸　　　　3　各　　　　4　類

14　勤務は交替（　　　）で行っています。
　　1　制　　　　2　形　　　　3　状　　　　4　法

15　山に近い地域はまだ（　　　）開発で自然が残っている。
　　1　不　　　　2　前　　　　3　未　　　　4　後

問題4 （　　）に入れるのに最もよいものを、1・2・3・4から一つ選びなさい。

16　その子は誰に対してもあいさつを（　　　）。
　　1　明かさない　　2　欠かさない　　3　隠さない　　4　済まさない

17　体操競技では（　　　）がいい演技を見せると得点が高くなる。
　　1　バランス　　2　スムーズ　　3　カバー　　4　リスク

18　人気があるレストランだから4人の席を（　　　）するのは大変だ。
　　1　予想　　2　保管　　3　確保　　4　発行

19　子供と一緒に遊園地に行ったら、乗り物に乗るのに3時間も待たされて（　　　）してしまった。
　　1　すっかり　　2　ぐったり　　3　ばったり　　4　ぎっしり

20　短い期間だったが外国での研修は私にとって大きな（　　　）があった。
　　1　役割　　2　発達　　3　吸収　　4　収穫

21　日本の人口問題について報告がありましたが、いくつかの数字は事実と（　　　）しています。
　　1　不正　　2　相違　　3　反対　　4　誤解

22　大学に合格することを（　　　）毎日遅くまで勉強している。
　　1　もとめて　　2　ひかえて　　3　さだめて　　4　めざして

問題5 ＿＿＿＿の言葉に意味が最も近いものを、1・2・3・4から一つ選びなさい。

23 新しい企画を話し合う予定だったが、雑談だけで終わってしまった。
　　1　紹介　　　　2　願望　　　　3　おしゃべり　　　4　気配り

24 コンピューターがたびたび動かなくなる。
　　1　必ず　　　　2　何度も　　　3　突然　　　　　　4　いっせいに

25 いつかは終わるのがブームというものだ。
　　1　流行　　　　2　発展　　　　3　不況　　　　　　4　成功

26 去年買ったものがわずかに残っています。
　　1　ひとつだけ　　　　　　　　2　すこしだけ
　　3　だいたい　　　　　　　　　4　ぜんぶ

27 お勘定を済ませた人は帰ってもいいです。
　　1　食事が終わった　　　　　　2　約束を守った
　　3　書類を出した　　　　　　　4　お金を払った

問題6　次の言葉の使い方として最もよいものを、1・2・3・4から一つ選びなさい。

28　保つ
1　暑い時は外に置かないで冷蔵庫に保ちます。
2　いつまでも若さを保つには毎日運動が必要です。
3　約束を保つ人は誰からも信用されます。
4　小さい動物は家の中で保てば安全です。

29　利益
1　外国映画を見るとその国を理解する利益になる。
2　新しい商品は宣伝の利益もあってとてもよく売れた。
3　自転車旅行の利益は訪ねた町の人たちと話ができることです。
4　この本を売った利益はすべて社会団体に寄付されます。

30　質素
1　この金属は大部分が質素です。
2　計算してみたらおつりが質素です。
3　収入が限られているので質素な生活をしています。
4　難しいのでもっと質素に説明してください。

31　とっくに
1　人気があるゲームは発売するととっくに売れてしまう。
2　冷蔵庫にあったケーキはとっくに食べてしまった。
3　あの人とは今でもとっくに会うことがある。
4　連絡が来ればとっくに出発するつもりです。

32 合図
1 リーダーの合図があればいつでも出発できるように準備した。
2 学校からレポートをいつまでに出せばよいか合図があった。
3 台風が近づいているので早く家に帰るよう合図があった。
4 明日は６時にベルが鳴るように時計の合図をセットした。

問題7 次の文の（　　）に入れるのに最もよいものを、1・2・3・4から一つ選びなさい。

33　課長「午後の会議で今度の商品について説明するのは田中くんだっけ？」
　　田中「はい。でもさっき資料を（　　）なんで、まだ読み終わってないんですが…。」
　　1　渡しただけ　　　　　　　　　2　渡そうとしただけ
　　3　渡したばかり　　　　　　　　4　渡されたばかり

34　田中「友だちと待ち合わせしたんですが、駅の改札口は他にもありますか。」
　　駅員「全部で4つあります。人が多くて（　　）から、電話したほうがいいですよ。」
　　1　探すしかない　　2　探しようがない　　3　探さざるを得ない　　4　探しかねない

35　大会ではいつも新記録を出して優勝していたが、その記録は世界的に見れば予選に出られる程度（　　）知ってがっかりした。
　　1　だけではないことを　　　　　2　でしかないことを
　　3　にほかならないことを　　　　4　に相違ないことを

36　本当は自分の力でなんとかしたかったが、こんな状況では親に（　　）。
　　1　頼まないわけはない　　　　　2　頼まないでほしい
　　3　頼まないどころではない　　　4　頼まざるを得ない

37　友だちの結婚式で受付の人に「遠くから（　　）ありがとうございます。」と挨拶された。
　　1　お伺いしてくださって　　　　2　お運びくださって
　　3　お越しくださって　　　　　　4　お呼びくださって

38　（電車内の放送）
　　「次は川井駅です。特急電車は3番線にお乗り換えです。（　　）特急券は別にお買い求めください。」
　　1　さらに　　　2　ただし　　　3　いったん　　　4　あいにく

39 A「このお菓子、このままおいとくと悪くなっちゃうかな。」
　 B「うん。今日中に食べる（　　　　）明日になるんなら冷蔵庫に入れなくちゃね。」
　 1　ならともかく　　2　だけあって　　3　とはいうものの　　4　のにくらべて

40 金曜日の勤務を（　　　　）3日間休めるので旅行に行けるようになった。
　 1　代わってあげることが　　　　2　代わってくれることも
　 3　代わってもらうことで　　　　4　代わってやることと

41 社員「課長、会議が終わりましたから会議室を整理してからもどります。」
　 課長「あ、ご苦労さん。少ししてから別の会議をする予定だから電気は（　　　　）。」
　 1　つけた後にもどって　　　　2　つけたままにしておいて
　 3　つけるのを忘れないで　　　4　つけるようにして

42 この商品は発売されてから他にない使いやすさが認められ、少しずつその良さが評価（　　　　）。
　 1　されかかっている　　　　2　させはじめている
　 3　させられようとしている　4　されつつある

43 ダイエットの本に毎日お菓子を（　　　　）食べていたら30キロも太ったという話が出ていた。
　 1　食べたくても　　　　2　食べたいように
　 3　食べ続けながら　　　4　食べたいだけ

44 息子はもうおもちゃを喜ぶ子どもではない。誕生日には何を（　　　　）。
　 1　買ってあげたいのだろうか　　2　買いたかったことか
　 3　買ってほしいのだろうか　　　4　買いたがっていたことか

問題8 次の文の ★ に入るのに最もよいものを、1・2・3・4から一つ選びなさい。

(問題例)　きのう＿＿＿＿＿＿＿＿　 ★ ＿＿＿＿はとてもおいしかった。
　　　　　1　母　　　　2　買ってきた　　　3　が　　　　4　ケーキ

(解答のしかた)

1. 正しい文はこうです。

| きのう＿＿＿＿＿＿＿ ★ ＿＿＿＿はとてもおいしかった。 |
| 1 母　　3 が　　2 買ってきた　　4 ケーキ |

2. ★ に入る番号を解答用紙にマークします。

　　　　　(解答用紙)　(例)　① ● ③ ④

[45] 後輩　「先輩、職場を楽しくするためにはどうすればいいでしょうか。」
　　　先輩　「そうだね。まずみんなに＿＿＿＿＿＿ ★ ＿＿＿ことから始めたらどう？」
　　　1　身近な　　　2　ような　　　3　あいさつする　　　4　という

[46] この子がスポーツを＿＿＿＿＿ ★ ＿＿＿と思ったが、来年受験なのでがまんさせた。
　　　1　いったときに　　2　やりたい　　3　したいと　　4　やらせて

[47] マンガの世界では「愛する人のため＿＿＿＿＿ ★ ＿＿＿負けない」という主人公が活躍する。
　　　1　だって　　　2　なら　　　3　くるしみに　　　4　どんな

48 A 「入国カードに日本での住所を書くことになってるけど、ホテルの住所知ってる？」
B 「えっ？ 名前しか知らないけど、どうしよう。」
A 「じゃあ、ホテルの名前を書く ＿＿ ＿＿ ★ ＿＿ 住所までは知らないって言えばいいよ。」
1 書いて　　　2 聞かれたら　　　3 だけ　　　4 住所はどこかと

49 子どもは甘いものが好きだといいますが ＿＿ ＿＿ ★ ＿＿ としてもおかしくはない。
1 いろいろな子供がいる　　　2 子供がいた
3 甘いものが嫌いな　　　4 のだから

問題9 次の文章を読んで、文章全体の内容を考えて、50 から 54 の中に入る最もよいものを1・2・3・4から一つ選びなさい。

　人はだれでも不幸を友だちにはしたくないものです。普通、友だちは多いほどよいと言われますが、不幸という友だちは多いどころか、たった一人でも不幸が友だちとして現れるのは歓迎できません。でも不幸を友だちにたとえると、そこには 50 深い意味を感じることができます。

　友だちとはお互いにひかれあうものです。つまり相手と自分に似ているところがあるからこそ、仲良くなれます。それならば不幸を友だちにしたくない人は、自分が不幸に 51 ようにしなければなりません。だれでも不幸に好かれる人間には 52 。では不幸が嫌うことにはどんなものがあるでしょうか。たとえばつらいときにも温かいことばをかけてくれる家族がいること。仕事の苦労や達成感を分け合える仲間がいること。そして心から信じることのできる友人がいること。ほかにも 53 いろいろあるかもしれませんが、その中でも重要なことはやはり自分が一人ではないことを思い出すことです。あなたのまわりを見たとき、不幸が嫌がる家族、仲間、友人が自分を守っているという 54 。不幸に嫌われるためには、ぜひこの人たちと仲良くなってください。

50
1 どうせ　　　2 とうてい　　　3 やはり　　　4 なかなか

51
1 嫌っている　　2 嫌う　　　3 嫌われる　　　4 嫌わせる

52
1 なりたいものです　　　　2 なりたくないものです
3 なりたくなります　　　　4 なりたくないわけです

53
1 ずっと　　　2 もっと　　　3 そのうえ　　　4 せめて

54
1 気がしませんか　　　　2 気をつけませんか
3 気にしませんか　　　　4 気にいりませんか

問題10 次の(1)から(5)の文章を読んで、後の問いに対する答えとして最もよいものを、1・2・3・4から一つ選びなさい。

(1)

「選択的週休3日制」を政府が推進(すいしん)するという。「週休3日制イコール週4日労働制」ということである。だが、単純に労働時間が短くなるということではない。1日8時間、5日で計40時間の労働が、4日で32時間になるわけではないのである。中には、1日10時間で4日とする会社もあるだろう。あるいは、週の労働時間は32時間に短縮して、その分、給料を減らす会社もあるだろう。果たして、減給してまで休みを多くしたいと望む者がいるのかどうか。また、休みを増やして社員の給料も上げるという理想的な会社が現れるのかどうか、見守る必要があるだろう。

55 「選択的週休3日制」について、筆者はどのように考えているか。
1 労働時間が短くなるということであるから、高く評価するべきだ。
2 労働時間短縮の結果、給料を減らされるので、反対するべきだ。
3 労働時間と給与の関係が明確でないので、今すぐに判断できない。
4 減給しても休みを増やすか社員の意思を確認するまで判断できない。

(2) 以下は取引先から送られてきたメールである。

山田食品　株式会社
経理部　中山(なかやま)　昭(あきら)　様

　いつもお世話になっております。
　先日当社の社内行事のため御社に出前弁当50個を注文いたしました。代金は配達時に請求書をいただき、今月末日までに入金処理をするお約束で注文をしましたが、天候の悪化で参加者数に大幅な変動が生じました。やむをえず、前日に注文した個数を35個に修正する旨、ご連絡をし了解を得たうえで当日商品を受領しました。しかしながら、配達担当の方が持参した請求書が当初の注文個数から変更になっていなかったため、請求書の再発行をお願いしたところ翌日再訪するとのことでお待ちしていましたが1週間経過した現在、請求書は当社に届いておりません。
　実際に当社で受領した個数は修正した数量と一致していたわけですから、御社の配送記録を調査すれば確認が取れることと思います。当社におきましても会計処理の都合上、このまま放置することはできませんので至急調査の上、改めて請求書の送付をお願いいたします。

第一商事　総務部
高木(たかぎ)　和博(かずひろ)

[56] このメールの要件は何か。
1　参加者が減ったので弁当の注文個数を変更してほしい。
2　実際に配達された弁当の個数を調査してほしい。
3　変更処理が正確になされたかどうか確認してほしい。
4　請求書の内容を訂正して至急に送ってほしい。

(3)
　マインドフルネスというのは、「今、この瞬間の自分の気持ちや心の状態、筋肉や呼吸の状態などを観察して自覚し、受け入れる活動」のことです。これによってストレスとなる外部からの圧迫を減らし、目の前のことに集中することができます。マインドフルネスを社員研修に取り入れることで生産性の向上につなげる企業も増えています。研修の中で、スポーツ選手や心理学者が制作した動画を見たりして、自分の体の状態や心の状態を認識するのです。企業が積極的に取り組むのは、この活動が脳科学からも「心身の持つ本来の能力を十分に発揮させるのに有効」とされており、実際に目に見えて効果が現れるからにほかならないでしょう。

57　「マインドフルネス」について筆者の考えに合うのはどれか。
　1　すべての企業の生産性を向上することができる。
　2　ストレスから解放させることで業務などに集中できる効果がある。
　3　脳科学によって効果を証明したほうがいい。
　4　スポーツ選手や心理学者にとっても有効である。

（4）以下は、ある会社が取引先に通知したお知らせである。

お取引先　各位

　当社で製造しております園芸植物用肥料「不思議」ですが、製造工場の機械不調により、現在製造ができなくなっております。つきましては、製品出荷の一時停止をお願いする次第です。出荷停止時期については、製品がなくなり次第とさせていただき、出荷再開時期については５月中旬を予定しております。ただし、工場の復旧状況により、変動する可能性がございますので、その際は、改めてご連絡いたします。

　ご不便をおかけしますが、どうぞよろしくお願い申し上げます。

株式会社　カンキョウ
営業部長　鈴木　真一

[58] このお知らせで伝えたいことは何か。
1　製品がなくなってから５月中旬まで出荷できない予定だが、再開延期の可能性もある。
2　現在から、５月中旬まで出荷できない予定だが、再開延期の可能性もある。
3　工場の機械が止まってから５月中旬まで出荷できない予定だが、再開が早まる可能性がある。
4　工場の機械が止まってから５月中旬まで出荷できない予定だが、再開が早まる可能性はない。

(5)
　現代社会ではコミュニケーション能力が必要だとよく言われるが、それは単に語学能力を指すのではなく、また、相手の話を聞くだけの能力でもないだろう。確かに、相手の話を聞いてその意図を理解することは大事なことだろう。だが、それだけではコミュニケーションの半分しか意味しない。実際には、相手の意図が理解できない場合もあるだろうし、こちらの意図を相手が理解できない場合もあるからだ。その時に、どうコミュニケーションするか、その能力こそが求められているといえるだろう。

59　筆者の考えに合うのはどれか。
　1　コミュニケーション能力は、実際に役に立つ能力とは言えない。
　2　理解できない時こそコミュニケーションする能力が大事である。
　3　コミュニケーション能力は、相手を理解する能力のことである。
　4　コミュニケーション能力が意味するのは、実際の半分だけである。

모의고사

問題11 次の(1)から(3)の文章を読んで、後の問いに対する答えとして最もよいものを、1・2・3・4から一つ選びなさい。

(1)

　利己主義に対して利他主義というものがあります。自分の利益しか考えない自己中心の考え方が利己主義です。それに対して、貧しい人、困った人のために、あるいは社会のために、自分の利益を目的とせずに行動する、他者を援助する、というのが利他主義です。困った人を助けるのは当たり前のことですし、大地震など自然災害が起きた時には、多くの人がボランティアとして現地に駆け付けます。

　しかし、そのような利他の行為が本当に役に立っているのかどうかは、①当事者に聞いてみなければわかりません。もう着なくなった服を集めてアフリカの貧しい地域に送ったら、現地の商店の服が売れなくなってしまうため、その場で捨てられていたといったことも現実に起きています。結局は、利他もまた、②自己満足にすぎない、つまり、利己的な行為なのではないかということです。

　このような疑問に対して、現代では、「効果的利他主義」といって、利他の行動を起こすときには、最も効果的な方法を選択しなければならないとする考え方があります。「私たちは、自分にできる、一番たくさんの、一番いいことをしなければならない。」と考えて、結果を数値化して比較するわけです。例えば1万円の支援で、どれだけの効果が得られるかを数値にするのです。これはこれで、全てをお金で計算するというのでは、支援を受ける側の気持ちが見えなくなってしまいます。それでも、必要で効果的な支援ができるのなら、それを評価するべきでしょう。自己満足で終わらせないためにも。

60 ①当事者とあるが、だれのことか。
1　利他の行為をする者
2　利他の行為を受ける者
3　自然災害の被害者
4　ボランティアをする者

61 ②自己満足にすぎないとあるが、どういうことか。
1　利他の行為も利己的な結果になる場合がある。
2　利他の行為は自己満足であってはならない。
3　利己主義者は自己満足を追求するものである。
4　利己主義者が結果的に役に立つ場合もある。

62 「効果的利他主義」について、筆者の考えに合うのはどれか。
1　受ける側の気持ちを否定するものだから、良い評価はできない。
2　全てを金額で判断するものだから、良い評価はできない。
3　受ける側の気持ちもお金で計算できるので、良い評価を与えるべきである。
4　全面的に賛成することはできないが、良い評価を与えるべきだ。

(2)
　わたしの小さい時の、大きい楽しみのうちの一つは、バスの一番うしろの席にうしろ向きに座って、外を見ながら、ガタガタゆれるたびに、頭が天井にぶつかりそうになるのを妹と二人で、キャーキャー言いながら、楽しむことだった。そこが一番よくゆれる席だということをよく知っていた。戦争中だから日本の道路事情は、田舎も都会も、よくなかったと思う。よくあることだが、ある日祖母から、「お兄ちゃんは大きくなったら何になりたい？」ときかれた。わたしはためらわず、「バスの運転手になって、うんとガタガタゆらして運転して、みんなをよろこばせる。」と答えた。すると、にこにこしていた祖母が急にこわい顔になった。「バスの運転手というのは、人のいのちをあずかる大切な仕事です。そんなふざけた、ふまじめな気持ちでやるものではありません。」と怒られた。
　バスをゆらせればみんながよろこぶと思ったことは、わたしのあさはかな(注)、まちがいだった。方法はまちがっていたのだけれども、ばかな子どもが考えていたのは、何とかして、みんながよろこぶ仕事がしたい、ということであったと思う。お菓子屋さんになりたい子どもと同じ思考の回路であった。よい先生に恵まれた人は、教師となることを志望することがある。大切な人の命を医術で救われた人は、医師となることを志望することがある。人によろこばれる仕事をすることは、人間の根源的な欲望である。人間という存在の本質は、人によろこばれることが人のよろこびであるという、人間の欲望の構造にある。

　　　　　　　　　　　　（見田宗介『現代社会はどこに向かうか』岩波書店）

(注)あさはかな：考えが浅い

[63] 急にこわい顔になったとあるが、なぜか。
1 祖母はバスの運転手は危険な仕事だと思ったから
2 祖母はバスの運転手という仕事は筆者に合わないと思ったから
3 祖母は筆者にもっと大切な仕事をしてほしいと思ったから
4 祖母は筆者の仕事への理解がふまじめだと思ったから

[64] 筆者がバスの運転手になりたいと思ったのは、なぜか。
1 妹といっしょに仕事ができると思ったから
2 人の役に立つ大事な仕事だと思ったから
3 みんなをよろこばせたいと思ったから
4 よくまちがえるばかな子どもだったから

[65] 筆者の考えに合うのはどれか。
1 人から教えられたことは、人に教えたいと思うものである。
2 医師を志望する人は、過去に命を救われた経験がある。
3 人は人によろこばれる仕事をしたいと思うものである。
4 人の欲望は、仕事の種類によって変化するものである。

（3）
　①多くの人は自分の声を知りません。空気を通した自分の声が人にどのように聞こえているのかを知らない。自分が発した声は空気を振動させて相手の耳に届くわけで、それがさらに相手の聴覚で認知されてはじめて声となるわけですから、相手が聴き取って認知した音を知る方法は、厳密(げんみつ)に言えばありません。
（略）
　声に何かトラブルが起こらないかぎり、多くの人は声を意識しません。自分の声が人にどう伝わっているかだけでなく、自分の声を自分がどう感じるか、そんなこともあまり考えません。でも、声にはその人のあらゆる情報が含まれ、それは話すたびにぽろぽろとこぼれ落ち、あるいは透(す)けて見えています。生まれ育ってきた環境も、体格や骨格も、そのときの身体と心の状態までも。
　②自分の声を知ることは、なかなかわからない自分というものを真剣に見つめるきっかけにもなります。誰でも自分はこうしたい、これが好きだ、あれは嫌いだ、ということはわかっていても、それは感情の動きでしかありません。そのような感情を宿す主体としての自分をわかっている、と言える人はどれだけいるでしょうか。
　親の血を受け継いで生まれ、周りを取り巻くものを吸収して育ち、教えられ、学び、さまざまな体験をしてきた自分。そして今、どのような体調でどんな精神状態で、何を求めて、何のために話しているのか――そのすべてが出ているのが声なのです。
　声と向き合うことは、自分の過去と向き合い、自分の現在と向き合うことです。それは間違いなく、将来の自分をくっきり描き出すことにもなるでしょう。

（山崎広子『声のサイエンス』NHK出版）

66 ①多くの人は自分の声を知りませんとあるが、どういうことか。
1 自分の声を録音して客観的に聞いたことがないということ
2 自分の声がどう伝わっているか知る方法がないということ
3 自分の声は空気の振動によって相手の耳に届くということ
4 自分の声を自分がどう感じるか知る方法がないということ

67 ②自分の声を知ることについて、筆者はどのように考えているか。
1 自分という存在と向き合うきっかけになる。
2 自分の感情の動きを知るきっかけになる。
3 自分の希望や好き嫌いを知るきっかけになる。
4 自分の身体全体を理解するきっかけになる。

68 筆者の考えに合うのはどれか。
1 声には自分のあらゆる情報が含まれているが、それを知ることは難しい。
2 自分の声を理解することで、自分の将来をイメージできるようになる。
3 声と向き合うことによって、自分の心をコントロールできるようになる。
4 人の声を知ることができれば、その人をコントロールできるようになる。

問題12 次のAとBの文章を読んで、後の問いに対する答えとして最もよいものを、1・2・3・4から一つ選びなさい。

A

　人間の欲求は、「生理的欲求」から始まって、最後は「自己実現の欲求」に至るといわれる。自己実現の前の段階は、いわゆる「社会的欲求」と呼ばれる。その欲求が満たされたら、次は、人生における自分自身の目標を定めて、それを実現するのである。確かに、それが実現できたら、それ以上の喜びはないだろう。

　だが、人々は生活のために仕事をしており、その仕事の上で、自己実現をしているのではないだろうか。お金のために、そして、家族のために、社会のために、仕事をする。同時にそれが自分自身のためにもなっている。実際、そんな理想的なケースは少ないのだが、自己実現だけが目標ではないということである。

B

　自己実現という言葉には気を付けなければならない。誰もが自己実現を追求する社会は、競争を前提とした社会だからである。自己実現をするためには資金が必要であり、資金を自由に使えるようになるためには、社会の階級の上位に存在しなければならないからである。そこには必ず勝者と敗者が存在する。そして、世の多くの人は競争に敗れた人なのである。つまり、自己実現できるのは、ほんの一部の人に過ぎないということである。そうして、自己実現できたとしても、それが人間の本当の喜びと言えるだろうか。

　実は、人間の本当の喜びは他者との関係の中にある。自己にこだわっている限り、この喜びは見いだせないだろう。

[69] 「自己実現ができた場合」について、AとBはどのように述べているか。
1　AもBも、最高の喜びであると述べている。
2　AもBも、本当の喜びとは言えないと述べている。
3　Aは最高の喜びだと述べ、Bは本当の喜びとは言えないと述べている。
4　Aは最高の喜びではないと述べ、Bは本当の喜びとは言えないと述べている。

[70] AとBが共通して述べていることは何か。
1　自己実現するためにはお金が必要である。
2　実際に自己実現できる人は多くない。
3　自己実現より仕事の方が重要である。
4　自己実現より人間関係の方が重要である。

問題 13 次の文章を読んで、後の問いに対する答えとして最もよいものを 1・2・3・4 から一つ選びなさい。

東日本大震災は、多くの命と絆を絶ち、積み上げてきた地域の文化を奪い尽くした。
（略）
突然奪われた命と絆によって、自分は「何のために生きるのか」を自問する人々がいる。この問いは、悲しみの中で自分の存在理由を見失う人々に突き刺さる。また、直接の被害にあっていない人々の中にも、同様の自問が突きつけられている。この問いは、命の本質に関わるものである。一方で、この間の経済危機の中で、仕事を失い居場所を奪われた人々の職業訓練を通じて感じるのは、「何のために働くのか」という、労働の本質をめぐる問いである。①これは、「何のために生きるのか」ということに深く関わった、同義(注1)の問いとして立ち現れている。

（略）
香川県の小学校から始まった②「弁当の日」という取り組みがある。献立・買い出し・調理・弁当の箱詰め・かたづけ……。親の助けを借りず子どもだけで弁当づくりを最初から最後までやり上げ、それを学校に持って来て食べる取り組みだ。この取り組みを発案し実践した竹下和男氏（元中学校長）は、子どもたちが健やかに育つ環境づくりとして実践し、その効果は、親や地域が子どもを育てるという意識を高め、子どもたちがその大人たちの心を受け止めながら自立していく、という物語をたくさん編み出した、と語っている。その中に③こんなエピソード(注2)があった。自分だけでつくる弁当の取り組みを終え、ある子どもが自分の気づきを感想にまとめた。

「たしかに自分だけで弁当はつくった。だけど、自分は米をつくっていない。魚は漁師がとってくれた。漁師が乗った船をつくった人がいる。魚をトラックで運んでくれた人がいる。運ばれてきた道路をつくった人がいる。自分が使ったなべ・釜をつくった人がいる。家に電気やガスを届けてくれた人がいる。たくさんの人が働いて、そのおかげで自分は弁当をつくることができた」

そして最後に、「でも僕は、誰1人その人たちを知らない」と付け加えた。

弁当をつくる＝食事をつくるという営みをめぐって、たくさんの「働く」があって、命が成り立っていることに気づくことは、働くことや生きることの本質に気づくことである。一方でその本質は、見えづらく感じづらい、ということを最後の言葉は物語っている。弁

当の日という取り組みは、命を成り立たせているさまざまな関係＝連帯を呼び起こし、何のため・誰のために働くのか、という本質に気づかせてくれる。

（古村伸宏「ケアと協同労働—「働く」ことの人間性と社会性を結んだ労働のあり方—」
『ケアとは何だろうか』ミネルヴァ書房）

（注1）同義（どうぎ）：同じ意味
（注2）エピソード：話題、おもしろい話

71 ①これとあるが、何を指すか。
1 何のために生きるのかという問い
2 自分の存在理由を問う問い
3 命の本質に関わる問い
4 何のために働くのかという問い

72 ②「弁当の日」について、内容と合っているのは次のどれか。
1 家で自分一人で弁当を作って、それを学校に持って行って食べる。
2 家で親といっしょに弁当を作って、それを学校に持って行って食べる。
3 自分一人で材料を用意して学校に持って行き、弁当を作って食べる。
4 親や地域の人々が協力して子どもといっしょに弁当を作り、食べる。

73 ③こんなエピソードがあったとあるが、このエピソードについて筆者はどのように考えているか。
1 何のため・誰のために働くのかという本質について教えてくれている。
2 命を成り立たせているたくさんの働く人々の物語を編み出した。
3 子どもは命を成り立たせている人々の関係について知らなければならない。
4 働くことや生きることの本質に気づくことが難しいことを表している。

問題 14　右のページは、ある市の公共施設の利用案内である。下の問いに対する答えとして最もよいものを、1・2・3・4から一つ選びなさい。

[74] ワンさんは市内に住んでいる大学生で、市外に住んでいる大学の友人2人と音楽グループを作り、活動している。ワンさんが音楽室を借りるための条件を満たしているのは、次のどれか。
1　新たに市内に住んでいるメンバー2人を会員にして、団体登録をする。
2　新たに市内に住んでいるメンバー3人を会員にして、団体登録をする。
3　新たに市内に住んでいるメンバー4人を会員にして、団体登録をする。
4　新たに市内に住んでいるメンバー5人と市外に住んでいるメンバー2人を会員にして、団体登録をする。

[75] タンヤさんは、既に団体登録済みで、バスケットボールの練習をするために、屋内体育場を利用したいと考えている。タンヤさんが注意しなければならないことは、次のどれか。
1　インターネットで、利用予定の7日前までに抽選の申し込みをする。
2　インターネットで、利用予定の2か月前の月の15日までに抽選の申し込みをする。
3　利用料金は、利用日当日に直接窓口で支払う。
4　利用料金は、利用日の3日前までに直接窓口で支払う。

中央市立社会教育会館利用案内

1 社会教育会館のご利用にはご登録が必要です。

ご利用には団体登録が必要です。社会教育会館の窓口にお越しいただき、団体登録手続きを行ってください。

※ 個人利用施設（トレーニング室）のご利用には必要ありません。

一般団体登録

一般団体登録は、中央市外の団体でもご登録いただけます。施設によっては、利用できない種目・活動があります。

ご登録には「一般団体利用登録申請書」と「本人確認ができるもの」が必要です。

- **主な構成要件**
    1. 団体の代表者が中央市内に住んでいること。または、中央市内に勤務していること。
    2. 団体の会員が5名以上であること。
    3. 団体の会員の7割以上が中央市内に住んでいること。または、中央市内に勤務していること。

2 ご利用になりたい施設・日時はお決まりですか？

- 学習（集会）施設：講習室　視聴覚室　音楽室　美術工芸室　和室
- 屋内体育場
- ホール・ギャラリー（展示利用）
- トレーニング室（個人利用）

利用時間

全日：9時から21時（22時までの延長ができます）

　　　※ 夜間延長の申し込みは、ホールは7日前、それ以外の施設は3日前までにお願いします。

予約抽選会

毎月1日と2日（1月は4日と5日）に、利用施設で予約抽選会を行っております。

※ 屋内体育場は、インターネット抽選となります。

- 抽選申込受付期間（毎月2か月前の1日～15日）
- 毎月16日に機械による自動抽選を行います。

ご注意ください！！

使用料等のお支払い受付時間について

使用料のお支払いの受付時間は、午後8時までです。お支払いの際には、余裕を持って窓口にお越しください。

※ トレーニング室の利用は、利用時に直接、利用施設の受付窓口にて、利用時間分の料金をお支払いください。

使用料のお支払いと、予約の未納取り消しについて

- ご予約後、予約日から7日以内にお支払いください。
- 納付期間を過ぎますと、「中央市公共予約システム」から自動的に予約が取り消されますので、ご注意ください。

3 ご不明な点は、該当の社会教育会館へお気軽にお問い合わせください。

中央市社会教育会館：03-3546-4801

Listening   問題用紙

N2
聴解
(55分)

132

注 意
Notes

1. 試験が始まるまで、この問題用紙を開けないでください。
   Do not open this question booklet until the test begins.

2. この問題用紙を持って帰ることはできません。
   Do not take this question booklet with you after the test.

3. 受験番号と名前を下の欄に、受験票と同じように書いてください。
   Write your examinee registration number and name clearly in each box below as written on your test voucher.

4. この問題用紙は、全部で14ページあります。
   This question booklet has 14 pages.

5. この問題用紙にメモをとってもかまいません。
   You may make notes in this question booklet.

受験番号 Examinee Registration Number	
名前 Name	

※ 著作権者(時事日本語社)の許可なく、この試験問題の全部または一部を転載することを禁じます。

問題1

問題1では、まず質問を聞いてください。それから話を聞いて、問題用紙の1から4の中から、最もよいものを一つ選んでください。

例 🎧 132-01

1 仕事の説明を聞く

2 簡単な掃除をする

3 部長にお茶をいれる

4 スケジュールの確認をする

1番 132-02

1
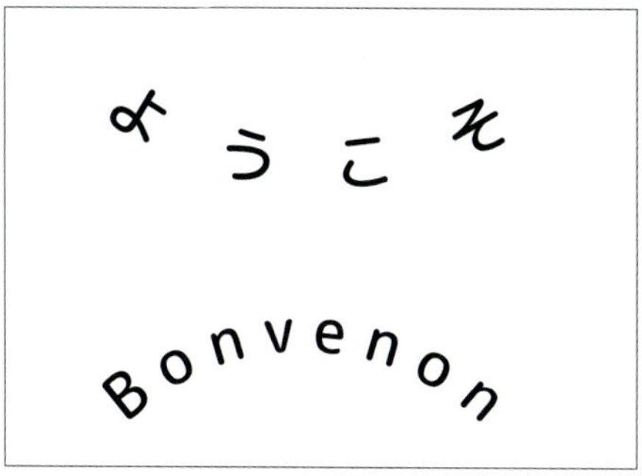
ようこそ
Bonvenon

2
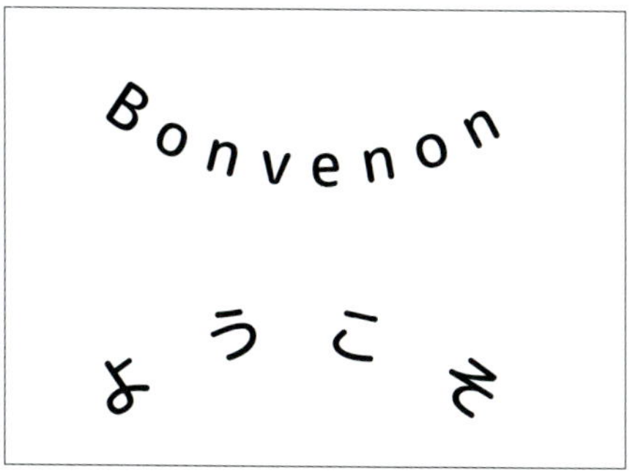
Bonvenon
ようこそ

3
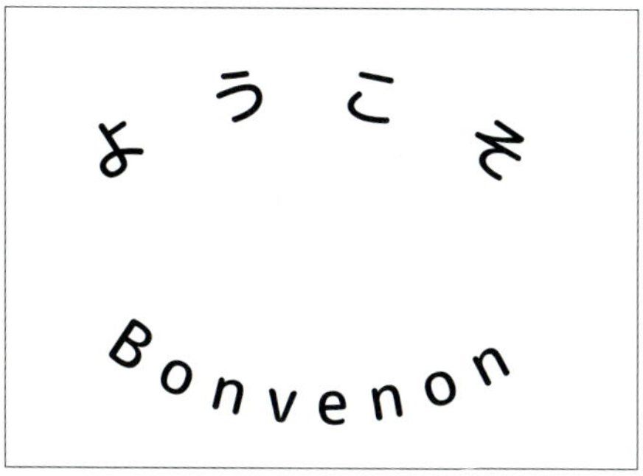
ようこそ
Bonvenon

4
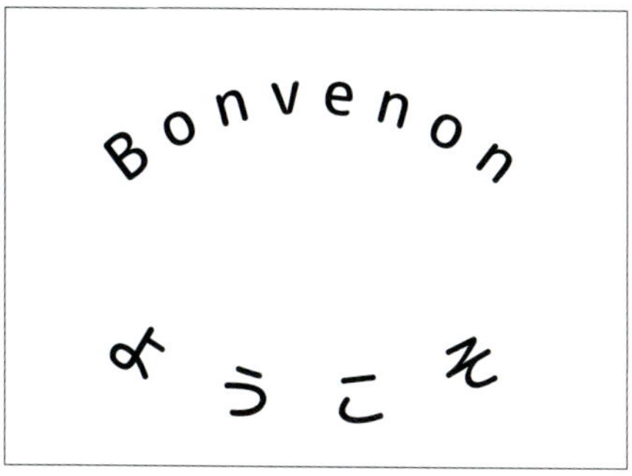
Bonvenon
ようこそ

2番 132-03

1　書類の料金を払う

2　身分証明書を取りに家に帰る

3　身分証明書のコピーをとる

4　必要書類を郵送する

3番 132-04

1 データ分析の結果をはっきりさせる
2 データの内容を整理する
3 データ活用の目的を発表する
4 データ分析の具体的な方法を調べる

4番 132-05

1 片道で二人分
2 片道で三人分
3 往復で二人分
4 往復で三人分

5番 🎧 132-06

1 新しい機能について説明する
2 価格を発表する
3 実物を見てもらう
4 意見を聞く

問題2

問題2では、まず質問を聞いてください。そのあと、問題用紙のせんたくしを読んでください。読む時間があります。それから話を聞いて、問題用紙の1から4の中から、最もよいものを一つ選んでください。

例 🎧 132-07

1　髪を洗うのが大変だから

2　失恋したから

3　来週面接だから

4　朝セットするのが大変だから

1番 🎧 132-08

1　一度完全に書くのをやめたから

2　高校時代から書いてきたから

3　仕事の知識を生かせたから

4　専門誌に記事を書いたから

2番 🎧 132-09

1　栄養やカロリーなど食事に気を使う

2　晩ごはんを食べないでダイエットする

3　どんなに仕事が忙しくても夜8時までに寝る

4　食事ができなくても寝る時間を確保する

3番 🎧 132-10

1 近くて気軽に来られること

2 涼しくて快適なこと

3 アイスクリームがおいしいこと

4 アニメ映画の舞台になったこと

4番 🎧 132-11

1 この店で買ったものではないから

2 修理できる人が今いないから

3 部品の在庫がないから

4 部品がもう作られていないから

5番 🎧 132-12

1 ドラマの内容が良かったから

2 聞くと学生時代を思い出すから

3 学生時代に聞いて感動したから

4 歌っている歌手のファンだから

6番 🎧 132-13

1 ごみを出す日をまちがえたこと

2 お酒を飲みすぎたこと

3 おとなりにあいさつをするのを忘れたこと

4 ごみを入れるふくろが違っていたこと

問題3

問題3では、問題用紙に何もいんさつされていません。この問題は、全体としてどんな内容かを聞く問題です。話の前に質問はありません。まず話を聞いてください。それから、質問とせんたくしを聞いて、1から4の中から、最もよいものを一つ選んでください。

― メモ ―

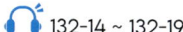 132-14 ~ 132-19

問題4

問題4では、問題用紙に何もいんさつされていません。まず文を聞いてください。それから、それに対する返事を聞いて、1から3の中から、最もよいものを一つ選んでください。

― メモ ―

🎧 132-20 ~ 132-32

問題5

問題5では、長めの話を聞きます。この問題には練習はありません。
問題用紙にメモをとってもかまいません。

1番、2番

問題用紙に何もいんさつされていません。まず話を聞いてください。それから、質問とせんたくしを聞いて、1から4の中から、最もよいものを一つ選んでください。

― メモ ―

🎧 132-33 ~ 132-34

3番

まず話を聞いてください。それから、二つの質問を聞いて、それぞれ問題用紙の1から4の中から、最もよいものを一つ選んでください。

 132-35

質問1

1 通話プラン

2 動画プラン

3 格安プラン

4 セットプラン

質問2

1 通話プラン

2 動画プラン

3 格安プラン

4 セットプラン

日本語能力試験 模擬試験 解答用紙

N2 言語知識(文字・語彙・文法)・読解

日本語能力試験 模擬試験 解答用紙

N2
聴解

합격을 부르는 체계적인 학습 솔루션
시사 JLPT 합격 시그널

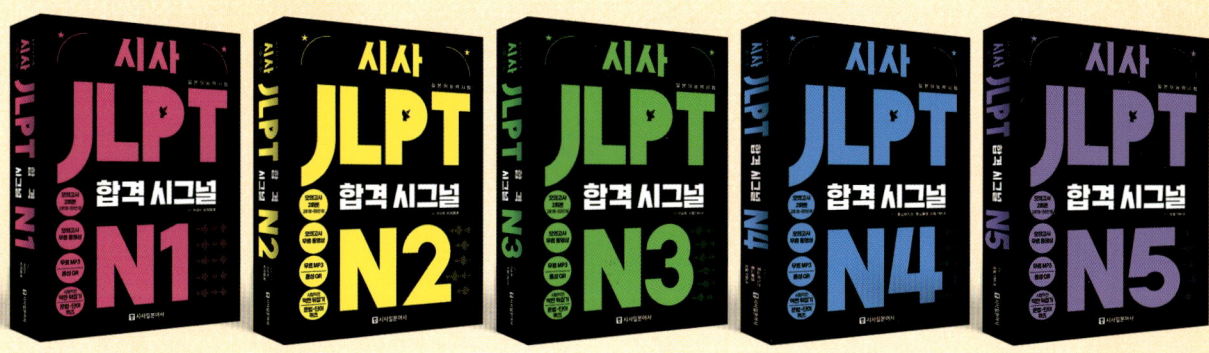

각 권 구성

시사 JLPT 합격 시그널 N2 문제편 + 시사 JLPT 합격 시그널 N2 해설편 + 시사 JLPT 합격 시그널 시험직전 막판뒤집기 N2

- 청해 QR코드 MP3파일
- 모의고사 무료 영상
- 온라인 모의고사 PDF
- 문법 퀴즈 PDF
- 단어 퀴즈 PDF

시사일본어사 주문 및 교재문의 1588-1582 시사일본어사는 중·고등학교 일본어 인정교과서를 펴내고 있습니다.

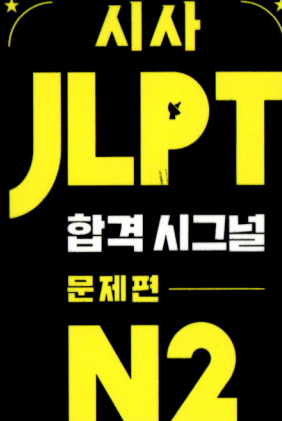

시사 JLPT 합격 시그널 문제편 N2

선택하는 순간
합격의 신호가 보인다!

- 합격은 물론, 고득점 취득까지 한번에 해결
- 독학 학습자의 눈높이에 맞는 맞춤형 해설
- 기출 문제와 동일한 난이도의 문제를 엄선
- 일본어능력시험 전문 강사의 명쾌한 족집게 강의
- 체계적인 단계별 학습으로 실제 시험에 완벽 대비

영역별·문제별 풀이 요령 확인하기 ▶ 연습문제로 문제유형 파악하기 ▶ 실전문제로 집중 훈련하기 ▶ 모의고사로 실전 감각 다지기

 MP3 무료 다운로드
www.sisabooks.com

값 27,000원

Designed by SISA Books

ISBN 978-89-402-9343-0 14730
ISBN 978-89-402-9341-6 (set)

 Since1977
시사 Dream,
Education can make dreams come true.

집필진

우선희
- 센슈대학 일본어일본문학과 일본어학 전공
- 센슈대학 대학원 문학 연구과 석사
- (현)시사일본어학원 JLPT N2 전임 강사

저서
일본어능력시험에 꼭 나오는 JLPT N2 단어짱 (김숙경, 우선희 공저)
딱! 한 권 JLPT 일본어능력시험 단어장 N2 감수
딱! 한 권 JLPT 일본어능력시험 N2 집필협력

마쓰오카 다쓰미(松岡龍美)
- (현)일본 와세다언어학원 강사

저서
〈일본어능력시험 능시족보 시리즈〉
〈일본어능력시험 단번에 격파하기 시리즈〉

집필 협력
- **김숙경** (현)시사일본어학원 강사
- **짐보 히사에** (현)시사일본어학원 강사

모의고사 무료 학습 자료

모의고사
음성 듣기

모의고사
영상 보기

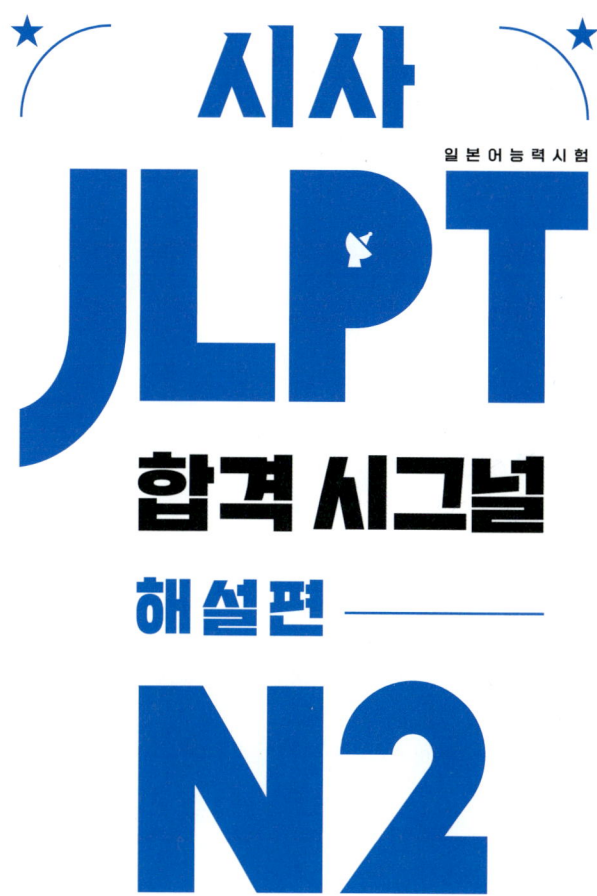

저자 우선희, 松岡龍美

초판인쇄	2022년 4월 10일
1판 2쇄	2023년 7월 31일
저자	우선희, 松岡龍美(마쓰오카 다쓰미)
편집	조은형, 김성은, 오은정, 무라야마 토시오
펴낸이	엄태상
디자인	권진희
조판	김성은
콘텐츠 제작	김선웅, 장형진
마케팅	이승욱, 왕성석, 노원준, 조성민, 이선민
경영기획	조성근, 최성훈, 김다미, 최수진, 오희연
물류	정종진, 윤덕현, 신승진, 구윤주
펴낸곳	시사일본어사(시사북스)
주소	서울시 종로구 자하문로 300 시사빌딩
주문 및 교재 문의	1588-1582
팩스	0502-989-9592
홈페이지	www.sisabooks.com
이메일	book_japanese@sisadream.com
등록일자	1977년 12월 24일
등록번호	제 300-2014-31호

ISBN 978-89-402-9343-0 (14730)
　　　978-89-402-9341-6 (set)

＊ 이 책의 내용을 사전 허가 없이 전재하거나 복제할 경우 법적인 제재를 받게 됨을 알려 드립니다.
＊ 잘못된 책은 구입하신 서점에서 교환해 드립니다.
＊ 정가는 표지에 표시되어 있습니다.

머리말

일본어능력시험(JLPT)을 공부하는 목적은 학습자마다 다르지만, 최종 목표는 모두 '합격'일 것입니다. '시사 JLPT 합격 시그널' 시리즈는 JLPT 시험에 합격하고자 하는 학습자를 위한 독학용 종합 수험서입니다. 머리말을 읽으면서 '독학용 수험서가 따로 있나?'라고 생각하시는 분도 계실 것입니다.

'시사 JLPT 합격 시그널'은 혼자 공부하는 수험생을 위해 다음과 같이 교재를 구성했습니다.

일본어의 '어휘력'과 '문법' 이해도를 측정하는 언어지식(문자·어휘·문법) 파트와 현지에서 출간된 인문·실용서 등의 지문을 사용하는 독해 파트, 일상생활에서 사용하는 회화력을 묻는 청해 파트까지, JLPT 시험은 결코 쉽지만은 않습니다. 따라서 대부분의 학습자는 JLPT 시험을 준비하는데 있어 무엇을, 어떻게 공부해야 할지 막연함을 느낄 것입니다.

'시사 JLPT 합격 시그널'을 통해 JLPT란 무엇인가를 이해하고, 어떻게 하면 시험을 공략할 수 있는지에 대한 해법을 찾고 자신감을 기를 수 있기를 바랍니다. 문제를 풀고 해설을 읽으며, 일본어 어휘가 어떻게 활용되는지와 일본어 문법의 활용 원리에 대해 이해하고, 시험 문제에서 학습자에게 요구하는 바가 무엇인지를 정확하게 답할 수 있게 되기를 바랍니다.

마지막 책장을 덮는 순간, 이 책을 함께 해 주신 모든 분들께 '합격의 시그널'이 감지되기를 진심으로 기원합니다.

저자 일동

이 책의 구성

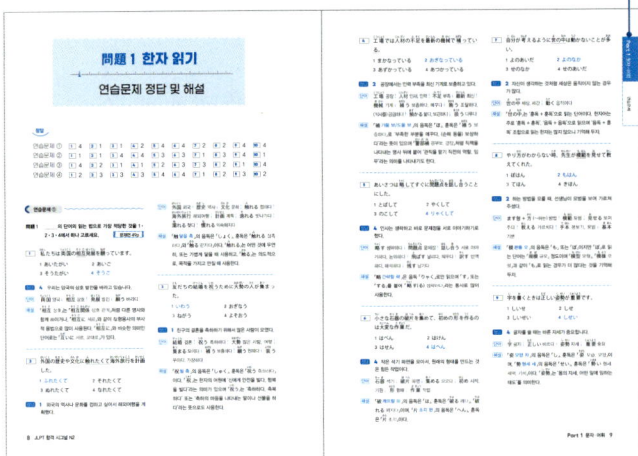

파트별 인덱스로 쉽게 원하는 곳을 찾을 수 있어요!

○ 파트별 연습문제 해설

연습문제에서 다루고 있는 단어 및 문제 풀이의 포인트를 짚어 줍니다.
N2의 필수 단어뿐만 아니라 놓치기 쉬운 기본 단어나 문형까지 학습 가능합니다. 또한 학습자의 눈높이에 맞춘 쉽고 상세한 해설로 학습 성과를 올려 줍니다.

○ 파트별 실전문제 해설

실제 시험과 동일한 형식의 문제를 통한 집중 학습으로 합격 가능성을 올려 줍니다.
최신 경향에 맞춘 새로운 단어 및 그에 맞는 해설로 이해도를 높혀 실전 적응 능력을 기를 수 있습니다.

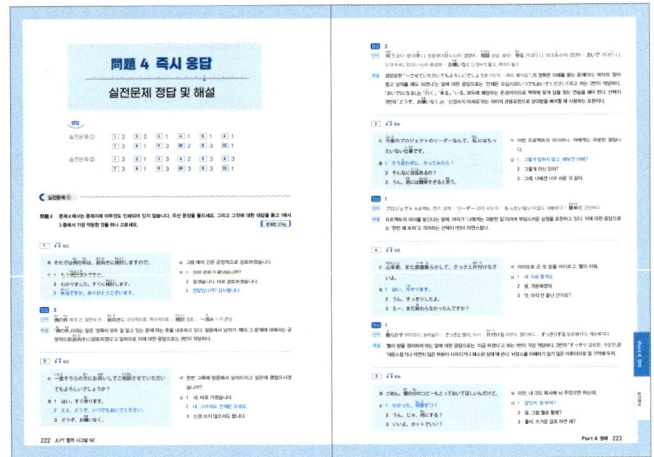

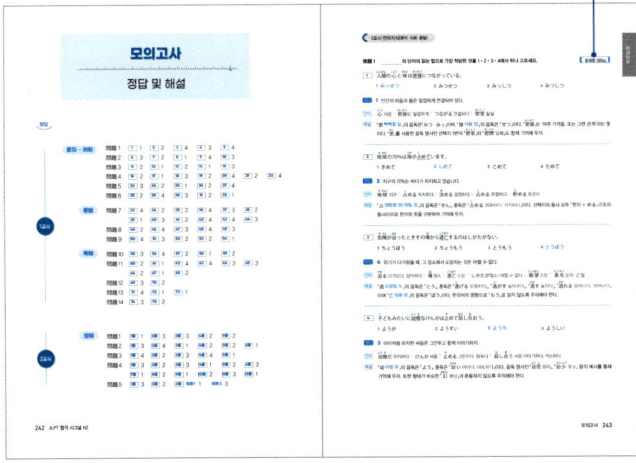

해당 문항의 문제편 페이지도 바로 확인!

○ 모의고사 해설

문제편 모의고사의 답안지(마킹지)를 한번에 맞춰 볼 수 있는 정답표와 득점 계산법으로 가채점을 할 수 있습니다.
기출문제의 출제 경향 및 난이도를 반영한 모의고사 풀이로 시험 전 최종 점검이 가능합니다.

목차

Part 1 문자·어휘
- 연습문제 ······················· 8
- 실전문제 ······················· 39

Part 2 문법
- 연습문제 ······················· 68
- 실전문제 ······················· 89

Part 3 독해
- 연습문제 ······················· 122
- 실전문제 ······················· 139

Part 4 청해
- 연습문제 ······················· 166
- 실전문제 ······················· 191

모의고사
- 문자·어휘 ······················ 243
- 문법 ·························· 251
- 독해 ·························· 257
- 청해 ·························· 270

별책부록
- 시험 직전 막판 뒤집기

Part 1

JLPT N2

Part 1

문자·어휘

問題 1 한자 읽기

연습문제 정답 및 해설

정답

	1	2	3	4	5	6	7	8	9	10
연습문제 ①	4	1	1	2	4	4	2	2	4	4
연습문제 ②	1	1	4	4	3	4	1	3	4	1
연습문제 ③	4	2	1	1	2	3	3	2	1	4
연습문제 ④	2	3	3	3	4	1	4	2	3	2

연습문제 ①

問題 1 _____의 단어의 읽는 법으로 가장 적당한 것을 1·2·3·4에서 하나 고르세요. 〈문제편 49p〉

1 私たちは両国の相互発展を願っています。

1 あいたがい   2 あいご
3 そうたがい   4 そうご

정답 4 우리는 양국의 상호 발전을 바라고 있습니다.
단어 両国 양국 | 相互 상호 | 発展 발전 | 願う 바라다
해설 「相互 상호」는 「相互関係 상호 관계」처럼 다른 명사와 함께 쓰이거나, 「相互に 서로」와 같이 な형용사의 부사적 용법으로 많이 사용된다. 「相互に」와 비슷한 의미인 단어로는 「互いに 서로, 교대로」가 있다.

---

2 外国の歴史や文化に触れたくて海外旅行を計画した。

1 ふれたくて   2 それたくて
3 ぬれたくて   4 なれたくて

정답 1 외국의 역사나 문화를 접하고 싶어서 해외여행을 계획했다.

단어 外国 외국 | 歴史 역사 | 文化 문화 | 触れる 접하다 | 海外旅行 해외여행 | 計画 계획 | 逸れる 빗나가다 | 濡れる 젖다 | 慣れる 익숙해지다

해설 「触 닿을 촉」의 음독은 「しょく」, 훈독은 「触れる 접촉하다」와 「触る 만지다」이다. 「触れる」는 어떤 것에 우연히, 또는 가볍게 닿을 때 사용하고, 「触る」는 의도적으로, 목적을 가지고 만질 때 사용한다.

---

3 友だちの結婚を祝うために大勢の人が集まった。

1 いわう   2 おぎなう
3 ねがう   4 よそおう

정답 1 친구의 결혼을 축하하기 위해서 많은 사람이 모였다.

단어 結婚 결혼 | 祝う 축하하다 | 大勢 많은 사람, 여럿 | 集まる 모이다 | 補う 보충하다 | 願う 원하다 | 装う 꾸미다, 가장하다

해설 「祝 빌 축」의 음독은 「しゅく」, 훈독은 「祝う 축하하다」이다. 「祝」는 한자의 어원에 '신에게 안전을 빌다, 행복을 빌다'라는 의미가 있으며 「祝う」는 '축하하다, 축복하다' 또는 '축하의 마음을 나타내는 말이나 선물을 하다'라는 뜻으로도 사용한다.

[4] 工場では人材の不足を最新の機械で補っている。

1 まかなっている   2 おぎなっている
3 あずかっている   4 あつかっている

정답 **2** 공장에서는 인력 부족을 최신 기계로 보충하고 있다.

단어 工場 공장 | 人材 인재, 인력 | 不足 부족 | 最新 최신 | 機械 기계 | 補う 보충하다, 메꾸다 | 賄う 조달하다, (식사를) 공급하다 | 預かる 맡다, 보관하다 | 扱う 다루다

해설 「補 기울 보/도울 보」의 음독은 「ほ」, 훈독은 「補う 보충하다」로 '부족한 부분을 메꾸다, (손해 등을) 보상하다'라는 뜻이 있으며 「警部補 경부보, 경장」처럼 직책을 나타내는 명사 뒤에 붙어 '관직을 맡기 직전의 역할, 임무'라는 의미를 나타내기도 한다.

---

[5] あいさつは略してすぐに問題点を話し合うことにした。

1 とばして   2 やくして
3 のこして   4 りゃくして

정답 **4** 인사는 생략하고 바로 문제점을 서로 이야기하기로 했다.

단어 略す 생략하다 | 問題点 문제점 | 話し合う 서로 이야기하다, 논의하다 | 飛ばす 날리다, 띄우다 | 訳す 번역하다, 해석하다 | 残す 남기다

해설 「略 간략할 략」은 음독 「りゃく」로만 읽으며 「す」 또는 「する」를 붙여 「略す(る) 생략하다」라는 동사로 많이 사용한다.

---

[6] 小さな石器の破片を集めて、初めの形を作るのは大変な作業だ。

1 はべん   2 はけん
3 はせん   4 はへん

정답 **4** 작은 석기 파편을 모아서, 원래의 형태를 만드는 것은 힘든 작업이다.

단어 石器 석기 | 破片 파편 | 集める 모으다 | 初め 시작, 기원 | 形 형태 | 作業 작업

해설 「破 깨뜨릴 파」의 음독은 「は」, 훈독은 「破る 깨다」, 「破れる 깨지다」이며, 「片 조각 편」의 음독은 「へん」, 훈독은 「片 조각」이다.

---

[7] 自分が考えるように世の中は動かないことが多い。

1 よのあいだ   2 よのなか
3 せのなか   4 せのあいだ

정답 **2** 자신이 생각하는 것처럼 세상은 움직이지 않는 경우가 많다.

단어 世の中 세상, 세간 | 動く 움직이다

해설 「世の中」는 '훈독 + 훈독'으로 읽는 단어이다. 한자어는 주로 '훈독 + 훈독', '음독 + 음독'으로 읽으며 '음독 + 훈독' 조합으로 읽는 한자는 많지 않으니 기억해 두자.

---

[8] やり方がわからない時、先生が模範を見せて教えてくれた。

1 ぼはん   2 もはん
3 てほん   4 きほん

정답 **2** 하는 방법을 모를 때, 선생님이 모범을 보여 가르쳐 주셨다.

단어 ます형 + 方 (~하는) 방법 | 模範 모범 | 見せる 보여주다 | 教える 가르치다 | 手本 본보기, 모범 | 基本 기본

해설 「模 본뜰 모」의 음독은 「も」 또는 「ぼ」이지만 「ぼ」로 읽는 단어는 「規模 규모」 정도이며 「模型 모형」, 「模様 모양」과 같이 「も」로 읽는 경우가 더 많다는 것을 기억해 두자.

---

[9] 字を書くときは正しい姿勢が重要です。

1 しいせ   2 しせ
3 しいせい   4 しせい

정답 **4** 글자를 쓸 때는 바른 자세가 중요합니다.

단어 字 글자 | 正しい 바르다 | 姿勢 자세 | 重要 중요

해설 「姿 모양 자」의 음독은 「し」, 훈독은 「姿 모습, 모양」이며, 「勢 형세 세」의 음독은 「せい」, 훈독은 「勢い 형세, 세력, 기세」이다. 「姿勢」는 '몸의 자세, 어떤 일에 임하는 태도'를 의미한다.

10 発車間際の電車に乗車するのは危険だ。

1 かんさい　　2 まさい
3 かんぎわ　　4 まぎわ

정답 4 출발 직전의 전철에 승차하는 것은 위험하다.

단어 発車 발차, (전철·차 등의) 출발 | 間際 직전, 찰나 | 乗車 승차 | 危険 위험

해설 「間 사이 간」의 훈독에는 「ま」와 「あいだ」가 있는데, 「間」는 「車と車の間 차와 차의 틈새, 거리」처럼 '여러 개 있는 물건과 물건 사이의 공간' 또는 「食事する間もなく働く 식사할 틈도 없이 일하다」처럼 '연속되는 일 사이의 틈'이라는 의미로 사용한다. 한편 「間」는 '두 물건 사이의 공간'이나 「寝ている間に雨が止んだ 자고 있는 동안에 비가 그쳤다」처럼 '한정된 범위 속의 시간'일 때 사용한다.

연습문제 ②

問題1 _____의 단어의 읽는 법으로 가장 적당한 것을 1·2·3·4에서 하나 고르세요. 　문제편 50p

1 台風の影響で電車の到着が大幅に遅れている。

1 おおはば　　2 おおふく
3 おおげさ　　4 おおばん

정답 1 태풍의 영향으로 전철 도착이 대폭 늦어지고 있다.

단어 台風 태풍 | 影響 영향 | 到着 도착 | 大幅に 큰 폭으로, 대폭 | 遅れる 늦다, 늦어지다 | 大げさ 과장

해설 「大幅 대폭, 큰 폭」은 훈독 한자어이다. 「大幅 커다란 족자」처럼 음독으로 읽는 경우도 있지만 많이 사용되는 단어는 아니다.

2 図書館では読んだ本は受付に戻すことになっている。

1 もどす　　2 かえす
3 なおす　　4 うつす

정답 1 도서관에서는 읽은 책은 접수처로 돌려주게 되어 있다.

단어 図書館 도서관 | 受付 접수, 접수처 | 戻す (원래 상태로) 되돌리다 | 返す 되돌리다, 돌려주다 | 直す 고치다 | 写す 베끼다, 묘사하다

해설 '되돌리다, 돌려주다'라는 의미가 있는 단어에는 「戻す」와 「返す」가 있는데, 원래 상태나 자리로 되돌릴 때는 「戻す」를, 소유자에게 물건을 돌려주거나 돈을 갚을 때는 「返す」를 쓰지만 서로 유사하게 쓰는 경우도 있다. 「話をもとに戻す 이야기를 원점으로 되돌리다」, 「ひっくり返す (위·아래를) 뒤짚다」와 같은 예문을 통해 기억해 두자.

3 費用は交通費や食事も含めて、全部で10万円くらいかかります。

1 こめて　　2 おさめて
3 つめて　　4 ふくめて

정답 4 비용은 교통비나 식사도 포함해서, 전부 10만 엔 정도 듭니다.

단어 費用 비용 | 交通費 교통비 | 食事 식사 | 全部で 전부 합해서 | かかる 걸리다, 소요되다 | 込める 포함하다, 담다 | 収める 얻다, 성과를 올리다 | 詰める 채우다

해설 「含 머금을 함」의 음독은 「がん」 훈독은 「含む 포함하다, (입에) 머금다, 내포하다」, 「含める 포함시키다」이다.

4 愛する気持ちが強いとかえって憎いと思うことがある。

1 えらい　　2 きらい
3 みにくい　　4 にくい

정답 4 사랑하는 기분이 강하면 오히려 밉다고 생각하는 경우가 있다.

단어 愛する 사랑하다 | かえって 오히려, 도리어 | 憎い 밉다, 얄밉다 | 偉い 대단하다, (신분 등이) 높다 | 嫌いだ 싫다 | 醜い 보기 흉하다, 못생기다

해설 「憎 미울 증」의 음독은 「ぞう」, 훈독은 「憎い 밉다」, 「憎む 미워하다」이다. 음독 명사인 「愛憎 애증」, 「憎悪 증오」 등의 단어도 함께 기억해 두자.

5 夏休みは来年の入学試験に備えて毎日予備校に行きます。

1 おさえて　　2 かぞえて
3 そなえて　　4 くわえて

| 정답 | **3** 여름 방학에는 내년 입학 시험을 대비해 매일 입시 학원에 갑니다.
| 단어 | 入学 입학 | 試験 시험 | 備える 대비하다 | 予備校 예비 학교, 입시 학원 | 抑える 누르다, 억압하다 | 数える 세다 | 加える 더하다, 보태다
| 해설 | 「備 갖출 비」의 음독은 「び」, 훈독은 「備える 준비하다」, 「備わる 준비되다」 두 가지가 있다. 「備える」는 타동사이지만 「명사 + に備える」처럼 조사 「に」가 앞에 오는 경우가 많다. 음독 명사인 「備蓄 비축」도 함께 기억해 두자.

| **6** | 交流会では各国の代表が伝統芸能を披露した。
1 ひろ　　　　　　2 はろ
3 ひろう　　　　　4 はろう

| 정답 | **3** 교류회에서는 각국 대표가 전통 예능을 선보였다.
| 단어 | 交流会 교류회 | 各国 각국 | 代表 대표 | 伝統芸能 전통 예능 | 披露 피로, 공표함, 선보임
| 해설 | 「露 이슬 로」의 음독은 「ろ・ろう」, 훈독은 「露」이다. 「暴露 폭로」, 「吐露 토로」처럼 「ろ」로 읽는 단어가 대부분이며 「披露 피로」처럼 「ろう」로 읽는 경우는 많지 않으니 반드시 기억해 두자.

| **7** | 野球は個人の活躍よりチームの力を競うスポーツです。
1 きそう　　　　　2 あじわう
3 うやまう　　　　4 ねらう

| 정답 | **1** 야구는 개인의 활약보다 팀의 힘을 겨루는 스포츠입니다.
| 단어 | 野球 야구 | 個人 개인 | 活躍 활약 | 力 힘, 실력 | 競う 겨루다, 경쟁하다 | 味わう 맛보다 | 敬う 존경하다 | 狙う 노리다
| 해설 | 「競 다툴 경」의 음독은 「きょう・けい」, 훈독은 「競う 다투다, 경쟁하다」와 「競る 다투다, 경쟁하다」가 있다. 「きょう」로 읽는 단어는 「競争 경쟁」, 「競技 경기」 등이 있으며, 「けい」로 읽는 단어는 「競馬 경마」가 있다. 또한 훈독 「競る」는 '다투다'라는 의미 외에도 '경매를 하다, 경쟁하여 가격을 높이 매기다'라는 뜻으로도 사용한다.

| **8** | さっきから入り口に怪しい人が立っている。
1 けわしい　　　　2 おそろしい
3 あやしい　　　　4 きびしい

| 정답 | **3** 아까부터 입구에 수상한 사람이 서 있다.
| 단어 | さっき 조금 전, 아까 | 入り口 입구 | 怪しい 수상하다 | 険しい 험악하다, 험상궂다 | 恐ろしい 두렵다, 무섭다 | 厳しい 엄하다, 혹독하다
| 해설 | 「怪 괴이할 괴」의 음독은 「かい」이며, 훈독에는 「怪しい 수상하다, 괴이하다」와 「怪しむ 수상히 여기다」가 있다.

| **9** | 友人に出すメールを誤って先生に送った。
1 まちがって　　　2 とどこおって
3 しくじって　　　4 あやまって

| 정답 | **4** 친구에게 보내는 메일을 실수로 선생님께 보냈다.
| 단어 | 友人 친구 | メール 메일 | 誤る 실수하다, 답을 틀리다 | 送る 보내다, 부치다 | 間違う 잘못되다, 틀리다 | 滞る 정체하다, 막히다 | しくじる 실수하다, 실패하다
| 해설 | 「誤 그르칠 오」의 음독은 「ご」, 훈독은 「誤る 실수하다」이다. 음독 명사인 「誤解 오해」, 「誤差 오차」도 함께 기억해 두자. 참고로 선택지 3번의 「しくじる」도 의미가 비슷하지만 '망치다'에 가까운 뉘앙스이다.

| **10** | 落ち込んでいる友人に励ましの言葉をかけた。
1 はげまし　　　　2 のぞまし
3 あゆまし　　　　4 なやまし

| 정답 | **1** 우울해 하고 있는 친구에게 격려의 말을 건넸다.
| 단어 | 落ち込む 우울하다, 침울해지다 | 励ます 격려하다 | かける 걸다, (말을) 건네다 | 望む 바라다 | 歩む 걷다, 전진하다 | 悩む 고민하다
| 해설 | 「励 힘쓸 려」의 음독은 「れい」로 「奨励 장려」 등의 단어가 있다. 훈독은 「励ます 격려하다」, 「励む 애쓰다, 힘쓰다」이다.

연습문제 ③

問題1 _____ 의 단어의 읽는 법으로 가장 적당한 것을 1·2·3·4에서 하나 고르세요.   문제편 51p

1 昨日新聞でこちらの求人広告を見ました。
1 くにゅう　　2 きゅうにゅう
3 くじん　　　4 きゅうじん

정답 4 어제 신문에서 이곳의 구인 광고를 봤습니다.
단어 新聞 신문 | 求人 구인 | 広告 광고
해설 「人 사람 인」의 음독은 「じん·にん」, 훈독은 「人」이다. 「管理人 관리인」처럼 '움직임이나 동작'을 나타내는 단어 앞에 올 때나 사람의 수를 나타낼 때는 「にん」으로, 「韓国人 한국인」, 「日本人 일본인」, 「美人 미인」처럼 '장소나 그 사람의 속성' 뒤에 올 때는 「じん」으로 읽는 경향이 있다.

2 妹は海が怖いと言いました。
1 あさい　　　2 こわい
3 あらい　　　4 きたない

정답 2 여동생은 바다가 무섭다고 말했습니다.
단어 妹 여동생 | 海 바다 | 怖い 무섭다 | 浅い 얕다 | 荒い 거칠다, 난폭하다 | 汚い 더럽다, 불결하다
해설 「怖 두려워할 포」의 음독은 「ふ」, 훈독은 「怖い 무섭다」이다. 동사형으로 활용한 「怖がる 무서워하다」도 함께 기억해 두자.

3 今度の企画は課長のアイデアです。
1 きかく　　　2 けいかく
3 きが　　　　4 けいが

정답 1 이번 기획은 과장님의 아이디어입니다.
단어 今度 이번 | 企画 기획 | 課長 과장 | アイデア 아이디어
해설 「画 그림 화/그을 획」이 '그림 화'로 쓰일 때의 음독은 「が」이며 「画家 화가」 등의 단어가 있다. '그을 획'으로 쓰일 때의 음독은 「かく」이며, 「画然 획연」, 「画一 획일」 등의 예시를 통해 기억해 두자.

4 入学式では新入生代表が誓いの言葉を述べた。
1 ちかい　　　2 いこい
3 つどい　　　4 うれい

정답 1 입학식에서는 신입생 대표가 맹세의 말을 했다.
단어 入学式 입학식 | 誓う 맹세하다 | 述べる 말하다, 기술하다 | 憩い 휴식 | つどい 모임, 회합 | 憂い 근심, 걱정
해설 「誓 맹세할 서」의 음독은 「せい」, 훈독은 「誓う 맹세하다, 서약하다, 선서하다」이다. '맹세'라는 의미의 명사로는 음독이 아닌 「誓う」의 명사형인 「誓い」로 사용한다.

5 2台の車が離れて走っていた。
1 つかれて　　2 はなれて
3 ながれて　　4 こすれて

정답 2 두 대의 차가 떨어져서 달리고 있었다.
단어 台 ~대(차·기계 등을 세는 단위) | 離れる 떨어지다, 멀어지다 | 疲れる 지치다, 피로해지다 | 流れる 흐르다, 흘러가다 | こすれる 스치다, 비벼지다
해설 「離 떠날 리」의 음독은 「り」이며, 훈독에는 타동사 「離す 떼다」, 자동사 「離れる 떨어지다, 멀어지다」가 있다.

6 雨が続いて部屋の中も湿っています。
1 しぼって　　2 うるおって
3 しめって　　4 たまって

정답 3 비가 계속 와서 방 안도 축축합니다.
단어 湿る 축축하다, 축축해지다 | しぼる 짜다, 좁히다 | 潤う 습기를 띠다, 축축해지다, 윤택해지다 | 溜まる 모이다, 쌓이다
해설 「湿 젖을 습」의 음독은 「しつ」, 훈독은 「湿る 축축해지다」, 「湿す 적시다」이다. 음독 명사 '습기'는 「湿気」와 「湿気」 두 가지 발음이 있다.

7 はじめは強火で、5分したら弱くしてください。
1 きょうか　　2 じゃっか
3 つよび　　　4 よわび

정답 3 처음에는 강한 불로, 5분 지나면 약하게 해 주세요.

단어 強火 센불, 강한 불 | 弱くする 약하게 하다 | 強化 강화 | 弱化 약화 | 弱火 약한 불

해설 「強 굳셀 강」의 음독은 「きょう・ごう」, 훈독은 「強い 강하다」, 「強いる 강요하다」로 '세력, 기력 등이 강하다'는 의미가 있다. 「強火」, 「弱火」는 요리할 때의 불의 세기를 나타낼 때 사용하는 표현이다. 또한 「つよ + 명사의 훈독」으로 읽는 「強気 적극적, 강세」, 「強腰 고자세, 강경함」 등도 함께 기억해 두자.

8 高い所から垂直に落ちるのはこわいです。
1 すいじく 2 すいちょく
3 すうじく 4 すうちょく

정답 2 높은 곳에서 수직으로 떨어지는 것은 무섭습니다.
단어 垂直 수직 | 落ちる 떨어지다
해설 「直 곧을 직/값 치」의 음독은 「ちょく・じき」이다. 「じき」로 읽는 단어로는 「正直 정직」, 「直取引 직거래」 등이 있으며, 「ちょく」로 읽는 단어로는 「直立 직립」, 「率直 솔직」 등이 있다.

9 彼女は早く結婚したいという願望がある。
1 がんぼう 2 きぼう
3 がんもう 4 きもう

정답 1 그녀는 빨리 결혼하고 싶다는 바람이 있다.
단어 結婚 결혼 | 願望 원망, 바람, 소원 | 希望 희망
해설 「望 바랄 망」의 음독은 「ぼう・もう」 두 가지가 있는데 주로 「ぼう」로 읽는다. 「本望 소망, 숙원」처럼 「もう」로 읽는 경우는 많지 않으니 기억해 두자.

10 この野球部は60年の栄光に輝いた歴史を誇っている。
1 きらめいた 2 つらぬいた
3 みちびいた 4 かがやいた

정답 4 이 야구부는 60년 영광에 빛나는 역사를 자랑하고 있다.
단어 野球部 야구부 | 栄光 영광 | 輝く 빛나다 | 歴史 역사 | 誇る 자랑하다, 뽐내다 | きらめく 반짝이다 | 貫く 관통하다, 관철하다 | 導く 이끌다, 인도하다

해설 「輝 빛날 휘」의 음독은 「き」, 훈독은 「輝く 빛나다, 반짝이다」이다. '눈이 부실 정도로 빛나다' 또는 「希望に輝く 희망에 빛나다」처럼 '밝고 활기차다'는 의미로 쓰인다. 선택지 1번의 「きらめく」와 의미가 같아 혼동하기 쉽지만 「栄光・歴史に輝く 영광・역사에 빛나다」는 하나의 관용구로 기억해 두자.

연습문제 ④

問題 1 _____의 단어의 읽는 법으로 가장 적당한 것을 1・2・3・4에서 하나 고르세요.

1 電車の窓から広々した農村の景色を見ていました。
1 けいしき 2 けしき
3 けいしょく 4 けしょく

정답 2 전철 창에서 광활한 농촌의 경치를 보고 있었습니다.
단어 窓 창, 창문 | 広々 아주 넓은 | 農村 농촌 | 景色 경치
해설 「景 별 경」은 음독일 때 주로 「けい」로 읽지만 「景色 경치」라는 단어에서는 「け」로 읽는다. 「色 빛 색」의 음독은 「しょく・しき」이다. 「しょく」로 읽는 단어에는 「原色 원색」, 「しき」로 읽는 단어로는 「色彩 색채」 등이 있다.

2 話し合いをするときは相手の考えを尊重することが必要です。
1 そんじゅう 2 ぞんじゅう
3 そんちょう 4 ぞんじゅう

정답 3 논의를 할 때는 상대방의 생각을 존중하는 것이 필요합니다.
단어 話し合い 논의, 토론, 교섭 | 相手 상대방 | 尊重 존중 | 必要 필요
해설 「重 무거울 중」의 음독은 「ちょう・じゅう」이다. 「じゅう」로 읽는 단어로는 「重力 중력」, 「重量 중량」, 「重大 중대」 등이 있고, 「ちょう」로 읽는 단어로는 「貴重 귀중」, 「重宝 소중히 여김, 요긴함」, 「自重 자중」 등이 있다.

3 あの人は地元ではとても有名な経営者だ。

1 ちもと　　　　2 ちがん
3 じもと　　　　4 じがん

정답 3 저 사람은 자기 출신지에서는 매우 유명한 경영자이다.

단어 地元 출신지, 현지, 해당 지역 | 有名だ 유명하다 | 経営者 경영자

해설 「地 땅 지」의 음독은 「ち・じ」이다. 「じ」로 읽는 단어로는 「地面 지면」, 「地震 지진」 등이 있고, 「ち」로 읽는 단어로는 「土地 토지」, 「地域 지역」 등이 있다. 이 문제의 「地元 지역」이나 「地酒 그 지역의 술」처럼 '해당 지역, 그 지역의 것'이란 의미로 사용할 때는 「じ」로 읽는다는 것을 기억해 두자.

4 この機械には加熱を防ぐ装置がついています。

1 そうじ　　　　2 しょうじ
3 そうち　　　　4 しょうち

정답 3 이 기계에는 가열을 방지하는 장치가 붙어 있습니다.

단어 機械 기계 | 加熱 가열 | 防ぐ 막다 | 装置 장치 | 掃除 청소 | 商事 상사(상업에 관한 일) | 承知 알아들음, 승낙

해설 「装 꾸밀 장」의 음독은 「そう・しょう」 두 가지가 있다. 「装飾 장식」, 「改装 개장」처럼 주로 「そう」로 읽으며 「しょう」로 읽는 경우는 「装束 옷차림, 복장」, 「衣装 의상」처럼 많지 않으니 함께 기억해 두자.

5 この文章は抽象的な表現が多い。

1 じゅぞうてき　　　2 ちゅうぞうてき
3 じゅしょうてき　　4 ちゅうしょうてき

정답 4 이 문장은 추상적인 표현이 많다.

단어 文章 문장 | 抽象的 추상적 | 表現 표현

해설 「抽 뽑을 추」와 「象 코끼리 상」으로 구성된 '추상'은 '구체적 형태가 없는 이미지를 머릿속에 그리는 것'을 의미한다. 「象」의 음독은 「しょう・ぞう」로, '사물의 형태'를 뜻할 때는 「印象 인상」, 「現象 현상」처럼 「しょう」로 읽으며, 동물 '코끼리'를 나타낼 때는 「ぞう」로 읽는다.

6 新しく開店したスーパーで会員カードの勧誘をしていた。

1 かにゅう　　　　2 かんにゅう
3 かゆう　　　　　4 かんゆう

정답 4 새롭게 개점한 슈퍼에서 회원 카드의 권유를 하고 있었다.

단어 開店 개점 | スーパー 슈퍼마켓 | 会員 회원 | カード 카드 | 勧誘 권유

해설 「勧誘 권유」는 '어떠한 것을 하도록 권하고 유혹하는 것, 설득하는 것'을 의미하며, 「勧」의 훈독인 「勧める」는 '격려해서 권하다'라는 뜻이다.

7 いくら隠してもすぐにわかってしまう。

1 かくしても　　　2 だましても
3 さがしても　　　4 のがしても

정답 1 아무리 감추어도 바로 알아 버린다.

단어 いくら 아무리, 얼마나 | 隠す 감추다, 숨기다 | すぐに 곧, 바로 | 騙す 속이다 | 探す 찾다 | 逃す 놓치다

해설 「隠 숨길 은」의 음독은 「いん」, 훈독은 「隠れる 숨다」, 「隠す 감추다, 숨기다」이며, '다른 사람 눈에 띄지 않게 하다, 비밀로 하다'라는 뜻을 내포하고 있다.

8 一点差で負けたことが本当に悔しかった。

1 さびしかった　　　2 くやしかった
3 なやましかった　　4 くるしかった

정답 2 1점 차로 진 것이 정말로 분했다.

단어 差 차, 차이 | 負ける 지다, 패배하다 | 悔しい 분하다 | 寂しい 외롭다 | 悩ましい 괴롭다 | 苦しい 고통스럽다

해설 「悔 뉘우칠 회」의 음독은 「悔」, 훈독은 「悔しい 분하다」, 「悔いる 뉘우치다」, 「悔やむ 후회하다」이다. 「悔」를 사용한 표현에는 '자신이 한 행위에 잘못이나 나쁜 점이 있음을 깨닫고 반성하거나 후회한다'는 의미가 있다.

9 勉強も仕事も継続することが力になります。

1 けいどく　　　　2 じどく
3 けいぞく　　　　4 じぞく

정답 **3** 공부도 일도 계속하는 것이 힘이 됩니다.

단어 継続(けいぞく) 계속 | 持続(じぞく) 지속

해설 「継 이을 계」의 음독은 「けい」, 훈독은 「継(つ)ぐ 잇다」이며, 「続 계속 속」은 음독일 때 「継続(けいぞく)」처럼 주로 「ぞく」로 읽지만 「しょく」로 읽기도 한다. 훈독은 「続(つづ)く 계속되다」이다.

---

[10] 冷蔵庫(れいぞうこ)のドアが開(あ)いたままです。

1 れいじょうこ   **2 れいぞうこ**
3 りょうじょうこ   4 りょうぞうこ

정답 **2** 냉장고 문이 열린 채입니다.

단어 冷蔵庫(れいぞうこ) 냉장고 | ドア 문 | 開(あ)く 열리다

해설 음독 명사 「冷蔵庫(れいぞうこ) 냉장고」의 단어 구성을 보면 '차갑다, 차게 식히다'라는 뜻이 있는 「冷 찰 랭」과 '곳간, 창고'라는 뜻이 있는 「蔵 감출 장」과 「庫 곳집 고」로 이루어져 있다. 「蔵」과 「庫」의 훈독은 양쪽 다 「くら」이다.

問題 2 표기

연습문제 정답 및 해설

정답

	1	2	3	4	5	6	7	8	9	10
연습문제 ①	2	3	3	3	1	2	4	3	1	1
연습문제 ②	4	2	1	4	4	2	4	1	2	4
연습문제 ③	1	4	2	2	4	4	1	3	1	4
연습문제 ④	4	2	4	1	2	4	4	1	2	3

연습문제 ①

問題 2 ＿＿＿의 단어를 한자로 쓸 때 가장 적당한 것을 1·2·3·4에서 하나 고르세요. 　문제편 53p

1 夏はたくさん汗をかくので、水分のほきゅうを忘れないようにしましょう。

1 守給　　　　2 補給
3 保吸　　　　4 補吸

[정답] 2 여름은 많이 땀을 흘리니 수분 보급을 잊지 않도록 합시다.
[단어] 汗をかく 땀을 흘리다 | 水分 수분 | 補給 보급
[해설] 「補給 보급」은 '부족한 것을 지속적으로 보충한다'는 의미이므로 '수분을 보충한다'가 되는 2번이 정답이다.

2 学校でれいぎについて学びました。

1 例儀　　　　2 例義
3 礼儀　　　　4 礼義

[정답] 3 학교에서 예의에 대해 배웠습니다.
[단어] 礼儀 예의 | 学ぶ 배우다

[해설] 「礼 예절 예」에는 '사회 질서를 지키기 위한 생활 규범'이라는 의미가 있다. 「礼儀 예의」, 「儀礼 의례」, 「無礼 무례」 등의 단어를 통해 기억하도록 하자. 정답은 선택지 3번이다.

3 彼はこれまであったことをそっちょくに話してくれた。

1 正直　　　　2 即直
3 率直　　　　4 速直

[정답] 3 그는 지금까지 있었던 것을 솔직하게 이야기해 주었다.
[단어] 正直 정직 | 率直 솔직

[해설] 「直 곧을 직」에는 '올곧다, 똑바르다'라는 뜻이 있으며 음독은 「ちょく・じき」이다. 의미가 비슷한 1번 「正直 정직」은 '거짓이 없음'을 말하고, 3번 「率直 솔직」은 '숨김없이 그대로 드러냄'이라는 뜻이다. 「率 거느릴 솔/비율 률」의 음독은 '거느릴 솔'의 의미일 때는 「そつ」로, '비율 률'일 때는 「りつ」로 읽는다.

4 いつまでも親にたよってはいけない。
1 渡って　　　　　2 譲って
3 頼って　　　　　4 黙って

정답 3 언제까지나 부모에게 의지해서는 안 된다.
단어 いつまでも 언제까지나 | 親 부모 | 頼る 의지하다 | 渡る 건너다 | 譲る 양보하다 | 黙る 잠자코 있다
해설 문맥상 정답은 선택지 3번의 「頼る 의지하다」이다. 다른 선택지의 「渡る 건너다」, 「譲る 양보하다」, 「黙る 말을 하지 않다, 가만히 있다」도 함께 기억해 두자.

5 忙しそうだから田中さんはさそわなかった。
1 誘わなかった　　2 養わなかった
3 装わなかった　　4 疑わなかった

정답 1 바쁜 것 같아서 다나카 씨는 부르지 않았다.
단어 誘う 권하다, 꼬시다, 불러내다 | 養う 양육하다 | 装う 치장하다 | 疑う 의심하다
해설 「誘 꾈 유」의 훈독 「誘う」는 '(어떤 일을 하도록) 권한다, 불러내다'라는 뜻이 있다. 정답은 선택지 1번이다. 다른 선택지의 단어도 함께 기억해 두자.

6 環境は生活に大きな影響をあたえる。
1 投える　　　　　2 与える
3 給える　　　　　4 届える

정답 2 환경은 생활에 큰 영향을 준다.
단어 環境 환경 | 生活 생활 | 影響 영향 | 給う 주시다 | 投げる 던지다 | 届く 닿다, 도달하다
해설 「与える 주다」는 문제에서처럼 '~에 영향을 주다'라는 의미로 사용하는 동사이며 선택지 3번은 「給う 주시다, 내리시다」로 「与える 주다」의 존경어임을 기억해 두자. 1번은 「投げる 던지다」, 4번은 「届く 닿다, 도달하다」 또는 「届ける 신고하다, 전달하다」가 바른 표현이다. 정답은 2번이다.

7 友人たちがせっきょくてきに協力してくれた。
1 債朽的　　　　　2 債極的
3 積朽的　　　　　4 積極的

정답 4 친구들이 적극적으로 협력해 주었다.
단어 友人 친구 | 積極的に 적극적으로 | 協力 협력
해설 명사에 붙는 접미사 「的」는 '어떠한 성질과 상태를 지니다'는 의미로 사용한다. 문제의 「せっきょくてき」는 '적극적'이라는 뜻이며 '적극'의 한자는 「積 쌓을 적」과 「極 다할 극」을 쓴다. 「積」과 유사한 형태의 선택지 1번 「債 빚 채」에는 '빚을 지다'라는 의미가 있으며, 「債務 채무」 등의 단어도 함께 기억해 두자.

8 優勝した選手はいたるところで歓迎を受けた。
1 倒るところ　　　2 毎るところ
3 至るところ　　　4 訪るところ

정답 3 우승한 선수는 가는 곳마다 환영을 받았다.
단어 優勝 우승 | 選手 선수 | 歓迎 환영 | 受ける 받다
해설 「至 닿을 지」의 음독은 「し」, 훈독은 「至る 도달하다, 닿다」이다. 정답인 3번의 「至るところ」는 '도처에, 가는 곳마다'라는 뜻의 관용표현이다. 선택지 1번은 「倒す 쓰러뜨리다」, 「倒れる 쓰러지다」, 4번은 「訪れる 방문하다」가 바른 어휘이다.

9 10年前の約束をようやくはたすことができた。
1 果たす　　　　　2 課たす
3 貼たす　　　　　4 達たす

정답 1 10년 전 약속을 겨우 지킬 수 있었다.
단어 約束 약속 | ようやく 겨우, 간신히 | 果たす 다하다, 완수하다
해설 「約束をはたす 약속을 지키다」의 「果たす 다하다, 완수하다」는 「果 과실 과/열매 과」의 훈독이다. 2번은 「課する 부과하다, 할당하다」, 3번은 「貼る 붙이다」, 4번은 「達する 도달하다」가 바른 어휘이다.

10 今度のことはいくらせめられてもしかたがない。
1 責められ　　　　2 慰められ
3 縮められ　　　　4 辞められ

정답 1 이번 일은 아무리 비난받아도 어쩔 수 없다.

단어 今度 이번 | いくら 아무리, 얼마나 | 責める 책망하다, 비난하다 | しかたがない 어쩔 수 없다 | 慰める 위로하다 | 縮める 줄이다 | 辞める 그만두다

해설 「責める」는 '탓하다, 비난하다'라는 뜻으로 「責 꾸짖을 책」의 훈독이다. 다른 선택지의 단어도 함께 기억해 두자.

연습문제 ②

問題 2 ＿＿＿의 단어를 한자로 쓸 때 가장 적당한 것을 1·2·3·4에서 하나 고르세요. 　문제편 54p

1 学生は先生にさからうことはできなかった。
1 反らう　　　2 断らう
3 抗らう　　　4 逆らう

정답 4 학생은 선생님에게 반항할 수는 없었다.

단어 逆らう 반항하다, 거역하다 | 反る 휘다, 젖혀지다 | 断る 거절하다 | 抗う 다투다, 저항하다

해설 「逆らう」는 '반항하다, 거역하다'라는 의미로 「逆 거스를 역」의 훈독이다. 1번은 「反る 휘다, 젖혀지다」, 2번은 「断る 거절하다」, 3번은 「抗う 다투다, 저항하다」가 바른 어휘이다.

2 パソコンのことはあまりくわしくありません。
1 識しく　　　2 詳しく
3 賢しく　　　4 博しく

정답 2 컴퓨터에 대해서는 그다지 잘 모릅니다.

단어 パソコン 컴퓨터 | あまり 별로, 너무 | 詳しい 자세하다, 상세하다 | 賢しい 약삭빠르다

해설 「詳しい」는 '자세하다, 상세하다'라는 뜻으로 이 문제에서처럼 어떠한 대상에 대해 '정통하다'라는 의미로도 사용한다. 1, 4번의 「識 알 식」과 「博 넓을 박」은 훈독이 없어 답이 될 수 없으며, 3번 「賢 어질 현」의 훈독은 「賢い 현명하다」이다.

3 森の中で栗をたくさんひろいました。
1 拾いました　　　2 収いました
3 捨いました　　　4 摂いました

정답 1 숲 속에서 밤을 많이 주웠습니다.

단어 森 숲 | 栗 밤 | 拾う 줍다 | 収める 얻다, 넣다, 성과를 올리다 | 捨てる 버리다 | 摂る 섭취하다

해설 「拾う」는 '줍다'라는 뜻으로 「拾 주울 습」의 훈독이다. 「拾」과 비슷한 형태인 3번은 「捨 버릴 사」로 훈독은 「捨てる 버리다」이며 「拾う 줍다」의 반의어이다.

4 歩いていたら急に車が現れておどろいた。
1 騒いた　　　2 嘆いた
3 躓いた　　　4 驚いた

정답 4 걷고 있는데 갑자기 차가 나타나서 놀랐다.

단어 急に 갑자기 | 現れる 나타나다, 드러나다 | 驚く 놀라다 | 騒ぐ 소란을 피우다 | 嘆く 한탄하다 | 躓く 발이 걸려 넘어지다

해설 「驚く」는 '놀라다'라는 뜻으로 「驚 놀랄 경」의 훈독이다. 1번은 「騒いだ 소란 피웠다」가 바른 표현이며 2번은 「嘆く 한탄하다」, 3번은 「躓く 발이 걸려 넘어지다」이다.

5 ボールはうでの力ではなく肩を使って投げる。
1 椀　　　2 婉
3 腕　　　4 鋺

정답 3 공은 팔의 힘이 아니라 어깨를 사용해서 던진다.

단어 ボール 볼 | 腕 팔 | 肩 어깨 | 使う 쓰다, 사용하다 | 投げる 던지다 | 椀 공기, 그릇

해설 「腕 팔」은 한자 「腕 팔뚝 완」의 훈독이다. 「椀 주발 완」은 「椀 공기, 그릇」, 「婉 순할 완」의 음독은 「えん」으로 「婉曲 완곡」 등의 예시를 통해 기억해 두자. 선택지 4번의 「鋺 금속제의 그릇」은 한국에서는 사용되지 않는 한자이다.

6 手術のあとじゅんちょうに回復しています。
1 純調に　　　2 順調に
3 純凋に　　　4 順凋に

| 정답 | **2** 수술 후 순조롭게 회복하고 있습니다.
| 단어 | 手術 수술 ǀ 順調に 순조롭게 ǀ 回復 회복
| 해설 | 「順調 순조」는 '탈이나 말썽 없이 일이 잘 되어가는 상태'를 말하며 문제에서는 「順調に 순조롭게」라는 부사형으로 사용했다. 선택지 1번도 「純 순수할 순」이 들어가 발음은 같지만, '순조롭다'의 의미의 한자는 「順 순할 순」을 사용한다.

---

7 先生は複雑な問題でもかんけつに答えてくれます。

1 間結に 2 間潔に
3 簡結に 4 簡潔に

| 정답 | **4** 선생님은 복잡한 문제라도 간결하게 대답해 줍니다.
| 단어 | 複雑 복잡 ǀ 問題 문제 ǀ 簡潔に 간결하게, 간단하게 ǀ 答える 대답하다
| 해설 | 「簡潔」는 '간단하고(簡 간략할 간) 깔끔하다(潔 깨끗할 결)'라는 뜻으로, 이 문제에서는 「複雑な問題 복잡한 문제」와 대비를 이루어 '간단한'이라는 의미로 사용하고 있다.

---

8 無理なお願いだったがこころよく引き受けてくれた。

1 快く 2 決く
3 嬉く 4 輝く

| 정답 | **1** 무리한 부탁이었는데 흔쾌히 맡아 주었다.
| 단어 | 無理 무리 ǀ お願い 부탁, 바람 ǀ 快い 기분 좋다 ǀ 引き受ける 맡다 ǀ 決める 결정하다 ǀ 嬉しい 기쁘다 ǀ 輝く 빛나다
| 해설 | 「快い」는 '기분 좋다, 상쾌하다'라는 뜻이며 「快 쾌할 쾌」의 훈독이다. 「快」와 유사한 2번은 「決 결단할 결」로 훈독은 「決まる 정해지다」, 「決める 정하다」이다.

---

9 この貯金箱には五百円こうかだけ入れます。

1 購貨 2 硬貨
3 購貸 4 硬貸

| 정답 | **2** 이 저금통에는 5백 엔 동전만 넣습니다.
| 단어 | 貯金箱 저금통 ǀ 入れる 넣다 ǀ 硬貨 경화, 동전
| 해설 | 「硬貨」는 '딱딱하다'라는 의미의 「硬 굳을 경」과 '돈'을 의미하는 「貨 재물 화」로 이루어져 있다. 「貨」와 유사한 형태의 3, 4번의 「貸 빌릴 대」의 훈독은 「貸す 빌리다」이니 혼동하지 않도록 주의하자.

---

10 太陽もえいきゅうに輝き続けることはない。

1 常球に 2 永球に
3 常久に 4 永久に

| 정답 | **4** 태양도 영구히 계속 빛나는 것은 아니다.
| 단어 | 太陽 태양 ǀ 輝く 빛나다 ǀ 続ける 계속하다 ǀ 永久に 영원히
| 해설 | 「永久に」는 '영원히'라는 뜻으로 「永 길 영」과 「久 오랠 구」를 쓴다. 「常 떳떳할 상」에도 '항상, 늘'이란 뜻이 있지만 「常」의 음독은 「じょう」이므로 답으로 적당하지 않다.

연습문제 ③

問題 2 _____의 단어를 한자로 쓸 때 가장 적당한 것을 1·2·3·4에서 하나 고르세요. 문제편 55p

1 同じ年に入社したのに、田中さんはしゅっせが早い。

1 出世 2 出勢
3 進世 4 進勢

| 정답 | **1** 같은 해에 입사했는데 다나카 씨는 출세가 빠르다.
| 단어 | 同じ 같은 ǀ 入社 입사 ǀ 出世 출세
| 해설 | 정답인 선택지 1번의 「出世 출세」는 '사회적으로 높은 지위에 오르거나 유명하게 됨'이라는 의미이다. 2, 4번 「勢 형세 세」의 음독은 「せい·ぜい」, 훈독은 「勢い 기세, 세력」이며, 「進 나아갈 진」의 음독은 「しん」, 훈독은 「進む 나아가다」이다.

---

2 心のそこまで見られているような気がした。

1 外 2 内
3 裏 4 底

| 정답 | **4** 마음 깊은 곳까지 보여지는 것 같은 기분이 들었다.

[단어] 底 바닥 | 気がする 생각이 들다, 기분이 들다 | 外 바깥 | 内 안, 속 | 裏 뒤

[해설] 「底 밑 저」는 '바닥, 밑'이라는 뜻으로, 문제의 「心の底」는 '마음 속, 마음 깊은 곳'이라는 의미의 표현이다.

---

[3] 自分がしたことを反省して考え方をあらためた。
1 新めた　　　　2 改めた
3 革めた　　　　4 更めた

[정답] 2 자신이 한 일을 반성하고 사고방식을 바꿨다.

[단어] 反省 반성 | 考え方 사고방식 | 改める 고치다, 개선하다

[해설] 「改める」는 '고치다, 개선하다'라는 뜻으로 「考え方を改める」는 '(좋은 방향으로) 생각을 바꾸다'라는 의미의 관용표현으로 기억해 두자. 발음이 비슷한 선택지 1번의 「新 새 신」의 훈독 「新た 새로운」과 혼동하지 않도록 주의해야 한다.

---

[4] 会社の危機をすくうのは君しかいない。
1 助う　　　　2 救う
3 拾う　　　　4 収う

[정답] 2 회사의 위기를 구하는 것은 당신밖에 없다.

[단어] 危機 위기 | 救う 구하다, 구제하다 | 君 너, 당신 | 拾う 줍다 | 助ける 돕다 | 収まる 수습되다

[해설] 「救う」는 '구하다, 구제하다'라는 뜻으로 「救 구원할 구」의 훈독이다. 3번은 「拾う 줍다」이며, 1번은 「助ける 돕다」, 4번은 「収まる 수습되다」, 「収める 거두다」가 바른 어휘이다.

---

[5] 冬は道路がこおって危険だ。
1 氷って　　　　2 冷って
3 滑って　　　　4 凍って

[정답] 4 겨울은 도로가 얼어서 위험하다.

[단어] 道路 도로 | 凍る 얼다 | 危険 위험 | 氷 얼음 | 冷たい 차갑다 | 滑る 미끄러지다

[해설] 「凍る」는 '얼다'라는 뜻으로 「凍 얼 동」의 훈독이다. 선택지 1번 「氷 얼음 빙」의 훈독은 「氷 얼음」이며 「氷る 얼다」는 상용한자가 아니므로 주의하자. 2번은 「冷たい 차갑다」, 3번은 「滑る 미끄러지다」가 바른 어휘이다.

---

[6] 本の終わりにある解説をさんしょうしてください。
1 参証　　　　2 参省
3 参詳　　　　4 参照

[정답] 4 책 끝에 있는 해설을 참조해 주세요.

[단어] 終わり 끝 | 解説 해설 | 参照 참조

[해설] 「参照」는 '참고해서 대조해 보다'라는 뜻이다. 「照 비칠 조」에는 '비추다'라는 뜻 외에도 '견주어 보다, 대조하다'라는 뜻이 있다.

---

[7] 学校は豊かな自然にめぐまれた所にあります。
1 恵まれた　　　　2 恩まれた
3 慈まれた　　　　4 憩まれた

[정답] 1 학교는 풍요로운 자연에 둘러싸인 곳에 있습니다.

[단어] 豊かだ 풍요롭다 | 自然 자연 | 所 곳, 장소 | 恵まれる 혜택 받다, 풍족하다 | 慈しむ 애지중지하다, 불쌍히 여기다 | 憩う 쉬다

[해설] 「恵 은혜 혜」의 훈독 「恵まれる」에는 '혜택 받다, 많다, 풍족하다'라는 뜻이 있다. 3번은 「慈む 애지중지하다」, 4번은 「憩う 쉬다」가 바른 어휘이며, 선택지 2번의 「恩 은혜 은」은 음독 「おん」으로만 사용하므로 답이 될 수 없다.

---

[8] 大学で何年かこうしをした後、教授になりました。
1 請師　　　　2 請使
3 講師　　　　4 講使

[정답] 3 대학에서 몇 년인가 강사를 한 후, 교수가 되었습니다.

[단어] 教授 교수 | 講師 강사

[해설] 「講 외울 강」에는 '설명하다, 배우다, 익히다'라는 뜻이 있으며 「師 스승 사」에는 '스승, 가르치는 사람'이라는 뜻이 있다. 의미와 발음이 비슷한 「教師 교사」와 혼동하지 않도록 주의하자.

[9] 会員になるためにはめんどうな手続きが必要です。
1 面倒な 2 迷倒な
3 面到な 4 迷到な

정답 1 회원이 되기 위해서는 귀찮은 절차가 필요합니다.
단어 会員 회원 | 面倒だ 귀찮다 | 手続き 수속, 절차 | 必要だ 필요하다
해설 「面倒な」는 '귀찮은'이라는 뜻이다. 「面倒」처럼 한자에서 의미를 연상하기 힘든 단어는 평소에 꼼꼼하게 암기하도록 하자. 「到 이를 도」와 유사한 형태의 한자인 「至 이를 지」의 훈독 「至る 이르다, 다다르다」도 함께 기억해 두자.

[10] このパソコンは質問するとそくざに答えが返ってくる。
1 速座 2 則座
3 促座 4 即座

정답 4 이 컴퓨터는 질문을 하면 바로 대답이 돌아온다.
단어 質問 질문 | 即座に 바로, 그 즉시 | 答え 대답 | 返る 돌아가다, 돌아오다
해설 「即座に」는 '즉시', '즉석에서'라는 뜻의 부사로 「即 곧 즉」에는 '곧, 바로'라는 뜻이 있다. 1, 2, 3번의 음독은 각각 「速 빠를 속」, 「則 법칙 칙」, 「促 재촉할 촉」이다.

연습문제 ④

問題 2 ＿＿＿의 단어를 한자로 쓸 때 가장 적당한 것을 1・2・3・4에서 하나 고르세요. 문제편 56p

[1] この祭りには長いでんとうがあります。
1 伝説 2 伝道
3 伝送 4 伝統

정답 4 이 축제에는 오랜 전통이 있습니다.
단어 祭り 축제 | 伝説 전설 | 伝道 전도 | 伝送 전송, 전하여 보냄 | 伝統 전통
해설 「伝統 전통」의 뜻은 '계통을 이뤄 전해져 내려오는 사상이나 관습'이다. 「伝 전할 전」에는 '전하다, 전해 내려오다', 「統 통할 통」에는 '계통'이라는 의미가 있다.

[2] 学生は大人よりうんちんが安くなります。
1 運金 2 運賃
3 運針 4 運責

정답 2 학생은 어른보다 운임이 저렴해집니다.
단어 大人 어른 | 運賃 운임 | 安い 싸다
해설 「運賃 운임」은 '운반이나 운송의 보수로 주거나 받는 돈'이라는 뜻으로 「運 옮길 운」과 「賃 품삯 임」의 음독 명사이다.

[3] 卒業式で記念写真をさつえいしました。
1 最影 2 撮憬
3 最憬 4 撮影

정답 4 졸업식에서 기념 사진을 촬영했습니다.
단어 卒業式 졸업식 | 記念 기념 | 写真 사진 | 撮影 촬영
해설 「撮影 촬영」은 「撮 모을 촬/사진 찍을 촬」과 「影 그림자 영」의 음독 명사이며, 「影」의 훈독은 「影 그림자, 형상, 모습」이다. 「撮」와 유사한 형태의 「最 가장 최」와 혼동하지 않도록 주의하자.

[4] 火災が起きて建物がはげしく燃えている。
1 激しく 2 厳しく
3 著しく 4 乏しく

정답 1 화재가 일어나서 건물이 거세게 불타고 있다.
단어 火災 화재 | 起きる 일어나다, 발생하다 | 建物 건물 | 激しい 심하다, 격렬하다 | 燃える 타다 | 厳しい 엄하다, 혹독하다 | 著しい 현저하다 | 乏しい 모자라다, 가난하다
해설 「激 격할 격」의 훈독은 「激しい 심하다, 격렬하다」이다. 다른 선택지의 단어도 함께 기억해 두자.

[5] 電車の中で何か食べるのはていこうがあります。
1 低抗 2 抵抗
3 低航 4 抵航

정답 2 전철 안에서 뭔가 먹는 것은 저항(거부감)이 있습니다.
단어 抵抗 저항, 거부(감)

해설 「抵抗 저항」은 「抵 막을 저」와 「抗 겨룰 항」으로 이루어진 음독 명사로, 「抗」에 '대항하다'라는 뜻이 있다는 것을 알면 의미를 이해하는 데 도움이 된다. 형태가 비슷한 선택지 3, 4번의 「航 배 항」을 사용한 음독 명사 「航海 항해」도 함께 기억해 두자.

---

6 農村ではしゅうかくの時期が一番忙しい。
1 集確　　　2 収確
3 集獲　　　4 収穫

정답 4 농촌에서는 수확 시기가 가장 바쁘다.
단어 農村 농촌 | 収穫 수확 | 時期 시기 | 忙しい 바쁘다
해설 「収 거둘 수」는 '거두어들이다', 「穫 거둘 확」은 '벼를 거두어들이다', '수확하다'라는 뜻이 있다. 형태가 비슷한 선택지 3번의 「獲 얻을 획」은 「捕獲 포획」, 「獲得 획득」처럼 '무엇인가를 잡거나 손에 넣다'라는 의미로 사용한다.

---

7 個人はそしきの中では小さな存在だ。
1 粗職　　　2 組職
3 粗織　　　4 組織

정답 4 개인은 조직 안에서는 작은 존재이다.
단어 個人 개인 | 組織 조직 | 存在 존재
해설 「組織 조직」은 「組 짤 조」와 「織 짤 직」의 음독 명사로, 「組」의 훈독은 「組 조직」, 「組む 조직하다, 짜다」이다. 「織」과 유사한 형태의 「職 직분 직」은 「職業 직업」처럼 '직무'나 '직책'의 의미로 사용한다.

---

8 車がぶつかった衝撃で信号機がかたむいた。
1 傾いた　　　2 頂いた
3 領いた　　　4 頃いた

정답 1 차가 부딪힌 충격으로 신호등이 기울었다.
단어 ぶつかる 부딪히다 | 衝撃 충격 | 信号機 신호등 | 傾く 기울다 | 頂く 받다(もらう)의 겸양어
해설 「傾く 기울다」는 「傾 기울 경」의 훈독이다. 선택지 2번은 「頂く 받들다」이며, 4번은 「頃 때, 무렵」이 바른 어휘이다. 3번의 「領 거느릴 영」은 훈독이 없으므로 답이 될 수 없다.

---

9 森を守る運動は市民のきふによって維持されている。
1 寄扶　　　2 寄付
3 奇扶　　　4 奇付

정답 2 숲을 지키는 운동은 시민의 기부에 의해 유지되고 있다.
단어 守る 지키다 | 運動 운동 | 市民 시민 | 寄付 기부 | 維持 유지
해설 「寄付 기부」의 한자 「寄 부칠 기」에는 '맡기다'라는 뜻이 있고 「付 줄 부」에는 '주다'라는 뜻이 있다. 「寄」와 유사한 선택지 3, 4번의 「奇 기특할 기」는 「奇跡 기적」, 「奇妙 기묘」 등에 사용하니 혼동하지 않도록 주의하자.

---

10 誰かの意見をひはんすることは自由です。
1 非判　　　2 非難
3 批判　　　4 批難

정답 3 누군가의 의견을 비판하는 것은 자유입니다.
단어 意見 의견 | 批判 비판 | 自由 자유
해설 「批判 비판」의 한자는 「批 비평할 비」와 「判 판단할 판」이다. 「批」와 유사한 형태의 「非 아닐 비」와 혼동하지 않도록 주의하자. 또한 '비난'이라는 뜻의 음독 명사의 한자는 2, 4번 양쪽을 모두 사용한다.

問題 3 단어 형성

연습문제 정답 및 해설

정답

연습문제 ① 　1 2 　2 3 　3 3 　4 2 　5 2 　6 3 　7 1 　8 1 　9 1 　10 4
연습문제 ② 　1 4 　2 1 　3 4 　4 1 　5 2 　6 1 　7 2 　8 2 　9 3 　10 2

연습문제 ①

問題 3 (　　)에 들어가기에 가장 적당한 것을 1・2・3・4에서 하나 고르세요.　　문제편 66p

1 美術館は近代的な建物だが中には日本(　　)の庭があって休むことができた。
1 様　　2 風
3 版　　4 形

정답 **2** 미술관은 근대적인 건물이지만 안에는 일본풍 정원이 있어서 쉴 수 있었다.

단어 美術館 미술관 | 近代 근대 | 建物 건물 | 庭 정원 | 休む 쉬다

해설 「風」는 '~풍, 모양, 방식'이라는 의미의 접미어이다. 이 문장에서는 '근대적 건물'의 대비어로 '일본풍(日本風)'이라고 표현하고 있다.

2 かぜ薬の(　　)作用で眠くなってきた。
1 本　　2 従
3 副　　4 主

정답 **3** 감기약 부작용으로 졸리기 시작했다.

단어 薬 약 | 副作用 부작용 | 眠い 졸리다

해설 접두어 「副 부」에는 '①다음, 둘째'라는 뜻과 '②주된 것이 아니라 그것에 곁딸린'이란 뜻이 있다. ①의 의미로는 「副校長(教頭) 부교장(교감)」, 「副大臣 부대신」 등이 있고 ②의 의미로는 「副作用 부작용」, 「副教材 부교재」 등의 단어를 통해 기억하도록 하자.

3 今年も年賀(　　)を書く時期になりました。
1 書　　2 便
3 状　　4 集

정답 **3** 올해도 연하장을 쓸 시기가 되었습니다.

단어 今年 올해 | 年賀状 연하장 | 時期 시기

해설 「状」는 명사에 붙어 '증서, 편지'라는 뜻을 더하는 접미어이며, 사용 예로는 「年賀状 연하장」, 「紹介状 소개장」, 「督促状 독촉장」이 있다. 비슷한 의미이지만 「書」가 접미어로 붙으면 '문서, 책'의 의미가 된다. 「教科書 교과서」, 「説明書 설명서」 등의 단어를 함께 기억해 두자.

4 (　　)約束だけでは心配なので、文書にしてもらった。
1 にせ　　2 口
3 から　　4 手

정답 **2** 구두 약속만으로는 걱정돼서 문서로 해서 받았다.
단어 口約束 구두 약속 | 心配だ 걱정이다 | 文書 문서
해설 「口」는 접두어와 접미어 양쪽 모두 사용하며 '입'과 관계된 단어가 된다. 접두어로 사용하는 예는 「口紅 입술 연지, 립스틱」, 「口約束 구두 약속」, 「口癖 입버릇」 등이 있으며, 접미어로 사용될 때는 「入口 입구」, 「非常口 비상구」처럼 '문, 통로'라는 의미가 더해진다.

5 あの橋は長い間工事をしているがまだ( )完成だ。
1 半 2 未
3 分 4 不

정답 **2** 저 다리는 오랫동안 공사를 하고 있는데 아직 미완성이다.
단어 橋 다리 | 間 사이, 동안 | 工事 공사 | 完成 완성
해설 「未」는 '아직 ~하지 않았다'라는 뜻을 더하는 부정적 의미를 가진 접두어이다. 예시로는 「未完成 미성년」, 「未成年 미성년」 등이 있다. 선택지 4번의 「不」도 부정 접두어로 '아니다, 없다'라는 뜻이 있으며 예시로는 「不自由 부자유」, 「不正確 부정확」 등이 있다.

6 このホテルは朝食( )で1泊8,000円だ。
1 入り 2 連れ
3 付き 4 含み

정답 **3** 이 호텔은 조식 포함으로 1박에 8천 엔이다.
단어 ホテル 호텔 | 朝食 조식 | 泊 박(묵는 밤의 횟수를 세는 단위)
해설 「付き」는 명사에 붙어 '~에 붙음, 포함'이라는 의미를 더하는 접미어이다. 「朝食付き」는 '(호텔 숙박에) 조식이 붙어 있음', 즉 '조식 포함'이라는 의미이다. 정답과 혼동하기 쉬운 1번의 「入り」는 접미어로 사용되면 '~에 담긴, ~에 들어 있음'이라는 뜻을 더하며 2번의 「連れ」는 '동반'이라는 의미로 '사람 ~명이 함께 함'을 나타내는 접미어이다.

7 これは、あの( )監督が10年ぶりに撮った映画だ。
1 名 2 優
3 最 4 巨

정답 **1** 이것은 그 명감독이 10년 만에 찍은 영화이다.
단어 監督 감독 | 撮る 찍다, 촬영하다 | 映画 영화
해설 「名」는 '이름난, 뛰어난'이라는 뜻을 더하는 접두어이다. 예시로는 「名監督 명감독」, 「名セリフ 명대사」 등이 있다. 선택지 3번의 「最」는 '가장, 제일'이라는 뜻을 더하는 접두사로 「最優先 최우선」, 「最先端 최첨단」과 같은 예시를 통해 기억해 두자.

8 博物館の展示はふつう年代( )に並んでいる。
1 順 2 先
3 式 4 差

정답 **1** 박물관의 전시는 보통 연대순으로 진열되어 있다.
단어 博物館 박물관 | 展示 전시 | ふつう 보통, 일반 | 年代 연대 | 並ぶ 늘어서다, 진열되다
해설 「順」은 '차례, 순서'라는 뜻을 더하는 접미어이다. 선택지 3번의 '형식, 방법'을 뜻하는 접미어 「式 식」도 함께 기억해 두자.

9 赤字が続いて、その会社は倒産の危機に( )込まれた。
1 追い 2 巻き
3 踏み 4 引き

정답 **1** 적자가 계속돼서 그 회사는 도산 위기에 몰렸다.
단어 赤字 적자 | 倒産 도산 | 追い込む 몰아넣다 | 巻き込む 말려들게 하다 | 踏み込む 발을 들여놓다, 빠지다 | 引き込む 끌어들이다
해설 「追い込む」는 '몰아넣다'라는 뜻으로, 이 문장에서는 '강제적으로 곤란한 상황에 몰리다'라는 의미의 수동형으로 사용하고 있다. 선택지 2번의 「巻き込まれる」는 '곤란한 상황에 말려들다, 휘말리다'라는 의미이므로 혼동하지 않도록 주의하자.

10 その事件は今日の新聞の(　　)ニュースになった。

1 キー　　　　　2 ネット
3 ホット　　　　4 トップ

정답　4 그 사건은 오늘 신문의 톱 뉴스가 되었다.

단어　事件 사건 | 新聞 신문 | ネット 인터넷의 줄임말 | ホット hot, 뜨거운, 최신의

해설　「トップ」는 '톱, 첫째, 선두'라는 뜻으로「トップニュース 톱 뉴스」란 '신문의 첫 면을 장식하는 뉴스' 혹은 '아주 중요한 뉴스'라는 의미이다. 1번의 「キー」는 '키, 열쇠, 단서, 실마리'라는 뜻으로「解決のキー 해결의 실마리」와 같이 사용한다.

연습문제 ②

問題 3　(　　)에 들어가기에 가장 적당한 것을 1・2・3・4에서 하나 고르세요.　　문제편 67p

1　まだ在庫があるかどうか製造(　　)に問い合わせた。

1 先　　　　　2 側
3 宛　　　　　4 元

정답　4 아직 재고가 있는지 어떤지 제조원에 문의했다.

단어　在庫 재고 | 製造 제조 | 問い合わせる 문의하다

해설　「元」는 명사 뒤에 붙어서 '~가 나온 장소, ~의 근원'이라는 뜻을 더하는 접미어이다. 문제에서는「製造元 상품을 제조한 장소, 제조원」이라는 의미로 사용했다. 3번의「宛」는 명사 뒤에 붙어서 '~앞(수신인, 수신 장소)'이라고 표현할 때 사용한다.

2　車の運転を習った人たちが試験(　　)で順番を待っている。

1 場　　　　　2 所
3 会　　　　　4 車

정답　1 차 운전을 배운 사람들이 시험장에서 순서를 기다리고 있다.

단어　運転 운전 | 習う 배우다, 익히다 | 試験 시험 | 順番 순번, 순서, 차례 | 待つ 기다리다

해설　「場」는 명사 뒤에서 붙어서 '~를 하는 장소'라는 뜻을 더하는 접미어이다. 사용 예로는「運動場 운동장」, 「試験場 시험장」등이 있다. 선택지 2번의「所」에도 '장소'라는 의미가 있지만「研究所/研究所 연구소」, 「刑務所 형무소」처럼 '특정 업무를 하는 장소'에 사용한다는 차이가 있다.

3　駅前の商店(　　)では秋のセールをしている。

1 群　　　　　2 道
3 団　　　　　4 街

정답　4 역 앞 상점가에서는 가을 세일을 하고 있다.

단어　駅前 역 앞 | 商店街 상점가 | 秋 가을 | セール 세일

해설　「街」는 '거리'라는 뜻을 더하는 접미어이다. 사용 예로는「商店街 상점가」, 「住宅街 주택가」등이 있다. 선택지 2번의「道」는「北海道 홋카이도」처럼 '행정 구역'이나「茶道 다도」와 같이 '학문이나 기술의 세계'라는 뜻을 더한다.

4　最近企業の中で(　　)業種間の交流がさかんだ。

1 異　　　　　2 違
3 変　　　　　4 逆

정답　1 최근 기업 사이에서 다른 업종 간의 교류가 활발하다.

단어　最近 최근 | 企業 기업 | 業種 업종 | 交流 교류 | さかんだ 활발하다

해설　「異」는 '다르다'는 뜻을 더하는 접두어이다. 문제에서처럼「異業種 다른 업종」, 「異世界 다른 세계」와 같이 사용한다. 「逆効果 역효과」, 「逆方向 역방향」등으로 예를 들 수 있는 선택지 4번의「逆」도 함께 기억해 두자.

5　新しい政府は(　　)政権の政策を続けると発表した。

1 元　　　　　2 前
3 去　　　　　4 先

정답　2 새로운 정부는 전 정권의 정책을 이어간다고 발표했다.

단어　政府 정부 | 政権 정권 | 政策 정책 | 続ける 계속하다, 잇다 | 発表 발표

해설 「前」은 '앞의'라는 뜻을 더하는 접두어이다. 문제에서는 '앞 정권, 지난 정권'이라는 의미로 사용하고 있다. 의미가 비슷하여 혼동하기 쉬운 「元もと」는 '과거에, 원래 있던 것'이라는 뜻이며 「前ぜん」은 '바로 앞에 있던 것'을 의미한다는 차이가 있다.

---

6 生産工場せいさんこうじょうには最新さいしん(　　　)の設備せつびが導入どうにゅうされた。
　1 式しき　　　　　2 風ふう
　3 様よう　　　　　4 版ばん

정답 **1** 생산 공장에는 최신식 설비가 도입되었다.
단어 生産せいさん 생산 | 工場こうじょう 공장 | 最新さいしん 최신 | 設備せつび 설비 | 導入どうにゅう 도입
해설 「式しき」는 명사 뒤에 붙어서 '형식, 방식'이라는 뜻을 더한다. 「最新式さいしんしき 최신식」 외에도 「機械式きかいしき 기계식」, 「現代式げんだいしき 현대식(현대적인 방식)」 등의 예시를 통해 기억해 두자. 「風ふう」는 '분위기, 풍모, 양식'이라는 뜻을 더하며 「和風わふう 일본풍(일본적인 분위기)」, 「学者風がくしゃふう 학자풍」과 같이 사용한다.

---

7 地方ちほうの警察けいさつは中央ちゅうおうの指揮しき(　　)に動うごいている。
　1 元もと　　　　　2 下か
　3 属ぞく　　　　　4 別べつ

정답 **2** 지방 경찰은 중앙의 지휘하에 움직이고 있다.
단어 地方ちほう 지방 | 警察けいさつ 경찰 | 中央ちゅうおう 중앙 | 指揮しき 지휘 | 動うごく 움직이다
해설 「下か」는 명사 뒤에 붙어서 '어떤 조건이나 환경의 영향이 미치는 범위'라는 뜻을 더하는 접미어로, 「指揮下しきか 지휘하」는 '지휘가 미치는 범위'라는 뜻이다. 「支配下しはいか 지배하」와 같은 표현도 함께 기억해 두자.

---

8 暑あつさや空気くうきの少すくなさなどの(　　　)条件じょうけんの中なかでも選手せんしゅたちはよく走はしった。
　1 苦く　　　　　2 悪あく
　3 痛つう　　　　　4 異い

정답 **2** 더위와 공기의 희박함 등의 악조건 속에서도 선수들은 잘 뛰었다.
단어 暑あつい 덥다 | 空気くうき 공기 | 条件じょうけん 조건 | 選手せんしゅ 선수 | 走はしる 달리다, 뛰다
해설 「悪あく」는 명사 앞에 붙어서 '상태나 결과가 나쁨' 또는 '나쁜 영향을 미치는'이라는 뜻을 더하는 접두어이다. 「悪循環あくじゅんかん 악순환」, 「悪感情あくかんじょう 악감정」 등도 함께 기억해 두자. 「悪感情あくかんじょう」는 「あっかんじょう」라고 읽기도 한다.

---

9 このロボットには人工頭脳じんこうずのうが(　　)込こまれている。
　1 押おし　　　　　2 詰つめ
　3 組くみ　　　　　4 叩たたき

정답 **3** 이 로봇에는 인공 두뇌가 들어가 있다.
단어 ロボット 로봇 | 人工頭脳じんこうずのう 인공 두뇌 | 押おし込こむ 비집고 들어가다 | 組くみ込こむ 짜 넣다 | 詰つめ込こむ 채우다, 밀어 넣다 | 叩たたき込こむ 때려 넣다, 철저히 주입시키다
해설 「ます형 + こむ」는 '깊은 곳으로 넣다'는 의미가 있으며, 수동형 「込こまれる」가 되면 '~에 깊숙이 넣어지다'라는 뜻이 된다. 선택지의 동사는 각각 「押おす 밀다」, 「詰つめる 채우다」, 「組くむ 짜다, 편성하다」, 「叩たたく 두드리다」라는 의미이므로 '짜 넣다'라는 뜻이 되는 선택지 3번이 정답임을 알 수 있다.

---

10 彼かれは連日れんじつの残業ざんぎょうで疲つかれ(　　　)しまった。
　1 ぬけて　　　　　2 はてて
　3 とおして　　　　4 つくして

정답 **2** 그는 연일 (계속되는) 야근으로 완전히 지쳐 버렸다.
단어 連日れんじつ 연일 | 残業ざんぎょう 잔업, 야근 | 抜ぬける 빠지다 | 果はてる 다하다, 완전히 ~하다 | 通とおす 통하게 하다, 뚫다 | 尽つくす 있는 대로 다하다, 진력하다
해설 「ます형 + はてる 완전히 ~하다」는 「疲つかれはてる 완전히 지치다」, 「あきれ果はてる 완전히 질려 버리다」처럼 부정적인 뉘앙스의 단어와 함께 사용한다. 따라서 선택지 2번이 정답이다.

問題 4 문맥 규정

연습문제 정답 및 해설

정답

연습문제 ①   1) 4   2) 2   3) 3   4) 3   5) 2   6) 3   7) 4   8) 4   9) 3   10) 1

연습문제 ②   1) 3   2) 1   3) 1   4) 3   5) 2   6) 4   7) 1   8) 4   9) 4   10) 3

연습문제 ①

問題 4　(　　)에 들어가기에 가장 적당한 것을 1·2·3·4에서 하나 고르세요. 　　　문제편 108p

1 彼女は名前を呼ぶと(　　)笑って返事をした。

1　はっきり　　　　2　じっくり
3　うっかり　　　　4　にっこり

[정답] **4** 그녀는 이름을 부르자 생긋 웃으며 대답을 했다.

[단어] 呼ぶ 부르다 | 笑う 웃다 | 返事 대답 | はっきり 확실하게 | じっくり 차분하게 | うっかり 깜빡 | にっこり 생긋, 방긋

[해설] 「にっこり」는 '생긋, 방긋'이란 뜻으로 문제에서와 같이 「にっこり笑う 생긋 웃는다」처럼 사용한다. 1번은 「はっきり言う 확실하게 말하다」, 2번은 「じっくり考える 차분하게 생각하다」, 3번은 「うっかりする 깜빡하다」로 사용하는 것이 자연스럽다.

2 最近は作家の個性を(　　)した作品が少ない。

1　復帰　　　　2　発揮
3　活気　　　　4　速記

[정답] **2** 최근에는 작가의 개성을 발휘한 작품이 적다.

[단어] 最近 최근 | 作家 작가 | 個性 개성 | 作品 작품 | 復帰 복귀 | 発揮 발휘 | 活気 활기 | 速記 속기(필기 기술)

[해설] 「個性 개성」에 호응하는 서술어는 「(個性を)発揮する (개성을) 발휘하다」, 「(個性を)出す (개성을) 드러내다」이다. 따라서 정답은 선택지 2번이다. 1, 3, 4번은 의미가 맞지 않아 답이 될 수 없다.

3 手術をする子供のための寄付が1か月で1,000万円に(　　)そうだ。

1　満ちた　　　　2　増した
3　達した　　　　4　積んだ

[정답] **3** 수술을 하는 아이를 위한 기부가 한 달에 천만 엔에 달했다고 한다.

[단어] 手術 수술 | 子供 아이 | 寄付 기부 | 満ちる 가득 차다 | 増す 늘다, 커지다 | 達する 도달하다, 이르다 | 積む 쌓다, (짐을) 싣다

[해설] 선택지 3번의 「達する」는 '어떤 ~에 이르다, 도달하다'라는 의미로, 앞에는 장소나 수준, 정도를 나타내는 표현이 온다. 1번의 「満ちる」는 「好意に満ちる 호의로 가득차다」, 「月が満ちる 달이 차다」와 같은 형태로 사용한다.

Part 1 문자·어휘　27

| 4 | 会社にはお客様から寄せられる( )に対応する専門の係がある。 |

1 物事　　　　　2 迷惑
3 苦情　　　　　4 返事

정답 3 회사에는 고객에게 온 불만에 대응하는 전문 담당이 있다.

단어 寄せる 밀려오다, (편지·문의 등을) 보내다 | 対応 대응, 대처 | 専門 전문 | 係 담당, 담당자 | 物事 물건과 일, 사물 | 迷惑 폐 | 苦情 불평, 불만 | 返事 대답

해설 문장의 흐름상 '고객의 불만에 대응하다'라는 내용이 되어야 하므로 정답은 선택지 3번의「苦情」이다.「物事」는「対応する 대응하다」와 함께 사용하는 단어가 아니며, 2번은「迷惑をかける 폐를 끼치다」, 4번은「返事をする 대답을 하다」와 같은 형태로 사용한다.

| 5 | この点に関しては、子供も大人と( )にあつかわれる。 |

1 均等　　　　　2 同様
3 公正　　　　　4 公平

정답 2 이 점에 관해서는 아이도 어른과 동등하게 취급된다.

단어 ～に関する ～에 관한 | あつかう 다루다, 취급하다 | 均等だ 균등하다 | 同様だ 동등하다, 같다 | 公正だ 공정하다 | 公平だ 공평하다

해설 「子供も大人も 아이도 어른도」라고 강조하고 있으므로「同様だ 같다」로 이어지는 것이 자연스럽다. 답으로 혼동하기 쉬운 1번의「均等」는 주로 '질이나 양을 같거나 고르게 하다'라는 의미이므로 뉘앙스에 차이가 있다.

| 6 | 自国で開催する試合が自国の選手に( )になるのは当然のことだ。 |

1 有効　　　　　2 模範
3 有利　　　　　4 利益

정답 3 자국에서 개최하는 시합이 자국 선수에게 유리해지는 것은 당연한 것이다.

단어 開催 개최 | 試合 시합 | 選手 선수 | 当然 당연 | 有効 유효 | 模範 모범 | 有利 유리 | 利益 이익

해설 문장 흐름상 '도움이 되다'라는 뜻이 있는「有利 유리」가 들어가는 것이 자연스럽다. 4번의「利益」는 주로 '물질적·경제적인 보탬'이 될 때 사용하므로 답으로는 적당하지 않다.

| 7 | 試験で自分の名前を間違えて書くなんて( )では済まない。 |

1 うたがわしい　　　2 なれなれしい
3 みすぼらしい　　　4 そそっかしい

정답 4 시험에서 자신의 이름을 잘못 쓰다니 덜렁거린다는 말로는 끝나지 않는다.

단어 試験 시험 | 間違える 틀리다 | 済む 끝나다 | 疑わしい 의심스럽다 | 馴れ馴れしい 허물없다, 친숙하다 | みすぼらしい 초라하다, 빈약하다 | そそっかしい 덜렁거리다, 방정맞다

해설 '시험에서 자기 이름을 잘못 쓴 상황'에 대한 문장이므로 선택지 4번의「そそっかしい」가 정답이다. 1, 2, 3번은 맥락에 맞지 않아 답이 될 수 없다.

| 8 | 駅から近くて便利なことを( )しても、家賃が高いので借りる人がいない。 |

1 メリット　　　　2 チャレンジ
3 サポート　　　　4 アピール

정답 4 역에서 가깝고 편리한 것을 어필해도 집세가 비싸서 빌리는 사람이 없다.

단어 便利 편리 | 家賃 집세, 방세 | 借りる 빌리다 | メリット 메리트, 장점 | チャレンジ 챌린지, 도전 | サポート 서포트, 지원 | アピール 어필, 호소

해설 역에서 가깝고 편리하다는 '장점'이 마음을 끌도록 해야 하므로, 선택지 4번의「アピール」가 정답이다. 1번의「メリット」는 뒤에「する」를 붙여 사용하는 단어가 아니며, 2번의 챌린지는「優勝にチャレンジする 우승에 도전하다」처럼 조사「に」와 함께 사용하는 것이 일반적이다.

| 9 | 図書館では開館時間を延長して多くの市民が読書に親しむ機会を( )したいと発表した。 |

1 誘導　　　　　2 発揮
3 提供　　　　　4 手配

정답 **3** 도서관에서는 개관 시간을 연장해서 많은 시민이 독서와 친해질 기회를 제공하고 싶다고 발표했다.

단어 図書館 도서관 | 開館 개관 | 延長 연장 | 市民 시민 | 親しむ 친하게 지내다, 즐기다 | 機会 기회 | 発表 발표 | 誘導 유도 | 発揮 발휘 | 提供 제공 | 手配 수배

해설 '친해질 기회를 제공하고 싶다'라는 맥락이 자연스러우므로 선택지 3번 「提供」가 정답이다. 1번의 「誘導」는 '목적한 방향으로 이끈다'는 뜻이지만, 괄호 앞의 '기회'와 연결해서 사용하기에는 어색한 표현이다.

10 散歩中にふといいアイディアを(　　)、急いで家に帰った。
1 思い付いて　　2 思い出して
3 思い込んで　　4 思い描いて

정답 **1** 산책 중에 문득 좋은 아이디어를 떠올려서 서둘러서 집에 돌아갔다.

단어 散歩 산책 | 思い付く 생각이 떠오르다, 생각해 내다 | 思い出す 생각해 내다, 회상하다 | 思い込む 마음먹다, 굳게 믿다 | 思い描く 상상하다

해설 의미가 비슷한 1번과 2번을 혼동하지 않도록 주의해야 한다. 「思い付く」는 '잘 구상되지 않던 것이 갑자기 생각나다'라는 의미이며, 「思い出す」는 '잊었던 기억이 되살아나다'라는 의미이다. 따라서 정답은 1번이다.

연습문제 ②

問題4 (　　)에 들어가기에 가장 적당한 것을 1・2・3・4에서 하나 고르세요. 문제편 109p

1 高速道路を走る時はタイヤも(　　)した方がいい。
1 実験　　2 変換
3 点検　　4 整理

정답 **3** 고속 도로를 달릴 때는 타이어도 점검하는 편이 좋다.

단어 高速道路 고속 도로 | 走る 뛰다, 달리다 | 実験 실험 | 変換 변환 | 点検 점검 | 整理 정리

해설 「タイヤ 타이어」와 함께 쓰기에 적합한 서술어로는 「点検する 점검하다」, 「交換する 교환하다」 등이 있다. 따라서 정답은 선택지 3번이다. 2번의 「変換」은 「ひらがなを漢字に変換する 히라가나를 한자로 변환하다」처럼 '원래 가지고 있던 성질이나 종류를 바꾸다'라는 의미이므로 답으로는 적당하지 않다.

2 田舎には都会にない(　　)の魅力があります。
1 独特　　2 唯一
3 微妙　　4 独創

정답 **1** 시골에는 도시에 없는 독특한 매력이 있습니다.

단어 田舎 시골 | 都会 도시 | 魅力 매력 | 独特 독특 | 唯一 유일 | 微妙 미묘 | 独創 독창

해설 '도시에는 없는 시골만의 매력'이라는 흐름이 되려면 '특별한, 특색 있는'이라는 뜻의 「独特」가 답으로 가장 적당하다. 2번의 「唯一」는 '단 하나 밖에 없음'을 의미하며, 4번의 「独創」는 '독자적인 발상으로 새로 만들어 냄'이라는 의미이므로 답으로 적당하지 않다.

3 朝早く出たのに道路が混んで会社には9時(　　)に着いた。
1 ぎりぎり　　2 のびのび
3 ようやく　　4 たちまち

정답 **1** 아침 일찍 나왔는데 도로가 붐벼서 회사에는 9시에 아슬아슬하게 도착했다.

단어 混む 붐비다 | 着く 도착하다 | ぎりぎり 아슬아슬, 빠듯하게 | のびのび 쭉쭉, 무럭무럭 | ようやく 겨우, 간신히 | たちまち 갑자기, 금세

해설 '9시 직전에 간신히 도착했다'는 의미가 되어야 하므로 정답은 선택지 1번 「ぎりぎり」이다. 의미가 비슷한 3번도 답이 될 수 있을 것 같지만 「ようやく」는 오래 기다려 온 일이 실현됐을 때 사용하는 표현으로 직접적인 시간 표현에는 사용하지 않는다.

4 父の死後、土地を長女が(　　)した。
1 継続　　2 持続
3 相続　　4 存続

정답 **3** 아버지의 사후, 토지를 장녀가 상속했다.

단어 死後 사후 | 長女 장녀 | 継続 계속 | 持続 지속 | 相続 상속 | 存続 존속

해설 '사후 유산인 토지를'에 이어지는 서술어로는 선택지 3번의 '상속하다'가 자연스럽다. 1, 2, 4번의 「継続」, 「持続」, 「存続」는 모두 '전에 있던 것이 이어지는 것, 유지되는 것'이라는 의미이므로 문맥상 맞지 않아 답이 될 수 없다.

---

5 資源は( )あると思ってもいつかはなくなってしまうものだ。

1 旺盛に　　　　2 豊富に
3 大幅に　　　　4 過密に

정답 2 자원은 풍부하게 있다고 생각해도 언젠가는 사라져 버리는 법이다.

단어 資源 자원 | 旺盛に 왕성하게 | 豊富に 풍부하게 | 大幅に 큰 폭으로 | 過密に 과밀하게

해설 「資源」은 주로 「豊富だ 풍부하다」, 「足りない 부족하다」라는 표현과 함께 사용한다. 1번의 「旺盛」는 '기운이나 활동 등이 활발함'이라는 의미이므로 뉘앙스에 차이가 있다.

---

6 大好きな歌手が結婚するというニュースを聞いて( )を受けた。

1 ブレーキ　　　2 ダウン
3 クレーム　　　4 ショック

정답 4 매우 좋아하는 가수가 결혼한다는 뉴스를 듣고 충격을 받았다.

단어 歌手 가수 | 結婚 결혼 | ニュース 뉴스 | ブレーキ 브레이크, 제동 | ダウン 다운, 떨어짐, 저조함 | クレーム 클레임, 불평 | ショック 쇼크, 충격

해설 선택지의 단어는 「ブレーキをかける 브레이크를 걸다」, 「ダウンする 다운되다」, 「クレームをつける 클레임을 걸다」, 「ショックを受ける 쇼크를 받다」와 같은 형태로 사용한다. 따라서 「受ける 받다」와 함께 쓸 수 있는 것은 선택지 4번이다. 참고로 '클레임을 받다'는 '클레임을 걸다'와 마찬가지로 동사 「つく 붙다, 생기다」를 활용하여 「クレームがつく 클레임이 발생하다」라고 한다.

---

7 狭い道路に車をとめておくと火事の時、消防車などが通るのに( )なって危険だ。

1 邪魔に　　　　2 対立に
3 迷惑に　　　　4 防止に

정답 1 좁은 도로에 차를 세워 두면 화재 때 소방차 등이 지나가는 데 방해가 되어 위험하다.

단어 狭い 좁다 | 火事 화재 | 消防車 소방차 | 通る 통하다, 통과하다 | 危険 위험 | 邪魔 방해 | 対立 대립 | 防止 방지

해설 '소방차가 지나가는 데 방해가 된다'는 문장이 되어야 하므로 정답은 선택지 1번의 「邪魔になる 방해가 되다」이다. 2번의 「対立」는 문장에서 「対立する 대립하다」의 형태로 활용하므로 답으로는 적당하지 않으며 3, 4번은 의미가 맞지 않아 답이 될 수 없다.

---

8 道路工事は月末には( )する予定ですが、それまで車は通れません。

1 解決　　　　2 停止
3 妥協　　　　4 完了

정답 4 도로 공사는 월말에는 완료할 예정이지만, 그때까지 차는 지나갈 수 없습니다.

단어 工事 공사 | 予定 예정 | 解決 해결 | 停止 정지 | 妥協 타협 | 完了 완료

해설 「工事は 공사는」과 연결해서 쓸 수 있는 표현은 선택지 4번의 「完了」밖에 없다. 1번과 3번은 의미가 맞지 않으며, 2번의 「停止」는 '움직이던 것이 멎는다'는 의미로 '공사를 중간에 그만둔다'라고 표현하려면 「中止 중지」를 사용해야 한다.

---

9 友達に誘われて行ってみたが、そのマジックショーは前にもどこかで見たことがあったので私には( )なものだった。

1 平凡　　　　2 奇抜
3 質素　　　　4 退屈

정답 4 친구에게 권유받아서 가 봤는데, 그 마술 쇼는 전에도 어디선가 본 적이 있어서 나에게는 따분한 것이었다.

[단어] 誘う 꾀다, 권유하다 | マジックショー 마술 쇼 | 平凡だ 평범하다 | 奇抜だ 기발하다 | 質素だ 소박하다, 검소하다 | 退屈だ 지루하다, 따분하다

[해설] 괄호 안에는 감상을 나타내는 표현이 들어가야 한다. 답을 찾는 힌트는 「前も見たことがあった 전에도 본 적이 있다」라는 부분이다. 이미 본 공연을 또 봐야 할 때의 기분이나 감상을 나타내는 표현으로는 선택지 4번이 적당하다. 1번의 「平凡」은 '독특함이나 차별화'에 대한 평가이므로 뉘앙스에 차이가 있다.

---

[10] こんなに夜遅くまで(　　　)すみませんでした。
1 払い戻して　　　2 立て替えて
3 引き止めて　　　4 問いかけて

[정답] 3 이렇게 밤 늦게까지 붙들어서 죄송했습니다.

[단어] 払い戻す 환불하다 | 立て替える 대신 지불하다 | 引き止める 붙들다, 붙잡다 | 問いかける 묻다, 질문하다

[해설] '밤 늦게까지 죄송하다'는 내용이 되어야 하므로 선택지 3번의 「引き止めて」가 정답이다. 복합 동사는 모든 영역에 고루 사용되니 선택지 1, 2, 4번 역시 함께 기억해 두자.

問題 5 유의 표현

연습문제 정답 및 해설

정답

연습문제 ① 　1 4　　2 1　　3 2　　4 3　　5 3　　6 3　　7 3　　8 2　　9 2　　10 3
연습문제 ② 　1 3　　2 4　　3 3　　4 4　　5 1　　6 2　　7 1　　8 3　　9 3　　10 1

연습문제 ①

問題 5 _____의 단어와 의미가 가장 가까운 것을 1・2・3・4에서 하나 고르세요.　　문제편 122p

1 この画家のファンなので、ぜひこの作品をゆずってください。
1 遠慮して　　2 渡して
3 贈って　　4 売って

정답 4 이 화가의 팬이니까 꼭 이 작품을 팔아 주세요.
단어 画家 화가 | 作品 작품 | ゆずる 양도하다, 팔다 | 遠慮する 사양하다, 삼가다 | 渡す 건네다 | 贈る 보내다 | 売る 팔다
해설 「ゆずる」에는 '양보하다'라는 뜻 외에도 '양도하다, 넘기다, 팔다'라는 뜻이 있다. 이 문장에서는 '작품을 자신에게 양도해 달라'는 의미로 사용했으므로, 서로 바꿔 쓸 수 있는 것은 선택지 4번「売る」이다.

2 事故の原因について警察が見解を発表した。
1 意見　　2 回答
3 責任　　4 事実

정답 1 사고 원인에 대해 경찰이 견해를 발표했다.
단어 事故 사고 | 原因 원인 | 見解 견해 | 発表 발표 | 意見 의견 | 回答 회답, 대답 | 責任 책임 | 事実 사실
해설 「見解」는 '사물이나 현상에 대한 자신의 의견이나 생각'이라는 뜻이므로 서로 바꿔 쓸 수 있는 표현은 선택지 1번「意見」이다.

---

3 彼は用事があるのか授業が終わると、さっさと帰ってしまった。
1 いきなり　　2 すばやく
3 とりあえず　　4 あせって

정답 2 그는 볼일이 있는지 수업이 끝나자 재빨리 돌아가 버렸다.
단어 用事 볼일, 용건 | 授業 수업 | さっさと 빨랑빨랑, 재빨리 | いきなり 갑자기 | すばやく 재빠르게 | とりあえず 우선 | あせる 초조해 하다, 안달하다
해설 「さっさと」는 '망설임 없이 재빨리 행동하는 모양'을 나타내는 의태어로, 서로 바꿔 쓸 수 있는 표현은 선택지 2번「すばやく」이다.

---

4 台風の影響でこの近くの店はほぼ休みになった。
1 一日中　　2 すぐに
3 大部分　　4 残らず

[정답] **3** 태풍의 영향으로 이 근처의 가게는 거의 휴무가 됐다.
[단어] 台風 태풍 | 影響 영향 | ほぼ 거의, 대부분 | 一日中 하루 종일 | すぐに 곧바로 | 大部分 대부분 | 残らず 남기지 않고, 모조리
[해설] 「ほぼ」는 '거의, 대부분'이라는 뜻이므로 서로 바꿔 쓸 수 있는 단어는 선택지 3번 「大部分」이다.

---

5 そのあたりの家賃なら、おそらく10万円はするだろう。
1 全部　　　　　　2 一部分
3 ほぼ間違いなく　4 間違いなく

[정답] **3** 그 주변 방세는 아마도 10만 엔은 할 것이다.
[단어] 家賃 집세, 방세 | おそらく 아마도, 필시 | 全部 전부 | 一部分 일부분 | 間違いない 틀림없다
[해설] 「おそらく~だろう」는 '아마도 ~할 것이다'라는 뜻으로, 단정할 수는 없지만 그럴 가능성이 클 때 사용하는 추측표현이다. 따라서 정답은 선택지 3번 「ほぼ間違いなく 거의 틀림없이」이다. 4번의 「間違いなく」는 단정할 때 사용하는 표현이므로 답이 될 수 없다.

---

6 家から駅まで歩いて来たから、くたくたです。
1 足が痛いです　　　2 体が熱いです
3 とても疲れました　4 とても遅くなりました

[정답] **3** 집에서 역까지 걸어 와서 녹초가 되었습니다.
[단어] くたくただ 녹초가 되다 | 痛い 아프다 | 熱い 뜨겁다 | 疲れる 지치다 | 遅い 늦다
[해설] 「くたくた」는 '매우 지쳐서 힘을 못 쓰는 상태'를 나타내는 의태어로, 서로 바꿔 쓸 수 있는 표현은 선택지 3번 「とても疲れた 매우 지쳤다」이다. 비슷한 의미인 「くたびれる 지치다, 피로하다」도 함께 기억해 두자.

---

7 あそこに見える奇妙な形の建物が美術館だ。
1 大人しい　　2 つまらない
3 変な　　　　4 便利な

[정답] **3** 저기 보이는 기묘한 형태의 건물이 미술관이다.
[단어] 奇妙だ 기묘하다 | 建物 건물 | 美術館 미술관 | 大人しい 얌전하다 | つまらない 재미없다 | 変だ 이상하다 | 便利だ 편리하다
[해설] 「奇妙だ」는 '생김새 등이 이상하고 묘하다'는 뜻이다. 따라서 서로 바꿔 쓸 수 있는 말은 선택지 3번의 「へんな 이상한」이다.

---

8 団地では日中、誰もいない家が多い。
1 毎日　　2 昼間
3 午後　　4 夜間

[정답] **2** 단지에서는 낮 동안 아무도 없는 집이 많다.
[단어] 団地 단지 | 日中 낮 동안 | 昼間 낮 | 夜間 야간
[해설] 「日中」는 '낮, 낮 동안'이라는 뜻이므로 서로 바꿔 쓸 수 있는 표현은 선택지 2번 「昼間 낮, 주간」이다. 반의어에 해당하는 선택지 4번의 「夜間 야간」도 함께 기억해 두자.

---

9 その知らせの内容は思いがけないものだった。
1 予想していた　　2 想像しなかった
3 楽しみにしていた　4 うれしくなかった

[정답] **2** 그 소식의 내용은 생각지도 못한 것이었다.
[단어] 知らせ 알림, 소식 | 思いがけない 생각지도 못하다, 뜻밖이다 | 予想 예상 | 想像 상상 | 楽しみにする 기대하다
[해설] 「思いがけない」는 '전혀 예상하지 못하다, 뜻밖이다'라는 뜻으로 서로 바꿔 쓸 수 있는 표현은 선택지 2번 「想像しなかった 상상하지 못했다」이다. 선택지 1번은 반의어에 해당하는 표현이므로 답이 될 수 없다.

---

10 大変だった時、いつも田中さんが支えてくれた。
1 頼って　　2 直して
3 助けて　　4 甘やかして

[정답] **3** 힘들었을 때, 항상 다나카 씨가 버팀목이 되어 주었다.
[단어] 大変だ 힘들다, 큰일이다 | 支える 지탱하다, 지지하다 | 頼る 의지하다 | 直す 고치다 | 助ける 돕다 | 甘やかす 응석 부리게 하다, 오냐오냐하다

[해설] 「支える」는 '뒤에서 받쳐서 버티게 하다, 경제적·정신적으로 지원하다'라는 뜻의 동사이다. 유의어로 가장 적당한 것은 선택지 3번 「助ける」이다.

연습문제 ②

問題5 _____의 단어와 의미가 가장 가까운 것을 1·2·3·4에서 하나 고르세요. [문제편 123p]

1 目的地までおよそ3時間かかる予定です。
1 ちょうど 2 たぶん
3 だいたい 4 せいぜい

[정답] 3 목적지까지 대략 3시간 걸릴 예정입니다.
[단어] 目的地 목적지 | およそ 대강, 대략 | 予定 예정 | ちょうど 딱, 마침 | たぶん 아마 | だいたい 대체로, 대개 | せいぜい 기껏해야, 고작
[해설] 「およそ」는 '대강, 대략'이라는 뜻으로 서로 바꿔 쓸 수 있는 표현은 선택지 3번 「だいたい」이다. 선택지 2번 「たぶん」은 추측할 때 사용하는 표현이다.

2 値段が上がると聞いて品物を買い占める人がいました。
1 買うのをやめる 2 安く買う
3 買いたくなる 4 全部買う

[정답] 4 가격이 오른다는 말을 듣고 상품을 몽땅 사들이는 사람이 있었습니다.
[단어] 値段 가격 | 上がる 오르다 | 聞く 듣다 | 品物 상품, 물건 | 買い占める 매점하다, 사재기하다 | 全部 전부
[해설] 「占める 차지하다」가 들어간 복합 동사 「買い占める」는 '매점하다, 모조리 사들이다'라는 뜻이다. 따라서 서로 바꿔 쓸 수 있는 표현은 선택지 4번 「全部買う 전부 사다」이다.

3 父と子は考えが異なります。
1 同じです 2 似ています
3 違います 4 合っています

[정답] 3 아버지와 자녀는 생각이 다릅니다.
[단어] 異なる 다르다 | 同じだ 같다 | 似る 비슷하다 | 違う 다르다, 틀리다 | 合う 맞다
[해설] 「異なる」는 '다르다'라는 뜻으로, 유의어는 선택지 3번의 「違う」이다. 나머지 1, 2, 4번은 반대되는 의미이므로 답이 될 수 없다.

4 すみませんが、料理を下げてくれませんか。
1 出して 2 冷やして
3 取り替えて 4 持っていって

[정답] 4 죄송한데, 요리를 치워 주시지 않겠습니까?
[단어] 料理 요리 | 冷やす 식히다 | 取り替える 교체하다
[해설] 「下げる」에는 '내리다, 떨어뜨리다, 뒤로 물리다' 등 여러 가지 뜻이 있지만 이 문제에서는 '물리다, 치우다'라는 뜻으로 사용하고 있다. 따라서 서로 바꿔 쓸 수 있는 표현은 선택지 4번 「持っていく 가지고 가다」이다.

5 子どもがたくさんいて騒々しいです。
1 うるさい 2 楽しい
3 賑やか 4 迷惑

[정답] 1 아이가 많아서 시끄럽습니다.
[단어] 騒々しい 시끄럽다, 떠들썩하다 | うるさい 시끄럽다 | 楽しい 즐겁다 | 賑やかだ 활기차다, 번화하다 | 迷惑だ 민폐이다
[해설] 「騒々しい 시끄럽다, 떠들썩하다」의 유의어는 선택지 1번의 「うるさい」이다. 3번의 「賑やかだ」와 혼동하지 않도록 주의하자.

6 交通事故は運転した人だけでなく車を所有している人にも責任がある。
1 貸して 2 持って
3 乗って 4 住んで

[정답] 2 교통사고는 운전한 사람뿐만 아니라 차를 소유하고 있는 사람에게도 책임이 있다.
[단어] 交通事故 교통사고 | 運転 운전 | 所有 소유 | 責任 책임 | 貸す 빌려주다 | 乗る 타다 | 住む 살다
[해설] 「持つ」에는 '들다'라는 뜻 외에도 '가지다, 소유하다'라는 뜻으로도 많이 사용되니 꼭 기억하도록 하자.

7 この部屋には服を収納するところがあります。
　1 しまう　　　　　2 飾る
　3 並べる　　　　　4 揃える

정답 1 이 방에는 옷을 수납하는 곳이 있습니다.

단어 服 옷 | 収納 수납 | しまう 안에 넣다, 간수하다 | 飾る 장식하다 | 並べる 나열하다 | 揃える 갖추다, 채우다

해설 「収納する 수납하다」의 유의어는 선택지 1번 「しまう (안에) 넣다, 간수하다」이다. 「しまう」에는 이외에 '마치다, 닫다'라는 뜻으로도 많이 사용한다. 「仕事をしまう 일을 마치다」, 「店をしまう 가게를 닫다」와 같은 표현을 통해 기억해 두자.

---

8 彼女はささやくような声で私の名前を呼んだ。
　1 爽やかな　　　　2 穏やかな
　3 かすかな　　　　4 朗らかな

정답 3 그녀는 속삭이는 듯한 목소리로 내 이름을 불렀다.

단어 ささやく 속삭이다, 소곤거리다 | 爽やかだ 상쾌하다 | 穏やかだ 온화하다 | かすかだ 어렴풋하다, 희미하다 | 朗らかだ 쾌활하다

해설 「ささやく」는 '아주 작은 소리로 말을 하다'라는 의미이므로 '분명하지 않고 희미한, 어렴풋한'이라는 뜻의 선택지 3번 「かすかな」가 답으로 적당하다.

---

9 あの人は卑怯だと言われるが私はそう思わない。
　1 勇気がある　　　2 まじめだ
　3 ずるい　　　　　4 賢い

정답 3 저 사람은 비겁하다고 하는데, 나는 그렇게 생각하지 않는다.

단어 卑怯だ 비겁하다 | 勇気 용기 | まじめだ 성실하다, 진지하다 | ずるい 교활하다, 능글맞다 | 賢い 영리하다, 현명하다

해설 선택지 모두 성격을 나타내는 표현이지만, 문제의 「卑怯だ」처럼 부정적인 의미를 가진 것은 3번의 「ずるい」밖에 없다. 1번의 「勇気がある 용기가 있다」도 많이 사용하는 표현이니 기억해 두자.

---

10 実験をする時は結果だけでなくプロセスも重要だ。
　1 過程　　　　　　2 方法
　3 要素　　　　　　4 傾向

정답 1 실험을 할 때는 결과뿐만 아니라 과정도 중요하다.

단어 実験 실험 | 結果 결과 | プロセス 프로세스, 과정 | 重要だ 중요하다 | 過程 과정 | 方法 방법 | 要素 요소 | 傾向 경향

해설 「プロセス」는 '과정, 공정'이라는 뜻이므로 선택지 1번의 「過程」가 정답이다. 가타카나어는 유의 표현에서 자주 출제되므로 꼭 기억해 두자.

問題 6 용법

연습문제 정답 및 해설

정답

연습문제 ① 　1　2　　2　2　　3　1　　4　1　　5　3
연습문제 ② 　1　2　　2　3　　3　2　　4　4　　5　2

연습문제 ①

問題 6　다음 단어의 사용법으로 가장 적당한 것을 1・2・3・4 중에서 하나 고르세요.　　문제편 133p

1　自負
1　入学金は免除しますが、授業料は自負してください。
2　私は、読書の量なら友達の誰にも負けないと自負している。
3　勝てる相手だったのに、ミスをして自負してしまった。
4　新しいマンションを買ったことを、彼は最近みんなに自負している。

정답　2　나는 독서량이라면 친구들 중 누구에게도 지지 않는다고 자부하고 있다.

단어　自負 자부 ｜ 入学金 입학금 ｜ 免除 면제 ｜ 量 양 ｜ 負ける 지다 ｜ 勝つ 이기다 ｜ 相手 상대 ｜ ミス 미스, 실수, 잘못

해설　「自負」는 '자신의 재능이나 일에 자신감을 갖는다'는 뜻이므로 단어가 맥락에 맞게 들어간 문장은 선택지 2번이다. 1번은 「負担 부담」, 3번은 「自滅 자멸」, 4번은 「自慢 자랑」이 들어가야 한다.

2　くやしい
1　景気が悪くなって生活がとてもくやしい。
2　努力したのにこんな結果になってくやしい。
3　マラソンで最後まで走ったら胸がくやしくなった。
4　自分が悪いのにあやまらない友達がくやしくなった。

정답　2　노력했는데 이런 결과가 돼서 분하다.

단어　くやしい 분하다 ｜ 景気 경기 ｜ 努力 노력 ｜ 結果 결과 ｜ 最後 최후 ｜ 胸 가슴 ｜ あやまる 사과하다

해설　「くやしい」가 맥락에 맞게 사용된 것은 선택지 2번이다. 1번과 3번에는 「苦しい 힘들다, 괴롭다」, 4번에는 「憎い 밉다」가 들어가야 자연스럽다.

3　きっかけ
1　病院に入院したのがきっかけで看護師になろうと思った。
2　海外旅行に行かないきっかけは飛行機がこわいからだ。
3　試験に落ちたきっかけはゲームに夢中になったせいだ。
4　いつかまた、きっかけがあればお会いしましょう。

정답 **1** 병원에 입원한 것을 계기로 간호사가 되려고 생각했다.

단어 きっかけ 계기, 동기 | 看護師 간호사 | 海外旅行 해외여행 | 試験 시험 | 夢中 열중

해설 「きっかけ」는 '어떤 일이 일어나거나 변화하게 만드는 결정적 원인'을 의미하는 단어이므로 맥락에 맞게 사용된 것은 선택지 1번이다. 2번과 3번에는 「理由 이유」, 4번에는 「機会 기회」가 들어가야 한다.

---

4 ひとりでに
1 悲しくなって、ひとりでに涙が出てきた。
2 営業部の山本さんが結婚するらしいとひとりでに聞いた。
3 図書室の本はひとりでに持って行かないでください。
4 太ってきたので、ひとりでにダイエットをすることにした。

정답 **1** 슬퍼져서 저절로 눈물이 나왔다.

단어 ひとりでに 저절로, 자연히 | 涙 눈물 | 営業部 영업부 | 結婚 결혼 | 図書室 도서실 | 太る 살찌다

해설 「ひとりでに」가 맥락에 맞게 사용된 것은 선택지 1번이다. 2번은 「人伝えに 사람을 통해서」가 되어야 하며, 3번은 「勝手に 제멋대로, 멋대로」, 4번은 동사 「やせる 여위다, 살을 빼다」를 활용한 「やせようと 살을 빼려고」가 들어가야 자연스럽다.

---

5 普及
1 今年の春は短いスカートが普及している。
2 学校の友達から風邪が普及して病院に行った。
3 電気自動車が普及するのにはまだ時間がかかる。
4 コンビニに行けば必要なものは大体普及している。

정답 **3** 전기 자동차가 보급되는 데는 아직 시간이 걸린다.

단어 普及 보급 | 病院 병원 | スカート 스커트 | コンビニ 편의점 | 大体 대체로

해설 「普及」는 '널리 퍼져 많은 사람들에게 골고루 미치게 하여 누리게 함'이라는 의미이므로 맥락에 맞게 사용된 문장은 선택지 3번이다. 1번과 2번에는 「流行 유행」, 4번에는 「揃える 구비되다, 갖추어지다」를 활용한 표현이 들어가야 한다.

연습문제 ②

問題 6 다음 단어의 사용법으로 가장 적당한 것을 1·2·3·4 중에서 하나 고르세요. 문제편 134p

1 深刻
1 将来どうするか先生に深刻に相談をした。
2 農村に若い人がいないのは深刻な問題だ。
3 休みの日に深刻にスポーツをすればストレスがなくなる。
4 大学では生物について深刻に研究しています。

정답 **2** 농촌에 젊은 사람이 없는 것은 심각한 문제이다.

단어 深刻だ 심각하다 | 将来 장래 | 相談 상담 | 農村 농촌 | 若い 젊다 | ストレス 스트레스 | 生物 생물 | 研究 연구

해설 「深刻」가 맥락에 맞게 사용된 문장은 선택지 2번이다. 1번과 4번에는 「真剣に 진지하게」, 3번은 「軽く 가볍게」 등이 들어가야 자연스럽다.

---

2 現場
1 大阪で食べたお好み焼きは、さすがに現場の味だった。
2 逆転勝ちをされそうな現場だったが、なんとか耐えた。
3 本部の人々が考えているより現場は大変な状況だった。
4 家に帰って風呂に入っていた現場に、電話がかかってきた。

정답 **3** 본부 사람들이 생각하고 있는 것보다 현장은 힘든 상황이었다.

단어 現場 현장 | お好み焼き 오코노미야키 | 逆転勝ち 역전승 | 耐える 견디다 | 本部 본부 | 風呂に入る 목욕하다

해설 「現場」는 '일이 실제로 일어나고 있는 곳'이나 '일이 생긴 자리'라는 의미이다. 맥락에 맞게 사용된 문장은 선택지 3번이다. 1번에는 「本場 본고장」, 2번에는 「場面 장면, 상황」, 4번에는 「とき 때」가 들어가야 한다.

---

3 ふさわしい
1 数字がふさわしければかぎが開きます。
2 スイカは夏にふさわしい果物です。
3 私の足には25cmのくつがぴったりふさわしい。
4 小さい頃からの友達とは話がふさわしい。

정답 2 수박은 여름에 어울리는 과일입니다.

단어 ふさわしい 어울리다, 적합하다 | 数字 숫자 | スイカ 수박 | 果物 과일 | ぴったり 딱

해설 「ふさわしい」가 맥락에 맞게 사용된 문장은 선택지 2번이다. 1번에는 「正しい 옳다, 바르다」가 활용되어 들어가야 하며, 3번에는 「合う 맞다」, 4번에는 「よく通じる 잘 통하다」가 들어가야 자연스럽다.

---

4 続出
1 休みの日はデパートに人が続出する。
2 朝から新製品のことを聞く電話が続出している。
3 今月は結婚式や誕生日でお金が続出した。
4 この道路では最近事故が続出しているそうだ。

정답 4 이 도로에서는 최근 사고가 속출하고 있다고 한다.

단어 続出 속출 | 新製品 신제품 | 誕生日 생일 | 道路 도로 | 事故 사고

해설 「続出」은 '끊임없이 계속 이어짐, 잇따라 나옴'이라는 의미이므로 맥락에 맞게 사용된 문장은 선택지 4번이다. 1번에는 「混む 붐비다」가 활용되어야 하며, 2번에는 「殺到 쇄도」, 3번에는 「お金が続出した」 대신에 「出費がかさんだ 지출이 늘어나다」가 들어가야 자연스럽다.

---

5 まとまる
1 工場の見学が終わったら、入口にまとまってください。
2 いくら考えても、考えはまとまらなかった。
3 試合中はボールの動きだけに意識がまとまった。
4 勝ち負けにまとまらない方がいい結果になるだろう。

정답 2 아무리 생각해도 생각은 정리되지 않았다.

단어 まとまる 정리되다 | 工場 공장 | 見学 견학 | 試合 시합 | 意識 의식 | 勝ち負け 이기고 짐, 승패 | 結果 결과

해설 「まとまる」가 맥락에 맞게 사용된 문장은 선택지 2번이다. 1번에는 「集まる 모이다」, 3번에는 「集中する 집중하다」, 4번에는 「こだわる 구애되다, 집착하다」를 활용한 표현이 들어가야 한다.

問題 1 한자 읽기

실전문제 정답 및 해설

정답

	1	2	3	4	5	6	7	8	9	10
실전문제 ①	1	2	1	3	3	4	3	2	1	4
실전문제 ②	1	2	3	3	2	4	1	1	4	4
실전문제 ③	3	2	4	2	1	2	2	1	3	4

실전문제 ①

問題 1 _____의 단어의 읽는 법으로 가장 적당한 것을 1·2·3·4에서 하나 고르세요. 〔문제편 136p〕

1 貴重なご本をお貸しくださり、有難うございました。

　1 きちょうな　　　2 きしょうな
　3 きじゅうな　　　4 きみょうな

[정답] **1** 귀중한 책을 빌려 주셔서 감사했습니다.

[단어] 貴重だ 귀중하다 | 貸す 빌려주다 | 有難い 고맙다, 감사하다

[해설] 「貴 귀할 귀」의 음독은 「き」, 훈독은 「貴い (신분·가치가) 높다, 고귀하다」이며, 「重 무거울 중」의 음독은 「じゅう·ちょう」, 훈독은 「重い 무겁다, 중요하다」이다. '귀하고 중요하다'라는 뜻인 「貴重 귀중」은 음독+음독으로 읽는다. 「重」은 「重要」처럼 「じゅう」로 읽는 경우가 많지만 「貴重」, 「尊重 존중」, 「重宝 요긴함」처럼 「ちょう」로 읽기도 한다.

---

2 先月は忘れたので、今月は2か月分の会費を納めた。

　1 こめた　　　　　2 おさめた
　3 ためた　　　　　4 つとめた

[정답] **2** 지난달에는 잊었기 때문에, 이번 달은 2개월 분의 회비를 납입했다.

[단어] 先月 지난달 | 今月 이번 달 | 会費 회비 | 込める 넣다, 포함하다 | 納める 납입하다 | 貯める 모으다, 저축하다 | 務める (임무를) 맡다

[해설] 「収める」와 「納める」는 뉘앙스 파악이 어려우니 정확히 기억해 두자. 「収 거둘 수」를 쓰는 「収める」는 '(물건·성과를) 얻다, 거두다'라는 뜻이며, 「納 들일 납」을 쓰는 「納める」는 '(돈·물건을) 바치다, 납입하다'라는 의미이다.

---

3 事故による損害は少なくないが、人命の被害がなくて何よりだった。

　1 そんがい　　　　2 いんがい
　3 ざんがい　　　　4 ひがい

[정답] **1** 사고에 의한 손해는 적지 않지만, 인명 피해가 없어서 다행이었다.

[단어] 事故 사고 | 人命 인명 | 被害 피해 | 何よりだ 다행이다 | 損害 손해 | 残骸 잔해

[해설] 「損 덜 손」의 음독은 「そん」, 훈독은 「損なう 손상하다, 파손하다」, 「損ねる 해치다, 상하게 하다」이며 「害 해칠 해」의 음독은 「がい」로, 「損害 손해」는 '어떤 일로 물질적이나 정신적인 불이익을 봄'이라는 의미이다.

Part 1 문자·어휘　39

| 4 | 若くて経験が乏しい人には先輩が親切に教えてくれる。
1 まずしい 2 したしい
3 とぼしい 4 きびしい

정답 3 젊고 경험이 부족한 사람에게는 선배가 친절하게 가르쳐 준다.

단어 若い 젊다 | 経験 경험 | 乏しい 모자라다, 부족하다, 결핍하다 | 先輩 선배 | 親切 친절 | 貧しい 가난하다, 부족하다 | 親しい 친밀하다 | 厳しい 엄격하다, 심하다

해설 「乏 모자랄 핍」의 음독은 「ぼう」, 훈독은 「乏しい 모자라다, 결핍하다」이다. '가난하다, 부족하다'라는 뜻으로 헷갈리기 쉬운 선택지 1번 「まずしい」는 「貧 가난할 빈」을 쓴다. 이처럼 동사와 형용사는 훈독으로 읽는다는 점을 기억해 두자.

| 5 | 大学を卒業して貿易の仕事をするのが夢だ。
1 こうえき 2 こうい
3 ぼうえき 4 ぼうい

정답 3 대학을 졸업하고 무역 일을 하는 것이 꿈이다.

단어 卒業 졸업 | 貿易 무역 | 夢 꿈

해설 「貿 무역할 무」의 음독은 「ぼう」로 '무역하다', '물건을 사다'라는 뜻을 내포하고 있다. 「易 바꿀 역/쉬울 이」의 음독은 '바꿀 역'일 때는 「えき」, '쉬울 이'일 때는 「い」로 읽는다. 따라서 '물건을 사서 서로 교환하는 것'이라는 의미의 '무역'은 「貿易」라고 읽는다.

| 6 | 古い家だから床が傷んでいて危ないですよ。
1 うんで 2 やすんで
3 うかんで 4 いたんで

정답 4 오래된 집이라서 바닥이 손상되어 있어 위험해요.

단어 床 바닥 | 傷む 아프다, 상하다, 파손되다 | 危ない 위험하다 | 生む 낳다, 만들다 | 休む 쉬다 | 浮かぶ 떠오르다

해설 「いたむ」라고 읽는 동사는 한자 「痛 아플 통」과 「傷 다칠 상」 두 가지로 표기한다. 「痛む」는 사람에게 사용하며 '육체적·정신적으로 아프다, 괴롭다'는 뜻이고, 「傷む」는 사람과 사물에 모두 사용하며 '다치다, 근심하다, 손상되다'라는 의미이다.

| 7 | 荷物は車の後ろに積んでいきます。
1 こんで 2 はさんで
3 つんで 4 つかんで

정답 3 짐은 차 뒤에 싣고 갑니다.

단어 荷物 짐 | 後ろ 뒤 | 積む 쌓다, 싣다 | 込む 안에 넣다 | 挟む 끼우다 | つかむ 잡다, 쥐다

해설 「積 쌓을 적」의 음독은 「せき」, 훈독은 「積む 쌓다, 싣다」와 「積もる 쌓이다」이다.

| 8 | 小さな子どもがいる家では特に台所を清潔にしてください。
1 しょうけつ 2 せいけつ
3 しょうきつ 4 せいきつ

정답 2 어린 아이가 있는 집에서는 특히 부엌을 청결하게 해 주세요.

단어 特に 특히 | 台所 부엌 | 清潔 청결

해설 「清潔」는 한자 「清 맑을 청」과 「潔 깨끗할 결」로 이루어진 음독 명사로 '맑고 깨끗하다'는 의미이다. 「清」의 음독으로는 「せい」 외에도 「しょう」가 있다. 「清浄 청정」이라는 단어를 통해 기억해 두자.

| 9 | 使い終わったはしや皿は3番の窓口に返却してください。
1 へんきゃく 2 へんかん
3 へんしん 4 へんさい

정답 1 사용이 끝난 젓가락과 접시는 3번 창구에 반납해 주세요.

단어 はし 젓가락 | 皿 접시 | 窓口 창구 | 返却 반각, 반환, 반납, 되돌려 줌 | 変換 변환 | 返信 회답, 답장 | 返済 변제, 빌린 돈을 되갚음

해설 「返却 반각」은 한국어의 「返還 반환」과 의미가 같다. 한자의 음과 의미가 일치하지 않아 어렵게 느껴질 수 있으므로 잘 기억해 두자. 「返却 반환」, 「返事 답장」, 「返品 반품」 등의 예를 통해 알 수 있듯이 「返 돌이킬 반」은 '되돌리다, 돌려보내다'라는 의미의 한자이다.

10 問題の解決には住民の率直な意見が必要だ。

1 りつちょく　　2 そつちょく
3 りっちょく　　4 そっちょく

정답 4 문제의 해결에는 주민의 솔직한 의견이 필요하다.

단어 解決 해결 | 住民 주민 | 率直だ 솔직하다 | 意見 의견 | 必要だ 필요하다

해설 「率直 솔직」은 「率直な 솔직한」, 「率直に 솔직히」처럼 주로 な형용사로 사용한다. 「率 거느릴 솔/비율 률」의 음독은 '거느릴 솔'일 때는 「そっ」, '비율 률'일 때는 「りつ」로 읽는다. 「そっ」으로 읽는 단어로는 「率直 솔직」, 「率先 솔선」 등이 있으며, 「りつ」로 읽는 단어로는 「確率 확률」, 「比率 비율」 등이 있다.

실전문제 ②

問題 1 _____의 단어의 읽는 법으로 가장 적당한 것을 1·2·3·4에서 하나 고르세요. 　문제편 137p

1 若い人たちは辛いものを好むようだ。

1 からい　　2 あまい
3 つらい　　4 うまい

정답 1 젊은 사람들은 매운 것을 선호하는 것 같다.

단어 若い 젊다 | 辛い 맵다 | 好む 선호하다, 좋아하다 | 甘い 달다, 달콤하다 | 辛い 괴롭다 | うまい 맛있다, 잘 하다

해설 「辛 매울 신」의 음독은 「しん」이며, 훈독은 「辛い 맵다」와 「辛い 괴롭다」 두 가지가 있다. 같은 한자를 사용하므로 문장의 맥락에 따라 구분해서 사용해야 한다.

2 先月の地震は規模は小さかったが被害が大きかった。

1 きも　　2 きぼ
3 きまく　　4 きばく

정답 2 지난달의 지진은 규모는 작았지만 피해가 컸다.

단어 先月 지난달 | 地震 지진 | 規模 규모 | 被害 피해

해설 「模 본뜰 모/모호할 모」의 음독은 「も・ぼ」이다. 「模様 모양」, 「模擬 모의」, 「模索 모색」처럼 「も」로 읽는 단어는 많지만 「ぼ」로 읽는 단어는 많지 않으므로 대표적인 예시로 「規模 규모」를 꼭 기억해 두자.

3 これ以上、無理な要求はしないでください。

1 ようせい　　2 ようじん
3 ようきゅう　　4 ようりょう

정답 3 이 이상 무리한 요구는 하지 말아 주세요.

단어 これ以上 이 이상 | 無理だ 무리이다 | 要求 요구 | 要請 요청 | 用心 조심, 주의 | 容量 용량

해설 「要 요긴할 요」의 음독은 「よう」, 훈독은 「要 요점」, 「要る 필요하다」이며 「求 구할 구」의 음독은 「きゅう」, 훈독은 「求める 바라다, 구하다」이다.

4 手術が必要なので至急病院に連絡してください。

1 さっきゅう　　2 じきゅう
3 しきゅう　　4 そうきゅう

정답 3 수술이 필요하므로 빨리 병원에 연락해 주세요.

단어 手術 수술 | 必要だ 필요하다 | 至急 지급, 매우 급함 | 連絡 연락 | 早急 조급, 매우 급함 | 時給 시급 | 早急 조급, 매우 급함

해설 「至急」는 '매우 급한 상황, 몹시 서둘러서, 빨리'라는 뜻이 있다. 유의어인 선택지 1, 4번의 「早急(さっきゅう・そうきゅう)」도 함께 기억해 두자.

5 ニュースでは事件の原因に焦点をあてて専門家の意見を紹介した。

1 じゅうてん　　2 しょうてん
3 してん　　4 しゅうてん

정답 2 뉴스에서는 사건 원인에 초점을 맞춰 전문가의 의견을 소개했다.

단어 ニュース 뉴스 | 事件 사건 | 原因 원인 | 焦点을 あてる 초점을 맞추다 | 専門家 전문가 | 紹介 소개

해설 「焦点」은 '①카메라나 렌즈 등의 초점'과 '②사람들의 관심이나 주의가 집중됨'이라는 두 가지 뜻이 있다. 문제에서는 ②의 의미로 사용했으며 「焦点をあてる」는 '초점을 맞추다'라는 뜻의 관용표현이다.

| 6 | 夜空の星を撮影するときは特殊なカメラが必要だ。

1 さいえい　　　2 じょうえい
3 とうえい　　　4 さつえい

정답　4 밤 하늘의 별을 촬영할 때는 특수한 카메라가 필요하다.

단어　夜空 밤하늘 | 撮影 촬영 | 特殊だ 특수하다, 특별하다 | カメラ 카메라

해설　「撮 모을 촬/사진찍을 촬」의 음독은 「さつ」, 훈독은 「撮る (사진을) 찍다」이며 「影 그림자 영」의 음독은 「えい」, 훈독은 「影 그림자, 모습, 형상」이다.

| 7 | これまで何度も優勝したチームが今年初めて出たチームに圧勝した。

1 あっしょう　　　2 あつしょう
3 あっかつ　　　　4 あつかつ

정답　1 지금까지 몇 번이나 우승한 팀이 올해 처음 나온 팀에게 압승했다.

단어　何度も 몇 번이나 | 優勝 우승 | チーム 팀 | 圧勝 압승

해설　「圧 누를 압」의 음독은 「あつ」로 '누르다, 눌러서 움직이지 못하게 하다'는 의미가 있다. 「勝 이길 승」의 음독은 「しょう」, 훈독은 「勝つ 이기다」, 「勝る 더 낫다, 우수하다」이다. 「圧勝 압승」은 '상대방을 눌러서 큰 차이로 이기다'라는 뜻의 표현이다.

| 8 | 8月は町の行事が毎週のように続きます。

1 ぎょうじ　　　2 こうじ
3 ぎょうれつ　　4 こうれつ

정답　1 8월은 마을 행사가 매주(같이) 계속됩니다.

단어　行事 행사 | 続く 이어지다, 계속되다 | 行列 행렬 | 後列 뒷 줄

해설　「行 다닐 행」에는 세 가지 음독이 있다. 문제에서처럼 「ぎょう」로 읽는 단어로는 「行事 행사」, 「行列 행렬, 줄을 섬」, 「行政 행정」이 있고, 「こう」로 읽는 단어로는 「旅行 여행」, 「通行 통행」, 「移行 이행」 등이 있다. 이 외에 「あん」으로 읽기도 하지만 자주 사용되지 않는다.

| 9 | このパソコンは価格は安いが機能は他のものに劣っていない。

1 まさって　　　2 かわって
3 そろって　　　4 おとって

정답　4 이 컴퓨터는 가격은 싸지만 기능은 다른 것에 뒤지지 않는다.

단어　パソコン 컴퓨터 | 価格 가격 | 機能 기능 | 他 다른 것 | 劣る 뒤떨어지다 | 勝る 낫다, 우수하다 | 変わる 바뀌다, 변하다 | 揃う 모이다, 갖추어지다

해설　「劣 못할 열」의 음독은 「れつ」, 훈독은 「劣る 뒤떨어지다」로 '다른 것과 비교해 수준이 낮거나 뒤떨어지다'라는 뜻이 있다. 반대 의미를 가진 선택지 1번의 「勝る 낫다, 우수하다」도 함께 기억해 두자.

| 10 | 人の前で話す時はテーマを絞ったほうがいいですね。

1 けずった　　　2 たもった
3 かたった　　　4 しぼった

정답　4 사람들 앞에서 이야기할 때는 테마를 좁히는 편이 좋아요.

단어　テーマ 테마, 주제 | 絞る 짜다, 좁히다 | 削る 깎다, 삭감하다 | 保つ 유지하다, 지키다 | 語る 이야기하다

해설　「絞る」에는 여러 가지 뜻이 있지만 주로 '(물건을) 짜다, 쥐어짜다'와 '(테마 등을) 좁히다, 압축하다'라는 뜻으로 많이 사용된다. 「オレンジを絞ってジュースを作る 오렌지를 짜서 주스를 만들다」, 「テーマを絞る 테마를 좁히다」와 같은 예시를 통해 기억해 두자.

실전문제 ③

問題1　_____의 단어의 읽는 법으로 가장 적당한 것을 1·2·3·4에서 하나 고르세요.　문제편 138p

| 1 | 天才といわれた彼は国際試合でも一度も敗れたことがない。

1 うばわれた　　　2 たおれた
3 やぶれた　　　　4 ながれた

정답　3 천재라고 불리는 그는 국제 시합에서도 한 번도 패한 적이 없다.

| 단어 | 天才 천재 | 国際 국제 | 試合 시합 | 一度も 한 번도 | 敗れる 지다, 패배하다 | 奪う 빼앗다 | 倒れる 쓰러지다 | 流れる 흐르다

| 해설 | 「敗 패할 패」의 음독은 「はい」, 훈독은 「敗れる 지다, 패배하다」이다. 음독 명사인 「腐敗 부패」, 「失敗 실패」, 「敗戦 패전」 등의 단어도 함께 기억해 두자.

| 2 | 仕事を始めて、生活の基盤をしっかり作ろうと思う。
    1 きはん   2 きばん
    3 ぎはん   4 ぎばん

| 정답 | 2 일을 시작해서 생활의 기반을 제대로 만들려고 한다.
| 단어 | 生活 생활 | 基盤 기반 | しっかり 제대로, 단단히
| 해설 | 「基 터 기」의 음독은 「き」, 훈독은 「基 기초, 토대」이다. 「盤 소반 반」은 음독 「ばん」으로만 읽으며 '접시, 판, 받침'이라는 뜻이 있다.

| 3 | 信号を右に曲がると本屋の隣にパン屋がある。
    1 まわり   2 うしろ
    3 ちかく   4 となり

| 정답 | 4 신호를 오른쪽으로 돌면 책방 옆에 빵집이 있다.
| 단어 | 信号 신호 | 曲がる 구부러지다 | 本屋 책방, 서점 | 隣 옆, 이웃 | パン屋 빵집 | 周り 주변 | 後 뒤 | 近く 근처
| 해설 | 「隣 이웃 린」은 훈독 「隣 옆, 이웃」뿐만 아니라 음독 「りん」으로도 많이 사용한다. 예를 들어 「隣国」와 「隣の国」는 둘 다 '이웃 나라'라는 같은 의미의 표현이다.

| 4 | 毎年9月1日は「防災の日」で災害と安全について学ぶ。
    1 ぼうし   2 ぼうさい
    3 ぼうえい   4 ぼうはん

| 정답 | 2 매년 9월 1일은 '방재의 날'로 재해와 안전에 대해 배운다.
| 단어 | 毎年 매년, 매해 | 防災 방재 | 災害 재해 | 安全 안전 | 学ぶ 배우다 | 防止 방지 | 防衛 방위 | 防犯 방범

| 해설 | 「防 방지할 방」의 음독은 「ぼう」, 훈독은 「防ぐ 막다, 방지하다」이며 「災 재앙 재」의 음독은 「さい」, 훈독은 「災い 재앙, 재난」이다. 「防災 방재」는 '재난·재해를 막다, 방지하다'라는 뜻이다. 「防」의 음독 명사인 선택지 1, 3, 4번도 함께 기억해 두자.

| 5 | 新製品の開発とともに営業所の機能を拡充した。
    1 かくじゅう   2 かくちょう
    3 こうじゅう   4 こうちょう

| 정답 | 1 신제품 개발과 함께 영업소 기능을 확충했다.
| 단어 | 新製品 신제품 | 開発 개발 | 営業所 영업소, 지점 | 機能 기능 | 拡充 확충 | 拡張 확장
| 해설 | 「拡充 확충」은 '넓혀서 부족한 것을 채우다'라는 뜻이다. 「拡 넓힐 확」은 음독 「かく」로만 읽으며 '넓히다'라는 뜻이다. 「充 채울 충」의 음독은 「じゅう」, 훈독은 「充てる 충당하다, 부족한 것을 채우다」이다.

| 6 | 作文の問題を除いて、すべてが4つの答えから一つを選ぶ問題です。
    1 といて   2 のぞいて
    3 ぬいて   4 くだいて

| 정답 | 2 작문 문제를 제외하고 모두가 4개의 답에서 하나를 고르는 문제입니다.
| 단어 | 作文 작문 | 除く 제거하다, 제외하다 | 答え 답, 대답 | 選ぶ 고르다, 선택하다 | 解く 풀다 | 抜く 빼다, 뽑다 | 砕く 부수다, 깨뜨리다
| 해설 | 「除 덜 제」의 음독은 「じょ・じ」이며, 훈독은 「除く 제거하다, 제외하다」이다. 음독 명사인 「削除 삭제」, 「除外 제외」, 「掃除 청소」도 많이 사용하는 단어이므로 함께 기억해 두자.

| 7 | 遠くで誰かが叫んでいるような声が聞こえる。
    1 かんで   2 さけんで
    3 からんで   4 ころんで

| 정답 | 2 멀리서 누군가가 외치고 있는 듯한 소리가 들린다.
| 단어 | 叫ぶ 외치다, 부르짖다 | 聞こえる 들리다

Part 1 문자·어휘

해설 「叫 부르짖을 규」의 음독은 「きょう」, 훈독은 「叫ぶ 외치다, 부르짖다」이며 「無実を叫ぶ 무죄를 부르짖다」처럼 '자신의 의견을 주장하다'라는 의미로도 사용한다.

8　人は容姿よりも心をみがくことが大事だと思う。

1　ようし　　　　2　ようす
3　ようぼう　　　4　ようそう

정답　1　사람은 용모보다도 마음을 갈고 닦는 것이 중요하다고 생각한다.

단어　容姿 용모 | みがく 갈고 닦다, 연마하다 | 大事だ 소중하다 | 様子 모양, 모습, 상태 | 容貌 용모 | 様相 양상

해설　「容 얼굴 용」은 음독 「よう」로만 읽으며 '①그릇 등의 안에 담아 넣다(예 容器 용기)', '②외모, 외견, 외관(예 容姿 용모)', '③받아들이다, 용서하다(예 容認 용인)'이라는 뜻이 있다. 「姿 모양 자」의 음독은 「し」, 훈독은 「姿 모양, 모습, 자태」이다.

9　結婚したら和やかな家庭を作りたい。

1　はなやかな　　2　すこやかな
3　なごやかな　　4　おだやかな

정답　3　결혼하면 온화한 가정을 만들고 싶다.

단어　結婚 결혼 | 和やかだ 온화하다, 부드럽다 | 家庭 가정 | 華やかだ 화려하다 | 健やかだ 건강하다, 튼튼하다 | 穏やかだ 온화하다, 평온하다

해설　「和 화할 화」의 음독은 「わ」로 「平和 평화」, 「和解 화해」 등의 음독 명사 외에도 「和服 일본 전통복」처럼 '일본'을 의미하는 접두어로 사용하기도 한다. 훈독은 「和やかだ 부드럽다, 온화하다」, 「和らぐ 온화해지다, 누그러지다」이다. 「和やかだ」는 「和やかな雰囲気 부드러운 분위기」, 「和やかな会話 부드러운 대화」처럼 사람과 사람 사이에서 발생하는 '분위기'를 나타낼 때 사용하며, 「穏やかだ」는 「穏やかな性格 온화한 성격」, 「穏やかな天気 온화한 날씨」처럼 기복이 적고 안정적인 상태를 나타낼 때 사용한다.

10　この病気は早く治療すれば完全に治ります。

1　じびょう　　　2　ちびょう
3　じりょう　　　4　ちりょう

정답　4　이 병은 빨리 치료하면 완전히 낫습니다.

단어　病気 병 | 治療 치료 | 完全に 완전히 | 治る 낫다, 고쳐지다 | 持病 지병, 고질병

해설　「治 다스릴 치」의 음독은 「ち·じ」, 훈독은 「治める 다스리다, 통치하다」, 「治す 고치다, 치료하다」이다. 「療 병 고칠 요」는 음독 「りょう」로만 읽으며 '병을 고치다, 낫게 하다'라는 뜻이 있다. 「ち」로 읽는 「自治 자치」와 「じ」로 읽는 「政治 정치」, 「退治 퇴치」도 함께 기억해 두자.

問題 2 표기

실전문제 정답 및 해설

정답

	1	2	3	4	5	6	7	8	9	10
실전문제 ①	2	4	1	3	1	2	2	1	3	4
실전문제 ②	1	1	4	2	4	3	3	3	2	1
실전문제 ③	1	2	4	4	2	4	1	2	3	3

실전문제 ①

問題 2 _____의 단어를 한자로 쓸 때 가장 적당한 것을 1·2·3·4에서 하나 고르세요. 〔문제편 139p〕

1 現在、営業部には20人がざいせきしている。
1 除籍　　2 在籍
3 除借　　4 在借

[정답] 2 현재 영업부에는 20명이 재적해 있다.

[단어] 現在 현재 | 営業部 영업부 | 在籍 재적 | 除籍 제적

[해설] 「在籍」는 '재적, 명부 등에 이름이 올라 있음'을 뜻하는 말로 「在 있을 재」와 「籍 문서 적」으로 이루어진 음독 명사이다. 선택지 1번 「除籍 제적」은 재적의 반의어로 '명부에서 이름을 지움'이라는 의미이다. 선택지 3, 4번의 「借 빌릴 차」의 음독은 「しゃく」이다.

2 タクシーに乗った時もりょうしゅうしょをもらいます。
1 料集書　　2 領集書
3 料収書　　4 領収書

[정답] 4 택시를 탔을 때도 영수증을 받습니다.

[단어] タクシー 택시 | 乗る 타다 | 領収書 영수증

[해설] '영수증'의 올바른 한자 표기는 선택지 4번 「領収書」이다. 같은 의미이지만 「証 증거 증」을 사용하여 「領収証 영수증」이라고 쓰기도 하니 함께 외워 두자.

3 地震のとき、建物からはへんが降ってきました。
1 破片　　2 断片
3 破辺　　4 断辺

[정답] 1 지진 때 건물에서 파편이 떨어졌습니다.

[단어] 地震 지진 | 建物 건물 | 降る 내리다, 쏟아지다 | 破片 파편 | 断片 단편

[해설] 「はへん」은 '파편'이라는 뜻으로 「破 깨뜨릴 파」와 「片 조각 편」으로 이루어진 음독 명사이다. 「破片 파편」의 유의어인 「かけら 파편, 조각」도 함께 기억해 두자.

4 空港はむかえに来た人でいっぱいだった。
1 抑え　　2 仰え
3 迎え　　4 叩え

[정답] 3 공항은 마중 온 사람으로 가득했다.

[단어] 空港 공항 | いっぱいだ 가득하다 | 迎える 마중하다 | 抑える 억제하다, 억누르다 | 仰ぐ 우러러보다 | 叩く 치다, 두드리다

해설 「むかえる」는 '맞이하다, 마중하다'라는 뜻으로 「迎 맞을 영」의 훈독이다. 1번 「抑 누를 억」의 훈독은 「抑える 누르다, 억제하다」, 2번 「仰 우러를 앙」의 훈독은 「仰ぐ 우러러보다」, 4번 「叩 두드릴 고」의 훈독은 「叩く 치다, 두드리다」이다. 생김새가 비슷한 한자이므로 구분해서 기억해 두자.

---

[5] 駐車場の出口で料金をせいさんしました。
1 精算 2 清算
3 成算 4 正算

정답 **1** 주차장 출구에서 요금을 정산했습니다.
단어 駐車場 주차장 | 出口 출구 | 料金 요금 | 精算 정산 | 清算 청산 | 成算 성산, 이루어질 가능성
해설 「せいさん」은 '정산'이라는 뜻으로 「精 정할 정」과 「算 셈 산」으로 이루어진 음독 명사이다. 「清 맑을 청」을 쓰는 2번이나 「正 바를 정」으로 표기한 4번과 혼동하지 않도록 주의하자.

---

[6] 相手が悪かったとしても、一方的にせめてはいけない。
1 決めて **2 責めて**
3 詰めて 4 諦めて

정답 **2** 상대가 나빴다고 해도 일방적으로 탓해서는 안 된다.
단어 相手 상대 | 悪い 나쁘다 | 一方的 일방적 | 責める 탓하다, 비난하다 | 決める 결정하다 | 詰める 채우다 | 諦める 포기하다
해설 「せめる」는 '탓하다, 비난하다'라는 뜻으로 「責 꾸짖을 책」의 훈독이다. 선택지 1, 3, 4번의 동사 역시 함께 기억해 두자.

---

[7] 老後は田舎でくらしたい。
1 基らしたい **2 暮らしたい**
3 碁らしたい 4 慕らしたい

정답 **2** 노후는 시골에서 지내고 싶다.
단어 老後 노후 | 田舎 시골 | 暮らす 살다, 생활하다

해설 「くらす」는 '살다, 지내다'라는 의미로 「暮 저물 모」의 훈독이다. 선택지 1번 「基 터 기」의 훈독은 「基 기초, 근본」이며, 4번 「慕 그릴 모」의 훈독은 「慕う 따르다」이다. 3번 「碁 바둑 기」는 음독 「ご」로만 읽으므로 답으로 적당하지 않다.

---

[8] 風で髪がみだれたので急いで直した。
1 乱れた 2 隠れた
3 崩れた 4 逸れた

정답 **1** 바람에 머리카락이 흐트러져서 서둘러 고쳤다.
단어 髪 머리 | 急ぐ 서두르다 | 直す 고치다 | 乱れる 어지러워지다, 흐트러지다 | 隠れる 숨다 | 崩れる 무너지다 | 逸れる 빗맞다, 일탈하다
해설 「みだれる」는 '어지러워지다, 흐트러지다'라는 뜻으로 「乱 어지러울 란」의 훈독이다. 선택지 2, 3, 4번의 동사 역시 함께 기억해 두자.

---

[9] 暑い時は健康のかんりが大切だ。
1 監理 2 完理
3 管理 4 官理

정답 **3** 더울 때는 건강 관리가 중요하다.
단어 健康 건강 | 大切だ 소중하다, 중요하다 | 管理 관리 | 監理 감리
해설 「管理」는 「管 주관할 관」과 「理 다스릴 리」로 이루어진 음독 명사이다. 선택지 1번의 「監理」는 '감독하고 관리함'이라는 의미이며 선택지 4번의 '관직에 있는 사람'이라는 의미의 '관리'는 「官吏」가 올바른 표기이다.

---

[10] パーティーにしょうたいされたのは有名人ばかりだった。
1 紹持 2 紹待
3 招持 **4 招待**

정답 **4** 파티에 초대받은 것은 유명인뿐이었다.
단어 パーティー 파티 | 有名人 유명인 | ～ばかり ～뿐 | 招待 초대

| 해설 | 「招待」는 「招 부를 초」와 「待 기다릴 대」로 이루어진 음독 명사이다. 「招」와 형태가 비슷한 「紹 이을 소」를 쓰는 「紹介 소개」나 「持 가질 지」의 훈독 「持つ 들다, 가지다」도 기억해 두자.

실전문제 ②

問題 2 _____의 단어를 한자로 쓸 때 가장 적당한 것을 1·2·3·4에서 하나 고르세요. 〔문제편 140p〕

[1] 夜道の一人歩きはようじんしたほうがいい。
1 用心   2 用神
3 要心   4 要神

정답 1 밤길을 혼자 걸을 때는 주의하는 편이 좋다.
단어 夜道 밤길 | 一人歩き 혼자 걸음, 자립 | 用心 조심, 주의, 경계
해설 「用心」은 「用 쓸 용」과 「心 마음 심」으로 이루어진 음독 명사이다. 「要 요긴할 요」를 사용하는 「要点 요점」이나 「要 요점」도 기억해 두자.

[2] 相手のチームより体力がおとっているのは確かだ。
1 劣って   2 迷って
3 衰って   4 欠って

정답 1 상대 팀보다 체력이 떨어져 있는 것은 분명하다.
단어 相手 상대 | 体力 체력 | 確かだ 확실하다, 틀림없다 | 劣る 뒤떨어지다 | 迷う 헤매다 | 衰える 쇠퇴하다 | 欠く 빠뜨리다
해설 「劣る」는 「劣 못할 열」의 훈독이다. 2번 「迷 미혹할 미」의 훈독은 「迷う 헤매다」이며, 3번 「衰 쇠할 쇠」의 훈독은 「衰える 쇠퇴하다」, 4번 「欠 이지러질 결」의 훈독은 「欠く 빠뜨리다」이다.

[3] 道路をかくちょうするための工事が始まった。
1 広長   2 拡長
3 広張   4 拡張

정답 4 도로를 확장하기 위한 공사가 시작되었다.
단어 道路 도로 | 工事 공사 | 始まる 시작되다 | 拡張 확장
해설 「拡張」은 「拡 넓힐 확」과 「張 베풀 장」으로 이루어진 음독 명사이다. 형태가 비슷한 「広 넓을 광」의 음독은 「こう」로 「広範囲 광범위」와 같은 단어를 통해 기억해 두자.

[4] 駅から学校までは歩いて行けないきょりです。
1 距難   2 距離
3 拠難   4 拠離

정답 2 역에서 학교까지는 걸어서 갈 수 없는 거리입니다.
단어 距離 거리
해설 「距離」는 「距 상거할 거」와 「離 떠날 리」로 이루어진 음독 명사이다. 「離」와 형태가 비슷한 「難 어려울 난」의 음독은 「なん」, 훈독은 「難しい 어렵다」이다.

[5] このドラマは展開がこんらんして見てもよく分からない。
1 困難   2 混難
3 困乱   4 混乱

정답 4 이 드라마는 전개가 혼란하여 봐도 잘 모르겠다.
단어 ドラマ 드라마 | 展開 전개 | 混乱 혼란 | 困難 곤란
해설 「混乱」은 「混 섞을 혼」과 「乱 어지러울 란」으로 이루어진 음독 명사이다. 발음이 비슷한 1번 「困難」과 혼동하지 않도록 주의하자. 「困 곤할 곤」의 훈독은 「困る 곤란하다」이며 「貧困 빈곤」 등의 음독 명사도 함께 기억해 두자.

[6] 間違いがあればいつでもしてきしてください。
1 指敵   2 指滴
3 指摘   4 指適

정답 3 잘못이 있다면 언제든지 지적해 주세요.
단어 間違い 잘못 | いつでも 언제나, 언제든지 | 指摘 지적
해설 「指摘」는 「指 가리킬 지」와 「摘 딸 적」으로 이루어진 음독 명사이다. 「摘」과 생김새가 비슷한 1번 「敵 대적할 적」, 2번 「滴 물방울 적」, 4번 「適 맞을 적」의 음독은 모두 「てき」이지만 뜻이 다르니 혼동하지 않도록 주의하자.

| 7 | 電話で話している間に料理がこげてしまった。

1 焼げて　　　　2 燃げて
3 焦げて　　　　4 煮げて

정답 3 전화로 이야기하고 있는 사이에 요리가 타 버렸다.
단어 間 사이, 틈 | 焦げる (불에) 타다, 그을리다 | 焼ける 타다 | 燃える 타다 | 煮る 삶다
해설 「焦 탈 초」의 음독은 「しょう」, 훈독은 「焦げる 타다」, 「焦る 초조해하다」이다. 1번은 「焼ける 타다, 굽다」, 4번은 「煮る 삶다」가 바른 표현으로 요리에 사용하는 어휘이며, 2번의 「燃 탈 연」의 훈독 「燃える 타다」는 '(물건이) 타다' 외에 '감정이 불타는 듯하다, 열렬하다'는 뜻으로도 사용한다.

| 8 | 最近の若者は、やぶれたジーンズをよくはいている。

1 傷れた　　　　2 汚れた
3 破れた　　　　4 裂れた

정답 3 요즘 젊은이는 찢어진 청바지를 잘 입는다.
단어 最近 최근 | 若者 젊은이 | 破れる 찢어지다, 깨지다, 패하다 | ジーンズ 진, 청바지 | 傷む 아프다 | 汚れる 더러워지다 | 裂ける 갈라지다
해설 「破れる」는 「破 깨뜨릴 파」의 훈독이다. 2번은 「汚 더러울 오」의 훈독인 「汚れる 더러워지다」이며, 1번은 「傷む 아프다, 손상되다」, 4번은 「裂ける 갈라지다, 터지다」가 바른 어휘이다.

| 9 | このマークは商品の品質をほしょうするものです。

1 保障　　　　2 保証
3 捕障　　　　4 捕証

정답 2 이 마크는 상품의 품질을 보증하는 것입니다.
단어 マーク 마크, 부호 | 商品 상품 | 品質 품질 | 保証 보증 | 保障 보장
해설 「保証」는 「保 지킬 보」와 「証 증거 증」으로 이루어진 음독 명사이다. 발음이 같은 선택지 1번은 「保障 보장」으로, 「障 막을 장」의 음독은 「しょう」, 훈독은 「障る 방해가 되다」이다. 3, 4번 「捕 잡을 포」의 음독은 「ほ」, 훈독은 「捕まる 붙잡히다」이다.

| 10 | 選手たちの状態は今のところこうちょうだ。

1 好調　　　　2 幸調
3 好頂　　　　4 幸頂

정답 1 선수들의 상태는 현재로서는 호조이다.
단어 選手 선수 | 今のところ 지금으로서 | 状態 상태 | 好調 호조
해설 「好調」는 '호조, 좋은 상태'라는 뜻으로 「好 좋을 호」와 「調 고를 조」로 이루어진 음독 명사이다. 「調」와 음독이 같은 「頂 정수리 정」이 들어간 「頂点 정점」, 「頂上 정상」도 함께 기억해 두자.

실전문제 ③

問題2 _____의 단어를 한자로 쓸 때 가장 적당한 것을 1·2·3·4에서 하나 고르세요. 　문제편 141p

| 1 | 留学したいというしんけんな気持ちを両親に伝えた。

1 真剣　　　　2 真倹
3 真検　　　　4 真険

정답 1 유학하고 싶다는 진지한 마음을 부모님께 전했다.
단어 留学 유학 | 真剣だ 진지하다 | 気持ち 기분, 마음 | 両親 부모님 | 伝える 전하다
해설 「真剣だ」는 「真 참 진」과 「剣 칼 검」으로 이루어진 な형용사이다. 「剣」과 형태가 비슷한 「倹 검소할 검」은 「倹約 검약, 절약」, 「検 검사할 검」은 「検査 검사」, 「険 험할 험」은 「冒険 모험」 등의 예시를 통해 기억해 두자.

| 2 | 風が吹いて火のいきおいが強くなった。

1 劣い　　　　2 勢い
3 努い　　　　4 勇い

정답 2 바람이 불어서 불의 기세가 강해졌다.
단어 吹く 불다 | 勢い 기세, 세력 | 劣る 뒤떨어지다 | 努める 노력하다 | 勇む 용기가 나다
해설 「勢い」는 「勢 형세 세」의 훈독이다. 1번은 「劣る 뒤떨어지다」, 3번은 「努める 애쓰다, 노력하다」, 4번은 「勇む 기운이 솟다, 용기가 나다」가 바른 훈독 어휘이다.

[3] 大学では旅行研究会にぞくしていました。
1 即して
2 続して
3 則して
4 属して

정답 4 대학에서는 여행 연구회에 속해 있었습니다.

단어 研究会 연구회 | 属する 속하다 | 即する 입각하다, 의거하다

해설 「~に属する」는 '~에 속하다'는 뜻으로 「属 엮을 속」은 음독 「属」로만 읽는다. 「属」의 음독 명사인 「所属 소속」, 「付属 부속」, 「属性 속성」 등도 함께 기억해 두자.

---

[4] 会議は火曜日から木曜日にへんこうになりました。
1 偏向
2 偏好
3 変項
4 変更

정답 4 회의는 화요일에서 목요일로 변경이 되었습니다.

단어 会議 회의 | 変更 변경 | 偏向 편향 | 偏好 편호, 편중된 취향 | 変項 변항

해설 「変更」는 「変 변할 변」과 「更 고칠 경」으로 이루어진 음독 명사이다. 선택지 1, 2번 「偏 치우칠 편」의 훈독 「偏る 치우치다, 기울다」도 함께 기억해 두자.

---

[5] フランスの旗は自由をしょうちょうしています。
1 証兆
2 象徴
3 象兆
4 証徴

정답 2 프랑스 깃발은 자유를 상징하고 있습니다.

단어 旗 깃발 | 自由 자유 | 象徴 상징

해설 「象徴」는 「象 코끼리 상」과 「徴 부를 징」으로 이루어진 음독 명사이다. 「象」의 음독은 「しょう·ぞう」로, 「しょう」로 읽을 때는 '상, 이미지'라는 뜻이며 「ぞう」으로 읽을 때는 '코끼리'라는 뜻이다.

---

[6] 展示会のかいさいは11月10日に決まりました。
1 会際
2 会催
3 開際
4 開催

정답 4 전시회 개최는 11월 10일로 결정되었습니다.

단어 展示会 전시회 | 決まる 정해지다, 결정되다 | 開催 개최

해설 「開催」는 「開 열 개」와 「催 재촉할 최」로 이루어진 음독 명사이다. 「催」의 훈독인 「催す 열다, 개최하다」도 함께 기억해 두자.

---

[7] あまりあせると失敗することがある。
1 焦ると
2 急ると
3 巡ると
4 操ると

정답 1 너무 조급하게 굴면 실패하는 경우가 있다.

단어 あまり 너무 | 失敗 실패 | 焦る 안달하다, 초조해하다 | 急ぐ 서두르다 | 巡る 돌다, 순회하다 | 操る 다루다, 조종하다

해설 「あせる」의 한자 「焦 탈 초」의 훈독은 「焦る 안달하다, 초조해하다」와 「焦げる 타다, 그을리다」 두 가지가 있다. 전체 문장의 의미만 보고 2번의 「急 급할 급」을 답으로 고르지 않도록 주의해야 한다. 「急」의 훈독은 「急ぐ 서두르다」밖에 없다.

---

[8] 寝る時間をけずって勉強している。
1 割って
2 削って
3 刷って
4 剃って

정답 2 자는 시간을 줄여 공부하고 있다.

단어 削る 깎다, 삭감하다 | 割る 나누다, 쪼개다 | 刷る 인쇄하다 | 剃る 깎다, 면도하다

해설 「削る」는 「削 깎을 삭」의 훈독이다. 음독 명사인 「削除 삭제」, 「削減 삭감」 등도 함께 기억해 두자.

---

[9] 私たちはいつも安全な作業につとめています。
1 務めて
2 勤めて
3 努めて
4 勉めて

정답 3 우리들은 항상 안전한 작업에 힘쓰고 있습니다.

단어 安全だ 안전하다 | 作業 작업 | 努める 힘쓰다, 노력하다, 애쓰다 | 務める 임무를 맡다 | 勤める 근무하다

[해설] 「つとめる」는 「努める 노력하다, 애쓰다」, 「勤める 근무하다」, 「務める 임무를 맡다, 역할을 다하다」 등 여러 가지 한자로 표기한다. 각각 그 의미가 다르므로 맥락에 맞는 한자를 잘 선택해서 사용해야 한다.

---

10 期末試験の予想がすべてはずれてしまった。
1 逃(のが)れて   2 脱(だつ)れて
3 外(はず)れて   4 逸(そ)れて

[정답] 3 기말 시험의 예상이 모두 빗나가 버렸다.

[단어] 期末(きまつ) 기말 | 試験(しけん) 시험 | 予想(よそう) 예상 | 外(はず)れる 벗어나다, 빗나가다 | 逃(のが)れる 벗어나다 | 脱(だっ)する 벗어나다 | 逸(そ)れる 빗맞다

[해설] 「外れる」는 '(예상에서) 벗어나다, 빗나가다'라는 뜻으로 「外 바깥 외」의 훈독이다. 선택지 1번의 「逃れる」는 '(위험한 장소나 상황에서) 벗어나다, 피하다'라는 뜻이며, 2번은 「脱する (좋지 않은 상황에서) 벗어나다」가 바른 어휘이다.

問題 3 단어 형성

실전문제 정답 및 해설

정답

실전문제 1 2 2 4 3 3 4 1 5 3 6 4 7 2 8 2 9 4 10 1

실전문제

問題 3 (　　)에 들어가기에 가장 적당한 것을 1·2·3·4에서 하나 고르세요.   문제편 142p

1　いくら正(ただ)しいことでも(　　)条件(じょうけん)に賛成(さんせい)することはできない。
1　不(ふ)　　　　　　2　無(む)
3　全(ぜん)　　　　　4　皆(みな)

정답　2 아무리 바른 일이라도 무조건 찬성할 수는 없다.
단어　正(ただ)しい 바르다 | 条件(じょうけん) 조건 | 賛成(さんせい) 찬성
해설　「無 무」는 명사 앞에 붙어 '~이 없다'라는 부정의 의미를 더하는 접두어이다. 「無感覚(むかんかく) 무감각」, 「無慈悲(むじひ) 무자비」와 같은 예시를 통해 기억해 두자.

2　体(からだ)に有害(ゆうがい)な成分(せいぶん)が(　　)濃度(のうど)でも必(かなら)ず検査(けんさ)をする。
1　軽(けい)　　　　　2　薄(うす)
3　減(げん)　　　　　4　低(てい)

정답　4 몸에 유해한 성분이 낮은 농도라도 반드시 검사를 한다.
단어　有害(ゆうがい) 유해 | 成分(せいぶん) 성분 | 濃度(のうど) 농도 | 検査(けんさ) 검사
해설　「低 저」는 명사 앞에 붙어 '낮다'는 의미를 더하는 접두어이다. 선택지 2번은 '얇은, 연한'이라는 뜻을 가진 접두어로 「薄紙(うすがみ) 얇은 종이」, 「薄味(うすあじ) 엷은 맛」과 같이 음독이 아닌 훈독으로 읽는다.

3　車(くるま)が壁(かべ)に(　　)正面(しょうめん)からぶつかった。
1　本(ほん)　　　　　2　主(おも)
3　真(ま)　　　　　　4　実(じつ)

정답　3 차가 벽에 정면으로 부딪혔다.
단어　壁(かべ) 벽 | 正面(しょうめん) 정면 | ぶつかる 부딪히다
해설　접두어「真(ま)」는 '①진실한'과 '②완전한'이라는 두 가지 의미가 있으므로 맥락에 맞게 구분해 사용해야 한다. 이 문장에서는 ②번의 의미로 사용하고 있으며, ①번의 의미인「真心(まごころ) 진심」도 함께 기억해 두자.

4　このノートは使(つか)った紙(かみ)を(　　)利用(りよう)して作(つく)ったものです。
1　再(さい)　　　　　2　重(じゅう)
3　複(ふく)　　　　　4　次(じ)

정답　1 이 노트는 사용한 종이를 재이용하여 만든 것입니다.
단어　ノート 노트, 공책 | 紙(かみ) 종이 | 利用(りよう) 이용 | 作(つく)る 만들다
해설　「再 재」는 '다시, 거듭'이라는 의미를 더하는 접두어이다. 선택지 4번「次」는 '다음, 두 번째'라는 의미의 접두어로「次回(じかい) 차회, 다음 회」,「次男(じなん) 차남」 등의 예시를 통해 기억해 두자.

Part 1 문자·어휘　51

5 この学校は午前と午後の二部( )で授業が行われている。
1 系 2 流
3 制 4 級

정답 **3** 이 학교는 오전과 오후 이부제로 수업을 실시하고 있다.

단어 午前 오전 | 午後 오후 | 行われる 행하다, 실시하다

해설 「制 제」는 명사 뒤에 붙어 '제도, 방법'이라는 뜻을 더하는 접미어이다. 이 문장에서 사용한 「二部制」는 '교육이나 근무에서 시간을 둘로 나누는 제도'를 뜻하는 말이다. 「官僚制 관료제」, 「内閣制 내각제」, 「家父長制 가부장제」와 같은 예시도 함께 기억해 두자.

---

6 この作品には作家の世界( )がよく表れている。
1 像 2 見
3 相 **4 観**

정답 **4** 이 작품에는 작가의 세계관이 잘 나타나 있다.

단어 作品 작품 | 作家 작가 | 世界 세계 | 表れる 나타나다

해설 「観 관」은 '관점, 견해'라는 뜻을 더하는 접미어이다. 「価値観 가치관」, 「人生観 인생관」과 같은 예시도 함께 정리해 두자. 선택지 1번의 「像」는 '머릿속에 떠오르는 형태나 모습'이라는 뜻을 더하는 접미어로 혼동하지 않도록 주의하자.

---

7 インターネットで( )登録をして、後で正式な手続きをしてください。
1 前 **2 仮**
3 代 4 短

정답 **2** 인터넷에서 가등록을 하고 나중에 정식 절차를 밟아 주세요.

단어 インターネット 인터넷 | 登録 등록 | 後で 나중에 | 正式 정식 | 手続き 수속, 절차

해설 「仮 가」는 명사 앞에 붙어 '가짜, 임시'라는 뜻을 더하는 접두어이다. 「仮登録 가등록」 외에도 음독 명사인 「仮説 가설」, 「仮病 꾀병」 등도 함께 기억해 두자.

---

8 今日は日本( )アメリカの試合が行われる。
1 戦 **2 対**
3 競 4 共

정답 **2** 오늘은 일본 대 미국의 시합이 치러진다.

단어 試合 시합 | 行う 행하다

해설 「対 대」는 'A vs B' 처럼 서로 '대항하는' 관계를 나열할 때 쓴다. 명사 뒤에 붙어 '~전, ~전쟁, ~시합'이라는 뜻을 더하는 선택지 1번의 「戦 전」과 혼동하지 않도록 주의하자.

---

9 戦争が始まると市民による( )体制の運動が起こった。
1 非 2 逆
3 抗 **4 反**

정답 **4** 전쟁이 시작되자 시민에 의한 반체제 운동이 일어났다.

단어 戦争 전쟁 | 始まる 시작되다 | 市民 시민 | 体制 체제 | 運動 운동 | 起こる 일어나다

해설 「反 반」은 명사 앞에 붙어서 '~에 반하는, ~에 반대하는'이라는 뜻을 더하는 접두어이다. 의미가 비슷해 혼동할 수 있는 접두어 「抗 항」은 '~에 저항하다'라는 뜻을 더한다. 「反作用 반작용」, 「反体制 반체제」, 「抗菌 항균」, 「抗癌 항암」 등의 예시를 통해 구분하자.

---

10 人工知能を応用する分野は( )方面にわたっている。
1 多 2 諸
3 広 4 重

정답 **1** 인공 지능을 응용하는 분야는 다방면에 걸쳐 있다.

단어 人工知能 인공 지능 | 応用 응용 | 分野 분야 | 方面 방면

해설 「多 다」는 명사 앞에 붙어 '여러, 많은'이라는 뜻을 더하는 접두어이다. 문제에 나온 「多方面 다방면」은 '많은 방면'이라는 뜻이며 「多目的 다목적」, 「多分野 다분야」와 같은 예시도 함께 정리해 두자.

問題 4 문맥 규정

실전문제 정답 및 해설

정답

	1	2	3	4	5	6	7	8	9	10
실전문제 ①	1	2	4	3	3	2	1	3	2	4
실전문제 ②	2	4	1	2	1	2	3	4	2	3
실전문제 ③	3	1	3	4	1	3	2	4	1	3

실전문제 ①

問題 4 ( )에 들어가기에 가장 적당한 것을 1·2·3·4에서 하나 고르세요. 　문제편 143p

1 まだ実力が足りないが、どんな問題が出るのか知りたくて(　　)試験を受けることにした。
1 思い切って　　2 飛び込んで
3 せっせと　　　4 徐々に

[정답] **1** 아직 실력이 부족하지만 어떤 문제가 나올지 알고 싶어서 과감히 시험을 보기로 했다.

[단어] 実力 실력 | 足りない 부족하다 | 試験を受ける 시험을 보다 | 思い切って 과감히, 눈 딱 감고 | 飛び込む 뛰어들다 | せっせと 열심히, 부지런히 | 徐々に 서서히

[해설] 「まだ実力が足りないが 아직 실력이 부족하지만」과 내용이 연결되어야 하므로 괄호 안에는 선택지 1번의 「思い切って 과감하게」가 들어가야 한다.

2 後ろのほうにいた選手がゴールの手前から他の選手を(　　)抜いて優勝した。
1 一向に　　2 一気に
3 一時に　　4 一斉に

[정답] **2** 뒤쪽에 있던 선수가 골 직전에 다른 선수를 단숨에 앞질러 우승했다.

[단어] 手前 직전 | 抜く 뽑다, 앞지르다 | 優勝 우승 | 一時に 한때, 동시에 | 一向に 전혀 | 一気に 단숨에, 한번에 | 一時に 일시에, 동시에 | 一斉に 일제히

[해설] '뒤에 있던 선수가 앞질러 우승했다'는 내용이므로 선택지 2번의 「一気に 단숨에」가 들어가야 자연스럽다. 1번의 「一向に」는 뒤에 부정어가 나와야 하므로 답으로 적당하지 않다.

3 あの人はどんなに(　　)が立っても決して顔には出しません。
1 力　　2 胸
3 心　　4 腹

[정답] **4** 저 사람은 아무리 화가 나도 결코 얼굴에는 나타내지 않습니다.

[단어] 腹が立つ 화가 나다 | 決して 결코

[해설] 괄호 뒤에 있는 「~が立つ」와 함께 쓸 수 있는 단어는 선택지 4번의 「腹 배」이다. 「腹が立つ」는 '화가 나다'라는 관용표현이므로 기억해 두자.

4 旅行に参加する人数が多くなったので（　）大型バスを予約して行くことにした。

1 なんとなく　　　2 いつの間にか
3 あらかじめ　　　4 少なくとも

[정답] 3 여행에 참가하는 인원수가 많아져서 미리 대형 버스를 예약해서 가기로 했다.

[단어] 参加 참가 | 人数 인원수 | 大型 대형 | 予約 예약 | なんとなく 왠지 모르게 | いつの間にか 어느 틈에 | 少なくとも 적어도

[해설] '사전에 대형 버스를 예약하기로 했다'라는 문장이 되어야 하므로 괄호 안에는 선택지 3번의 「あらかじめ 미리, 사전에」가 들어가야 자연스럽다.

---

5 田中先生が私たちのクラスを（　）ことになった。

1 引き込む　　　2 取り入れる
3 受け持つ　　　4 受け取る

[정답] 3 다나카 선생님이 우리 반을 맡게 되었다.

[단어] クラス 클래스, 반 | 引き込む 끌어들이다 | 取り入れる 받아들이다, 도입하다 | 受け持つ 맡다, 담당하다 | 受け取る 받다, 수령하다, 수취하다

[해설] '맡다, 담당하다'라는 뜻의 선택지 3번의 「受け持つ」가 들어가야 자연스러운 문장이 된다.

---

6 海外旅行では高級なレストランで（　）食事をすることも楽しみの一つだ。

1 最適な　　　2 贅沢な
3 貴重な　　　4 旺盛な

[정답] 2 해외여행에서는 고급 레스토랑에서 사치스러운 식사를 하는 것도 즐거움의 하나이다.

[단어] 海外旅行 해외여행 | 高級だ 고급이다 | 楽しみ 즐거움 | 最適だ 최적이다 | 贅沢だ 호화롭다, 사치스럽다 | 貴重だ 귀중하다 | 旺盛だ 왕성하다

[해설] 선택지 모두 긍정적인 의미의 형용사이므로 문맥에 맞는 답을 골라야 한다. 뒤에 나오는 '식사'라는 단어와 함께 쓰이기 적합한 것은 선택지 2번 「贅沢な 호화로운, 사치스러운」이다.

---

7 お酒を飲みすぎて気持ちが悪くなったが少し寝たら（　）した。

1 すっきり　　　2 ぐっすり
3 てっきり　　　4 ばったり

[정답] 1 술을 너무 많이 마셔서 속이 안 좋아졌는데, 조금 잤더니 개운해졌다.

[단어] 気持ち悪い 기분이 나쁘다, 몸 상태가 좋지 않다 | すっきり 상쾌한(개운한) 모양, 싹, 말끔히 | ぐっすり 깊이 잠든 모양, 푹 | てっきり 틀림없이, 꼭 | ばったり 우연히 마주치는 모양, 딱

[해설] '술을 많이 마셔서 속이 좋지 않다'라는 문장 이후에 역접 조사 「が」가 나오고 있으므로 뒷 문장은 앞 문장과 반대되는 상황이 와야 한다. 따라서 정답으로는 선택지 1번 「すっきり」가 적당하다.

---

8 初めに登録をすればショッピングをするときに（　）できるようになります。

1 チャンスに　　　2 メリットに
3 スムーズに　　　4 フレッシュに

[정답] 3 처음에 등록을 하면 쇼핑을 할 때에 원활하게 할 수 있게 됩니다.

[단어] 登録 등록 | ショッピング 쇼핑 | チャンス 찬스, 기회 | メリット 메리트, 이점 | フレッシュ 프레쉬, 신선한 | スムーズに 스무스하게, 원활하게

[해설] '등록을 해 두면 나중에 쇼핑을 할 때 편리하다'라는 내용의 문장이 되어야 하므로 의미가 자연스럽게 연결되는 선택지 3번 「スムーズに」가 정답이다.

---

9 注文した料理がなかなか来ないので（　）しながら待っていた。

1 ぐうぐう　　　2 いらいら
3 だらだら　　　4 はらはら

[정답] 2 주문한 요리가 좀처럼 오지 않아서 짜증내면서 기다리고 있었다.

[단어] 注文 주문 | なかなか 좀처럼 | ぐうぐう 배가 고플 때 나는 소리, 꼬르륵 | いらいら 초조해하고 안달하는 모양 | だらだら 지치도록 길게 끄는 모양, 질질 | はらはら 위태위태해 조바심이 나는 모양, 아슬아슬, 조마조마

해설 주문한 음식이 「なかなか来ない 좀처럼 오지 않는」 상황과 자연스럽게 연결되어야 하므로 선택지 2번의 「いらいらする 짜증나다, 짜증내다, 초조해하다」가 답으로 적당하다. 의미만을 보고 1번의 「ぐうぐう」와 혼동하지 않도록 주의하자.

10 両親には言わずに、(　　)猫を育てている。
1 きっちり　　2 ぐっすり
3 ゆっくり　　4 こっそり

정답 4 부모님에게는 말하지 않고 몰래 고양이를 기르고 있다.

단어 両親 양친, 부모님 | 猫 고양이 | 育てる 키우다, 기르다 | きっちり 빈틈없이 들어맞는 모양, 꼭, 딱 | ぐっすり 깊이 잠든 모양, 푹 | ゆっくり 천천히, 느긋하게 | こっそり 몰래, 살짝

해설 '부모님 몰래 고양이를 기르다'라는 내용이 되어야 하므로 선택지 4번의 「こっそり」가 정답이다. 선택지 1, 2, 3번의 부사도 함께 기억해 두자.

실전문제 ②

問題 4 (　　)에 들어가기에 가장 적당한 것을 1・2・3・4에서 하나 고르세요. 문제편 144p

1 道路に(　　)ゴミは毎朝市の職員が掃除をして片づけている。
1 飛び回った　　2 散らかった
3 取り扱った　　4 見つかった

정답 2 도로에 흩어진 쓰레기는 매일 아침 시의 직원이 청소를 해서 치우고 있다.

단어 道路 도로 | ゴミ 쓰레기 | 職員 직원 | 掃除 청소 | 片づける 치우다, 정리하다 | 飛び回る 날아다니다, 뛰어다니다 | 散らかる 흩어지다, 어지러지다 | 取り扱う 다루다, 취급하다 | 見つかる 들키다, 발견되다

해설 '도로의 쓰레기를 매일 아침 청소하다'라는 내용과 의미가 통하는 선택지 2번의 「散らかる」가 정답이다. 1, 3, 4번은 맥락에 맞지 않아 답이 될 수 없다.

2 電話に(　　)なって見たかったテレビドラマが半分終わってしまった。
1 本気に　　2 切実に
3 真剣に　　4 夢中に

정답 4 전화에 열중해서 보고 싶었던 텔레비전 드라마가 절반 끝나 버렸다.

단어 半分 반, 절반 | 本気に 진심으로 | 切実に 절실하게 | 真剣に 진지하게 | 夢中に 열중하여, 몰두하여

해설 「夢中になる」는 '열중하다, 몰두하다'라는 의미의 관용표현이다. 일상생활에서도 자주 사용하는 표현이니 기억해 두자.

3 学生たちの悩みを(　　)するために学校には相談室がある。
1 解消　　2 予防
3 保護　　4 半減

정답 1 학생들의 고민을 해소하기 위해서 학교에는 상담실이 있다.

단어 悩み 고민 | 相談室 상담실 | 解消 해소 | 予防 예방 | 保護 보호 | 半減 반감, 반으로 줄어듦

해설 「悩みを 고민을」의 술어로 자연스러운 단어는 선택지 1번의 「解消 해소」이다. 4번의 「半減 반감, 반으로 줄어듦」도 함께 기억해 두자.

4 みんなの前で、恥を(　　)しまった。
1 きって　　2 かいて
3 さして　　4 しって

정답 2 모두의 앞에서 창피를 당했다.

단어 恥をかく 창피를 당하다

해설 「恥 수치, 창피, 부끄러움」과 연결해서 쓸 수 있는 단어는 선택지 2, 4번의 「恥をかく 창피를 당하다」와 「恥をしる 부끄러움을 알다」이다. 문맥상 2번이 정답이다.

5 彼は(　　)な性格で、行動を起こすまでに時間がかかる。
1 慎重　　2 貴重
3 厳重　　4 過重

[정답] **1** 그는 신중한 성격이라 행동을 하기까지 시간이 걸린다.
[단어] 性格 성격 | 行動 행동 | 起こす 일으키다 | 慎重 신중 | 貴重 귀중 | 厳重 엄중 | 過重 과중
[해설] 선택지 중에서 사람의 성격을 표현하는 단어는 1번의 「慎重 신중」밖에 없다. 문제에 나온 「行動を起こす 행동을 하다, 행동을 일으키다」도 함께 기억해 두자.

---

6 天気予報は過去の記録を(　　)して予測をすることもよくある。
1 模索　　　2 分析
3 実験　　　4 編集

[정답] **2** 일기 예보는 과거 기록을 분석해서 예측하는 경우도 자주 있다.
[단어] 天気予報 일기 예보 | 過去 과거 | 記録 기록 | 予測 예측 | 模索 모색 | 分析 분석 | 実験 실험 | 編集 편집
[해설] '일기 예보를 예측하는 방법'에 대한 문장이므로 선택지 2번의 「分析 분석」이 들어가야 자연스럽다. 1번의 「模索 모색」은 '상황을 해결할 방법을 찾는다'는 뜻으로 「解決法を模索する 해결 방법을 모색하다」와 같이 사용한다.

---

7 市場は特に買うものがなくても(　　)しているだけで楽しい。
1 だらだら　　　2 ぐるぐる
3 ぶらぶら　　　4 うろうろ

[정답] **3** 시장은 특별히 살 것이 없어도 어슬렁거리는 것만으로도 즐겁다.
[단어] 特に 특히, 특별히 | だらだら 시간을 끄는 모양, 질질 | ぐるぐる 일정한 범위를 자꾸 도는 모양, 빙빙 | ぶらぶら 천천히 걸어다니는 모양, 어슬렁어슬렁 | うろうろ 방향을 종잡지 못하는 모양, 우왕좌왕
[해설] 괄호 안에 들어갈 단어로는 '특별한 목적 없이 돌아다닌다'는 의미가 있는 선택지 3번의 「ぶらぶら 어슬렁어슬렁」이 적당하다. 의태어나 의성어는 상황에 따라 쓰임새가 다르므로 구분해서 기억해 두자.

---

8 その店はお客さんを大事にするので一度来ればその後何度も来てくれるのが(　　)だ。
1 うまみ　　　2 重み
3 厚み　　　　4 強み

[정답] **4** 그 가게는 손님을 소중히 여기기 때문에 한 번 오면 그 후로 몇 번이나 와 주는 것이 강점이다.
[단어] うまみ (음식의) 맛, 감칠맛 | 重み 무게 | 厚み 두께 | 強み 강점, 유리한 점
[해설] '손님을 소중히 여겨서 나중에 몇 번이나 찾아오는 것'이 그 가게의 장점이므로 선택지 4번의 「強み 강점」이 정답이다. 유의어인 「長所 장점」도 함께 기억해 두자.

---

9 最近、老人による交通事故が(　　)起きている。
1 どうしても　　　2 あいついで
3 ずらりと　　　　4 ひたすら

[정답] **2** 최근 노인에 의한 교통사고가 잇따라 일어나고 있다.
[단어] 老人 노인 | 交通事故 교통사고 | あいついで 잇따라, 연달아 | ずらりと 줄지어 늘어선 모양, 죽 | ひたすら 오로지, 한결같이
[해설] 교통사고가 일어나는 '상태'를 표현하는 단어가 들어가야 한다. 어떤 사건이나 행동이 이어서 일어나는 상태를 나타내는 선택지 2번의 「あいついで」가 정답이다. 3번은 「ずらりと並ぶ 줄지어 늘어서 있다」와 같은 예문으로 기억해 두자.

---

10 二人の結婚について、私以外のみんなは(　　)知っていたそうだ。
1 ついに　　　　2 何気なく
3 とっくに　　　4 あっという間に

[정답] **3** 두 사람의 결혼에 대해 나 이외의 모두는 벌써 알고 있었다고 한다.
[단어] 結婚 결혼 | 以外 이외 | ついに 마침내, 드디어 | 何気なく 아무렇지도 않게, 무심하게 | とっくに 훨씬 전에, 벌써 | あっという間に 눈 깜짝할 사이에
[해설] '나를 제외한 모두가 이미 알고 있었다'는 문장이 되어야 하므로 선택지 3번의 「とっくに」가 답으로 적당하다.

실전문제 ③

問題 4 ( )에 들어가기에 가장 적당한 것을 1·2·3·4에서 하나 고르세요.　문제편 145p

1 甘いものより( )に辛い食べ物のほうが食欲を増す。
1 余計　　2 有効
3 適度　　4 活発

정답 3 단 것보다 적당하게 매운 음식 쪽이 식욕을 증가시킨다.

단어 食欲を増す 식욕을 증가시키다 | 余計 불필요함 | 有効 유효 | 適度 적절 | 活発 활발

해설 '적당히 매운 음식이 식욕을 늘린다'는 의미의 문장이므로 선택지 3번의 「適度」가 정답이다. '불필요하게, 쓸데없이'라는 의미의 선택지 1번은 반대 의미이므로 답으로는 적절하지 않으며, 2, 4번은 의미가 맞지 않는다.

2 責任感という( )がかかって、なかなかリラックスできない。
1 プレッシャー　　2 プライバシー
3 プライド　　4 リーダーシップ

정답 1 책임감이라는 중압감이 가해져 좀처럼 긴장을 풀 수 없다.

단어 責任感 책임감 | なかなか~ない 좀처럼 ~하지 않다 | リラックス 릴랙스, 긴장을 풀고 쉼 | プレッシャー 프레셔, 압력, 중압감 | プライバシー 프라이버시, 사생활 | プライド 프라이드, 자랑, 자긍심 | リーダーシップ 리더십

해설 괄호 뒤의 「~がかかる」와 연결해서 쓸 수 있는 단어는 선택지 1번의 「プレッシャーがかかる 압박을 받다, 중압감을 느끼다」밖에 없다.

3 子ども公園の建設に必要な寄付は( )集まっている。
1 次々と　　2 すいすい
3 着々と　　4 すくすく

정답 3 어린이 공원의 건설에 필요한 기부는 착착 모이고 있다.

단어 公園 공원 | 建設 건설 | 必要だ 필요하다 | 寄付 기부 | 集まる 모이다 | 次々と 연달아, 연이어 | すいすい 술술 | 着々と 착착 | すくすく 쑥쑥

해설 '건설에 필요한 기부가(기부금이) 모인다'는 문장에 의미가 자연스럽게 연결되기 위해서는 '일이 순조롭게 진행되는 모습'을 나타내는 의태어 「着々と」가 들어가야 한다.

4 結婚式にそんな( )で行くのはおかしいから早く服を着替えてください。
1 姿勢　　2 印象
3 景色　　4 格好

정답 4 결혼식에 그런 모습으로 가는 건 이상하니까 빨리 옷을 갈아입으세요.

단어 結婚式 결혼식 | 服 옷 | 着替える 갈아입다 | 姿勢 자세 | 印象 인상 | 景色 경치 | 格好 모습, 모양

해설 '결혼식에는 어울리지 않는 모습'이라는 의미의 문장이므로 괄호 안에는 외관, 특히 복장과 관련된 단어가 들어가야 한다. 따라서 선택지 4번의 「格好」가 답으로 적당하다.

5 危険なので木の箱から釘を( )捨てた。
1 ぬいて　　2 のぞいて
3 はしって　　4 うって

정답 1 위험하니까 나무 상자에서 못을 빼서 버렸다.

단어 危険 위험 | 箱 상자 | 釘 못 | 捨てる 버리다 | 抜く 빼다, 뽑다 | 除く 빼다, 제외하다 | 走る 달리다 | 打つ 치다, (못을) 박다

해설 '위험해서 못을 제거했다'는 의미의 문장이므로 괄호 안에서 선택지 1번의 「ぬく」가 들어가야 한다. 반대 의미인 선택지 4번의 「釘を打つ 못을 박다」도 함께 기억해 두자.

6 寝不足で電車の中で( )していたら、先生に声をかけられてびっくりした。
1 ぶらぶら　　2 ばたばた
3 うとうと　　4 そわそわ

[정답] **3** 수면 부족으로 전철 안에서 꾸벅꾸벅 졸고 있는데 선생님이 말을 걸어서 깜짝 놀랐다.

[단어] 寝不足 수면 부족 | 声をかける 말을 걸다 | ぶらぶら 하는 일이 없는 모양, 빈둥빈둥 | ばたばた 날개 등을 계속해서 움직이는 모양, 펄럭펄럭, 급해서 쩔쩔매는 모양, 허둥지둥 | うとうと 꾸벅꾸벅 조는 모양 | そわそわ 안절부절 못하며 불안해 하는 모양

[해설] '수면 부족'과 어울리는 표현은 졸고 있는 모양을 나타내는 의태어인 선택지 3번 「うとうと」이다.

---

[7] 外国で道を歩いている時、老人に(　　)道を聞かれることがよくあります。
1 問い合わせられて　　2 呼び止められて
3 待ち合わせられて　　4 見つけられて

[정답] **2** 외국에서 길을 걷고 있을 때, 노인에게 불러 세워져서 길을 질문 받은 적이 자주 있습니다.

[단어] 老人 노인 | 問い合わせる 문의하다 | 呼び止める 불러서 멈춰 세우다 | 待ち合わせる 시간·장소를 정하고 만나기로 약속하다 | 見つける 찾아내다, 발견하다

[해설] '노인이 나를 불러 길을 물었다'라는 의미의 문장이므로 괄호 안에는 선택지 2번의 「呼び止める」가 들어가야 한다. 언뜻 보기에 선택지 1번도 답이 될 수 있을 것 같지만 「問い合わせる」는 기관이나 단체에 묻는 '문의'를 뜻하는 단어이므로 답으로는 적당하지 않다.

---

[8] 彼の恋愛はいつも同じ(　　)で、最後は必ず失敗する。

1 マイペース　　2 サークル
3 シリーズ　　　4 パターン

[정답] **4** 그의 연애는 늘 같은 패턴으로 마지막은 반드시 실패한다.

[단어] 恋愛 연애 | 最後 최후, 마지막 | 失敗 실패 | マイペース 마이페이스 | サークル 서클, 동아리 | シリーズ 시리즈, 연속 기획물 | パターン 패턴, 일정한 형식

[해설] '항상 같은 모습, 형태'라는 의미로 연결되어야 하므로 괄호 안에는 선택지 4번의 「パターン」이 들어가야 한다.

---

[9] 会議が始まる前に、資料に目を(　　)おいてください。
1 通して　　2 配って
3 分けて　　4 止めて

[정답] **1** 회의가 시작되기 전에 자료를 대강 훑어봐 주세요.

[단어] 資料 자료 | 目を通す 대강 훑어보다, 대충 보다

[해설] 괄호 앞의 「目」와 함께 쓸 수 있는 단어는 선택지 1, 2번의 「目を通す 대강 훑어보다」와 「目を配る 주의해서 보다, 주시하다」이다. '회의가 시작되기 전의 짧은 시간 동안' 자료를 봐야 하므로 1번이 정답이다.

---

[10] お金を貸した友人に、何度(　　)しても返してくれない。
1 努力　　2 助言
3 催促　　4 勧誘

[정답] **3** 돈을 빌려준 친구에게 몇 번 재촉해도 돌려주지 않는다.

[단어] 貸す 빌려주다 | 返す 돌려주다, 반환하다 | 努力 노력 | 助言 조언 | 催促 재촉 | 勧誘 권유

[해설] 문장 맨 마지막에서 「返してくれない 돌려주지 않는다」고 하고 있으므로 앞에는 '몇 번 재촉하다'라는 표현이 들어가는 것이 자연스럽다. 따라서 선택지 3번의 「催促」가 정답이다.

問題 5 유의 표현

실전문제 정답 및 해설

정답

실전문제 ① ① 2 ② 3 ③ 2 ④ 3 ⑤ 1 ⑥ 4 ⑦ 4 ⑧ 3 ⑨ 2 ⑩ 1
실전문제 ② ① 4 ② 1 ③ 3 ④ 4 ⑤ 1 ⑥ 2 ⑦ 3 ⑧ 1 ⑨ 3 ⑩ 2

실전문제 ①

問題 5 _____의 단어와 의미가 가장 가까운 것을 1·2·3·4에서 하나 고르세요. (문제편 146p)

1 この件はとりあえず課長に報告しましょう。
　1 ちゃんと　　2 いちおう
　3 そのうち　　4 至急

정답 2 이 건은 우선 과장님께 보고합시다.
단어 件 건 | 課長 과장 | 報告 보고 | ちゃんと 제대로 | いちおう 일단 | そのうち 머지않아 | 至急 지급, 몹시 급함
해설 「とりあえず」는 '우선, 일단'이라는 의미로 서로 바꿔 쓸 수 있는 표현은 선택지 2번의 「いちおう」이다.

2 今月は収入と支出のつりあいがとれない。
　1 データ　　　2 スケール
　3 バランス　　4 タイミング

정답 3 이번 달은 수입과 지출의 균형이 맞지 않는다.
단어 収入 수입 | 支出 지출 | つりあい 균형, 조화, 평형 | データ 데이터, 자료 | スケール 스케일, 규모, 범위 | タイミング 타이밍 | バランス 밸런스, 균형
해설 「釣合い」는 '균형, 조화, 평형'이라는 뜻으로 서로 바꿔 쓸 수 있는 표현은 선택지 3번의 「バランス」이다. '밸런스를 맞추다, 균형을 잡다'는 문장에서와 같이 동사 「取る」를 사용하여 「バランスを取る」라고 표현한다.

3 たぶん衝突したときにこわれたと思います。
　1 けがをした　　2 ぶつかった
　3 すべった　　　4 落とした

정답 2 아마 충돌했을 때 부서졌다고 생각합니다.
단어 衝突 충돌 | 壊れる 깨지다, 부서지다 | けが 상처, 부상 | ぶつかる 부딪히다 | すべる 미끄러지다 | 落とす 떨어뜨리다
해설 '서로 부딪힘'이라는 뜻을 가진 「衝突 충돌」과 서로 바꿔 쓸 수 있는 것은 같은 뜻을 가진 선택지 2번의 「ぶつかる」이다.

4 会社に行くときたびたび電車が遅れて困る。
　1 たまに　　2 いつも
　3 何度も　　4 どうしても

정답 3 회사에 갈 때 때때로 전철이 늦어서 곤란하다.
단어 度々 여러 번, 자주 | 遅れる 늦다 | 困る 곤란하다 | たまに 가끔 | いつも 늘, 항상

Part 1 문자·어휘　59

해설 '횟수와 때'를 나타내는 「度」가 두 번 반복되는 「度々」는 '횟수가 여러 번 거듭됨'을 뜻하므로 유사한 표현은 선택지 3번의 「何度も 몇 번이나, 여러 번」이다. 선택지 1번은 '가끔'이란 의미로 반의어에 해당된다.

---

5 このあたりにはかつて大きな湖があったそうだ。
1 以前　　　　2 一度
3 一応　　　　4 以後

정답 1 이 부근에는 예전에 큰 호수가 있었다고 한다.

단어 あたり 근처, 부근 | かつて 일찍이, 예전에 | 湖 호수 | 以前 이전 | 一応 일단 | 以後 이후

해설 「かつて」와 서로 바꿔 쓸 수 있는 표현은 선택지 1번의 「以前」이다. 또한 「かつて」는 뒤에 부정표현을 함께 사용하여 '전혀, 한 번도'라는 의미로도 쓰이므로 함께 기억해 두자.

---

6 曲のテンポに合わせて踊るのはむずかしい。
1 高さ　　　　2 意味
3 流れ　　　　4 速さ

정답 4 곡의 템포에 맞춰 춤추는 것은 어렵다.

단어 曲 곡 | テンポ 템포, 속도 | 踊る 춤추다 | 意味 의미 | 流れ 흐름 | 速さ 빠름, 속도

해설 「テンポ」의 유의어는 '속도가 빠르다'는 뜻의 「速い」의 명사형인 선택지 4번 「速さ 빠름, 속도, 스피드」이다.

---

7 あの人には用心したほうがいいと思います。
1 感謝　　　　2 配慮
3 遠慮　　　　4 警戒

정답 4 저 사람은 주의하는 편이 좋다고 생각합니다.

단어 用心 주의, 조심, 경계 | 感謝 감사 | 配慮 배려 | 遠慮 사양, 겸손 | 警戒 경계

해설 「用心」의 유의어는 선택지 4번의 「警戒 경계」이다. 「用心」은 한자를 보고 뜻을 유추하기 어려운 단어이므로 「火の用心 불조심」, 「用心を怠らない 경계를 게을리하지 않다」와 같은 예시를 통해 기억하도록 하자.

---

8 先生が教室を出るとたちまちうるさくなった。
1 だんだん　　2 しばらく
3 すぐに　　　4 一気に

정답 3 선생님이 교실을 나가자 바로 시끄러워졌다.

단어 たちまち 곧, 금세 | だんだん 점점 | しばらく 잠깐, 오래간만, 당분간 | 一気に 단숨에

해설 「たちまち」는 '시간 차 없이 바로'라는 뜻으로 서로 바꿔 쓸 수 있는 표현은 「すぐ 바로」, 「早速 즉시」 등이 있다. 정답은 선택지 3번이다.

---

9 台風は依然としてゆっくり北に進んでいる。
1 まちがいなく　　2 かわりなく
3 予想どおり　　　4 思いがけず

정답 2 태풍은 여전히 천천히 북쪽으로 나아가고 있다.

단어 台風 태풍 | 依然として 여전히 | 進む 나아가다, 진행하다 | 間違いない 틀림없이 | 予想どおり 예상대로 | 思いがけず 뜻밖에, 의외로

해설 「依然として」는 '이전과 아무 변화가 없는 상태가 이어진다'는 뜻이다. 유사한 표현은 선택지 2번의 「変わりなく 변함없이」이다.

---

10 弟は子供のころから無口だった。
1 話をしないほう　　2 友だちが少ないほう
3 まじめなほう　　　4 食べないほう

정답 1 남동생은 어렸을 때부터 말이 없었다.

단어 無口 과묵함, 말이 없음 | 真面目だ 착실하다, 진지하다

해설 「無口」와 서로 바꿔 쓸 수 있는 표현은 선택지 1번의 「話をしないほう 이야기를 하지 않는 편」이다. 유의어인 「口が固い・口が重い 입이 무겁다」와 반의어인 「口が軽い 입이 가볍다」도 함께 기억해 두자.

실전문제 ②

問題 5 _____의 단어와 의미가 가장 가까운 것을 1·2·3·4에서 하나 고르세요.
문제편 147p

[1] 彼は会社につとめていたが、みずから留学する道を選んだ。

1 やがて　　　　2 結局
3 友人と　　　　4 自分で

[정답] 4 그는 회사에서 일했었지만, 스스로 유학하는 길을 택했다.

[단어] つとめる 근무하다 | みずから 스스로, 자신이 | 留学 유학 | 選ぶ 고르다, 택하다 | やがて 곧, 이윽고, 머지않아 | 結局 결국

[해설] 「自 스스로 자」를 쓰는 「自ら 스스로」의 유의어는 선택지 4번의 「自分で 스스로, 자신이」이다. 같은 한자를 쓰지만 의미가 다른 「自ずから 자연히, 저절로」도 함께 기억해 두자.

[2] さっき課長に聞いたらあいまいな返事だった。

1 はっきりしない　　2 元気がない
3 簡単な　　　　　　4 真剣な

[정답] 1 아까 과장님에게 물었더니 애매한 대답이었다.

[단어] 課長 과장(님) | 曖昧だ 애매하다 | 返事 대답 | はっきり 확실히, 분명히 | 簡単だ 간단하다 | 真剣だ 진지하다

[해설] 「曖昧な 애매한」은 '분명하지 않은'이라는 뜻으로 서로 바꿔 쓸 수 있는 표현은 선택지 1번의 「はっきりしない 분명하지 않은」이다. 부사 「はっきり」에 동사 「しない」가 붙으면 '확실하지 않다, 흐릿하다, 애매하다'라는 의미가 된다.

[3] 冬は顔がかさかさするのでクリームをぬります。

1 赤くなる　　　　2 はれる
3 乾く　　　　　　4 痛む

[정답] 3 겨울은 얼굴이 까칠까칠해서 크림을 바릅니다.

[단어] かさかさ 거칠거칠, 까칠까칠 | クリーム 크림 | ぬる 바르다, 칠하다 | 乾く 마르다, 건조하다

[해설] 「かさかさ」는 '물기·윤기가 없는 모양, 수분이 없는 상태'를 나타내는 의태어이다. 따라서 서로 바꿔 쓸 수 있는 표현은 선택지 3번의 「乾く 마르다, 건조하다」이다.

[4] 僕の提案を聞いて、彼女はうなずいた。

1 興味を持った　　2 びっくりした
3 断った　　　　　4 受け入れた

[정답] 4 내 제안을 듣고 그녀는 수긍했다.

[단어] 提案 제안 | うなずく 고개를 끄덕이다, 수긍하다 | 興味を持つ 흥미를 가지다 | びっくりする 깜짝 놀라다 | 断る 거절하다 | 受け入れる 받아들이다

[해설] 「うなずく」는 '고개를 끄덕이다, 수긍하다'라는 뜻으로, 서로 바꿔 쓸 수 있는 표현은 선택지 4번의 「受け入れる」이다. 반의어에 해당하는 「断る」도 함께 묶어서 기억해 두자.

[5] 連絡があればただちに出発できるように準備した。

1 すぐに　　　　2 たちまち
3 徐々に　　　　4 今にも

[정답] 1 연락이 있으면 바로 출발할 수 있도록 준비했다.

[단어] 連絡 연락 | ただちに 곧, 즉시 | 出発 출발 | 準備 준비 | たちまち 금세, 곧 | 徐々に 서서히 | 今にも 지금이라도, 당장

[해설] 「直ちに」와 서로 바꿔 쓸 수 있는 표현은 선택지 1번「すぐに 바로」이다. 의미만 보면 답이 될 수 있을 것 같은 4번의 「今にも」는 추측표현과 함께 사용하므로 답으로는 적당하지 않다. 「今にも~そうだ 당장이라도 ~할 것 같다」라는 문형으로 기억해 두자.

[6] その子供は何も言わないでずっとうつむいていました。

1 上を向いて　　2 下を向いて
3 笑って　　　　4 泣いて

[정답] 2 그 아이는 아무 말도 하지 않고 계속 고개를 숙이고 있었습니다.

단어 うつむく 고개를 숙이다 | 向く 향하다 | 笑う 웃다 | 泣く 울다

해설 「うつむく」와 의미가 유사한 표현은 선택지 2번의 「下を向く 아래를 향하다」이다. 반의어인 「あおむく 위를 보다」,「上を向く 위를 향하다」도 함께 기억해 두자.

---

7 私があらかじめ確認しておきます。
1 もう一度　　2 念のため
3 先に　　　　4 後で

정답 3 제가 미리 확인해 두겠습니다.

단어 予め 미리, 사전에 | 確認 확인 | 念のため 만일을 위해

해설 「予め」와 의미가 유사한 표현은 선택지 3번의 「先に 미리, 먼저」이다. 2번 「念のため 만일을 위해」도 자주 사용하는 표현이므로 기억해 두자.

---

8 水分がなくなるとちぢむ性質があります。
1 小さくなる　　2 固くなる
3 柔らかくなる　4 大きくなる

정답 1 수분이 없어지면 줄어드는 성질이 있습니다.

단어 水分 수분 | 縮む 줄어들다, 오그라들다 | 性質 성질 | 固い 딱딱하다, 단단하다 | 柔らかい 부드럽다

해설 「縮 줄일 축」을 쓰는 「縮む」는 '줄어들다, 오그라들다'라는 의미로 크기나 부피 등이 작아짐을 나타내는 표현이다. 따라서 서로 바꿔 쓸 수 있는 것은 선택지 1번의 「小さくなる 작아지다」이다.

---

9 あのタレントは、最近マスコミでずいぶんさわがれている。
1 人気が出ている　　2 嫌われている
3 話題になっている　4 お金をもうけている

정답 3 그 탤런트는 최근 매스컴에서 상당히 떠들썩하다.

단어 タレント 탤런트 | マスコミ 매스컴, 언론 | ずいぶん 몹시, 상당히 | 騒ぐ 떠들다, 소란스럽다 | 人気が出る 인기가 많아지다 | 話題 화제 | お金をもうける 돈을 벌다

해설 「騒ぐ」는 '떠들다, 소란스럽다'는 뜻으로, 이 문장에서는 '매스컴에서 떠들썩하다', 즉 '사람들의 입에 오르내리다, 화제가 되다'라는 뜻으로 사용하고 있다. 의미가 유사한 표현은 선택지 3번의 「話題になる 화제가 되다」이다.

---

10 中村さんは素直だと言われるが、実は生意気な人だ。
1 人より頭がいい　　2 遠慮をしらない
3 どうしようもない　4 もったいない

정답 2 나카무라 씨는 솔직하다고 하지만 사실은 건방진 사람이다.

단어 素直だ 솔직하다, 고분고분하다, 순수하다 | 生意気だ 건방지다, 주제넘다 | 遠慮 겸손, 사양 | どうしようもない 어쩔 도리가 없다 | もったいない 아깝다

해설 「生意気だ」는 '말이나 행동이 건방져 분수에 지나친 데가 있다'라는 뜻이 있다. 의미가 가장 비슷한 선택지 2번의 「遠慮をしらない 겸손을 모르는」이 답으로 가장 적당하다.

問題 6 용법

실전문제 정답 및 해설

정답

실전문제 ① **1** 3 **2** 1 **3** 3 **4** 2 **5** 3
실전문제 ② **1** 3 **2** 2 **3** 2 **4** 1 **5** 4

실전문제 ①

問題6 다음 단어의 사용법으로 가장 적당한 것을 1・2・3・4 중에서 하나 고르세요. 　문제편 148p

1 方針
1 卒業後、専門機関に就職する方針です。
2 この飛行機の方針は東京からロンドンに向かいます。
3 本社の方針によって支社の販売活動が強化された。
4 問題を解決する方針は人によって違います。

정답 3 본사의 방침에 따라 지사의 판매 활동이 강화됐다.

단어 方針 방침 | 専門 전문 | 機関 기관 | 就職 취직 | ロンドン 런던 | 向かう 향하다 | 本社 본사 | 支社 지사 | 販売 판매 | 活動 활동 | 強化 강화 | 解決 해결

해설 「方針」은 '일을 해 나가는 방향과 계획'이라는 뜻이다. 단어가 맥락에 맞게 사용된 선택지 3번이 정답이다. 1번은 「予定 예정」, 2번은 「進路 진로」, 4번은 「方法 방법」이 들어가야 자연스럽다.

2 おさない
1 娘は今年25才になったが、顔はまだおさなく見える。
2 山本君にリーダーを任せるにはまだ実力がおさない。
3 体をおさなく維持するために、父は毎日ジョギングをしている。
4 そのブランドはおさないので、知っている人はまだ少ない。

정답 1 딸은 올해 25살이 되었는데 얼굴은 아직 어려 보인다.

단어 おさない 어리다 | 任せる 맡기다 | 実力 실력 | 維持 유지 | ジョギング 조깅 | ブランド 브랜드, 명품

해설 「おさない」는 '나이가 어리고 미숙하다'라는 의미로 맥락에 맞게 사용한 것은 선택지 1번이다. 2번은 「足りない 부족하다」, 3번은 「健康に 건강하게」가 들어가야 하며, 4번은 '새로운, 신생의' 라는 의미가 되어야 하므로 「新しい 새로운」이 들어가야 한다.

---

3 注目
1 電車の中でマンガに注目して降りる駅を過ぎてしまった。
2 趣味に注目していれば、いやなことも忘れます。

3 世界中の人が少女の行動に注目しました。
4 目が痛くなったので目薬を注目した。

정답 3 전 세계 사람이 소녀의 행동에 주목했습니다.
단어 注目 주목 | マンガ 만화 | 降りる 내리다 | 趣味 취미 | 行動 행동 | 痛い 아프다 | 目薬 안약
해설 「注目」는 '관심을 가지고 주의 깊게 살피는 것'을 뜻하므로 문맥에 맞게 사용된 선택지 3번이 정답이다. 1번은 「夢中になって 몰두해서」, 2번은 「はまっていれば 빠져 있으면」, 4번은 「目薬を差した 안약을 넣었다」가 들어가야 자연스러운 문장이 된다.

---

4 外見
1 この壁の外見には川が流れています。
2 人は外見で性格を知ることはできません。
3 お客さんが多い外見からこの店はおいしいと思う。
4 ここからの外見では200mくらい離れている。

정답 2 사람은 겉모습으로 성격을 알 수는 없습니다.
단어 外見 외견 | 壁 벽 | 性格 성격 | 店 가게 | 離れる 떨어지다
해설 「外見」은 '겉모습'을 뜻하는 단어이므로 문맥에 맞게 사용된 선택지 2번이 정답이다. 1번은 「外側 바깥 쪽」, 3번은 「様子 모습, 상태」, 4번은 「見積もり 견적」이 들어가야 자연스럽다.

---

5 手入れ
1 ずっと欲しがっていたゲームをやっと手入れした。
2 医者に、入院して手入れすることをすすめられた。
3 彼は台風の後、荒れた庭を手入れした。
4 警察は犯人を現行犯で手入れした。

정답 3 그는 태풍 후, 황폐해진 정원을 손질했다.
단어 手入れ 손질 | 医者 의사 | 入院 입원 | すすめる 추천하다, 권유하다 | 台風 태풍 | 荒れる 거칠어지다, 황폐해지다 | 警察 경찰 | 犯人 범인 | 現行犯 현행범

해설 「手入れ」는 '손을 대어 잘 다듬는다'는 뜻으로, 단어가 문맥에 맞게 사용된 선택지 3번이 정답이다. 1번은 「手に入れた 손에 넣었다」, 2번은 「治療 치료」, 4번은 「逮捕 체포」가 들어가야 한다.

실전문제 ②

問題6 다음 단어의 사용법으로 가장 적당한 것을 1・2・3・4 중에서 하나 고르세요. 문제편 149p

1 取材
1 友達に映画の上映時間を取材しました。
2 カレーライスを作るのにスーパーで取材した。
3 倒れた建物から救出された人を取材して地震の怖さがわかった。
4 一か月間の新聞記事を取材してレポートを書いた。

정답 3 무너진 건물에서 구출된 사람을 취재해서 지진의 무서움을 알았다.
단어 取材 취재 | 映画 영화 | 上映 상영 | カレーライス 카레라이스 | 倒れる 무너지다 | 救出 구출 | 地震 지진 | 怖さ 무서움 | 新聞 신문 | レポート 리포트
해설 「取材」는 '작품이나 기사에 필요한 소재를 조사하는 것'을 뜻하는 단어이므로, 단어가 문맥에 맞게 사용된 선택지 3번이 정답이다. 1번은 「質問 질문」, 2번은 「買い物 쇼핑, 장보기」, 4번은 「まとめて 정리해서」가 들어가야 한다.

---

2 消化
1 カラオケに行ってたまったストレスを消化した。
2 一度読んだだけでは内容を消化しきれなかった。
3 仕事でミスをして、取引先に契約を消化された。
4 台風が去って、やっと警報が消化された。

정답 2 한 번 읽은 것만으로는 내용을 다 소화할 수 없었다.
단어 消化 소화 | カラオケ 노래방 | たまる 쌓이다 | ストレス 스트레스 | 内容 내용 | ミス 미스, 실수 | 取引先 거래처 | 契約 계약 | 去る 가다, 떠나다 | 警報 경보

해설 「消化」는 '①섭취한 음식물을 분해하여 흡수하는 과정 ②지식이나 기술 등을 충분히 익혀 자기 것으로 만듦'이라는 뜻이 있다. ②의 의미로 사용한 선택지 2번이 정답이다. 1번은 「解消 해소」, 3번은 「破棄 파기」, 4번은 「解除 해제」가 들어가야 자연스럽다.

---

3 はずす
1 庭の草がたくさん伸びたのではずしてください。
2 ネクタイをはずして楽にしてもいいですよ。
3 家の中ではコートをはずして座ります。
4 ぶどうの皮ははずして食べるほうがおいしい。

정답 2 넥타이를 풀고 편하게 있어도 좋습니다.

단어 外す 떼다, 빼다, 풀다 | 庭 정원 | 伸びる 자라다 | ネクタイ 넥타이 | 楽にする 편하게 하다, 편하게 있다 | 座る 앉다 | 皮 껍질

해설 「はずす」를 '풀다'의 의미로 사용한 선택지 2번이 정답이다. 1번은 '풀을 베다'라는 의미의 「刈って」, 3번은 '옷을 벗다'라는 의미의 「脱いで」, 4번은 '껍질을 벗기다'라는 의미의 「剥いて」가 들어가야 한다.

---

4 心がける
1 自分も相手も気分よく過ごせるように、いい言葉遣いを心がけている。
2 会社をやめるのを心がけたことについては、今も後悔はない。
3 アメリカに一人で行った友人のことを心がけて、夜も眠れない。
4 ドアに挟まれないように心がけたが、今日も挟まれてしまった。

정답 1 나도 상대방도 기분 좋게 지낼 수 있도록 좋은 말투 사용을 유념하고 있다.

단어 心がける 유의하다, 유념하다 | 後悔 후회 | 眠れる 잠들다 | 挟む 끼다 | 言葉遣い 말투, 말씨

해설 「心がける」는 '유의하다, 명심하다'라는 의미이므로 문맥에 맞게 사용한 선택지 1번이 정답이다. 2번은 「決めた 정하다」, 3번은 「心配して 걱정해서」, 4번은 「注意した 주의했다」가 들어가야 자연스럽다.

---

5 こっそり
1 子供が寝ているので部屋の中をこっそり歩いた。
2 夜遅くなるとにぎやかな町もこっそりする。
3 他の人に聞こえないようにこっそり話した。
4 おなかがすいて授業中にこっそり弁当を食べた。

정답 4 배가 고파서 수업 중에 몰래 도시락을 먹었다.

단어 こっそり 살짝, 몰래 | 部屋 방 | 夜遅く 밤늦게 | おなかがすく 배가 고프다 | 弁当 도시락

해설 「こっそり」는 '남의 눈을 피해 살짝'이라는 뜻으로, 단어가 문맥에 맞게 사용된 4번이 정답이다. 1번은 「そっと 살며시, 가만히」, 2번은 「ひっそりしている 조용하다」, 3번은 「ひそかに 남몰래, 비밀스럽게」가 들어가야 한다.

Part 2

JLPT N2

Part 2

문법

問題 7 문법형식 판단

연습문제 정답 및 해설

정답

	1	2	3	4	5	6	7	8	9
연습문제 ①	2	3	4	1	3	2	1	3	4
연습문제 ②	1	4	2	4	2	4	3	1	1
연습문제 ③	4	2	1	2	1	3	2	4	3
연습문제 ④	1	3	2	4	1	2	2	4	1

연습문제 ①

問題 7 다음 문장의 (　　) 에 넣기에 가장 적당한 것을 1·2·3·4에서 하나 고르세요.　　문제편 239p

1 会社では新入社員の特性(　　)所属する部署を決めている。
　1 に対して　　　　2 に応じて　　　　3 に反して　　　　4 に関して

[정답] 2　회사에서는 신입 사원의 특성에 따라 소속하는 부서를 정하고 있다.

[단어] 新入社員 신입 사원 | 特性 특성 | 所属 소속 | 部署 부서 | 決める 정하다, 결정하다 | ~に対して ~에 대해 | ~に応じて ~에 따라 | ~に反して ~에 반하여 | ~に関して ~에 관해

[해설] 「명사 + に応じて ~에 따라」는 '어떤 상황·조건에 적합한 대응을 한다'라는 의미의 표현이다. '신입 사원의 특성에 맞춰 부서를 결정한다'는 의미의 문장이 되어야 하므로 정답은 2번이다.

---

2 この小説の主人公は純粋で(　　)ながらも目的のためには何でも利用する強い意志の持ち主だ。
　1 し　　　　2 見え　　　　3 あり　　　　4 生き

[정답] 3　이 소설의 주인공은 순수하면서, 목적을 위해서는 무엇이든 이용하는 강한 의지의 소유자이다.

[단어] 小説 소설 | 主人公 주인공 | 純粋 순수 | 目的 목적 | 利用 이용 | 意志 의지 | 持ち主 소유주, 소유자

[해설] 「명사·な형용사 어간 + である」는 '~이다'라는 의미의 조동사이며, 「ます형 + ながらも ~이면서도」는 역접의 의미를 가진 문형이다. '순수하면서도'라고 표현하기 위해서는 「純粋である 순수하다」를 ます형인 「純粋であり」로 연결해야 하므로 정답은 3번이다.

3 テストの点数が悪かったのは必ずしも問題が難しかった(　　)、単純なミスが多かったからだ。

1 ことから　　　2 ことだし　　　3 どころではなく　　　4 わけではなく

정답 **4** 시험 점수가 나빴던 것은 꼭 문제가 어려웠기 때문은 아니고, 단순한 실수가 많았기 때문이다.

단어 点数 점수 | 必ずしも 반드시, 꼭 | 問題 문제 | 単純だ 단순하다 | ～ことから ～때문에 | ～ことだし ～하기도 하고 | ～どころではない ～할 여유는 없다 | ～わけではない ～인 것은 아니다

해설 「必ずしも ～ない 반드시 ～는 아니다」는 부정어가 수반되어야 하는 문형이므로 1, 2번은 답이 될 수 없다. 남은 선택지 중 「必ずしも」와 함께 쓰여 의미가 자연스러운 것은 「必ずしも～わけではない 반드시 ～인 것은 아니다」밖에 없으므로 정답은 4번이다.

---

4 時間をかけて充分に話し合った(　　)お互いに納得することができた。

1 すえに　　　2 さいに　　　3 とたん　　　4 てまえ

정답 **1** 시간을 들여서 충분히 논의한 끝에 서로 납득할 수 있었다.

단어 充分 충분 | 話し合う 서로 이야기하다, 논의하다 | お互いに 서로 | 納得 납득 | ～末に ～한 끝에 | ～際に ～할 때에 | ～(た)途端 ～하자마자 | ～手前 ～직전

해설 「동사 た형 + 末に ～한 끝에」는 '오랜 시간 고민·노력한 끝에 이 같은 결론에 이르렀다'는 의미의 문형이다. '시간을 들여 이야기한 후 납득했다'라는 의미의 문장이므로 1번이 정답이다. 4번의 「手前」는 방향이나 위치를 나타내는 어휘로 「一歩手前 일보 직전」과 같이 사용한다.

---

5 もう8時だから、帰りに買い物をしたとしても今ごろはもう家に(　　)。

1 帰るだろう　　　2 帰るはずだっただろう　　　3 帰っているだろう　　　4 帰っていただろう

정답 **3** 벌써 8시니까, 귀갓길에 쇼핑을 했다고 해도 지금쯤은 이미 집에 돌아와 있을 것이다.

단어 買い物 쇼핑 | 今ごろ 지금쯤 | ～はずだ (반드시) ～일 것이다

해설 추측표현인 「～だろう (아마도) ～일 것이다」와 「～はずだ」의 용법을 묻는 문제이다. 「～だろう」는 근거를 바탕으로 예상 가능한 결과를 추측할 때 사용하며, 「～はずだ」는 분명한 근거를 바탕으로 결과에 매우 강한 확신을 가지고 있을 때 사용한다. 이 문장에서는 「今ごろはもう」라고 현재 상황을 근거로 예상 가능한 추측을 하고 있으므로 「～だろう」를 써야 하며, 시제가 맞는 3번이 답으로 적절하다.

---

6 A「さっきから外がうるさいね。何かあるのかな。」
　　B「今日は7月の第2日曜日だし、(　　)お祭りをやっているみたいだね。」

1 どうか　　　2 どうも　　　3 どうしたのか　　　4 どうしても

정답 **2** A 아까부터 밖이 시끄럽네. 뭔가 있는 건가?
　　　　B 오늘은 7월 둘째 주 일요일이고, 아무래도 축제를 하고 있는 것 같아.

단어 さっき 조금 전 | うるさい 시끄럽다 | 祭り 축제

해설 추측표현 「～みたいだ ～인 것 같다」에 호응하는 부사는 불확실한 것을 나타낼 때 사용하는 「どうも 아무래도」이다. 「どうも～みたいだ 아무래도 ～인 것 같다」라는 하나의 문형으로 기억해 두자.

7 1月10日に新春市民マラソン大会を行います。15歳以上なら男女(　　)参加できます。

　1 を問わず　　　　2 に限って　　　　3 を通じて　　　　4 に代わって

정답　1　1월 10일에 신춘 시민 마라톤 대회를 실시합니다. 15세 이상이라면 남녀를 불문하고 참가할 수 있습니다.

단어　新春 신춘 | 市民 시민 | マラソン 마라톤 | 歳 ~살, ~세 | 以上 이상 | 男女 남녀 | 参加 참가 | ~を問わず ~를 불문하고 | ~に限って ~에 한하여 | ~を通じ ~를 통해 | ~に代わって ~를 대신하여

해설　「명사 + を問わず」는 '~를 불문하고, ~에 관계없이'란 뜻으로, 주로 「男女 남녀」, 「年齢 연령」, 「性別 성별」, 「学歴 학력」, 「国籍 국적」, 「天候 날씨」 등의 명사와 함께 사용한다.

---

8 俳優に(　　)日本中に知られるようになり、長い間会えなかった人にも連絡ができました。

　1 なるたびに　　　2 なるとしたら　　　3 なったおかげで　　　4 なった手前

정답　3　배우가 된 덕분에 일본 전체 알려지게 되어, 오랫동안 만나지 못했던 사람에게도 연락을 할 수 있었습니다.

단어　俳優 배우 | 連絡 연락 | ~たびに ~할 때마다 | ~としたら ~라고 한다면 | ~おかげで ~덕분에 | ~手前 ~직전

해설　「~おかげで」는 긍정적인 내용과 함께하여 '~덕분에 좋은 결과가 되었다'라고 할 때 쓰는 문형이다. 「おかげで + 긍정적인 결과」와 반대되는 표현인 「せいで ~탓에 + 부정적인 결과」도 함께 기억해 두자.

---

9 最近はスマホが広く使われていて、家(　　)電話がないところもある。

　1 に関しては　　　2 に対しては　　　3 にとっては　　　4 によっては

정답　4　최근에는 스마트폰이 널리 사용되고 있고, 집에 따라서는 전화가 없는 곳도 있다.

단어　最近 최근 | スマホ 스마트폰 | 普通 보통 | ~に関しては ~에 관해서는 | ~に対しては ~에 대해서는 | ~にとっては ~에 있어서는 | ~によっては ~에 따라서는

해설　「명사 + によっては」는 '상황에 따라'라는 의미를 나타낸다. 주어진 상황(집)에 따라 '있는 곳도 있고 없는 곳도 있다'라는 문장이 되어야 하므로 4번이 정답이다.

연습문제 ②

問題7　다음 문장의 (　　)에 넣기에 가장 적당한 것을 1·2·3·4에서 하나 고르세요.　　문제편 240p

1 案内所の人が言う(　　)道を歩いてきたのに、探している店は見つからなかった。

　1 とおりに　　　　2 とともに　　　　3 ばかりに　　　　4 つもりで

정답　1　안내소 사람이 말하는 대로 길을 걸어왔는데, 찾고 있는 가게는 발견되지 않았다.

단어　案内所 안내소 | 探す 찾다 | 見つかる 발견되다 | ~とおりに ~한 대로 | ~とともに ~와 함께 | ~ばかりに ~한 탓에

해설　「A とおりに B」는 'A대로 B를 한다'라는 문형이다. '안내소 사람의 말대로 해서 가게를 찾으러 걸어왔다는 의미가 되어야 하므로 정답은 1번이다.

2 先輩「この間、入ったばかりの人が急にやめてしまって困っているんだ。」
後輩「もしよかったら私に(　　)いただけませんか。その仕事前からやりたかったんです。」
1 手伝って　　　2 手伝えて　　　3 手伝われて　　　**4 手伝わせて**

정답　**4**　선배　요전에 들어온 지 얼마 안 된 사람이 갑자기 그만둬 버려서 난처해.
　　　　후배　만약 괜찮다면 제가 돕게 해 주시지 않겠어요? 그 일 전부터 해 보고 싶었어요.

단어　この間 요전, 일전 | 急に 갑자기 | 困る 곤란하다, 난처하다 | 手伝う 돕다

해설　'그 일이 전부터 해보고 싶었으니, 혹시 괜찮다면 내가 돕게 해 달라'라는 문장이다. 이 경우 허가를 구하는 겸양표현인「사역형(させて) + いただけませんか ~하게 해 주시지 않겠습니까?」를 사용해야 자연스럽다. 정답은「手伝う」를 사역형으로 활용한 4번「手伝わせて」이다.

---

3 新入社員はこれから2週間(　　)基礎教育を受けた後、各部署に配属されます。
1 にかけて　　　**2 にわたって**　　　3 を通じて　　　4 を始めとして

정답　**2**　신입사원은 지금부터 2주간에 걸쳐서 기초 교육을 받은 후, 각 부서에 배속됩니다.

단어　新入社員 신입사원 | 基礎 기초 | 教育 교육 | 部署 부서 | 配属 배속, 배치 | ~にかけて ~에 걸쳐 | ~に渡って ~에 걸쳐 | ~を通じて ~를 통해 | ~を始めとして ~를 시작으로

해설　뜻과 쓰임이 비슷해 혼동하기 쉬운「~にかけて」와「~に渡って」의 차이를 구분하여 기억해야 한다.「~にかけて」는「昨日から今日にかけて 어제부터 오늘에 걸쳐」처럼 '2개의 시간·장소'에 사용하며,「~に渡って」는「日本全域に渡って 일본 전역에 걸쳐」처럼 '광범위한 1개의 시간·장소'에 사용한다. 이 문장에서는 '2주간'이라는 1개의 시간이 나오므로 정답은 2번이다.

---

4 本日は特別講演としまして海外で20年以上活動を続けている今井博士に(　　)予定です。
1 お迎えになる　　　2 おいでになる　　　3 お招きいただく　　　**4 お越しいただく**

정답　**4**　오늘은 특별 강연으로서 해외에서 20년 이상 활동을 계속하고 있는 이마이 박사님을 모실 예정입니다.

단어　特別 특별 | 講演 강연 | 海外 해외 | 活動 활동 | 博士 박사 | 迎える 맞이하다 | おいでになる 가다(行く)·오다(来る)·있다(いる)의 존경어 | 招く 초대하다 | お越し 가심, 오심, 왕림

해설　특수 겸양어「お越し」와 공식을 사용한 겸양표현「お+명사·ます형+いただく (상대에게) ~해 받다」가 결합된 문형이다. 2번의「おいでになる」에도 '오시다'라는 뜻이 있지만 문제에서는 '우리 쪽이 박사님을 모실(오심을 받을) 예정'이므로「お越し」뒤에「いただく」가 접속한 형태인 4번이 답으로 적절하다.

---

5 はっきりした時間はわかりませんが、空港に(　　)電話をくれることになっています。
1 着かないうちに　　　**2 着き次第**　　　3 着いた末に　　　4 着いたおりに

정답　**2**　확실한 시간은 모르지만, 공항에 도착하자마자 전화해 주기로 되어 있습니다.

단어　はっきりした 확실한 | 空港 공항 | 着く 도착하다 | ~ないうちに ~하기 전에, ~하지 않는 동안에 | ~次第 ~하자마자 | ~末に ~한 끝에 | ~おりに ~일 때, ~한 기회에

해설　선택지 중 시간과 관련된 표현은 1번의「~ないうちに」와 2번의「~次第」이다. 문맥상 '공항에 도착하자마자(空港に着き次第)'가 되어야 의미가 이어지므로 정답은 2번이다.「~次第」는 ます형과 접속한다는 것도 반드시 기억해 두자.

6 映画の最後に主人公が「無事に任務を果たして(　　)」と言って倒れた時、皆が涙を流した。

1 ぞんじました　　2 おりました　　3 さしあげました　　**4 まいりました**

정답 **4** 영화 마지막에 주인공이 '무사히 임무를 마치고 왔습니다'라고 말하고 쓰러졌을 때, 모두가 눈물을 흘렸다.

단어 最後 최후, 마지막 | 主人公 주인공 | 無事に 무사히 | 任務 임무 | 果たす 다하다, 완수하다 | 倒れる 쓰러지다 | 涙 눈물 | 流す 흘리다 | 存じる 생각하다(思う)의 겸양어 | おる 있다(いる)의 겸양어 | 差し上げる 주다(上げる)의 겸양어 | 参る 가다(行く)·오다(来る)의 겸양어

해설 영화 주인공의 대사는 '임무를 다하고 왔다'라는 자신의 행위를 윗사람에게 보고하는 내용이므로 괄호 안에는 특수 겸양어인 「参りました」가 들어가야 한다.

---

7 故郷の両親になかなか会えないので1日(　　)電話しています。

1 たびに　　2 ずつに　　**3 おきに**　　4 すぎに

정답 **3** 고향의 부모님을 좀처럼 만나지 못해서 하루 걸러 전화하고 있습니다.

단어 故郷 고향 | ～たびに ～할 때마다 | ～ずつ ～씩 | ～おき ～걸러 (간격)

해설 「명사 + おきに」의 명사 자리에는 '거리, 시간, 수량'을 나타내는 표현이 들어가며, 어떠한 간격으로 같은 상황이 반복될 때 사용하는 표현이다. 이와 의미가 유사해 혼동하기 쉬운 문형으로는 「명사 + ごとに ～마다」가 있다. 「一日ごとに 매일마다」, 「2年ごとに 2년마다」 등의 예시를 통해 기억해 두자.

---

8 かぜをひいて学校を休んだ時、わざわざ家にノートを持って(　　)友だちに感謝したい。

1 きてくれた　　2 きてもらった　　3 きさえした　　4 きといわれた

정답 **1** 감기에 걸려 학교를 쉬었을 때, 일부러 집으로 노트를 가져와 준 친구에게 감사하고 싶다.

단어 わざわざ 일부러 | 休む 쉬다 | ノート 노트 | 感謝 감사 | ～さえ ～조차

해설 친구가 집에 노트를 가져와 준 상황이므로 '(상대가 나에게) ～을 해 주다'라는 수수표현이 들어가야 한다. 따라서 「～てくれる ～해 주다」를 활용한 1번이 정답이다.

---

9 図書館の利用は自由ですが、貸出を受けるときは登録を(　　)本を借りることはできません。

1 してからでないと　　2 してはじめて　　3 したからといって　　4 したことによって

정답 **1** 도서관 이용은 자유이지만, 대출을 할 때는 등록을 한 후가 아니면 책을 빌릴 수 없습니다.

단어 利用 이용 | 自由 자유 | 貸出を受ける (도서를) 대출하다 | 登録 등록 | 借りる 빌리다 | ～からでないと ～한 후가 아니면 | ～てはじめて ～하고 나서 비로소 | ～からといって ～라고 해서 | ～ことによって ～함에 따라

해설 「AしてからでないとB」은 'A를 한 후가 아니면 B는 불가능하다'라는 문형으로 뒷 부분에는 부정표현이 온다. '등록을 해야만 책을 빌릴 수 있다'는 의미의 문장이 되어야 하므로 1번이 정답이다. 의미만 보면 2번도 답이 될 수 있을 것 같지만 「～てはじめて」는 '～하고 나서야 비로소 ～하게 되었다'라는 의미로 뉘앙스에 차이가 있다.

연습문제 ③

問題7 다음 문장의 (   )에 넣기에 가장 적당한 것을 1·2·3·4에서 하나 고르세요.   문제편 241p

1 この店には有名人もよく来るというのを友だちに聞いて、冗談(   )に思っていたが本当に来て驚いた。
   1 ふくみ   2 範囲   3 続き   **4 くらい**

정답 **4** 이 가게에는 유명인도 자주 온다는 것을 친구에게 듣고, 농담 정도로 생각하고 있었는데, 정말로 와서 놀랐다.

단어 有名人 유명인 | 冗談 농담 | 驚く 놀라다 | ふくみ 포함 | 範囲 범위 | 続き 연결, 계속

해설 「명사 + くらい ~정도」는 「十分くらい 10분 정도」처럼 '대략적인 수량·정도'를 나타내기도 하며, 이 문장의 「冗談くらい 농담 정도」처럼 '앞에서 제시한 내용과 비슷한 정도'를 나타낼 때 사용하기도 한다.

---

2 娘は捨てられた子ネコが(   )という目でじっと見ていた。
   1 気の毒に違いない   **2 気の毒でならない**   3 気の毒に決まっている   4 気の毒どころではない

정답 **2** 딸은 버려진 아기 고양이가 가엾어서 견딜 수 없다는 눈으로 가만히 보고 있었다.

단어 捨てる 버리다 | 子ネコ 새끼 고양이 | じっと 가만히, 물끄러미 | 気の毒だ 딱하다, 가엾다 | ~に違いない ~임에 틀림없다 | ~て(で)ならない ~해서 견딜 수 없다, 너무 ~하다 | ~に決まっている ~인 것이 당연하다 | ~どころではない ~할 여유가 없다

해설 「~てならない」는 감정을 나타내는 동사나 형용사의 て형에 접속하며 '어떤 감정이나 감각이 너무 강해 억누를 수 없다'라는 의미의 문형이다. 「気の毒だ 불쌍하다, 가엾다」의 て형에 접속한 2번 「気の毒でならない 딱해서 견딜 수 없다」가 정답이다.

---

3 毎日アメリカのテレビドラマを(   )英語の聞き取りがずいぶんできるようになった。
   1 見ているうちに   2 見てきたように   3 見ようとすれば   4 見るとしたら

정답 **1** 매일 미국의 텔레비전 드라마를 보고 있는 사이에 영어 듣기가 꽤 능숙해 졌다.

단어 聞き取り 듣기, 청취 | ずいぶん 꽤, 상당히 | ~うちに ~하는 사이에

해설 「~うちに」는 '어떠한 상황이 진행되는 사이에(동안에)'라는 의미로 상태의 변화를 나타내는 표현이다. 또한 「うちに」 앞에 부정형이 와서 '~하지 않는 동안에', 즉 '~하기 전에'라는 의미의 문형으로도 사용하니 함께 기억해 두자.

---

4 お知らせします。午後の試験が(   )始まりますので受験生は教室に入ってください。
   1 たちまち   **2 まもなく**   3 やがて   4 ちょうど

정답 **2** 알립니다. 오후 시험이 곧 시작되니 수험생은 교실에 들어가 주세요.

단어 お知らせ 알림, 공지 | 受験生 수험생 | たちまち 곧, 금세 | まもなく 곧 | やがて 곧, 이윽고 | ちょうど 딱, 마침

해설 선택지 1, 2, 3번 모두 '곧'이라고 해석할 수 있으므로 뉘앙스의 차이를 구분해야 한다. 「たちまち」는 '예상치 못한 일이 갑자기 일어났을 때', 「まもなく」는 '어떤 동작·상황이 머지않아 일어날 때', 「やがて」는 '어떤 동작이 이루어지고 얼마 지나지 않아 다음 동작이 발생할 때' 사용한다. 정답은 2번이다

|5| これまで二人を温かく見守ってくださった皆様に心からお礼(　　)。

1 申し上げます　　2 頂戴します　　3 お願いいたします　　4 差し上げます

정답 1 지금까지 두 사람을 따뜻하게 지켜봐 주신 여러분께 진심으로 감사 말씀을 드립니다.

단어 見守る 지켜보다 | 申し上げる 말씀드리다 | 頂戴する 받다(もらう)의 겸양어 | お願いする 부탁드리다 | 差し上げる 주다(上げる)의 겸양어, 드리다

해설 '감사의 말'을 전하는 주체는 '나'이므로 말하는 이를 낮추는 겸양표현을 사용해야 한다. 따라서 괄호 안에는 「言う」의 겸양어인 「申し上げる」가 들어가야 한다. 정답은 1번이다.

|6| 日本でも活躍する歌手が世界に進出するようになってからその人気はますます高まる(　　)。

1 かぎりだ　　2 ようすだ　　3 一方だ　　4 連続だ

정답 3 일본에서도 활약하는 가수가 세계에 진출한 후에 그 인기가 점점 높아지기만 한다.

단어 活躍 활약 | 歌手 가수 | 進出 진출 | ますます 점점 더, 더욱 더 | ～限りだ ～할 따름이다 | 様子 모양, 모습 | ～一方だ 점점 ～해지다 | 連続 연속

해설 「～一方だ」는 '한 방향으로만 변화가 진행될 때'에 사용하며 긍정·부정 모두에 사용할 수 있는 표현이다. 또한 이 문장의 「高まる 높아지다」와 같이 변화를 나타내는 동사와 함께 사용한다는 것도 기억해 두자.

|7| 突然のことで混乱して、(　　)なんだかわからなくなってしまった。

1 なにを　　2 なにが　　3 なにも　　4 なんの

정답 2 갑작스러운 일로 혼란스러워서, 뭐가 뭔지 알 수 없게 되어 버렸다.

단어 突然 돌연, 갑자기 | 混乱 혼란

해설 「なにがなんだか 뭐가 뭔지」는 '어떤 상황이 잘 이해되지 않을 때' 쓰는 표현이다. 일상 회화에서도 자주 사용하니 하나의 관용표현으로 기억해 두자. 정답은 2번이다.

|8| お祝いを送ってくれた人には、あと(　　)きちんとお礼をした方がいい。

1 だけは　　2 までには　　3 でよりは　　4 からでも

정답 4 축하 선물을 보내준 사람에게는 나중에라도 제대로 답례를 하는 편이 좋다.

단어 お祝い 축하, 축의금, 축하 선물 | 送る 보내다 | お礼をする 사례를 하다, 답례를 하다

해설 「～からでも」는 시점을 나타내는 「から」와 조사 「でも」가 연결된 표현으로 '～에라도'라는 의미이다. 이 문장에서처럼 「後」와 연결해 「後からでも 나중에라도」라는 의미로 사용하는 경우가 많다.

|9| チームは地元の市民たちの応援に(　　)とうとう決勝にまで進出することになった。

1 よろこんで　　2 もとづいて　　3 こたえて　　4 はたして

정답 3 팀은 그 지역 시민들의 응원에 부응해 드디어 결승에까지 진출하게 되었다.

| 단어 | 地元 그 지역 | 応援 응원 | 決勝 결승 | 進出 진출 | 喜ぶ 기뻐하다, 좋아하다 | 基づく 기인하다, 기초로 하다 | 応える 대응하다, 부응하다 | 果たす 다하다, 완수하다

| 해설 | 「명사 + に応えて」는 '상대의 요구나 희망에 응하다'라는 의미의 문형이다. '시민들의 응원에 부응하여 결승에 진출했다'라는 문맥이 되어야 하므로 3번이 정답이다. 2번의 「~に基づいて ~를 토대로」도 함께 기억해 두자.

연습문제 ④

問題7 다음 문장의 (　　)에 넣기에 가장 적당한 것을 1·2·3·4에서 하나 고르세요.　　　문제편 242p

1 来週末まで、水道管の工事中(　　)、この道路は通行禁止となります。

　1 につき　　　2 につれ　　　3 にわたり　　　4 にしたがい

| 정답 | **1** 다음 주말까지 수도관 공사 중이므로, 이 도로는 통행금지가 됩니다.

| 단어 | 水道管 수도관 | 工事中 공사 중 | 道路 도로 | 通行 통행 | 禁止 금지 | ~につき ~이므로, ~에 대하여, ~당 | ~につれ ~함에 따라 | ~にわたり ~에 걸쳐 | ~にしたがい ~에 따라

| 해설 | 「명사 + につき」에는 이유·원인을 정중하게 말하는 '~이므로'와 '~에 대하여'의 격식 차린 표현 「~につき ~에 대하여」, 그리고 「一人につき1,000円 1인당 천 엔」처럼 단위의 기준을 나타내는 의미가 있다. 이 문장에서는 격식을 차려 이유를 알리는 표현으로 사용되었다. 2번 「~につれ」는 4번과 마찬가지로 '어떠한 상태의 변화에 따라서'라는 의미이므로 답으로는 적절하지 않다.

2 上司の冗談がおもしろくなかったら(　　)笑わなくてもいいでしょう。

　1 まさか　　　2 さらに　　　3 なにも　　　4 いわば

| 정답 | **3** 상사의 농담이 재미없다면 굳이 웃지 않아도 돼요.

| 단어 | 上司 상사 | 冗談 농담 | まさか 설마 | さらに 더욱이, 게다가 | いわば 말하자면

| 해설 | 「なにも」는 부사적으로 사용하면 '일부러, 별로, 구태여'라는 의미가 된다. 또한 이 문장에서처럼 부정어를 수반해 「なにも~なくて(も)いい 굳이 ~하지 않아도 된다」라는 문형으로도 사용한다.

3 向こうがそんな無理な要求をするなら、今後の取引はやめる(　　)。

　1 かぎりではない　　　2 しかない　　　3 おそれがある　　　4 いっぽうだ

| 정답 | **2** 상대방이 그런 무리한 요구를 한다면 앞으로 거래는 그만 둘 수밖에 없다.

| 단어 | 向こう 상대방, 맞은편 | 無理だ 무리이다 | 要求 요구 | 今後 향후, 앞으로 | 取引 거래 | ~しかない ~할 수밖에 없다 | ~おそれがある ~할 우려가 있다 | ~一方だ 점점 ~해지다

| 해설 | 「동사 기본형 + しかない」는 '그 외에 다른 수단·방법이 없어서 그렇게 할 수밖에 없다'라는 뉘앙스의 표현이다. 비슷한 표현인 「~ほかない·~よりほかない ~할 수밖에 없다」도 함께 기억해 두자.

| 4 | この店でコーヒーを飲む時は、いつも店の横に自転車を( )。

1 おかれてくれていた　　2 おかれていた　　3 おかせてやってきた　　**4 おかせてもらってきた**

정답 **4** 이 가게에서 커피를 마실 때는, 항상 가게 옆에 자전거를 두고 왔다.

단어 コーヒー 커피 | 横 옆 | 自転車 자전거

해설 「사역형(させて) + もらう」는 내가 어떤 행동을 하도록 상대에게 허가를 구할 때 사용하는 겸양표현이다. '상대에게 허락을 받고 자전거를 둔다'는 의미의 문장이므로 「自転車をおかせてもらってきた」라고 해야 한다. 정답은 4번이다.

| 5 | コーヒーの味を感じるためには砂糖を( )、いつもの半分ぐらいにすることを勧めます。

1 入れすぎずに　　2 入れるものなら　　3 入れすぎるにしても　　4 入れるくらいなら

정답 **1** 커피 맛을 느끼기 위해서는 설탕을 너무 많이 넣지 말고, 평소의 반 정도로 할 것을 권장합니다.

단어 砂糖 설탕 | 勧める 권하다, 권장하다, 추천하다 | ～ものなら ～(라)면

해설 「ます형 + すぎる」에 부정형 조동사 「ず」가 연결된 1번 「入れすぎずに 너무 많이 넣지 말고」가 정답이다. 「ず」 앞에 오는 동사가 「する」일 경우에는 「せずに」가 된다는 점도 기억해 두자.

| 6 | 動物園の入口が見えた( )、子供たちは駆け出した。

1 うちに　　**2 とたん**　　3 すきに　　4 あいだ

정답 **2** 동물원 입구가 보인 순간, 아이들은 뛰기 시작했다.

단어 動物園 동물원 | 駆け出す 뛰기 시작하다, 달려 나가다 | ～うちに ～하는 사이에 | ～たとたん ～한 순간, ～하자마자 | ～すきに ～인 사이(틈)에

해설 동사 た형에 접속하는 「～たとたん」은 하나의 동작이 끝난 후 바로 다른 동작이 발생할 때 사용하는 표현이다. '입구가 보이자마자 아이들이 뛰었다'라는 문맥이므로 2번이 정답이다. 비슷한 표현인 「ます형 + 次第 ～하자마자, 즉시」도 함께 기억해 두자.

| 7 | 人間が( )100mを10秒で走るとしたら、時速40kmで走る車とほとんど同じスピードだ。

1 まして　　**2 かりに**　　3 わずか　　4 かつて

정답 **2** 인간이 가령 100m를 10초에 달린다고 하면, 시속 40km로 달리는 차와 거의 같은 속도이다.

단어 時速 시속 | 秒 초 | 走る 뛰다, 달리다 | スピード 스피드 | まして 더구나, 하물며 | かりに 만약, 가령 | わずか 얼마 안 되는, 근소한 | かつて 일찍이, 예전에

해설 「かりに～としたら 가령 ～한다면」은 가정표현에 사용하는 문형이다. 「かりに」는 이 외에도 '임시로, 시험 삼아서'라는 의미로 사용하기도 한다.

| 8 | 学齢人口が減って入学が楽になると思ったが、競争はむしろ( )ばかりだった。

1 厳しさ　　2 厳しくする　　3 厳しい　　**4 厳しくなる**

정답 **4** 학령 인구가 줄어서 입학이 편해질 거라 생각했는데, 경쟁은 오히려 심해지기만 했다.

[단어] 学齢人口 학령 인구, 취학 연령 인구 | 減る 줄어들다 | 競争 경쟁 | むしろ 오히려, 도리어 | 厳しい 엄하다, 혹독하다 | ～ばかりだ ～하기만 하다

[해설] 「～ばかりだ」는 상태의 변화를 나타내는 동사의 기본형에 접속해 '변화가 나쁜 방향으로만 진행됨'을 나타낼 때 사용한다. 선택지 중 동사는 2번과 4번이지만, 둘 중 상태의 변화를 나타내는 동사는 「형용사 + なる ～해 지다」이므로 정답은 4번이다.

---

9 最初は話すのが恥ずかしかったが、アルバイトを続けている(　　)お客さんとも親しくなった。

1 うちに　　　　　2 ときに　　　　　3 おりに　　　　　4 ついでに

[정답] **1** 처음에는 이야기하는 것이 부끄러웠지만, 아르바이트를 계속하는 동안에 손님과도 친해졌다.

[단어] 最初 최초, 처음 | 恥ずかしい 부끄럽다, 창피하다 | 続ける 계속하다 | 親しい 친하다 | ～おりに ～(일) 때 | ～ついでに ～하는 김에

[해설] 「～うちに」는 '어떠한 상황이 진행되는 사이에(동안에)'라는 의미로 뒤에는 상태의 변화를 나타내는 서술어가 온다. 이 문장에서처럼 「진행형 ている + うちに」의 형태로 자주 사용한다.

問題 8 문장 만들기
연습문제 정답 및 해설

정답

연습문제 ①
- **1** 1 (4→3→1→2)
- **2** 4 (2→1→4→3)
- **3** 2 (4→3→2→1)
- **4** 3 (2→3→1→4)
- **5** 3 (4→2→3→1)
- **6** 2 (3→1→2→4)
- **7** 1 (2→4→1→3)
- **8** 2 (3→4→2→1)

연습문제 ②
- **1** 4 (2→3→4→1)
- **2** 1 (2→4→1→3)
- **3** 2 (4→1→2→3)
- **4** 4 (3→2→4→1)
- **5** 2 (3→4→2→1)
- **6** 4 (3→1→4→2)
- **7** 2 (3→4→2→1)
- **8** 1 (3→1→2→4)

연습문제 ③
- **1** 2 (4→3→2→1)
- **2** 2 (4→1→2→3)
- **3** 4 (3→2→4→1)
- **4** 1 (2→4→1→3)
- **5** 2 (4→3→2→1)
- **6** 4 (3→2→4→1)
- **7** 3 (2→4→3→1)
- **8** 2 (3→4→2→1)

연습문제 ①

問題8 다음 문장의 ★ 에 들어갈 가장 적당한 것을 1·2·3·4에서 하나 고르세요. 문제편 244p

1 A「ドラマ『春の海』はどうなった？」
B「主人公がミナに会いに ___ ___ ★ ___ だったけど、次が楽しみだね。」
1 ところ　　2 まで　　3 という　　4 家を出る

정답 1 (4→3→1→2) A 드라마 '봄의 바다'는 어떻게 됐어?"
B 주인공이 미나를 만나러 집을 나가는 장면까지였는데, 다음이 기대돼.

단어 ドラマ 드라마 | 楽しみ 즐거움, 기대됨

해설 「ます형 + に ~하러」다음에는 동사가 나와야 하므로 「会いに」 뒤에는 「家を出る(4)」가 연결되어야 한다. 따라서 4번은 첫 번째에 위치하며, 나머지를 문맥에 맞게 나열하면 '집을 나가는 장면까지(4→3→1→2)'의 순서가 된다.

2 親が子供にいい大学を勧めるのは ___ ___ ★ ___ でしょう。
1 と　　2 苦労させたくない　　3 からこそ　　4 思う

정답 4 (2→1→4→3) 부모가 아이에게 좋은 대학을 권하는 것은 고생시키고 싶지 않다고 생각하기 때문이겠지요.

단어 勧める 권하다 | 苦労 고생

[해설] 문말표현「～と思う ～라고 생각하다」는 한 묶음이므로 1→4의 순서가 되며, 이유를 강조하는「からこそ ～이기 때문에(3)」는 앞에 구체적인 이유가 나와야 하므로 맨 앞에 2번이 들어가 '고생시키고 싶지 않다고 생각하기 때문(2→1→4→3)'의 순서가 되는 것이 자연스럽다.

---

3 一人で暮らす高齢者が問題になっている。ただ実際は子供の ＿＿＿ ＿＿＿ ★ ＿＿＿ 事実だ。
　1 多いのも　　2 人が　　3 なんていう　　4 世話になりたくない

[정답] **2** (4→3→2→1) 혼자 사는 고령자가 문제가 되고 있다. 다만, 실제로는 자녀에게 신세지고 싶지 않다고 하는 사람이 많은 것도 사실이다.

[단어] 暮らす 살다, 생활하다｜高齢者 고령자｜実際 실제｜世話になる 신세를 지다

[해설]「の」는 명사와 명사를 연결하는 역할을 하므로「子供の」뒤에는 명사가 나와야 한다. 따라서 첫 번째 밑줄에 들어갈 수 있는 것은 2번과 4번이다.「なんていう ～라고 하는(3)」은「などという」의 회화체로 남에게 들은 내용을 전달할 때 사용하므로 의미상 '신세지고 싶지 않다고 하는 사람이 많은 것도(4→3→2→1)'의 순서가 되어야 한다.

4「病は気から」＿＿＿ ★ ＿＿＿ ＿＿＿ だ。いつも明るい心を持ち続けよう。
　1 よく言った　　2 とは　　3 昔の人は　　4 もの

[정답] **3** (2→3→1→4) '병은 마음에서부터'라고 옛날 사람들은 자주 말하곤 했다. 늘 밝은 마음을 가지자.

[단어] 病 병｜昔 옛날｜続ける 계속하다

[해설]「～とは」는 직역하면 '～라는 것은'이라는 뜻이지만, 이 외에도「～と ～라고」를 강조하는 용법으로 사용하기도 한다. 따라서「とは(2)」는 첫 번째 밑줄에 들어가며,「동사 た형 + ものだ ～하곤 했다」는 '과거에 반복적으로 일어난 일을 회상'할 때 사용하는 문형이므로 문맥상 3→1→4가 한 묶음이 된다.

---

5 ここに住む人達が何を望んでいるか ＿＿＿ ＿＿＿ ★ ＿＿＿ 市がすべきことがわかる。
　1 初めて　　2 本当の声を　　3 聞いて　　4 住民の

[정답] **3** (4→2→3→1) 여기에 사는 사람들이 무엇을 바라고 있는지 주민의 진정한 목소리를 듣고 나서야 비로소 시가 해야 하는 일을 알 수 있다.

[단어] 住む 살다｜望む 바라다｜市 시｜住民 주민

[해설] 1번은「～て初めて ～하고 나서야 비로소」라는 문형이므로 3→1은 한 묶음이 되어야 한다. 명사끼리 연결할 때는 '명사의 명사'의 형태가 되므로 4→2도 한 묶음이다. 선택지를 의미가 연결되도록 나열하면 '주민의 진정한 목소리를 듣고 나서야 비로소(4→2→3→1)'의 순서가 된다.

---

6 人気のある舞台だったので ＿＿＿ ＿＿＿ ★ ＿＿＿ のに結局見られずに終わってしまった。
　1 しておけば　　2 ゆっくり　　3 予約さえ　　4 見ることができた

[정답] **2** (3→1→2→4) 인기 있는 무대였기 때문에 예약만 해 두면 충분히 볼 수 있었을 텐데, 결국 못 보고 끝나 버렸다.

[단어] 人気 인기｜舞台 무대｜結局 결국｜ゆっくり 느긋하게, 충분히｜予約 예약

[해설] 「~さえ~ば ~만 ~하면」은 '최소한의 조건'을 나타내는 하나의 문형으로 '3→1'은 한 묶음이며, 「ゆっくり(2)」는 동사 앞에 와야 하는 부사이므로 '2→4'도 한 묶음이다. 또한 「のに」는 보통체에 접속하므로 4번이 맨 마지막에 오는 3→1→2→4의 순서가 된다.

---

7 客 「あさって5時に予約した山田ですが、都合が悪くなって ＿＿ ＿＿ ★ ＿＿ 無理ですか。」
　　 店員「あさっての7時…。はい、だいじょうぶですよ。じゃあ、お待ちしています。」

　　1 変えてもらえれば　　　2 できたら　　　3 行けるんですが　　　4 7時からに

[정답] **1** (2→4→1→3) 손님　모레 5시에 예약한 야마다인데요, 사정이 좋지 않아서 가능하다면 7시부터로 바꿔주실 수 있으면 갈 수 있는데 무리일까요?
　　　　　　점원　내일모레 7시…. 네, 괜찮습니다. 그럼 기다리고 있겠습니다.

[단어] 予約 예약 | 都合が悪い 사정이 좋지 않다, 상황이 안 되다 | 無理 무리

[해설] '사정이 안 좋으니 모레 7시 이후로 예약 시간을 바꿔 줄 수 있으면 갈 수 있다'라는 내용의 문장이 되어야 한다. 선택지에 조건·가정 표현이 두 개 있기 때문에 배열하는 데 주의가 필요하다. 「変えてもらえれば 바꿔 줄 수 있으면(1)」앞에는 바꾸고 싶은 대상이 나와야 하므로 4→1은 한 묶음이다. 밑줄 뒤의 '무리입니까' 앞에 「できたら 가능하면(2)」이 오면 문장이 어색해 지므로 2→4→1→3의 순서로 배열해야 한다.

---

8 今日の会議は8人出席予定だからお茶やお菓子 ＿＿ ＿＿ ★ ＿＿ だいじょうぶでしょう。

　　1 あれば　　　2 も　　　3 は　　　4 10人分

[정답] **2** (3→4→2→1) 오늘 회의는 여덟 명 출석 예정이니까, 차나 과자는 10인분 정도 있으면 괜찮겠지요.

[단어] 会議 회의 | 出席 출석 | 予定 예정 | お菓子 과자

[해설] 조사 「も」앞에 수량을 나타내는 명사가 나오면 '~(이)나, ~(이)면'이라는 뜻이 되며 '대략의 정도'를 나타낼 때 사용한다. 4→2는 한 묶음으로 '10인분 정도'라는 의미가 되며, 「お茶やお菓子」뒤에는 조사가 나와야 하므로 3→4→2→1의 순서가 자연스럽다.

연습문제 ②

問題8　다음 문장의 ★ 에 들어갈 가장 적당한 것을 1·2·3·4에서 하나 고르세요.　　　문제편 245p

1 ここから ＿＿ ＿＿ ★ ＿＿ 先に食事をしてから行くことにしましょう。

　　1 充分あるから　　　2 バスで行くか電車で行くか　　　3 いずれにしても　　　4 時間は

[정답] **4** (2→3→4→1) 여기서 버스로 갈지 전철로 갈지, 어느 쪽이든 시간은 충분히 있으니까 먼저 식사를 하고 나서 가기로 합시다.

[단어] 充分 충분 | 食事 식사 | いずれにしても 어느 쪽이든, 어차피

[해설] 「いずれにしても」는 '몇 개의 선택지나 조건 중에서 어떤 것을 골라도 결과는 같다'라는 의미이다. 즉, 앞에는 '둘 이상의 선택지나 조건'이 나와야 하므로 2→3은 한 묶음이 된다. 또한 「時間は(4)」뒤에는 술어가 필요하므로 동사의 역할을 하는 1번이 연결된다. 2→3→4→1의 순서가 적당하다.

2 仕事で人に会った時 _____ _____ ★ _____ ことがある。

1 その人の名前を　　　2 数日前に会った　　　3 覚えていない　　　4 はずなのに

정답 1 (2→4→1→3) 업무로 사람을 만났을 때, 며칠 전에 만났을 텐데 그 사람의 이름을 기억하지 못하는 경우가 있다.

단어 数日前 수일 전, 며칠 전 | 覚える 기억하다

해설 1번의 「名前を」뒤에는 술어가 와야 하며 의미상 '이름을 기억하고 있지 않다(1→3)'가 한 묶음이 된다. 4번의 「のに」는 문장 중간에 들어가 '예상과 다른 결과가 된 데에 대한 놀람, 불만' 등을 나타내는 표현이다. 따라서 선택지를 의미가 이어지도록 나열하면 '며칠 전에 만났을 텐데 그 사람의 이름을 기억하지 못한다(2→4→1→3)'의 순서가 된다.

---

3 「日本料理まつり」では _____ _____ ★ _____ ラーメンなど人気のメニューも多い。

1 をはじめとする　　　2 有名な伝統料理　　　3 に加えて　　　4 天ぷらや寿司

정답 2 (4→1→2→3) '일본 요리 축제'에는 튀김이나 초밥을 비롯한 유명한 전통 요리와 함께 라면 등 인기 메뉴도 많다.

단어 まつり 축제 | 有名だ 유명하다 | 伝統 전통 | ~に加えて ~에 더해서, ~와 함께 | 天ぷら 튀김 | 寿司 초밥

해설 「명사 + をはじめ ~를 비롯해(1)」는 대표가 되는 것을 예로 든 후 '그것을 필두로 다른 것도'라고 할 때 사용하는 표현이다. 따라서 1번 앞에는 명사가 와야 하므로 의미상 '유명한 전통 요리(2)'의 예인 4번이 맨 앞에 들어가 4→1→2의 순서가 되며, 그 뒤로 「に加えて(3)」가 연결되어야 자연스럽다.

---

4 選手たちはスタート地点にならんで _____ _____ ★ _____ のを待っていた。

1 合図が鳴る　　　2 飛び出しそうなほど　　　3 今すぐにでも　　　4 緊張しながら

정답 4 (3→2→4→1) 선수들은 출발 지점에 서서 당장이라도 뛰어나갈 것처럼 긴장하면서 신호가 울리는 것을 기다리고 있었다.

단어 選手 선수 | スタート 스타트, 출발 | 地点 지점 | 並ぶ 늘어서다, 줄지어 서다 | 合図 신호 | 鳴る 울리다 | 飛び出す 뛰어나가다 | 緊張 긴장

해설 「今にも ~そうだ」는 '당장이라도 ~할 것 같다'라는 뜻의 문형이므로 3→2는 한 묶음이 된다. 마지막 밑줄 뒤에는 동사를 명사화하는 조사 「の」가 있으므로 마지막 밑줄에는 1번밖에 들어갈 수 없다. 따라서 3→2→4→1의 순서가 된다.

---

5 外国文学を翻訳 _____ _____ ★ _____ 点は、言葉の背景になる環境の違いを伝えることだ。

1 すべき　　　2 配慮　　　3 する　　　4 上で

정답 2 (3→4→2→1) 외국 문학을 번역하는 데 있어서 배려해야 할 점은, 언어의 배경이 되는 환경의 차이를 전달하는 것이다.

단어 文学 문학 | 翻訳 번역 | 背景 배경 | 環境 환경 | 伝える 전달하다 | 配慮 배려

해설 당위성을 나타내는 「すべき ~해야할(1)」은 「명사 + すべき + 명사」의 형태로 사용하므로 「配慮すべき(2→1)点」이 되어야 하며, 「동사 보통형 + 上で」는 '~함에 있어서, ~하는 경우에'라는 뜻이므로 의미상 「~する上で配慮すべき(3→4→2→1)」로 이어져야 자연스럽다.

6 A「1週間ぐらい休みをとろうと思ってるんだ。最近仕事が忙しくて家でもよく寝られないし。」
B「それがいいよ。疲れていると ＿＿＿ ＿＿＿ ★ ＿＿＿ 思よ。」

1 んだったら　　　2 ことはないと　　　3 感じる　　　4 無理する

정답 4 (3→1→4→2) A 일주일 정도 휴가를 내려고 생각하고 있어. 최근 일이 바빠서 집에서도 잠을 잘 못 자고 말이지.
B 그게 좋아. 지쳤다고 느낀다면 무리할 필요는 없다고 생각해.

단어 休み 휴일, 휴가 | 最近 최근 | 疲れる 지치다 | 無理する 무리하다

해설 「～と思う」의 형태가 되어야 하므로 마지막 밑줄에는 2번이 들어간다. 「んだったら」는 「のだとしたら」의 회화체로 조건·가정의 표현이므로 동사와 함께 연결하여 '지쳤다고 느낀다면(3→1)'의 순서가 되어야 한다. 문맥상 3→1→4→2의 순서가 적당하다.

---

7 テレビで見るマラソン選手の ＿＿＿ ＿＿＿ ★ ＿＿＿ 自分にはできっこない。

1 走り続けるなんて　　　2 休まず　　　3 ように　　　4 その間を一度も

정답 2 (3→4→2→1) TV에서 보는 마라톤 선수처럼 그 사이를 한 번도 쉬지 않고 계속 달리다니, 나에게 가능할 리 없다.

단어 マラソン 마라톤 | 一度も 한 번도 | ～っこない ～할 리가 없다

해설 「～のように ～처럼(3)」은 비유표현으로 하나의 문형이므로 첫 번째 밑줄에는 3번이 들어간다. 「一度も 한 번도」 뒤에는 부정어가 함께 나와야 하므로 4→2 역시 한 묶음이다. 따라서 문맥에 맞게 선택지를 나열하면 '(선수)처럼 한 번도 쉬지 않고 계속 달리다니(3→4→2→1)'의 순서가 된다.

---

8 A「今度、ヨーロッパを一人旅するんですって？」
B「ええ。 ＿＿＿ ★ ＿＿＿ のことなんですが。」

1 ヨーロッパにいる　　　2 友人を　　　3 とはいっても　　　4 頼って

정답 1 (3→1→2→4) A 이번에 유럽을 혼자서 여행한다면서?
B 응. 그렇다고는 해도 유럽에 있는 친구를 의지해서 하는 거지만.

단어 一人旅 혼자서 하는 여행, 1인 여행 | 友人 친구 | 頼る 의지하다

해설 「とはいっても ～라고는 해도(3)」는 앞의 내용과 상반되거나 모순되는 내용을 연결하는 표현이다. 이 문제에서는 첫 번째 밑줄에 들어가 앞의 내용을 받아서 연결하는 역할을 한다. 동사는 명사를 수식하는 역할을 하므로 '유럽에 있는 친구를(1→2)'은 한 묶음이 되며, 남은 4번을 의미가 이어지도록 나열하면 3→1→2→4의 순서가 된다.

◀ 연습문제 ③

問題8 다음 문장의 ＿★＿ 에 들어갈 가장 적당한 것을 1·2·3·4에서 하나 고르세요. 　문제편 246p

1 どうしても ＿＿＿ ＿＿＿ ★ ＿＿＿ けれど、点が入った時は本当にうれしかった。

1 サッカーの試合だった　　　2 出ることになった　　　3 といわれて　　　4 人が足りない

정답 2 (4→3→2→1) 어떻게 해도 사람이 부족하다고 들어서 나가게 된 축구 시합이었지만 득점했을 때는 정말로 기뻤다.

| 단어 | どうしても 어떻게 해도, 아무리 해도 | 点が入る 득점하다, 골이 들어가다 | 試合 시합 | 足りない 부족하다 |
| 해설 | 「どうしても~ない 아무리 해도 ~하지 않다, ~수 없다」는 하나의 문형이므로 첫 번째 밑줄에는 4번이 들어가며, 문맥상 '사람이 부족하니 시합에 나가 달라'는 말을 들은 것이므로 4→3의 순서로 연결된다. 남은 동사는 명사를 수식하므로 '2→1'의 순서가 되어 4→3→2→1로 나열되어야 한다.

---

2 スマートフォンであちこちのサイトを＿＿＿ ＿＿＿ ★ ＿＿＿ 多いそうだ。

1 のぞいている人たちは　　2 情報に対して受動的で　　3 自分の考えを持たない人が　　4 暇さえあれば

| 정답 | **2** (4→1→2→3) 스마트폰으로 여기저기 사이트를 틈만 나면 들여다보는 사람들은 정보에 대해 수동적이고 자신의 생각을 갖지 않은 사람이 많다고 한다.
| 단어 | スマートフォン 스마트폰 | サイト (웹) 사이트 | のぞく 들여다보다 | 情報 정보 | 受動的 수동적 | 暇 틈, 여유
| 해설 | 문맥상 '(여기저기를) 틈만 나면 들여다보는 사람은(4→1)'의 순서로 맨 앞으로 와야 한다. 2번의 '수동적이고(受動的で)'에서 「で」는 '열거'의 용법이므로 2→3으로 연결되어 4→1→2→3의 순서가 되어야 자연스러운 문장이 된다.

---

3 今年も多くの観光客が訪れた。この祭りは＿＿＿ ＿＿＿ ★ ＿＿＿ 100年以上続いている。

1 として　　2 に欠かせない　　3 年末　　4 行事

| 정답 | **4** (3→2→4→1) 올해도 많은 관광객이 방문했다. 이 축제는 연말에 빼놓을 수 없는 행사로서 100년 이상 이어지고 있다.
| 단어 | 観光客 관광객 | 訪れる 방문하다 | 祭り 축제 | 欠かせない 빠뜨릴 수 없다, 빼놓을 수 없다 | 行事 행사
| 해설 | 「~として ~로서(1)」와 「~に欠かせない ~빼놓을 수 없다(2)」는 둘 다 명사에 접속한다. 명사인 '연말'과 '행사'를 의미가 이어지도록 나열하면 「年末に欠かせない行事として(3→2→4→1)」의 순서가 적당하다.

---

4 昨日先生が朝5分早く起きる＿＿＿ ＿＿＿ ★ ＿＿＿ 言ったが、その5分が難しい。

1 遅刻が減る　　2 ようにする　　3 ようになると　　4 ことで

| 정답 | **1** (2→4→1→3) 어제 선생님이 아침에 5분 일찍 일어나도록 하는 것으로 지각이 줄어들게 된다고 했지만, 그 5분이 어렵다.
| 단어 | 起きる 일어나다 | 遅刻 지각 | 減る 줄다
| 해설 | 「~ようにする ~하게 하다」와 「~ようになる ~하게 되다」는 동사에 접속한다. '하다'와 '되다'의 차이를 생각하면서 밑줄 앞의 「起きる」와 「遅刻が減る(1)」에 의미가 이어지도록 나열하면 '5분 일찍 일어나도록 하는 것으로 지각이 줄어들게 된다고(2→4→1→3)'의 순서가 되는 것이 자연스럽다.

---

5 日本で観光客が＿＿＿ ＿＿＿ ★ ＿＿＿ 所が有名だが、最近は地方に出かける人も多い。

1 東京や京都といった　　2 普通は　　3 観光地というと　　4 多く訪れる

| 정답 | **2** (4→3→2→1) 일본에서 관광객이 많이 방문하는 관광지라고 하면 보통은 도쿄나 교토 같은 곳이 유명한데, 최근에는 지방으로 가는 사람도 많다.
| 단어 | 観光客 관광객 | 有名だ 유명하다 | 地方 지방 | 出かける 나가다, 외출하다 | 観光地 관광지

해설 「명사 + というと」는 화제를 제시할 때 쓰며 「명사 + といった ~와 같은」은 대표적인 예를 들어 설명할 때 쓴다. '관광객이 많이 방문하는 대표적인 관광지'라는 내용이 되어야 하므로 4→3이 한 묶음이며, 그 후에 '도쿄나 교토와 같은(1)'이라고 대표적인 관광지의 예를 드는 것이 문맥상 자연스럽다. 남은 2번을 포함해 의미가 이어지도록 나열하면 4→3→2→1의 순서가 된다.

---

6 子供のころ一緒に育った友人と話しながらあの頃は ＿＿ ＿＿ ★ ＿＿ ことを思い出した。
　1 時期だった　　2 遊びまわる　　3 いつも二人で　　4 毎日を過ごした

정답 4 (3→2→4→1) 어릴 적 함께 자란 친구와 이야기하면서 그 무렵은 항상 둘이서 놀러 다니던 매일을 보내던 시기였다는 것을 떠올렸다.

단어 育つ 자라다 | 友人 친구 | 思い出す 떠올리다 | 時期 시기 | 遊びまわる 놀러 다니다 | 過ごす 지내다, 보내다

해설 1번과 4번은 둘 다 과거형으로 맨 마지막에 올 수 있다. 이런 경우에는 선택지만으로 자연스러운 문장을 만들어 보는 것이 좋다. 3번의 '둘이서(二人で)' 뒤에는 '~를 한다'는 술어가 와야 하므로 3→2은 한 묶음이며, 문맥상 '항상 둘이서 놀러 다니던 매일을 보내던 시기였다(3→2→4→1)'의 순서가 적당하다.

---

7 被害にあった人の経験を ＿＿ ＿＿ ★ ＿＿ さらに被害を大きくしてしまうこともある。
　1 防げないだけでなく　　2 生かさないと　　3 被害も　　4 防げるはずの

정답 3 (2→4→3→1) 피해를 당한 사람의 경험을 살리지 않으면, 막을 수 있는 피해도 막을 수 없을 뿐만 아니라 피해를 더욱 크게 만들어 버리는 경우도 있다.

단어 被害にあう 피해를 입다 | 経験 경험 | 防ぐ 막다, 방지하다 | 生かす 살리다, 활용하다

해설 「経験を生かす 경험을 살리다」는 관용표현이므로 2번은 첫 번째 밑줄에 들어가야 하며, 4번의 「防げるはずの」의 조사 「の」 다음에는 명사가 와야 하므로 4 → 3은 한 묶음이다. 남은 선택지를 의미가 연결되게 나열하면 '(당연히) 막을 수 있는 피해도 막을 수 없을 뿐만 아니라(2→4→3→1)'의 순서가 된다.

---

8 長い時間車に乗るのが苦手な私が ＿＿ ＿＿ ★ ＿＿ だと思います。
　1 バスに乗ったから　　2 薬を飲んでから　　3 吐かないで済んだのは　　4 乗る前に買っておいた

정답 2 (3→4→2→1) 오랜 시간 차를 타는 것이 질색인 내가 토하지 않고 끝난 것은, 타기 전에 사 둔 약을 먹고서 버스를 탔기 때문이라고 생각합니다.

단어 苦手だ 잘 못하다, 질색이다, 거북하다 | 薬 약 | 吐く 토하다 | 済む 끝나다, 해결되다

해설 의미상 첫 번째 밑줄에 들어가는 3번의 「吐かないで済んだのは」는 「て형 + 済む ~로 끝나다, ~로 해결되다」를 활용한 표현이다. 또한 2번의 「AてからB」는 'A를 한 후에 B를 하다'라는 문형이므로 '약을 마신 후에 버스를 탔기 때문(2→1)'의 순서가 된다. 남은 선택지를 의미가 이어지도록 나열하면 3→4→2→1이 된다.

問題 9 글의 문법

연습문제 정답 및 해설

정답

연습문제 ① 1 3   2 1   3 4   4 2   5 2
연습문제 ② 1 4   2 1   3 2   4 3   5 4

연습문제 ①

問題9 다음 글을 읽고, 글 전체의 내용을 고려하여 1 에서 5 안에 들어갈 가장 적당한 것을 1·2·3·4에서 하나 고르세요.

문제편 248p

우리의 입장 1 에서 생각하면 미국을 포함하여 서양 사회에는 거울이 너무 많다. 커버를 덮지 않고 그대로 드러낸 거울이 여기저기에 아무렇게나 놓여 있다. 일본인에게 있어서 그것은 적잖이 창피한 경험이다. …이 창피함 내지 안정감 없음은 우리의 거울에 대한 태도를 생각할 때 매우 중요하다. 아마도 우리 일본인은 필요할 때 이외에 자신의 모습을 거울에 비춰 보는 것에 심리적인 저항(거부감)을 2 느껴 버리는 것이다.

나의 지인 중 한 명은 언젠가 호텔에서 원고를 집필하게 되었는데, 결국 아무것도 쓰지 못했다는 경험을 가지고 있다. 그 이유는 3 거울이다. 호텔 실내의 책상은 종종 경대(화장대) 겸용이다. 거기 앉아서 참고 서류를 펼치고 '자', 하고 펜을 잡으면 정면에 자신의 모습이 4 비치고 있다. 그런 자신의 모습이 아무래도 눈에 거슬리고 구속적이이어서 5 전혀 일이 진행되지 않았다는 것이다. 자신의 모습을 보는 것이 우리는 서투른 것이다.

(가토 히데토시『생활의 사상』주코분코)

[단어] われわれ 우리들 | 立場 입장 | ふくめる 포함하다 | 西洋 서양 | 鏡 거울 | カバー 커버, 덮개, 뚜껑 | むき出し 드러남, 노출함 | 無造作に 대수롭지 않게, 아무렇게나 | すくなからず 적잖이, 매우 | 気恥ずかしい 조금 창피하다 | ないし 내지, 혹은 | 落ち着き 안정됨, 차분함 | 態度 태도 | きわめて 매우, 극히 | 重要だ 중요하다 | おのれ 자기 자신 | 抵抗 저항, 거부감 | 原稿 원고 | 執筆 집필 | 室内 실내 | しばしば 종종 | 鏡台 경대, 화장대 | 兼用 겸용 | 参考 참고 | 書類 서류 | 真正面 정면 | 目ざわり 눈에 거슬림 | 拘束的 구속적 | すすむ 나아가다, 진행하다

| 1 | 1 からといって　　2 からには　　3 からいえば　　4 からではなく |

정답 3

해설 「〜からいえば 〜からみれば」은 특정 입장·관점에서 판단하거나 평가할 때 사용하는 표현이다. 괄호 앞에 '우리(일본인)의 입장'이라는 단어를 직접적으로 제시하고 있으므로 정답은 3번이다.

| 2 | 1 感じてしまうのである　　2 感じるはずはないだろう
3 感じてもさしつかえない　　4 感じるどころではない |

정답 1

해설 '일본인은 자신의 모습을 거울에 비춰보는 것에 심리적인 저항(거부감)을 느낀다'라는 문맥의 문장이다. 선택지를 보면「感じる 느끼다」뒤에「〜てしまうのである 〜(하)게 돼 버리는 것이다」,「〜はずはないだろう 〜(할) 리는 없을 것이다」,「〜てもさしつかえない 〜해도 상관없다」,「〜どころではない 〜할 때가 아니다」가 있다. 문장의 의미와 자연스럽게 연결되는 1번이 정답이다.

| 3 | 1 その鏡　　2 日本の鏡　　3 自分の鏡　　4 鏡 |

정답 4

해설 지시어가 가리키는 바를 찾는 문제의 답은 주로 지시어 앞 문장에 있지만, 이번 문제처럼 지시어 뒤에 나오는 경우도 있으니 주의하자. 지시어 앞뒤 내용을 정리해 보면 '지인이 호텔에서 원고를 썼는데 결국 아무것도 쓰지 못했다→ 3 →호텔 책상에 경대가 있었다'로 이어진다. 따라서 '그 이유'가 가리키는 것은 뒷 문장의 '경대'이다. 「鏡台」란 '화장대'를 가리키며 글의 내용으로 볼 때 화장대에 붙어 있는 '거울', 즉 4번이 정답이다.

| 4 | 1 うつるとは限らない　　2 うつっている
3 うつらないものでもない　　4 うつりつつある |

정답 2

해설 선택지는 모두「うつる 비치다」를 활용한 표현이다. 1번「〜とは限らない 〜라고는 할 수 없다」와 3번「〜ないものでもない 〜하지 못할 것도 없다」는 문맥상 의미가 통하지 않아 답이 될 수 없고, 4번의「〜つつある 〜하고 있다」는 지속되는 상황에 사용하는 표현이므로 답이 될 수 없다. 정답은 2번이다.

| 5 | 1 あいにく　　2 さっぱり　　3 しきりに　　4 めったに |

정답 2

해설 선택지 중 부정어와 함께 쓸 수 있는 것은 2번의「さっぱり〜ない 전혀 〜하지 않다」와 4번의「めったに〜ない 좀처럼 〜하지 않다」이다.「めったに〜ない」는 '어떤 일이 일어나는 빈도수가 매우 낮다, 드물다, 흔하지 않다'라는 표현이므로 맥락상 답이 될 수 있는 것은 2번이다.

연습문제 ②

問題 9 다음 글을 읽고, 글 전체의 내용을 고려하여 [1] 에서 [5] 안에 들어갈 가장 적당한 것을 1·2·3·4에서 하나 고르세요.

문제편 250p

> 천체 망원경을 통해 처음으로 토성의 테두리를 육안으로 본 아이들이나 어머님의 환희하는 모습에는 진심으로 감동했다. 그는 이 감동이야말로 지금 우리들이 [1] 잃어버리고 있는 가장 소중한 것을 떠올리게 해 줄 것이라고 믿고 있다. 현대의 우리들은 토성에 테두리가 있는 것쯤은 누구나 알고 있다. 그러나 그것은 단순한 [2] 지식에 지나지 않는다. 지식으로서 알고 있다는 것과 감동과 함께 체험한다라는 것과는 [3] 무언가가 결정적으로 다르다. 육안으로 처음 토성의 테두리를 봤을 때, 즉 감동과 함께 그것을 체험했을 때, 사람은 누구나 이 우주의 장대한 확산, 무한한 시간, [4] 그리고 그 아름다움을 실감할 수 있게 된다. 그 실감이 우주적인 시야에서 자기 자신을 다시 보는 눈을 무의식 중에 [5] 부여해 준다.

[단어] 天体望遠鏡 천체 망원경 | 土星 토성 | 輪 테, 테두리 | 肉眼 육안 | 歓喜 환희 | 感動 감동 | 単なる 단순한 | 知識 지식 | 体験 체험 | 決定的に 결정적으로 | すなわち 즉 | 宇宙 우주 | 壮大だ 장대하다 | 無限 무한 | 実感 실감 | 視野 시야 | 見直す 다시 보다, 재검토하다 | 無意識 무의식

---

[1]   1 見失うことのない   2 見失わざるをえない
      3 見失わずにいられない   4 見失いかけている

[정답] **4**

[해설] 선택지는 모두 「見失う 잃어버리다」와 연결되어 있는데, '지금 우리가 잃어버리고 있는 가장 소중한 것을 떠올리게 한다'라는 문장이 되어야 한다. 「ます형 + かける」는 '어떤 동작이 완전히 끝나지 않았다, 도중까지 ~하다, ~하고 있다'라는 의미의 문형이다. 따라서 정답은 4번이다. 2번 「~ざるをえない ~하지 않을 수 없다」와 3번 「~ずに(は)いられない ~하지 않고(는) 견딜 수 없다」도 함께 기억해 두자.

---

[2]   1 知識にすぎない   2 知識に決まっている
      3 知識と言えなくもない   4 知識としよう

[정답] **1**

[해설] [2] 앞의 「単なる」는 '단순한'이란 의미이며, 문장 시작 부분에 역접의 「しかし」가 있으므로 뒷부분에는 부정표현이 와야 한다. 따라서 문맥상 의미가 맞는 1번이 정답이다. 「単なる~にすぎない 단순히 ~에 지나지 않는다, 단지 ~에 불과하다」는 하나의 관용표현으로 기억해 두자.

---

[3]   1 なぜか   2 何かが   3 どちらか   4 何としても

[정답] **2**

[해설] '지식과 감동을 통한 체험은 결정적으로 다르다'고 하고 있으므로 [3] 안에는 선택지 2번의 「何かが 무언가가」가 들어가야 자연스럽다. 1, 3, 4번의 「なぜか 어째서인지」, 「どちらか 어느 쪽인가」, 「何としても 어떻게든」은 의미가 맞지 않아 답이 될 수 없다.

4	1 その後	2 逆に	3 そして	4 言わば

정답 **3**

해설 '우주의 웅장함, 무한한 시간, [4] 그 아름다움'이라며 감동에 대한 내용을 열거하고 있으므로 3번의 「そして 그리고」가 들어가야 한다. 2번의 「逆に 반대로」는 앞의 내용과 상반된 내용이 나올 때, 4번의 「言わば 말하자면」은 앞에 나온 표현을 바꿔 다시 설명할 때 사용하는 접속사이다.

5	1 渡してくれる	2 養ってもらう	3 育ててもらう	4 与えてくれる

정답 **4**

해설 문맥에 알맞은 수수표현을 찾아야 한다. '실감이 나에게 재검토하는 눈을 준다'라는 내용이므로 '주다, 부여하다'라는 뜻의 「与える」에, 남이(주어) 나에게 주는 「くれる」를 연결한 4번 「与えてくれる 부여해 주다」가 정답이다. 「もらう」는 내가(주어) 남으로부터 받을 때 사용하는 표현이다.

問題 7 문법형식 판단

실전문제 정답 및 해설

정답

	1	2	3	4	5	6	7	8	9
실전문제 ①	3	2	4	2	4	1	1	3	3
실전문제 ②	1	2	1	4	4	4	1	3	4
실전문제 ③	3	2	4	3	1	4	1	2	2
실전문제 ④	4	4	3	2	3	4	1	4	1
실전문제 ⑤	4	2	3	1	4	1	3	4	3
실전문제 ⑥	4	2	3	4	2	1	4	3	2

실전문제 ①

問題7 다음 문장의 ( )에 넣기에 가장 적당한 것을 1·2·3·4에서 하나 고르세요. 　　문제편 254p

1 軽(かる)い運動(うんどう)は、体(からだ)( )心(こころ)( )良(よ)い。

1 とも　　　　2 でも　　　　3 にも　　　　4 も

정답 3 가벼운 운동은 몸에도 마음에도 좋다.

단어 軽(かる)い 가볍다 | 運動(うんどう) 운동

해설 「명사 にも + 명사 にも ~에도 ~에도」는 '양쪽에 다 해당됨'을 나타내는 표현이다.

---

2 あんなに模擬試験(もぎしけん)の成績(せいせき)が悪(わる)かったのに、難関大学(なんかんだいがく)を受験(じゅけん)するとは、理解(りかい)( )。

1 するまい　　2 しがたい　　3 しかねない　　4 しがちだ

정답 2 그렇게 모의시험 성적이 나빴는데 난관 대학(들어가기 힘든 대학)을 수험하다니, 이해하기 어렵다.

단어 模擬試験(もぎしけん) 모의시험 | 成績(せいせき) 성적 | 難関(なんかん) 난관, 어려움 | 受験(じゅけん) 수험(시험을 치름) | 理解(りかい) 이해 | ~まい ~하지 않겠다 | ~がたい ~하기 어렵다 | ~かねない ~할 지도 모른다 | ~がちだ ~하기 십상이다

해설 「がたい」는 심리적인 어려움을 나타내는 표현이므로 2번이 정답이다. 「がたい」는 「理解(りかい)しがたい 이해하기 어렵다」, 「捨(す)てがたい 버리기 어렵다」, 「耐(た)えがたい 참기 어렵다」 등의 특정 단어에 접속하는 경우가 많으니 묶어서 기억해 두자.

[3] 大学図書館では学生証（　）あれば誰でも本が借りられます。

1 でも　　　　　2 にも　　　　　3 こそ　　　　　4 さえ

정답 **4** 대학 도서관에서는 학생증만 있으면 누구라도 책을 빌릴 수 있습니다.

단어 学生証 학생증 ｜ 借りる 빌리다

해설 「~さえ~ば ~만 ~하면」은 '어떤 일이 성립하기 위한 최소 조건'을 나타내는 조사이다. 조사 문제는 반드시 한 문제씩 출제되니 뜻을 확실히 기억해야 한다.

---

[4] 今話題の映画は期待とは違った部分もあったが、俳優の演技も良く（　）面白かった。

1 それこそ　　　2 それなりに　　3 それに反して　　4 それにしても

정답 **2** 지금 화제인 영화는 기대와는 다른 부분도 있었지만, 배우의 연기도 좋고 그 나름대로 재미있었다.

단어 話題 화제 ｜ 映画 영화 ｜ 期待 기대 ｜ 部分 부분 ｜ 俳優 배우 ｜ 演技 연기 ｜ ~に反して ~에 반해서

해설 「명사 + なりに ~나름대로」는 '조건에 어울릴 만한 고유한 방식이나 무언가'를 나타내는 표현이다. 앞에는 「私 나」, 「子供 아이」 등과 같이 사람이나 인물 등을 나타내는 표현이 주로 온다.

---

[5] 忙しい時期だからと言って、病気（　）会社に出勤して仕事を続ける鈴木さんが心配だ。

1 にさきだって　　2 にしたところで　　3 にくわえて　　4 にもかかわらず

정답 **4** 바쁜 시기라고 해서 병에 걸렸는데도 회사에 출근해서 일을 계속하는 스즈키 씨가 걱정이다.

단어 時期 시기 ｜ ~からと言って ~라고 해서 ｜ 病気 병 ｜ 出勤 출근 ｜ 心配 걱정 ｜ ~にさきだって ~에 앞서 ｜ ~にしたところで ~했다고 해서 ｜ ~にくわえて ~에 더해 ｜ ~にもかかわらず ~인데도, ~임에도 불구하고

해설 「~にも関わらず」는 어떠한 상황에 반하는 결과가 발생했을 때 사용한다. 이때 뒤에는 주로 화자의 '놀람, 비난, 불만' 등의 감정을 나타내는 표현이 오는 경우가 많다는 것을 기억해 두자.

---

[6] 親に反対されても始めた仕事だから、きっと成功してりっぱな姿を（　）と思っている。

1 見せてあげたい　　2 見ないですませたい　　3 見せられたい　　4 見られたくない

정답 **1** 부모가 반대해도 시작한 일이니까 꼭 성공해서 훌륭한 모습을 보여 주고 싶다고 생각하고 있다.

단어 反対 반대 ｜ 成功 성공 ｜ 姿 모습

해설 내가 상대방에게 '~해 주다'라는 수수표현에는 동년배에게 쓰는 「あげる 주다」와 윗사람에게 쓰는 「差し上げる 드리다」, 아랫사람이나 동식물에 쓰는 「やる 주다」가 있다. 가족 간에는 윗사람이라 해도 존경어를 쓰지 않으므로 「あげる」를 사용한 1번이 정답이다.

---

[7] 会場の周辺に駐車場がないので、バスを利用するか（　）電車でお越しください。

1 あるいは　　2 せめて　　3 あらかじめ　　4 むしろ

정답 **1** 회장 주변에 주차장이 없으므로 버스를 이용하거나 또는 전철로 와 주십시오.

| 단어 | 会場 회장(모임을 가지는 곳) | 周辺 주변 | 駐車場 주차장 | 利用 이용 | あるいは 혹은, 또는 | せめて 적어도, 최소한 | あらかじめ 미리, 사전에 | むしろ 오히려

| 해설 | 괄호 안에는 둘 중 하나를 선택할 때 쓰는「あるいは」가 들어가야 한다. 같은 의미인「または」,「もしくは」도 알아 두도록 하자.

---

8 室内でのイベントは、雨で中止になる心配はないけれど、当日はお天気が（　　）。

　1 よくなるわけではないだろう　　　　2 よくなるしかないだろう
　3 いいにこしたことはないだろう　　　4 いいに決まっているだろう

| 정답 | **3** 실내에서의 이벤트는 비로 중지될 걱정은 없지만, 당일은 날씨가 좋은 것이 제일이다.

| 단어 | 室内 실내 | イベント 이벤트, 행사 | 中止 중지 | 当日 당일 | ～わけではない ～인 것은 아니다 | ～に越したことはない ～하는 것이 제일이다 | ～に決まっている 당연히 ～하다

| 해설 | 「～に越したことはない ～하는 것이 제일이다」는 '사회 통념이나 상식에 비추어 보아 ～하는 것이 제일 낫다'라는 의미의 문형이다. '그래도 날씨가 좋은 것이 제일 좋다'라는 문맥의 문장이 되어야 하므로 3번이 가장 자연스럽다.

---

9 今日は朝も昼も食べていなかった（　　）夜はいつもの倍くらい食べるほどおいしく感じられた。

　1 かぎり　　　　2 ほどに　　　　3 だけに　　　　4 ものの

| 정답 | **3** 오늘은 아침도 점심도 먹지 않았던 만큼 저녁은 여느 때의 두 배 정도 먹을 만큼 맛있게 느껴졌다.

| 단어 | 倍 배, 두 배 | ～だけに ～인 만큼 | ～ものの ～이기는 하지만

| 해설 | 「AだけにB」는 'A라는 이유・원인에서 필연적으로 도출되는 결과 B'라는 의미의 표현이다. 4번의「～ものの」도 함께 기억해 두자.

실전문제 ②

問題7 다음 문장의 (　　)에 넣기에 가장 적당한 것을 1・2・3・4에서 하나 고르세요.

1 ビザ更新の手続きはめんどうな（　　）、時間もかかるので大変だ。

　1 うえに　　　　2 うえで　　　　3 うえは　　　　4 うえから

| 정답 | **1** 비자 갱신 절차는 귀찮은 데다 시간도 걸려서 힘들다.

| 단어 | ビザ 비자, 사증 | 更新 갱신 | 手続き 수속, 절차 | めんどうだ 귀찮다 | 大変だ 힘들다, 큰일이다

| 해설 | 「AうえにB ～인 데다」는 'A에 더해서 B까지'라고 상황을 첨가하는 표현이며「雨が降る上に風も吹く 비가 내리는 데다 바람도 분다」처럼 사용한다. A가 긍정적인 상황일 때는 B도 긍정적인 상황, A가 부정적인 상황일 때는 B도 부정적인 상황이 따른다.

---

2 公共料金を銀行から自動的に払うようにしたこと（　　）支払いを忘れることがなくなった。

　1 にとって　　　2 によって　　　3 について　　　4 において

| 정답 | **2** 공공 요금을 은행에서 자동적으로 지불하도록 함으로써 지불을 잊는 일이 없어졌다.

[단어] 公共 料金 공공 요금 | 銀行 은행 | 自動的 자동적 | 払う 지불하다 | 支払い 지불 | ～にとって ～에 있어서 | ～によって ～에 의해서 | ～について ～에 대해서 | ～において ～함에 있어서

[해설] 「～によって」는 '～에 의해서, ～에 따라서'라는 뜻으로 원인, 동작 주체, 수단·방법 등 여러 가지 용법이 있다. 이 문장에서는 '자동적으로 지불하는 방법에 의해서 지불을 잊지 않게 되었다'는 수단·방법의 용법으로 사용하고 있다.

---

3 親切にしたつもりだったのに(　)その人には迷惑になることもある。

　1 かえって　　　2 もちろん　　　3 どうしても　　　4 やはり

[정답] **1** 친절하게 한다고 했는데 오히려 그 사람에게는 폐가 되는 경우도 있다.

[단어] 親切 친절 | 迷惑 폐 | かえって 오히려, 도리어

[해설] '친절하게 대한 것이 예상과는 다르게 폐가 된다'라는 의미의 문장이 되어야 하므로 괄호 안에는 '예상과는 다르게, 전혀 반대로'라는 뜻이 있는 1번의 「かえって」가 들어가야 한다.

---

4 現在の状況が続く限り、この会社が立ち直る(　)と言って、彼は転職を決めた。

　1 と言えるのではあるまいか　　　2 と思えないものでもない
　3 とは言えなくもないだろう　　　**4 とはどうしても思えない**

[정답] **4** 현재의 상황이 계속되는 한, 이 회사가 회복될 거라고는 아무도 생각할 수 없다고 하며 그는 이직을 결정했다.

[단어] 状況 상황 | 立ち直る 다시 일어서다, 회복하다 | 転職 전직, 이직 | ～まいか ～지 않을까 | ～なくもない ～하지 않을 것도 없다

[해설] 문맥상 '회사가 회복되는 것은 생각할 수 없다'라는 내용이 되어야 하므로 괄호 안에는 문형 「どうしても～ない 아무래도 ～할 수 없다」를 활용한 표현이 들어가야 한다. 정답은 4번이다.

---

5 去年から相次ぐ公共料金の値上げで、生活に必要なものの値段は上がる(　)。

　1 勢いだ　　　2 具合だ　　　3 現象だ　　　**4 一方だ**

[정답] **4** 작년부터 잇따른 공공 요금 인상으로, 생활에 필요한 물건의 가격이 오르기만 한다.

[단어] 去年 작년 | 相次ぐ 잇따르다 | 料金 요금 | 値上げ 가격 인상 | 値段 가격 | 勢い 기세 | 具合 상태, 형편 | 現象 현상 | ～一方だ ～하기만 하다

[해설] '공공 요금 인상 때문에 가격이 계속 오른다'는 내용이 되어야 하므로 괄호 안에는 4번의 「～一方だ」가 들어가야 한다. 「～一方だ」는 한 방향으로만 변화가 계속 진행될 때 사용하며 긍정적인 상황, 부정적인 상황에 모두 사용할 수 있다.

---

6 その作家の作品はインターネット(　)若い人たちにもよく知られていた。

　1 に代わって　　　2 に比べて　　　3 をこめて　　　**4 を通じて**

[정답] **4** 그 작가의 작품은 인터넷을 통해서 젊은 사람들에게도 잘 알려져 있다.

[단어] 作家 작가 | 作品 작품 | インターネット 인터넷 | 若い 젊다 | ～に代わって ～를 대신하여 | ～に比べて ～에 비해 | ～をこめて ～을 담아 | ～を通じて ～을 통해

해설 「~を通じて」는 '~를 통하여'라는 뜻으로 수단·매개를 나타낼 때 사용하는 표현이다. 비슷한 표현인 「~を通して ~을 통해서」도 함께 기억해 두자.

---

7 勉強も遊びもあまり真剣にやったことがない彼がクラブ活動(　　)いつも全力をつくしている。

1 にかけては　　2 によっては　　3 に先立っては　　4 に応じては

정답 **1** 공부도 놀이도 별로 진지하게 한 적이 없는 그가 동호회 활동에 있어서는 언제나 전력을 다하고 있다.

단어 真剣に 진지하게 | クラブ 클럽, 동호회 | 活動 활동 | 全力をつくす 전력을 다하다 | ~にかけては ~에 있어서는, ~만큼은 | ~によっては ~에 따라서는 | ~に先立って ~에 앞서 | ~に応じて ~에 따라서

해설 「~にかけては」는 '~의 능력에 관해서는 누구보다도 뛰어나다'라고 표현할 때 사용하는 문형이다. 이 문장에서는 '동호회 활동'이라는 특정 분야에 있어서는 다른 누구보다 '전력을 다한다'는 의미로 사용하고 있다.

---

8 病院に入院した時に会った看護師は私が知っているどんな(　　)親切にしてくれた。

1 人からも　　2 人のほうが　　3 人よりも　　4 人さえも

정답 **3** 병원에 입원했을 때 만난 간호사는, 내가 알고 있는 어떤 사람보다도 친절하게 대해 주었다.

단어 看護師 간호사 | 親切 친절 | ~さえ 조차

해설 '내가 알고 있는 어떤 사람보다도 친절했다'라는 의미의 문장이 되어야 하므로 비교를 나타내는 조사 「~より ~보다」를 활용한 3번이 정답이다.

---

9 家の壁には、子供のころ 妹 (　　)かいたマンガが今も残っている。

1 などと　　2 ぬきで　　3 への　　4 の

정답 **4** 집 벽에는 어렸을 적 여동생이 그린 만화가 지금도 남아 있다.

단어 壁 벽 | 描く 그리다 | マンガ 만화 | 残る 남다 | ~ぬきで ~빼고

해설 이 문장에서 그림을 그린 주체는 '여동생'이다. 이처럼 조사 「の」는 주격 조사 「が」와 같은 용법으로 사용하기도 한다.

실전문제 ③

問題7　다음 문장의 (　　)에 넣기에 가장 적당한 것을 1·2·3·4에서 하나 고르세요.

문제편 256p

1 試合で怪我をしても一生懸命な彼を見ると(　　)。

1 応援しうるはずもない　　2 応援すべきものではない
3 応援せずにはいられない　　4 応援するほどではない

정답 **3** 시합에서 다쳐도 열심히 하는 그를 보면 응원하지 않을 수 없다.

단어 試合 시합 | 怪我をする 다치다, 부상을 입다 | 応援 응원 | ~はずもない ~할 리도 없다 | ~ものではない ~해서는 안 된다 | ~ずにはいられない ~하지 않을 수 없다 | ~ほどではない ~정도는 아니다

해설 「동사 부정형 + ないではいられない·ずにはいられない」는 '자연스럽게 그 행위를 하게 된다, 그 행위를 의식적으로 하지 않으려 해도 하게 된다'라는 의미의 표현이다. 이 문장에서처럼 동사 「する」와 접속할 경우에는 「せずにはいられない」가 된다는 것도 기억해 두자.

---

2 神社に立つ大きな木は(　　)いつからそこにあったのか、歴史学や生物学も参考に調べてみた。
　　1 かつて　　　　　　2 いったい　　　　3 とりあえず　　　　4 いったん

정답 2 신사에 서 있는 큰 나무는 대체 언제부터 거기에 있었는지, 역사학이나 생물학도 참고해 조사해 봤다.

단어 神社 신사 | 歴史学 역사학 | 生物学 생물학 | 参考 참고 | 調べる 조사하다 | かつて 일찍이 | いったい 도대체 | とりあえず 우선 | いったん 일단, 잠시

해설 「いったい」는 '도대체'라는 의미로 의문을 강조하고 싶을 때 사용하는 부사이다. '일찍이'라는 뜻만 보고 1번 「かつて」를 답으로 고르지 않도록 주의해야 하며, 각 부사의 뜻을 정확히 기억하도록 하자.

---

3 A語学院では毎日日本語の作文を(　　)が、B学院では会話が中心で宿題もないという。
　　1 書かれさせる　　　2 書かさせられる　　3 書かられる　　　　4 書かされる

정답 4 A어학원에서는 매일 일본어 작문을 쓰게 하는데, B학원에서는 회화가 중심이고 숙제도 없다고 한다.

단어 語学院 어학원 | 作文 작문 | 会話 회화 | 中心 중심 | 宿題 숙제

해설 사역 수동 「(さ)せられる」는 '하고 싶지 않은 일을 억지로 해야만 하는 상황'을 표현한다. '(하고 싶지 않은) 일본어 작문을 억지로 쓴다'라는 내용이 되어야 하므로 「書く」의 사역 수동형인 「書かせられる」나 그 축약형인 「書かされる」가 들어가야 한다. 따라서 정답은 4번이다.

---

4 相手の名前を言い間違えた(　　)大きな契約がとれなかったというほど名前は大事なものだ。
　　1 といっただけで　　2 ということを通じて　　3 というだけで　　4 といわされたために

정답 3 상대방의 이름을 잘못 말했다는 것만으로 큰 계약을 따지 못했다고 할 정도로 이름은 중요한 것이다.

단어 相手 상대 | 名前 이름 | 言い間違える 잘못 말하다 | 契約 계약 | 大事だ 중요하다

해설 '상대방의 이름을 잘못 말한 것이 원인이 되어 큰 계약을 따지 못했다'라는 흐름의 문장이므로 괄호 안에는 「というだけで」가 들어가야 자연스럽다. 「AというだけでB」는 '단지 A라는 이유만으로 B하다'라는 표현으로 결과에 대한 이유가 하나밖에 없음을 강조할 때 사용한다.

---

5 最近では、インターネット上のうわさを(　　)、自殺する子供さえいるという。
　　1 気にするあまり　　2 気にしただけあって　　3 気にしかねて　　4 気にしようとしまいと

정답 1 최근에는 인터넷상의 소문을 신경 쓰는 나머지 자살을 하는 아이조차 있다고 한다.

단어 最近 최근 | うわさ 소문 | 自殺 자살 | ~あまり ~한 나머지 | ~だけあって ~인 만큼 | ~かねる ~하기 어렵다 | ~ようと~まいと ~하든 ~하지 않든

해설 「〜あまり」는 어떤 일의 결과를 나타내는 표현으로 '지나치게 〜해서'라는 뜻이다. 정도가 극단적일 때 사용하는 일이 많으며 좋지 않은 결과나 감정을 나타내는 표현이 이어지는 경우가 많다.

---

6 犬の散歩(　　)公園に咲いている花の写真を撮ってきた。

1 だけにしても　　　2 にしたがって　　　3 を除いて　　　**4 のついでに**

정답 **4** 개 산책을 하는 김에 공원에 피어 있는 꽃 사진을 찍어 왔다.

단어 散歩 산책 | 公園 공원 | 写真 사진 | 撮る 찍다 | 〜にしたがって 〜에 따라서 | 〜を除いて 〜를 제외하고 | 〜のついでに 〜하는 김에

해설 「AついでにB」는 'A라는 행위를 하면서 부수적으로 B도 한다'라는 표현이다. 동사의 기본형이나 과거형에 접속하며, 이 문장에서와 같이 명사에 접속할 때는 「명사 + のついでに」가 된다는 점을 기억해 두자.

---

7 今日から市内の中央公園で１週間(　　)雪まつりが開催されます。

1 にわたって　　　2 にもとづき　　　3 にそい　　　4 にしたがい

정답 **1** 오늘부터 시내의 중앙공원에서 일주일에 걸쳐 눈 축제가 개최됩니다.

단어 市内 시내 | 雪まつり 눈 축제 | 開催 개최 | 〜にわたって 〜에 걸쳐서 | 〜にもとづき 〜를 토대로 | 〜にそい 〜에 따라 (길·순서 등) | 〜にしたがい 〜에 따라

해설 「명사 + にわたって」의 명사 자리에는 '시간·장소'를 나타내는 말이 들어가며 긴 시간이나 공간의 범위에 걸쳐져 있다는 표현이다. 이 문제에서처럼 '일정한 시간 동안 지속됨'을 나타내거나 「全国にわたって 전국에 걸쳐」와 같이 '어떠한 범위 전체적으로'라고 표현할 때 사용한다.

---

8 皆さんは家の中に、買った後全然使っていない家電製品をそのままにして置いて(　　)。

1 あるでしょうか　　　**2 いないでしょうか**　　　3 あるのでしょう　　　4 いるのでしょう

정답 **2** 여러분은 집 안에 사고 난 후 전혀 사용하지 않는 가전제품을 그대로 두고 있지 않나요?

단어 全然 전혀 | 家電製品 가전제품 | 置く 두다

해설 「置いている 두고 있다」는 동작의 진행이나 동작이 끝난 상태가 지속되고 있음을 나타내며, 「置いてある 놓여져 있다」는 '누가 어떠한 목적으로 그 행동을 했는지'에 중점을 두는 표현이다. '물건을 산 후에 그대로 놓아 둔 상태가 지속되고 있다'는 내용이므로 「置いている」를 사용해야 하며, 이를 활용한 2번이 정답이다.

---

9 昨日のこと(　　)はっきり覚えていないのに、１年前のことを思い出すなんて無理です。

1 まで　　　**2 すら**　　　3 のみ　　　4 きり

정답 **2** 어제 일조차 확실히 기억이 안 나는데, 1년 전의 것을 떠올리다니 무리입니다.

단어 はっきり 확실히 | 覚える 기억하다, 암기하다 | 思い出す 생각해 내다, 떠올리다 | 〜すら 〜조차 | 〜のみ 〜만 | 〜きり 〜뿐, 〜만

해설 「～すら」는 극단적인 예를 들며 '이 조차도 안 되는데 ～는 더 불가능하다'라고 할 때 사용하는 문어체 표현이다. 「～さえ」역시 '～조차, ～만'이라는 뜻으로 동일한 의미이지만 「～さえ」는 문어체와 회화체에 둘 다 많이 사용하며, 「～すら」와는 달리 「～さえ～ば ～만 ～한다면」처럼 가정표현과 함께 사용할 수 있다는 특징이 있다.

실전문제 ④

問題7 다음 문장의 (　)에 넣기에 가장 적당한 것을 1・2・3・4에서 하나 고르세요. 　　문제편 257p

1 仕事で失敗しないためには経験(　)いつも数字を見て確認するようにすることが重要だ。

1 をぬいて　　2 をともなって　　3 にとどまらず　　**4 にたよらず**

정답 **4** 업무에서 실패하지 않기 위해서는 경험에 의지하지 않고 항상 숫자를 보고 확인하도록 하는 것이 중요하다.

단어 失敗 실패, 실수 | 経験 경험 | 確認 확인 | 重要 중요 | ～をぬいて ～를 빼고 | ～をともなって ～에 따라 | ～にとどまらず ～에 머무르지 않고 | ～にたよらず ～에 의지하지 않고

해설 문맥상 '경험에 의지하지 않고 숫자를 확인해야 한다'라는 내용이어야 하므로 괄호 안에는 '의지하다'라는 동사 「たよる 의지하다」를 부정형으로 활용한 4번의 「～にたよらず」가 들어가야 한다.

2 先生がレポートは明日出しても(　)というので、もう一度見直すことにした。

1 しかたがない　　2 つまらない　　3 おどろかない　　**4 かまわない**

정답 **4** 선생님이 리포트는 내일 제출해도 상관없다고 해서 다시 한번 검토하기로 했다.

단어 出す 내다 | もう一度 다시 한번 | 見直す 다시 보다, 재검토하다 | しかたがない 어쩔 수 없다 | つまらない 재미없다, 지루하다 | 驚く 놀라다 | かまわない 상관없다

해설 「～てもかまわない ～해도 상관없다, ～해도 된다」는 허가・승낙을 나타내는 표현이다. '선생님이 리포트를 내일 제출해도 된다'라고 '허가'했음을 나타내는 문장이므로 정답은 4번이다.

3 (メールで) 山田さん。ボランティアのお話に感動しました。私にもお手伝い(　)。

1 させてもさしつかえないでしょうか　　2 していただけないでしょうか

3 させていただけないでしょうか　　4 してさしあげましょうか

정답 **3** (메일에서) 야마다 씨. 자원봉사 활동 이야기에 감동했습니다. 저도 돕게 해 주실 수 있을까요?

단어 ボランティア 자원봉사 활동 | 感動 감동 | 手伝う 돕다 | さしつかえない 지장이 없다

해설 「～させていただけないでしょうか(もらえませんか) ～하게 해 주실 수 있을까요?」는 상대에게 자신이 하고자 하는 일을 허락하도록 정중하게 부탁할 때 사용하는 겸양표현이므로 정답은 3번이다. 2번은 남이 나에게 해 주기를 원할 때 사용하는 겸양표현이며, 4번은 내가 남에게 해 줄 때 사용하는 겸양표현이기 때문에 의미가 맞지 않는다.

4 新幹線は初め東京と大阪を結ぶだけだったが、やがて北海道など日本全国(　)延びていった。

1 から　　**2 へと**　　3 までに　　4 ともに

[정답] **2** 신칸센은 처음에 도쿄와 오사카를 연결할 뿐이었지만, 이윽고 홋카이도 등 일본 전국으로 뻗어 나갔다.

[단어] 新幹線 신칸센 | 結ぶ 맺다, 연결하다 | やがて 이윽고, 머지않아, 곧 | 延びる 연장되다, 연기되다

[해설] 「~へと ~으로」는 이 문장의 '신칸센이 전국으로(全国へと) 뻗어 나갔다'처럼 동작이 향하는 방향이나 도착점을 나타내기 위해 사용하는 조사이다. 따라서 주로 특정 장소나 목적지를 나타내는 명사와 함께 쓰이는 경우가 많다.

---

5 地方の名物料理は都会ではなくて、その土地に行って食べて(　　)本当の味がわかる。

1 なら　　　　2 しか　　　　3 こそ　　　　4 でも

[정답] **3** 지방 명물 요리는 도시가 아니라 그 지역에 가서 먹어야만 진정한 맛을 알 수 있다.

[단어] 地方 지방 | 名物 명물 | 都会 도시, 도회 | 土地 토지, 여기에서는 '그 지역'이라는 의미

[해설] 「~てこそ」는 '~해야 비로소'라는 의미의 문형이다. 이 문장에서와 같이 '어떠한 조건이 충족되어야만 ~할 수 있다'라고 표현할 때 사용하며 「~てこそ」 뒤에는 가능을 나타내는 말이 오는 경우가 많다.

---

6 その人には初めて会ったのに、いくらも(　　)いい人だということがわかった。

1 話していたら　　　2 話している時に　　　3 話さないと思ったら　　　4 話さないうちに

[정답] **4** 그 사람은 처음 만났는데, 얼마 말하지 않는 사이에 좋은 사람이라는 것을 알았다.

[단어] 初めて 처음 | ~うちに ~하는 동안에

[해설] 「いくらも~ない 얼마 ~하지 않다」는 수량이 매우 적음을 나타내는 문형이다. '얼마 말하지 않았는데 좋은 사람이라는 것을 알았다'는 내용이므로 괄호 안에는 '어떠한 상태가 유지되는 동안'을 나타내는 표현인 「~うちに」가 들어가야 한다. 정답은 4번이다.

---

7 私の部屋は狭くピアノの練習もできない。もっと広い家に住めたら(　　)。

1 どれだけいいか　　　2 どれがいいのか　　　3 どれでもいいか　　　4 どれがよかったのか

[정답] **1** 내 방은 좁고 피아노 연습도 할 수 없다. 더 넓은 집에 살 수 있다면 얼마나 좋을까?

[단어] マンション 맨션 | 狭い 좁다 | 練習 연습 | 住む 살다

[해설] 「どれだけ ~か 얼마나 ~인가?」는 '동작이나 상태의 정도가 대단함'을 나타내는 문형이다. '더 넓은 집에서 산다면 얼마나 좋을까(どれだけいいか)?'라며 화자의 '강한 바람'을 표현하고 있는 문장이므로 정답은 1번이다. 2, 3, 4번은 모두 '선택'에 관련된 표현이기 때문에 답으로는 적절하지 않다.

---

8 労働災害の認定をめぐる判決が、10年に及ぶ裁判(　　)今日確定した。

1 をもとに　　　2 を契機に　　　3 の上で　　　4 の末に

[정답] **4** 노동 재해 인정을 둘러싼 판결이 10년에 달하는 재판 끝에 오늘 확정됐다.

[단어] 労働災害 노동 재해 | 認定 인정 | 判決 판결 | ~をめぐる ~를 둘러싼 | 及ぶ 미치다, 달하다, 이르다 | 確定 확정 | ~をもとに ~를 토대로 | ~を契機に ~를 계기로 | ~上で ~함에 있어 | 末に ~한 끝에

[해설] 「~末に」는 '어떠한 기간·경과를 거친 끝에 ~라는 결과가 되었다'는 표현으로, 뒤에는 긍정·부정적인 결과가 모두 올 수 있다. 이 문장에서와 같이 명사에 접속할 때는 「の + 末に」가 된다는 점을 기억해 두자.

9 山に行く(　)のは折りたたみのかさです。山の天気は変わりやすいですから。

1 のに欠かせない　　2 のに欠けている　　3 時に欠けやすい　　4 時に欠きたくない

[정답] **1** 산에 가는 데 빠뜨릴 수 없는 것은 접이식 우산입니다. 산의 날씨는 변하기 쉬우니까요.

[단어] 折りたたみ 접이식, 접어서 작게 만듦 | 欠かせない 빠뜨릴 수 없다, 없어서는 안 된다

[해설] 「~に欠かせない ~에 빠뜨릴 수 없는, ~에 빼놓을 수 없는」은 '어떤 일이 성립하는 데 있어 꼭 필요한 조건'을 나타내는 표현이다. '산은 날씨가 변하기 쉬워서, 산에 갈 때 없어서는 안 되는 것은 접는 우산'이라는 내용의 문장이 되어야 하므로 정답은 1번이다.

실전문제 ⑤

問題7 다음 문장의 (　)에 넣기에 가장 적당한 것을 1·2·3·4에서 하나 고르세요. 　문제편 258p

1 テニスは今回が初めてだといっていたが、初めて(　)ボールを全部打ち返したので驚いた。

1 といおうと　　2 という以上は　　3 にしたとしても　　**4 にしては**

[정답] **4** 테니스는 이번이 처음이라고 했지만, 처음인 것 치고는 볼을 전부 되받아쳐서 놀랐다.

[단어] 今回 이번 | 打ち返す 되받아치다

[해설] 「~にしては ~치고는」은 '어떠한 조건·상식에 따른 기대와는 달리 ~하다'라고 할 때 사용하는 표현이다. '테니스를 처음 치는 사람'이라는 조건에서 예상할 수 있는 기대와는 달리 '공을 전부 되받아쳤다는 사실에 놀랐다'라는 내용에서 알 수 있듯이, 뒤에는 주로 화자의 감정이나 평가와 관련된 내용이 온다.

2 結局、誰にも相談(　)大学受験をあきらめてしまった。

1 せずまま　　**2 せぬまま**　　3 せずとおり　　4 せぬとおり

[정답] **2** 결국 아무에게도 상담하지 않은 채, 대학 수험을 포기해 버렸다.

[단어] 結局 결국 | 相談 상담, 상의 | 受験 수험 | あきらめる 포기하다, 단념하다

[해설] 「~まま ~(한) 채」는 '어떤 상태가 그대로 방치된 채 지속됨'을 나타내는 표현이다. 부정형에 접속할 때는 「~ないまま」이며, 「しないまま ~하지 않은 채」는 「せぬまま」로도 사용한다. 따라서 정답은 2번이다. 「しない」가 「せぬ·せず」가 되는 문어체 표현은 자주 접하게 되므로 반드시 기억해 두자.

3 学校を休むと成績の評価が悪くなることがあります。たとえ(　)休まないで出席して下さい。

1 遅刻するくらいなら　　2 遅刻しないように　　**3 遅刻しても**　　4 遅刻するよりは

[정답] **3** 학교를 쉬면 성적 평가가 나빠지는 경우가 있습니다. 설령 지각하더라도 쉬지 말고 출석해 주세요.

[단어] 休む 쉬다 | 成績 성적 | 評価 평가 | 出席 출석 | 遅刻 지각

[해설] 「たとえ A ても B 설령 ~하더라도」는 '만약 A라는 조건이 성립하더라도 B라는 결과는 변함없다'라는 문형이다. 「たとえそれが事実でも 설령 그게 사실일지라도」처럼 명사와 접속할 때는 「でも」가 된다는 것도 기억해 두자.

4 知識を増やす(　　)誰でもできる。重要なことはそれをどう活用するかだ。

1 だけなら　　　　2 だけでも　　　　3 ことこそ　　　　4 ことのみ

정답 **1** 지식을 늘리는 것뿐이라면 누구든지 할 수 있다. 중요한 것은 그것을 어떻게 활용하는가이다.

단어 知識 지식 | 増やす 늘리다 | 活用 활용

해설 「~だけなら ~뿐이라면」은 범위를 한정하는 「だけ」에 조건표현인 「なら」가 연결된 것으로 '앞에서 제시한 한정된 조건뿐이라면 가능하다, 허용할 수 있다'라는 의미의 문형이다. '단순히 지식을 늘리기만 하는 것은 누구라도 할 수 있다'는 내용의 문장이 되어야 하므로 정답은 1번이다.

---

5 毎朝運動することに決めた(　　)朝早く起きられるように規則正しい生活をしようと思う。

1 限り　　　　2 末に　　　　3 かわり　　　　4 以上

정답 **4** 매일 아침 운동하기로 정한 이상, 아침 일찍 일어날 수 있도록 규칙적인 생활을 하려고 한다.

단어 運動 운동 | 規則 규칙 | 生活 생활 | ~限り ~하는 한 | ~末に ~한 끝에 | ~かわり ~대신 | ~以上 ~이상

해설 「以上」는 '어떤 일을 하기로 한 이상은 반드시 그렇게 하겠다'라는 뉘앙스를 가진 표현이다. '매일 아침 운동하기로 결정한 이상 아침 일찍 일어나겠다'라는 내용의 문장이므로 정답은 4번이다. 「以上」 뒤에는 화자의 강한 의지나 판단, 권유 등을 나타내는 내용이 주로 나온다.

---

6 強い風が吹いて外にある看板が(　　)かけたが、手でおさえているうちに風がやんだ。

1 たおれ　　　　2 たおれそう　　　　3 たおれる　　　　4 たおれて

정답 **1** 강한 바람이 불어서 밖에 있는 간판이 쓰러지려 했지만, 손으로 막고 있는 사이에 바람이 그쳤다.

단어 吹く 불다 | 看板 간판 | 倒れる 쓰러지다 | 抑える 억누르다, 억제하다 | 止む 그치다, 멎다

해설 「ます형 + かける 도중까지 ~하다」는 '어떤 행위가 이루어지는 도중이거나 도중에 멈춘 상태임'을 나타내는 표현이다. 이 문장에서처럼 '~할 듯 말 듯한'이라는 뉘앙스로도 사용한다. 「食べかけ 먹다 만 것」처럼 명사형으로 쓰이기도 한다.

---

7 今日の午後にお客様が(　　)何かおいしいお菓子でも買ってきて。

1 お越しされるから　　　　2 お参りになるから　　　　3 おいでになるから　　　　4 お目見えするから

정답 **3** 오늘 오후에 손님이 오시니까 뭔가 맛있는 과자라도 사 와.

단어 お客様 손님 | お菓子 과자 | お越し 가다(行く)·오다(来る)의 존경어 | 参る 가다(行く), 오다(来る)의 겸양어 | おいでになる 가다(行く)·오다(来る)·있다(いる)의 존경어 | お目見えする 만나 뵈다

해설 「おいでになる」는 '가다·오다·있다'의 존경어로 「いらっしゃる 가시다, 오시다, 계시다」와 의미가 같다. 문맥상 '손님이 오시니까 과자를 준비해라'라는 내용이 되어야 하므로 괄호 안에는 '오다'의 존경어인 「おいでになる 오시다」를 활용한 표현이 들어가야 한다. 1번의 바른 존경표현은 「お越しになる」이다.

| 8 | その店の前には「ここには自転車を置かない(　　)」と書いてあるが周りに置く場所がない。

1　べき　　　　　　2　わけ　　　　　　3　もの　　　　　　4　こと

정답　**4**　그 가게 앞에는 '여기에는 자전거를 두지 말 것'이라고 써 있지만, 주위에 둘 곳이 없다.

단어　自転車 자전거 | 周り 주위, 주변 | 場所 장소 | 〜べきだ 〜해야 한다

해설　「〜こと」에는 ①앞에 나온 상황이나 행위 등을 받아 '〜것'이라고 해석하는 명사로서의 용법과 ②문장 끝에 붙어서 '〜할 것'이라고 해석하는 금지·지시의 용법이 있다. 이 문장에서는 ②의 용법으로 사용하고 있으므로 '자전거를 두지 말 것'이라고 해석할 수 있다.

| 9 | A「悪いけど、お金、もう少し待って。」
　　B「だめだよ、それは。お金は必ず今日返すって(　　)。」

1　言ったっけ　　2　言ったんじゃないし　　3　言ったじゃない　　4　言わなかったんじゃないの

정답　**3**　A　미안하지만, 돈 조금만 더 기다려 줘.
　　　　　　B　안돼, 그건. 돈은 반드시 오늘 갚는다고 했잖아.

단어　必ず 반드시 | 返す 되돌려주다, 갚다

해설　회화에서「〜じゃない」는 '〜가 아니다'라는 단순 부정의 의미 외에도 '〜했잖아?'와 같은 확인의 의미로 사용하기도 한다. '돈을 오늘 갚는다고 했잖아(返すって言ったじゃない)'라고 상대에게 확인하는 표현이 되어야 문맥상 자연스럽다. 정답은 3번이다.

실전문제 ⑥

問題7　다음 문장의 (　　)에 넣기에 가장 적당한 것을 1·2·3·4에서 하나 고르세요.　　문제편 259p

| 1 | いくら(　　)と思っても、昨日彼女に言われたことが、頭から離れない。

1　思い出せまい　　2　思い出しがたい　　3　思い出しづらい　　4　思い出すまい

정답　**4**　아무리 떠올리지 않겠다고 생각해도 어제 그녀에게 들은 말이 머리에서 떠나지 않는다.

단어　離れる 떨어지다, 거리가 벌어지다 | 〜がたい 〜하기 어렵다 | 〜づらい 〜하기 힘들다 | 〜まい 〜하지 않을 것이다

해설　「〜まい」에는 ①'하지 않을 것이다'라고 해석하는 부정 추측의 용법과 ②'〜하지 않겠다'로 해석하는 부정 의지의 용법이 있다. 이 문장에서는「思い出すまい 떠올리지 않겠다」라는 부정 의지의 용법으로 사용하고 있다.

| 2 | 台風はいったん東京に上陸した(　　)進路を変えて再び海上に出て北に進むと思われます。

1　ことの　　2　ものの　　3　ままで　　4　せいで

정답　**2**　태풍은 일단 도쿄에 상륙했지만, 진로를 바꿔 다시 해상으로 가서 북쪽으로 갈 것으로 생각됩니다.

단어　台風 태풍 | 上陸 상륙 | 進路 진로 | 再び 다시, 재차 | 海上 해상 | 進む 진행되다, 나아가다 | 〜ものの 〜이기는 하지만

해설 '태풍은 도쿄에 상륙했다', '진로를 바꿔 해상으로 간다'는 두 문장을 연결하려면 역접 조사가 들어가야 한다. 따라서 상반된 성격의 두 개의 문장을 연결하는 2번「ものの」가 정답이다.「ものの」는 이 문장에서와 같이 결과가 기대나 예상과는 달랐을 때 많이 사용한다.

---

3 かぜで病院に薬をもらいに行ったとき、2時間(　　)あげく、診察は5分で終わってしまった。

1 待たれた　　　　2 待たせてもらった　　　　3 待たされた　　　　4 待たさせられた

정답 **3** 감기로 병원에 약을 받으러 갔을 때 2시간 기다린 끝에 진찰은 5분에 끝나 버렸다.

단어 病院 병원 | 診察 진찰

해설 '병원에서 기다리고 싶지 않지만 어쩔 수 없이 기다려야 했다'라는 상황이므로 괄호 안에는 사역 수동을 활용한 표현이 들어가야 한다. 따라서 정답은 3번이다.「동사 た형・명사의 + あげく ~한 끝에」는 '오랜 시간을 들여 그 일을 했지만 부정적인 결과를 맞이했다'라는 표현이다.

4「説明会に参加される方は、受付を通り、3階会議室まで(　　)。」

1 おこしいただきます　　2 おこしくださいます　　3 おこしになられます　　4 おこしねがいます

정답 **4** 설명회에 참가하시는 분은 접수를 지나 3층 회의실까지 와 주시기 바랍니다.

단어 説明会 설명회 | 参加 참가 | 会議室 회의실 | お越しになる 가다(行く)・오다(来る)의 존경어

해설 상대에게 3층 회의실까지 와 달라고 정중하게 부탁하는 문장이다. 2번은 공식을 사용한 존경표현「お越しください」의 잘못된 표현이므로 답이 될 수 없다. 정답은 4번의「お越しねがいます」이다.

---

5 このまま成績が下がり続ける(　　)家庭教師でも探すしかありませんね。

1 という以上は　　　　2 ようであれば　　　　3 というからには　　　　4 ようにすれば

정답 **2** 이대로 성적이 계속 내려갈 것 같으면 가정 교사라도 찾을 수밖에 없어요.

단어 家庭教師 가정 교사 | 探す 찾다

해설 「~ようであれば ~일 것 같으면」은 아직 실현되지 않은 상황을 가정해서 '만약에 그렇다면 ~해라'라고 조건을 부연할 때 사용하는 문형으로, 일상 회화에서도 쓰이지만 다소 딱딱한 표현이다.

---

6 小さい子供がいる母親が集まると「うちの子はわがまま(　　)」と言う人が多い。

1 に決まっている　　2 にすぎない　　3 だけのことはある　　4 でしょうがない

정답 **4** 어린 자녀가 있는 엄마가 모이면 '우리 아이는 너무 제멋대로야'라고 말하는 사람이 많다.

단어 集まる 모이다 | 母親 모친, 어머니 | わがままだ 제멋대로이다, 건방지다 | ~に決まっている ~임에 틀림없다 | ~にすぎない ~에 지나지 않는다 | ~だけのことはある ~할 만큼의 가치가 있다 | ~でしょうがない ~해서 견딜 수 없다, 너무 ~하다

해설 「~てしょうがない」는 감각이나 감정을 나타내는 표현과 함께 쓰여 '감각이나 감정의 정도가 너무 심해서 억누를 수가 없다'라는 뉘앙스로 사용한다. 같은 의미인「~て仕方がない」,「~てたまらない」도 함께 기억해 두자.

7 やっぱり高級ホテルは入口(　　)違いますね。

　1 ほど　　　　　2 ながらに　　　　　3 ときたら　　　　**4 からして**

[정답] **4** 역시 고급 호텔은 입구부터 다르네요.

[단어] 高級 고급 | ホテル 호텔 | 入口 입구 | ～ながらに ～하면서 | ～ときたら ～로 말하자면 | ～からして ～부터가, ～로 보아

[해설] 「명사 + からして」는 특수한 사항을 예로 들며 '～부터가 이러니 다른 것도 그럴 것'이라고 표현할 때 사용하는 문형이다. 「～からして違う」처럼 판단이나 평가 등을 나타내는 어휘가 뒤에 오는 경우가 많다.

---

8 新しく出たスマートフォンは機能面(　　)これまでの他の機種よりずっとすぐれている。

　1 につれて　　　　2 にわたって　　　　**3 において**　　　　4 にかかわらず

[정답] **3** 새로 나온 스마트폰은 기능 면에 있어서 지금까지의 다른 기종보다 훨씬 뛰어나다.

[단어] 機能面 기능 면 | 機種 기종 | ～につれて ～함에 따라 | ～にわたって ～에 걸쳐서 | ～において ～에 있어서 | ～に関わらず ～에 관계없이

[해설] 「명사 + において」는 '어떤 행위가 이루어지는 장소·상황'을 나타낼 때 쓰는 문어체 표현이다. 뒤에 이어지는 어휘가 명사일 경우 「～における + 명사」의 형태로 사용한다는 것도 기억해 두자.

---

9 集合時間は10時ですが参加人数が(　　)出発することにします。

　1 集まりによって　　　**2 集まり次第**　　　3 集まるにつれて　　　4 集まって以来

[정답] **2** 집합 시간은 10시이지만, 참가 인원수가 모이는 대로 출발하기로 하겠습니다.

[단어] 集合 집합 | 参加 참가 | 人数 인원수 | 出発 출발 | 集まる 모이다 | ～によって ～에 따라 | ～次第 ～하는 대로, ～하자마자 | ～につれて 함에 따라 | ～て以来 ～한 이후

[해설] 「ます형 + 次第」는 '～하는 대로, ～하자마자'라는 뜻으로 어떤 행위가 일어난 후 시간 차를 두지 않고 바로 다른 행위가 발생할 때 사용하는 문형으로 뒤에는 의지를 나타내는 표현이 주로 온다.

問題 8 문장 만들기

실전문제 정답 및 해설

정답

실전문제 ①
- 1 1 (2→3→1→4)
- 2 4 (2→3→4→1)
- 3 1 (4→3→1→2)
- 4 3 (4→2→3→1)
- 5 3 (2→1→3→4)
- 6 2 (3→2→4→1)
- 7 3 (2→4→3→1)
- 8 2 (1→4→2→3)

실전문제 ②
- 1 1 (4→2→1→3)
- 2 3 (2→4→3→1)
- 3 4 (2→3→4→1)
- 4 1 (3→4→1→2)
- 5 3 (4→2→3→1)
- 6 4 (2→4→3→1)
- 7 2 (3→4→2→1)
- 8 3 (2→1→3→4)

실전문제 ③
- 1 1 (2→4→1→3)
- 2 1 (4→2→1→3)
- 3 3 (4→1→3→2)
- 4 1 (4→3→1→2)
- 5 2 (1→4→2→3)
- 6 4 (2→1→4→3)
- 7 4 (1→2→4→3)
- 8 1 (4→2→1→3)

실전문제 ④
- 1 2 (1→4→2→3)
- 2 2 (4→3→2→1)
- 3 3 (4→3→1→2)
- 4 3 (2→4→3→1)
- 5 2 (3→1→2→4)
- 6 2 (4→1→2→3)
- 7 2 (1→3→2→4)
- 8 1 (2→4→1→3)

실전문제 ⑤
- 1 1 (2→4→1→3)
- 2 1 (2→4→1→3)
- 3 1 (4→2→1→3)
- 4 3 (2→1→3→4)
- 5 4 (3→1→4→2)
- 6 1 (4→2→1→3)
- 7 2 (3→4→2→1)
- 8 3 (4→1→3→2)

실전문제 ①

問題8 다음 문장의 ___★___ 에 들어갈 가장 적당한 것을 1・2・3・4에서 하나 고르세요. 〔문제편 260p〕

1 動物を育てる ____ ____ ★ ____ 動物も自分と同じ考えだと決めてしまうことです。

　1 してはいけないか　　2 うえで　　3 何を　　4 といえば

정답 1 (2→3→1→4) 동물을 키우는 데 있어서 무엇을 해서는 안 되는가 하면, 동물도 자신과 같은 생각을 한다고 단정해 버리는 것입니다.

단어 動物 동물 | 育てる 키우다 | ～と決めてしまう ～으로 생각해(믿어) 버리다 | ～上で ～하는 데 있어서 | ～てはいけない ～해서는 안 된다

해설 '동사 기본형 + うえで'는 '～하는 데 있어서'라는 뜻의 문형이므로 2번이 첫 번째 밑줄에 들어간다. 「～といえば」은 '～라고 하면'이라는 뜻이므로 4번 「といえば」 앞에는 서술할 대상이 와야 한다. 남은 선택지를 의미가 통하게 연결하면 '무엇을 해서는 안 되는가 하면(3→1→4)'의 순서가 된다.

2 確か市役所か ＿＿＿ ＿＿＿ ★ ＿＿＿ いいかについて説明会があるらしい。

1 どうすれば　　　2 どこかで　　　3 大きな地震が　　　4 起きた時

정답 **4** (2→3→4→1) 분명 시청인가 어딘가에서 큰 지진이 일어났을 때 어떻게 하면 되는지에 대한 설명회가 있다는 것 같다.

단어 確か 분명, 확실히 | 市役所 시청 | 説明会 설명회 | 地震 지진 | 起きる 일어나다, 발생하다

해설 「가정형 + いい」는 '~(하)면 된다'라는 표현이며 「どうすればいいか 어떻게 하면 되는지」는 하나의 관용표현으로 기억해 두자. '어떻게 하면 되는지'의 대상이 되는 내용은 '큰 지진이 났을 때(3→4)'이다. 남은 선택지를 포함해 의미가 통하도록 나열하면 2→3→4→1의 순서가 적당하다.

---

3 よく時間がなくてできないという人がいるが ＿＿＿ ＿＿＿ ★ ＿＿＿ だけのことなので、まず時間を作る努力をしてみよう。

1 のではなく　　　2 時間を作らない　　　3 時間がない　　　4 本当は

정답 **1** (4→3→1→2) 흔히 시간이 없어서 못한다는 사람이 있는데, 사실은 시간이 없는 것이 아니라 시간을 만들지 않는 것뿐이니 우선 시간을 만드는 노력을 해 보자.

단어 努力 노력

해설 선택지만으로 문장을 만들어 보면 '시간이 없는 것이 아니고 만들지 않는 것(3→1→2)'이 되어야 문맥상 자연스럽다. 「だけ」는 보통형에 접속하므로 3→1→2의 순서로 「だけ」 앞에 위치해야 하며, 남은 4번이 맨 앞에 와야 자연스러운 문장이 된다.

---

4 兄が家族の前で泣くこと ＿＿＿ ＿＿＿ ★ ＿＿＿ なかった。

1 も　　　2 今まで　　　3 一度　　　4 なんて

정답 **3** (4→2→3→1) 오빠가 가족 앞에서 우는 일 같은 건, 지금까지 한 번도 없었다.

단어 兄 형, 오빠 | 家族 가족 | 泣く 울다

해설 「なんて」와 문어체 「など」, 구어체 「なんか」는 모두 '~등, ~따위, ~같은 것'이라는 의미로, 문말에는 부정적인 내용이 온다. '오빠가 가족 앞에서 우는 일 같은 건'으로 연결되어 4번이 첫 번째 밑줄에 위치해야 하며, 그 후에 '지금까지 한 번도(2→3→1) 없었다'의 순서가 되는 것이 자연스럽다.

---

5 私は切手集めが趣味で、特に日本文化がわかる ＿＿＿ ＿＿＿ ★ ＿＿＿ 必ず買うことにしている。

1 いくら　　　2 ものなら　　　3 古くなった　　　4 ものでも

정답 **3** (2→1→3→4) 나는 우표 수집이 취미이고, 특히 일본 문화를 알 수 있는 것이라면 아무리 오래된 것이라도 반드시 사고 있다.

단어 切手 우표 | 集め 모으기, 수집 | 趣味 취미 | 特に 특히 | 文化 문화

해설 밑줄 앞뒤로 이어지는 문형이 없는 경우 전체 흐름을 파악한 후 선택지만으로 문장을 만들어 보자. '특히 일본 문화를 알 수 있다→반드시 사려고 한다'라는 문맥상 「(わかる)ものならいくら古くなったものでも (알 수 있는) 것이라면 아무리 오래된 것이라도(2→1→3→4)」의 순서가 되어야 한다.

6 初めて読んだ時は難しいと思った本も、何回か読む ＿＿＿ ★ ＿＿＿ ＿＿＿ なのか考えてみた。

1 どうして　　　2 理解できるようになる　　　3 につれて　　　4 のは

정답 **2** (3→2→4→1) 처음 읽었을 때는 어렵다고 생각한 책도 몇 번인가 읽음에 따라 이해할 수 있게 되는 것은 어째서인지 생각해 보았다.

단어 理解 이해 | ～につれて ～에 따라, ～함에 따라

해설 밑줄 뒤의「なのか」는 1번과 연결하여「どうしてなのか 어째서인지」가 되어야 자연스럽다.「AにつれてB」는 'A가 변화함에 따라 B도 변화한다'라는 표현으로, A에는 동사의 기본형이나 명사가 들어간다. '～함에 따라'라는 문형의 뜻과 전체 문맥을 생각할 때 '(읽음)에 따라 이해할 수 있게 되는 것은(3→2→4)'의 순서로「どうして(1)」와 연결되어야 자연스러운 문장이 된다.

---

7 普通のサラリーマンの感覚からすれば、プール付きの家に住む ＿＿＿ ＿＿＿ ★ ＿＿＿ 話だ。

1 ような　　　2 という　　　3 夢の　　　4 ことは

정답 **3** (2→4→3→1) 평범한 샐러리맨의 감각으로 볼 때, 수영장이 딸린 집에 산다는 것은 꿈 같은 이야기이다.

단어 普通 보통, 평범 | サラリーマン 샐러리맨 | 感覚 감각 | ～からすれば ～로 볼 때 | プール 수영장 | ～付き ～포함, ～이 붙어 있음

해설 비유 표현「명사 + のような + 명사」는 고정된 문법 형식이므로「夢のような(3→1)話だ」는 한 묶음이다. 문맥상 나머지 선택지는「ということは ～라는 것은(2→4)」외에는 어색한 문장이 되므로 2→4→3→1의 순서가 가장 자연스럽다.

---

8 レジャーランドには3つの ＿＿＿ ＿＿＿ ★ ＿＿＿ 備えて、子供から大人まで一日中遊べる。

1 区域があり　　　2 はじめとした　　　3 最新の施設を　　　4 立体映画館を

정답 **2** (1→4→2→3) 레저 랜드에는 3개의 구역이 있으며, 입체 영화관을 비롯한 최신 시설을 갖춰서 아이부터 어른까지 하루 종일 놀 수 있다.

단어 レジャーランド 레저 랜드 | 備える 갖추다, 구비하다 | 区域 구역 | 最新 최신 | 施設 시설 | 立体 입체 | 映画館 영화관

해설 「～をはじめとした ～를 비롯한」은 하나의 예를 들며 그 외의 전체적인 내용에 대해 이야기할 때 사용하는 문형이다. 따라서 '입체 영화관'이라는 대표적 예가 먼저 나온 후 '최신 시설'의 내용으로 이어지는 4→2→3의 순서가 적당하다. 남은 선택지를 의미가 통하도록 연결하면 1→4→2→3이 된다.

실전문제 ②

問題8　다음 문장의 ＿★＿ 에 들어갈 가장 적당한 것을 1・2・3・4에서 하나 고르세요.　　　문제편 261p

1 お願いを断る時、どんな ＿＿＿ ＿＿＿ ★ ＿＿＿ 傷つけることがあるので慎重にしたい。

1 によって　　　2 選択するか　　　3 その人の心を　　　4 言葉を

정답 **1** (4→2→1→3) 부탁을 거절할 때, 어떤 말을 선택하는지에 따라 그 사람의 마음을 상처 입히는 경우가 있으니 신중히 하고 싶다.

단어 お願い 부탁 | 断る 거절하다 | 傷つける 상처 입히다 | 慎重に 신중하게 | 選択 선택

해설 이 문장에서「~によって」는 '~에 따라서'라는 의미로 '(어떤) 말을 선택하는지'에 따라서(4→2→1)'의 순서가 자연스럽다. 또한 '어떤 말을 사용하는지'에 따라 '그 사람의 마음을(3)' 상처 입히는 경우가 있다는 문장이므로 3번은 마지막 밑줄에 들어가 4→2→1→3의 순서가 된다.

2 毎日の適度な運動が ＿＿＿ ＿＿＿ ★ ＿＿＿ それを長く続けることが必要だ。
1 無理しないで　　2 老化の防止に　　3 もちろんだが　　4 欠かせないのは

정답 **3** (2→4→3→1) 매일의 적당한 운동이 노화 방지에 빼놓을 수 없는 것은 물론이지만 무리하지 않고 그것을 오래 계속하는 것이 필요하다.

단어 適度な 적당한 | 無理 무리 | 老化 노화 | 防止 방지 | 欠かせない 빠뜨릴 수 없다, 빼놓을 수 없다

해설 「~に欠かせない」는 '~에 꼭 필요하다, 빠뜨릴 수 없다'라는 뜻이며 명사에 접속하므로 선택지 2→4는 한 묶음이다. 또한 3번은「~はもちろん ~은 물론」을 역접의 형태로 활용한 것이므로 4번 뒤로 이어지는 순서가 되어야 한다. 남은 선택지를 의미가 통하도록 나열하면 2→4→3→1이 된다.

3 無理しないでダイエットを成功させる ＿＿＿ ＿＿＿ ★ ＿＿＿ 食事と運動のバランスに注意することにした。
1 末に　　2 のに　　3 効果的なやり方は何か　　4 いろいろな人に聞いた

정답 **4** (2→3→4→1) 무리하지 않고 다이어트를 성공시키는 데 효과적인 방법은 무엇인지 여러 사람에게 물은 끝에 식사와 운동의 밸런스에 주의하기로 했다.

단어 ダイエット 다이어트 | 成功 성공 | 運動 운동 | バランス 균형 | 注意 주의 | 効果的 효과적

해설 역접, 유감, 대비, 목적 등 다양한 용법을 가진「のに」는 첫 번째 밑줄에 들어가 '다이어트를 성공시키는 데'로 연결되어야 한다. 또한「~末に ~한 끝에」는 일의 결과를 강조하는 표현으로 '동사 た형'과 '명사의'에 접속하므로 4→1은 한 묶음이다. 나머지 선택지를 포함하여 문맥에 맞게 문장을 연결하면 2→3→4→1의 순서가 된다.

4 どこを探しても見つからない ＿＿＿ ＿＿＿ ★ ＿＿＿ ないだろう。
1 より　　2 ほか　　3 なら　　4 あきらめる

정답 **1** (3→4→1→2) 어디를 찾아봐도 보이지 않는다면 포기할 수밖에 없겠지.

단어 探す 찾다 | 見つかる 발견되다, 찾게 되다

해설 「~よりほかない ~할 수밖에 없다」는 '그 외에는 다른 방법이 없어서 그렇게 할 수밖에 없다'는 문형이며 동사에 접속하므로 4→1→2는 한 묶음이다. 남은 3번의 조건 표현「なら ~라면」이 첫 번째 밑줄에 들어가 3→4→1→2의 순서가 되어야 자연스러운 문장이 된다.

5 失敗しても次に成功するためには ＿＿＿ ＿＿＿ ★ ＿＿＿ を反省しなくてはならない。
1 かどうか　　2 前に　　3 最善を尽くした　　4 あきらめてしまう

정답 **3** (4→2→3→1) 실패해도 다음에 성공하기 위해서는 포기해 버리기 전에 최선을 다했는지 아닌지를 반성해야 한다.

단어 失敗 실패, 실수 | 次 다음 | 成功 성공 | 反省 반성 | 最善 최선 | 尽くす 다하다, 진력하다 | 諦める 포기하다

해설 마지막 밑줄 바로 뒤가 「を」로 시작하고 있으므로 마지막 밑줄에 들어갈 수 있는 것은 1번밖에 없다. 문맥상 「最善を尽くしたかどうか 최선을 다했는지 아닌지(3→1)」가 한 묶음이 되어야 하며 나머지 선택지를 의미가 통하도록 나열하면 '포기하기 전에 최선을 다했는지 아닌지(4→2→3→1)'의 순서가 적당하다.

---

6 試験はやさしいそうだから、＿＿＿ ★ ＿＿＿ ＿＿＿ と思いますよ。

1 ない　　　　　　　2 そんなに　　　　　3 までも　　　　　4 心配する

정답 **4** (2→4→3→1) 시험은 쉽다고 하니까, 그렇게 걱정할 필요는 없을 거라고 생각합니다.

단어 試験 시험 | やさしい 쉽다, 다정하다 | 心配 걱정

해설 「〜までもない(3→1)」는 '〜까지는 아니다, 그 정도까지 〜할 필요는 없다'라는 의미의 문형으로 동사 기본형에 접속하므로 「心配するまでもない 걱정할 필요는 없다(4→3→1)」는 한 묶음이 되며, 문맥상 2번이 가장 앞으로 오는 것이 자연스럽다.

---

7 もうすぐ4月だというのに冷たい風が＿＿＿ ＿＿＿ ★ ＿＿＿ 冬に戻ったように感じられる。

1 小さく縮んで　　　2 桜の花が　　　　　3 吹いていたせいか　　　4 咲きかけていた

정답 **2** (3→4→2→1) 이제 곧 4월이라고 하는데 차가운 바람이 분 탓인지, 피려고 하던 벚꽃이 작게 오므라들어 겨울로 돌아간 듯이 느껴진다.

단어 戻る 돌아오다 | 縮む 줄어들다, 오그라들다 | 桜 벚꽃

해설 밑줄 앞이 '찬 바람이'로 끝나고 있으므로 '분 탓인지(3)'가 첫 번째 밑줄에 들어가야 한다. 「〜せい」는 '〜한 탓'이라는 의미이므로 이에 따른 부정적인 결과에 대한 내용이 이어져야 한다. 문맥에 맞도록 나열하면 '피려고 하던 벚꽃이 작게 오므라들어(4→2→1)'가 된다. 4번의 「ます형 + かける」는 '어떠한 행위가 이루어지는 도중이거나 도중에 멈춘 상태임'을 나타내는 표현이다.

---

8 A 「会社は、やっぱり安定しているところが一番だよ。」

B 「うん、＿＿＿ ＿＿＿ ★ ＿＿＿ 今なら、その気持ち痛いほどわかるよ。」

1 ばかにしていた　　2 学生時代だったら　　3 ところだったけど　　4 社会人になった

정답 **3** (2→1→3→4) A 회사는 역시 안정된 곳이 제일이야.
　　　　　　　　　　B 응. 학창시절이었다면 비웃었겠지만 사회인이 된 지금이라면 그 마음 절실히 알아.

단어 安定 안정 | ばかにする 깔보다, 무시하다, 바보 취급하다 | 痛い 아프다

해설 「동사 보통형 + ところだった 〜할 뻔하다」의 앞에는 '나쁜 상황이나 부정적인 결과'를 나타내는 내용이 온다. 따라서 '학창시절이면 바보 취급할 뻔했지만(2→1→3)'으로 연결된 후 '사회인이 된(4) 지금은 그 마음을 안다'라는 흐름의 문장이 되는 것이 자연스럽다.

실전문제 ③

問題8 다음 문장의 ___★___ 에 들어갈 가장 적당한 것을 1·2·3·4에서 하나 고르세요.   문제편 262p

1 手術をすることになるだろうと思っていた _____ _____ ★ _____ ほっと安心した。

　1 済んだ　　　　　　2 けれど　　　　　　3 ので　　　　　　4 しなくて

[정답] **1** (2→4→1→3) 수술을 하게 될 거라고 생각하고 있었는데, 하지 않고 끝나서 안심했다.

[단어] 手術 수술 | ほっと 안심하는 모양, 휴우 | 安心 안심 | 済む 끝나다, 해결되다

[해설] 「て형 + 済む」는 '~고 해결되다, ~고 끝나다'라는 문형이므로 4→1은 한 묶음이다. 2번의 「けれど」는 서로 상반된 내용의 문장을 역접으로 연결하는 접속사이므로 첫 번째 밑줄에 들어간다. 남은 선택지를 의미가 통하도록 연결하면 '생각했지만 하지 않고 끝나서(2→4→1→3)'의 순서가 된다.

---

2 結婚したばかりの夫婦に出すカードの _____ _____ ★ _____ 表したかったからです。

　1 したのは　　　　2 二人の名前に　　　3 二人を祝う気持ちを　　　4 宛名を

[정답] **1** (4→2→1→3) 결혼한 지 얼마 되지 않은 부부에게 보내는 카드의 수신인을 두 사람의 이름으로 한 것은 두 사람을 축하하는 기분을 나타내고 싶었기 때문입니다.

[단어] 結婚 결혼 | 夫婦 부부 | 祝う 축하하다 | 宛名 수신인 | 表す 나타내다, 드러내다

[해설] '카드의(カードの)' 뒤에는 명사가 와야 하며 문맥상 '수신인을 두 사람의 이름으로 한 것은(4→2→1)'의 순서로 연결하는 것이 자연스럽다. 또한 「気持ちを表す 기분을 표현하다」라는 의미로 연결되어야 하므로 마지막 밑줄에는 3번이 와야 한다. 따라서 정답은 4→2→1→3의 순서가 된다.

---

3 A 「このアルバイトは、条件があるんですか。」
　　B 「いえ、_____ _____ ★ _____ でもご応募いただけます。」

　1 に　　　　　　2 どなた　　　　　　3 かかわりなく　　　　　　4 年齢・性別

[정답] **3** (4→1→3→2) A 이 아르바이트는 조건이 있나요?
　　　　　　　　　　　　B 아니요. 연령·성별에 관계없이 누구라도 응모하실 수 있습니다.

[단어] 条件 조건 | 応募 응모 | どなた 누구 | 年齢 연령 | 性別 성별

[해설] 「~にかかわりなく ~에 관계없이」는 명사에 접속하므로 4→1→3의 순서로 한 묶음이 된다. 2번은 문맥상 마지막 밑줄 뒤 「でも」로 이어져 「どなたでも 누구라도」가 되는 것이 가장 자연스럽다.

---

4 スーパーの方が安いとわかっていても _____ _____ ★ _____ こともよくある。

　1 よりはと　　　　2 コンビニで済ませる　　　3 遠くに行く　　　4 わざわざ

[정답] **1** (4→3→1→2) 슈퍼마켓 쪽이 저렴하다는 걸 알면서도 일부러 멀리 가는 것보다는 (하고 생각해서) 편의점에서 때우는 일도 자주 있다.

[단어] コンビニ 편의점 | 済ませる 끝내다, 해결하다, 때우다 | わざわざ 일부러

[해설] 「동사 기본형+こともある」는 '항상 그런 것은 아니지만 가끔 그런 일이 일어날 때도 있다'라고 표현할 때 사용한다. 따라서 2번은 마지막 밑줄에 들어가야 한다. '슈퍼마켓이 저렴하다는 것을 알아도 멀어서 잘 가게 되지 않는다'라는 내용의 문장이 되어야 하므로 남은 선택지를 의미가 통하도록 연결하면 4→3→1→2의 순서가 적당하다.

---

5 最近空港では今までとは ＿＿＿ ＿＿＿ ★ ＿＿＿ ので、入国手続きがとても早くなった。
   1 違う   2 チェック方法に   3 なっている   4 写真を撮る

[정답] 2 (1→4→2→3) 최근 공항에서는 지금까지와는 다른 사진을 찍는 확인 방법이 돼서 입국 수속이 매우 빨라졌다.

[단어] 空港 공항 | 入国 입국 | 手続き 수속, 절차 | チェック 체크, 확인 | 写真 사진 | 撮る 찍다

[해설] 문맥상 '지금까지와 다른 수속 방법으로 입국 절차가 빨라졌다'라는 내용의 문장이 되어야 한다. 「~になる ~가 되다」로 연결되어야 하므로 2→3은 한 묶음이며 밑줄 뒤는 「ので」로 시작하고 있으므로 바로 앞에는 동사가 와야 한다. 「なっている」가 마지막 밑줄에 와서 '지금까지와는 다른 사진을 찍는 확인 방법이 돼서(1→4→2→3)'의 순서가 되는 것이 가장 자연스럽다.

---

6 駅まで皆バスや自転車で行くが、父は ＿＿＿ ＿＿＿ ★ ＿＿＿ と今日も元気に家を出た。
   1 のもかねて   2 運動する   3 に限る   4 歩く

[정답] 4 (2→1→4→3) 역까지 모두 버스나 자전거로 가는데, 아빠는 운동하는 것도 겸해서 '걷는 것이 제일'이라며 오늘도 힘차게 집을 나섰다.

[단어] 自転車 자전거 | 元気に 건강하게 | かねる 겸하다 | 運動 운동 | ~に限る ~하는 것이 제일이다 | 歩く 걷다

[해설] 「~かねて」는 '~겸하여'라는 의미이므로 문맥상 '운동할 겸 걷다(2→1→4)'의 순서가 되는 것이 자연스러우며, 남은 3번이 마지막 밑줄에 들어간다. 3번의 「동사 기본형 + に限る」는 '화자가 주관적으로 판단할 때 그것이 가장 좋다'라고 주장할 때 사용하는 표현이다.

---

7 今日は、山のように仕事があって、＿＿＿ ＿＿＿ ★ ＿＿＿ しまった。
   1 このままでは   2 倒れるかと   3 疲れて   4 思うほど

[정답] 4 (1→2→4→3) 오늘은 산처럼 일이 있어서 이대로라면 쓰러지겠다 싶을 정도로 지쳐 버렸다.

[단어] 倒れる 쓰러지다 | 疲れる 지치다, 피곤하다

[해설] 「~かと思うほど」는 '~라고 생각될 정도로'라는 뜻의 문형이므로 2→4는 한 묶음이다. 또한 밑줄 뒤는 「しまった」이므로 마지막 밑줄에는 동사의 て형인 3번이 들어가야 한다. 전체를 의미가 통하도록 연결하면 '이대로라면 쓰러지겠다 싶을 정도로 지쳐(1→2→4→3)'의 순서가 자연스럽다.

---

8 勉強もしないで ＿＿＿ ＿＿＿ ★ ＿＿＿ あんな難しい試験に合格できませんよ。
   1 よう   2 ばかりいる   3 では   4 遊んで

[정답] 1 (4→2→1→3) 공부도 하지 않고 놀기만 해서는 그렇게 어려운 시험에 합격할 수 없어요.

[단어] 合格 합격 | 遊ぶ 놀다

해설 「동사 て형 + ばかり(いる)」는 '~하고만 있다'라는 뜻의 문형이므로 4→2는 한 묶음이다. 「동사 기본형 · 동사 진행형 + ようでは ~해서는」은 '상대에게 어떤 행동을 하면 안 된다'고 주의를 줄 때 사용하는 표현이다. 따라서 1→3도 한 묶음이다. 이 둘을 문맥에 맞게 연결하면 4→2→1→3의 순서가 된다.

실전문제 ④

問題8 다음 문장의 ★ 에 들어갈 가장 적당한 것을 1·2·3·4에서 하나 고르세요.   문제편 263p

1 10年ぶりに復活した伝統行事を見に＿＿＿ ＿＿＿ ★ ＿＿＿ 訪れた。
　1 住民は　　　2 観光客や外国からも　　　3 多くの人が　　　4 もとより

정답 **2** (1→4→2→3) 10년 만에 부활한 전통 행사를 보러 주민은 물론이고 관광객이나 외국에서도 많은 사람이 찾아왔다.

단어 復活 부활 | 伝統 전통 | 行事 행사 | 訪れる 찾다, 방문하다 | 観光客 관광객

해설 「AはもとよりB ~는 물론」은 'A는 당연하고 B도'라는 표현이며, B에는 A보다 범위가 크거나 정도가 심한 내용이 나온다. 뜻과 용법이 같은 「~はもちろん」도 함께 기억해 두자. 문법 형식상 1→4→2→3의 순서가 가장 자연스럽다.

2 A「ここで仕事をするのに車の免許はいりますか。」
　　B「免許はなくても＿＿＿ ＿＿＿ ★ ＿＿＿ ですよ。」
　1 ない　　　2 越したことは　　　3 あるに　　　4 かまいませんが

정답 **2** (4→3→2→1)　A 여기서 일하려면 자동차 면허가 필요한가요?
　　　　　　　　　　　　B 면허는 없어도 상관없지만, 있는 게 가장 좋아요.

단어 仕事 일, 업무 | 免許 면허 | ~に越したことはない ~하는 것이 가장 좋다, ~가 제일이다

해설 허가를 나타내는 「~てもかまわない ~해도 상관없다, ~해도 괜찮다」이므로 문법 형식상 첫 번째 밑줄에는 4번이 들어가야 한다. 또한 「~に越したことはない」는 '~이 최선이다, 가장 좋다'라는 뜻의 문형이므로 3→2→1은 한 묶음이다. 전체 선택지를 문맥에 맞게 나열하면 4→3→2→1이 된다.

3 A「弟さん、かわいいですね。」
　　B「そんなことないですよ。いつも ＿＿＿ ★ ＿＿＿ ＿＿＿ するので困っています。」
　1 すると　　　2 弟がじゃまを　　　3 しようと　　　4 私が勉強を

정답 **3** (4→3→1→2)　A 남동생 귀엽네요.
　　　　　　　　　　　　B 그렇지 않아요. 항상 내가 공부를 하려고 하면 남동생이 방해를 해서 곤란해요.

단어 かわいい 귀엽다 | 困る 곤란하다, 난처하다 | じゃま 방해

해설 화자의 의지를 나타내는 표현인 「동사 의지형 + とする ~하려고 하다」는 한 묶음이 되어야 하므로 '내가 공부를 하려고 하면 (4→3→1)'의 순서로 연결되어야 하며, 「じゃまをする 방해를 하다」도 의미상 연결되어야 한다. 따라서 전체 선택지를 의미가 통하도록 나열하면 4→3→1→2의 순서가 된다.

| 4 | 現代の生活に ＿＿ ＿＿ ★ ＿＿ システムに異常が起きればたちまち混乱に陥るだろう。
1 管理を行う　　2 なくてはならない　　3 交通機関の　　4 バスや電車といった

정답　3 (2→4→3→1) 현대 생활에 없어서는 안 되는 버스나 전철과 같은 교통 기관의 관리를 하는 시스템에 이상이 생기면 금세 혼란에 빠질 것이다.

단어　現代 현대 | システム 시스템 | 異常 이상 | 起きる 일어나다, 발생하다 | たちまち 곧, 금세 | 混乱 혼란 | 陥る 빠지다 | 管理 관리 | 行う 하다, 실시하다 | 交通機関 교통 기관

해설　「～といった ~와 같은」은 대표적인 예시를 들어 어느 분야를 설명할 때 사용하는 표현이다. '전철과 버스'라는 예시와 예시가 속한 분야인 '교통 기관'의 순서가 되어야 하므로 4→3은 한 묶음이 된다. 전체 선택지를 의미가 통하도록 나열하면 2→4→3→1의 순서가 되어야 자연스럽다.

| 5 | 彼女に話すとうわさが ＿＿ ＿＿ ★ ＿＿ ほうがいい。
1 かねない　　2 から　　3 広まり　　4 だまっていた

정답　2 (3→1→2→4) 그녀에게 이야기하면 소문이 퍼질 수도 있으니까 잠자코 있는 편이 낫다.

단어　うわさ 소문 | ～かねない ~할 수도 있다 | 広まる 넓어지다, 널리 퍼지다 | だまる 말을 하지 않다, 잠자코 있다

해설　「동사 ます형 + かねない ~할 수도 있다」는 어떤 부정적인 상황이 발생할 가능성이 있음을 나타내는 문형이므로 3→1은 한 묶음이다. 마지막 밑줄 뒤의 「～ほうがいい ~하는 편이 좋다」는 조언하는 용법으로 쓰일 때는 동사의 た형에 접속하므로 마지막 밑줄에는 4번이 들어가야 한다. 전체 선택지를 문맥에 맞게 나열하면 3→1→2→4의 순서가 된다.

| 6 | 難しい曲だったが ＿＿ ＿＿ ★ ＿＿ 演奏できるようになった。
1 練習している　　2 うちに　　3 上手に　　4 繰り返し

정답　2 (4→1→2→3) 어려운 곡이었지만, 반복하여 연습하는 동안에 능숙하게 연주할 수 있게 되었다.

단어　曲 곡, 악곡 | 演奏 연주 | 練習 연습 | 上手だ 잘 하다, 능숙하다 | ～うちに ~하는 동안에 | 繰り返す 반복하다

해설　「～うちに ~하는 동안에」는 어떠한 상태가 지속되는 동안에 변화가 일어남을 나타낼 때 사용하는 표현이다. '동사 기본형·동사 진행형·명사의'에 접속하므로 1→2는 한 묶음이다. '반복하여 연습하는 동안에 능숙하게 연주할 수 있게 되었다'라는 내용이 되어야 하므로 4→1→2→3의 순서가 적당하다.

| 7 | プレゼンテーションの ＿＿ ＿＿ ★ ＿＿ ものでなくてはならない。
1 基本は　　2 かつ　　3 わかりやすく　　4 印象的な

정답　2 (1→3→2→4) 프레젠테이션의 기본은 알기 쉬우면서도 인상적인 것이어야만 한다.

단어　プレゼンテーション 프레젠테이션 | 基本 기본 | かつ 또한, 동시에 | 印象的だ 인상적이다

해설　문맥상 첫 번째 밑줄에는 1번이 들어가야 한다. 2번의 「かつ 또한」은 앞 문장과 뒷 문장을 대등하게 연결할 때 사용하는 접속사이므로 문제에서는 문맥상 '알기 쉽다'와 '인상적이다'라는 두 개의 문장을 「かつ」로 연결한 1→3→2→4가 자연스러운 순서이다.

| 8 | 成人になり、親から独立して ___ ___ ★ ___ 責任も重くなってくる。
1 反面　　　2 生活するというのは　　　3 社会に対する　　　4 自由な

[정답] **1** (2→4→1→3) 성인이 되어 부모로부터 독립해서 생활한다는 것은 자유로운 반면 사회에 대한 책임도 무거워진다.

[단어] 成人 성인｜独立 독립｜責任 책임｜反面 반면｜自由だ 자유롭다

[해설] 「~反面 ~(하는) 반면」의 뒤에는 앞서 다룬 내용의 반대되는 내용이 온다. 따라서 '자유로운 반면 책임이 무거워진다'라는 흐름의 문장이 되어야 한다. 즉, 4→1이 한 묶음이 되며 뒤로는 '사회에 대한(3) 책임도 무거워진다'로 연결되어야 한다. 전체를 문맥에 맞게 나열하면 2→4→1→3의 순서가 적당하다.

실전문제 ⑤

問題8　다음 문장의 ___★___ 에 들어갈 가장 적당한 것을 1·2·3·4에서 하나 고르세요.　　[문제편 264p]

| 1 | A 「昨日朝の通勤時間に電車が1時間も遅れたらしい。」
B 「ひどいね。電車に乗ろうとした人に ___ ___ ★ ___ 言っても何にもならないし。」
1 と　　　2 したら　　　3 文句を　　　4 仕事に差し支える

[정답] **1** (2→4→1→3) A 어제 아침 통근 시간에 전철이 한 시간이나 늦었대.
B 심하네. 전철을 타려고 한 사람의 입장에서는 업무에 지장이 생긴다고 불만을 말해도 아무것도 해결되지 않을 거고 말야.

[단어] 通勤 통근｜文句 불평, 불만｜差し支える 지장이 있다

[해설] 「명사 + にしたら ~의 입장에서는, ~로서는」은 사람을 지칭하는 명사 뒤에 붙어서 그 사람의 입장을 대변하는 기능을 한다. 따라서 첫 번째 밑줄에는 2번이 들어간다. 남은 선택지를 의미가 통하도록 연결하면 '업무에 지장이 생긴다고 불만을 (4→1→3) 말해도'의 순서가 적당하다.

| 2 | もう少し詳しい ___ ___ ★ ___ どうかは決められない。
1 からでないと　　　2 内容が　　　3 参加するか　　　4 わかって

[정답] **1** (2→4→1→3) 좀 더 자세한 내용을 알지 못하면 참가할지 어떨지 결정할 수 없다.

[단어] 詳しい 자세하다, 상세하다｜~てからでない ~한 후가 아니면, ~하지 않으면｜内容 내용｜参加 참가｜決める 결정하다

[해설] 「~てからでないと」는 '~를 행하지 않으면'이라는 의미의 문형이므로 동사의 て형인 4번과 1번은 한 묶음이다. 또한 불확실성을 나타내는 「~かどうか ~인지 아닌지」는 고정된 문법 형식이므로 3번은 마지막 밑줄에 들어간다. 전체 선택지를 의미가 통하도록 나열하면 2→4→1→3의 순서가 된다.

| 3 | この問題については、両親と ___ ___ ★ ___ 思います。
1 上で　　　2 話し合った　　　3 決めたいと　　　4 十分に

[정답] **1** (4→2→1→3) 이 문제에 대해서는 부모님과 충분히 대화한 후에 결정하고 싶습니다.

| 단어 | 両親 양친, 부모님 | ~上で ~한 후에 | 話し合う 서로 이야기하다, 대화하다, 의논하다 | 十分に 충분히

| 해설 | 「~上で」에는 ①동사 기본형에 접속하는 '~함에 있어서'와 ②동사 과거형에 접속하는 '~한 후에'라는 두 가지 용법이 있다. 선택지 중 동사 과거형은 2번뿐이므로 '대화한 후에(2→1)'는 한 묶음이며, 「~たいと思う ~하고자 한다」도 한 묶음이므로 3번은 마지막 밑줄에 들어간다. 문맥상 4→2→1→3의 순서가 가장 자연스럽다.

---

4 この製品は中毒に ＿＿＿＿ ＿＿＿＿ ★ ＿＿＿＿ ご使用時は必ず窓を開けてください。

1 恐れが　　　2 なる　　　3 あります　　　4 ので

| 정답 | 3 (2→1→3→4) 이 제품은 중독이 될 우려가 있으므로 사용 시에는 반드시 창문을 열어 주십시오.

| 단어 | 製品 제품 | 中毒 중독 | 使用 사용 | 窓 창

| 해설 | 「~恐れがある」는 '~할 우려가 있다'라는 뜻으로 '명사의'와 '동사 기본형'에 접속한다. 따라서 1→3은 한 묶음이며 밑줄 앞의 「中毒に」 다음에는 의미상 2번이 와야 한다. 전체 선택지를 의미가 통하도록 나열하면 2→1→3→4의 순서가 된다.

---

5 うちの子は ＿＿＿＿ ＿＿＿＿ ★ ＿＿＿＿ から困ってしまう。

1 ばかりで　　　2 知らない　　　3 お金を使う　　　4 ためることを

| 정답 | 4 (3→1→4→2) 우리 아이는 돈을 쓰기만 하고 모으는 것을 모르니까 곤란하다.

| 단어 | 困る 곤란하다 | ~ばかりだ ~하기만 하다 | ためる 모으다

| 해설 | 「~ばかりで」는 '~하기만 하고'라는 뜻의 문형으로 동사 기본형에 접속한다. 따라서 3→1은 한 묶음이다. 문맥상 '돈을 쓰기만 하고 모으는 것은 모른다(3→1→4→2)'라는 내용이 되어야 자연스럽다.

---

6 祭りは日本の代表的な文化だが ＿＿＿＿ ＿＿＿＿ ★ ＿＿＿＿ 様々な特色がある。

1 各地域　　　2 といっても　　　3 によって　　　4 代表的

| 정답 | 1 (4→2→1→3) 마쓰리(축제)는 일본의 대표적인 문화이지만, 대표적이라고 해도 각 지역에 따라 다양한 특색이 있다.

| 단어 | 祭り 축제 | 代表的だ 대표적이다 | 文化 문화 | 様々な 다양한 | 特色 특색 | 各地域 각 지역

| 해설 | 「~といっても ~라고 해도」는 '~라고 하지만 예상과는 다르게 실제로는 ~하다'라는 뉘앙스의 표현이다. 밑줄 앞이 '대표적인 문화이지만'으로 끝나고 있으므로, '대표적이라고 해도 사실 ~하다'라는 문장이 되어야 한다. 따라서 4→2의 순서로 맨 앞에 와야 하며, 문맥상 '각 지역에 따라(1→3) 다양한 특색이 있다'로 이어지는 것이 자연스럽다.

---

7 頭が痛かったので薬局で買った薬を ＿＿＿＿ ＿＿＿＿ ★ ＿＿＿＿ あまり効き目はありませんでした。

1 のですが　　　2 飲んだ　　　3 飲む　　　4 ことは

| 정답 | 2 (3→4→2→1) 머리가 아파서 약국에서 산 약을 먹기는 먹었는데 별로 효과는 없었습니다.

| 단어 | 薬局 약국 | 薬 약 | 効き目 효능, 효과

| 해설 | 「동사 + ことは + 동사 과거형 ~하기는 했다」는 '이미 그 행위를 끝마쳤다, 해 봤다'라는 표현으로 「ことは」 앞뒤로는 같은 동사가 들어간다. 「薬を飲むことは飲んだ 약을 먹기는 먹었다」, 「やることはやった 할 수 있는 것은 했다」 등의 예시를 통해 기억해 두자. 3→4→2는 한 묶음이며, 마지막 밑줄 뒤로 '별로 효과가 없었다'라는 반대되는 내용이 나오고 있으므로 역접 조사인 「が」가 네 번째 밑줄에 들어가야 한다.

| 8 | 約束に遅れたことを怒っていて ＿＿＿ ＿＿＿ ★ ＿＿＿ くれない。
1 説明しよう　　　　2 聞いて　　　　3 としても　　　　4 いくら

[정답] **3** (4→1→3→2) 약속에 늦은 것을 화를 내서 아무리 설명하려고 해도 들어 주지 않는다.

[단어] 約束 약속 | 遅れる 늦다 | 怒る 화내다, 꾸짖다 | 説明 설명

[해설] 「いくら～ても 아무리 ～해도」와 「～ようとする ～하려고 하다」의 의미를 생각하며 선택지 순서를 나열해야 한다. '아무리(4) 설명하려(1)고 해도(3) 상대가 이야기를 들어(2) 주지 않는다'라는 의미의 문장이 되어야 하므로 4→1→3→2의 순서가 되어야 한다.

問題 9 글의 문법

실전문제 정답 및 해설

정답

실전문제 ① 　[1] 2　[2] 1　[3] 2　[4] 3　[5] 4
실전문제 ② 　[1] 2　[2] 2　[3] 4　[4] 3　[5] 1

실전문제 ①

問題 9 다음 글을 읽고, 글 전체의 내용을 고려하여 [1] 에서 [5] 안에 들어갈 가장 적당한 것을 1·2·3·4에서 하나 고르세요.

문제편 266p

자원봉사 단체의 존속 그 자체를 위태롭게 여기는 의견도 들려온다. 활동에 모여드는 젊은이가 적기 때문이다. 참가자에는 [1] 아무래도 시간적·경제적 여유가 있는 중고령층이 많으며, 예전에 비슷한 작업을 했던 적이 있는 경험자가 모이기 쉽다. (주)마을 산의 유지 관리는 육체적으로 결코 [2] 쉬운 작업이 아니다. 이대로 기술 전승이 이루어지지 않고 고령화가 진행된다면 마을 산은 또다시 위기적인 상황에 직면할 것이다.

또한 도시 근교에 위치한 마을 산에도 문제가 따른다. 그 상당수는 개인 소유가 되어 있기 때문에 자원봉사 단체가 [3] 손을 대기 어렵다. 고정 자산세나 상속 문제로 손을 떼 버려서 소유자를 알 수 없게 된 경우도 많이 있다. 가령 지자체가 [4] 소유하고 있어도 시민에 의한 관리를 꺼리거나, 반대로 재정난으로 자원봉사에 관리를 떠맡기는 등의 예도 [5] 적지 않다.

(가와카미 요이치 『도쿄 사라지는 생물 늘어나는 생물』 가도카와)

(주) 마을 산: 사람이 사는 곳에 인접하여 사람의 생활 환경의 일부가 된 산림 지역

단어 ボランティア 자원봉사 | 団体(だんたい) 단체 | 存続(そんぞく) 존속 | そのもの 바로 그것, 그 자체 | 聞(き)こえる 들리다 | 危(あや)ぶむ 위험하게 여기다, 위태로워 하다 | 活動(かつどう) 활동 | 集(あつ)まる 모이다 | 若者(わかもの) 젊은이 | 参加者(さんかしゃ) 참가자 | 経済(けいざい) 경제 | 余裕(よゆう) 여유 | 中高年層(ちゅうこうねんそう) 중고령층 | かつて 일찍이, 예전부터 | 作業(さぎょう) 작업 | 維持(いじ) 유지 | 管理(かんり) 관리 | 肉体的(にくたいてき) 육체적 | 決(けっ)して 결코 | 技術(ぎじゅつ) 기술 | 伝承(でんしょう) 전승 | 高齢化(こうれいか) 고령화 | 進(すす)む 나아가다, 진행되다 | 再(ふたた)び 다시, 재차 | 危機的(ききてき) 위기적 | 状況(じょうきょう) 상황 | 直面(ちょくめん) 직면 | 都市(とし) 도시 | 郊外(こうがい) 교외 | 位置(いち) 위치 | つきもの 따라 다니는 것, 으레 붙어 다니는 것 | 個人(こじん) 개인 | 所有(しょゆう) 소유 | 固定(こてい) 고정 | 資産税(しさんぜい) 자산세 | 相続(そうぞく) 상속 | 手放(てばな)す 손에서 떼다, 처분하다 | 多々(たた) 많이, 상당수 | 自治体(じちたい) 지자체 | 市民(しみん) 시민 | 渋(しぶ)る 꺼리다, 주저하다 | 逆(ぎゃく)に 역으로, 반대로 | 財政難(ざいせいなん) 재정난 | 押(お)しつける 강제로 시키다, 억지로 떠맡기다

| 1 | 1 必ず | 2 どうしても | 3 一気に | 4 とりあえず |

정답 **2**

해설 '자원봉사 활동에 젊은이가 모이지 않으며, 모이는 것은 시간적·경제적으로 여유가 있는 중고령층이다'라는 흐름의 문장이므로 **1** 안에는 문맥상 '결과적으로 일이 이렇게 될 수밖에 없다'라는 의미의 부사가 들어가야 한다. 따라서 2번의 「どうしても 아무래도」가 답으로 적당하다.

| 2 | 1 楽な作業ではない | 2 楽な作業とは関わりない |
| | 3 楽な作業だからだ | 4 楽な作業だと言ってもよい |

정답 **1**

해설 **2** 앞의 「決して 결코, 절대로」는 반드시 부정어와 함께 쓰여 「決して～ない 절대로 ~하지 않다」의 형태로 사용한다. 따라서 3, 4번은 답이 될 수 없다. '마을 산의 유지 관리는 결코 **2** '라는 문장과 의미상 연결될 수 있는 것은 1번 「楽な作業ではない 쉬운 작업이 아니다」이다.

| 3 | 1 手を貸しやすい | 2 手を出しづらい | 3 手を抜きやすい | 4 手を組みづらい |

정답 **2**

해설 **3** 의 앞 문장을 보면 이유·원인을 나타내는 접속사 「ため 때문에」로 연결되어 있다. 즉, '도시 근교의 마을 산이 상당수는 개인 소유이기 때문에' 자원봉사 단체가 어려움을 겪는다는 내용이므로 **3** 안에는 '곤란하다, 어렵다' 등의 부정적인 내용이 들어가야 한다. 따라서 2번의 「手を出しづらい 손을 대기가 어렵다」가 정답이다. 4번 「手を組みづらい 손을 잡기 어렵다」 역시 부정적인 내용이지만 의미가 맞지 않는다.

| 4 | 1 所有しかねるとしても | 2 所有するくらいなら | 3 所有していても | 4 所有するとしたら |

정답 **3**

해설 「たとえAてもB 설령 ~라도」는 '설령 A가 실현된다고 해도 B에는 영향이 없다'라는 의미의 문형이다. 따라서 2, 4번은 접속 형태가 맞지 않아 답이 될 수 없다. 1번 「かねる ~하기 어렵다」는 문맥상 의미가 통하지 않아 답이 될 수 없다. 정답은 3번의 「所有していても 소유하고 있어도」이다.

| 5 | 1 多くはない | 2 少なくなっている | 3 多いとは言えない | 4 少なくない |

정답 **4**

해설 지자체가 소유한 마을 산의 관리를 시민에게 맡기는 것을 꺼리거나 이와 반대로(逆に) 자원봉사 단체에게 관리를 떠맡기는 두 가지 경우가 '모두 있다'는 내용이므로 문맥상 4번만 답이 될 수 있다.

실전문제 ②

問題9 다음 글을 읽고, 글 전체의 내용을 고려하여 ① 에서 ⑤ 안에 들어갈 가장 적당한 것을 1·2·3·4에서 하나 고르세요.

문제편 268p

　　이제 곧 아이의 겨울 방학이 시작된다. 부모에게 있어서도 평소, 좀처럼 차분하게 마주하지 못 하던 아이와 시간을 함께 할 수 있는 기회이다. 중학생이 된 우리 아이와 놀면서 인생 이야기를 ① 해 보는 것도 나쁘지 않다. 생각해 보면 내가 같은 나이였을 무렵, 부모와 친하게 이야기를 한 기억이 없다. 아이에게 있어서는 같은 세대의 친구와 고민을 서로 나누는 일은 있어도 부모나 선생님은 가까운 곳에 있으면서도 ② 어딘가 멀리 있는 존재였다. 그렇게 되면 설령 부모라고 해도 반드시 특별한 존재라고는 ③ 할 수 없는 것이 아닐까. 태어났을 때부터 쭉 함께 있어도 아이가 크면 학교 친구들 ④ 외에도 활동을 함께 하는 동료, 메일 친구 등 교우 범위는 점점 넓어져 간다. 그런 가운데 부모가 할 수 있는 역할은 과연 무엇일까? 그것은 반드시 '이렇게 해야 한다'고 결정할 일은 아닐 것이다. 인생 선배와 후배. 그런 관계가 될지 어떨지는 모르겠지만, 겨울 방학의 대화 ⑤ 를 계기로 해서 좀 더 서로가 상대에 대해 관심을 가질 수 있게 되면 좋겠다고 생각한다.

[단어] 冬休み 겨울 방학 | 日頃 평소 | なかなか 좀처럼, 어지간히 | 向き合う 마주하다 | わが 나의, 우리의 | 人生 인생 | 親しい 친하다 | 記憶 기억 | 同年代 같은 세대, 동년배 | 友人 친구 | 悩み 고민 | 分かち合う 나누다 | 存在 존재 | 必ずしも~ない 반드시 ~인 것은 아니다 | 特別だ 특별하다 | 生まれる 태어나다, 생기다 | 活動 활동 | 仲間 동료 | メール友だち 메일 친구, 메일이나 휴대폰 문자를 통해 사귄 친구 | 交友 교우 | 範囲 범위 | 広がる 넓어지다, 널리 퍼지다 | 果たす 다하다, 완수하다 | 役割 역할 | 先輩 선배 | 後輩 후배 | 関係 관계 | 対話 대화 | お互いに 서로 | 関心 관심

---

① 1 してみようともしない　　2 してみるのも悪くない
　 3 してみそうもない　　　　4 してみても始まらない

정답 **2**

해설 ① 의 앞에서 '방학을 맞이한 아이와 마주할 수 있는 기회'라고 하고 있으므로 '아이와 놀면서 인생 이야기를 해 보는게 어떨까'라는 내용이 이어져야 한다. 따라서 ① 안에는 2번의 「してみるのも悪くない 해 보는 것도 나쁘지 않다」가 들어가야 한다.

---

② 1 どんなにか　　2 どこか　　3 どうせ　　4 どうにか

정답 **2**

해설 '부모나 선생님은 가까이 있으면서도 ② 멀리 있는 존재였다'라는 이 문장이 가리키는 바는 정말 멀리 있는 것이 아니라 왠지 모르게 그렇게 느껴진다는 것이므로 ② 안에는 '무엇이라고 꼬집어 말할 수 없을 때' 사용하는 부사 「どこか 어딘가」가 들어가야 한다. 정답은 2번이다.

---

③ 1 言われることはなかった　　2 言われていないのだった
　 3 言えないことはないのだ　　4 言えないのではないだろうか

정답 **4**

해설 바로 앞 문장에서 부모는 멀고도 가까운 존재라고 하고 있으므로 문맥상 '아이에게 부모는 반드시 특별한 존재가 아닐 수도 있다'는 내용이 되어야 한다. 따라서 3 안에는 「言えないのではないだろうか 말할 수 없는 것이 아닐까」라는 의문문의 형태로 '말할 수 없다'는 것을 강조하는 4번이 들어가야 한다.

---

4 1 うえにも　　　　　2 なかから　　　　　3 ほかにも　　　　　4 そばでは

정답 3

해설 '아이가 크면 친구, 동료, 온라인 친구 등 교우 관계가 점점 넓어진다'라는 의미의 문장이다. 따라서 의미가 연결되기 위해서는 3번의 「ほかにも 그 외에도」가 들어가야 한다. 1번의 「〜の上に 〜한 데다가」에도 내용을 추가하는 용법이 있지만 빈칸에 들어가기에는 접속 형태와 뜻이 맞지 않는다.

---

5 1 をきっかけにして　　2 を中心にして　　3 を始めとして　　4 を抜きにして

정답 1

해설 '자녀와 겨울 방학에 대화를 통해 좀 더 상대에게 관심을 가지게 되면 좋겠다'는 내용이므로 5 안에는 1번의 「〜をきっかけにして 〜을 계기로 해서」가 들어가야 의미가 연결된다. 의미가 비슷한 「〜を契機に 〜을 계기로」도 함께 기억해 두자.

Part 3

JLPT N2

Part 3

독해

問題 10 내용 이해(단문)
연습문제 정답 및 해설

정답

연습문제   1 3   2 2   3 3   4 4   5 1

연습문제

問題10   다음 (1)에서 (5)의 글을 읽고, 다음 물음에 대한 답으로 가장 적당한 것을 1・2・3・4에서 하나 고르세요.

(1)   문제편 273p

내가 독서력 검정이라는 것을 실시한다고 하면 방법은 이렇다. 전원에게 같은 ㈜신서 몇 권을 건네고 삼십 분 정도 요점에 선을 긋게 한다. 읽는 것이 느린 사람은 한 권 분량에 선을 긋는 것 조차도 할 수 없을 것이다. 반대로 독서력이 있는 사람은 단시간에 정확하게 선을 그어 나갈 수 있다.

내가 생각하는 것은 속독술과는 다르다. 모든 항목을 재빠르게 훑어본다고 하는 기술이라기 보다는 내용을 정확하게 파악하는 완급이 있는 읽기 방법이다. '중요한 부분에 선을 긋는다'라는 과제는 책을 읽는 힘을 확실하게 밖으로 드러내 준다. 책을 읽는 힘이 있는 사람이 보면, 선을 긋는 방법으로 그 사람에 대한 이해도를 알 수 있다.

(사이토 다카시 『독서력』이와나미신쇼)

(주) 신서: 책의 크기에 따라 정해진 규격의 하나. 103mm×182mm의 소형책이다.

단어   読書力 독서력 | 検定 검정 | 全員 전원 | 冊 권(책을 세는 단위) | 渡す 건네다 | 程度 정도 | 要点 요점 | 線を引く 선을 긋다 | ~さえ ~조차 | 短時間 단시간 | 的確に 적확(정확)하게 | 速読術 속독술 | 全項 전 항목 | 素早い 재빠르다, 민첩하다 | 目を走らせる 빨리 읽다, 빨리 훑어보다 | 内容 내용 | 把握 파악 | メリハリ 완급, 고저, 강약 | 重要 중요 | 課題 과제 | はっきり 확실히, 분명히 | 表に出す 겉으로 드러내다 | 理解度 이해도 | 精読 정독

1   필자가 말하는 독서력 검정이란 어떠한 것인가?

  1 빠른 속도로 책에 얼만큼 많이 선을 그을 수 있는지를 조사하는 것
  2 모든 페이지를 어느 정도의 속도로 읽을 수 있는지를 조사하는 것
  3 단시간에 중요한 부분을 이해해서 읽을 수 있는지를 조사하는 것
  4 정독해서 내용을 정확하게 파악하며 선을 그을 수 있는지를 조사하는 것

정답 3

해설 | 필자는 '단시간에 책에 선을 긋는 행위'란 책을 빠른 시간에 얼마나 정확하게 이해하며 읽는지를 가늠하는 수단이라고 말하고 있다. 또한 독서력 검정이란 '모든 항목을 재빠르게 훑어보는 기술이 아니라 내용을 정확하게 파악하는 방법'이라고 말하고, 마지막 문장에서 '책에 선을 긋는 방법으로 책에 대한 이해도를 알 수 있다'고 하고 있으므로 선택지 3번이 정답이다.

---

(2)   문제편 274p

내 주위에서 성공한 사람에게 많은 것이 '홈리스가 될 각오가 있다'라는 사고방식을 가진 사람입니다. 홈리스가 되면 누구를 의지하면 될지, 어디에서 식재료를 조달할지, 자신의 능력 중에서 바로 돈을 벌 수 있는 것이 있는지……, 그런 것을 머릿속에서 그릴 수 있는 것입니다.

요컨대 '최악의 상황을 생각해 둔다'는 것을 사전에 제대로 인식하고 있다는 것입니다. 최악의 상황을 생각해 두고 '그래도 잘 살 수 있네'라고 상정할 수 있다면, 리스크를 감수하고 재미있는 일에 도전할 수 있습니다. 그 도전이 있기 때문에 지금 성공했다는 역발상도 가능하겠네요.

(니시무라 히로유키『무적의 사고』다이와쇼보)

단어 | 成功 성공 | 周り 주위, 주변 | ホームレス 홈리스, 노숙자 | 覚悟 각오 | 頼る 의지하다 | 食料 식재료 | 調達 조달 | 能力 능력 | 稼ぐ 돈을 벌다 | 描く 그리다 | 要するに 요컨대, 요약하면 | 前もって 미리, 사전에 | きちんと 정확히, 깔끔하게 | 認識 인식 | 最悪 최악 | 状況 상황 | 暮す 살다, 지내다 | 想定 상정 | リスクを取る 리스크를 감수하다, 위험을 무릅쓰다 | チャレンジ 챌린지, 도전 | 見方 보는 방법, 시각, 견해 | 特徴 특징 | 仮説 가설

2 필자는 성공한 사람에게 많이 보이는 특징을 무엇이라고 말하고 있는가?

1 남에게 부탁하는 것을 잘해서 어디에서든 먹을 것을 조달할 수 있다.
2 무슨 일이든 처음에는 가설을 세워서 가장 나쁜 상황을 생각해 둔다.
3 가장 나쁜 상황에서도 리스크를 골라서 도전할 수 있다.
4 최악이 상황이 되어도 가설을 세워서 성공을 이미지화할 수 있다.

정답 2

해설 | 「要するに 요컨대」는 앞에 나온 내용 중에 중요한 부분을 요약·정리할 때 쓰는 접속사이다. 필자가 말하고자 하는 '성공한 사람의 특징'은 '요컨대' 이후에 나오는 '사전에 최악의 상황을 생각해 둔다'는 것이다. 따라서 선택지 2번이 정답이다.

---

(3)   문제편 275p

레이와 ○년 ○월 ○○일
고객 여러분

주식회사 ○○○
대표 나카무라 미쓰루

판매 가격 개정 안내

근계   요즘 날로 번창하심을 기쁘게 생각합니다.

평소 당사의 인터넷 판매를 이용해 주셔서 진심으로 감사합니다.

당사에서는 주력 상품인 '고쿠마로 차'의 판매 가격을 유지하도록 노력해왔습니다만, 원재료의 현저한 가격 급등으로 인해 일부 상품에 있어서 판매 가격을 유지하기가 곤란한 상황이 되었습니다.

이에 8월 1일 주문 분량부터 이하와 같이 일부 상품의 판매 가격을 개정하고자 안내 드립니다. 또한 당사에서는 앞으로도 고객의 입장에 선 서비스 제공을 위해 노력해 가고자 하오니, 여러분의 이해와 협력을 부탁드립니다.

1. 가격 개정 예정일: 8월 1일
   7월 31일까지의 주문 분량에 대해서는 현행 가격으로 판매합니다.
2. 개정 대상 상품: 별지 참조

[단어] 令和 레이와(2019년 5월 1일부터 시작된 현재 일본의 연호) | お客様 고객님 | 各位 각위, 여러분 | 株式会社 주식회사 | 代表 대표 | 販売価格 판매 가격 | 改定 개정 | 案内 안내 | 拝啓 편지 첫머리에 쓰는 말(삼가 아룁니다), 배계, 근계 | 時下 편지 서두에 쓰는 말, 시하, 목하, 요즘 | ますます 점점, 더욱더 | 清栄 편지에서 상대방의 건강, 번영 등을 기원하는 인사말, 청영, 번영 | 申し上げる 말씀드리다, 言う의 겸양어 | 日頃 평소 | 弊社 자기 회사를 낮춰 부르는 겸양어, 폐사, 당사, 본사 | インターネット 인터넷 | 誠に 진심으로, 대단히 | さて (화제 전환) 자, 그런데 | 主力 주력 | 製品 제품 | 茶 차 | 維持 유지 | 努める 애쓰다, 노력하다 | 原材料 원재료 | 著しい 현저하다, 두드러지다 | 高騰 가격·물가가 오름, 고등, 급등 | 商品 상품 | ～において ～에 있어서 | 困難 곤란, 어려움 | 状況 상황 | つきましては 그런고로, 따라서 | 注文 주문 | 改定 개정 | なお 여전히, 더욱이, 또한 | 今後とも 앞으로도 | 立場 입장 | サービス 서비스 | 提供 제공 | まいる 가다(行く)·오다(来る)의 겸양어 | 皆様 여러분 | 理解 이해 | 協力 협력 | 現行 현행 | 対象 대상 | 別紙 별지, 따로 덧붙이는 종이 | 参照 참조 | 値上げ 가격 인상 | 経営 경영 | 状態 상태 | 悪化 악화 | 向上 향상

[3] 이 메일에서 전하고 싶은 것은 무엇인가?

1 이 회사는 가격 인상을 할 수밖에 없을 정도로 경영 상태가 악화됐다.
2 이 회사는 모든 상품에 대해서 8월 1일부터 판매 가격을 인상한다.
3 이 회사는 일부 상품에 대해서 8월 1일부터 판매 가격을 인상한다.
4 이 회사는 상품 가격 개정을 실시하고 고객에 대한 서비스를 향상시킨다.

[정답] 3

[해설] 비즈니스 메일이나 편지글은 경어표현이 많이 나와 어렵게 느껴질 수 있지만, 중심 내용은 인사말을 제외한 본 내용 속에 있다는 점을 기억해 두자. '8월 1일 주문 분량부터 이하와 같이 일부 상품의 판매 가격을 개정한다'는 안내가 이 메일을 쓴 목적이다. 따라서 정답은 선택지 3번이다.

(4) 문제편 276p

메일이 어느 정도 보급되었다고 해도 편지와 전화가 사라지는 것은 아닐 것이다. 커뮤니케이션의 밀도로 말하자면 직접 만나서 이야기를 하는 것이 가장 좋다. 안색으로 몸 상태가 나쁜 건가 하고 생각한다든가, 전화라면 상대의 목소리 상태로도 정보를 얻을 수 있다. 편지나 팩스의 경우에도 필체에서 전해지는 것이 있다.

메일이라는 것은 극단적으로 효율화된 미디어인 만큼 전해지는 것은 거기에 쓰여진 요건뿐이다. 따라서 요건을 전달하는 것이 주요 목적일 때에 압도적으로 위력을 발휘한다. 반대로 요건 그 자체가 아니라 자신의 감정이나 생각을 전달하고 싶은 경우에는 그것 이외의 도구를 사용하는 편이 좋을지도 모른다.

(무라카미 류 『이메일의 달인이 되다』 슈에이샤신쇼)

[단어] メール 메일, 이메일 | 普及 보급 | ～からといって ～라고 해서, ～라고 하더라도 | 手紙 편지 | 電話 전화 | なくなる 없어지다 | コミュニケーション 커뮤니케이션, 의사소통 | 密度 밀도 | 直接 직접 | 顔色 안색 | 調子 상태, 컨디션 | 相手 상대

| 情報 정보 | 得る 얻다 | ファックス 팩스 | 筆跡 필적 | 伝わる 전해지다, 전달되다 | 極端に 극단적으로, 지나치게 | 効率化 효율화 | メディア 미디어 | 要件 요건 | 主要 주요 | 目的 목적 | 圧倒的 압도적 | 威力 위력 | 発揮 발휘 | 逆に 반대로 | そのもの 그것, 그 자체 | 感情 감정 | ツール 툴, 도구 | 用いる 사용하다 | 手段 수단 | やり取り 주고받음, 교환 | 効果 효과 |

4 필자는 메일을 어떻게 인식하고 있는가?

1 편지와 전화를 대체할 밀도 높은 커뮤니케이션 수단
2 사람의 미묘한 감정과 생각을 효율적으로 요건만 전달할 수 있는 수단
3 중요한 정보뿐만 아니라 상대와 바로 소통할 수 있는 최고의 수단
4 중요한 요건만을 전달하는 데에 뛰어난 효과를 올리는 수단

정답 **4**

해설 필자의 생각이나 주장은 주로 글의 끝부분에 나온다는 점을 기억하자. 두 번째 단락을 보면 '메일은 극단적으로 효율화된 미디어'이며 사람의 상태나 감정을 전달하지는 못하지만 말하고자 하는 '요건을 전달하는 것이 목적일 때는 압도적인 위력을 가진다'고 말한다. 따라서 정답은 선택지 4번이다.

---

(5) 아래의 문장은 취직에 대한 학생의 의식 조사 결과에 대해 쓰여진 것이다.

문제편 277p

> 학생의 ㈜취직관에 대해서는 '즐겁게 일하고 싶다'가 35.8% (전년 대비 2.8pt 감소)로 2021년 졸업생도 예년과 마찬가지로 1위였다. 다음으로 '개인 생활과 일을 병행하고 싶다' (24.3%, 전년 대비 0.1pt 감소), '타인에게 도움이 되는 일을 하고 싶다' (13.7%, 전년 대비 1.6pt 증가)가 뒤를 이었다.
> 최근 수년 간 상위 3항목은 동일하며 큰 경향은 변하지 않고 있다. 그러나 항목별 증감을 보면 우리 생활에 큰 영향을 미치고 있는 경제 상황의 악화나 큰 재해가 일어났을 때는 '즐겁게 일하고 싶다'가 지난해 12월부터 올해 2월에 걸쳐 회답한 학생과 비교하면 비율이 감소했고, 올해 3월에 '타인에게 도움이 되는 일을 하고 싶다'고 회답한 비율은 17.4%로 지난해 12월부터 올해 2월에 회답한 비율보다 증가한 것으로 밝혀졌다.
>
> (주) 취직관: 여기에서는 '취직에 대한 관점, 생각'의 의미로 사용

| 就職 취직, 취업 | 意識 의식 | 調査 조사 | 前年比 전년 대비 | 例年 예년 | 同様に 마찬가지로 | トップ 톱, 1위 | 両立 양립, 병행 | 項目 항목 | 傾向 경향 | 増減 증감 | 影響を及ぼす 영향을 미치다 | 経済 경제 | 災害 재해 | ～際に ～할 때에 | 回答 회답 | 比較 비교 | 割合 비율 | 減少 감소 | 増加 증가 | 新たに 새롭게 | 与える 주다, 부여하다 | ～上で ～하는 데에 있어서 | 条件 조건 |

5 이번 학생의 취직관에 대한 조사에서 새롭게 밝혀진 것은 무엇인가?

1 사회적 상황이 학생의 취직관에 작지만 영향을 주고 있는 것
2 취직관의 상위 3항목 만큼은 큰 경향의 변화는 보이지 않는다는 것
3 학생의 취직관을 조사하는 것으로 개인의 삶의 방식의 양상을 엿볼 수 있는 것
4 취직자리를 결정하는 데 있어 즐겁게 일을 할 수 있는지 없는지가 첫 번째 조건인 것

정답 **1**

해설 두 번째 단락에서 경제 상황의 악화나 큰 재해가 일어났을 때는 '즐겁게 일하고 싶다'가 감소하고 '타인에게 도움이 되는 일을 하고 싶다'가 증가한다는 것을 알았다고 하고 있으므로 선택지 1번이 정답이다.

問題 11 내용 이해(중문)

연습문제 정답 및 해설

정답

연습문제 **1** 2 **2** 3 **3** 1 **4** 3 **5** 1 **6** 3 **7** 4 **8** 3 **9** 2

연습문제

問題11 다음 (1)에서 (3)의 글을 읽고, 다음 질문에 대한 답으로 가장 적당한 것을 1·2·3·4에서 하나 고르세요.

(1)

문제편 279p

준비도 할 수 있는 것은 모두 해 왔다, 컨디션도 최고로 실전을 맞이했다. 그럼에도 승리의 신은 미소 짓지 않을 때가 있습니다. 원인과 결과의 관계는 인간이 상정할 수 있을 만큼 단순하지 않기 때문입니다. 따라서 결과에 ㈜얽매이지 않고 할 수 있는 것을 했다면 됐다고 생각하는 것이 좋지 않을까요? 상처받는 것이 싫어서 처음부터 노력하지 않는 것을 선택해 버리는 사람이 많습니다만, 전력을 다했을 때에는 ①사실 학습은 이겼을 때도 졌을 때도 일어납니다.

언제나 이기는 사람, 언제나 지는 사람에게는 실제로는 거의 학습은 일어나지 않습니다. 플러스와 마이너스 양쪽이 있어야 비로소 큰 학습 신호가 되는 것입니다. ②실패라는 결과는 '이렇게 하는 것이 잘못이었나', '이대로는 안 된다', '뭐가 필요한 걸까'하고 지금까지 사용했던 뇌 회로에 호소합니다.

끝까지 노력하고 지면 뇌 회로를 많이 사용함으로써, 그에 관여했던 뇌 회로 전체에 피드백이 가게 되기 때문에 큰 배움이 됩니다. 그것은 어떤 의미에서 쾌감일 것입니다. 또한 전력을 다하는 경험을 한 사람은 다른 문제가 나타났을 때에도 전력을 다하는 태도가 길러지고 있다는 것을 의미합니다. 한편 어중간하게 지면 그다지 많은 뇌 회로를 사용하고 있지 않으므로 피드백이 골고루 미치지 못하고 '처음부터 기대하지도 않았어'라며 원인을 애매하게 하여 얼마든지 자신에게 변명을 할 수 있게 됩니다.

(모기 겐이치로 『긴장을 아군으로 만드는 뇌 과학』 가와데신쇼)

(주) 얽매이지 않고: 전통·고정 관념 등에 구속되지 않고

단어 準備 준비 | コンディション 컨디션 | 本番 본방, 본 경기, 본 방송 | 迎える 맞이하다 | 神様 신 | 微笑む 미소 짓다 | 原因 원인 | 結果 결과 | 想定 상정 | 単純だ 단순하다 | 傷つく 상처받다 | そもそも 원래, 애초에 | 努力 노력 | 全力を尽くす 전력을 다하다 | 失敗 실패 | 脳 뇌 | 回路 회로 | 呼びかける 부르다, 호소하다 | 関与 관여 | フィードバック 피드백 | 快感 쾌감 | 現れる 나타나다, 드러나다 | 態度 태도 | 養う 기르다, 부양하다 | 中途半端だ 어중간하다 | 行き渡る 골고루 미치다, 퍼지다 | 曖昧だ 애매하다 | 言い訳 변명 | 繰り返す 반복하다 | 力を尽くす 힘을 다하다 | 勝敗 승패 | ～に関わる ～와 관련된, ~이 걸린 | 挑戦 도전 | 反省 반성 | 将来 장래

1 ① 사실 학습은 이겼을 때도 졌을 때도 일어난다고 하는데, 어떤 것인가?
　1 항상 이기고 지는 것을 반복하면서도 배우는 점은 있다는 것
　2 전력을 다했다는 경험이 있으면 그 결과에서 배울 점이 있다는 것
　3 전력을 다했다면 항상 져도 그 결과에서 배울 점이 있다는 것
　4 승패가 걸린 큰 문제라면 그 결과와 관계없이 배울 점이 있다는 것

정답 2
해설 필자는 학습이 일어나는 전제는 이기고 지고가 아닌 '전력을 다하는 것'이라고 말하고 있다. 마지막 단락에서 '끝까지 노력하고 지면 관여한 뇌 회로에 피드백이 가게 되어 큰 배움이 된다'고 말하므로 선택지 2번이 정답이다. 전력을 다하면 지더라도 배움이 있다고 말할 뿐, 항상(いつも) 져도 배움이 있다고는 말하고 있지 않으므로 3번은 답이 될 수 없다. 「いつも」와 같은 극단적인 표현이 들어간 선택지는 오답일 가능성이 높다는 점을 기억해 두자.

2 필자는 ② 실패라는 결과에 대해 어떻게 생각하고 있는가?
　1 실패는 언제든지 일어날 수 있는 것이며 얼마든지 자신에게 변명할 수 있는 것
　2 전력을 다하고 졌을 때, 다시 도전하자는 기분이 들게 하는 것
　3 전력을 다하고 지면 관여했던 뇌 회로에 작용하여 큰 배움으로 이어지는 것
　4 졌을 때, 반성의 기분이 들게 하는 것으로 장래에는 성공으로 이어지는 것

정답 3
해설 '실패라는 결과'에 대한 언급은 세 번째 단락에서 '전력을 다하고 지면, 그 과정에서 뇌 회로를 많이 사용해서 큰 배움이 된다'고 말하고 있다. 따라서 정답은 선택지 3번이다.

3 이 글에서 필자가 말하고 싶은 것은 무엇인가?
　1 전력을 다하고 지면 뇌는 학습하는 성질이 있다.
　2 실패라는 결과는 정말 복잡하며 단순하지 않으므로 공부가 된다.
　3 반드시 결정된 것은 아무것도 없으므로 실패해도 다음에는 반드시 성공한다.
　4 어떤 사람에게도 실패는 일어나므로 졌을 때는 빨리 잊는 편이 좋다.

정답 1
해설 필자의 주장이나 생각은 대부분 마지막 단락에 나온다. 필자는 '전력을 다하면 승패에 상관없이 배움이 있다'고 하며, '노력하는 과정에서 뇌 회로를 많이 사용하기 때문에 크게 배우게 된다'고 말한다. 또한 '어중간하게 지면 뇌 회로를 사용하지 않아서 배움이 생기지 않는다'고 말하므로 선택지 1번이 답으로 적당하다.

(2)

　직감을 다른 말로 설명하면 미래에 일어날 일을 순간적으로 느끼는 힘이기도 합니다. 예를 들면, 새로운 일 이야기가 들어왔을 때 '왠지 불쾌한 예감이 든다'라든가 '와~ 느낌이 좋아~. 설레네~'라고 느끼는 것도 직감입니다. '왜 그렇게 느끼는가?'라는 물음에 논리적으로 대답할 수 없을 것 같은 것. '왜 그렇게 생각해?'라고 물어와도 '음, 왠지 그렇게 생각해'라고 밖에 할 수 없는, 언어화할 수 없는 감각이 직감이었어요.
　이 감각이 예리하고, 그리고 그 직감에 따라 바로 행동할 수 있는 사람은 자신이 바라는 상태를 손에 넣을 수 있습니다. 일상생활의 아주 사소한 것에서 이 직감을 한층 더 예리하게 만들 수 있습니다. (중략)

일상생활에서 문득 머리에 떠오른 것을 무시하지 않도록 합시다. 바로 행동을 일으켜 보는 겁니다. 예를 들면, 머릿속에 친구의 얼굴이 스쳤다고 합시다. 그립다~라고 생각할 뿐만이 아니라 바로 연락을 취해 본다. 그러면 상대도 '앗! 나도 생각이 났던 참이야.'라고 하는 일은 적지 않습니다. (중략)

직감이 '팍' 오면 바로 행동합시다. 직감은 행동과 세트가 아니면 성과가 나오지 않습니다. 왜냐하면 직감은 번뜩이자마자 바로 사라져 버리는 것이기 때문입니다. 시간이 지나면 잊어버리는 경우가 있습니다. 그리고 직감이 오는 것은 당신의 인생에 있어서 절묘한 타이밍일 가능성이 높습니다. 잠재의식으로부터의 메시지라는 것은 ㈜인지를 초월하고 있는 경우가 종종 있습니다. 반드시 직감과 행동은 세트라고 기억해 둡시다.

(와타나베 가오루 『직감의 연마법』 겐토샤)

(주) 인지를 초월하다: 사고와 이해가 미치는 범위의 것이 아니다.

단어 直感 직감 | 出来事 사건, 일 | 瞬時に 순간적으로, 순식간에 | 舞い込む 날아들다 | 予感 예감 | ワクワク 두근두근 | ロジカル 로지컬, 논리적 | 感覚 감각 | 鋭い 예리하다, 날카롭다 | 従う 따르다 | 望む 바라다 | 状態 상태 | 手に入れる 손에 넣다, 입수하다 | 日常生活 일상생활 | ほんの 아주, 그저 | ちょっとしたこと 사소한 일 | ふと 문득 | 浮かぶ 떠오르다 | 友人 친구 | 成果 성과 | ひらめく 번뜩이다, 아이디어가 떠오르다 | 経つ (시간이) 흐르다, 경과하다 | ~において ~에 있어서 | 絶妙 절묘 | タイミング 타이밍 | 可能性 가능성 | 潜在意識 잠재의식 | しばしば 종종 | ぜひとも 꼭, 반드시 | 思考 사고 | 範囲 범위 | 瞬間的 순간적 | 感じ取る 감지하다 | 頭が冴える 머리가 맑아지다, 또렷해지다 | 判断 판단 | 表す 나타내다 | 論理的 논리적 | 優先 우선 | 後悔 후회 | 刺激 자극 | 気づく 깨닫다, 알아차리다

4 필자가 말하는 직감의 설명으로 맞는 것은 어느 것인가?

1 미래에 일어날 것 같은 일을 순간적으로 감지하고 언어화할 수 있는 것
2 머리가 맑아져서 순간적으로 일어난 일에 올바른 판단을 할 수 있는 것
3 왠지 모를 예감을 순간적으로 감각으로 파악하지만 말로는 표현할 수 없는 것
4 왠지 모를 예감을 순간적으로 감각으로 파악하고 논리적으로 표현할 수 있는 것

정답 3

해설 '미래에 일어날 일을 순간적으로 느끼지만 왜 그런지 언어화할 수 없는 것'이 직감이라고 말하므로 선택지 1번은 오답이며, '논리적(ロジカル)으로 대답할 수 없는 것이 직감'이라고 말하므로 4번도 답이 될 수 없다. 2번에 대한 내용은 언급하고 있지 않으므로 정답은 3번이다.

5 직감을 예리하게 하기 위해서는 어떻게 하면 되는가?

1 문득 머릿속에 떠오른 것을 잊기 전에 바로 행동으로 옮겨 본다.
2 문득 번뜩이는 생각이 떠올랐을 때 잊지 않도록 감각으로 기억해 둔다.
3 직감이 오면 바로 올바른 판단을 할 수 있도록 사고의 연습을 한다.
4 직감이 오면 직감에 따라 언어화할 수 있도록 적어 둔다.

정답 1

해설 필자는 일상생활의 사소한 일로 직감을 한층 더 예리하게 할 수 있다고 말하며 '문득 떠오른(ふとひらめいた) 일을 무시하지 말고 행동으로 옮기라'고 설명한다. 또한 마지막 부분에서 이러한 '문득 떠오른 것은 금방 사라지는 것'이라고 말하며 '행동'의 중요성을 다시 한번 강조하고 있으므로 정답은 선택지 1번이다.

6 이 글에서 필자가 말하고 싶은 것은 무엇인가?

1 직감과 논리라면 직감 쪽을 우선하는 편이 후회가 적다.
2 새로운 환경에서 패턴화하기 쉬운 직감에 자극을 주는 편이 좋다.
3 자신의 감각을 깨닫고 솔직하게 받아들이는 것이 중요하다.
4 직감적으로 행동하기 위해서는 단순한 삶의 방식이 요구된다.

정답 **3**

해설 필자는 일상생활에서의 예를 들어 '갑자기 머릿속에 떠오른 것을 무시하지 말고 바로 행동하라'고 한다. 또한 마지막 단락에서 '직감은 당신 인생에서 중요한 타이밍에 찾아오며, 자신의 잠재의식으로부터의 메시지'라고 한다. 즉 필자가 말하고자 하는 바는 '직감을 받아들이고 직감에 따라 행동하라'는 것이므로 선택지 3번이 답으로 적당하다.

---

(3) 문제편 283p

지금까지의 교육에서는 ①인간의 두뇌를 창고와 같은 것으로 보았다. 지식을 점점 축척한다. 창고는 크면 클수록 좋다. 안에 많은 것이 차 있으면 있을수록 좋다. (중략)

그런데 이런 인간 두뇌에 가공할 적이 나타났다. 컴퓨터이다. 이것이 창고로서는 훌륭한 기능을 가지고 있다. 일단 넣은 것은 절대로 잃어버리지 않는다. 필요할 때에는 바로 꺼낼 수 있다. 정리도 완전하다. 컴퓨터의 출현, 보급에 따라 ②인간의 머리를 창고로 사용하는 것에 의문이 생기기 시작했다. 컴퓨터 인간을 만들어서는, 진짜 컴퓨터를 당해낼 수 있을 리가 없다. 거기서 드디어 창조적 인간이라는 것이 문제가 되기 시작했다. 컴퓨터가 할 수 없는 것을 해야 한다, 라는 것이다.

인간의 머리는 앞으로도 일부는 창고 역할을 계속 해야만 하겠지만, 그뿐만이 아니다. 새로운 것을 생각해 내는 공장이어야만 한다. (중략)

우선 공장에 물건이 쓸데없이 물건이 많이 들어가 있으면 작업 능률이 나쁘다. 불필요한 것은 처분하고 널찍한 공간을 가질 필요가 있다. 그렇다고 해서 모든 물건을 버려 버리면 일이 되지 않는다. 정리가 중요해진다. 창고에서도 정리는 빼놓을 수 없지만, 그것은 있는 물건을 순서 좋게 배열하는 정리이다. 그에 반해 공장 내의 정리는 작업에 방해가 되는 것을 제거하는 정리이다. 이 공장 정리에 해당하는 것을 하는 것이 망각이다. 인간의 뇌를 창고로 보면 위험하게 여겨지는 망각이지만 공장으로서 능률을 좋게 하려고 한다면 자꾸자꾸 잊어버려야만 한다.

(도야마 시게히코 『사고의 정리학』 지쿠마쇼보)

단어 教育 교육 | 頭脳 두뇌 | 倉庫 창고 | 知識 지식 | どんどん 점점 | 蓄積 축적 | 詰まる 꽉 차다, 막히다 | 恐るべき 두려운, 가공할 | 敵 적 | あらわれる 나타나다, 드러나다 | コンピューター 컴퓨터 | 機能 기능 | 引き出す 꺼내다, 끄집어 내다 | 整理 정리 | 完全 안전 | 出現 출현 | 普及 보급 | ～にともなって ～과 함께 | 疑問 의문 | わく 샘솟다, 솟아나다 | こしらえる 만들다, 장만하다 | 本もの 진짜, 진품 | かなう 이루어지다, 필적하다 | 創造的 창조적 | はたす 완수하다, 다하다 | 工場 공장 | やたらに 무턱대고, 필요 이상으로 | 作業 작업 | 能率 능률 | 余計な 불필요한, 쓸데없는 | 処分 처분 | 広々と 널찍하게 | スペース 스페이스, 공간 | 捨てる 버리다 | 欠かせない 빠뜨릴 수 없다 | 順序 순서 | 並べる 나열하다 | じゃま 방해 | とり除く 제거하다 | 当たる 들어맞다, 해당하다 | 忘却 망각 | 危険視される 위험시 되다, 위험하게 여겨지다 | 保管 보관 | 完璧 완벽 | 詰め込む 밀어 넣다, 가득 채우다 | 不要だ 불필요하다 | 高まる 높아지다 | 思考 사고

7 ①인간의 두뇌는 창고와 같은 것이라고 하는데 어떤 의미인가?

1 인간의 머리는 많은 지식을 축적하고 일단 넣은 것은 결코 잃지 않는다.
2 인간의 머리는 많은 지식을 축적하고 필요할 때에는 바로 꺼낼 수 있다.
3 인간의 머리는 많은 지식을 축적하고 그 정리도 보관도 완벽하게 할 수 있다.
4 인간의 머리는 많은 지식을 축적하고 그 지식은 많으면 많을수록 좋다.

정답 **4**

해설 밑줄 바로 뒤에 '두뇌는 점점 지식을 축적하고, 이러한 창고는 클수록 좋으며, 많은 것이 들어 있을수록 좋다'고 하고 있다. 따라서 선택지 4번이 정답이다. 1, 2, 3번은 컴퓨터의 기능을 말하는 것이므로 답이 될 수 없다.

8 ②인간의 머리를 창고로서 사용하는 것에 의문이 생겼다고 하는데 어째서인가?

1 많은 지식을 채워 넣고는 잊어버리는 인간의 머리는 컴퓨터에는 이길 수 없기 때문에
2 컴퓨터가 할 수 없는 것을 하지 않으면 인간의 머리는 보통의 창고와 다르지 않기 때문에
3 컴퓨터는 할 수 없는, 인간의 머리로만 할 수 있는 것에 의식이 향했기 때문에
4 창고로서의 인간의 머리는 컴퓨터와 거의 같은 기능을 발휘하기 때문에

정답 **3**

해설 밑줄의 앞뒤 내용을 보면 '컴퓨터의 출현으로 인간의 머리를 창고로 사용하는데 의문이 생겼다'는 결과를 말한 후, 그렇게 생각한 원인인 '창조적인 인간, 즉 컴퓨터가 할 수 없는 것을 해야 한다'고 말한다. 정답은 선택지 3번이다.

9 이 글에서 필자가 말하고 싶은 것은 무엇인가?

1 인간의 머리는 불필요한 것을 잊는 것으로 정보를 기억하는 능력이 높아진다.
2 인간의 머리는 불필요한 것을 잊는 것으로 새로운 것을 생각해 내는 사고를 할 수 있다.
3 인간의 머리는 깨끗하게 잊는 것으로 컴퓨터를 이길 수 있다.
4 인간의 머리는 잊지 않으면 새로운 사고의 준비가 되지 않는다.

정답 **2**

해설 '인간의 머리는 앞으로 새로운 것을 생각해 내는 공장이어야 한다'고 말한 후, '공장의 작업 능률을 높이기 위해서는 불필요한 것은 처분해야 한다'고 한다. 마지막 부분에서 이러한 처분, 즉 정리에 해당하는 것이 망각이며, 능률을 높이려면 점점 잊어야 한다고 하고 있으므로 선택지 2번이 답으로 적당하다.

問題 12 통합 이해

연습문제 정답 및 해설

정답

연습문제　1 1　2 4

연습문제

問題12　다음 A와 B의 글을 읽고 다음 질문에 대한 답으로 가장 적당한 것을 1·2·3·4에서 고르세요.　문제편 286p

A

　우리의 뇌는 칭찬을 받음으로써 '쾌감 물질', '행복 호르몬'이 증가한다고 과학적으로 밝혀지고 있습니다. 그러나 어른이 되고 나서 아무도 칭찬해 주지 않고, 자신이 자신을 인정해 주지 않는, 그러기는커녕 자기 자신을 부정해 버리고 있는 지경까지 몰린 사람은 있지는 않습니까?
　그런 분에게 자신을 칭찬하는 습관을 들이는 칭찬 일기를 추천해 드립니다. 예를 들면 '오늘은 일찍 일어났어, 훌륭해!', '50미터 헤엄쳤어. 대단해!'라는 식으로 반드시 자신을 칭찬하는 한마디를 덧붙이도록 합시다. 처음에는 자신을 칭찬하는 습관이 없으면 역시 쓸 것이 좀처럼 발견되지 않습니다만, 칭찬 일기를 계속 쓰는 동안에 다양한 관점에서 자신을 칭찬할 수 있게 되고, 가령 실패나 나쁜 일이 일어나도 긍정적인 반성을 할 수 있게 되기 시작합니다.

B

　어린 시절에는 심부름을 했을 때나 새롭게 무언가를 할 수 있게 되거나 할 때 주위 사람들에게 자주 칭찬을 받았습니다. 그런데 어른이 되면 어떤가요? 어른이 되면 누군가를 칭찬하는 것이 쑥스럽게 느껴져서 그만두는 경우도 있지는 않나요?
　그렇다면 일부러 본인이 아닌 사람에게 칭찬하고 싶은 것을 전합시다. 예를 들면 '○○씨, 회사에서 회계에 대해 가장 잘 알고 일이 빨라!'라고 쑥스러워하지 않고 말할 수 있습니다. 칭찬한 이야기는 돌고 돌아서 본인에게 전해집니다. 전달로 칭찬을 받거나 하면, 칭찬한 사람과 그것을 전해 준 사람 두 사람에게 인정받았다는 기분이 들어 기쁨도 배로 늘어납니다. 그리고 자신을 칭찬해 준 사람에 대해서는 당연한 일이지만 신뢰감을 가질 수 있게 되는 것입니다.

[단어] 褒める 칭찬하다 | 快感 쾌감 | 物質 물질 | ホルモン 호르몬 | 科学 과학 | 明らかだ 분명하다, 확실하다 | 自分自身 자기 자신 | 否定 부정 | 追い込む 몰아넣다 | 習慣 습관 | 日記 일기 | お勧め 추천, 권장 | 早起き (아침) 일찍 일어남 | 一言 한마디 | 付け加える 덧붙이다 | 見つかる 찾아내다, 발견되다 | 観点 관점 | 失敗 실패 | 前向きだ 긍정적이다 | 反省 반성 | お手伝い 심부름 | 周囲 주위 | てれくさい 멋쩍다, 겸연쩍다 | あえて 굳이, 구태여 | 本人 본인 | 会計 회계 | 詳しい 자세하다, 정통하다 | めぐりめぐって 돌고 돌아 | 届く 전달하다, 전달되다 | 人伝え 구전, 사람에 의해 전해짐 | 気がする 기분이 들다 | 喜び 기쁨 | 倍増 배가 | 信頼感 신뢰감 | 行為 행위 | 効果的 효과적

1 A와 B 양쪽 글에서 다루고 있는 내용은 무엇인가?

1 어른이 되면 칭찬한다는 행위가 어려워진다.
2 간접적인 칭찬 방법으로는 칭찬하는 것을 부끄러워하지 않게 된다.
3 칭찬받으면 어른도 기쁘다고 느끼는 법이다.
4 남을 잘 칭찬하는 방법으로 일기를 쓰는 것은 효과적이다.

정답 1

해설 〈통합 이해〉에서 제시되는 두 개의 지문이 늘 상반된 입장을 취하는 것은 아님을 기억해 두자. 지문 A와 B는 모두 어른이 되면 칭찬을 하거나 받는 행위가 어려워진다는 전제에서 글을 쓰고 있으며, 단지 서로 다른 칭찬 방법과 효과를 설명하고 있다. 따라서 선택지 1번이 답으로 적당하다.

2 A와 B는 칭찬하는 것에 대해 어떻게 말하는가?

1 A도 B도 남을 칭찬하는 행위는 사람의 마음을 움직이고 사람을 성장시킨다고 말하고 있다.
2 A도 B도 자신을 칭찬하는 행위는 긍정적인 반성을 할 수 있게 된다고 말하고 있다.
3 A는 칭찬 일기는 자신을 인정할 수 있게 된다고 말하고, B는 간접적인 칭찬 방법은 다른 사람을 인정할 수 있게 된다고 말하고 있다.
4 A는 자신을 칭찬하는 칭찬 일기의 효과에 대해 말하고, B는 본인이 없는 곳에서의 간접적인 칭찬 방법의 효과에 대해 말하고 있다.

정답 4

해설 A는 어른이 되면 칭찬받는 일이 드물다고 말한 후, 자신을 칭찬하는 방법인 '칭찬 일기'를 쓰면 실패해도 긍정적인 반성을 할 수 있다는 효과를 설명한다. B는 어른이 되면 타인을 칭찬하는 일이 어려워진다고 말한 후, 남을 통해 칭찬을 전달하는 간접 칭찬 방법을 예로 들며 칭찬을 한 사람과 그 칭찬을 전해준 사람에 대한 신뢰감을 심어주는 효과가 있다고 설명한다. 따라서 정답은 선택지 4번이다.

問題 13 주장 이해

연습문제 정답 및 해설

정답

연습문제　① 1　② 2　③ 4

연습문제

問題13　다음 글을 읽고 다음 질문에 대한 답으로 가장 적당한 것을 1·2·3·4에서 하나 고르세요.　문제편 289p

　남에게 지적받고 깨달은 것입니다만, 저는 매일 (주1)예사롭지 않은 양의 메모를 하고 있습니다. 아마도 다른 사람이 일주일 간, 아니 한달에 걸쳐 적는 메모의 양을 아무렇지 않게 하루 동안 적습니다. 왜 이렇게까지 미친듯이 메모를 하는 걸까? 거기에는 몇 가지 이유가 있습니다만, 우선 무엇보다 중요한 이유가 이 잔혹할 정도로 시간이 한정되어 있는 인생이라는 여행 속에서 '보다 본질적인 것에 조금이라도 많은 (주2)시간을 할애하기 위해서'입니다.
　본질이란 무엇인가 하면 카피가 아닌 상상, 대체 가능물이 아닌 대체 불가능물이라는 것. 즉 (주3)크리에이티브하고 새로운 지적 생산으로 이어지는 사고나 자신만이 생각할 수 있는 대체 불가능한 사고. 이들 가치 있는 본질적 사고에 1초라도 많은 시간을 할애하기 위해서 메모를 하고 있는 것입니다.
　물론 이렇게까지 철저하게 시간에 대한 의식을 높이는 것은 정신적인 칼로리를 소비합니다. 그러나 AI의 진화와 그에 따른 온갖 업무의 효율화로 인해 인간의 역할이 바뀌어 가는 것, 즉 창조력과 오리지널리티가 요구되는 일이 앞으로 비약적으로 늘어갈 것은 누가 봐도 명백합니다. 그런 가운데 부가 가치가 낮은 것에 사고 노력을 소비하고 있을 여유는 없습니다. (중략)
　예컨대 '과거 미팅에서 어떤 논의가 있었나'라든가 '거기에 누가 몇 명 앉아 있었나'라든가 '협의 일시는 언제였었나' 등과 같은 정보 자체는 결코 크리에이티브한 것이라고는 할 수 없고, 단순한 '팩트(사실)'입니다. 그 팩트는 처음부터 주어진 것으로서 알고 있는 전제이고, 그렇다면 이번에는 거기에서 무엇을 말할 수 있는지, 그리고 어떻게 액션 할지. 이들을 한 걸음 더 나아가 생각하는 것이야말로 크리에이티비티입니다. 요는 '과거의 팩트를 떠올린다'는 불필요한 일에 사고의 시간을 할애하지 않기 위해서 메모를 하는 것입니다. 메모나 노트는 기억을 시키는 '제2의 뇌'입니다. 말하자면 '외장 하드'로, 나중에 검색할 수 있도록 적고 있는 것입니다. 말할 것도 없이 제1의 뇌는 창조력을 발휘시키는 자신의 뇌입니다.
　제2의 뇌인 외장 하드에 기억 부분을 의지하는 것으로 빈 자신의 뇌 용량을 상상력을 필요로 하는 일에 최대한 사용한다. 그 쪽이 보다 많은 부가 가치를 낳을 수 있는 것입니다. 제2의 뇌에 축적한 팩트가 제1의 뇌로 새로운 아이디어를 낳을 때에 씨앗이 되는 경우도 있으므로 생각나면 무엇이든 메모해 둔다는 의식이 창조력을 높이기 위한 첫걸음입니다.

(마에다 유지 『메모의 마력』 겐토샤)

(주1) 예사롭지 않다: 보통이 아니다, 이상하다.
(주2) 시간을 할애하다: 여유가 없는 시간을 변통하여 어떤 일을 위해서 유용하다(쓰다).
(주3) 크리에이티브(creative) : 창조적, 독창적인 것

[단어] 指摘 지적 | おそらく 아마, 필시 | 平気だ 개의치 않다, 태연하다 | 狂う 미치다 | 残酷だ 잔혹하다, 잔인하다 | 限る 제한하다, 한정되다 | 本質的 본질적 | 想像 상상 | 代替 대체 | 不可能 불가능 | 生産 생산 | つながる 이어지다, 연결되다 | 思考 사고 | 追いつく 따라잡다 | 価値 가치 | 徹底 철저 | 精神的 정신적 | カロリー 칼로리 | 消費 소비 | 進化 진화 | ～に伴う ～에 따른 | あらゆる 모든, 온갖 | タスク 태스크, 일, 업무 | 効率化 효율화 | 役割 역할 | 創造力 창조력 | オリジナリティ 오리지널리티, 독창성 | 飛躍的 비약적 | 明白だ 명백하다, 자명하다 | 付加価値 부가 가치 | 労力 노동력 | 費やす 소비하다, 허비하다 | 暇 여유, 짬 | 議論 논의 | 打ち合わせ 사전 협의 | 日時 일시 | 情報 정보 | 自体 자체 | 単なる 단순한 | 事実 사실 | 前提 전제 | アクション 액션, 행동 | 一歩 한 걸음, 한 단계 | 踏み込む 발 디디다 | 余計 여분, 불필요함 | いわば 말하자면 | 外付けハードディスク 외장 하드 | 検索 검색 | 外部 외부 | 頼る 의지하다 | 空く 비어 있다 | 容量 용량 | 目いっぱい 최대한, 충분히 | 蓄積 축적 | 種 종자, 씨 | 異様だ 색다르다, 이상하다 | 独創的 독창적 | 置き換える 옮겨 놓다, 바꿔 놓다 | 確保 확보 | 独自 독자 | 発想 발상 | 表現 표현 | 個性 개성 | 模倣 모방 | 充てる 돌리다, 할당하다 | 工夫 궁리, 고안 | 振り返る 돌아보다, 회고하다 | 依存 의존

1 필자가 보통이 아닐 정도로 메모를 하는 것은 왜인가?

1 다른 것과는 바꿀 수 없는 독창적인 것을 생각하기 위한 시간을 확보하고 싶기 때문에
2 다른 것을 카피하여 보다 가치 있는 것을 생각하기 위한 시간을 확보하고 싶기 때문에
3 독특하고 독자의 발상과 표현, 개성을 가진 것을 모방하기 위해 시간을 할당하고 싶기 때문에
4 독특하고 누구든지 할 수 있는 지적 생산으로 이어지는 사고를 하기 위해 시간을 할당하고 싶기 때문에

[정답] **1**

[해설] 필자가 보통이 아닐 정도로 메모를 하는 이유를 '제한된 시간 동안 보다 본질적인 것에 더 많은 시간을 할애하기 위해'라고 말한 후, '본질적인 것'이란 '대체 불가능하고 독창적이며 새로운 지적 생산으로 이어지는 사고'라고 설명한다. 따라서 선택지 1번이 정답이다.

2 이 글에서 말하는 '제2의 뇌'란 어떠한 것인가?

1 과거의 정보를 크리에이티브한 정보로 바꾸기 위해 써 두는 것
2 실제로 일어난 일을 떠올리기 위해 메모나 노트 등에 써 두는 것
3 과거의 추억을 회상하기 위해 메모와 노트 등에 써 두는 것
4 창조력 발휘로 이어지도록 기억하기 위해 써 두는 정보 그 자체

[정답] **2**

[해설] 메모와 노트는 기억을 저장하는 '제2의 뇌'이며, 이는 실제 일어난 '단순한 사실'을 기록하고 나중에 꺼내 쓰는 '외장 하드'의 역할을 한다고 설명하고 있다. 정답은 선택지 2번이다.

3 이 글에서 필자가 말하고 싶은 것은 무엇인가?

1 메모나 노트 등은 외장 하드로서 검색할 수 있도록 메모한다는 의식이 요구된다.
2 메모나 노트 등에 축적된 사실은 부가 가치가 높은 정보가 될 수 있으므로 메모하는 것은 중요하다.
3 메모나 노트 등에 축적된 팩트는 새로운 아이디어를 낳을 때 씨앗이 되도록 궁리해서 메모해야만 한다.
4 메모나 노트 등의 정보에 기억의 부분을 의존하고, 그 빈 (만큼의) 뇌 용량을 창조력을 요구하는 일에 사용하기 위해 메모하는 것은 중요하다.

[정답] 4

[해설] 필자는 마지막 단락에서 '제2의 뇌, 즉 메모와 노트에 단순 기억을 의지하고, 남는 뇌 용량을 상상력을 요하는 일에 사용하는 것이 보다 많은 부가 가치를 낳을 수 있으며, 메모를 한다는 의식이 창조력을 높이는 첫걸음'이라고 말한다. 정답은 선택지 4번이다.

問題 14 정보 검색

연습문제 정답 및 해설

정답

연습문제 1 3   2 4

연습문제

問題14 오른쪽 페이지는 어느 홈페이지에 게재된 유학생 기숙사 입주자 모집 안내입니다. 아래의 물음에 대한 답으로 가장 적당한 것을 1·2·3·4에서 하나 고르세요.

1 황 씨는 2022년 4월 현재, 도쿄에 있는 대학교 3학년이다. 2022년 4월부터 졸업까지 계속 살 수 있는 기숙사에 들어가고 싶다고 생각한다. 이하는 황 씨의 희망을 정리한 것이다. 희망에 맞는 기숙사는 어느 것인가?

- 기숙사비는 4만 엔 이하인 곳이 좋다.
- 기숙사비에 수도 광열비가 포함된 곳이 좋다.
- 1인실에 화장실·욕실과 에어컨이 있는 방이 좋다.
- 4월 5일까지 이사하고 싶다.

1 아사히 기숙사, 유야케 기숙사, 아오조라 기숙사
2 아사히 기숙사, 아오조라 기숙사
3 아사히 기숙사만
4 아오조라 기숙사만

정답 3

해설 대학교 3학년인 황 씨는 졸업까지 앞으로 2년을 거주해야 한다. 황 씨의 희망 조건은 '기숙사비는 4만 엔 이하, 수도 광열비가 포함'인데, 기숙사비에 ※표가 있는 곳은 수도 광열비가 포함되지 않으므로 유야케 기숙사는 답이 될 수 없다. 1인실에 화장실과 욕실, 에어컨이 있어야 하므로 하루사메 기숙사도 답이 될 수 없으며, 4월 5일까지 입주하길 원하는데 '③ 입주 개시일'을 보면 아오조라 기숙사는 4월 20일부터 입주할 수 있으므로 답이 될 수 없다. 따라서 정답은 선택지 3번 아사히 기숙사이다.

2 제프 씨는 2022년 4월부터 일본으로 유학을 가서 도쿄의 대학에 입학할 예정이다. 2022년 3월 27일에 일본에 갈 예정으로 다음 중 가능한 응모 방법은 무엇인가?

1 2월 15일 17시까지 신청서와 합격 통지서 사본을 지참한다.
2 2월 15일 17시까지 신청서와 합격 통지서 사본을 일반 등기 우편으로 보낸다.
3 2월 15일 필착으로 신청서와 합격 통지서, 여권 사본을 이메일로 보낸다.
4 2월 15일 필착으로 신청서와 합격 통지서, 여권 사본의 각 데이터를 이메일로 보낸다.

정답 **4**

해설 '④ 응모 방법'을 보면 발송과 지참 응모가 가능하며 해외 거주자의 경우 이메일도 가능하다고 되어 있다. 제프 씨의 입국 예정일인 3월 27일은 '⑤ 응모 기간' 이후이므로 이메일로 신청해야 한다. 따라서 선택지 1, 2번은 답이 될 수 없다. '⑦ 필요 서류'를 보면 신청서와 합격 통지서, 여권 사본을 보내야 하며 이메일의 경우 해당 데이터를 첨부해야 한다. 따라서 정답은 4번이다.

도쿄 국제 교류관

외국인 유학생 입주자 모집 안내

본관에서는 내년도 입주자 모집을 하기와 같이 실시합니다.

① **입주 자격**: 도쿄도 및 주변 대학에 재적하는 유학생
　　　　　• 2021년 4월 1일 시점에 일본에 있는 자
　　　　　• 유학 재류 자격을 가진(예정) 자

② **모집 기숙사**

기숙사명	방 종류	기숙사 사용 기한	1개월 기숙사비	설비	
아사히 기숙사	1인실	2년	35,000엔	에어컨 있음	각 방에 욕실·화장실 있음
유야케 기숙사	1인실	4년	30,000엔※	에어컨 있음	각 방에 욕실·화장실 있음
	2인실	4년	15,000엔※		
아오조라 기숙사	1인실	2년	33,000엔	에어컨 있음	각 방에 욕실·화장실 있음
	2인실	2년	20,000엔		
하루사메 기숙사	1인실	2년	10,000엔	에어컨 없음	각 방에 욕실·화장실 없음

주의　　※가 붙어 있는 경우, 기숙사비에는 수도 광열비가 포함되어 있지 않습니다.
　　　　※2인실의 기숙사비는 1인당 금액입니다.

③ **입주 개시일**　2022년 3월 25일부터 (아오조라 기숙사는 신축 오픈이므로 4월 20일부터)

④ **응모 방법** • 발송 또는 지참으로 응모해 주십시오. (해외 거주자는 이메일 제출도 가능함)
　　　　　　• 발송의 경우, 필요한 서류를 일반 등기 우편으로 보내 주세요.
　　　　　　• 지참의 경우, 9시부터 17시까지 (토일 및 공휴일은 접수를 받지 않습니다)

⑤ **응모 기간**　2022년 2월 1일 ~ 2월 15일(필착)

⑥ **응모처**　국제교류관 유학생 기숙사 입주자 모집 담당

⑦ 필요 서류
① 신청서 (홈페이지에서 다운로드 가능)
② 대학 재학 증명서 (입학 예정자는 합격 통지서) 사본
③ 여권 (얼굴 사진 및 여권 번호가 있는 면)의 사본(입학 예정자만)
이메일로 제출할 경우, ②, ③은 사진 데이터를 첨부해 주십시오.

⑧ 결과 통지 본관의 기준에 근거해 전형을 실시한 후, 2022년 2월 28일에 이메일로 통지하겠습니다.

도쿄 국제 교류관 유학생 기숙사 입주자 모집 담당
전화/FAX : 03- 5520- 7633   이메일 : nyukyo-bosyu@tokyo-kokusai.jp

[단어] 載る 실리다, 게재되다 | 寮 기숙사 | 入居者 입주자 | 募集 모집 | まとめる 정리하다, 하나로 모으다 | 希望 희망 | 寮費 기숙사비 | 水道光熱費 수도 광열비 | 含む 포함하다 | ~人部屋 ~인실 | 引っ越す 이사하다 | 可能だ 가능하다 | 応募方法 응모 방법 | 申請書 신청서 | 合格通知書 합격 통지서 | コピー 복사, 사본 | 持参 지참 | 一般 일반 | 書留 등기 우편 | 必着 필착, 우편 등을 반드시 도착하게 하는 것 | 国際交流館 국제 교류관 | 本館 본관 | 下記 하기 | 祝日 축일, 공휴일 | 受付 접수 | 係 담당, 담당자 | 在学証明書 재학 증명서 | 顔写真 얼굴 사진, 증명 사진 | 画像データ 사진(이미지) 데이터 | 添付 첨부 | 基準 기준 | ~に基づく ~에 근거하다 | 選考 선고, 전형

問題 10 내용 이해(단문)

실전문제 정답 및 해설

정답

실전문제 ① 3 ② 4 ③ 3 ④ 2 ⑤ 4 ⑥ 3 ⑦ 1 ⑧ 3

실전문제

問題 10 다음 (1)에서 (8)의 글을 읽고, 다음 물음에 대한 답으로 가장 적당한 것을 1·2·3·4에서 하나 고르세요.

(1) 이하는 어느 하와이 잡화점에서 온 메일이다.

> 야마다 하나코 님
>
> 항상 본점을 이용해 주셔서 감사합니다. 8월 3일부터 5일간, 화이트 힐즈 쇼핑몰에서 매년 정기적으로 열리는 섬머 페어를 개최합니다. 기간 중에는 쇼핑몰 전 점포의 상품이 10% 할인됩니다. 또한 본점에서는 일부 상품을 수량 한정으로 최대 50% 할인해 드립니다. 상품과 수량 등의 자세한 내용은 본점의 웹사이트에서 확인하실 수 있습니다. 단, 구입은 점포 앞에서 선착순이므로 조속한 방문을 부탁드립니다. 또한 지인과 친구분에게도 안내해 주시기를 부탁드립니다. 여러분의 방문을 진심으로 기다리고 있습니다.
>
> 하와이 잡화 알로하 화이트 힐즈 쇼핑몰점 점장 다나카

[단어] 雑貨 잡화 | 届く 닿다, 전달되다 | 当店 해당 가게, 본점 | 利用 이용 | 恒例 항례, 보통 있는 일 | フェア 페어, 전시회 등의 행사 | 開催 개최 | 期間 기간 | 店舗 점포 | 商品 상품 | ~%引き ~% 할인 | 数量 수량 | 限定 한정 | 詳しい 상세하다, 자세하다 | 確認 확인 | 購入 구입 | 店頭 가게 앞 | 先着順 선착순 | 早め 정해진 시간보다 조금 이름 | 来店 내점, 가게에 옴 | 案内 안내

① 이 메일의 내용과 맞는 것은 어느 것인가?
1 세일 상품을 구입할 수 있는 것은 가게에서 메일이 온 사람뿐이다.
2 쇼핑몰 상품은 10% 할인이지만, 이 잡화점에서는 전부 50% 할인이다.
3 이 잡화점 웹사이트에서 세일 상품의 확인은 할 수 있지만 구입은 할 수 없다.
4 쇼핑몰 섬머 페어는 8월 5일까지이다.

[정답] 3
[해설] '상품과 수량 등의 상세 내용은 잡화점 웹사이트에서 확인할 수 있지만 구입은 점포 앞에서 선착순으로 진행한다'고 하므로 정답은 3번이다. 구입 방법에 있어 메일에 대한 언급은 없으므로 선택지 1번은 오답이다. 또한 '일부 상품을 50% 할인한다'고 하므로 2번 오답이며, 섬머 페어 기간은 '8월 3일부터 5일간'이므로 4번도 답이 될 수 없다.

(2)

> 초원을 껑충껑충 뛰는 캥거루. 그런데 왜 이 캥거루는 나무 위 생활로 옮겨간 것일까? 나무타기캥거루. 뉴기니 섬 중앙에서 동부에 걸쳐 서식하고 있다. 그러나 이 섬의 지상에는 천적이 많았던 것 같다. 그래서 나무 위로 달아나 수상 생활을 선택했다고 일컬어진다. 보통 캥거루보다 손톱이 크고 날카로운 것은 나무를 타기 위해서이다. 이름에「セスジ(등줄기)」가 붙은 것은 등에 세로 줄무늬의 독특한 줄기가 있기 때문에. 이 무늬는 모두 달라서 개체를 구별하는 포인트가 되는 것 같다. 말하자면 명함 대신이다. <u>캥거루답지 않은 캥거루</u>이지만 나무 위에서 보이는 풍경은 각별할 지도 모른다.
>
> (미즈카미 다쓰 「따스한 ZOO 산책」 『VISA』)

[단어] 草原 초원 | 跳ねる 뛰다, 뛰어오르다 | 移る 옮기다, 이동하다 | ニューギニア島 뉴기니 섬 | 中央 중앙 | 棲む (동물) 살다, 서식하다 | 地上 지상 | 天敵 천적 | 逃れる 달아나다, 도망치다 | 樹上生活 수상 생활, 나무 위 생활 | 普通 보통 | 爪 손톱, 발톱 | 鋭い 날카롭다, 예리하다 | 木登り 나무 타기 | セスジ 등줄기, 등골 | 背中 등 | 縦縞 세로 줄무늬 | 独特 독특 | 模様 모양, 무늬 | 異なる 다르다 | ポイント 포인트 | 個体 개체 | 見分ける 구분하다, 구별하다 | 名刺 명함 | 風景 풍경 | 格別だ 각별하다 | 暮らす 살다, 생활하다

2 필자가 <u>캥거루답지 않은 캥거루</u>라고 말하는 것은 어째서인가?

1 뉴기니 섬에 서식하고 있기 때문에
2 보통 캥거루보다 손톱이 크기 때문에
3 등줄기 무늬가 모두 다르기 때문에
4 지상이 아니라 나무 위에서 살기 때문에

[정답] **4**

[해설] 시작 부분에서 '나무타기캥거루는 왜 나무 위 생활로 옮겨간 것일까?'라고 글의 주제를 말한 후, '천적이 많아 나무 위 생활을 선택했다'고 그 이유를 설명하고 있다. 정답은 선택지 4번이다.

---

(3)

> 내 아이를 좋은 인간으로 만들기 위해서는 어릴 때의 예의범절 교육이야말로 중요하다는 생각이 있다. 성장해서 나쁜 점이 나타난 후에 교정하면 오히려 성질을 비뚤어지게 만들기 때문이라고 한다.
> 그러나 모든 결점의 싹이 유소년기에 있는 것은 아니며, 성장해서 비로소 나타나는 약점이 (더) 그 후의 인생에 보다 큰 영향을 준다. 부모로서는 성장 후의 교정은 이미 늦었다고 내팽개칠 수도 없는 노릇이다. 그러므로 아이가 어느 정도 성장해서 (대하기) 어려워진 후에 마주하는 방법이야말로 육아의 가장 중요한 부분이 아닐까.

[단어] 我が 나의, 우리의 | 幼い 어리다 | しつけ 예의범절을 가르침, 가정 교육 | 肝心だ 중요하다 | 矯正 교정 | かえって 오히려, 도리어 | 性質 성질 | 曲げる 구부리다, 굽히다 | 欠点 결점 | 芽 싹 | 幼少期 유소년기 | 影響 영향 | 与える 주다 | 手遅れ 때를 놓침, 때늦음 | 投げ出す 내던지다, 팽개치다 | ～わけにはいかない ~할 수는 없다 | ある程度 어느 정도 | 向き合う 마주보다, 바라보다 | 子育て 육아 | 要点 요점, 가장 중요하고 중심이 되는 사실이나 관점 | 安心だ 안심되다 | 悪影響 악영향 | 放っておく 내버려두다, 방치하다 | 対応 대응

3 필자의 생각과 맞는 것은 어느 것인가?

1 어릴 때에 모든 결점을 교정해 두면 성장한 후에도 안심된다.
2 성장 후에 아이의 성질을 고치려고 하면 악영향이 생기므로 방치할 수밖에 없다.
3 유소년기의 예의범절 교육보다도 성장한 후의 아이에 대한 대응 쪽이 중요하다.
4 육아는 유소년기에도 성장 후에도 모두 똑같이 중요하며 아이의 인생에 큰 영향을 준다.

정답 **3**

해설 접속사「だから 그래서」,「従って 따라서」의 뒤에는 앞에 나온 내용을 근거로 하는 결론이 나오는 경우가 많다. 필자가 말하고자 하는 바는「だから」뒤에 나오는 '아이가 성장해서 마주하는 방법이 육아의 가장 중요한 부분'이라는 내용과 같은 의미인 선택지 3번이 정답이다.

---

(4) 문제편 299p

> 일상생활 속에서 자신의 행동의 의미를 되묻고 싶어지는 경우가 때때로 있다. 예를 들면 밥을 만들고 먹는다는 행위는 매일 몇 번, 아마 살아 있는 한 ⒳영원히 계속된다. 그래서 문득 생각하는 것은 식사 후에 밥그릇을 치운다라는 행위의 타당성이다. 아무리 깨끗이 설거지를 해도 바로 다시 더럽혀 버리는데 반복해서 씻는 것은 어째서일까? 아마도 우리는 씻지 않고 놓여진 그릇을 봤을 때에 느끼게 될 불쾌감을 상상한다. 그것은 거기에 더러운 식기가 남아 있는 동안, 계속 우리의 사고를 방해하고 다른 행동으로 전환하는 것을 허용하지 않는 위력을 갖고 있는 것을 알고 있다. 사고와 행동의 자유를 얻는 대가로 자그마한 노고를 달게 받는 것이 우리의 습성인 것이다.
>
> (주) 엔드리스: 끝이 없음

단어 | 行動 행동 | 意味 의미 | 問い直す 되묻다 | 時々 때때로 | 行為 행위 | おそらく 아마, 어쩌면 | ふと 뜻밖에, 문득 | 食後 식후 | 食器 식기 | 片付ける 정리하다, 치우다 | 妥当性 타당성 | 汚す 더럽히다 | 繰り返す 반복하다 | 洗う 씻다, 세탁하다 | 不快感 불쾌감 | 想像 상상 | 汚れる 더러워지다 | 思考 사고 | 妨害 방해 | 転換 전환 | 許す 용서하다, 용납하다 | 威力 위력 | 自由 자유 | 得る 얻다 | 代償 대상 | 労苦 노고, 수고 | 甘んじる 만족하다, 감수하다 | 習性 습성

4 필자는 '밥그릇 치우기'에 대해 어떻게 생각하고 있는가?

1 바로 다시 더러워지는 밥그릇을 반복해서 씻는 것은 타당하지 않는다고 생각한다.
2 인간은 쓸데없다고 여겨지는 노고를 참아서라도 사고나 행동의 자유를 얻고 싶어하는 법이다.
3 더러워진 밥그릇이 우리의 행동이나 사고를 방해하는 것은 허용할 수 없다고 생각한다.
4 밥그릇을 치우는 노고는 매우 작지만 이에 의존하여 같은 행위를 반복해서는 안 된다.

정답 **2**

해설 필자는 일상생활에서 사람이 하는 행동에는 필요성이나 타당성을 느끼지 못하는 것을 '밥그릇 치우기'로 예를 들고 있다. 마지막 부분에서 '사고와 행동의 자유를 얻는 대가로 자그마한 노고를 감수하는 것이 우리의 습성'이라고 하고 있으므로 정답은 2번이다.

---

(5) 이하는 어느 회사 영업소 간의 메일 문서이다. 문제편 300p

> 각 영업소 담당자 각위
>
> ○○년도 영업용 캘린더 주문에 대해 연락드립니다.
> 캘린더는 탁상형과 벽걸이형(한 장짜리) 2종류 있습니다. 영업소별로 필요 부수를 정리한 후에 아래 공유 파일 표에 '발주 부수', '담당자', '납품처'를 기입해 주세요. 발주할 필요가 없는 경우는 표 안에 '0'라고 써 주세요. 마감은 10월 11일(월) 17:00입니다. 또한 전년도 발주 부수도 참고로 함께 게재했습니다.
> 이상, 잘 부탁드립니다.
>
> 공유 파일: ○○년_캘린더_구입_신청(내부)
>
> 본사 총무부 요시다 나오키

| 단어 | 事業所 사업소, 영업소 | 担当者 담당자 | 各位 각위, 여러 사람을 높여 이르는 말 | 営業用 영업용 | カレンダー 캘린더, 달력 | ~につき ~에 대해 | 卓上型 탁상형 | 壁掛け型 벽걸이형 | 種類 종류 | ~ごとに ~마다, ~별로 | 部数 부수 | 取りまとめる 정리하다 | 下記 하기 | 共有 공유 | ファイル 파일 | 発注 발주 | 納品先 납품처 | 記入 기입 | 締め切り 마감 | なお 또한 | 参考 참고 | 掲載 게재 | 購入 구입 | 申し込み 신청 | 総務部 총무부 | 従業員 종업원, 직원 | 配る 배부하다, 배포하다 | 判断 판단 | 業者 업자, 사업자, 업체 |

5 이 문서를 쓴 가장 중요한 목적은 무엇인가?

1 총무부에서 각 영업소 직원에게 캘린더를 배부하기 위해
2 탁상형과 벽걸이형 중에 어느 쪽을 주문해야 할지 판단하기 위해
3 영업에 필요한 캘린더를 각 영업소별로 업체에 주문하도록 하기 위해
4 본사 총무부가 일괄해서 주문할 캘린더 부수를 알기 위해

정답 **4**

해설 수신인과 발신인을 보면 이 비즈니스 메일은 본사에서 영업소로 보낸 것이며, 용건은 '○○년도 영업용 캘린더 주문'이지만, 둘째 줄 이후에 나오는 '캘린더 주문을 위해 영업소별로 필요한 부수를 정리해서 본사로 보내 달라'는 내용이 주된 목적이다. 따라서 선택지 4번이 정답이다.

---

(6)   문제편 301p

헤드폰으로 음악을 들으면서 걷고 있는 사람을 보면 가끔 괜찮을까 하고 생각하게 만들 때가 있다. 주변 사람에게 들릴 정도로 큰 소리로 듣는 사람도 있는데 이렇게 들으면 다른 소리가 들리지 않기 때문에, 예를 들면 뒤에서 자동차가 와도 모른다. 게다가 장시간 귀 가까이에서 큰 소리를 계속해서 들으면 작은 소리가 잘 들리지 않게 된다는 조사 결과도 있다고 한다. 음악을 즐기는 것은 좋다고 해도 너무 큰 소리로 듣는 것은 (과연) 어떨까.

| 단어 | ヘッドフォン 헤드폰 | 時々 때때로 | 周り 주위 | 聞こえる 들리다 | 大音量 큰 음량 | 例えば 예를 들면 | 長時間 장시간 | 調査 조사 | 結果 결과 | 楽しむ 즐기다 | ~としても ~라고 해도 | 迷惑 폐, 민폐 | 危ない 위험하다 | 心配 걱정 |

6 너무 큰 소리로 듣는 것은 어떨까라고 말하는 것은 어째서인가?

1 큰 소리가 다른 사람에게 폐가 되기 때문에
2 위험하고 다른 사람에게 걱정을 끼치기 때문에
3 위험하고 귀가 나빠지기 때문에
4 작은 소리가 들리지 않기 때문에

정답 **3**

해설 밑줄 바로 앞 문장에 있는 접속사 「それに 게다가」는 앞 문장의 내용에 다른 내용을 첨가할 때 사용한다. '큰 소리로 음악을 들으면 다른 소리가 들리지 않아 뒤에서 차가 와도 모른다'라고 한 후 '게다가(それに) 장시간 계속해서 큰 소리를 귀 가까이서 들으면 작은 소리가 잘 들리지 않게 된다'고 하고 있으므로 선택지 3번이 정답이다.

(7)

본래 어떤 것에 대해서도 타인과의 비교는 불필요합니다. 비교하는 것은 타인이 아닌 어제의 자신, 그저께의 자신인 것입니다. 거기에는 누구라도 승산이 있습니다. 보통은 노력을 계속하면 어제의 자신보다는 조금 앞으로 나아갈 수 있기 때문입니다. 한편, 자신보다 압도적으로 운동 능력이 높은 사람이라든가 선천적으로 음악 센스가 좋은 사람에게 이기는 것은 유감스럽지만 극히 어려운 일입니다.

[단어] 本来 본래 | 他人 타인 | 比較 비교 | 不要 불필요 | 勝ち目 승산 | 努力 노력 | 進む 나아가다, 진행하다 | 一方 한편 | 圧倒的に 압도적으로 | 運動能力 운동 능력 | 生まれつき 타고난 것, 천성 | センス 센스 | 残念ながら 안타깝게도, 유감스럽지만 | 極めて 극히, 매우 | 才能 재능 | 状態 상태 | 起こり得ない 일어날 수 없다

[7] 타인과의 비교는 불필요하다고 하는데, 그것은 어째서인가?

1 비교해야 하는 것은 타인이 아닌 과거의 자신이기 때문에
2 중요한 것은 노력해서 타인에게 이기는 것이기 때문에
3 자신보다 노력한 사람에게는 이길 수 없기 때문에
4 재능이 있는 사람과 비교하는 상태는 일어날 수 없기 때문에

[정답] 1

[해설] 밑줄 바로 뒤에서 '비교하는 것은 타인이 아니라 어제, 그저께의 자신'이며 '과거의 자신이라면 누구라도 승산'이 있고 '과거의 자신은 보통 계속 노력하면 어제보다 전진할 수 있다'라며 그 이유를 설명하고 있다. 선택지 1번이 정답이다.

---

(8)

낙엽의 아름다움을 느낄 수 있는 것은 인간의 특권이라고 생각한다. 단순히 나무들이 노란색이나 빨간색으로 물들어 가기 때문에 아름다운 것이 아니다. 봄에는 갓 자라나 황록색이었던 어린 잎이 여름에는 짙은 녹색이 된다. 이 불과 몇 달이 잎의 인생(에 있어) 절정기이다. 그리고 가을이 되면 자신의 몸을 빨강이나 노란색으로 변화시키며, 그 짧은 생을 마감하며 지는 것이다. 그 (주1)덧없는 생명에서 (주2)형형색색으로 (주3)있는 힘껏 살았구나 하고 생각하면 아름답다고 생각하지 않을 수가 없다. 잎의 생명은 그것으로 다하지만, 혹독한 겨울이 끝나면 같은 나무에서 다시 새로운 생명이 시작된다. 생명이란, 어찌 이리도 덧없고, 그러나 강인한 것인가.

(주1) 덧없는: 길게 지속되지 않는
(주2) 형형색색: 다양한 색
(주3) 있는 힘껏: 열심히

[단어] 落葉 낙엽 | 特権 특권 | 単純に 단순히 | 木々 나무들 | 色づく 물들다 | 生まれたて 갓 태어남 | 黄緑色 황록색, 연두색 | 若葉 어린잎 | 濃い 진하다 | ほんの 정말 사소한, 그 정도 밖에 안 되는 | 最盛期 전성기, 절정기 | 変化 변화 | 終える 끝내다, 마치다 | 散る 지다, 흩어지다 | 尽きる 다하다 | 力強い 힘이 센, 강한 | 通す 통하다 | 欠かせない 빼놓을 수 없다 | 四季 사계(절)

[8] 필자에 의하면, 인간은 왜 낙엽을 아름답다고 느끼는 것인가?

1 황록색이나 짙은 녹색이었던 잎이 노랑이나 빨강 등 다양한 색으로 변화하기 때문에
2 낙엽을 통해서 인간 생활에 빼놓을 수 없는 사계절을 느낄 수 있기 때문에
3 잎이 피고 질 때까지 짧은 생을 열심히 살았다는 것을 느끼기 때문에
4 잎이 져 버려도 봄에는 다시 새로운 잎이 자라날 것을 알고 있기 때문에

정답 **3**

해설 필자는 '몇 달에 불과한 절정기를 지나 가을이 되면 자신의 몸을 빨강이나 노랑으로 변화'시키면서 '짧은 생을 마감한다'고 말한 후, '그 덧없는 생명으로 다양한 색을 내며 힘껏 살았다고 생각하면 아름답다고 생각할 수밖에 없다'고 한다. 따라서 선택지 3번이 정답이다. 마지막 문장만을 보고 4번을 답으로 혼동하지 않도록 주의하자.

問題 11 내용 이해(중문)

실전문제 정답 및 해설

정답

실전문제 1 1 2 2 3 1 4 4 5 2 6 3 7 1 8 2
          9 1 10 2 11 1 12 3 13 2 14 4 15 2

실전문제

問題11 다음 (1)에서 (5)의 글을 읽고, 다음 질문에 대한 답으로 가장 적당한 것을 1·2·3·4에서 하나 고르세요.

(1)
문제편 304p

현대 사회에는 간편하고 유용한 정보 도구가 넘치고 있다. 요즘은 침대 속에서, 통근이나 통학하는 길에, 여유롭게 커피를 마시는 카페 구석에서, 우리들은 자유자재로 스마트폰을 한 손에 들고 정보 검색에 열중할 수 있다. 이때 '정보'는 반드시 '지식'을 의미하지는 않는다. 스마트폰의 기능으로서 많은 이용자가 추구하는 것은 커뮤니케이션 도구로서의 역할일 것이다. 그렇다면 이 기능을 활용해 누구나 풍부한 커뮤니케이션을 즐길 수 있는 시대가 되었는가 하면, ①그렇게 낙관적으로 보는 사람은 많지 않다. 교통 기관이 발달하더라도 그것만으로 생활이 편리해졌다고 할 수 없는 것과 마찬가지이다.

작은 화면에서 한시도 눈을 떼지 않고 몰입하는 사람의 시선 끝에는 무엇이 있는 걸까? 자신이 내뱉은 별 것 아닌 한마디에 재빠르게 '좋아요'를 되돌려 주는 이해자가 있다. 평소 호의적으로 생각하지 않던 대상을 가차 없이 공격해서 스트레스를 해소해 주는 동지가 있다. 많은 사람들은 그 기분 좋은 가상 커뮤니티에 몸을 담음으로써 해방감을 맛보고 있다. 심리학자는 그렇게 해설하며 현대인이 손에 넣은 새로운 도구의 효용을 설명하고 있다. 그러나 일시적인 사소한 만족감을 얻은 후에 우리의 마음속 깊숙한 곳에 남겨지는 것은 보다 ②넓고 깊게 쌓이는 피로와 고독이 아닐까.

스마트폰을 통해 맺어지는 관계 속에서는 자신의 본심을 말하기보다 '그 장소의 분위기=분위기를 맞추는' 것이 요구되어진다고 한다. 그 장소에 맞지 않는 불필요한 한마디를 말해서 일제히 공격을 받고 궁지에 몰려 비참한 경험을 한 사례가 알려지게 되어 더욱 그 경향이 강해졌을지도 모른다. 이렇게 자기 규제된 관계 속에서 언젠가 사람은 자신이 추구하는 것을 잃어버리고 가상 공간에서 출구도 닫혀 버린다는 것을 깨달아야 한다. 때로는 편리한 도구를 책상 위에 두고 본심을 이야기할 수 있는 상대와 보내는 시간이 중요하다는 것을 기억해 낼 필요가 있다.

단어 現代社会 현대 사회 | 手軽だ 간편하다 | 情報 정보 | ツール 툴, 도구 | あふれる 넘치다 | 通勤 통근 | 通学 통학 | ゆったり 느긋한, 여유로운 | 飲み干す 남김없이 마시다, 들이켜다 | 片隅 한 구석 | 自由自在 자유자재 | 片手に 한 손에 들고 | 探索 탐색 | はげむ 애쓰다 | 知識 지식 | 機能 기능 | 利用者 이용자 | 求める 바라다, 추구하다 | コミュニケーション 커뮤니케이션, 의사소통 | 役割 역할 | 楽観的 낙관적 | 発達 발달 | 便利 편리 | 画面 화면 | 片時 한때, 잠시 | 没入 몰입 | 視線 시선 | 発する 발신하다 | 何気ない 아무렇지도 않다, 무심하다 | 素早い 재빠르다 | 日頃 평소, 평상시 | 快い 상쾌하다, 기분 좋다 | 対象 대상 | 容赦なく 가차 없이 | 攻撃 공격 | 解消 해소 | 同志 동지 | 心地よい 기분 좋다, 상쾌하다

仮想 가상 | コミュニティー 커뮤니티, 공동 사회 | 身をおく 몸을 담다, 어울리다 | 解放感 해방감 | 味わう 맛보다 |
解説 해설 | 手にする 손에 쥐다, 손에 넣다 | 道具 도구 | 効用 효용 | 説く 설명하다 | 満足 만족 | 積み重なる 겹쳐 쌓이다 |
疲労 피로 | 孤独 고독 | 一斉に 일제히 | 追い詰める 궁지로 몰다 | 悲惨な 비참한 | ～目に合う ～한 상황에 처하다,
경험을 하다 | 事例 사례 | 傾向 경향 | 自己規制 자기 규제 | 見失う 잃다 | 生じる 발생하다 | 一時も 한시도, 잠시도 |
手放す 손을 놓다, 내놓다 | 関係 관계 | 規則 규칙 | 頻繁だ 빈번하다 | ～おそれがある ～할 우려가 있다

---

1 ①그렇게 낙관적으로 보는 사람은 많지 않다는 것은 어째서인가?

1 풍부함과 편리함에서만 커뮤니케이션이 발생하는 것은 아니기 때문에
2 현대 사회에서의 정보는 지식을 가리키는 것이 아니기 때문에
3 스마트폰의 기능은 변화해 가는 것이기 때문에
4 한시도 스마트폰을 손에서 놓지 않게 되었기 때문에

정답 1

해설 밑줄 앞을 보면 '스마트폰의 발달로 누구나 풍부한 커뮤니케이션을 즐길 수 있게 되었는가?'라고 문제를 제기한 후 밑줄 이후에서 교통 기관을 예로 들며 '그것이 발달하더라도 그것만으로 생활이 편리해졌다고 할 수 없는 것과 마찬가지'라고 설명한다. 따라서 선택지 1번이 답으로 적당하다.

---

2 필자가 ②넓고, 깊게 쌓이는 피로와 고독이 아닐까라고 생각하는 이유는 무엇인가?

1 스마트폰으로 맺어진 관계는 그 장소의 분위기에 맞춰 이야기하는 것이 규칙이기 때문에
2 본심을 말할 수 있는 진짜 이해자와 동지는 없기 때문에
3 가상 커뮤니티에 있을 수 있는 시간은 조금밖에 없기 때문에
4 가상 공간에서 한마디 말한 탓에 공격당하는 일이 빈번하기 때문에

정답 2

해설 '가상 커뮤니티에서 얻는 일시적인 만족감 후에 더 깊은 피로와 고독을 느끼는 이유는 무엇인가?'라는 물음에 대한 대답은 마지막 단락에 나온다. '스마트폰을 통해 맺어진 관계(이해자, 동지)는 본심을 말하기보다 그때의 분위기에 맞춰 자기 규제된 이야기를 한다'고 말하므로 정답은 선택지 2번이다.

---

3 필자는 현대 사회의 정보 도구를 어떻게 인식하고 있는가?

1 편리한 도구이지만 사람을 고립시킬 우려가 있다.
2 이 도구로 현대인의 커뮤니케이션은 더욱 풍부해졌다.
3 편리한 도구로 사람의 관계를 보다 공고히 한다.
4 가끔은 손에서 내려놓고 자신의 본심을 이야기해야 한다.

정답 1

해설 문제에서 말하는 '현대 사회의 커뮤니케이션 도구'란 스마트폰을 의미하며, 필자는 스마트폰에 대해 '편리하지만 그로 인해 커뮤니케이션이 풍부해지는 것은 아니다'라고 한다. 또한 스마트폰을 통한 가상 공간의 '자기 규제된 관계 속에서 자신이 원하던 것을 잃어버리고 출구가 닫힌 가상 공간에 갇히게 된다'고 말한다. 따라서 선택지 1번이 답으로 적당하다.

(2)

'미병'이라는 말이 있다고 한다. 병은 아니라는 의미이지만, 그렇다고 해서 건강하다고도 말할 수 없는 상태로 무언가 거기에 마이너스 조건이 더해지면 언제 병에 걸려 고생해도 이상하지 않다는 것이다. 연령적으로 젊은 동안은 아무것도 하지 않아도 밤에 푹 잘 수 있다든가, 세 번의 식사가 맛있게 느껴져서 자신이 건강하다는 것을 실감할 수 있는 사람도 적지 않을 것이다. 그러나 그렇게 말할 수 있는 시기가 지나면 더는 '저절로' 건강한 상태를 유지하는 것이 어려워지기 시작하는 것을 깨닫는다. 따라서 우리를 병으로 내몰아 버리는 '마이너스 조건'이 건강을 위협하는 일이 없도록 주의를 기울이지 않으면 안 되게 된다.

건강한 상태를 유지하지 못 하게 되는 원인으로서 자주 일컬어지는 것은 생활 습관의 흐트러짐이다. 일이 바쁠수록 운동 부족이 되고, 식사 시간이나 질의 관리가 소홀해진다. 바쁨은 스트레스를 낳지만 그것을 해소하기 위해서 휴양을 하는 것도, 결국 바쁜 탓에 휴식 시간을 확보하기가 어렵다. 한편 스트레스 해소 방법이 흡연이나 음주, 전자 기기로의 의존 등, 중독성이 강한 것으로 전환되면 건강 악화는 급속히 진행되어 간다. 이때 자신의 건강 환경이 얼마나 위험한 상황에 있는지 자각할 수 있는지 없는지가 큰 포인트가 된다. 더는 '저절로' 건강을 유지할 수 없는 이상, 의식적으로 나쁜 습관을 교정하고자 하는 노력을 시작하는 데는, 강한 동기가 필요해지기 때문이다.

병에 걸리고 나서야 비로소 건강에 대한 관심을 가지게 되는 사람이 많다고 한다. 그러나 병에 걸리고 나서 다시 건강을 회복하기가 어려워지는 것은 누구나 알고 있는 것이 아닐까? 그렇다면 병에 걸리기 전이며, 게다가 건강에 대한 주의 신호를 감지하기 쉬운 '미병'의 상태일 때야말로 건강을 유지하기 위해 우리들에게 찾아온 최고의 기회라고 생각하고 싶다. 그 기회를 살리기 위한 첫걸음은 자신의 몸이 내보내는 목소리에 귀를 기울이는 것부터 시작된다.

[단어] 病気 병 | 状態 상태 | 条件 조건 | 加わる 가해지다, 늘다 | 苦しむ 괴로워하다 | 年齢 연령 | ぐっすり 깊이 잠든 모양, 푹 | 実感 실감 | 時期 시기 | 自然に 자연히, 저절로 | 保つ 유지하다, 지키다 | 気づく 깨닫다 | 追いやる 몰아넣다. 몰고 가다 | 脅かす 위협하다, 협박하다 | 注意を払う 주의를 기울이다 | 原因 원인 | 習慣 습관 | 乱れ 흐트러짐, 혼란함 | 多忙 다망, 매우 바쁨 | 運動不足 운동 부족 | 管理 관리 | 解消 해소 | 休養 휴양 | 結局 결국 | 休息 휴식 | 確保 확보 | 喫煙 흡연 | 飲酒 음주 | 電子機器 전자 기기 | 依存 의존 | 中毒性 중독성 | 転換 전환 | 悪化 악화 | 急速に 급속하게, 급격히 | 環境 환경 | 危険だ 위험하다 | 状況 상황 | 自覚 자각 | もはや 이미, 어느새, 이제와서는 | 悪しき 나쁜, 좋지 않은 | 矯正 교정 | 努力 노력 | 動機 동기 | 関心 관심 | 取り戻す 회복하다, 되찾다 | 感知 감지 | 訪れる 방문하다, 찾아 오다 | 機会 기회 | 活かす 살리다 | 第一歩 첫걸음 | 発する 발하다, 일으키다, 시작하다 | 耳を傾ける 귀를 기울이다

[4] 필자는 '미병'에 대해 어떤 상태라고 말하고 있는가?

1 건강을 해치는 마이너스 조건이 전혀 없는 바람직한 상태
2 밤에 수면을 충분히 취하고, 규칙적인 식사를 계속하는 연령을 지난 상태
3 아무것도 하지 않으면 건강을 유지하는 것이 어려워져 버린 상태
4 병은 아니지만 건강하지도 않으며, 조건이 악화되면 병에 걸리는 상태

[정답] 4

[해설] 필자는 글의 첫머리에 '미병'에 대해 '아직 병이 아니라는 의미이지만 그렇다고 건강하다고 말할 수 없는 상태'이며, '마이너스 조건이 더해지면 언제 병으로 고생해도 이상하지 않다'고 정의하고 있다. 따라서 정답은 '마이너스 조건이 더해지면'을 '조건이 악화되면'이라고 다르게 표현한 4번이다.

[5] 스트레스와 건강의 관계에 대해 필자의 생각은 어느 것인가?

1 자신에게 맞는 방법으로 스트레스를 해소하면 건강을 유지할 수 있다.
2 규칙적인 생활을 하면서, 중독성이 있는 스트레스 해소법을 피하면 건강을 유지할 수 있다.
3 바쁨으로부터 스트레스가 생겨난다는 것을 자각하고 충분히 휴양하는 것이 건강 악화를 방지한다.
4 건강은 스트레스를 없애려고 하는 강한 의지로부터 생겨난다는 것을 알아야만 한다.

정답 **2**

해설 필자는 '바쁨이 스트레스를 낳고, 스트레스를 해소하기 위해 휴식을 하려 해도 결국 바쁘기 때문에 휴식을 할 수 없다'고 말하며, '스트레스 해소법이 흡연이나 음주 같은 중독성 강한 방법으로 전환되면 건강 악화는 급속하게 진행된다'고 한다. 따라서 정답은 선택지 2번이다. '바쁨(多忙)이 스트레스를 낳는다'라는 말만 보고 3번을 답으로 고르지 않도록 주의하자. 충분한 휴양은 스트레스 해소의 한 방법으로 건강과의 관계에 대한 직접적인 언급은 없다.

6 필자가 '미병' 상태를 건강을 유지하는 최고의 기회라고 생각하는 것은 어째서인가?

1 아직 병에 걸리지 않았으므로
2 누구나 건강에 대한 관심을 갖는 시기이므로
3 건강에 대한 주의 신호를 감지하기 쉬운 상태이므로
4 몸이 내보내는 목소리가 잘 들리기 때문에

정답 **3**

해설 마지막 단락에서 '건강에 대한 주의 신호를 감지하기 쉬운 미병 상태야말로, 건강을 유지하기 위해 우리들에게 찾아온 최고의 기회'라고 직접적으로 언급하고 있다. 따라서 정답은 3번이다.

---

(3)   문제편 308p

사실 말이라는 것은 매우 '부족'한 것입니다. 불완전합니다. 이제부터는 말은 불완전한 것이라는 이야기를 하겠습니다. (중략)

자신의 기분을 생각해 주세요. 무언가 불합리한 일이 당신에게 일어났다고 하면, 그때 당신은 대체 어떻게 느꼈을까요? '슬펐다'인가요, '억울했다'인가요? '화가 났다', '화냈다'인가요? 그렇지 않으면 '아무런 생각도 없었다'인가요? 어느 것이든 말을 선택해 버리면 대체로 그렇게 돼 버리겠지만요.

하지만 정말로 그럴까요? 슬프거나 억울하거나 조금 재밌거나, 여러 가지 기분이 섞여 있지는 않습니까? 있겠지요. '슬프다'는 한마디로 딱 잘라 표현할 수 있는 기분이란 없지요. 그러나 마음을 남에게 전하기 위해서는 말로 해야만 합니다. 말로 할 때, 일단 무언가 말하지 않으면 통하지 않으니 '나는 슬펐다'고 말해 버리는 것입니다. 그때, 분한 마음이나 좀 재미있었다라는 기분은 전부 버려져 버립니다. 말은 이 세상에 있는 것의 몇만 분의 일, 아니 몇백만 분의 일 정도밖에 표현하지 못하는 것입니다. 말로 한 단계에서 대부분은 <u>버려져 버립니다</u>.

(쿄고쿠 나츠히코 『지옥을 즐기는 법』 고단샤)

단어 非常(ひじょう)に 상당히, 매우 | 欠(か)ける 빠지다, 결여되다 | 不完全(ふかんぜん)だ 불완전하다 | 理不尽(りふじん)だ 불합리하다 | 身(み)の上(うえ) 일신상, 신상 | 悔(くや)しい 분하다, 억울하다 | 腹(はら)が立(た)つ 화가 나다, 성질나다 | 怒(おこ)る 화내다 | 混(ま)じりあう 서로 섞이다, 서로 어우러지다 | スッパリ 선뜻 끊어 버리는 모양, 싹, 딱, 깨끗이 | とりあえず 우선 | 通(つう)じる 통하다 | 段階(だんかい) 단계 | 示(しめ)す 나타내다, 보여주다 | 表(あらわ)す 나타내다, 표현하다 | 複雑(ふくざつ)だ 복잡하다 | 重(かさ)ねる 겹치다, 거듭하다 | 限(かぎ)る 제한하다, 한정하다 | 慎重(しんちょう)に 신중하게 | 正確(せいかく)に 정확하게 | 努力(どりょく) 노력

7 필자에 의하면, 말은 불완전한 것이다라고 생각하는 이유는 무엇인가?

1 말이 가리키는 대로의 의미로 표현할 수 있는 것은 복잡한 기분이나 생각의 일부에 지나지 않기 때문에
2 말로 전달하기 위해서는 진짜 기분을 한마디로 나타낼 수 있는 말을 고르는 것이 중요하기 때문에
3 말은 하나만이 아니라 다양한 말을 겹쳐서 사용하면 전달하기 쉬워지기 때문에
4 말을 사용한 후에도 사람의 기분은 복잡하게 변화하는 것이기 때문에

정답 **1**

해설 두 번째 단락에서 사람들은 감정을 하나의 말(단어)로 표현한다고 말한 후, 「でも」 이후에 '한마디 말로 딱 잘라 표현할 수 있는 기분은 없다'고 한다. 따라서 선택지 1번이 정답이다.

8 필자에 의하면, 버려져 버리는 것은 무엇인가?

1 말로 표현된 감정
2 말로 표현하지 못한 감정
3 남에게 전달하기 위해 사용한 말
4 이 세상에 있는 것을 표현하기 위한 말

정답 **2**

해설 밑줄 앞을 보면 기분은 한마디로 딱 떨어지게 표현할 수 없으며, '말로 감정을 표현하면 복잡한 감정의 나머지는 버려진다'고 말한다. 따라서 버려지는 것은 선택지 2번의 '말로 표현하지 못한 감정'이다.

9 '말'에 대해 필자의 생각과 맞는 것은 어느 것인가?

1 말로 표현할 수 있는 것은 한정되어 있으며 이 세상에 있는 것의 일부를 전달하고 있을 뿐이다.
2 하나의 말이 표현할 수 있는 것은 한정되어 있으므로 되도록 많이 이야기하는 편이 좋다.
3 말을 선택할 때는 정말로 말하고 싶은 것을 잘 생각해서 신중하게 골라야 한다.
4 말로 표현하는 것은 어렵지만 전하고 싶은 것을 정확하게 전달하는 노력을 해야 한다.

정답 **1**

해설 마지막 단락에서 '말로 선택되지 못한 감정은 전부 버려지며 말은 한정된 것밖에 표현하지 못한다'고 할 뿐, 더 많은 말을 해야 한다는 언급은 없으므로 2번은 답이 될 수 없다. 말하고 싶은 것을 잘 고르더라도 선택되지 못한 감정은 버려지므로 3번도 오답이며, 말을 정확하게 전달해야 한다는 언급이 없으므로 4번도 답이 될 수 없다. 정답은 1번이다.

---

(4)   문제편 310p

　우리는 잘 잤을 때 기분도 좋고 그날의 일도 잘 풀립니다. 반대로 잘 못잤을 때는 사고력이 떨어진다든가 기운이 나지 않는다든가, 하루 종일 짜증이 나는 경우가 있습니다. 그만큼 좋은 수면이라는 것은 우리의 생활에 없어서는 안되는 것입니다.
　잘 잔다는 것은 구체적으로 어떤 상태인가 하면, 우선 잠자리에 들면 바로 잠이 든다는 것이 첫 번째 조건이 되겠지요. 자려고 했을 때 좀처럼 잠들지 못하면 초조해지는 법입니다. 그리고 도중에 깨지 않을 것. 밤중에 잠이 깨 버리는, 이른바 '한번 깼다가 다시 자는 것'은 기분이 좋지 않습니다. 눈을 떴는데 아직 잘 시간이 있어서 기뻤던 경험도 있으리라 생각하지만, 사실 그건 '잘 잤다'고 하는 상태는 아닙니다. 한번 깼다가 다시 잔 결과 결국은 늦잠을 자고 말았다고 하는 경우도 많지 않나요?
　잘 자기 위해서는 생활 습관의 재검토가 필요합니다. 자기 직전까지 식사를 하거나 게임을 하거나 하는 것은 피해야 합니다. 실제 시간이 아니라 체내 시계라는 것이 크게 좌우하기 때문입니다. 또한 방의 환경을 갖추는 것도 포인트입니다. 방의 밝기나 소리, 이불의 상태 등이 수면에 영향을 주는 것입니다. 그리고 그 날의 고민이나 스트레스 등도 되도록 잊고 확실히 자려고 의식하는 것만으로도 달라집니다.

단어 眠る 잠들다 | はかどる 순조롭다, 잘 풀리다 | 反対に 반대로 | 思考力 사고력 | 落ちる 떨어지다 | 元気が出る 기운이 나다 | イライラする 초조해하다, 짜증이 나다 | 睡眠 수면 | 具体的 구체적 | 状態 상태 | 布団 이불 | 条件 조건 | 途中 도중 | 目が覚める 눈이 떠지다 | 夜中 밤중 | 二度寝 한번 깼다가 다시 잠 | 優れる 뛰어나다, 훌륭하다 | 経験 경험 | 結局 결국 | 寝坊をする 늦잠을 자다 | 習慣 습관 | 見直し 재검토 | 直前 직전 | 食事 식사 | 避ける 피하다 | 左右する 좌우하다 | 環境 환경 | 整える 정돈하다, 정리하다 | 明るさ 밝기, 밝음 | 影響 영향이 가다 | 意識 의식 | 効果 효과 | 原因 원인 | 目覚まし時計 자명종, 알람 시계 | 鳴る 울리다, 소리가 나다 | 上司 상사 | 出来事 일, 사건

10 좋은 수면이라는 것은 우리의 생활에 없어서는 안 된다고 하는데 그것은 어째서인가?

1 생각하는 힘이나 기운이 나지 않으면 일이 잘 풀리지 않기 때문에
2 그 날을 좋은 하루로 만들 수 있는 효과가 있기 때문에
3 그 날이 안 좋은 하루가 되어 버리는 원인이 되기 때문에
4 자려고 해도 잘 수 없는 상태가 되면 초조해져 버리기 때문에

정답 2

해설 밑줄 앞을 보면 '잠을 잘 잤을 때 기분도 좋고 그 날의 일도 잘 풀린다'고 하므로 선택지 2번이 정답이다. 1번과 3번은 잠을 잘 자지 못했을 때 일어나는 현상이며, 4번은 본문에서 벗어난 내용이므로 답이 될 수 없다.

11 이 글에 의하면 잘 잔 상태란 어느 것인가?

1 아침에 알람 시계가 울릴 때까지 한 번도 깨지 않았다.
2 눈이 떠져 시계를 봤더니 아직 새벽 3시였다.
3 매우 졸려서 어느샌가 불을 켜놓은 채로 자고 있었다.
4 불을 껐더니 회사에서 상사에게 혼난 것이 생각났다.

정답 1

해설 두 번째 단락에서 '잘 잔다는 것은 구체적으로 어떤 상태인가 하면'이라고 말한 후, '도중에 깨지 않는 것'이라고 정의하고 있으므로 선택지 1번이 정답이다.

12 이 글에서는 잘 자기 위해서는 어떻게 하면 좋다고 말하고 있는가?

1 게임을 한다면 자기 2시간 전에는 그만둘 것
2 실제 시간을 보고 자는 것이 아니라 자고 싶을 때 잘 것
3 자기 전에는 싫은 일을 생각하지 않도록 할 것
4 하루 동안 있었던 일은 모두 잊고 자는 것만을 의식할 것

정답 3

해설 마지막 단락 첫 문장에서 '잘 자기 위해서는 생활 습관의 재검토가 필요'하다고 말한 후에 제일 마지막에 '그 날의 고민이나 스트레스 등도 되도록 잊고 확실히 자려고 의식'하라고 말하고 있다. 따라서 정답은 3번이다.

(5)

문제편 312p

　인간이 만든 로봇이 인간을 공격하기 시작하는 것은 SF 영화의 단골 소재이다. 원류의 하나로 체코의 작가 차페크가 쓴 희곡 '로봇'이 있다. 왜 인간에게 (주1)맞서는 것인가, 그들 자신이 이야기하는 이유가 ①무섭다. '당신이 로봇과 같지 않기 때문입니다. ……로봇처럼 유능하지 않기 때문입니다.'
　로봇의 두뇌가 되는 인공 지능의 진보가 놀랍다. 이 분야에 대한 투자는 세계적인 붐이라고도 한다. 밝은 미래로 이어질 것인가? 한편으로 경계하는 사람도 있다. '완전한 인공 지능이 개발되면 인류의 (주2)종언을 초래할지도 모른다.' 유명한 우주 물리학자 호킹 박사가 영국 BBC 방송에서 말한다. 지력이 뛰어난 인간은 많은 생물을 압도하고 멸종시켰다. ②같은 일이 일어나지 않는다고도 단정할 수 없다고.
　그렇다고는 해도 현장의 연구자에게 들으면 걱정할 수준은 아니라고 한다. 학습 능력은 '아직 2세 아동 정도'라는 목소리도 있다. 하지만 2세 아동과 견줄 만한 지점까지 왔다고 볼 수도 있다. 성인이 되어 우리들을 뛰어넘는 데 앞으로 어느 정도일까? 잊어서는 안 되는 것은 거대한 기술은 때로 우리들에게 (주3)적의를 드러낸다는 것이다.

(주1) 거스르다: 반항하다
(주2) 종언: 절멸
(주3) 엄니를 드러내다: 위해를 가하다

단어
攻撃 공격 | 定番 단골, 정석 | 源流 원류 | 作家 작가 | 戯曲 희곡 | 刃向かう 거스르다, 맞서다 | 恐ろしい 무섭다, 두렵다 | 有能だ 유능하다 | 頭脳 두뇌 | 人工知能 인공 지능 | 進歩 진보 | めざましい 눈부시다 | 分野 분야 | 投資 투자 | ブーム 붐, 유행 | 警戒 경계 | 開発 개발 | 人類 인류 | 招く 불러오다, 초래하다 | 名高い 유명하다 | 宇宙物理学者 우주 물리학자 | 博士 박사 | 放送 방송 | 知力 지력 | 勝る 뛰어나다, 낫다 | 圧倒 압도 | 絶滅 절멸 | 現場 현장 | 研究者 연구자 | 心配 걱정 | 水準 수준 | 学習能力 학습 능력 | ～歳児 ～세 아동 | 程度 정도 | 比べる 비교하다 | 超える 뛰어넘다, 초월하다 | 巨大だ 거대하다 | 技術 기술 | 危害 위해 | 反抗 반항 | 優秀 우수 | 自己主張 자기 주장 | 支配 지배 | 劣る 뒤떨어지다 | 感情 감정 | 作り出す 만들어내다 | 気を付ける 조심하다 | 十分 충분 | 間違いなく 틀림없이 | 存在 존재

---

13 ①무섭다고 하는데 어째서인가?

1 로봇이 인간에게 반항하기 때문에
2 로봇이 자신들 쪽이 인간보다도 우수하다고 말하기 때문에
3 로봇이 인간과 마찬가지로 자기 주장을 할 수 있기 때문에
4 로봇이 자신들도 인간처럼 되고 싶다고 말하기 때문에

정답 2

해설 밑줄 바로 뒤에서 '당신이 로봇 같지 않기 때문입니다. 로봇처럼 유능하지 않기 때문입니다'라고 이유를 설명한다. 정답은 선택지 2번이다.

---

14 여기서 말하는 ②같은 일이란 어떠한 것인가?

1 지력이 있는 인간이 지구상의 모든 동물을 지배하는 것
2 지력이 있는 로봇이 인간 이외의 동물을 지배하는 것
3 지력이 뛰어난 인간이 그보다 못한 로봇을 지배하는 것
4 지력이 뛰어난 로봇이 그보다 못한 인간을 지배하는 것

정답 4

해설 밑줄 앞에서 '지력이 뛰어난 인간이 많은 생물을 압도하고 멸종시켰다'고 한 후 '같은 일이 일어나지 않는다고는 단정할 수 없다'고 말한다. 따라서 '같은 일'이란 선택지 4번의 '인간보다 지력이 뛰어난 로봇이 인간을 지배하는 일'이다.

---

15 필자는 인공 지능 기술에 대해 어떻게 느끼고 있는가?

1 인공 지능은 인간의 감정을 가질 수 있도록 개발해야 한다.
2 언젠가 인간을 뛰어넘는 것을 만들어 낼 가능성이 있어 주의할 필요가 있다.
3 2세 아동 정도의 인공 지능만으로도 충분하며 더 이상 개발할 필요는 없다.
4 이대로 개발을 계속해 나가면 인공 지능은 틀림없이 인간을 지배하는 존재가 된다.

정답 2

해설 마지막 두 단락에 나온 필자의 생각을 정리하면 '인공 지능의 수준이 아직은 2세 아동 정도라고는 하지만, 언젠가는 성인이 되어 인간을 뛰어넘을 수도 있다. 잊어서는 안 되는 것은 거대한 기술은 때로는 우리를 위협한다'는 것이다. 따라서 선택지 2번이 답으로 적당하다.

問題 12 통합 이해

실전문제 정답 및 해설

정답

실전문제 ①   **1** 1   **2** 4
실전문제 ②   **1** 1   **2** 3

실전문제 ①

問題12 다음 A와 B의 글을 읽고 다음 질문에 대한 답으로 가장 적당한 것을 1・2・3・4에서 하나 고르세요.   문제편 314p

A

> 에스컬레이터에 탈 때 한쪽을 비우는 것을 세계에서 최초로 호소한 것은 1944년경 런던의 지하철역으로 일컬어지고 있다. 경제 발전을 중시하는 생각에서 효율 좋게 인간을 옮기는 것이 요구되었던 것이다. 이것이 그 후 서양과 아시아 나라들로 퍼져 나갔다. 일본에서는 간사이의 철도가 1967년경 '오른쪽에 서고 서두르는 사람을 위해 왼쪽을 비우자'고 호소한 것이 최초라고 여겨지고 있다. 도쿄에서는 '한쪽 비우기'가, 역시 효율 중시의 생각에서 '해외에서 배워라!'라고 받아들여져, 그 후 전국으로 퍼져 나갔다. 그러나 '서양 문화를 배우는' 시대는 끝났다. 에스컬레이터를 걸어서 다치는 사람이나 무섭다고 느끼는 사람이 있는 이상, '에스컬레이터를 걷지 않는다'라는 발상을 일본의 새로운 문화로 삼는 것도 좋지 않을까.

B

> 내가 살고 있는 현에서는 에스컬레이터 이용자가 멈춰 서서 타는 것을 요구하는 조례가 만들어졌다. 전국에서도 처음인 조례라고 한다. 에스컬레이터에서 걷는 것은 고령자나 장애가 있는 사람에게 있어 사고로 연결될 수 있는 위험한 행위일뿐만 아니라 공포이기도 하다. 고령화가 진행되고 장애인의 사회 진출을 지향하고 있는 지금, 누구에게나 살기 편한 배리어 프리 사회의 정비를 빼놓을 수 없다. 조례에서 결정한 것의 옳고 그름에 대해서는 다양한 견해가 있다고는 생각한다. 다만, 나는 에스컬레이터를 이용할 때에 불안하게 생각하는 사람이 있는 것을 모두가 아는 계기가 되면 좋겠다고 생각하고 있다.

단어 際に ~할 때에 | 片側 한쪽 (편) | 呼びかける 호소하다, 당부하다 | 経済 경제 | 発展 발전 | 重視 중시 | 効率 효율 | 運ぶ 운반하다, 나르다 | 求める 바라다, 요구하다 | 欧米 구미, 서양 | アジア 아시아 | 広がる 넓어지다, 퍼지다 | 関西 간사이, 일본의 서쪽 지방 | 鉄道 철도 | 取り入れる 받아들이다, 도입하다, 섭취하다 | 全国 전국 | けが 상처, 부상 | 発想 발상 | 県 현, 일본 행정 구획의 명칭(우리나라의 도에 해당) | 立ち止まる 멈춰서다 | 条例 조례 | 高齢者 고령자 | 障害 장애 | 事故 사고 | ます형+かねない ~할 지도 모른다 | 危険 위험 | 行為 행위 | 恐怖 공포 | 進出 진출 | 目指す 지향하다, 목표로 하다 | バリアフリー 배리어 프리, 장벽(장애) 제거 | 整備 정비 | 定める 정하다 | 是非 시비, 옳고 그름 | 不安だ 불안하다 | きっかけ 계기

1 　멈춰 서서 에스컬레이터를 타는 것에 대해 A와 B는 어떻게 말하고 있는가?

　1 A도 B도 찬성이다.
　2 A도 B도 반대이다.
　3 A는 찬성이지만 B는 반대이다.
　4 A는 반대이지만 B는 찬성이다.

정답 1

해설 A는 걸어서 타다가 다치는 사람이나 무섭다고 느끼는 사람이 있는 이상 '에스컬레이터를 걷지 않는다는 것을 일본의 새로운 문화로 삼는 것이 좋다'고 말하므로 찬성의 입장이며, B는 자신이 사는 현에서 '멈춰 서서 에스컬레이터를 타는 조례가 통과됐다'는 예를 들며 고령자와 장애인이 살기 좋은 사회를 위해서 찬성하는 입장이다. 정답은 선택지 1번이다.

2 　두 사람의 의견에서 공통된 것은 어떤 시점인가?

　1 에스컬레이터는 위험하므로 고령자나 장애가 있는 사람은 사용하지 않는 편이 좋다.
　2 시대와 사회의 변화에 따라 제도나 규칙을 바꾸어 만들어 가는 것이 중요하다.
　3 앞으로의 시대는 경제 중시, 효율 중시의 사고방식을 바꿀 필요가 있다.
　4 무섭다고 생각하거나 불안하다고 생각하는 사람이 있다면 지금까지의 방법을 바꾸는 편이 좋다.

정답 4

해설 A는 해외로부터 배우는 시대는 끝났다며 '에스컬레이터를 걸어 다니는 사람 때문에 다치거나 무섭다고 느끼는 사람이 있다면 에스컬레이터에서 걷지 않도록 문화를 바꾸는 편이 좋다'고 말한다. B는 에스컬레이터에서 걸어 다니는 것은 사고로 연결될 위험이 있다며 조례 통과가 '에스컬레이터를 이용할 때 불안을 느끼는 사람이 있음을 아는 계기가 되면 좋겠다'고 말한다. 따라서 정답은 선택지 4번이다.

실전문제 ②

問題12　다음 A와 B의 글을 읽고 다음 질문에 대한 답으로 가장 적당한 것을 1・2・3・4에서 하나 고르세요. 　문제편 316p

A

　대학 진학률이 50%를 넘은 지금 졸업생 대부분이 진출하는 것은 국내의 서비스 산업을 중심으로 한 세계이다. 그렇기에 더욱 학생에게는 직업인으로서 필요한 스킬을 대학에서 익혔으면 한다. 지금까지 대학은 학술적인 교양만을 중시해 왔다. 그러나 원래 교양이란 인간이 보다 잘 살아가기 위한 '지식의 기법'을 의미했다. 현대에서는 그것이 실제 사회를 살아가는데 있어 확실하게 도움이 되는 부기 회계 등의 기술이 된다. 앞으로의 일본 대학에서는 학술적 교양만으로 이루어진 '하나의 산'의 구조가 아닌, 아카데미즘의 학교와 실천적 직업 교육에 중점을 둔 실학을 위한 학교인 '두 개의 산'의 구조로 바꿔 나갈 필요가 있는 것은 아닐까?

B

　대학을 직업 훈련 학교처럼 해야 한다는 의견이 있지만, 예를 들면 20년 후 사회에서 필요한 기술은 지금과 같을까? 지금 도움이 되는 것처럼 보이는 기술에 학생들의 관심과 재능을 제한해도 괜찮은 것일까? 나는 지금의 학생들에게는 어떤 미래에도 대응할 수 있는 힘을 기르게 할 필요가 있다고 생각한다. 실제 사회가 요구하는 인재란 냉정한 판단력을 가진 인간이다. 인터넷이 발달해 정보가 넘쳐흐르는 지금 무엇이 옳은지, 어떻게 평가하면 좋은지를 다양한 각도에서 생각하고 선택해야만 한다. 자신의 머리로 생각하는 힘, 이것이 대학에서 훈련해야 하는 능력이다. 많이 책을 읽고 다양한 학설과 마주하고, 시간이 걸려도 귀찮은 과정을 공들여야 한다. 그렇게 해서 익힌 교양은 어떤 분야로 나아가도 유용한 힘이 될 것이다.

단어 | 進学率 진학률 | 卒業生 졸업생 | ほとんど 거의, 대부분 | 国内 국내 | 産業 산업 | 中心 중심 | 職業人 직업인 | スキル 스킬, 기술 | 身につける 배워서 익히다 | 学術的 학술적 | 教養 교양 | 技法 기법 | 現代 현대 | 実社会 실제 사회 | 確実に 확실하게 | 役に立つ 도움이 되다 | 簿記 부기 | 会計 회계 | 技術 기술 | ~から成る ~로 이루어지다 | 構造 구조 | アカデミズム 아카데미즘 | 実践的 실천적 | 重点 중점 | 実学 실학 | 職業訓練 직업 훈련 | 意見 의견 | 関心 관심 | 才能 재능 | 制限 제한 | 対応 대응 | 人材 인재 | 冷静 냉정 | 判断力 판단력 | 発達 발달 | 情報 정보 | 溢れかえる 넘쳐 흐르다 | 評価 평가 | 角度 각도 | 選択 선택 | 能力 능력 | 学説 학설 | 向き合う 마주보다 | 面倒臭い 귀찮다 | プロセス 프로세스, 공정 | 丁寧に 공손하게, 정성껏, 공을 들여서 | 行う 행하다 | 分野 분야

1 A와 B의 글 모두에 쓰여 있는 것은 무엇인가?

1 졸업 후 실제 사회에서 필요한 능력
2 인터넷 사회에서 필요한 교양
3 교양이란 말의 진정한 의미
4 대학생이 늘어난 것에 따른 대학생 질의 저하

정답 **1**

해설 A는 2번째 줄에서 '졸업 후 직업인으로서 필요한 스킬을 대학에서 배웠으면 한다'고 하며, B는 3~4번째 줄에서 '실제 사회가 요구하는 인재란 냉정한 판단력을 가진 사람'이라고 말한다. 정답은 선택지 1번이다.

2 A와 B의 필자는 앞으로의 대학 교육에 대해 어떻게 생각하고 있는가?

1 A도 B도 학생에게는 실제 사회의 현재와 미래에 대응할 수 있도록 실천적인 교양과 학술적인 교양을 동시에 익히게 해야 한다고 생각하고 있다.
2 A도 B도 학생에게는 세계에서 경쟁할 수 있는 고도의 교양을 익히게 해야 한다고 생각하고 있다.
3 A는 아카데믹한 교육과 함께 직업 교육도 필요하다고 생각하고, B는 자신의 머리로 생각할 수 있는 인재를 아카데믹한 교육을 통해 육성하는 것이 필요하다고 생각하고 있다.
4 A는 대학이 학생의 취업률을 높이는 노력을 할 필요가 있다고 생각하고, B는 대학원으로의 진학률을 높이는 노력을 할 필요가 있다고 생각하고 있다.

정답 **3**

해설 A는 마지막 문장에서 '학술적 교양으로 이루어진 아카데믹한 교육과 실천적 직업 교육에 중점을 둔 교육이 필요하다'고 하고, B는 '냉정한 판단력을 가진 사람, 자신의 머리로 생각하는 능력을 가진 사람, 그리고 많이 책을 읽고 다양한 학설과 마주하며 익힌 교양은 어떤 분야로 진출해도 도움이 된다'고 한다. 따라서 이를 종합한 선택지 3번이 정답이다.

問題 13 주장 이해

실전문제 정답 및 해설

정답

실전문제 ① 　① 1　② 4　③ 2
실전문제 ② 　① 4　② 2　③ 3

실전문제 ①

問題13 다음 글을 읽고 다음 질문에 대한 답으로 가장 적당한 것을 1·2·3·4에서 하나 고르세요.　　문제편 318p

이하는 어느 작가가 쓴 글이다.

　　슬슬 '당신에게도' 러브레터의 비법을 알려 줄까요? 어떤 편지가 상대의 마음을 사로잡을 수 있을까.
　　철저하게 상대에 대해 쓴다, 라는 것이 그 비법. —'당신'은 그때 이렇게 말했다. 그때 나는 '당신'의 얼굴이 아닌 손을 보고 있었다. '당신'의 손은 말 이상으로 (주1)강렬하게 무언가를 말하고 있었다. 언젠가 '그 손'으로 끌어 안겨지는 것을 나는 남몰래 강하게 마음 속으로 바랐다—와 같은 것을. 물론 편지의 문체로 (주2)담담하게, 그러나 뜨거운 마음으로 길게 나열하는 것이다. 흐르는 듯한 (주3)미사여구일 필요는 전혀 없다. 한숨 같은 문체로—아름다운 한숨처럼—쓰는 것이다.
　　당시 나도 남자로부터 러브레터를 다소 받은 적도 있었다. 그때 편지에 따라서는 백년의 사랑도 '단 한번 읽는 것'으로 완전히 식어 버리는 경우가 있다. 글씨가 서툰 것은 문장력으로 보완하지 못할 것도 없지만 (주4)치졸한 내용은 아무리 예쁜 글씨로 길게 나열하려 해도 어떻게 할 수가 없다.
　　가장 좋지 않은 것은 나는 어떻게 했다, 나는 이렇게 했다, 나는, 나는 하고 처음부터 끝까지 자신에 대한 것만 쓰여진 편지. 그 '나'에게 이쪽이 사랑을 하고 있지 않다면, 이런 따분한 일도 없다. 반도 읽기 전에 쓰레기통행이다.
　　나는 어떻게 했다, 나는 이렇게 했다, 또는 나는 이런 여자야, 라는 편지는 논외이지만 의외로 이런 종류의 편지가 많다. '당신'도 짚이는 데가 있지 않은가?
　　꼭 자신에 대해서 쓰고 싶다면 나는 당신에 대해 '이렇게' 생각한다든지 '저렇게' 생각한다든지 (주5)한 발 더 파고들기를 바란다. 인간이라는 것은 자신에 대해 타인이 얼마나 신경 써 주는지에 최대의 관심이 있는 동물이다. 처음부터 끝까지 '당신에 대해'서 쓰여진 러브레터를 받고 나쁜 기분이 들 리가 없다.
　　다만, 피하고 싶은 것이 몇 가지 있다. '당신'에 대해 어떤 것을 얼마만큼 써도 상관없지만, 상대의 기분을 확실히 알기 전까지는 '당신이 좋다'라든가 '당신을 사랑합니다'와 같은 결정적인 고백은 절대로 피할 것. 좋아하는 마음은 간접적으로 전달하는 것이 좋다.
　　또 하나 '……니까 만나 주세요'라고 상대에게 선택을 강요하는 문장도 아직 이르다. 오히려 상대에게 이 여자를 만나 보고 싶다고 생각하게 만드는 것이 중요하다. '만나자'라는 식의 접근은 상대가 하게 만드는 것. 그런 편지가 이상적이다.

(모리 요코 「편지」 『중학생까지 읽어 두고 싶은 철학 1』 아스나로 출판)

(주1) 웅변처럼 말하다: 사물이나 몸짓 등으로부터 강하게 메시지를 느끼게 하다
(주2) 담담하게: 조용하고 침착하게
(주3) 미사여구: 아름답게 꾸며진 말과 표현
(주4) 치졸한: 어린애같다(유치하다)
(주5) 한 발 돌입하다: 여기에서는 '한 발 더 깊이 파고들다'와 같은 의미로 사용

[단어] コツ 요령, 비법 | 心をつかむ 마음을 사로잡다 | 徹底的に 철저하게 | 雄弁 웅변 | 抱きしめる 끌어안다 | ひそかに 몰래, 은근슬쩍 | 文体 문체 | 書きつらねる 길게 쓰다 | 溜息 한숨 | 多少 다소, 약간 | 一読 일독, 한 번 읽음 | 醒め果てる 완전히 깨다 | 補う 보충하다, 보완하다 | 内容 내용 | いかんともなし難い 어떻게 할 도리가 없다 | 退屈だ 지루하다 따분하다 | クズカゴ 쓰레기통 | 問題外 문제 외, 논외 | 案外 의외로 | 思い当たる 마음에 짚이다, 짐작가다 | 他人 타인 | 気にする 신경쓰다 | 終い 끝, 마지막 | ただし 단, 다만 | 避ける 피하다 | 決定的 결정적 | 告白 고백 | 絶対に 절대로 | 間接的に 간접적으로 | 逢う 만나다 | 選択 선택 | 押しつける 강압하다, 강요하다 | むしろ 오히려 | アプローチ 어프로치, 접근 | 理想的 이상적 | 〜に関する 〜에 관한 | 提案 제안

1 필자에 의하면 러브레터의 비법이란 무엇인가?

1 상대에 관한 것만을 열렬한 마음으로 쓰는 것
2 아름다운 말과 표현으로 마음을 사로잡도록 쓰는 것
3 문장력을 보완하기 위해 예쁜 글씨로 쓰는 것
4 상대를 생각하는 자신의 마음을 철저하게 쓰는 것

[정답] 1

[해설] 필자는 좋지 않은 러브레터의 예로 '처음부터 끝까지 나에 대해서만 쓰는 편지'라고 말한 후, '인간이란 자신에게 타인이 얼마나 신경을 쓰는지에 가장 관심이 있으며 처음부터 끝까지 당신에 대해 쓴 러브레터를 받고 기분이 나쁠 리 없다'고 말한다. 따라서 선택지 1번이 정답이다. 세 번째 단락에서 '자신에 대해 쓰고 싶다면 나는 당신을 이렇게 생각한다고 쓰라'고 하지만 '러브레터는 철저하게 상대에 대해서 쓰라'는 것이 필자의 생각이므로 4번은 답이 될 수 없다.

2 '당신에 대해'서란 누구에 대한 것인가?

1 필자의 러브레터를 읽은 사람
2 이 글을 읽고 있는 사람
3 러브레터를 쓰는 사람
4 러브레터를 받은 사람

[정답] 4

[해설] '당신에 대한 것만 쓴 러브레터를 받고 기분 나빠할 사람은 없다'가 되므로 '당신'과 '러브레터를 받은 사람'은 동일인이다. 따라서 정답은 선택지 4번이다.

3 러브레터에 대해 필자의 생각과 맞는 것은 어느 것인가?

1 편지를 읽는 사람은 아름다운 말과 표현이 예쁜 글씨로 쓰여 있으면 나쁜 기분이 들지 않는다.
2 편지를 읽는 사람은 쓴 사람이 자신을 얼마나 신경 써 주고 있는가에 관심이 있다.
3 편지를 쓰는 사람은 얼마나 좋아하는지, 사랑하는지를 말로 확실하게 전달하는 것이 중요하다.
4 편지를 쓰는 사람은 '만나자'라는 제안을 하고 상대가 선택할 수 있도록 하면 좋다.

정답 2

해설 필자의 생각이나 주장이 반드시 글 마지막에 오는 것은 아니다. 지문을 보면 러브레터의 비법은 '철저하게 상대에 대해 쓰는 것'이라고 말한 후, 세 번째 단락에서 필자가 가장 하고 싶은 말인 '인간은 자신에게 타인이 얼마나 신경을 쓰는지가 최대 관심'이며 '처음부터 끝까지 당신에 대해 쓴 편지에 기분이 나쁠 리 없다'고 한다. 따라서 선택지 2번이 정답이다.

실전문제 ②

問題13 다음 글을 읽고 다음 질문에 대한 답으로 가장 적당한 것을 1·2·3·4에서 하나 고르세요. 문제편 321p

발달 심리학 책 등을 읽으면, 노인에 대해 실감을 만족시켜주는 것은 없다. 대개는 노인이란 발달의 전성기를 지나 손발의 운동성도 머리의 운동성도 ^(주1)쇠약해지기 시작한 사람들이다라는 인식이 보편적이기 때문이다.

하지만 그렇게 생각하면 조금 잘못되었을지도 모른다. 노인이 되면 생각하는 것, 망상하는 것, 상상력을 발휘하는 것, 그러한 능력은 더더욱 발달을 계속한다. 그러나 그것을 실행에 옮기려고 하면 몸의 움직임과의 사이에 거리가 생겨 버린다. 그 점이 불편하게 느껴진다. '나는 전에 없을 정도로 잘 생각하고 계획을 세울 수가 있는데, 계획하고 생각한 것을 실행하는 것이 이제는 불가능하다'는 영국의 시인 예이츠의 만년의 ^(주2)한탄은 그와 같은 마음을 매우 잘 나타내고 있다. 그저 남은 인생이 얼마 없어서 실행할 수 없다고 생각하기보다 계획하는 것과 실행하는 것과의 거리가 커졌기 때문에 못한다고 해석하는 편이 좋다고 여겨진다.

따라서 고령자의 ^(주3)정의는 '머리나 상상력으로 생각하고 느낀 것'과 그것을 '정신적이라든가 실제적으로 표현하는 것'과의 사이의 거리가 보통보다 커져 있는 인간이 된다. 그렇게 정의하면 일단 틀리는 일은 없다고 생각한다.

나 자신은 실감상 또는 체험상 그렇게 생각하게 됐지만 세상의 상식은 달라서, 노인은 몸도 쇠약해지고 ^(주4)치매도 진행되고 있다는 것이다. (그래서) 치매를 방지하기 위한 거라며 몸을 움직이라고 말한다. 그런 텔레비전 방송을 보고 있으면 그건 큰 착각이라고 말해 주고 싶어진다. 신체의 운동성이 늘어났다 한들 그런 것은 ^(주5)임시방편에 지나지 않는다.

(중략)

내가 보기에는 앞으로 장래를 향해 (중략) 몸을 움직이는 것에 비해 두뇌를 쓰는 일 쪽이 많다고 하는 고령자는 분명 늘어간다. 해석상으로는 '생각하고 있는 것'과 '실제의 운동'과의 거리가 상당히 커지게 돼 버린 것이 노년층이라고 하는 편이 장래성이 있는 것처럼 느껴진다. 그러나 지금의 고령자에 대한 의료는 그렇게 되어 있지 않다. 따라서 이 점은 역시 수정해 두는 편이 좋다. 아니, 응당 수정해 두어야 한다고 생각한다.

(주1) 쇠약해지기 시작하다: 약해지기 시작하다
(주2) 한탄: 깊게 슬퍼하는 것
(주3) 정의: 어떤 것을 말로 명확하게 한정하는 것
(주4) 지각이 둔해짐(멍함): 치매, 주로 나이를 먹음으로써 발생하는 뇌 기능 장애
(주5) 임시방편: 일시적인 해결 방법

단어 発達心理学 발달 심리학 | 老人 노인 | 実感 실감 | 満足 만족 | 盛り 전성기 | 手足 손발 | 運動 운동 | 認識 인식 | 普遍的 보편적 | 間違う 잘못되다, 틀리다 | 妄想 망상 | 想像力を働かせる 상상력을 발휘시키다 | なお 또한 | 実行 실행 | 移す 옮기다 | 距離 거리 | かつて 일찍이, 예전에 | 計画 계획 | もはや 이미, 벌써 | 詩人 시인 | 晩年 만년 | あらわす 나타내다, 증명하다 | 余命 여명, 남은 수명 | 解釈 해석 | 老齢者 노령자, 고령자 | 精神的 정신적 | 実際的 실제적 | 普通 보통 | および 및 | 世間 세간, 사회 | 常識 상식 | 防ぐ 막다, 방지하다 | 番組 방송 프로그램 | 大間違い 큰 착각 | 将来 장래 | 増える 늘다, 증가하다 | 非常に 상당히, 매우 | 医療 의료 | 修正 수정 | 肉体 육체 | 情けない 한심하다, 비참하다 | 寿命 수명 | 得意だ 잘하다, 특기이다 | ギャップ 갭, 격차 | 機能 기능 | 事実 사실 | 頭脳 두뇌 | 回復 회복 | 無視 무시 | 必ずしも~ない 반드시 ~인 것은 아니다 | 一致 일치 | 見直す 다시 보다, 재검토하다 | 改善 개선 | 貢献 공헌, 기여

[1] 그와 같은 마음이라고 하는데, 필자는 어떤 마음이라고 말하고 있는가?

1 육체가 쇠약해져 있기 때문에 생활이 자유롭지 못해 매우 슬프다.
2 계획을 세워도 옛날부터 실행력이라는 것이 없었기 때문에 한심하다.
3 수명이 얼마 남지 않았으므로 계획을 실행에 옮기지 못하는 것이 슬프다.
4 하고 싶은 일이 신체의 쇠약 때문에 생각한 대로 할 수 없는 것이 매우 유감이다.

정답 **4**

해설 시인 예이츠가 말한 '만년의 한탄'이 '그와 같은 마음'을 잘 나타내고 있다고 하므로 지시어 「その」가 가리키는 부분을 찾아야 한다. 「その」가 가리키는 것은 앞 문장에서 말한 '노인이 되면 생각과 몸의 움직임 사이에 거리감이 생겨 불편을 느낀다'이다. 따라서 선택지 4번이 답으로 적당하다.

[2] 필자가 생각하는 고령자의 정의는 무엇인가?

1 몸을 움직이는 것보다도 머리로 생각하거나 상상하거나 하는 쪽이 특기인 사람들
2 머리나 마음속에 있는 것을 표현하려고 할 때 커다란 격차가 발생해 버리는 사람들
3 신체의 기능이 쇠퇴해 상식이 통하지 않게 되어 버린 사람들
4 사실이나 현실과는 다른 것을 머릿속으로 생각하거나 상상하거나 하는 사람들

정답 **2**

해설 필자가 생각하는 '고령자의 정의'는 세 번째 단락에 나온다. '머리나 상상력으로 생각하고 느낀 것'과 그것을 '정신적으로나 실제적으로 표현하는 것'과의 거리가 보통보다 커져 있는 인간이라고 고령자를 정의하고 있으므로 선택지 2번이 정답이다.

[3] 이 글에서 필자가 가장 말하고 싶은 것은 무엇인가?

1 고령자는 두뇌의 쇠퇴를 방지하기 위해 더욱 몸을 움직이는 편이 좋으므로 고령자에 대한 의료도 신체 능력의 회복에 중점을 두어야 한다.
2 고령자도 장래성이 있는 존재이므로 고령자에 대한 의료도 이것을 무시해서는 안 된다.
3 고령자의 신체 쇠퇴와 두뇌 쇠퇴는 반드시 일치하지는 않으므로 고령자에 대한 의료는 재검토될 필요가 있다.
4 고령자에 대한 의료를 개선하여 고령자가 육체적인 면에서 사회에 공헌할 수 있도록 해야 한다.

정답 **3**

해설 마지막 단락에서 필자는 생각하는 것과 실제 운동과의 거리가 상당히 커지는 것이 고령자이지만 '지금의 고령자에 대한 의료는 그렇게 되어 있지 않으며 이 점은 수정해 두는 편이 좋다'고 하고 있다. 따라서 선택지 3번이 정답이다.

問題 14 정보 검색

실전문제 정답 및 해설

정답

실전문제 ① **1** 3 **2** 2
실전문제 ② **1** 3 **2** 4

실전문제 ①

問題14 오른쪽 페이지는 여름 방학 중의 초등학생 대상 프로그램의 안내입니다. 다음 질문에 대한 답으로 가장 적당한 것을 1·2·3·4에서 하나 고르세요.　　　　　　　　　　　　　　　　　　　　　　　　　　문제편 324p

1 초등학교 3학년인 노엘 군은 여름 프로그램에 참가하고 싶다고 말한다. 아버지인 산토스 씨는 8월 1일~12일 사이에 시간대가 10:00~13:00, 요금이 1,500엔 까지인 프로그램이라면 좋다고 대답했다. 노엘 군이 참가할 수 있는 프로그램은 어느 것인가?

1 **B**의 '전철 정비사란 어떤 일?'
2 **C**의 '우리 집이 호텔 레스토랑!'
3 **D**의 '가상 세계 여행을 해 보자!'
4 **E**의 '유카타를 입고 일본 예법을 배우자'

정답 3

해설 노엘 군은 초등학교 3학년이므로 선택지 B, C, D, E처럼 저학년(1~3학년) 프로그램에만 참가할 수 있다. 아버지가 원하는 8월 1일~12일 사이 10:00~13:00대의 프로그램은 C와 D이지만, C는 요금이 1,500엔 이상이므로 정답은 선택지 3번이다.

2 **F**의 '만화란 어떻게 그리는 걸까?'에 참가할 수 있는 것은 어느 어린이인가?

1 이번 참가가 처음인 3학년 친구 사이
2 7월 중 오후를 희망하는 4학년과 5학년의 형제
3 예산이 1,500엔까지인 2학년
4 12:00~15:00 시간대를 희망하는 6학년

정답 2

해설 F의 조건을 참가 조건을 보면 고학년(4~6학년)만을 대상으로 하므로 선택지 1번과 3번은 답이 될 수 없고, 12시~15시 사이에는 프로그램을 진행하지 않으므로 4번도 답이 될 수 없다. 따라서 정답은 선택지 2번이다.

섬머 프로그램의 안내

기간: 7/25~8/31

L …저학년 대상 프로그램   H …고학년 대상 프로그램

A 신문 기자가 되어 보자!
인터뷰한 것을 기사로 하여 신문을 만들어 보자!
- **일시:** ① 7/27 10:00~13:00
       ② 8/3 10:00~13:00
- **요금:** 1,000엔 (※중식 지참)
- **장소:** 히노모토 신문 본사 2층
- **협찬:** 히노모토 신문
  H

B 전철 정비사란 어떤 일?
전철의 차고에서 정비사 님의 일을 보고 당신도 세차를 해 보자!
- **일시:** ① 7/31 14:00~15:30
       ② 8/7 14:00~15:30
- **요금:** 무료   **장소:** xx전철 쓰바키야마 역
- **협찬:** xx전철
- ☑ 과거 참가 유무는 관계 없습니다.
  L

C 우리 집이 호텔 레스토랑!
호텔 셰프에게 배우면서 '스테이크와 갈릭 라이스'를 만들자!
- **일시:** 8/1 · 8/5
       각 날짜 모두 11:00~12:30
- **요금:** 2,000엔(재료비 포함)
- **송신 방법:** web회의 시스템 [yyyy]
- **주최:** 로얄 호텔
  L H

D 가상 세계 여행을 해 보자!
세계 명소의 영상을 사용해 세계 여행으로 출발! 여행사의 진짜 가이드가 안내해요♪
- **일시:** ① 8/10 11:00~12:15
       ② 8/16 15:00~16:15
- **요금:** 1,000엔
- **장소:** TRIP TRAVEL교통 XX점 5F 회의실
- **주최:** TRIP TRAVEL교통
  L

E 유카타를 입고 일본 예법을 배우자!
이번 여름은 다도와 꽃꽂이의 세계를 체험해 보자. 일본 문화의 예법을 알면 즐거워요✽※
- **일시:** ① 7/29【다도】 9:30~11:00
       ② 8/20【꽃꽂이】13:00~ 14:30
- **요금:** 1,200엔
- **장소:** 문화센터 별관 1층
- **협력:** 일본 문화를 미래에 전하는 모임
  L H

F 만화란 어떻게 그리는 걸까?
만화 원고 용지에 만화용 펜으로 그려 보자! 대사를 생각해서 2페이지 만들어요.
- **일시:** 7/27 ① 10:45~12:00
            ② 14:45~16:00
- **요금:** 1,500엔   **장소:** ZYX출판사 8층
- **협력:** 만화가 XXXYY
- ☒ 과거에 참가한 사람은 뽑지 않습니다.
  H

✽ 각 프로그램 정원 20명
✽ 신청 기간: 6월20일~6월30일
✽ 추첨으로 당첨된 분에게 일정을 보내 드립니다.
✽ 응모 URL: http://summer.programs.shogakusei.jp

단어	プログラム 프로그램	案内(あんない) 안내	期間(きかん) 기간	低学年(ていがくねん) 저학년	対象(たいしょう) 대상	高学年(こうがくねん) 고학년	新聞記者(しんぶんきしゃ) 신문 기자
インタビュー 인터뷰	記事(きじ) 기사	昼食(ちゅうしょく) 점심 식사	持参(じさん) 지참	協賛(きょうさん) 협찬	整備士(せいびし) 정비사	車庫(しゃこ) 차고	洗車(せんしゃ) 세차
無料(むりょう) 무료	電鉄(でんてつ) 전철	参加(さんか) 참가	有無(うむ) 유무	教(おそ)わる 배우다	シェフ 셰프	材料(ざいりょう) 재료	各日(かくじつ) 각각의 날짜
材料費(ざいりょうひ) 재료비	含(ふく)む 포함하다	配信(はいしん) 배신, (공개) 송신	主催(しゅさい) 주최	バーチャル 버추얼, 가상	各所(かくしょ) 각 장소	画像(がぞう) (사진, TV 등의) 화상, 영상
出発(しゅっぱつ) 출발	本物(ほんもの) 진품, 진짜	添乗員(てんじょういん) 단체 여행객을 인솔하는 여행사 직원, 가이드	浴衣(ゆかた) 유카타
和(わ) 일본식, 일본풍	作法(さほう) 에티켓, 예의범절	茶道(さどう) 다도	華道(かどう) 화도, 꽃꽂이	体験(たいけん) 체험	文化(ぶんか)センター 문화 센터	別館(べっかん) 별관
漫画(まんが) 만화	原稿(げんこう) 원고	セリフ 대사	出版社(しゅっぱんしゃ) 출판사	定員(ていいん) 정원	抽選(ちゅうせん) 추첨	当選(とうせん) 당선	行程(こうてい) 일정, 과정
応募(おうぼ) 응모

실전문제 ②

問題14 오른쪽 페이지는 어느 시의 자원봉사자 모집 안내이다. 다음 질문에 대한 답으로 가장 적당한 것을 1·2·3·4에서 하나 고르세요.

문제편 326p

1 대학생인 다나카 씨는 처음으로 자원봉사를 해 보고 싶다고 생각하고 있다. 집에 차가 있어서 다나카 씨는 가끔 차로 대학에 간다. 평일은 수업이 있고 매주 토요일은 10시부터 아르바이트가 있기 때문에 그 시간은 참가할 수 없다. 다나카 씨가 참가할 수 있는 자원봉사는 몇 개 있는가?

1 4개
2 3개
3 2개
4 1개

정답 **3**

해설 다나카 씨는 평일과 토요일은 자원봉사를 할 수 없으므로 ①과 ⑤는 일시가 맞지 않아 참가할 수 없고, ④는 자격이 65세 이상이므로 참가할 수 없다. 따라서 참가할 수 있는 자원봉사는 ②와 ③ 두 개이다.

2 사사키 씨(65세)는 이번에 처음으로, 외출 곤란자(거동 불편자)의 픽업(배웅·마중) 봉사에 참가해 보려고 한다. 활동 희망일은 10월 15일(목)인데, 아래 중 확실하게 신청할 수 있는 것은 어느 것인가?

1 10월 1일(목)까지 홈페이지에서 등록하고, 8일(목)까지 홈페이지에서 신청한다.
2 10월 1일(목)까지 전화로 등록하고, 8일(목)까지 전화로 신청한다.
3 10월 6일(화)까지 전화로 등록하고, 13일(화)까지 홈페이지에서 신청한다.
4 10월 6일(화)까지 홈페이지에서 등록하고 13일(화)까지 전화로 신청한다.

정답 **4**

해설 정보지의 '등록과 활동 신청 방법'을 보면 자원봉사 활동 전에 시의 활동원으로 등록해야 하며, 이 활동원 등록은 자원봉사 센터의 창구나 홈페이지에서 할 수 있으므로 2, 3번은 답이 될 수 없다. 또한 희망일 신청은 '2주 전부터 2일 전'까지이며 자원봉사 센터로 전화나 창구에서 할 수 있으므로 선택지 4번이 정답이다.

자원봉사자 모집!

우리 지역 안에는 당신을 필요로 하는 자원봉사가 많이 있습니다.
현재는 아래 활동에 대해서 도움을 주실 분을 모집 중입니다.
이번 기회에 자원봉사자로 데뷔해 보시지 않겠습니까?

20××년 9월 1일

활동명	내용	일시	자격
❶ 후지 강 강가 청소	후지 강 강가 쓰레기 줍기나 풀 뽑기 등	10월, 11월 둘째, 넷째 주 토요일 8:00~11:00 【본인이 희망하는 날만 참가 가능】	특별히 없음
❷ 외출 곤란자의 배웅과 마중	어르신이나 거동이 불편한 분의 외출을 차량으로 픽업하기	본인이 희망하는 날※	운전면허증 필수
❸ 외출 곤란자의 동행	어르신이나 거동이 불편한 분의 외출 시 시중 들기	본인이 희망하는 날※	특별히 없음
❹ '전통 놀이' 교실	지역의 어린이나 외국인에게 예부터 내려오는 전통 놀이를 가르치기	11월의 일요일 10:00~12:00/14:00~16:00 【오전이나 오후 중 택일 가능】	65세 이상인 분
❺ 헌책 회수	지역을 돌며 읽지 않게 된 서적류를 회수	10월 24일(토)~26일(월) 10:00~(회수하는 대로 종료) 【3일간 모두 참가 가능할 것】	자동차나 오토바이 반입 필수

※희망 활동일 2주일 전부터 2일 전까지 신청 가능합니다. 경우에 따라서는 희망 활동일에 의뢰가 없을 가능성도 있으므로 양해 바랍니다.

【등록과 활동 신청 방법】
- 고등학생 이상인 분이라면 누구라도 신청할 수 있습니다.
- 자원봉사 활동을 하시기 전에, 후지시 자원봉사 센터에 자원봉사 활동원으로 등록해 주십시오. 등록 후, 희망 활동일 신청을 해 주십시오.
- 자원봉사 활동원 등록은 후지시 자원봉사 센터의 접수 창구나 홈페이지에서 등록해 주세요. 활동원 번호를 일주일 이내에 메일로 알려 드리겠습니다.
- 활동 신청은 희망 활동일 2주일 전부터 2일 전까지 후지시 자원봉사 센터로 전화로 신청해 주세요. 창구에서도 신청하실 수 있습니다. (활동원 번호를 준비해 주세요)
- 궁금하신 점은 문의 바랍니다.

문의 소속 부서: 후지시 도시 조성과 후지시 자원봉사 센터
〒123-456 후지시 혼초 3-12 후지시 자원봉사 센터
전화번호: 0435-00-7○○○ / HP: http://cityfuji.xxx

단어 募集 모집 | 地域 지역 | ボランティア 볼런티어, 자원봉사 | お手伝い 도와줌, 심부름 | ～を機に ～을 계기로 | 活動 활동 | 内容 내용 | 日時 일시 | 資格 자격 | 河岸 강가, 강기슭 | ゴミ拾い 쓰레기 줍기 | 草取り 제초, 풀 뽑기 | 都合 형편, 사정 | 特に 특별히, 별로 | 外出 외출 | 困難 곤란 | 送迎 송영, 보내고 맞이함(픽업) | お年寄り 노인, 어르신 | 不自由だ 자유롭지 못하다, 불편하다 | 運転免許証 운전면허증 | 必須 필수 | 付添 동행, 옆에서 보살펴 줌 | 伝統的 전통적 | 古本 헌책 | 回収 회수 | 書籍類 서적류 | ます형 + 次第 ~하자마자, ~하는 대로 | 終了 종료 | 持ち込み 지참, 반입 | 希望 희망 | 依頼 의뢰 | 了承 승낙, 양해 | 登録 등록 | お知らせ 알림, 공지 | 受付 접수 | 用意 준비 | 不明な点 불명확한 점, 잘 모르는 점 | 問い合わせ 문의 | 所属課 소속과(부서) | まちづくり 거리 조성, 도시 조성

Part 4

JLPT N2

Part 4

청해

問題 1 과제 이해

연습문제 정답 및 해설

정답

연습문제　　1️⃣ 3　　2️⃣ 2　　3️⃣ 4　　4️⃣ 4　　5️⃣ 2

연습문제

問題 1　문제 1에서는 우선 질문을 들으세요. 그리고 이야기를 듣고 문제지의 1에서 4 중에서 가장 적당한 것을 하나 고르세요.

1　🎧 039　　　　　　　　　　　　　　　　　　　문제편 350p

病院で医者と女の人が話しています。女の人はこの後、何をしなければなりませんか。

男　どうしましたか？
女　3週間くらい前に転んだんですが、膝の痛みがなかなか治らなくて。
男　けがの手当ては自分でしたってことですね？
女　あっ、ここで診てもらう前にほかの病院でしてもらいました。
男　最初に行った病院の診断書とかレントゲンの映像などはありますか。
女　いいえ、ただ、消毒したり、痛み止めの薬をもらっただけで。
男　じゃ、レントゲンを撮ったほうがいいですね。診察はそれからですね。
女　そうですか、じゃ、診察はレントゲンを撮ってからですね。
男　終わったら、診察室に戻ってきてください。

병원에서 의사와 여자가 이야기하고 있습니다. 여자는 이 다음에 무엇을 해야 합니까?

남　무슨 일이신가요?
여　3주쯤 전에 넘어졌는데요, 무릎 통증이 좀처럼 가시지 않아서요.
남　다친 부분의 치료는 본인이 하셨다는 거죠?
여　아, 여기서 진찰받기 전에 다른 병원에서 치료 받았어요.
남　처음에 간 병원의 진단서나 엑스레이 영상 같은 것은 있나요?
여　아니요, 그냥 소독하거나 진통제를 받았을 뿐이에요.
남　그럼 엑스레이를 찍는 것이 좋겠네요. 진찰은 그 다음이에요.
여　그런가요? 그럼 진찰은 엑스레이를 찍고 나서네요.
남　끝나면 진찰실로 다시 오세요.

女の人はこの後、何をしなければなりませんか。
1 けがの手当てをする
2 前の病院の診断書を見せる
3 レントゲンを撮る
4 診察を受ける

여자는 이 다음에 무엇을 해야 합니까?
1 상처 치료를 한다
2 전에 간 병원의 진단서를 보여준다
3 엑스레이를 찍는다
4 진찰을 받는다

[정답] 3

[단어] 転ぶ 넘어지다 | 膝 무릎 | 痛み 아픔, 통증 | なかなか 좀처럼, 상당히 | 治る 낫다, 치유되다 | 手当て 조치, 치료 | 診る 진찰하다 | 診断書 진단서 | レントゲン 뢴트겐, 엑스레이 | 映像 영상 | 消毒 소독 | 痛み止め 진통제 | 撮る 찍다, 촬영하다 | 診察室 진찰실

[해설] 여자가 해야 하는 행동을 묻는 문제이다. 남자의 4번째 대사를 보면 '엑스레이를 찍는 것이 좋고, 진찰은 그 후' 라고 말하고, 이에 여자도 '진찰은 엑스레이를 찍고 나서'라며 남자의 말을 재차 확인하고 있으므로 선택지 3번이 답으로 적당하다.

---

2 🎧 040   문제편 350p

スーパーで店長と女の店員が話しています。女の店員はこのあとまず何をしますか。

男 吉川さん、仕事、慣れてきた？
女 あっ、店長、おはようございます。それが、お客様に商品がどこにあるか聞かれてもとっさに答えられなくて。
男 そう？それは困ったね。商品の位置は頭に入れといてもらわないと。
女 すみません。自分で見取り図をかいていつも持ってはいるんですが。
男 じゃ、商品をケースに並べ終わったら、今日のチラシの商品を各コーナーに運んでくれるかな。入口にまとめて置いてあるから。運びながら、商品の位置関係も覚えてくださいね。
女 はい、わかりました。

女の店員はこのあとまず何をしますか。
1 店内の見取り図をかく
2 商品を並べる
3 チラシの商品を運ぶ
4 商品の位置を覚える

슈퍼마켓에서 점장과 여자 점원이 이야기하고 있습니다. 여자 점원은 이 다음에 우선 무엇을 합니까?

남 요시카와 씨, 일은 익숙해졌어?
여 아, 점장님 안녕하세요. 그게, 손님이 상품이 어디에 있는지 물어 와도 바로 대답을 하지 못해서요.
남 그래? 그건 곤란하네. 상품 위치는 머릿속에 넣어 둬야 해.
여 죄송합니다. 직접 배치도를 그려서 항상 가지고 다니기는 하는데 말이죠.
남 그럼 상품을 케이스에 다 진열하면, 오늘의 전단지 상품을 각 코너에 옮겨 줄래? 입구에 모아 두었으니까. 옮기면서 상품의 위치 관계도 기억해 주세요.
여 네, 알겠습니다.

여자 점원은 이 다음에 우선 무엇을 합니까?
1 점포 내 배치도를 그린다
2 상품을 진열한다
3 전단지 상품을 옮긴다
4 상품의 위치를 외운다

[정답] 2

[단어] 店長 점장 | 店員 점원 | 商品 상품 | 慣れる 익숙해지다 | とっさに 순간적으로, 눈 깜짝할 사이 | 困る 곤란하다 | 位置 위치 | 頭に入れる 염두에 두다, 기억하다 | 見取り図 단면도, 평면도 (이 문제에서는 '물건의 배치를 그린 그림'이라는 의미로 사용) | 並べる 늘어놓다 | チラシ 전단, 광고지 | コーナー 코너 | 運ぶ 나르다, 운반하다 | まとめる 정리하다, 요약하다 | 関係 관계 | 覚える 외우다, 기억하다

[해설] 남자가 여자에게 지시하는 내용은 남자의 세 번째 대사에 나온다. 여자가 해야 하는 일의 순서를 정리해 보면 '상품을 케이스에 진열하기 → 전단지 상품을 입구에서 각 코너로 옮기기 → 상품을 옮기면서 상품 위치를 기억하기'이다. 따라서 여자가 가장 먼저 해야 하는 일은 선택지 2번이다.

---

3 🎧 041 문제편 350p

会社で上司と部下が話しています。部下はいつの飛行機を予約しますか。

女 松下さん、急で悪いんだけど、来週、26日の本社の会議に出席することになったから、前日のチケット取ってもらえる？

男 はい、すぐお調べします。25日夜8時の便でしたら、まだ空席がありますが。

女 午前はどう？ ちょっとついでに訪問したいところがあってね。

男 10時のは今のところ満席ですね。混雑する時期ですので。帰りの便は27日の午後でよろしいでしょうか。13時か19時20分の便でいかがですか。

女 午後遅めの便にしてくれる？ 25日がだめなら、帰りの日に訪問するから。

男 はい、わかりました。25日の午前にも予約入れておきましょうか。キャンセルが出るかもしれませんし。

女 ううん、今、確実に取れるのにするわ。

男 はい、かしこまりました。

部下はいつの飛行機を予約しますか。
1 25日の10時と27日の13時
2 25日の10時と27日の19時20分
3 25日の20時と27日の13時
4 25日の20時と27日の19時20分

회사에서 상사와 부하가 이야기하고 있습니다. 부하는 언제의 비행기를 예약합니까?

여 마쓰시타 씨, 갑자기 미안한데 다음 주 26일에 본사 회의에 참석하게 됐으니까 전날 티켓 잡아 줄 수 있을까?

남 네, 바로 알아보겠습니다. 25일 밤 8시 편이라면 아직 빈자리가 있습니다만.

여 오전은 어때? 가는 김에 좀 방문하고 싶은 곳이 있어서.

남 10시 편은 지금으로서는 만석이네요. 혼잡한 시기라서요. 돌아오는 비행기 편은 27일 오후로 괜찮으시겠습니까? 13시 아니면 19시 20분 편은 어떠신가요?

여 오후 좀 늦은 비행기 편으로 해 줄래? 25일이 안 된다면 돌아오는 날에 방문할 테니까.

남 네, 알겠습니다. 25일 오전에도 예약을 넣어 둘까요? 취소가 생길지도 모르니까요.

여 아니야, 지금 확실히 잡을 수 있는 걸로 할래.

남 네, 알겠습니다.

부하는 언제의 비행기를 예약합니까?
1 25일 10시와 27일 13시
2 25일 10시와 27일 19시 20분
3 25일 20시와 27일 13시
4 25일 20시와 27일 19시 20분

[정답] 4

단어 | 上司 상사 | 部下 부하 | 予約 예약 | 急だ 갑작스럽다, 급하다 | 本社 본사 | 出席 출석 | 取る 잡다, 쥐다 | 調べる 알아보다, 조사하다 | 便 (비행기) 편 | 空席 공석, 빈자리 | ~ついでに ~하는 김에 | 満席 만석, 자리가 다 참 | 混雑 혼잡 | 時期 시기 | 遅め 좀 늦음 | 訪問 방문 | キャンセル 캔슬, 취소 | 確実に 확실히 | かしこまりました 잘 알겠습니다(分かりました)의 겸양어

해설 | 여자는 26일의 회의에 참석하기 위해 전일(25일)에 출발하는 비행기를 예약해 달라고 남자에게 말하고, 남자는 '25일 밤 8시 편은 남아있지만 아침 편은 만석'이라고 한다. 따라서 선택지 1, 2번은 답이 될 수 없다. 27일 편은 남자가 '13시와 19시 20분'이 있다고 하지만, 여자는 들리고 싶은 곳이 있으니 '오후 좀 늦은 편'으로 해달라고 한다. 따라서 정답은 4번이다.

4 🎧 042

家電ショップで店員と女の人が話しています。女の人はこの後、何をしますか。

女 あのう、ちょっとすみません。ここで買うと空港まで送ってくれるサービスがあるって聞いたんですけど。
男 はい、ございますよ。ただ、大きさや金額に決まりがあるんですが、お客様のご希望の商品は？
女 この掃除機なんですけど。あと、受け取り時間って？
男 はい、空港での受け取りは7時からです。9時以降にご出発ですか？大きさは大丈夫ですね。
女 それじゃ間に合わないな。ホテルまで送ってもらうこともできますか？
男 それもできますが、近くのコンビニから空港に送ってたお客さんがいましたよ。それならたぶん空港で24時間受け取れるんじゃないかな。
女 そうなんですか。じゃ、コンビニで受け取り時間や、料金を確かめてきます。

女の人はこの後、何をしますか。
1 家電ショップから空港へ掃除機を送る
2 掃除機を買う
3 掃除機をホテルに送ってもらう
4 コンビニで時間や料金を聞く

가전제품 판매점에서 점원과 여자가 이야기하고 있습니다. 여자는 이 다음 무엇을 합니까?

여 저기, 잠시만요. 여기에서 사면 공항까지 보내 주는 서비스가 있다고 들었는데요.
남 네, 있습니다. 단 크기나 금액에 규정이 있습니다만, 손님께서 원하시는 상품은 무엇인가요?
여 이 청소기인데요. 그리고 수령 시간은요?
남 네, 공항에서의 수령은 7시부터입니다. 9시 이후 출발이신가요? 크기는 괜찮습니다.
여 그럼 시간에 맞지 않네요. 호텔까지 보내줄 수도 있나요?
남 그것도 가능합니다만, 근처 편의점에서 공항으로 보낸 손님이 계셨어요. 그 방법이라면 아마 공항에서 24시간 수령할 수 있지 않을까요.
여 그런가요? 그럼 편의점에서 수령 시간과 요금을 확인하고 올게요.

여자는 이 다음 무엇을 합니까?
1 가전제품 판매점에서 공항으로 청소기를 보낸다
2 청소기를 산다
3 청소기를 호텔로 보낸다
4 편의점에서 시간과 요금을 묻는다

정답 4

단어 | 家電 가전, 가전제품 | 金額 금액 | 決まり 규칙, 규정 | 希望 희망 | 掃除機 청소기 | 受け取る 받아들이다, 수령하다 | 以降 이후 | 出発 출발 | 間に合う 시간에 맞다, 늦지 않다 | コンビニ 편의점 | 料金 요금 | 確かめる 확인하다

해설 | 여자는 가전제품 판매점에서 상품을 공항으로 보내주는 서비스를 이용하려고 하지만, 수령 시간이 맞지 않아 호텔로 보내줄 수 있냐고 묻고, 남자는 '그것도 가능하지만 근처 편의점을 통해 공항에서 받으면 24시간 수령이 가능하다'고 한다. 이에 여자는 '편의점에 수령 시간과 요금을 확인하고 오겠다'고 말하므로 정답은 4번이다.

5 🎧 043

会社で女の人と男の人が話しています。女の人はこれから何をしなければなりませんか。

女 こちらが弊社の老眼鏡のサンプルです。ご覧ください。

男 いいですね。ただ、おじいさん、おばあさんに見えないようなものにしてほしいなあ。

女 でしたら、色は派手すぎないようにしましょうか。

男 ええ、落ち着いた感じで。そのほうがかえって若々しく見えますよね。

女 そうですね。いくつくらいの種類を作るかですが、まずは3種類のデザインで、それぞれ5色出すってことでしたよね。

男 そんなもんでいいんじゃないでしょうか。試験的な部分もありますから。毎日使うものですから、ある程度丈夫で、落としてもあまり壊れないような強度が必要だと思うんですが。

女 こちらの素材を使いますので、ご安心ください。

女の人はこれから何をしなければなりませんか。
1 デザインを変える
2 色を変える
3 デザインの種類を減らす
4 丈夫な素材に変える

회사에서 여자와 남자가 이야기하고 있습니다. 여자는 이제부터 무엇을 해야 합니까?

여 이쪽이 당사의 돋보기 샘플입니다. 한번 보세요.
남 좋군요. 다만 할아버지, 할머니로 보이지 않을 만한 것으로 해주셨으면 해요.
여 그렇다면 색상은 너무 화려하지 않게 할까요?
남 네, 차분한 느낌으로. 그쪽이 오히려 젊게 보이지요.
여 그렇네요. 몇 가지 종류를 만들지인데요, 우선 세 종류 디자인으로, 각각 다섯 가지 색으로 낸다고 하셨지요.
남 그 정도면 되지 않을까요? 시험적인 부분도 있으니까요. 매일 쓰는 거니까 어느 정도 튼튼하고 떨어뜨려도 잘 부서지지 않는 강도가 필요하다고 생각합니다만.
여 이쪽 소재를 사용하니 안심해 주세요.

여자는 이제부터 무엇을 해야 합니까?
1 디자인을 바꾼다
2 색을 바꾼다
3 디자인 종류를 줄인다
4 튼튼한 소재로 바꾼다

정답 2

단어 弊社 폐사(자신의 회사를 남에게 말할 때 쓰는 겸양어), 당사 | 老眼鏡 노안경, 돋보기 | サンプル 샘플, 견본 | 派手だ 화려하다 | 落ち着く 차분하다, 정착되다 | かえって 오히려 | 若々しい 풋풋하다, 젊어 보이다 | 種類 종류 | ある程度 어느 정도 | 丈夫だ 튼튼하다, 건강하다 | 壊れる 깨지다, 망가지다 | 強度 강도 | 素材 소재

해설 여자가 남자에게 돋보기 신제품 샘플을 보이자 남자는 '나이 들어 보이지 않는 차분한 색'으로 해달라고 한다. 이어지는 여자의 디자인 및 소재에 대한 말에 남자는 변경을 요구하지 않았으므로 여자가 해야할 일은 현재의 디자인 및 수량에서 남자가 말한 대로 차분한 색으로 바꾸는 것, 즉 선택지 2번이 정답이다.

問題 2 포인트 이해

연습문제 정답 및 해설

정답

연습문제 ① 2   ② 2   ③ 3   ④ 2   ⑤ 4   ⑥ 3

연습문제

問題2 문제 2에서는 우선 질문을 들으세요. 그 후 문제지의 선택지를 읽으세요. 읽을 시간이 있습니다. 그리고 이야기를 듣고 문제지의 1에서 4 중에서 가장 적당한 것을 하나 고르세요.

1 🎧 044

女の人が話しています。女の人が部屋に植物を置いた一番の理由は何ですか。

女 今年から一人暮らしを始めて、部屋に観葉植物を飾っています。部屋の乾燥も防いでくれるので、目にもいいそうですが、一つ置いただけで、部屋の雰囲気がおしゃれに変身するところが何よりの魅力です。それに、センスがない私のような人にとっては家具などに比べて、安いし、一番手っ取り早い方法です。お店の人に水やりを忘れても枯れにくいものを選んでもらえば、育てるのも手間もかからず楽です。気のせいかもしれませんが、自分の部屋にいるとリラックスできるのは植物のおかげかもしれません。

女の人が部屋に植物を置いた一番の理由は何ですか。
1 部屋が乾燥しすぎないから
2 部屋がおしゃれになるから
3 手間がかからないから
4 リラックスできるから

여자가 이야기하고 있습니다. 여자가 방에 식물을 둔 가장 큰 이유는 무엇입니까?

여 올해부터 혼자 살기 시작해서 방에 관엽 식물을 장식하고 있습니다. 방의 건조도 막아주기 때문에 눈에도 좋다고 합니다만, 하나 두었을 뿐인데 방 분위기가 세련되게 변신하는 점이 무엇보다 매력적입니다. 게다가 센스가 없는 저 같은 사람에게는 가구 등에 비해 저렴하고, 가장 손쉬운 방법입니다. 가게 직원에게 물 주는 것을 잊어도 쉽게 시들지 않는 것을 골라 달라고 하면, 키우는 데도 손이 많이 가지 않고 편합니다. 기분 탓일지도 모르지만, 제 방에 있으면 릴랙스할 수 있는 것은 식물 덕분일지도 모릅니다.

여자가 방에 식물을 둔 가장 큰 이유는 무엇입니까?
1 방이 지나치게 건조해지지 않기 때문에
2 방이 세련되게 바뀌기 때문에
3 손이 많이 가지 않기 때문에
4 릴랙스할 수 있기 때문에

정답 2

단어 　一人暮(ひとりぐ)らし 혼자 사는 것, 솔로 생활 | 観葉植物(かんようしょくぶつ) 관엽 식물 | 飾(かざ)る 장식하다, 꾸미다 | 乾燥(かんそう) 건조 | 防(ふせ)ぐ 막다, 방지하다 | 雰囲気(ふんいき) 분위기 | おしゃれだ 멋있다, 세련되다 | 変身(へんしん) 변신 | 魅力(みりょく) 매력 | センス 센스, 감각, 분별력 | 家具(かぐ) 가구 | 手(て)っ取(と)り早(ばや)い 손쉽다, 빠른 길이다 | 水(みず)やり 식물에게 물을 주는 것 | 枯(か)れる 시들다, (식물이) 죽다 | 手間(てま)がかかる 손·품이 가다 | 気(き)のせい 기분 탓 | リラックス 릴랙스, 긴장을 풀고 편히 쉼

해설 　여자는 방에 식물 놓았을 때의 장점을 몇 가지 들고 있는데, 그 중에서도 '하나를 놓았을 뿐인데 방 분위기가 멋지게 변신하는 점이 무엇보다도 매력(何(なに)よりの魅力(みりょく))'이라고 말한다. 따라서 정답은 2번이다.

2　🎧 045　문제편 353p

男(おとこ)の学生(がくせい)が話(はな)しています。最初(さいしょ)に韓国語(かんこくご)を勉強(べんきょう)しようと思(おも)った理由(りゅう)は何(なん)ですか。

男　大学(だいがく)に入(はい)って、必修(ひっしゅう)で英語(えいご)以外(いがい)にもう一(ひと)つ外国語(がいこくご)を学(まな)ばなければならなくなって、語学(ごがく)が苦手(にがて)な僕(ぼく)は日本語(にほんご)に近(ちか)い言葉(ことば)にしようと思(おも)いました。韓国語(かんこくご)と日本語(にほんご)は文法(ぶんぽう)が似(に)ていると友達(ともだち)に聞(き)いていたのでとっつきやすいだろうと思(おも)ったんです。発音(はつおん)には苦戦(くせん)しましたが、文字(もじ)には規則性(きそくせい)があるので、10日(とおか)ほどで覚(おぼ)えられ、初(はじ)めて語学(ごがく)が楽(たの)しいと思(おも)えました。英語(えいご)では挫折(ざせつ)の連続(れんぞく)だった僕(ぼく)ですが、片言(かたこと)ながら話(はな)せるようになり、将来(しょうらい)は留学(りゅうがく)することも考(かんが)えています。

最初(さいしょ)に韓国語(かんこくご)を勉強(べんきょう)しようと思(おも)った理由(りゅう)は何(なん)ですか。
1　英語(えいご)以外(いがい)の外国語(がいこくご)を学(まな)びたかったから
2　日本語(にほんご)と文法(ぶんぽう)が似(に)ているから
3　文字(もじ)に規則性(きそくせい)があり覚(おぼ)えやすいから
4　留学(りゅうがく)したいと思(おも)っているから

남학생이 이야기하고 있습니다. 처음에 한국어를 공부하려고 생각한 이유는 무엇입니까?

남　대학에 들어와 필수로 영어 이외에 하나 더 외국어를 배워야 하게 되어서, 어학이 질색인 저는 일본어에 가까운 언어로 하려고 생각했습니다. 한국어와 일본어는 문법이 비슷하다고 친구에게 들었기 때문에 이해하기 쉬울 거라고 생각했습니다. 발음에는 고전했지만 문자에는 규칙성이 있어서 열흘 정도에 외울 수 있었고, 처음으로 어학이 재미있다고 생각했습니다. 영어에서는 좌절의 연속이었던 저이지만 더듬거리면서도 말할 수 있게 되어, 장래에는 유학하는 것도 생각하고 있습니다.

처음에 한국어를 공부하려고 생각한 이유는 무엇입니까?
1　영어 이외의 외국어를 배우고 싶었기 때문에
2　일본어와 문법이 비슷하기 때문에
3　문자에 규칙성이 있어 외우기 쉽기 때문에
4　유학하고 싶다고 생각하고 있기 때문에

정답 2

단어 　必修(ひっしゅう) 필수 | 苦手(にがて)だ 서투르다, 잘 못하다 | とっつきやすい 친숙하다, 친해지기(이해하기) 쉽다 | 発音(はつおん) 발음 | 苦戦(くせん) 고전, 고생 | 規則性(きそくせい) 규칙성 | 挫折(ざせつ) 좌절 | 連続(れんぞく) 연속 | 片言(かたこと) (어린아이·외국인 등의) 서투르고 더듬는 말씨 | 将来(しょうらい) 장래, 장차

해설 　어학 공부를 싫어하는 남자가 한국어를 선택한 이유는 '한국어와 일본어는 문법이 비슷하다(韓国語(かんこくご)と日本語(にほんご)は文法(ぶんぽう)が似(に)ている)고 친구에게 들어서 이해하기 쉬울 거라고 생각했기 때문'이다. 따라서 정답은 선택지 2번이다.

3　🎧 046　문제편 353p

会社(かいしゃ)で、女(おんな)の人(ひと)と男(おとこ)の人(ひと)が話(はな)しています。男(おとこ)の人(ひと)が出張(しゅっちょう)のときに使(つか)うホテルで、一番(いちばん)重視(じゅうし)しているのは何(なん)ですか。

女　坂井(さかい)さん、大阪(おおさか)の出張(しゅっちょう)に使(つか)ってるホテルどう？そろ

회사에서 여자와 남자가 이야기하고 있습니다. 남자가 출장 때 이용하는 호텔에서 가장 중요시하는 것은 무엇입니까?

여　사카이 씨, 오사카 출장 때 이용하는 호텔은 어때? 이제 슬

そろ見直しの時期なんだけど。ホテルの人も親切らしいし、継続して契約しようかと思ってるんだけど。

男 そうだな。駅からの距離がちょっと難だな。旅行ならいいけど、やっぱり10分以内のところにしてほしいよ。タクシーに乗るにしても歩くにしても中途半端なんだよね。でも、朝食はなかなかだよ。

女 朝食かあ。うーん、食べないとか、適当でいいって人もけっこういるんだけどね。

男 えっ、朝抜いたら、午前中の仕事に影響出るよ。距離は譲れても、それだけは譲れないよ。

女 わかった。貴重な意見をどうも。予算内でみんなの希望にできるだけ添えるところを選ぶわ。

男の人が出張のときに使うホテルで、一番重視しているのは何ですか。
1 駅からの距離
2 宿泊料金
3 食事の内容
4 ホテルの人の接客態度

슬 재검토할 시기인데. 호텔 직원도 친절한 것 같고 계속해서 계약할까 생각하는데.

남 그렇네. 역에서부터의 거리가 좀 단점이네요. 여행이라면 상관없지만 역시 10분 이내인 곳으로 해 주면 좋겠어. 택시를 타기도 걷기도 어중간하거든. 하지만 아침 식사는 괜찮은 편이야.

여 아침 말이지. 음, 먹지 않는다든지 적당히 하면 된다는 사람도 꽤 있어서 말이야.

남 뭐? 아침을 거르면 오전 중 업무에 영향이 있잖아. 거리는 양보할 수 있어도 그것만은 양보할 수 없어.

여 알았어. 귀중한 의견 고마워. 예산 안에서 모두의 희망을 가능한 한 맞춰서 고를게.

남자가 출장 때 이용하는 호텔에서 가장 중요시하는 것은 무엇입니까?
1 역에서부터의 거리
2 숙박 요금
3 식사의 내용
4 호텔 직원의 접객 태도

[정답] 3

[단어] 重視 중시, 중요시 | そろそろ 슬슬 | 見直し 재검토 | 継続 계속 | 契約 계약 | 距離 거리 | 難 어려움, 곤란함 (여기서는 난점 (難点)의 의미) | 中途半端だ 어중간하다 | 朝食 조식, 아침밥 | 適当だ 적당하다, 대충이다 | 抜く 거르다, 빼다 | 影響 영향 | 譲る 양보하다 | 貴重だ 귀중하다 | 予算 예산 | 添える 맞추다, 곁들이다 | 宿泊 숙박 | 接客 접객 | 態度 태도

[해설] 남자는 출장 때 이용하는 호텔에 대해 '역에서 거리가 멀어 불편하지만 조식은 그럭저럭 괜찮다'고 말하고 이에 여자는 '조식을 먹지 않거나 적당하면 된다는 사람이 꽤 있다'고 한다. 이에 남자는 '거리는 양보해도 그것(조식)만은 양보하지 못한다(それだけは譲れない)'고 답하므로 정답은 3번이다.

---

4 🎧 047   문제편 354p

女の人が話しています。女の人はどうして運動を続けているのですか。

女 定年退職して、自分の時間が持てるようになって、私はジョギングを始めました。最初は雨の日は休んだりしていたんですが、今はそんな日は家で体操したりして、運動を続けています。これは、猫のおかげといってもいいかもしれません。たとえ私が

여자가 이야기하고 있습니다. 여자는 어째서 운동을 계속하고 있습니까?

여 정년퇴직해서, 자신의 시간을 가질 수 있게 되어, 저는 조깅을 시작했습니다. 처음에는 비가 오는 날은 쉬거나 하기도 했지만, 지금은 그런 날은 집에서 체조를 하거나 하면서 운동을 계속하고 있습니다. 이것은 고양이 덕분이라고 해도 좋을지 모릅니다. 가령 제가 이 아이

この子を飼えなくなっても、息子夫婦や孫が面倒を見るって言ってくれてるんですが、やっぱり、自分で責任をもって飼うためには健康でなければなりませんから。

女の人はどうして運動を続けているのですか。
1 運動する時間ができたから
2 人の手を借りないで猫を飼いたいから
3 息子夫婦に面倒をかけたくないから
4 孫の面倒を見てやりたいから

를 기르지 못하게 되어도 아들 부부나 손자가 돌봐 준다고 말해 주고 있습니다만, 역시 제가 책임감을 가지고 기르기 위해서는 건강해야 하니까요.

여자는 어째서 운동을 계속하고 있습니까?
1 운동할 시간이 생겼기 때문에
2 타인의 도움을 받지 않고 고양이를 기르고 싶기 때문에
3 아들 부부를 귀찮게 하고 싶지 않기 때문에
4 손자를 돌봐 주고 싶기 때문에

[정답] **2**

[단어] 定年退職 정년퇴직 | 体操 체조 | おかげ 덕택, 덕분 | たとえ 가령, 비록 | 飼う 기르다, 사육하다 | 面倒を見る 돌보다 | 責任 책임 | 面倒をかける 폐를 끼치다, 귀찮게 하다

[해설] 여자는 정년퇴직 후에 운동을 시작했는데, 운동을 계속할 수 있었던 것은 '猫のおかげ 고양이 덕분'이라고 말한다. 그 후 '자신이 책임감을 가지고 고양이를 계속 기르려면 건강해야 하기 때문'이라고 부연 설명하고 있으므로 정답은 선택지 2번이다

---

5 🎧 048 　　　　　　　　　　　　　　　　　　　　　　문제편 354p

会社で、女の人と男の人が話しています。男の人は今日、どうして一人でお昼ごはんを食べるのですか。

女 中村さん、お昼、今日も一人ですか。たまにはいっしょに行きません？
男 佐藤さん、僕のことは気にせず、行ってくださいね。
女 社内の試験が近づいてるのはわかるけど、昼休みくらいゆっくり休んだほうがいいですよ。
男 それも気になるんですけど、実は昨日課長に頼まれた仕事が終わってなくて。午後課長とお客様の会社に行くときに、持って行かなきゃならないんです。だから、パンでさっさと済ませたいんです。
女 そうなんだ。何か手伝えることがあったら。
男 いえいえ、大丈夫です。

男の人は今日、どうして一人でお昼ごはんを食べるのですか。
1 試験の勉強をするから
2 一人でゆっくり休みたいから
3 今からお客様の会社へ行くから
4 仕事をしなければならないから

회사에서 여자와 남자가 이야기하고 있습니다. 남자는 오늘, 왜 혼자 점심을 먹습니까?

여 나카무라 씨, 점심 식사, 오늘도 혼자인가요? 때로는 같이 가지 않을래요?
남 사토 씨, 저는 신경 쓰지 말고 다녀오세요.
여 사내 시험이 다가오고 있는 것은 알지만, 점심시간 정도는 느긋하게 쉬는 편이 좋아요.
남 그것도 신경 쓰이지만, 실은 어제 과장님께 부탁 받은 일이 끝나지 않아서요. 오후에 과장님과 고객의 회사에 갈 때 가져가야 해서요. 그래서 빵으로 후딱 때우고 싶어요.
여 그렇구나. 뭔가 도울 일이 있으면.
남 아뇨, 아뇨. 괜찮아요.

남자는 오늘 왜 혼자 점심을 먹습니까?
1 시험 공부를 하기 때문에
2 혼자 느긋하게 쉬고 싶기 때문에
3 지금부터 고객의 회사에 가기 때문에
4 일을 해야 하기 때문에

정답 4

단어 たまに 때로, 간혹 | 気にする 신경 쓰다 | 社内 사내 | 近づく 다가오다 | 気になる 신경 쓰이다, 마음에 걸리다 | 頼む 부탁하다, 주문하다 | さっさと 빨랑빨랑, 후딱 | 済ませる 끝내다, 때우다 | 手伝う 돕다

해설 남자는 평소에도 혼자 식사할 때가 많지만 오늘은 '과장님한테 부탁 받은 일이 끝나지 않아서(課長に頼まれた仕事が終わってなくて) 식사를 빵으로 후딱 때우려고 한다'고 말한다. 따라서 정답은 4번이다.

---

6 🎧 049
문제편 354p

大学で女の人と男の人が話しています。実験が失敗した原因は何ですか。

男 あれ？実験がうまくいかないんですけど。
女 変ね。順序は間違ってない？
男 はい。手順指示書の通りにやりました。
女 先週の方法じゃ、うまくいかないところがあったから、改善したのよ。書いてあったでしょ？
男 えっ？そうなんですか。やり方は覚えてるから見ないでやっても大丈夫だと思って。混ぜ合わせる分量も変わったんですか。
女 ううん、順番を変えたのよ。温度はそのままだけど、そのほうが安定することが分かってね。
男 そうだったんですか。すみません。もう一度やります。
女 お願いね。

実験が失敗した原因は何ですか。
1 マニュアルが間違っていたから
2 分量を間違えたから
3 順序を間違えたから
4 温度が低すぎたから

대학에서 여자와 남자가 이야기하고 있습니다. 실험이 실패한 원인은 무엇입니까?

남 어라? 실험이 잘 안되는데요.
여 이상하네. 순서를 틀리지는 않았어?
남 네. 순서 지시서 대로 했습니다.
여 지난주 방법으로는 잘 되지 않는 부분이 있어서 개선했어. 써 있었잖아?
남 앗? 그런가요? 하는 방법은 기억하고 있으니까 보지 않고 해도 괜찮을 거라고 생각해서요. 혼합하는 분량도 바뀌었나요?
여 아니, 순서를 바꿨어. 온도는 그대로이지만 그 쪽이 안정된다는 것을 알게 돼서.
남 그랬군요. 죄송합니다. 다시 하겠습니다.
여 부탁할게.

실험이 실패한 원인은 무엇입니까?
1 매뉴얼이 틀려 있었기 때문에
2 분량을 틀렸기 때문에
3 순서를 틀렸기 때문에
4 온도가 너무 낮았기 때문에

정답 3

단어 実験 실험 | 失敗 실패 | 原因 원인 | うまくいく 잘 되다 | 順序 순서 | 間違う 잘못되다, 틀리다 | 手順 순서 | 指示書 지시서, 안내서 | 改善 개선 | 混ぜ合わせる 한데 섞다, 혼합하다 | 分量 분량 | 順番 순번, 순서 | 温度 온도 | 安定 안정

해설 남자가 순서 지시서 대로 실험을 했는데 잘 안된다고 하자 여자가 지난주의 방법으로는 잘 되지 않아서 '개선했다(改善した)'라고 말한다. 이에 남자가 분량을 바꿨냐고 묻자 여자가 분량이 아닌 '순서를 바꿨다(順番を変えた)'라고 말하므로 선택지 3번이 정답이다.

問題 3 개요 이해

연습문제 정답 및 해설

정답

연습문제   **1** 4   **2** 3   **3** 3   **4** 4   **5** 4

연습문제

問題 3   문제 3에서는 문제지에 아무것도 인쇄되어 있지 않습니다. 이 문제는 전체적으로 어떤 내용인가를 묻는 문제입니다. 이야기 전에 질문은 없습니다. 우선 이야기를 들으세요. 그리고 질문과 선택지를 듣고 1에서 4 중에서 가장 적당한 것을 하나 고르세요.

문제편 356p

1   🎧 050

大学で女の学生と男の学生が話しています。

男　今日電車の中で化粧した男性を見たよ。

女　寝不足で疲れた顔してるより、健康的に見えるから、する人もいるんだって。あとは、おしゃれに気を遣う男性とか。

男　ふーん、男なんだから、男らしさでアピールしたほうがいいと思うけど。

女　まあ、男らしさを追求するなら、口紅や目のメイクはちょっとね。

男　だろ。そもそも化粧品って化学物質でできてるから、よくないよ。

女　でも、化粧って肌を守る効果もあるじゃない？日差しからお肌を守ったり、正しい洗顔で一日の汚れを落としたりするのは男女にかかわらず必要なことだと思うけどな。

男　そうかな。

女　おしゃれしても肌が荒れてたら何もならないでしょう？

대학에서 여학생과 남학생이 이야기하고 있습니다.

남　오늘 전철 안에서 화장한 남자를 봤어.

여　수면 부족으로 지친 얼굴을 하고 있는 것보다 건강하게 보여서 하는 사람도 있대. 그리고 멋 부리는데 신경 쓰는 남성이라든가.

남　흠, 남자니까 남자다움으로 어필하는 편이 좋다고 생각하는데.

여　뭐, 남자다움을 추구한다면 립스틱이나 눈 화장은 좀 그러네.

남　그렇지? 애초에 화장품은 화학 물질로 만든 거라서 좋지 않아.

여　하지만 화장은 피부를 보호하는 효과도 있잖아? 햇빛으로부터 피부를 보호하거나, 올바른 세안으로 하루의 오염을 씻어내거나 하는 것은 남녀에 상관없이 필요한 거라고 생각하는데.

남　그런가.

여　멋을 부려도 피부가 거칠면 아무런 소용없잖아?

女の学生は男性の化粧についてどう言っていますか。
1 健康的に見えるからいい
2 男性は化粧しないほうがいい
3 肌によくないのでしないほうがいい
4 肌を守れるのでいい

여학생은 남성의 화장에 대해 어떻게 말하고 있습니까?
1 건강하게 보이니까 좋다
2 남성은 화장하지 않는 편이 좋다
3 피부에 좋지 않으니 하지 않는 편이 좋다
4 피부를 보호할 수 있어서 좋다

정답 4

단어 化粧 화장 | 寝不足 수면 부족 | おしゃれ 멋, 멋을 냄 | 気を遣う 신경을 쓰다, 배려하다 | アピール 어필, 호소 | 追求 추구 | 口紅 립스틱 | メイク 메이크업의 준말, 화장 | 化学 화학 | 物質 물질 | 肌 피부, 살결 | 効果 효과 | 日差し 햇살, 햇볕 | 洗顔 세안, 세수 | 汚れ 더러움, 오염 | ~にかかわらず ~을 불문하고, ~에 상관없이 | 荒れる 거칠어지다

해설 남자의 화장에 대해 남학생은 반대, 여학생은 찬성하는 입장이다. 여학생의 생각을 묻고 있으므로 반대의 입장인 선택지 2, 3번은 답이 될 수 없다. 1번은 전언의 「だって ~라고 해」를 사용하고 있으므로 여학생의 생각이 아닌 타인의 의견(健康的に見えるから、する人もいるんだって)이므로 답이 될 수 없다. 정답은 선택지 4번이다.

---

2 🎧 051

大学で男の学生と女の学生が話しています。

女 この猫の動画、かわいいでしょ？見て。耳が垂れてて。
男 かわいいね。でも、この猫がどうしてこうなのか、知ってる？
女 ううん。
男 骨の異常なんだ。耳だけじゃなく鼻や足、内臓にも悪い影響が出るって言われてる。
女 そうなの？治す方法はないの？
男 遺伝的なものだからね。
女 じゃ、かわいいってばかりも言ってられないわね。
男 そうなんだ。この猫を増やすことに反対している動物愛護団体も多いんだ。飼いたい人が多いからって、健康上の問題をかかえた猫を増やしてもいいものかな。

男の学生はこの猫についてどう考えていますか。
1 猫の病気を治す方法を探してほしい
2 事前に調べてから猫を飼ってほしい
3 人間の都合で猫を増やすのはよくない
4 動物愛護団体の活動を知ってほしい

대학에서 남학생과 여학생이 이야기하고 있습니다.

여 이 고양이 동영상 귀엽지? 봐. 귀가 늘어져 있어.
남 귀엽네. 그런데 이 고양이가 왜 이런지 알고 있어?
여 아니.
남 뼈에 이상이 있어서 그래. 귀뿐만 아니라 코나 다리, 내장에도 나쁜 영향이 나온다고 하더라.
여 그런 거야? 고칠 방법은 없어?
남 유전적인 거라서.
여 그럼 귀엽다고만 할 일은 아니네.
남 맞아. 이 고양이를 늘리는(번식시키는) 것에 반대하는 동물 애호 단체도 많아. 기르고 싶어하는 사람이 많다고 해서 건강상의 문제가 있는 고양이를 늘려도 괜찮은 걸까?

남학생은 이 고양이에 대해 어떻게 생각하고 있습니까?
1 고양이의 병을 고칠 방법을 찾길 바란다
2 사전에 조사한 후에 고양이를 기르기를 바란다
3 인간의 형편에 맞춰 고양이를 늘리는 것은 좋지 않다
4 동물 애호 단체의 활동을 알기 바란다

정답 3

[단어] 動画 동영상 | 垂れる 늘어지다 | 骨 뼈 | 異常 이상 | 内蔵 내장 | 治す 고치다 | 遺伝 유전 | 増やす 늘리다 | 反対 반대 | 愛護 애호 | 団体 단체 | かかえる 안다, 끼다 | 病気 병 | 事前に 사전에 | 調べる 조사하다 | 都合 형편, 사정

[해설] 남자는 아무리 귀엽더라도 유전적인 문제가 있는 고양이의 개체 수를 늘리는 데 반대하는 입장이다. 남자의 마지막 대사 '기르고 싶어하는 사람이 많다고 해서 건강상 문제가 있는 고양이를 번식시켜도 괜찮은 것인지(健康上の問題をかかえた猫を増やしてもいいものか)'라는 말에서 3번이 정답임을 알 수 있다.

3 🎧 052

テレビで男の人が話しています。

男 太陽のような花、ヒマワリ。北アメリカが原産の植物で、英語でも太陽の花という意味がありますよね。原産地のアメリカでは、先住民が儀式に用いたり、食用として栽培していました。食用となるのは種の部分で、現在では、お菓子やパンに入れて食べたり、ヒマワリ油として使われています。また、観賞用としても人気で、見た目の美しさはもとより、暑さや寒さにも強く、ほとんど手間がかからないのもその理由の一つです。

男の人は何について話していますか。
1 ヒマワリの原産地について
2 ヒマワリの名前の由来について
3 ヒマワリの利用法について
4 ヒマワリの育て方について

텔레비전에서 남자가 이야기하고 있습니다.

남 태양 같은 꽃, 해바라기. 북아메리카가 원산인 식물로 영어로도 태양의 꽃이라는 의미가 있지요. 원산지인 미국에서는 원주민이 의식에 사용하거나 식용으로 재배하고 있었습니다. 식용이 되는 것은 씨앗 부분으로 현재는 과자나 빵에 넣어 먹거나 해바라기유로 사용되고 있습니다. 또한 관상용으로도 인기로, 겉모습의 아름다움은 물론 더위와 추위에도 강해서 거의 품이 들지 않는 것도 그 이유의 하나입니다.

남자는 무엇에 대해 이야기하고 있습니까?
1 해바라기의 원산지에 대해
2 해바라기 이름의 유래에 대해
3 해바라기의 이용법에 대해
4 해바라기를 기르는 법에 대해

[정답] 3

[단어] 太陽 태양 | 原産 원산 | 先住民 선주민, 원주민 | 儀式 의식 | 用いる 쓰다, 사용하다 | 食用 식용 | 栽培 재배 | 種 씨앗 | お菓子 과자 | 観賞用 관상용 | 見た目 외견, 겉모양 | ~はもとより ~는 물론이고 | 手間がかかる 손이 가다, 품이 들다 | 由来 유래 | 利用法 이용법

[해설] 첫 부분에서 해바라기의 원산지, 이름의 의미 등도 이야기하지만, '과거에는 원주민이 의식에 사용하거나 식용으로 재배했으며 현재는 과자나 빵에 넣어 먹거나 해바라기유로 사용한다'라며 이용법에 대해 이야기하고 있다. 따라서 선택지 3번이 정답이다. 마지막 문장의 「また」이후에 나오는 내용은, 내용을 첨가하는 부분이므로 화자가 궁극적으로 말하고자 하는 바가 아니다.

4 🎧 053

テレビで女の人が話しています。

女 晴れた日にさす日傘は紫外線をカットする効果がありますが、これまで男性には、あまり重要視されてきませんでした。ところが、最近、幅広い年齢層の男性が日傘をさしているのを見かけるようになりました。これは、紫外線カットのためではなく、このところの連日の猛暑が後押ししたからです。暑さ対策に効果があることを実感している男性が増えていて、環境省のまとめでも、直射日光を遮ることで、体感温度を3度から7度程度下げることができるということです。

女の人は何について話していますか。
1 日傘の機能に求める男女差について
2 日傘の売れ行きの変化について
3 日傘の男性購入層について
4 男性が日傘をさす理由について

텔레비전에서 여자가 이야기하고 있습니다.

여 맑은 날에 쓰는 양산은 자외선을 차단하는 효과가 있지만, 지금까지 남성에게는 그다지 중요시되지 않아 왔습니다. 그런데 최근 폭넓은 연령층의 남성이 양산을 쓰고 있는 것을 볼 수 있게 되었습니다. 이것은 자외선 차단을 위해서가 아닌, 최근 연일 이어지는 폭염이 한 몫 했기 때문입니다. 더위 대책에 효과가 있는 것을 실감하고 있는 남성이 증가하고 있고, 환경부의 보고에서도 직사광선을 차단함으로써 체감 온도를 3도에서 7도 정도 내릴 수 있다고 합니다.

여자는 무엇에 대해 이야기하고 있습니까?
1 양산의 기능에 바라는 남녀 차에 대해
2 양산의 매출 변화에 대해
3 양산의 남성 구매층에 대해
4 남성이 양산을 쓰는 이유에 대해

정답 4

단어 晴れる 개다, 날씨가 맑다 | さす 찌르다, 우산 등을 쓰다 | 日傘 양산 | 紫外線 자외선 | カット 컷, 절단, 차단 | 重要視 중요시 | 幅広い 폭넓은 | 年齢層 연령층 | 連日 연일 | 猛暑 맹서, 폭염, 무더위 | 後押し 밀어줌, 후원 | 対策 대책 | 実感 실감 | 環境省 환경성(일본의 환경부) | 直射日光 직사광선 | 遮る 막다, 차단하다 | 体感温度 체감 온도 | 機能 기능 | 売れ行き 상품이 팔리는 정도, 팔림새 | 購入 구입

해설 여자는 '최근 양산을 구매하는 남성이 늘었다'고 이야기하면서 그 이유가 '자외선 차단 때문이 아니라 연일 계속되는 폭염 때문(連日の猛暑が後押ししたから)'이라고 설명한다. 따라서 선택지 4번이 답으로 적당하다.

---

5 🎧 054

テレビで女の人が話しています。

女 インターネットは誰もが自分の意見を発信できる便利な道具ですが、その長所を悪用して、宣伝に使うケースが見られます。しかし、どれが本当の情報なのか個人が見分けるのはなかなか難しいことです。信頼できる情報を提供するためには、やはり会社や店が嘘の情報を出さないこと。そして、ほめすぎるような極端な意見があった時は、削除するようなことも必要なのではないでしょうか。

텔레비전에서 여자가 이야기하고 있습니다.

여 인터넷은 누구나 자신의 의견을 발신할 수 있는 편리한 도구입니다만, 그 장점을 악용해서 선전에 이용하는 경우를 볼 수 있습니다. 그러나 어느 것이 진짜 정보인지 개인이 구별하는 것은 상당히 어려운 일입니다. 신뢰할 수 있는 정보를 제공하기 위해서는 역시 회사나 가게가 거짓 정보를 내보내지 않는 것. 그리고 지나치게 칭찬하는듯한 극단적인 의견이 있을 때는 삭제하는 것도 필요하지 않을까요?

女の人はインターネット情報についてどう考えていますか。
1 一人ひとりが正しい情報か判断するべきだ
2 インターネットを宣伝に利用すべきではない
3 極端な意見は信じてはいけない
4 会社や店が情報を管理するべきだ

여자는 인터넷 정보에 대해 어떻게 생각하고 있습니까?
1 한 사람 한 사람이 올바른 정보인지를 판단해야 한다
2 인터넷을 선전에 이용해서는 안 된다
3 극단적인 의견은 믿어서는 안 된다
4 회사나 가게가 정보를 관리해야 한다

[정답] 4

[단어] 発信 발신 | 便利だ 편리하다 | 道具 도구 | 長所 장점 | 悪用 악용 | 宣伝 선전 | 情報 정보 | 個人 개인 | 見分ける 분별하다, 분간하다 | 信頼 신뢰 | 提供 제공 | ほめる 칭찬하다 | 極端だ 극단적이다 | 削除 삭제 | 判断 판단 | 管理 관리

[해설] 화자가 정말 하고 싶은 말은 역접 조사 뒤에 나온다는 것을 기억하자. 두 번째 줄의 「しかし」이후에 '정보를 개인이 구분하기는 어렵다'고 하므로 1번은 답이 아니며, '회사와 가게가 거짓 정보를 내보내지 말아야 한다'고 말하므로 4번이 정답이다. 마지막의 '극단적인 의견은 삭제할 필요가 있지 않을까?'라는 말은 단순한 의견 제시일 뿐 궁극적으로 하고자 하는 말은 아니다.

問題 4 즉시 응답

연습문제 정답 및 해설

정답

연습문제 1 1 2 2 3 1 4 1 5 3 6 3
         7 1 8 3 9 2 10 2 11 1 12 1

연습문제

問題 4 문제 4에서는 문제지에 아무것도 인쇄되어 있지 않습니다. 우선 문장을 들으세요. 그리고 그것에 대한 대답을 듣고 1에서 3 중에서 가장 적당한 것을 하나 고르세요.

문제편 358p

1 🎧 055

男 この分では間に合いそうもないから応援を頼みましょう。
女 1 じゃ、誰か手が空いてないか、聞いてみます。
   2 わかりました。何を手伝えばいいですか。
   3 そうですね。誰かに手を貸してもらったほうがよかったですね。

남 이 상황이라면 시간을 못 맞출 것 같으니 도움을 요청합시다.
여 1 그럼 누군가 손이 비어 있는지 물어보겠습니다.
  2 알겠습니다. 무엇을 도와 드리면 될까요?
  3 그러게요. 누군가에게 도움을 받았으면 좋았을 텐데요.

정답 1

단어 この分 이 상태 | 間に合う 제 시간에 맞추다 | 応援 응원, 도움 | 頼む 부탁하다, 청하다 | 手が空く 손이 비다, 틈이 나다 | 手伝う 돕다 | 手を貸す 손을 빌려주다, 돕다

해설 현재 상황으로는 일이 늦을 것 같다는 문장에 알맞은 응답은 도와줄 사람을 찾아보겠다는 선택지 1번이다.「手」를 '일손, 노동력'이란 의미로 사용하는「手が空く」,「手を貸す」등의 표현을 잘 기억해 두자.

---

2 🎧 056

男 橋本さん、早くけがが治って、またサークルに来られるようになるといいなあ。
女 1 ありがとう。私も早くみんなと練習したいよ。
   2 そうだね。前みたいに、橋本さんと一緒に練習したいね。
   3 やっと戻ってこられて、うれしいよ。

남 하시모토 씨, 빨리 다친 데가 나아서 다시 동아리에 올 수 있게 되면 좋겠네.
여 1 고마워. 나도 빨리 모두 같이 연습하고 싶어.
  2 그러게. 이전처럼 하시모토 씨랑 같이 연습하고 싶네.
  3 드디어 돌아올 수 있게 되어서 반가워.

정답 2

단어 けが 상처, 부상 | 治(なお)る 낫다 | サークル 서클, 동아리 | 練習(れんしゅう) 연습 | やっと 간신히, 드디어

해설 하시모토는 이 대화를 나누는 당사자가 아니라 제삼자라는 점에 주의해야 한다. 선택지 중 하시모토를 제삼자로 놓고 남녀가 대화하고 있는 응답은 2번뿐이다.

---

3 🎧 057

女 課長(かちょう)、このまま何(なに)も言(い)わず部下(ぶか)を放(ほう)っておくんですか。
男 1 大丈夫(だいじょうぶ)、山下君(やましたくん)なら自分(じぶん)で解決(かいけつ)するさ。
　　2 すみません。すぐに片(かた)づけます。
　　3 ちょっと無責任(むせきにん)なんじゃないですか。

여 과장님, 이대로 아무 말씀 안 하시고 부하를 놔두실 겁니까?
남 1 괜찮아. 야마시타 군이라면 스스로 해결할 거야.
　　2 미안합니다. 바로 치울게요.
　　3 좀 무책임한 거 아닌가요?

정답 1

단어 放(ほう)っておく 놔두다 | 自分(じぶん)で 스스로 | 解決(かいけつ) 해결 | 片(かた)づける 치우다, 정돈하다 | 無責任(むせきにん)だ 무책임하다

해설 '부하를 이대로 놔둘 거냐?'라는 물음에 대한 적절한 응답은 '스스로 해결할 수 있다'고 말하는 선택지 1번이다. '부하'라는 사람을 칭하는 단어를 사용하고 있으므로 2번은 내용상 답으로 적절하지 않으며 3번은 화자의 시점이 다르므로 답이 될 수 없다.

---

4 🎧 058

男 いつも君(きみ)にばかり仕事(しごと)を任(まか)せてしまって、申(もう)し訳(わけ)ない。
女 1 そんな、むしろ嬉(うれ)しいくらいです。
　　2 次(つぎ)から気(き)を付(つ)ければ、大丈夫(だいじょうぶ)ですよ。
　　3 お願(ねが)いばかりじゃ、悪(わる)いですよね。

남 항상 자네에게만 일을 맡겨 버려서 면목 없네.
여 1 아니요, 오히려 기쁜 걸요.
　　2 다음부터 주의하면 괜찮아요.
　　3 부탁하기만 하면 미안하지요.

정답 1

단어 任(まか)せる 맡기다 | 申(もう)し訳(わけ)ない 미안하다, 면목 없다 | むしろ 오히려 | 悪(わる)い 나쁘다, 미안하다

해설 '자네에게만 일을 맡겨서 미안하다'는 남자의 말에 적절한 응답은 '(일을 맡겨줘서) 오히려 기쁘다'라는 선택지 1번이다.

---

5 🎧 059

男 道具(どうぐ)、置(お)きっぱなしだぞ。
女 1 はい、そのままにしておきます。
　　2 何度(なんど)言(い)ったらわかるんですか。
　　3 すみません。すぐ元(もと)のところに戻(もど)します。

남 도구, 내팽개쳐져 있는데.
여 1 네, 그대로 두겠습니다.
　　2 몇 번 말해야 압니까?
　　3 죄송합니다. 곧 제자리에 돌려 놓겠습니다.

정답 3

단어 道具(どうぐ) 도구 | 置(お)く 두다 | ます형 + っぱなし 계속 ~인 채 | 元(もと) 본디, 근원 | 戻(もど)す 되돌리다

해설 「ます형 + っぱなし 계속 ~인 채」라는 문형을 알면 쉽게 풀 수 있는 문제이다. 사용한 도구를 정리하지 않은 채 방치한 것을 지적하는 남자의 말에 적절한 응답은 사과를 하고 '원래 자리로 되돌려 놓겠다'고 말하는 선택지 3번이다.

---

6 🎧 060

男　今日こそ早く家を出るつもりだったんだけどなあ。
女　1　ちょっと早く着きすぎたね。
　　2　いつもより1時間早く出よう。
　　3　その気があったのに、なんで遅れたの？

남　오늘이야말로 일찍 집을 나올 생각이었는데 말야.
여　1　너무 일찍 도착했네.
　　2　평소보다 한 시간 일찍 나가자.
　　3　그럴 생각이었는데, 왜 늦은 거야?

정답 3
단어 ます형 + すぎる 지나치게 ~하다 | 着く 도착하다 | 気がある 마음이 있다, 관심이 있다
해설 '오늘이야 말로 집을 일찍 나갈 생각이었는데'라는 남자의 말 뒤에 생략된 내용이 '그러지 못했다'라는 역접 내용이라는 것을 이해해야 풀 수 있는 문제로, 이러한 문장은 화자의 억양에도 주의할 필요가 있다. 적절한 응답은 '왜 일찍 나오지 못했는지' 탓하는 선택지 3번이다.

---

7 🎧 061

女　優勝なんかできっこないって思ってました！
男　1　優勝、おめでとうございます。
　　2　また、次がありますよ。
　　3　本当に悔しいです。

여　우승 같은 건 못 할 거라고 생각했어요!
남　1　우승 축하합니다.
　　2　또 다음에 기회가 있을 거예요.
　　3　정말 분합니다.

정답 1
단어 優勝 우승 | ます형 + っこない ~할 리가 없다 | 悔しい 억울하다, 분하다
해설 문법 「ます형 + っこない ~할 리 없다」를 잘 기억해 두자. 여자의 '우승할 수 있을 리 없다고 생각했었다'라는 말은 생각과는 달리 현재 우승을 했다는 의미이므로 이에 대한 응답으로 적절한 것은 선택지 1번이다.

---

8 🎧 062

男　こんな絵をかかれちゃ、才能を認めざるを得ないなあ。
女　1　そうですね。才能はまだ認められませんね。
　　2　そうですね。もう少しがんばらないとね。
　　3　いえ、いえ、とんでもない。ほめすぎですよ。

남　이런 그림을 그리다니, 재능을 인정할 수밖에 없구나.
여　1　그렇네요. 재능은 아직 인정할 수 없네요.
　　2　그렇네요. 좀 더 분발해야 겠어요.
　　3　아닙니다, 별 말씀을요. 과찬이십니다.

정답 3
단어 才能 재능 | 認める 인정하다 | ~ざるを得ない ~하지 않을 수 없다
해설 「絵をかかれちゃ」는 「絵をかく」의 수동형에 축약표현 「ては」가 연결된 것이며, 「~ざるを得ない ~하지 않을 수 없다」는 이중부정으로 긍정의 의미를 나타내는 표현이다. 남자의 말은 결국 여자의 작품을 칭찬하는 내용이므로 '과찬'이라고 겸손하게 응답하는 3번이 정답이다.

| 9 | 🎧 063 |

女　そのチケットはもう諦めたんだけど。
男　1　買えてよかったね。
　　2　まだ買えるかもしれないよ。
　　3　やっと手に入ったよ。

여　그 티켓은 이제 포기했는데.
남　1　살 수 있어서 다행이야.
　　2　아직 살 수 있을지도 몰라.
　　3　겨우 입수했어.

정답 2

단어 諦める 포기하다 | 手に入る 입수하다, 손에 들어오다

해설 여자의 '티켓 구매를 포기했다'는 말에 적절한 응답은 '아직 가능성이 있다'고 말하는 선택지 2번이다. 1, 3번은 티켓을 구매한 후에 할 수 있는 응답이므로 답으로는 적절하지 않다.

| 10 | 🎧 064 |

男　佐藤さんがいなかったら、仕事終わらないところだったよ。
女　1　ごめん。手伝えたらよかったんだけど…。
　　2　いいえ、これで残業しなくていいですね。
　　3　あともうちょっとだから、やっちゃおうよ。

남　사토 씨가 없었다면 일이 끝나지 않을 뻔 했어.
여　1　미안해. 도와줄 수 있었다면 좋았을걸….
　　2　아니에요. 이걸로 야근하지 않아도 되겠네요.
　　3　앞으로 조금만 더 하면 되니까, 다 해 버리자.

정답 2

단어 残業 잔업, 야근

해설 조건표현인 「たら」를 사용해 '만약에 사토 씨가 없었다면(佐藤さんがいなかったら) 끝내지 못할 뻔 했다'며 일을 무사히 마친 것에 대한 감사의 말을 하고 있다. 이에 대한 적절한 응답은 선택지 2번이다.

| 11 | 🎧 065 |

女　まさか、佐藤さんのことが好きなんじゃないよね？
男　1　そんなことあるわけないだろ。
　　2　佐藤さんの好きな人？知らないなあ。
　　3　僕が佐藤さんを嫌ってること、なんでわかったの？

여　설마 사토 씨를 좋아하는 건 아니지요?
남　1　그런 일이 있을 리 없잖아.
　　2　사토 씨가 좋아하는 사람? 모르겠는데.
　　3　내가 사토 씨를 싫어하는 걸 어떻게 알았어?

정답 1

단어 まさか 설마 | 嫌う 싫어하다 | なんで 어떻게, 어째서

해설 「好きなんじゃないよね」는 「好きなのではないよね 좋아하는 것은 아니지」의 축약표현으로 '사토 씨를 좋아하느냐'는 질문이다. 따라서 이에 대한 대답으로는 강하게 부정하는 표현인 「そんなことあるわけない」가 자연스럽다. 정답은 1번이다.

12 066

女　ごめん、バスが 30分も遅れて来たから。
男　1　いいよ、ぼくもちょっと前に着いたところ。
　　2　今日は午後から雨が降るらしいよ。
　　3　5分前には来ることになってる。

여　미안. 버스가 30분이나 늦게 와서.
남　1　괜찮아. 나도 방금 전에 도착했어.
　　2　오늘은 오후부터 비가 온대.
　　3　5분 전에는 오게 돼 있어.

정답 1

단어　~たところ 막 ~한 참이다 | 降る (눈·비가) 내리다, 오다

해설　늦어서 미안하다고 여자가 사과하고 있으므로 이에 대한 응답으로는 '나도 막 온 참이다(ちょっと前に着いたところ)'라는 선택지 1번이 적당하다.

問題 5 통합 이해

연습문제 정답 및 해설

정답

연습문제 　　1 1　　2 1　　3 質問1 3　　質問2 2

연습문제

問題 5 　문제 5 에서는 조금 긴 이야기를 듣습니다. 이 문제에는 연습은 없습니다. 문제지에 메모를 해도 됩니다.

문제지에는 아무것도 인쇄되어 있지 않습니다. 우선 이야기를 들으세요. 그리고 질문과 선택지를 듣고 1에서 4 중에서 가장 적당한 것을 하나 고르세요.

문제편 360p

1 🎧 067

女の学生と男の学生が話しています。

女　石田くん、来月のサークルの食事会だけど、どこがいいかな。

男　インターネットで探してみよっか。今度はコーチも来るよね。

女　そうそう。山田コーチ、今年限りで退職でしょ。だから、お礼の意味も込めて集まるらしいよ。ねえ、ここはどうかな。四季。和食が中心で個室で食べられる新鮮な魚が自慢の和食の店だね。駅から 20 分。

男　周りを気にせず話せそうだね。こっちの花梨はどうかな。飲み物は別料金だけど中華料理なら料理の種類も多いし。予約すれば、個室が借りられるんだって。駅からも近いよ。それからと、ここのオリーブは夜はちょっと高いけど、昼ならずっとやすいよ。自分で好きな料理を選べるスタイルだね。時間は 2 時間って制限があるけど、ワインもおかわり自由で。大学から 10 分くらいだね。

여학생과 남학생이 이야기하고 있습니다.

여　이시다 군, 다음 달 동아리 식사 모임 말인데, 어디가 좋을까?

남　인터넷으로 찾아볼까? 이번에는 코치님도 오시지?

여　그래 맞아. 야마다 코치님이 올해를 끝으로 퇴직하시잖아. 그래서 감사하는 의미도 담아서 모이는 것 같아. 있지, 여기는 어때? '시키'. 일식이 중심이고 개별 룸에서 먹을 수 있는 신선한 생선이 자랑인 일식집이야. 역에서 20분.

남　주위를 신경 쓰지 않고 이야기할 수 있을 것 같네. 이쪽의 '가린'은 어떨까? 음료는 별도 요금이지만 중화요리라면 요리 종류도 많고. 예약하면 개별 룸도 빌릴 수 있대. 역에서도 가까워. 그리고, 여기 '올리브'는 밤에는 좀 비싸지만 낮이라면 훨씬 저렴해. 직접 좋아하는 요리를 고를 수 있는 스타일이네. 시간은 2시간이라는 제한이 있지만 와인도 무한 리필이고. 대학에서 10분 정도네.

女 中華、おいしそう。オリーブはわいわい、楽しめそうだね。ランチでもいいならここは？テラス。近いし、ランチなら飲み物も飲み放題。あっ、アルコールは別料金だ。

男 今回はわいわいやるより、静かにじっくりコーチと話したいからここにしない？ちょっと遠いけど、山田コーチ最近は肉より魚が好きになってきたって言ってたし。

女 うん、ここを予約するよ。

二人はどの店を予約することにしましたか。

1 四季
2 花梨
3 オリーブ
4 テラス

여 중화요리, 맛있겠다. 올리브는 왁자지껄 즐길 수 있을 것 같네. 런치라도 괜찮다면 여기는? '테라스'. 가깝고 런치라면 음료도 무한 리필. 아, 주류는 별도 요금이네.

남 이번은 왁자지껄하는 것보다 조용히 차분하게 코치님과 이야기하고 싶으니까 여기로 하지 않을래? 좀 멀지만 야마다 코치님은 요즘 고기보다 생선을 좋아하게 됐다고 말씀하셨고.

여 그래, 여기를 예약할게.

두 사람은 어느 가게를 예약하기로 했습니까?

1 시키
2 가린
3 올리브
4 테라스

[정답] 1

[단어] 食事会 식사 모임 | コーチ 코치 | ～限りで ～(을) 끝으로, 마지막으로 | 退職 퇴직 | お礼 감사 | 込める 담다 | 集まる 모이다 | 和食 일식 | 中心 중심 | 個室 독실, 개별 룸 | 新鮮だ 신선하다, 싱싱하다 | 自慢 자랑 | 中華料理 중화요리 | 種類 종류 | 借りる 빌리다 | ずっと 계속, 훨씬 | 制限 제한 | おかわり自由 음식점 등의 무한 리필 | わいわい 왁자지껄 | ます형・たい형＋放題 마음껏 ～하는 것(제한 없이 자유롭게 할 수 있음) | アルコール 알콜 | じっくり 차분히, 곰곰히

[해설] 식당을 결정하는 포인트는 남자의 마지막 대사 '이번에는 왁자지껄한 것보다 조용한 곳에서 코치님과 차분하게 이야기하고 싶다', '(가게는) 좀 멀지만 야마다 코치는 고기보다 생선을 좋아하게 되었다'라는 부분이다. 이에 해당하는 곳은 개별 룸에서 먹을 수 있고, 신선한 생선 요리가 자랑인 '시키(四季)'이다.

---

2 068

女の人が、男の店員に相談しています。

女 海外旅行のスーツケースってどんなのがいいですか。今度、家族で海外旅行に行くことになって。

男 どのぐらい行かれるんですか。

女 3泊4日です。

男 二人家族でしたら、この中くらいのサイズがいいですよ。

女 あ、いえ。子どももいるんです。二人。一人はまだ小さい赤ちゃんで。

여자가 남자 점원에게 상담하고 있습니다.

여 해외여행 슈트 케이스는 어떤 것이 좋을까요? 이번에 가족과 해외여행을 가기로 해서…

남 얼마나 가십니까?

여 3박 4일이에요.

남 2인 가족이시면, 이 중간 사이즈 정도가 좋습니다

여 아, 아니요. 아이도 있어요. 두 명. 한 명은 아직 어린 아기예요.

男 ベビーカーも持っていくんでしたら、特大サイズがいいですよ。ベビーカーとスーツケースは一人で押せませんから、荷物は一つにまとめて、ご主人に押してもらったほうがいいですよ。

女 これに全部入れたら、重くなりすぎませんか。

男 確かに、中に入れるものによっては、重くなりますね。心配なら、大人は大きいサイズ、上のお子さんは小さいサイズを一つずつ持つのはどうですか。

女 まだ幼稚園児なんで、どうかなあ…。

男 それか、赤ちゃんは抱っこにして、中くらいのを大人が一つずつ持つのもいいかもしれません。現地でベビーカーのレンタルなんかもあるでしょうから。

女 でも、ベビーカーは使い慣れたのがいいんで。あ、でも、空港に荷物をのせるカートってありますよね？それさえあれば、二つあっても大丈夫かな。

男 ええ、空港にカートはありますよ。じゃあ、こちらを二つにしますか。

女 いえ、一つでいいです。家に一つあるんで。

女の人は、どのスーツケースをいくつ買うことにしましたか。
1 中くらいのサイズのスーツケースを一つ
2 特大サイズのスーツケースを一つ
3 大きいサイズと、小さいサイズのスーツケースを一つずつ
4 中くらいのサイズのスーツケースを二つ

남 유모차도 가져 가신다면 특대 사이즈가 좋습니다. 유모차와 슈트 케이스는 혼자서 밀 수 없기 때문에 짐은 하나로 합쳐서 남편 분이 밀어 주시는 것이 좋습니다.

여 여기에 전부 넣으면 너무 무거워지지 않을까요?

남 확실히 안에 넣는 것에 따라서는 무거워지겠네요. 걱정되신다면 어른은 큰 사이즈, 큰 자녀분은 작은 사이즈를 한 개씩 가져가는 것은 어떨까요?

여 아직 유치원생이라서 어떨지….

남 그게 아니면 아기는 안으시고 중간 사이즈 정도를 어른이 한 개씩 가져가는 것도 괜찮을지 모릅니다. 현지에서 유모차 대여 같은 것도 있을 테니까요.

여 하지만 유모차는 손에 익은 것이 좋아서요. 아, 그런데 공항에 짐을 싣는 카트가 있지요? 그것만 있으면 두 개 있어도 괜찮으려나?

남 네, 공항에 카트는 있습니다. 그럼 이쪽을 두 개로 하시겠습니까?

여 아니요, 하나면 돼요. 집에 하나 있어서요.

여자는 어떤 슈트 케이스를 몇 개 사기로 했습니까?
1 중간 정도 사이즈의 슈트 케이스를 한 개
2 특대 사이즈 슈트 케이스를 한 개
3 큰 사이즈와 작은 사이즈의 슈트 케이스를 하나씩
4 중간 정도 사이즈의 슈트 케이스를 두 개

정답 1

단어 相談 상담 | スーツケース 슈트 케이스, 여행용 트렁크 | サイズ 사이즈, 크기 | 赤ちゃん 아기 | 特大 특대 | ベビーカー 베이비 카, 유모차 | 押す 밀다, 누르다 | 荷物 짐 | まとめる 정리하다, 한데 모으다 | ご主人 (타인의) 남편 | 確かに 확실히, 분명히 | 幼稚園児 유치원생 | 抱っこ 안음, 안김 | 現地 현지 | レンタル 렌탈, 대여 | 使い慣れる 오래 다루어 익숙해지다 | 空港 공항 | のせる 싣다 | カート 카트, 손수레

해설 여행용 슈트 케이스를 고르는 여자에게 남자 점원은 둘째 자녀는 안고 어른이 각각 중간 사이즈의 슈트 케이스를 하나씩 들고 가서 현지에서 유모차를 대여하는 것이 좋겠다고 말한다. 이에 여자는 유모차는 익숙한 것이 좋고, 공항에 카트가 있으면 중간 사이즈로 2개 있어도 될 것 같다고 말하지만, 곧바로 집에 이미 하나가 있으니 하나만 사겠다고 한다. 따라서 정답은 1번이다.

3 🎧 069

우선 이야기를 들으세요. 그리고 두 개의 질문을 듣고, 각각 문제지의 1에서 4 중에서 가장 적당한 것을 하나 고르세요.

テレビでアナウンサーがイベントについて話しています。

女1 そろそろ冬休みが始まりますね。今日は冬休みにおすすめの、動物と触れ合える４つのお出かけプランをご紹介します。Ａプランは野生動物が目の前で見られるサファリパークです。冬休みは入場券が半額ととってもお得。また、入場者がほかの季節より少な目なので、ゆっくり見られますよ。Ｂプランは屋内施設。足湯が併設された猫カフェなんです。温泉と猫に癒されてくださいね。Ｃプランは熱帯植物園。温室で散歩したり、カピバラが露天風呂にのんびりつかる姿を写真に撮ることができますよ。Ｄプランはワンダーアクア水族館です。冬休み限定で光と海で暮らす生き物のコラボレーションが楽しめます。

男 冬休みになったら、家族で出かけるのもいいね。目の前で迫力ある動物たちの写真を撮りたいよ。子どもたちも喜ぶんじゃない？

女2 そうねえ、動物は大好きだけど、まだ小さいからビックリしちゃうかも。安く行けることだしもう少し大きくなったら絶対連れていきたいわ。

男 じゃ、ここは？光の中を泳ぐ幻想的な魚の姿が見られるよ。

女2 でも、子どもに良さがわかるかな。触れ合えるもののほうがいいよ。

男 そっか。じゃ、これは体も温まるし、のんびりできるし、子どもたちも退屈しないんじゃない？

女2 そうね。そこなら触れられるしね。でも、動物が温泉に入ってるのもかわいいんだけどなあ。私が行くなら絶対そこだな。

텔레비전에서 아나운서가 이벤트에 대해 이야기하고 있습니다.

여1 슬슬 겨울 방학이 시작되는데요. 오늘은 겨울 방학에 추천하는 동물과 접할 수 있는 4가지 외출 플랜을 소개하겠습니다. A플랜은 야생 동물을 눈 앞에서 볼 수 있는 사파리 파크입니다. 겨울 방학 때는 입장권이 반액으로 매우 이득입니다. 또한 입장객이 다른 계절보다 적은 편이라서 여유롭게 구경할 수 있습니다. B플랜은 실내 시설. 족탕이 갖추어진 고양이 카페입니다. 온천과 고양이로 힐링하세요. C플랜은 열대 식물원. 온실에서 산책하거나 카피바라가 노천탕에 느긋하게 들어가 있는 모습을 사진으로 찍을 수 있습니다. D플랜은 원더 아쿠아 수족관입니다. 겨울 방학 기간 한정으로 빛과 바다에서 사는 생물의 컬래버레이션을 즐길 수 있습니다.

남 겨울 방학이 되면 가족끼리 나들이하는 것도 괜찮겠네. 눈 앞에서 박력 있는 동물들의 사진을 찍고 싶어. 아이들도 좋아하지 않을까?

여2 글쎄, 동물은 무척 좋아하지만 아직 어려서 깜짝 놀랄지도 몰라. 저렴하게 갈 수 있으니, 좀 더 크면 꼭 데리고 가고 싶어.

남 그럼 여기는? 빛 속을 헤엄치는 환상적인 물고기의 모습을 볼 수 있어.

여2 그런데 아이가 좋은 것을 알 수 있을까? 직접 만질 수 있는 쪽이 좋을 거야.

남 그런가? 그럼 이건 몸도 따뜻해지고 여유롭게 지낼 수도 있고 아이들도 지루하지 않을 것 같지 않아?

여2 그렇네. 거기라면 만질 수도 있고. 근데 동물이 온천에 들어가 있는 모습도 귀여운데 말이지. 내가 간다면 꼭 거기에 가고 싶어.

男 でも、外だから、寒い日だと子どもたちが風邪ひいちゃうかもしれないよ。

女2 そうね。じゃ、屋内の暖かいところにしよう。

質問1

女の人はどのイベントへ行きたいと言っていますか。

1　Aプラン
2　Bプラン
3　Cプラン
4　Dプラン

質問2

二人はどのイベントに子どもを連れていくことにしましたか。

1　Aプラン
2　Bプラン
3　Cプラン
4　Dプラン

남 하지만 바깥이라서 추운 날에는 아이들이 감기에 걸릴지도 몰라.

여2 그렇네. 그럼 실내의 따뜻한 곳으로 하자.

질문1

여자는 어느 이벤트에 가고 싶다고 말하고 있습니까?

1　A플랜
2　B플랜
3　C플랜
4　D플랜

질문2

두 사람은 어느 이벤트에 아이들을 데리고 가기로 했습니까?

1　A플랜
2　B플랜
3　C플랜
4　D플랜

정답 질문1 **3**　질문2 **2**

단어 おすすめ 추천, 권유 | 触れ合う 맞닿다 | お出かけ 외출 | 野生 야생 | サファリ 사파리 | 入場券 입장권 | 半額 반액 | お得 득, 이득 | 季節 계절 | 屋内 실내 | 施設 시설 | 足湯 족탕 | 併設 병설(두 가지 이상을 아울러 한곳에 갖추거나 세움) | 癒される 위로 받다, 힐링되다 | 熱帯 열대 | 温室 온실 | 散歩 산책 | カピバラ 카피바라, 설치류 동물 | 露天風呂 노천탕 | つかる 잠기다, 담그다 | 写真 사진 | 水族館 수족관 | 暮らす 살다, 생활하다 | 生き物 생물 | コラボレーション 컬래버레이션, 조합 | 迫力 박력 | 絶対 절대 | 幻想的 환상적 | 温まる 따뜻해지다 | 退屈する 심심해하다, 지겨워하다

해설 통합 이해의 3번 문제에서는 남자와 여자가 무엇을 선택하는지 묻는 문제가 많이 출제되며, 남자와 여자가 함께 하고 싶은 것을 말하기도 하고 각자 따로 하고 싶은 것을 말하기도 한다. 또 이번에 할 것과 다음에 할 것을 말하기도 하므로 마지막까지 집중해서 들을 필요가 있다.

질문1 여자의 세 번째 대사를 보면 '동물이 온천에 들어가 있는 모습도 귀엽다. 내가 간다면 반드시 거기(私が行くなら絶対そこ)'라고 직접적으로 말하고 있으므로 정답은 카피바라가 노천탕에 들어가는 선택지 3번 C플랜이다.

질문2 남녀의 대화를 보면 A플랜은 아직 아이가 어려서 안 된다고 하고, D플랜 역시 어린아이가 그곳의 좋은 점(매력)을 알기 힘들 것이라고 한다. 아이가 동물을 직접 만질 수 있는 B플랜과 C플랜 중, 바깥은 추운 날에 아이들이 감기에 걸릴 수도 있으니 실내의 따뜻한 곳으로 가자며 대화를 마무리하고 있으므로 정답은 실내 시설인 선택지 2번 B플랜이다.

問題 1 과제 이해

실전문제 정답 및 해설

정답

실전문제 ①	1	3	2	2	3	4	4	2	5	2
실전문제 ②	1	3	2	2	3	1	4	3	5	4

실전문제 ①

問題 1　문제 1에서는 우선 질문을 들으세요. 그리고 이야기를 듣고 1~4 중에서 가장 적당한 것을 하나 고르세요.

1 🎧 070

大学で男の人と女の人が話しています。男の人はこの後まず何をしますか。

男　先輩、授業の申請なんですけど、いろんなのがあってちょっと迷ってるんです。

女　受けたい授業はもうリストアップしてみた？

男　はい、大体は。古谷先生の経済学は絶対受けたいって思ってて。

女　そうね。私の友達は面白かったって言ってたよ。学内サイトでどんな授業なのかとか、評判もチェックしてみた方が確実だと思うけど。

男　はい、わかりました。

女　あ、その前に、事務室に申し込みの期限、確認した？授業によって、早く締め切ることもあるんだよ。

男　えっ、そうなんですか。知りませんでした。

女　あと、申し込みできることが決まったら、先生に連絡すること。古谷先生の授業って、授業前に課題が出ることもあるから。

대학에서 남자와 여자가 이야기하고 있습니다. 남자는 이 다음 우선 무엇을 합니까?

남　선배, 수업 신청 말인데요. 여러 가지가 있어서 좀 망설이고 있어요.

여　듣고 싶은 수업은 이미 리스트업 해 봤니?

남　네, 대충은. 후루야 선생님의 경제학은 꼭 듣고 싶어서요.

여　그래. 내 친구는 재미있다고 했었어. 교내 사이트에서 어떤 수업인지 같은 평판도 체크하는 편이 확실할 것 같은데.

남　네, 알겠습니다.

여　아, 그 전에 사무실에 신청 기한 확인 했어? 수업에 따라 일찍 마감하는 경우도 있어.

남　앗, 그래요? 몰랐어요.

여　그리고 확실히 신청할 수 있다면 선생님께 연락할 것. 후루야 선생님 수업은 수업 전에 과제를 낼 때도 있으니까.

男 わかりました。

男の人はこの後まず何をしますか。
1 受けたい授業を決める
2 学内サイトをチェックする
3 事務室に連絡する
4 先生に連絡する

남 알겠습니다.

남자는 이 다음 우선 무엇을 합니까?
1 듣고 싶은 수업을 정한다
2 교내 사이트를 체크한다
3 사무실에 연락한다
4 선생님에게 연락한다

정답 3

단어 申請 신청 | 迷う 망설이다, 고민하다 | リストアップ 리스트 업, 필요한 항목을 일람표로 정리하는 것 | 経済学 경제학 | 大体 대강 | 学内 대학 안, 학내, 교내 | 評判 평판 | 確実だ 확실하다 | 事務室 사무실 | 申し込み 신청 | 期限 기한 | 確認 확인 | 締め切る 마감하다 | 課題 과제

해설 남자는 경제학 수업을 듣고 싶어하고, 이에 여자는 수업 평판을 확인해 보라고 하며 그 전에(その前に) 사무실에 신청 기한을 확인했냐고 물으며 빨리 마감할 수도 있다고 한다. 따라서 남자가 가장 먼저 해야 하는 일은 '사무실에 연락해서 신청 기한을 확인하는 것'이다. 정답은 3번이다.

---

2 🎧 071

문제편 364p

会社で女の人と男の人が話しています。女の人はこの後すぐに、何をしなければいけませんか。

女 課長、商品サンプルの発送の件なんですが、ミサワ工業の方からうちの会社への部品の到着が予定より遅れると連絡がありました。
男 まいったな。取引先にはサンプルの完成品を今週中に送りますって言ってあるんだよね？
女 はい。
男 うーん、そうだな。じゃ、遅れることを急いでお知らせしないと。
女 はい、わかりました。
男 あ、待って。ヒノデ機械の川田さんは、付き合いが長い僕から連絡するよ。ファイルに名刺が入ってるはずだから、僕の机の上に置いておいてくれる？
女 はい、わかりました。それにしても、直前になって遅れるなんて、何があったんでしょうか。部長にも報告しないといけないですし、詳しく聞いてみます。

회사에서 여자와 남자가 이야기하고 있습니다. 여자는 이 다음 바로 무엇을 해야 합니까?

여 과장님, 상품 샘플 발송 건인데요. 미사와 공업 쪽에서 우리 회사로 보낼 부품 도착이 예정보다 늦을 거라는 연락이 있었습니다.
남 그거 큰일이네. 거래처에는 샘플 완성품을 이번 주 안으로 보내겠다고 이미 말했잖아?
여 네.
남 음, 그래. 그럼 늦는다고 빨리 알려 줘야겠네.
여 네, 알겠습니다.
남 아, 잠깐만. 히노데 기계의 가와타 씨는 알고 지낸 지 오래 된 사이이니까 내가 연락할게. 파일에 명함이 들어 있을 테니 내 책상 위에 놓아둬 주겠어?
여 네, 알겠습니다. 그건 그렇고 직전이 되어서 늦는다니, 무슨 일이 있었던 걸까요? 부장님께도 보고 올려야 하니, 자세한 것을 물어보겠습니다.

男 そうだな。でもとにかく今は、お客様のことを一番に考えよう。

女 はい。

女の人はこの後すぐに、何をしなければいけませんか。
1 サンプルを送る
2 名刺を課長の机に置く
3 ミサワ工業に電話をする
4 部長に状況を報告する

남 그래. 하지만 어쨌든 지금은 고객을 제일 먼저 생각하자.

여 네.

여자는 이 다음 바로 무엇을 해야 합니까?
1 샘플을 보낸다
2 명함을 과장님 책상에 올려 둔다
3 미사와 공업에 전화를 한다
4 부장님에게 상황을 보고한다

정답 2

단어 部品 부품 | サンプル 샘플, 견본 | 発送 발송 | 工業 공업 | 到着 도착 | 取引先 거래처 | 完成品 완성품 | お知らせ 알림, 공지 | 機械 기계 | 付き合い 교제, 사귐 | 名刺 명함 | 直前 직전 | 報告 보고 | 詳しい 자세하다 | 状況 상황

해설 거래처의 갑작스런 물품 지연으로 고객에게 연락을 해야 하는 상황이다. 남자는 처음에 여직원에게 '늦는다고 빨리 알려야 한다'고 하지만, 바로 다음 대사에서 연락해야 하는 곳이 자신과 잘 아는 사이이므로 직접 연락하겠다고 하며 명함을 찾아서 내 책상 위에 놓아두라고 지시한다. 따라서 정답은 2번이다.

---

3 072

문제편 364p

電話で女の人と男の人が話しています。男の人はこの後何をしますか。

男 もしもし？昨日インターネットで靴を注文したんですけど、これから同じのをもう1足追加で注文するんで、一緒に送ってもらうことってできますか。

女 ええ… 発送は注文番号ごとになりますので、別でお送りすることになってしまうんですが……。

男 え、そうなんですか？なんとかなりませんかね？

女 ええ……。では、お客様、昨日ご注文された時のご注文番号はおわかりになりますか？

男 はい。ええと… 注文番号462232って、なってますけど。

女 やまだ… だいち様ですね？それでは、このお電話でご注文をキャンセルさせていただきますので、改めてご注文いただけますでしょうか。

男 あ、はい。

전화로 여자와 남자가 이야기하고 있습니다. 남자는 이 다음 무엇을 합니까?

남 여보세요? 어제 인터넷에서 구두를 주문했는데요, 지금부터 같은 것을 한 켤레 더 추가로 주문할 테니 같이 보내 줄 수 있나요?

여 아… 발송은 주문 번호별로 하기 때문에 따로따로 보내 드리게 됩니다만…….

남 앗, 그런가요? 어떻게 안 될까요?

여 음……, 그러시다면 고객님, 어제 주문하셨을 때의 주문 번호는 아시나요?

남 네. 저기… 주문 번호 462232라고 되어 있는데요.

여 야마다… 다이치 님이시네요? 그럼 이 전화로 일단 주문을 취소시켜 드릴 테니 다시 한번 주문해 주시겠습니까?

남 아, 네.

男の人はこの後何をしますか。
1 電話で靴を1足追加注文する
2 インターネットで靴の注文を取り消す
3 電話で靴の注文を取り消す
4 インターネットで靴を2足注文する

남자는 이 다음 무엇을 합니까?
1 전화로 구두를 한 켤레 추가 주문한다
2 인터넷으로 구두 주문을 취소한다
3 전화로 구두 주문을 취소한다
4 인터넷으로 구두를 두 켤레 주문한다

[정답] 4

[단어] 注文 주문 | 足 신발·양말 등을 세는 단위, 켤레 | 追加 추가 | 発送 발송 | 別で 별도로, 따로 | キャンセル 캔슬, 취소 | 改めて 다시, 새롭게, 새삼 | 取り消す 취소하다

[해설] 인터넷 쇼핑몰에서 구두를 주문한 남자가 같은 물건을 추가 주문해서 일괄 배송을 받고 싶다고 한다. 여자는 이미 주문 번호가 있어서 따로따로 배송되기 때문에 일단 취소를 할테니 다시 주문하라고 한다. 이에 남자는 그렇게 하겠다고 대답하므로 정답은 4번이다.

---

4 🎧 073   문제편 365p

電話で男の人と女の人が話しています。女の人は申し込みの時、何を持って行かなければなりませんか。

男 はい、青葉区民センターです。
女 すみません。来月から始まる体操教室に参加したいんですが。まだ申し込みできますか。
男 体操教室ですね。えーと、まだ空きがありますね。大丈夫ですよ。ただ、申込用紙を出していただかないと。
女 あ、電話じゃダメなんですね。
男 ええ。申込用紙は窓口にご用意してますので。えー、それから、体操教室は区民の方のみが対象なんで、申し込まれる時にご住所を確認させていただいてるんですよ。身分証を忘れないようにしてください。
女 はい。あ、受講料は、たしか2,000円でしたよね？
男 はい、初回に直接先生にお渡しください。授業の当日は動きやすい服装でお越しください。

전화로 남자와 여자가 이야기하고 있습니다. 여자는 신청할 때 무엇을 가지고 가야 합니까?

남 네. 아오바 구민 센터입니다.
여 죄송한데요, 다음 달에 시작되는 체조 교실에 참가하고 싶습니다만. 아직 신청할 수 있나요?
남 체조 교실 말인가요. 음, 아직 자리가 있네요. 괜찮습니다. 근데 신청 용지를 내셔야 합니다.
여 아, 전화로는 안 되는군요.
남 네. 신청 용지는 창구에 준비되어 있어요. 아, 그리고 체조 교실은 구민 분만이 대상이라서 신청하실 때 주소를 확인하고 있습니다. 신분증을 잊지 않도록 하세요.
여 네. 아, 수강료는 분명 2,000엔이었지요?
남 네. 첫 날에 직접 선생님께 건네주세요. 수업 당일에는 움직이기 쉬운 복장으로 오세요.

女の人は申し込みの時、何を持って行かなければなりませんか。
1 申込用紙
2 申込用紙と身分証
3 身分証と受講料
4 動きやすい服

여자는 신청할 때 무엇을 가지고 가야 합니까?
1 신청 용지
2 신청 용지와 신분증
3 신분증과 수강료
4 움직이기 쉬운 옷

정답 2

단어 区民 구민 | 体操 체조 | 参加 참가 | 申し込み 신청 | 空き 빈자리, 여백 | 用紙 용지 | 窓口 창구 | 用意 준비 | ～のみ ～만, ～뿐 | 対象 대상 | 身分証 신분증 | 受講料 수강료 | 直接 직접 | 当日 당일 | 服装 복장 | お越しください 와 주십시오('오세요'의 존경어)

해설 여자가 체조 교실을 신청할 때 필요한 것이 무엇인지를 묻고 있다. 남자는 신청을 하려면 '신청 용지'를 내야 하며, 구민만이 대상이므로 신청할 때는 주소를 확인할 수 있는 '신분증도 잊지 말라'고 당부한다. 따라서 정답은 2번이다.

---

5 🎧 074

문제편 365p

会社で女の人と男の人が話しています。男の人は、何時に会社を出ますか。

女 あれ？今日、お客さん来るんでしょ、中国から。空港に行かなくていいの？
男 5時半到着の飛行機ですから、まだ……。
女 何言ってるのよ。飛行機って、予定より早く着くこともあるし、空港が空いてたら、お客さんも早く出てくるし……。だめだめ、もう4時よ。半には出なさい、半には。
男 5時ごろ出ても大丈夫だと思いますけど。
女 だめよ、5時半には空港に着いて待ってないと。
男 はい。じゃあ、そうします。

男の人は、何時に会社を出ますか。
1 4時
2 4時半
3 5時
4 5時半

회사에서 여자와 남자가 이야기하고 있습니다. 남자는 몇 시에 회사를 나갑니까?

여 어? 오늘 손님 오잖아, 중국에서. 공항에 안 가도 돼?
남 5시 반 도착 비행기라서 아직…….
여 무슨 소리를 하는 거야? 비행기는 예정보다 일찍 도착하는 경우도 있고, 공항이 한가하다면 손님도 빨리 나올 테고……. 안 돼, 안 돼. 벌써 4시야. 반에는 나가. 반에는.
남 5시쯤 나가도 괜찮다고 생각하는데요.
여 안 돼. 5시 반에는 공항에 도착해서 기다리고 있어야 해.
남 네. 그럼 그렇게 하겠습니다.

남자는 몇 시에 회사를 나갑니까?
1 4시
2 4시 반
3 5시
4 5시 반

정답 2

단어 お客さん 손님 | 到着 도착 | 予定 예정 | 着く 도착하다 | 空く (공간이) 비다, 사람이 많지 않다

해설 | 손님의 비행기 도착 예정 시간이 5시 반이라는 말에 여자는 '벌써 4시이며, 반(30분)에는 나가라(もう4時よ。半には出なさい。)'라고 지시하고, 남자도 마지막 대사에서 그렇게 하겠다고 말하므로 선택지 2번이 정답이다.

실전문제 ②

問題 1　문제 1에서는 우선 질문을 들으세요. 그리고 이야기를 듣고 1〜4 중에서 가장 적당한 것을 하나 고르세요.

1　🎧 075

문제편 366p

会社の電話で、男の人と女の人が話しています。女の人はこの後まず何をしなければなりませんか。

女　はい、総務課の山本です。
男　社長室の鈴木ですが、部長は？
女　はい。部長はさっき外出されましたが……。
男　そう、連絡はとれる？
女　はい。ケータイで連絡はとれると思います。
男　じゃ、部長にすぐ電話してください、社長室に連絡くれるようにと。
女　あ、はい。
男　あ、それから、社長の名刺を200枚注文してくれるように言ってあるんだけど、出来ていたら社長室まで持ってきてください。
女　はい、わかりました。

女の人は、この後まず何をしなければなりませんか。
1　社長室に行く
2　名刺を注文する
3　部長に電話する
4　社長室に電話する

회사 전화로 남자와 여자가 이야기하고 있습니다. 여자는 이 다음 우선 무엇을 해야만 합니까?

여　네, 총무과의 야마모토입니다.
남　사장실의 스즈키인데요, 부장님은요?
여　네, 부장님은 좀 전에 외출하셨습니다만…….
남　그래요? 연락은 되나요?
여　네, 휴대폰으로 연락은 될 것 같습니다.
남　그럼 부장님께 바로 전화해 주세요. 사장실로 연락하도록 말이에요.
여　아, 네.
남　아, 그리고 사장님 명함을 200장 주문해달라고 말해 뒀는데, 다 되었으면 사장실로 가져와 주세요.
여　네, 알겠습니다.

여자는 이 다음 우선 무엇을 해야만 합니까?
1　사장실로 간다
2　명함을 주문한다
3　부장에게 전화한다
4　사장실로 전화한다

정답 | 3
단어 | 総務課 총무과 | 社長室 사장실 | 部長 부장(님) | 外出 외출 | ケータイ 휴대 전화 | 名刺 명함
해설 | 남자는 세 번째 대사에서 여자에게 '부장에게 바로(すぐ) 전화해서 사장실로 연락하도록 전하라'고 지시했고 여자는 알겠다고 대답한다. 따라서 여자가 이 다음 가장 먼저 해야 하는 일은 부장에게 전화를 하는 선택지 3번이다.

2 🎧076

会社で男の人と女の人が話しています。女の人はこの後まず何をしますか。

女 もう、どうしよう。旅行の準備全然できてないんだよ。

男 確か、今週末出発だったよな？

女 ちょうど月末の精算とかで、慌ただしかったところに、お母さんの入院の手続きとかもあって、ほんとバタバタしてたんだよね。

男 それは大変だったね。でも、前から計画してた旅行には行けるんだからよかったんじゃない？

女 まぁ、そうだね。でも出発までにやることが多くて。今実家にお父さん一人だから、様子見に行きがてら家事して、旅行用のかばん買って、荷物準備して、お母さんのお見舞い行って、私がいない間の仕事の指示書も作らなきゃだし…。

男 そっか。仕事のことは俺に言ってくれれば、皆に割り振っとくよ。

女 本当に？ありがとう。じゃあ、お言葉に甘えて。先に内容まとめとくね。あ、でもその前に課長にお休みもらうって伝えとかなきゃ。

男 え？課長知ってるよ。それで、会議の日程を前倒すように言われたんだよ。

女 そっか、それなら今日は残業しないでお見舞いに行ける。仕事の指示書は後でメールするから、よろしくね。じゃあ、お疲れ様。

女の人はこの後まず何をしますか。
1 旅行用かばんを買って、荷物を包む
2 母の入院する病院へ行く
3 課長に話をしに行く
4 仕事の指示書を作成する

회사에서 남자와 여자가 이야기하고 있습니다. 여자는 이 다음 우선 무엇을 합니까?

여 어떡하지. 여행 준비 전혀 못 했어.

남 분명 이번 주말에 출발이었지?

여 마침 월말 정산 등으로 분주했던 차에, 엄마의 입원 수속 같은 것도 있어서 정말 정신이 하나도 없었지 뭐야.

남 그거 힘들었겠네. 그래도 전부터 계획했던 여행에는 갈 수 있어서 다행이잖아?

여 하긴 그렇지. 근데 출발 전까지 해야 할 일이 많아서 말이야. 지금 본가에는 아빠가 혼자 계시니까 살펴볼 겸 집안일을 하고, 여행용 가방을 사서 짐을 준비하고, 엄마 병문안을 가고, 내가 없는 동안의 업무 지시서도 만들어야 하고….

남 그렇구나. 업무는 나한테 말해 주면 모두에게 할당해 둘게.

여 정말이야? 고마워. 그럼 그 말 고맙게 받아들여서, 먼저 내용을 정리해 둘게. 아, 근데 그전에 과장님께 휴가 받겠다고 전해 드려야 해.

남 응? 과장님은 이미 알고 계셔. 그래서 회의 일정을 앞당기라고 하셨는걸.

여 그렇구나. 그럼 오늘은 야근하지 않고 병문안 갈 수 있겠다. 업무 지시서는 이따 메일 보낼테니 잘 부탁해. 그럼, 수고해.

여자는 이 다음 우선 무엇을 합니까?
1 여행용 가방을 사서 짐을 싼다
2 어머니가 입원한 병원에 간다
3 과장님에게 이야기를 하러 간다
4 업무 지시서를 작성한다

정답 2

[단어] 出発 출발 | 精算 정산 | 慌ただしい 분주하다, 어수선하다 | 入院 입원 | 手続き 수속, 절차 | バタバタ 정신이 없는 상황 | 計画 계획 | 実家 친정, 본가, 부모님 집 | 様子 상태, 상황 | ～がてら ~할 겸 | 家事 가사, 집안일 | 荷物 짐 | 準備 준비 | お見舞い 병문안 | 指示 지시 | 割り振る 할당하다, 배당하다 | お言葉に甘えて 말씀을 고맙게 받아들여, 호의를 받아들여 | 前倒す 앞당기다 | 残業 잔업, 야근

[해설] 여자는 여행을 가기 전 해야 하는 일을 여러 가지 말한 후, '그 전에 과장님께 휴가를 받겠다고 말해야 한다'라고 한다. 이에 남자는 '과장님은 이미 알고 있다'고 하자 여자는 '그러면 오늘은 야근하지 않고 병문안을 갈 수 있겠다(それなら今日は残業しないでお見舞いに行ける)'라고 했으므로 여자가 이 다음 해야 할 일은 어머니가 입원한 병원에 병문안을 가는 선택지 2번이다.

---

3 🎧 077   문제편 366p

病院で、ボランティアの担当者が学生たちに話しています。学生たちは、患者が来たらまず何をしなければなりませんか。

女 はい、じゃ、注目してください。患者さんがいらっしゃったら、どの診療科に行かれるのかご案内する必要があります。簡単な症状を聞いて、このリストを参考に、どの診療科に行ったらよいのかご案内してください。分からないときは職員のところへ連れてきてください。車いすの方には、診療科までお連れする必要があるのか伺うのを忘れないでください。患者さんがそうしてほしいとおっしゃったら、近くの職員に、持ち場を離れることを報告してから、移動をしてください。

学生たちは、患者が来たらまず何をしなければなりませんか。
1 患者の症状を教えてもらう
2 どの診療科へ行くのか案内する
3 患者を職員のところへ連れていく
4 診療科まで手伝いが必要か聞く

병원에서 자원봉사 활동 담당자가 학생들에게 이야기하고 있습니다. 학생들은 환자가 오면 우선 무엇을 해야 합니까?

여 네, 그럼 주목해 주세요. 환자분이 오시면 어느 진료과에 가실지 안내할 필요가 있습니다. 간단한 증상을 듣고 이 리스트를 참고로 어느 진료과로 가면 좋을지 안내해 주세요. 모를 때에는 직원이 있는 곳으로 데리고 와 주세요. 휠체어를 사용하시는 분들께는 진료실까지 동행할 필요가 있는지 여쭈어 보는 것도 잊지 말아 주세요. 환자가 그렇게 해 주길 원한다고 말씀하시면, 근처에 있는 직원에게 담당 구역을 벗어나는 것을 보고하고 나서 이동을 해 주세요.

학생들은 환자가 오면 우선 무엇을 해야 합니까?
1 환자에게 증상을 듣는다
2 어느 진료과에 갈 것인지 안내한다
3 환자를 직원이 있는 곳으로 데리고 간다
4 진료과까지 도움이 필요한지 묻는다

[정답] 1

[단어] ボランティア 자원봉사 활동 | 担当者 담당자 | 患者 환자 | 注目 주목 | 診療科 진료과 | 案内 안내 | 簡単だ 간단하다 | 症状 증상 | 参考 참고 | 職員 직원 | 連れる 데려가다 | 車いす 휠체어 | 伺う 듣다·묻다(聞く), 방문하다(訪ねる)의 겸양어 | おっしゃる 말하다(言う)의 존경어 | 持ち場 담당 부서, 담당 구역 | 離れる 떨어지다 | 移動 이동

[해설] 학생들이 해야 할 일은 '간단한 증상을 듣고(簡単な症状を聞いて) 어느 진료과로 갈지 안내'하는 것이므로 가장 먼저 해야 할 일은 '증상을 듣는 것', 즉 1번이다.

4 🎧 078

説明会で男の人が話しています。ボランティアに参加する人は、この後まず何をしなければなりませんか。

男 皆さん、今回は東京国際マラソンのボランティアにご応募いただきありがとうございます。今日の説明会では、大会期間中の活動内容のご説明と、大会開始前に準備すべきことのご案内をいたします。まず、今回皆さんには3つの分野で活動していただきます。Aグループの皆さんは、会場や駅付近で案内をする案内係。Bグループの皆さんは、競技場で選手や関係者の誘導と競技進行を手伝う会場係。Cグループの皆さんは、選手と関係者を宿泊施設から会場にお連れする誘導係です。この後13時より、各グループに分かれて説明を行います。時間までにご自身のグループを確認し、事前に配布した制服に着替え、名札をつけて各グループの集合場所に移動してください。13時にはグループごとのミーティングを始めますので、時間厳守でお願いします。

ボランティアに参加する人は、この後まず何をしなければなりませんか。
1 配布された制服に着替える
2 自分のグループの集合場所に移動する
3 配属されたグループを確認する
4 グループごとのミーティングに参加する

설명회에서 남자가 이야기하고 있습니다. 자원봉사 활동에 참가하는 사람은 이 다음에 우선 무엇을 해야 합니까?

남 여러분, 이번 도쿄국제마라톤의 자원봉사에 응모해 주셔서 감사합니다. 오늘 설명회에서는 대회 기간 중의 활동 내용의 설명과 대회 개시 전에 준비해야 할 일에 대해 안내해 드리겠습니다. 우선 이번에 여러분께는 3개 분야에서 활동을 부탁드립니다. A그룹의 분들은 회장과 역 부근에서 안내를 하는 안내 담당. B그룹의 분들은 경기 회장에서 선수나 관계자의 유도와 경기 진행을 돕는 회장 담당, C그룹의 분들은 선수와 관계자를 숙박 시설에서 회장으로 모시고 오는 유도 담당입니다. 이후 13시부터 각 그룹으로 나누어서 설명하겠습니다. (정해진) 시간까지 자신의 그룹을 확인하시고 사전에 나누어 드린 유니폼으로 갈아 입은 후, 명찰을 달고 각 그룹의 집합 장소로 이동해 주세요. 13시에는 그룹별 미팅을 시작할 테니 시간 엄수를 부탁드립니다.

자원봉사 활동에 참가하는 사람은 이 다음에 우선 무엇을 해야 합니까?
1 나누어 받은 유니폼으로 갈아입는다
2 자신의 그룹 집합 장소로 이동한다
3 (자신이) 소속된 그룹을 확인한다
4 그룹별 미팅에 참가한다

정답 3

단어 国際 국제 | マラソン 마라톤 | 応募 응모 | 開始 개시 | 分野 분야 | 付近 부근 | 係 담당, 담당자 | 競技 경기 | 関係者 관계자 | 誘導 유도 | 進行 진행 | 宿泊 숙박 | 施設 시설 | 連れる 데리다, 거느리다 | 分かれる 갈라지다, 나뉘다 | 事前 사전 | 配布 배포, 배부 | 制服 제복, 유니폼 | 着替える 갈아입다 | 名札 명찰 | 集合 집합 | ~ごと ~별 | ミーティング 미팅, 모임 | 厳守 엄수

해설 마라톤 대회 운영에 참가한 자원봉사자의 그룹별 업무 내용을 설명한 후에 '이후 13시부터 각 그룹으로 나눠서 설명(この後13時より、各グループに分かれて説明)하겠다'고 한다. 참가자들이 해야 할 일의 순서를 정리하면 '자신의 그룹을 확인 → 유니폼으로 갈아입고 명찰을 단 후에 집합 장소로 이동 → 그룹 별 미팅'이다. 따라서 가장 먼저 해야 할 일은 3번이다.

5 🎧 079

男の人と女の人が話しています。女の人が履修登録の前にすべきことは何ですか。

男 はい、東都大学学生課です。
女 もしもし、4月から編入予定の渡辺と申します。履修登録の件で、ご連絡いたしました。
男 渡辺ゆりさんですね。来月3日にオリエンテーションがあるので、それまでに履修登録をしていただきたいんです。それで、以前在学していた大学の履修状況を拝見しましたが、外国語の単位は充足しているので、必須外国語は履修していただかなくても結構です。ただ、夏休みと冬休みの短期留学を希望される場合には、履修条件がありますので冊子をご確認ください。所属するゼミは決められましたか。
女 はい。相原先生のゼミを希望しています。
男 では、履修登録の前に一度相原先生に面談をしていただきます。履修計画表と、以前の大学の成績表をもとに相談して、相原先生のゼミに入るにあたって、受講すべき授業があるか確認してください。

女の人が履修登録の前にすべきことは何ですか。
1 受講する授業を決めること
2 オリエンテーションに参加すること
3 短期留学の冊子を読むこと
4 ゼミの教授と面談すること

남자와 여자가 이야기하고 있습니다. 여자가 이수 등록 전에 해야 할 일은 무엇입니까?

남 네, 도토 대학 학생과입니다.
여 여보세요, 4월부터 편입할 예정인 와타나베라고 합니다. 이수 등록 건으로 연락드렸습니다.
남 와타나베 유리 씨군요. 다음 달 3일에 오리엔테이션이 있으니 그때까지 이수 등록을 마쳐 주셨으면 합니다. 그래서 이전에 재학하셨던 대학의 이수 상황을 보았는데요, 외국어 학점은 충분하기 때문에 필수 외국어는 이수하지 않으셔도 됩니다. 다만, 여름 방학과 겨울 방학 때 단기 유학을 희망하실 경우에는 이수 조건이 있으니 책자로 확인해 주세요. 소속하실 세미나는 정하셨나요?
여 네. 아이하라 선생님의 세미나를 희망합니다.
남 그럼 이수 등록하시기 전에 한번 아이하라 선생님께 면담을 받으셔야 합니다. 이수 계획표와 이전 대학의 성적표를 토대로 상담하셔서 아이하라 선생님의 세미나에 들어가는 데 있어 수강해야 할 수업이 있는지 확인해 주십시오.

여자가 이수 등록 전에 해야 할 일은 무엇입니까?
1 수강할 수업을 정하는 것
2 오리엔테이션에 참가하는 것
3 단기 유학에 관한 책자를 읽는 것
4 세미나 (담당) 교수님과 면담하는 것

정답 4

단어 履修 이수 | 登録 등록 | 編入 편입 | 件 건 | オリエンテーション 오리엔테이션, 신입생 또는 신입 사원에 대한 교육 | 在学 재학 | 拝見する 보다(見る)의 겸양어 | 単位 단위, 학점 | 充足 충족 | 必須 필수 | 結構だ 괜찮다, 충분하다 | 短期 단기 | 留学 유학 | 希望 희망 | 条件 조건 | 冊子 책자 | 所属 소속 | 面談 면담 | 計画 계획 | 成績 성적 | 受講 수강

해설 남자가 이수 등록과 관련해 말하는 정보는 '오리엔테이션 전에 이수 등록을 마쳐라', '외국어 학점은 충분하니 필수 외국어는 이수하지 않아도 되지만 방학 때 단기 연수를 희망한다면 관련 책자를 확인해라', '소속 세미나 선생님과 이수 등록 전에 한번 면담을 해라'이다. 따라서 여학생이 이수 등록 전에 해야 하는 일은 '담당 교수와의 면담', 선택지 4번이다.

問題 2 포인트 이해

실전문제 정답 및 해설

정답

실전문제 ①   **1** 4   **2** 1   **3** 3   **4** 2   **5** 4   **6** 4
실전문제 ②   **1** 3   **2** 3   **3** 4   **4** 2   **5** 4   **6** 4

실전문제 ①

問題2 문제 2에서는 우선 질문을 들으세요. 그 후 문제지의 선택지를 읽으세요. 읽을 시간이 있습니다. 그리고 이야기를 듣고 문제지의 1에서 4 중에서 가장 적당한 것을 하나 고르세요.

1 🎧 080

문제편 368p

男の人と女の人が話しています。男の人は図書館にどんな不満を持っていますか。

男 ねえ、うちの大学の図書館、どう思う？
女 どうって……。規模は小さいけど、きちんとしてると思うよ。
男 まあね。貸出冊数が少ないことも、最初は不満だったけど、図書館の大きさを考えたら仕方ないかなって、今は思ってるんだけどさ。
女 うん。ちょっと休めるラウンジもあって、いいじゃない。
男 そうかな？ 僕は、そこがいつもうるさくて気になるんだよね。
女 ああ、新入生が結構おしゃべりしてるよね。
男 新入生はわからなくて当然だよ。そもそも、図書館側が、もっとルールをきちんと決めて、利用者に

남자와 여자가 이야기하고 있습니다. 남자는 도서관에 어떤 불만을 가지고 있습니까?

남 있잖아, 우리 대학의 도서관 어떻게 생각해?
여 어떻게라니……? 규모는 작지만 잘 되어 있다고 생각하는데.
남 그렇지. 대출 도서 부수가 적은 것도 처음에는 불만이었지만, 도서관의 규모를 생각하면 어쩔 수 없나 하고 지금은 생각하고 있는데 말이야.
여 응. 잠깐 쉴 수 있는 라운지도 있고 좋잖아.
남 그런가? 난 거기가 언제나 시끄러워서 신경 쓰이는데.
여 아, 신입생이 꽤나 수다를 떨고 있지.
남 신입생은 모르는 게 당연하지. 원래 도서관 측에서 좀 더 확실하게 룰을 정해서 이용자에게 제시해야 한다고

提示していくべきだって思うんだよね。

女 確かにね。

男の人は図書館にどんな不満を持っていますか。
1 規模が小さいこと
2 貸し出せる本が少ないこと
3 新入生のおしゃべりがうるさいこと
4 ルールをはっきり示さないこと

생각해.

여 그건 그래.

남자는 도서관에 어떤 불만을 가지고 있습니까?
1 규모가 작은 것
2 대출할 수 있는 책이 적은 것
3 신입생의 수다가 시끄러운 것
4 룰을 확실하게 제시하지 않는 것

정답 4

단어 不満 불만 | 規模 규모 | きちんと 제대로, 꼼꼼히 | 貸出 대출 | 冊数 (책의) 권수 | 仕方ない 어쩔 수 없다 | ラウンジ 라운지, 휴게실 | うるさい 시끄럽다 | 新入生 신입생 | おしゃべり 수다, 잡담 | 当然だ 당연하다 | ルール 룰, 규칙 | 提示 제시

해설 남학생의 직접적인 불만은 신입생이 라운지에서 수다를 떠는 것이지만, 문제에서 묻는 바가 남학생이 '도서관'에 가진 불만이라는 점을 기억해야 한다. 남학생은 신입생이 떠드는 것보다 '도서관에서 확실한 룰을 제시해야 한다고 생각한다'고 했으므로 정답은 4번이다.

---

2 🎧 081　　　　　　　　　　　　　　　　　　문제편 368p

会社で男の人と女の人が話しています。夏祭りの目的は何ですか。

男 えー、今年の夏ですが、会社主催で夏祭りをしたいと思います。普通のものと違って、会社の敷地内で行います。来てくださったお客様に、夏祭りを楽しみながら、自然にうちの会社の製品を知っていただこうというわけなんですが。

女 いいですね、会社周辺の地域の皆さんにも、会社を知っていただくいい機会ですね。

男 うん。

女 あのう、地域の方だけじゃなくて、社員の家族も呼ぶことにしませんか？いつもどんなところで仕事をしてるか、紹介するためにもきっと盛り上がりますよ。わー、楽しみだなあ！

男 おいおい、はりきるのはいいけど、本来の目的を忘れないようにね。

女 はい、わかりました。

회사에서 남자와 여자가 이야기하고 있습니다. 여름 축제의 목적은 무엇입니까?

남 음, 올 여름 말인데요. 회사 주최로 여름 축제를 개최하려고 합니다. 보통 축제와 달리 회사 부지 내에서 실시합니다. 와 주시는 손님들께서 여름 축제를 즐기면서 자연스럽게 우리 회사 제품을 알게 되었으면 하는 의미가 있는데요.

여 좋군요. 회사 주변 지역 주민분들에게도 회사를 알릴 좋은 기회네요.

남 응.

여 저, 지역 분들뿐만 아니라 사원 가족도 부르지 않을래요? 항상 어떤 곳에서 일을 하고 있는지 소개하기 위해서도 분명 분위기가 고조될 거예요. 와, 기대되네요!

남 이봐, 기운이 넘치는 건 좋은데 본래의 목적을 잊지 말도록.

여 네, 알겠습니다.

夏祭りの目的は何ですか。
1 会社の宣伝のため
2 社員同士の交流のため
3 地域の人との交流のため
4 家族に会社を紹介するため

여름 축제의 목적은 무엇입니까?
1 회사의 홍보를 위해
2 사원끼리의 교류를 위해
3 지역 사람들과의 교류를 위해
4 가족에게 회사를 소개하기 위해

정답 1

단어 夏祭り 여름 축제 | 主催 주최 | 普通 보통 | 敷地 부지 | 自然に 자연스럽게, 저절로 | 周辺 주변 | 地域 지역 | 機会 기회 | 盛り上がる 고조되다, 복받치다 | 楽しみ 기대됨, 즐거움 | はりきる 기운이 넘치다 | 本来 본래 | 目的 목적 | 宣伝 선전, 홍보 | 交流 교류

해설 남자의 첫 번째 대사에서 회사가 여름 축제를 주최하는 목적이 축제를 즐기는 동안 자연스럽게 '회사 제품을 사람들이 알게 하는 것'이라고 말한다. 이를 다르게 표현한 선택지 1번이 정답이다. 2, 3, 4번은 여직원의 생각이며, 이에 대해서는 남자가 '본래 목적을 잊지 말라'고 주의를 주고 있으므로 답이 될 수 없다.

---

3 🎧 082

レストランで店員と客が話しています。このレストランは10年前とどう変わりましたか。

女 佐藤様、本日はお越しくださってありがとうございます。

男 引っ越して以来だから、もう10年になるかな。10年前と同じ味で、懐かしいなあと思ったよ。

女 ありがとうございます。新しいメニューをどんどん増やしてはいるんですが、お客様に人気のメニューはずっと変わりません。

男 値段もそのままだし、この時代にすごいよね。そうだ、前に来たときは、2階はなかったよね？

女 はい、お客さまが増えて、ワンフロアだけでは狭くなってしまったので。

男 店長さんも元気そうで、安心したよ。従業員も増えてまとめていくのも大変だろうけど、これからもがんばってね。また来るよ。

女 はい、ありがとうございます。

레스토랑에서 점원과 손님이 이야기하고 있습니다. 이 레스토랑은 10년 전과 어떻게 달라졌습니까?

여 사토 님, 오늘은 와 주셔서 감사합니다.
남 이사한 이후 (처음)이니까 벌써 10년이 되나? 10년 전과 같은 맛이어서 반갑다고 생각했어.
여 감사합니다. 새로운 메뉴를 계속 늘리고 있기는 하지만 손님들에게 인기 있는 메뉴는 그 동안 쭉 변함이 없습니다.
남 가격도 그대로이고, 이런 시대에 대단하네. 맞다, 전에 왔을 때는 2층은 없지 않았나?
여 네, 손님이 늘어나서 한 층만으로는 좁아져 버려서요.
남 점장님도 건강하신 것 같아 안심이야. 종업원도 늘어나서 꾸려 나가는 것도 힘들겠지만 앞으로도 힘내. 또 올게.
여 네, 감사합니다.

このレストランは10年前とどう変わりましたか。
1 人気メニューが多くなった
2 値段が高くなった
3 店が広くなった
4 従業員が少なくなった

이 레스토랑은 10년 전과 어떻게 달라졌습니까?
1 인기 메뉴가 많아졌다
2 가격이 비싸졌다
3 가게가 넓어졌다
4 종업원이 줄어들었다

[정답] 3

[단어] 懐かしい 그립다, 반갑다 | 増やす 늘리다 | メニュー 메뉴 | 値段 가격 | 時代 시대 | ワンフロア 원 플로어, 한 층 | 狭い 좁다 | 店長 점장 | 従業員 종업원 | まとめる 통합하다, 정리하다

[해설] 이 레스토랑이 10년 전과 변함 없는 점은 '인기 메뉴와 가격, 점장'이며, 유일하게 달라진 점은 「前に来たときは、2階はなかったよね 전에 왔을 때는 2층 없지 않았나?」라는 남자의 두 번째 대사를 통해 알 수 있듯이 '2층 증축'이다. 따라서 답은 선택지 3번이다.

---

4   🎧 083   문제편 369p

テレビの料理番組で先生が話しています。先生は何が一番大切だと言っていますか。

女 今日は、肉じゃがのポイントをご説明します。新鮮な野菜と牛肉を用意したら、じゃがいもとにんじんを切っていきます。野菜の大きさを揃えることで均等に火が通るという方もいらっしゃるんですが、実は一番大事なのは時間なんですね。大きい野菜から順に、時間差で入れていくんです。煮始めてすぐにじゃがいも、5分おいてにんじんを入れていきます。甘いのがお好きな方は、このとき砂糖を少し多めに入れるといいでしょう。

先生は何が一番大切だと言っていますか。
1 野菜を同じ大きさに切ること
2 大きい材料から鍋に入れること
3 材料を煮過ぎないようにすること
4 砂糖を多めに入れること

텔레비전 요리 방송에서 선생님이 이야기하고 있습니다. 선생님은 무엇이 가장 중요하다고 말하고 있습니까?

여 오늘은 니쿠자가(고기 감자 조림)의 포인트를 설명하겠습니다. 신선한 야채와 소고기를 준비했다면 감자와 당근을 썹니다. 야채의 크기를 똑같게 맞추면 균일하게 익는다고 하는 분도 계시겠지만, 사실 가장 중요한 것은 시간입니다. 큰 야채부터 차례로 시간 차를 두고 넣어 가는 겁니다. 물이 끓기 시작하면 바로 감자, 5분 후에 당근을 넣습니다. 단 것을 좋아하는 분은 이 때 설탕을 좀 많이 넣으면 되겠습니다.

선생님은 무엇이 가장 중요하다고 말하고 있습니까?
1 야채를 같은 크기로 써는 것
2 큰 재료부터 냄비에 넣는 것
3 재료를 지나치게 끓이지 않도록 하는 것
4 설탕을 좀 많이 넣는 것

[정답] 2

[단어] 番組 방송 프로그램 | 大切だ 중요하다, 소중하다 | 肉じゃが 니쿠자가, 고기 감자 조림(일본 가정식 요리) | ポイント 포인트 | 新鮮だ 신선하다 | 用意 준비 | じゃがいも 감자 | にんじん 당근 | 揃える (길이・크기・무게 등을) 같게 하다, 갖추다 | 均等 균등 | 火が通る (불에) 익다 | 順に 순서대로, 차례로 | 時間差 시간 차 | 煮る 끓이다, 삶다, 조리다 | 甘い 달다 | 砂糖 설탕 | 多めに 좀 많게 | 鍋 냄비

해설 | 여자는 '니쿠자가'라는 음식을 만드는 법을 설명하다가 중간에 '사실 가장 중요한 것은 시간(実は一番大事なのは時間)'이라고 말하며 '큰 야채부터 차례로 시간 차를 두고 넣는다(大きい野菜から順に、時間差で入れていく)'라고 부연 설명한다. 따라서 2번이 정답이다.

---

5 🎧 084

会社で男の人と女の人が話しています。男の人がパリ支店勤務に選ばれた一番の理由は何ですか。

男 来年のパリ支店勤務、あれ、僕になったんだ。

女 えっ、おめでとう！でも、あれって、田中さんに決まってなかったっけ？

男 それがさ、田中さんはお子さんがまだ小さいってことで、断ったみたいなんだ。そのあと、杉本さんが候補になったらしいんだけど、うちの課長が上に僕のことを推してくれたみたいで。

女 へえ、どうして急に？あ、わかった！確か、大学の専攻がフランス語だったよね。それで推薦したんじゃない？

男 僕もそう思ったんだけど、それはないって。第一、パリ支店も仕事は英語でするわけだしさ。

女 それもそうね。じゃあ、やっぱり、日頃の仕事ぶりがよかったんだよ。

男 はは、それはどうかな。とにかく、がんばってくるよ。

男の人がパリ支店勤務に選ばれた一番の理由は何ですか。
1 杉本さんが行けなくなったから
2 大学でフランス語を専攻したから
3 英語で仕事ができるから
4 課長が推薦してくれたから

회사에서 남자와 여자가 이야기하고 있습니다. 남자가 파리 지점 근무로 뽑힌 가장 큰 이유는 무엇입니까?

남 내년 파리 지점 근무, 그거 내가 됐어.

여 와, 축하해! 근데 그거 다나카 씨로 정해지지 않았었나?

남 그게, 다나카 씨는 아이가 아직 어려서 거절한 것 같아. 그 다음에 스기모토 씨가 후보에 올랐던 것 같은데, 우리 과장님이 윗선에 나를 추천해 주신 것 같아.

여 오, 왜 갑자기? 아, 알았다! 분명 대학 전공이 프랑스어였지? 그래서 추천하신 거 아냐?

남 나도 그렇게 생각했는데 그건 아니래. 무엇보다 파리 지점도 업무는 영어로 할 테고 말이야.

여 그건 그렇네. 그럼 역시 평소 일하는 태도가 좋았기 때문이야.

남 하하, 그건 과연 어떨까? 어쨌든 열심히 하고 올게.

남자가 파리 지점 근무로 뽑힌 가장 큰 이유는 무엇입니까?
1 스기모토 씨가 못 가게 되었기 때문에
2 대학에서 프랑스어를 전공했기 때문에
3 영어로 일을 할 수 있기 때문에
4 과장님이 추천해 주었기 때문에

정답 | 4

단어 | 支店 지점 | 勤務 근무 | 決まる 결정되다 | 断る 사절하다, 거절하다 | 候補 후보 | 推す 밀다, 추천하다 | 専攻 전공 | 推薦 추천 | 第一 첫 번째, 우선 | 日頃 평소, 평상시 | ~ぶり ~하는 모습, 모양

해설 | 남자가 파리 지점 근무에 뽑히게 된 가장 큰 이유를 찾아야 한다. 남자의 두 번째 대사에서 '스기모토 씨가 후보에 올랐지만 과장님이 나를 추천해 주었다'고 했으므로 정답은 4번이다. '전공이 프랑스어'였던 것 역시 남자가 세 번째 대사에서 '아니'라고 부정하고 있고, 남자의 영어 업무 능력에 대한 구체적인 언급은 없으므로 3번 역시 오답이다.

6 🎧 085 　　　　　　　　　　　　　　　　　　　　　　　문제편 369p

パソコンの修理について、男の人と女の人が話しています。女の人はどうしてほしいと言っていますか。

男　もしもし、こちら修理センターですが、お預かりしているパソコンのことでお電話しました。

女　はい、何でしょうか。

男　画面と電源の2か所の故障が見つかりまして、画面の方は無料で修理できそうなんですが、電源の方は、もう少し詳しく原因を調べてみないと、修理費用を申し上げられないんです。

女　電源まで修理する場合、どのくらいになりますか？

男　そうですね、3万円から5万円くらいになることもあります。

女　え！そんなに高いんですか。ええと、もし3万円以上になるようだったら、新しいものを買いたいので、そのまま送り返していただけますか。

男　わかりました。もしそれ以下の場合、すぐに修理に入った方がよろしいでしょうか。

女　いえ、一応その場合も教えてください。

男　はい、わかりました。

女の人はどうしてほしいと言っていますか。
1　画面だけ直してほしい
2　パソコンを送ってほしい
3　すぐ修理してほしい
4　修理の金額を報告してほしい

컴퓨터 수리에 대해 남자와 여자가 이야기하고 있습니다. 여자는 어떻게 해 주길 바란다고 말하고 있습니까?

남　여보세요. 여기는 수리 센터인데요, 맡기신 컴퓨터 건으로 전화드렸습니다.

여　네, 무슨 일이시죠?

남　화면과 전원 두 군데에서 고장이 발견됐는데, 화면 쪽은 무료로 수리할 수 있을 것 같지만 전원 쪽은 좀 더 자세하게 원인을 찾아보지 않으면 수리 비용을 말씀드리지 못할 것 같아서요.

여　전원까지 수리할 경우 얼마나 들까요?

남　글쎄요, 3만 엔에서 5만 엔 정도 되는 경우도 있습니다.

여　어머! 그렇게 비싼 건가요? 음, 만약 3만 엔 이상이 될 것 같으면, 새것을 사고 싶으니 그대로 돌려보내 주시겠어요?

남　알겠습니다. 만약 그 이하일 경우에는 바로 수리에 들어가는 편이 좋을까요?

여　아니요, 일단 그 경우에도 알려 주세요.

남　네, 알겠습니다.

여자는 어떻게 해 주길 바란다고 말하고 있습니까?
1　화면만 고쳐 주기 바란다
2　컴퓨터를 보내 주기 바란다
3　곧 바로 수리해 주기 바란다
4　수리 금액을 보고해 주기 바란다

[정답] 4

[단어] パソコン 컴퓨터 | 修理 수리 | 預かる 맡다, 보관하다 | 画面 화면 | 電源 전원 | 故障 고장 | 無料 무료 | 詳しい 상세하다, 정통하다 | 原因 원인 | 調べる 조사하다, 알아보다 | 費用 비용 | 申し上げる 말하다(言う)의 겸양어 | 送り返す 돌려보내다 | 一応 일단 | 金額 금액

[해설] 수리 센터 직원이 여자에게 '컴퓨터에서 두 군데 고장이 발견됐다'고 하고, 이에 여자는 수리 비용이 '3만 엔 이상이 될 것 같으면 고치지 말고 먼저 알려 달라'고 한다. 이에 직원이 '3만 엔 이하면 수리하는 것이 좋겠냐'라고 묻고, 여자는 다시 한번 '그 경우에도 알려 달라'고 말하므로 정답은 4번이다.

실전문제 ②

問題2　문제 2에서는 우선 질문을 들으세요. 그 후 문제지의 선택지를 읽으세요. 읽을 시간이 있습니다. 그리고 이야기를 듣고 문제지의 1에서 4 중에서 가장 적당한 것을 하나 고르세요.

[1]　🎧 086

ある研究所で所長と研究員の女の人が話しています。研究員の女の人は、所長の話をどうして断りましたか。

男　どうかなあ。この間のアメリカ留学の話、考えてくれた？

女　はい。私にはもったいないお話なのですが、やはり今回は辞退させていただきたいと思います。

男　うーん。お子さん、6歳と4歳だっけ？確かに、離れて暮らすにはかなりの決断が必要だっていうのも、わかるけど。長い目でキャリアのことを考えたら、決して悪い話じゃないと思うよ。

女　あ、いえ、子供のことは、実家の母がサポートしてくれると言うのでなんとかなりそうです。私としても、アメリカの研究所で勉強させていただけるのは、とてもありがたいことなのですが……。

男　じゃあ、どうして？

女　実は、夫が、先月心臓の手術をしまして、この間の検査で、完全に治るまでは1年かかるだろうって言われたんです。幸い、もう退院して家にいるんですが、やはり、近くにいた方が安心ですので。身勝手を承知で申し上げれば、一年待っていただければとは思うのですが……。

男　一年先に、また条件が揃うかどうか…。ま、今度のことはご家族でよく話し合われたことだろうから。うん、わかった。

研究員の女の人は、所長の話をどうして断りましたか。
1　子どもと一緒に暮らしたいから
2　母親に負担がかかるから
3　夫の体調が心配だから
4　一年後の留学を約束してくれたから

어느 연구소에서 소장과 연구원인 여자가 이야기하고 있습니다. 연구원인 여자는 소장의 이야기를 왜 거절했습니까?

남　어때? 일전에 이야기한 미국 유학, 생각해 봤어?

여　네. 저에게는 과분한 말씀이지만, 역시 이번에는 고사하려고 합니다.

남　음, 자녀가 여섯 살과 네 살이었나? 확실히 떨어져 살기에는 상당한 결단이 필요하다는 것도 알겠지만. 장기적인 관점으로 경력을 생각하면 결코 나쁜 얘기는 아니라고 생각해.

여　아, 아뇨. 아이에 대한 건 친정 어머니가 지원해 준다고 하시니 어떻게든 될 것 같아요. 저로서도 미국 연구소에서 공부할 수 있다는 것은 매우 감사한 일이지만요…….

남　그럼, 왜?

여　실은 남편이 지난달 심장 수술을 해서, 지난번 검사에서 완전히 낫기까지 1년이 걸릴 것 같다는 얘기를 들었어요. 다행히 이제 퇴원해서 집에 있기는 하지만, 역시 가까이에 있는 편이 안심이 돼서요. 염치없는 줄 알면서 말씀드리면 1년 기다려 주시면 어떨까 생각합니다만…….

남　1년 후에 또 조건이 맞을지 어떨지…. 뭐, 이번 일은 가족끼리 잘 얘기한 결과일 테니까. 응, 알겠어.

연구원인 여자는 소장의 이야기를 왜 거절했습니까?
1　아이와 함께 살고 싶기 때문에
2　어머니에게 부담이 되기 때문에
3　남편의 몸 상태가 걱정되기 때문에
4　일년 후의 유학을 약속해 주었기 때문에

정답 **3**

단어 研究所 연구소 | 所長 소장 | 研究員 연구원 | もったいない 황송하다, 과분하다, 아깝다 | 辞退 사퇴, 사양, 고사 | 決断 결단 | 長い目 긴 안목 | キャリア 커리어, 경력 | 決して 결코 | サポート 서포트, 지원 | ありがたい 감사하다, 고맙다 | 心臓 심장 | 手術 수술 | 検査 검사 | 完全に 완전하게 | 治る 낫다, 치료되다 | 幸い 다행, 다행히 | 退院 퇴원 | 身勝手 제멋대로 함, 염치없음 | 承知 알아들음, 승낙, 용서 | 条件 조건 | 話し合う 서로 이야기하다 | 暮らす 살다, 생활하다 | 負担 부담 | 体調 컨디션, 몸 상태

해설 마지막 대사의「実は」부터가 여자가 정말로 하고 싶은 말이다. 앞에서 말한 아이들 문제는 친정 엄마가 지원해 준다고 했고, 미국에서 공부할 수 있다는 것도 감사한 일이지만 '실은(実は) 남편이 심장 수술을 해서 옆에 있는 편이 안심이 된다'는 것이 제안을 거절한 이유이다. 따라서 정답은 3번이다.

---

2 🎧 087 문제편 370p

友人同士が話しています。男の人が見た、恐竜の見た目が変化していたのはなぜですか。

男 この前、科学博物館でやってる恐竜展に行ってきたんだけどさ、もう最高だったよ。
女 恐竜展って、子供たちが見に行くイメージだったけど、大人のファンもいるんだね。
男 俺も実は20年振り。子供の頃は良く行ってたんだけど、大人になって改めて見ても、本当面白かったよ。俺らが子供の時に見てた恐竜とは、見た目もだいぶ変わってた。
女 そうなんだ。確かに最近の展示技術で見たら、すごくリアルで迫力ある恐竜が見られそう。
男 そうそう、VRで恐竜が見られる展示があったり、設備も凄かった。羽毛が生えた肉食恐竜とか、歯のある鳥とか初めて見る姿だったよ。この10年で恐竜の見た目の研究がかなり進んだらしくて、恐竜の声とか、行動とか、今後どんどん明らかになるんだろうな。
女 ふわふわした恐竜がいたって、あんまり想像できないな。もっと、ワニとかヘビとか爬虫類みたいな感じだと思ってたよ。でも、鳥は恐竜から進化して生まれたって聞いたことあるし、羽毛があっても不思議じゃないか。

친구끼리 이야기하고 있습니다. 남자가 본 공룡의 생김새가 변화한 것은 어째서입니까?

남 일전에 과학 박물관에서 하는 공룡전에 다녀왔는데 정말 최고였어.
여 공룡전이라니, 아이들이 보러 간다는 이미지였는데 어른 팬도 있구나.
남 나도 실은 20년 만이야. 어렸을 때는 자주 가곤 했는데 어른이 되어서 다시 봐도 정말 재미있었어. 우리가 어릴 때 보던 공룡과는 생김새도 꽤 달라졌어.
여 그렇구나. 확실히 최근의 전시 기술로 보면, 굉장히 리얼하고 박진감 넘치는 공룡을 볼 수 있을 것 같아.
남 그래 맞아. VR로 공룡을 볼 수 있는 전시가 있기도 하고 설비도 굉장했어. 깃털이 난 육식 공룡이라든가, 이가 있는 새라든가, 처음 보는 모습이었어. 최근 10년 사이 공룡의 생김새(에 대한) 연구가 상당히 진척된 듯해서, 공룡의 목소리나 행동 등이 앞으로 점점 밝혀지겠지.
여 복슬복슬한 공룡이 있었다는 건, 잘 상상이 안 가네. 좀 더 악어라든가 뱀이라든가 하는 파충류 같은 느낌이라고 생각했는데. 하지만 새는 공룡에서부터 진화해서 태어났다고 들은 적이 있으니, 깃털이 있다고 해도 이상하진 않나.

男の人が見た、恐竜の見た目が変化していたのはなぜですか。
1 大人になって改めて見たから
2 展示の技術が良くなったから
3 見た目の研究が進んだから
4 行動や声が明らかになったから

남자가 본 공룡의 생김새가 변화한 것은 어째서입니까?
1 어른이 되고 다시 보았기 때문에
2 전시 기술이 좋아졌기 때문에
3 생김새(에 대한) 연구가 진척되었기 때문에
4 행동이나 목소리가 밝혀졌기 때문에

정답 3

단어 〜同士 〜끼리 | 恐竜 공룡 | 変化 변화 | 科学 과학 | 博物館 박물관 | 俺 나(남자가 쓰는 일인칭) | 〜振り 〜만(시간) | 改めて 새롭게, 새삼스럽게 | 見た目 겉모습, 외견 | だいぶ 상당히, 어지간히 | 展示 전시 | 技術 기술 | リアル 리얼, 현실적, 사실적 | 迫力 박력 | VR 가상 현실 | 設備 설비 | 羽毛 깃털 | 生える 나다, 생기다 | 肉食 육식 | 歯 이, 치아 | 進む 나아가다, 진척하다 | 行動 행동 | ふわふわ 부드럽게 부푼 모양, 푹신푹신, 복슬복슬 | 想像 상상 | ワニ 악어 | ヘビ 뱀 | 爬虫類 파충류 | 進化 진화

해설 남자는 20년 만에 공룡 전시를 봤는데, 공룡의 생김새가 매우 달라졌으며 그 이유가 '최근 10년 사이 공룡의 생김새에 대한 연구가 상당히 진척됐기(この10年で恐竜の見た目の研究がかなり進んだ) 때문'이라고 한다. 따라서 정답은 3번이다.

---

3 🎧 088 문제편 370p

テレビで、アナウンサーが野菜について話しています。女の人は、ある菌を土に混ぜて野菜を育てることで、どうなると言っていますか。

女 近頃、無農薬野菜がブームですね。皆さんもご存知の通り、農薬ばかりを使っていると、野菜の味が薄くなり、含まれる栄養も少なくなってしまいます。無農薬野菜は味が濃くて栄養価が高いのがメリットですが、虫がついてしまうとそれを取るのに手間がかかるので、どうしても値段が上がってしまいます。そこで、ある菌を土に混ぜることで、虫がつくのを防ぎ、野菜本来のおいしさを維持できる、というユニークな方法があるそうです。今日はその方法を紹介したいと思います。

女の人は、ある菌を土に混ぜて野菜を育てることで、どうなると言っていますか。
1 野菜の味が悪くなり、栄養価も低くなる
2 農家の仕事が増え、野菜の値段が上がる
3 虫がつくが、栄養価の高い野菜ができる
4 虫もつかず、味のおいしい野菜ができる

텔레비전에서 아나운서가 채소에 대해서 이야기하고 있습니다. 여자는 어떤 균을 흙에 섞어서 채소를 키우면 어떻게 된다고 말하고 있습니까?

여 최근 무농약 채소가 붐이지요. 여러분도 아시다시피 농약만을 사용하면 채소 맛이 싱거워지고, 함유된 영양도 적어지고 맙니다. 무농약 채소는 맛이 진하고 영양가가 높은 것이 장점이지만, 벌레가 생겨 버리면 그것을 잡는데 수고가 들기 때문에 아무래도 가격이 올라 버립니다. 그런데 어떤 균을 흙에 섞음으로써 벌레가 생기는 것을 방지하고 채소 본래의 맛을 유지할 수 있는 독특한 방법이 있다고 합니다. 오늘은 그 방법을 소개하려고 합니다.

여자는 어떤 균을 흙에 섞어서 채소를 키우면 어떻게 된다고 말하고 있습니까?
1 채소 맛이 나빠지고 영양가도 낮아진다
2 농가의 일이 늘어 채소 가격이 오른다
3 벌레가 생기지만 영양가가 높은 채소를 키울 수 있다
4 벌레도 생기지 않고 맛 좋은 채소를 키울 수 있다

정답 **4**

단어 菌 균 | 土 흙 | 混ぜる 섞다 | 育てる 기르다 | 近頃 요즘 | 無農薬 무농약 | ブーム 붐, 유행 | ご存知の通り 아시다시피 | 薄い 엷다, 싱겁다 | 含まれる 포함되다 | 栄養 영양 | 濃い 진하다 | 手間がかかる 수고・시간 등이 들다, 손이 많이 간다 | 値段 가격 | 防ぐ 막다, 방지하다 | 本来 본래, 원래 | 維持 유지 | ユニークだ 유니크하다, 독특하다 | 農家 농가

해설 질문에서 '어떤 균을 흙에 섞어서 키우면 어떻게 되는지'를 구체적으로 묻고 있으므로 이에 관한 언급이 나오는 부분을 찾아야 한다. 여자는 무농약 채소에 대해 이야기하다 마지막에 '어떤 균을 흙에 섞어서 키우면 벌레가 생기는 것을 방지하고 채소 본래의 맛을 유지할 수 있다(虫がつくのを防ぎ、野菜本来のおいしさを維持できる)'고 한다. 따라서 정답은 4번이다.

---

4 🎧 089

문제편 371p

友人同士が話しています。男の人は自身の就職活動についてどんな状況だと言っていますか。

男 就活どう、うまく行ってる？

女 うーん、今インターンしてる会社は、新卒者の採用を見送るみたいで、よそをあたってるところ。

男 研究職志望だったよね？どんなところ見てるの？

女 最近は食品とか化粧品会社も視野に入れてるけど、どうなることやら。そっちこそどうなの？

男 もう30社は受けたが、全部だめだったな。

女 うちの研究室は結構みんな決まりはじめてるから、焦ってきちゃって。今内定出してくれる会社があれば、どこでもいいから入りたいよ。

男 それな。俺はもう自暴自棄通り越して、なぎだから。最近増えてる通年採用の企業に望みをかけて長期戦に備えることにするよ。

男の人は自身の就職活動についてどんな状況だと言っていますか。

1 うまく行っている
2 どこにも受かっていない
3 自暴自棄になっている
4 息抜きをしている

친구끼리 이야기하고 있습니다. 남자는 자신의 취업 활동에 대해 어떤 상황이라고 말하고 있습니까?

남 취업 활동은 어때? 잘 되고 있어?

여 음, 지금 인턴으로 들어간 회사는 새로 졸업하는 사람의 채용을 보류하는 것 같아서 다른 곳을 알아보는 중이야.

남 연구직 지망이었지? 어떤 곳을 보고 있는데?

여 최근에는 식품이나 화장품 회사도 포함시키고 있는데 어떻게 되려나. 너야 말로 어떻게 되어가는데?

남 벌써 회사는 30군데 지원했지만, 전부 안 됐어.

여 우리 연구실에서는 제법 많은 사람들이 결정되기 시작해서 초조해져서 말이지. 지금 내정(채용 확정)을 해주는 회사가 있으면 아무데나 좋으니 들어가고 싶어.

남 그 기분 알아. 난 이미 자포자기를 넘어서서 편안하다니까. 요즘 늘어나고 있는 상시 채용하는 기업에 희망을 걸고 장기전에 대비하려고 해.

남자는 자신의 취업 활동에 대해 어떤 상황이라고 말하고 있습니까?

1 잘 되어가고 있다
2 어디에도 붙지 않았다
3 자포자기 상태이다
4 숨을 돌리고 있다

[정답] 2

[단어] 就活 취업 활동의 준말, 구직 활동, 취업 준비 | うまく行く 잘 되다 | インターン 인턴 | 新卒者 (그 해의) 신규 졸업자 | 見送る 보류하다, 배웅하다 | よそ 다른 곳 | あたる 맞다, 부딪다 | 志望 지망 | 食品 식품 | 化粧品 화장품 | 視野に入れる 시야에 넣다, 대상으로 포함시키다 | ～やら ～인지 | 焦る 초조해하다, 안달하다 | 内定 내정, 여기에서는 '채용 확정'의 의미 | 自暴自棄 자포자기 | 通り越す 통과하다, 넘어서다 | なぎ 바람이 멎고 물결이 잔잔해짐 | 通年 통년, 일년 내내 | 望み 희망, 바람 | 長期戦 장기전 | 受かる 합격하다 | 息抜き 숨 돌리기, 기분 전환

[해설] 남자의 세 번째 대사를 보면 자신의 취업 활동 상황에 대해 '이미 30군데나 지원했지만 전부 안 됐다(もう30社は受けたが、全部だめだ)'고 분명하게 말하고 있다. 따라서 정답은 2번이다. 뒤이어 '자포자기 상태를 넘어서서 편안해졌으며 상시 채용하는 기업에 희망을 걸고 장기전에 대비하려고 한다'고 하는데, '자포자기'라는 단어만을 듣고 3번을 답으로 고르는 실수를 하지 않도록 하자.

5　🎧 090　　　　　　　　　　　　　　　　　　　　　　　　　　　　　　　문제편 371p

会議で、男の人が話しています。男の人は、加藤さんの何を一番褒めていますか。

男　え～、皆さん。今月の営業成績トップは、加藤さんです。おめでとうございます。加藤さんは、毎朝、誰よりも早く会社に来て一日のスケジュールを整理してくれました。また毎日靴をすり減らしながら外回りをしてきました。何より素晴らしいのは、体調を崩さないよう自己管理をしていたということです。もちろん結果も残していますが、彼女の姿を、ぜひ皆さんにも見習っていただきたいですね。

男の人は、加藤さんの何を一番褒めていますか。
1　今月の営業成績で一番になったこと
2　毎朝早く会社へ来て、スケジュールを整理したこと
3　あちこち歩き回って、営業をしたこと
4　体を壊さないように気をつけたこと

회의에서 남자가 이야기하고 있습니다. 남자는 가토 씨의 무엇을 가장 칭찬하고 있습니까?

남　음, 여러분. 이번 달 영업 성적 톱은 가토 씨입니다. 축하드립니다. 가토 씨는 매일 아침, 누구보다도 일찍 회사에 와서 하루의 스케줄을 정리해 주었습니다. 또한 매일 구두가 닳도록 외근을 해 왔습니다. 무엇보다 훌륭한 것은 컨디션을 해치지 않도록 자기 관리를 한 것입니다. 물론 결과도 남겼습니다만, 그녀의 모습을 부디 여러분도 보고 배웠으면 좋겠군요.

남자는 가토 씨의 무엇을 가장 칭찬하고 있습니까?
1　이번 달 영업 성적에서 톱이 된 것
2　매일 아침 회사에 와서 스케줄을 정리한 것
3　여기저기 돌아다니면서 영업을 한 것
4　건강을 해치지 않도록 신경을 쓴 것

[정답] 4

[단어] 褒める 칭찬하다 | 営業 영업 | 成績 성적 | スケジュール 스케줄, 일정 | 整理 정리 | すり減らす 문질러 닳게 하다 | 外回り 외근 | 素晴らしい 훌륭하다, 대단하다 | 体調 몸 상태, 컨디션 | 崩す 망가뜨리다, 무너뜨리다 | 自己管理 자기 관리 | 結果 결과 | 姿 모습 | 見習う 보고 배우다, 견습하다 | 歩き回る 돌아다니다

[해설] 남자가 가토 씨를 칭찬하는 내용은 여러 가지 있지만, 그 중에서 가장 강조하고 싶은 내용은 '무엇보다도 대단한 것은(何より素晴らしいのは)' 이후에 나온다. 따라서 '컨디션을 해치지 않도록 자기 관리를 한 것'을 다르게 표현한 4번이 정답이다.

6 🎧 091

アナウンサーがインタビューしています。男の人は、ガイドランナーのやりがいは何だと言っていますか。

女 今回はパラリンピックで2大会連続ガイドランナーを務める青木さんにお話を伺います。青木さん、よろしくお願いいたします。

男 よろしくお願いします。私が務めますガイドランナーというのは、視覚に障がいがある選手に伴走して、彼らにコースの状況や距離などを伝える役割をしています。お互いに輪になったロープを掴んで走るんですが、選手の走りの特徴を把握してサポートすることが最も難しく、最もやりがいを感じる部分です。走ることって、本当に気持ちがいいんです。それを色々な人に感じて欲しくて、20年前から市民マラソンの伴走ボランティアを始めました。まさか、こんなに大きな舞台で走る日が来るとは思っていませんでしたが、しっかりと調子を整えて、本番に臨みたいと思います。

男の人は、ガイドランナーのやりがいは何だと言っていますか。
1 選手にコースの情報を的確に伝えること
2 ロープ一つで選手と息を合わせること
3 走る楽しさを多くの人に伝えること
4 **選手の走り方に応じたサポートをすること**

아나운서가 인터뷰하고 있습니다. 남자는 가이드 러너의 보람은 무엇이라고 말하고 있습니까?

여 이번에는 패럴림픽에서 두 대회 연속으로 가이드 러너를 맡은 아오키 씨에게 말씀을 듣도록 하겠습니다. 아오키 씨, 잘 부탁드립니다.

남 잘 부탁합니다. 제가 맡고 있는 가이드 러너라고 하는 것은 시각에 장애가 있는 선수와 함께 달리며 그들에게 코스의 상황이나 거리 등을 전달하는 역할을 하고 있습니다. 서로 원형의 로프를 잡고 달리는데요, 선수의 달리는 특징을 파악해서 서포트하는 것이 가장 어렵고 가장 보람을 느끼는 부분입니다. 달리기란 정말로 기분이 좋아요. 그것을 여러 사람들이 느꼈으면 해서 20년 전부터 시민 마라톤의 함께 달리기 자원봉사를 시작했습니다. 설마 이렇게 큰 무대에서 달리는 날이 올 거라고는 생각하지 않았지만, 제대로 컨디션을 조절해서 본 경기에 임하고자 합니다.

남자는 가이드 러너의 보람은 무엇이라고 말하고 있습니까?
1 선수에게 코스의 정보를 정확하게 전달하는 것
2 로프 하나로 선수와 호흡을 맞추는 것
3 달리는 즐거움을 많은 사람들에게 전달하는 것
4 **선수가 달리는 방식에 맞춰 서포트를 하는 것**

[정답] 4

[단어] やりがい 보람 | パラリンピック 패럴림픽, 장애인 올림픽 | 連続 연속 | 務める 맡다, 근무하다 | 伺う 듣다·묻다(聞く), 방문하다(訪ねる)의 겸양어 | 障がい 장애 | 伴走 함께 달림, 주자 옆에서 같이 달리는 것 | 距離 거리 | 役割 역할 | お互いに 서로 | 輪 원형, 바퀴 | 掴む 잡다 | 特徴 특징 | 把握 파악 | 市民 시민 | 舞台 무대 | 調子 상태, 컨디션 | 整える 조정하다, 조절하다 | 本番 연습이 아닌 정식 경기, 본 경기 | 臨む 임하다 | 的確 적확하게, 정확하게 | 息を合わせる 호흡을 맞추다 | 応じる 대답하다, 대응하다

[해설] '가이드 러너의 보람(やりがい)'에 관해 구체적으로 언급하는 부분을 찾는 것이 문제 풀이의 핵심이다. 남자는 이야기 중반부에 '선수의 달리는 특징을 파악해서 서포트 하는 것이 가장 어렵고, 가장 보람을 느끼는 부분(最もやりがいを感じる部分)'이라고 직접적으로 말하고 있다. 따라서 정답은 4번이다.

問題 3 개요 이해

실전문제 정답 및 해설

정답

실전문제 ①　[1] 1　[2] 3　[3] 4　[4] 3　[5] 2
실전문제 ②　[1] 3　[2] 3　[3] 3　[4] 1　[5] 1

실전문제 ①

問題3 문제3에서는 문제지에 아무것도 인쇄되어 있지 않습니다. 이 문제는 전체적으로 어떤 내용인가를 묻는 문제입니다. 이야기 전에 질문은 없습니다. 우선 이야기를 들으세요. 그리고 질문과 선택지를 듣고 1에서 4 중에서 가장 적당한 것을 하나 고르세요.

문제편 372p

[1] 🎧 092

ラジオで男の人が話しています。

男　営業というのは、相手に断られるところから始まると僕は思っています。商品を見せて買って下さいって言っても最初からイエスと言うお客さんなんていませんよ。だから僕は、相手にノーと言われた瞬間に「よし、ここからが本当の営業だ」と、やる気のアクセルを踏むんです。ノーをイエスにするために頭と体を使います。うまく行かなくても、「断られたけど、いい経験になった」と思うのでストレスは感じません。仕事は何でもそうなんじゃないでしょうか。何か困ったことが起こった時が仕事のスタートだと思わないと、やる気はどんどんなくなってしまうと僕は思いますね。

男の人が伝えたいことは何ですか。
1　困った時こそやる気を起こすべきだ
2　頭と体を使えばやる気は出てくる

라디오에서 남자가 이야기하고 있습니다.

남　영업이라는 것은 상대방에게 거절당하는 것에서부터 시작된다고 저는 생각하고 있습니다. 상품을 보여주고 사달라고 말해도 처음부터 예스라고 말하는 고객 같은 건 없어요. 그래서 저는 상대방에게 노라고 듣는 순간에 '좋아, 지금부터가 진짜 영업이다'라며 의욕의 액셀을 밟습니다. 노를 예스로 만들기 위해 머리와 몸을 사용합니다. 잘 안 되더라도, '거절당했지만 좋은 경험이 됐어'라고 생각하기 때문에 스트레스는 느끼지 않습니다. 일이란 게 무엇이든지 그렇지 않나요? 뭔가 곤란한 일이 일어났을 때가 일의 시작이라고 생각하지 않으면, 의욕은 자꾸 사라져 버릴 거라고 저는 생각해요.

남자가 전하고 싶은 것은 무엇입니까?
1　곤란한 때야 말로 의욕을 일으켜야 한다
2　머리와 몸을 사용하면 의욕이 생긴다

3 ストレスが多いとやる気はなくなる
4 やる気がないのに仕事を始めてはいけない

3 스트레스가 많으면 의욕은 사라진다
4 의욕이 없는데 일을 시작해서는 안 된다

정답 1

단어 ラジオ 라디오 | 営業 영업 | 最初 최초, 맨 처음 | 瞬間 순간 | やる気 의욕 | アクセル 액셀, 자동차의 가속 장치 | 踏む 밟다 | 経験 경험 | ストレス 스트레스 | 困る 곤란하다 | どんどん 계속, 자꾸, 잇달아

해설 남자는 첫 부분에서 '영업이라는 것은 상대방에게 거절당하는 것부터 시작'이라고 말한 뒤, '상대방이 노(NO)라고 말한 순간부터가 진짜 영업이다'라며 '의욕의 액셀을 밟는다(의욕을 가중시킨다)'고 한다. 또한 마지막에 '곤란한 일이 일어났을 때가 일의 시작이라고 생각하지 않으면 의욕이 자꾸 사라진다'라고 했으므로 정답은 1번이다.

---

2 🎧 093

電車の駅でアナウンスをしています。

女 いつも東西線をご利用いただき、ありがとうございます。先日からご案内の通り、来月、一部の区間でトンネル工事を行う予定でおります。工事区間内は速度を落として運転しますので、通勤時間帯はいつもより大変混みあうことが予想されます。ご迷惑をおかけしますが、朝7時から8時半、そして夕方5時から7時までの時間帯はできるだけ避けてお乗りいただきますように、お願いいたします。工事期間は、駅のポスターをご覧ください。どうぞよろしくお願いいたします。

このアナウンスが伝えたいことは何ですか。
1 何時に電車が混むか知ってほしい
2 トンネル工事の期間を知ってほしい
3 電車が混む時間にはなるべく乗らないでほしい
4 工事期間にはほかの電車に乗ってほしい

전철역에서 안내 방송을 하고 있습니다.

여 항상 도자이 선을 이용해 주셔서 감사합니다. 이전부터 안내해 드린 대로, 다음 달, 일부 구간에서 터널 공사를 시행할 예정입니다. 공사 구간 내에서는 속도를 줄여 운전하므로 출퇴근 시간대에 평소보다 몹시 붐빌 것으로 예상됩니다. 폐를 끼쳐 드려 대단히 죄송합니다만 아침 7시부터 8시 반, 그리고 저녁 5시부터 7시까지의 시간대는 되도록 피해서 승차해 주시도록 부탁드리겠습니다. 공사 기간은 역의 포스터를 봐 주십시오. 아무쪼록 잘 부탁드립니다.

이 방송이 전달하고자 하는 것은 무엇입니까?
1 몇 시에 전철이 붐빌지 알아주었으면 한다
2 터널 공사 기간을 알아주었으면 한다
3 전철이 붐비는 시간에는 되도록 타지 않았으면 한다
4 공사 기간에는 다른 전철을 탔으면 한다

정답 3

단어 ~線 전철 노선 | ~通り ~대로 | 区間 구간 | トンネル 터널 | 行う 행하다, 실시하다 | 予定 예정 | 速度 속도 | 落とす 떨어뜨리다, 낮추다, 줄이다 | 運転 운전 | 通勤 통근, 출퇴근 | 時間帯 시간대 | 混みあう 혼잡하다, 북적이다 | 予想 예상 | 迷惑 민폐, 피해 | かける 끼치다, 걸다 | 避ける 피하다 | 期間 기간 | ポスター 포스터

해설 전철 노선 공사에 따른 안내 방송으로 주 내용은 '다음 달부터 일부 구간에서 터널 공사를 하며, 공사 구간에서는 속도를 줄여 운행하므로 출퇴근 시간 혼잡이 예상된다. 따라서 전철이 붐비는 시간대에는 승차를 피해 주었으면 한다'라는 것이다. 이를 요약한 선택지 3번이 정답이다.

3 🎧 094

女の人が明日のサッカー試合について男の人と話しています。

男　明日は、日本勝つかなあ。
女　強いんでしょ、ブラジルは。
男　うん、そりゃ、世界ランキング1位だからね。
女　無理じゃないの、ブラジルに勝つのは。
男　とは思うけど、日本はブラジルに勝たなくても、引き分けてもいいんだよ。0対0とか、1対1とか、引き分けても決勝トーナメントに出られるんだよ。
女　ふーん。そうなんだ。日本もずっと調子はいいみたいよね。
男　そうなんだよ。だから、なんとか…。
女　そうね。勝たなくてもいいんだったら、可能性はあるかもね。

女の人はどう思っていますか。
1　日本が勝つ
2　日本が負ける
3　日本が勝つかもしれない
4　日本は引き分けるかもしれない

여자가 내일 있을 축구 시합에 대해 남자와 이야기하고 있습니다.

남　내일은 일본이 이길까?
여　강하잖아, 브라질은.
남　응, 그야 세계 랭킹 1위니까.
여　무리가 아닐까, 브라질을 이기는 것은.
남　그렇다고는 생각하지만 일본은 브라질을 이기지 않아도, 무승부만해도 괜찮아. 0대 0이라든가, 1대 1이라든가, 비겨도 결승 토너먼트에 나갈 수 있어.
여　음, 그렇구나. 일본도 계속 상태가 좋은 것 같던데.
남　맞아. 그러니까 어떻게든….
여　그렇네. 이기지 않아도 된다면 가능성은 있을지도 모르겠네.

여자는 어떻게 생각하고 있습니까?
1　일본이 이긴다
2　일본이 진다
3　일본이 이길지도 모른다
4　일본은 무승부가 될지도 모른다

정답 4

단어 試合 시합 | 勝つ 이기다 | ランキング 랭킹, 순위 | 無理だ 무리이다, 무리하다 | 引き分ける 비기다, 무승부가 되다 | 決勝 결승 | トーナメント 토너먼트 | 調子 상태, 기세 | 可能性 가능성 | 負ける 지다, 패하다

해설 대화의 흐름을 보면, 처음에 여자는 '세계 랭킹 1위인 브라질을 이기기는 어려울 것'이라고 생각한다. 그러나 '일본은 브라질을 이기지 않고 무승부만 되어도 결승에 나갈 수 있다'라는 남자의 말 이후, '이기지 않아도 된다면 가능성이 있을지도 모른다'고 하므로 정답은 4번이다.

4 🎧 095

テレビでアナウンサーと女優が話しています。

男　今日は女優のハルさんに来ていただきました。ハルさん、よろしくお願いします。
女　よろしくお願いします。

텔레비전에서 아나운서와 여배우가 이야기하고 있습니다.

남　오늘은 여배우인 하루 씨가 와 주셨습니다. 하루 씨, 잘 부탁드립니다.
여　잘 부탁합니다.

男 ハルさんは、最近ドラマ以外にも「世界にGO」といった娯楽番組に出演されるなど、積極的に活躍の場を広げていらっしゃいますね。何かご自身の中で変化があったんでしょうか。

女 ええ。やはり子育てするようになってから……ですね。

男 ハルさんは二人のお子さんもいらっしゃるんですよね。

女 はい。子どもを育てるようになって、私、ちょっと自信をなくしたんです。女優としてそれなりにみなさんに知名度はあると思ってたんですけど、子どもたちの世代は、誰も私のことなんて知らないんですよね。それで、今まで狭い世界にいたんだ、もっと広い年代の方たちにも知っていただけたらって思うようになったんです。

アナウンサーは、女の人に何について聞いていますか。
1 新しい娯楽番組
2 子どもを育てる難しさ
3 娯楽番組に出る理由
4 女優になった理由

남 하루 씨는 최근 드라마 외에도 '세계로 GO'와 같은 오락 프로에 출연하시는 등, 적극적으로 활약의 장(활동 영역)을 넓히고 계시는데요. 원가 본인의 마음에 변화라도 있었나요?

여 네. 역시 육아를 시작하면서부터……네요.

남 하루 씨는 두 명의 자녀분이 계시지요?

여 네. 아이를 키우게 되면서 제가 좀 자신감을 잃어버렸어요. 여배우로서 나름대로 여러분께 지명도는 있다고 생각했었는데, 아이들 세대는 아무도 저에 대해 모르더라고요. 그래서 지금까지 좁은 세계에만 갇혀 있었구나, 좀 더 폭넓은 연령대의 분들도 알아주셨으면 좋겠다고 생각하게 된 겁니다.

아나운서는 여자에게 무엇에 대해 묻고 있습니까?
1 새로운 오락 프로그램
2 아이를 키우는 어려움
3 오락 프로그램에 나오는 이유
4 여배우가 된 이유

정답 3

단어 女優 여배우 | 娯楽 오락 | 番組 방송 프로그램 | 出演 출연 | 積極的 적극적 | 活躍 활약 | 広げる 넓히다, 펼치다 | 変化 변화 | 子育て 육아 | 自信 자신, 자신감 | それなり 나름대로, 어느 정도 | 知名度 지명도, 인기 | 世代 세대 | 狭い 좁다 | 年代 연대, 시대, 세대

해설 남자는 먼저 여자가 배우라고 소개한 후, '최근 드라마 외에 오락 프로에도 출연하는 등, 활약의 장(활동 영역)을 넓히는 이유'에 대해 묻는다. 이에 여자도 '육아를 시작하면서 심경의 변화가 생겼고, 좀 더 폭넓은 연령대의 사람들이 자신을 알아주길 바라는 마음에서'라며 오락 프로에 출연하게 된 이유를 설명한다. 정답은 3번이다.

---

5 🎧 096

観光バスの中で先生が留学生たちに話しています。

男 これから行くところは、日本のお茶をたくさん売っているお店です。東京で買うより安いですから、必要な人は買ってください。お茶は種類がいろいろ

관광버스 안에서 선생님이 유학생들에게 이야기하고 있습니다.

남 이제부터 갈 곳은 일본의 차를 많이 팔고 있는 가게입니다. 도쿄에서 사는 것보다 저렴하니까 필요한 사람은 구매해 주세요. 차는 종류가 여러 가지 있으니까,

ありますから、買う前に少し飲んでみて、自分でおいしいと思ったものを買ってください。高いお茶が、皆さんにもおいしいとは限りませんよ。それと、お茶は種類によっておいしく飲めるお湯の温度が違います。皆さんは、お茶の袋にその温度とか、お茶のいれ方が書いてあるものを選ぶようにしてください。いいですか。

先生は何について説明していますか。
1 お茶の飲み方
2 お茶の買い方
3 お茶の種類
4 お茶の値段

구입하기 전에 조금 마셔 보고 본인이 맛있다고 생각한 것을 구매하세요. 비싼 차가 모두에게 맛있다고는 할 수 없어요. 그리고 차는 종류에 따라 맛있게 마실 수 있는 물의 온도가 다릅니다. 여러분들은 차 봉지에 그 온도라든지 차 타는 법이 쓰여 있는 것을 고르도록 하세요. 아시겠죠?

선생님은 무엇에 대해 설명하고 있습니까?
1 차 마시는 법
2 차 구매하는 법
3 차의 종류
4 차의 가격

정답 2

단어 観光バス 관광버스 | 種類 종류 | ~とは限らない ~라고만은 할 수 없다 | お湯 뜨거운 물 | 温度 온도 | 袋 봉지, 봉투 | お茶をいれる 차를 타다, 차를 우리다 | ます형 + 方 ~하는 방법 | 説明 설명 | 値段 가격

해설 남자가 유학생들에게 '차를 조금 마셔보고 본인이 맛있다고 생각한 것을 구매할 것', '차 봉지에 쓰여 있는 물 온도나 차 타는 법을 확인하고 고를 것' 등 차를 구매하는 법에 대해 설명하고 있다. 정답은 2번이다.

실전문제 ②

問題 3 문제 3에서는 문제지에 아무것도 인쇄되어 있지 않습니다. 이 문제는 전체적으로 어떤 내용인가를 묻는 문제입니다. 이야기 전에 질문은 없습니다. 우선 이야기를 들으세요. 그리고 질문과 선택지를 듣고 1에서 4 중에서 가장 적당한 것을 하나 고르세요.

문제편 373p

1 🎧 097

留守番電話のメッセージを聞いています。

女 鈴木です。留守番電話でごめんなさい。例の件ですが、せっかくご紹介いただいたんですが、実は、今やっているバイト先で人手が足りなくなってしまって、急にもう一日出るように言われてしまったんです。前向きに考えたいと言っていたのに、本当にごめんなさい。また機会がありましたら、ぜひそちらの仕事もお手伝いさせてください。では、夜にでも、もう一度お電話します。

부재중 전화 메시지를 듣고 있습니다.

여 스즈키입니다. 부재중 전화로 죄송합니다. 예의 건 말인데요, 모처럼 소개해 주셨습니다만 실은 지금 아르바이트 하고 있는 곳에서 일손이 부족해져서 갑자기 하루 더 나오라고 합니다. 긍정적으로 생각한다고 이야기했는데 정말로 죄송합니다. 또 기회가 있으면 꼭 그쪽의 일을 돕게 해 주세요. 그럼 밤에라도 다시 한번 전화드리겠습니다.

女の人の伝えたいことは何ですか。
1 夜になったら電話をかけてほしい
2 アルバイトを手伝ってほしい
3 頼まれた仕事を断らせてほしい
4 新しい仕事を紹介してほしい

여자가 전하고 싶은 것은 무엇입니까?
1 저녁이 되면 전화해 주길 바란다
2 아르바이트를 도와주길 바란다
3 부탁받은 일을 거절하게 해 주길 바란다
4 새로운 일을 소개해 주길 바란다

[정답] 3

[단어] 留守番電話 부재중 전화 | 例の件 예의 건, 일전의 일 | せっかく 모처럼 | バイト先 아르바이트 하는 곳 | 人手 일손 | 足りない 모자르다, 부족하다 | 急に 갑자기 | 前向き 긍정적, 적극적 | 機会 기회 | ぜひ 꼭, 아무쪼록

[해설] 여자가 부재중 전화 메시지를 남긴 이유를 찾는 문제로, '모처럼 일을 소개해 줬는데, 지금 일하는 곳에서 하루 더 일해달라고 해서 소개해 준 일을 하지 못하게 되었다'라는 부분에서 거절의 의사를 표현하고 있는 것을 알 수 있다. 정답은 3번이다.

---

2 🎧 098

ある講習会で男の人が話しています。

男 歳をとってからはもちろんですが、子犬のときも太りすぎはよくありません。人間でも同じですが、太りすぎは体に負担がかかるんです。食事は毎日一定の量を守ってやるようにしてください。間食はもちろんよくありません。おやつをあげないとかわいそうなんて思わないほうがいいですよ。近頃は年齢と体の大きさに応じたダイエットフードもいろいろ市販されていますから、上手に利用するといいでしょうね。それから、運動不足もいけません。運動不足だとストレスがたまりますからね。散歩は毎日させてください。

어느 강습회에서 남자가 이야기하고 있습니다.

남 나이를 먹고 나서는 물론이지만, 강아지일 때도 비만은 좋지 않습니다. 인간도 마찬가지입니다만, 비만은 몸에 부담이 됩니다. 식사는 매일 일정량을 지키도록 해 주세요. 간식은 물론 좋지 않습니다. 간식을 주지 않으면 불쌍하다는 생각은 하지 않는 편이 좋습니다. 최근에는 나이와 몸 크기에 따른 다이어트 식품도 여러 가지 시판되고 있으니, 잘 이용하시면 좋을 겁니다. 그리고 운동 부족도 안 됩니다. 운동 부족이면 스트레스가 쌓이니까요. 산책은 매일 시켜 주세요.

男の人は何について話していますか。
1 子犬のストレス
2 犬の運動不足
3 犬の体重管理
4 犬のおやつ

남자는 무엇에 대해 이야기하고 있습니까?
1 강아지의 스트레스
2 개의 운동 부족
3 개의 체중 관리
4 개의 간식

[정답] 3

[단어] 講習会 강습회 | 子犬 강아지 | 太りすぎ 살이 많이 찜, 비만, 과체중 | 負担がかかる 부담이 가다 | 一定 일정 | 守る 지키다 | 間食 간식 | おやつ 간식 | かわいそうだ 불쌍하다, 가엾다 | 近頃 최근, 요즘 | 年齢 연령, 나이 | ダイエットフード 다이어트 식품 | 市販 시판 | 利用 이용 | 運動不足 운동 부족 | 散歩 산책 | 体重 체중 | 管理 관리

해설 남자의 이야기를 요약하면 '강아지일 때도 비만은 좋지 않으며 식사는 매일 일정량을 주어야 하고 간식은 좋지 않다. 또한 운동 부족이 되거나 스트레스가 쌓이지 않게 산책을 매일 시켜라'라는 내용이 된다. 즉 '개가 비만이 되지 않도록 하라'는 것이 요점이므로 정답은 3번이다.

---

3 🎧 099

講演会で男性が話しています。

男 こんにちは。突然ですが皆さん、私いくつに見えますか。お、43歳、45歳、50代かもしれない？ ああ、皆さんありがとうございます。このような質問をして、大変恐縮ですが、20歳くらい若く見られるんです。私は今年で66になります。なかなか若く見えますでしょ。老化は仕方のないことだと考える人もいますが、私は今までの経験上、老化防止効果を実感しています。3つの方法があるんです。まずは食事なんですが、私は20代の中盤から1日1食の生活を続けています。最初は仕事が忙しくて、自分の意志とは関係なく始まった食習慣ですが、その時は老化うんぬんではなく、1食の方が体の調子が良かったんです。時々、食事会や飲み会に行くとどうも体調が優れません。体は重いし、疲れてしまうんです。40になった頃の健康診断で、お医者さんに体内年齢が20代だと言われまして、食習慣の話をしたら納得していました。その頃から「老化」の個人差に注目するようになったんです。そして、量よりも頻度を重視した運動も効果があると感じました。

男性は何について話していますか。
1 自分の年齢について
2 老化現象について
3 老化防止に効果がある行動について
4 20代の頃の自分について

강연회에서 남성이 이야기하고 있습니다.

남 안녕하세요? 여러분, 갑작스럽지만 제가 몇 살로 보이십니까? 오, 43세, 45세, 50대일지도 모른다고요? 와, 여러분 감사합니다. 이런 질문을 해서 대단히 송구스럽습니다만, 20살 정도 젊게 봐 주시는군요. 저는 올해 66세가 됩니다. 꽤 젊어 보이지 않나요? 노화는 어쩔 수 없는 것이라고 생각하는 사람도 있지만, 저는 지금까지의 경험상 노화 방지 효과를 실감하고 있습니다. 세 가지 방법이 있습니다. 우선 식사인데요, 저는 20대 중반부터 하루 한 끼 생활을 계속하고 있습니다. 처음에는 일이 바빠서 자신의 의지와는 상관없이 시작된 식습관이지만, 그 때는 노화 운운이 아니라 한 끼만 먹는 쪽이 몸 컨디션이 좋았습니다. 가끔 식사 모임이나 회식에 가면 왠지 몸 컨디션이 좋지 않았습니다. 몸은 무겁고 지쳐 버렸습니다. 마흔이 됐을 무렵 건강 검진에서 의사 선생님이 체내 연령이 20대라고 하셔서 식습관 이야기를 했더니 납득하셨습니다. 그 때쯤부터 '노화'의 개인차에 주목하게 된 것입니다. 그리고 양보다도 빈도를 중시하는 운동도 효과가 있다고 느꼈습니다.

남성은 무엇에 대해 이야기하고 있습니까?
1 자신의 연령에 대해
2 노화 현상에 대해
3 노화 방지에 효과가 있는 행동에 대해
4 20대 무렵의 자신에 대해

정답 3

단어 講演会 강연회 | 突然 갑자기, 뜬금없이 | 恐縮 죄송함, 송구함 | なかなか 상당히, 꽤 | 老化 노화 | 防止 방지 | 実感 실감 | 中盤 중반 | 意志 의지 | 始まる 시작되다 | 習慣 습관 | うんぬん 운운, 이러이러함 | 時々 때때로 | 飲み会 술자리, 회식 | 優れる 뛰어나다, 우수하다 | 健康診断 건강 진단, 건강 검진 | 体内 체내 | 納得 납득 | 個人差 개인차 | 注目 주목 | 量 양 | 頻度 빈도 | 重視 중시 | 現象 현상

해설 남자는 '보통 노화는 막을 수 없다고 하지만, 나는 노화 방지 효과를 실감한다(老化防止効果を実感しています)'고 말한 후, 그 비결을 '20대부터 유지한 식생활'이라고 밝히면서 이에 관한 부연 설명을 한다. 즉 '노화를 막는 방법'이 남자가 말하고자 하는 바이므로 정답은 3번이다.

---

4 🎧 100

衣料メーカーの社長が社員に話しています。

男 えー、今期の決算ですが、前期につづいて、マイナスとなっています。ライバル会社の「かわしま」は、2期連続で売り上げが伸びています。我が社は、去年の12月に人気商品のエアリーテックインナーを15%値上げしました。皆さんご存知の通り、うちは海外工場での生産が多いため、円安の影響で値上げをしたわけですが、「かわしま」は国内生産なので円安の影響は受けず、インナー類を始め価格の値上げはほとんど見られませんでした。その結果、「この品質でこの低価格」という、これまでうちがお客様からいただいていた圧倒的な支持が、「かわしま」に移ってしまいました。

社長の話のテーマは何ですか。
1 売り上げが減った原因
2 ライバル会社の人気商品
3 円安による生産の変化
4 ライバル会社との品質の比較

의복 제조사 사장이 사원에게 이야기하고 있습니다.

남 음, 이번 분기 결산 말인데요, 전기에 이어서 마이너스가 되었습니다. 경쟁사인 '가와시마'는 2분기 연속으로 매출이 증가하고 있습니다. 우리 회사는 작년 12월에 인기 상품인 에어리테크 이너를 15% 가격 인상했습니다. 여러분도 아시다시피 우리는 해외 공장에서의 생산이 많기 때문에 엔화 약세의 영향으로 가격 인상을 한 것입니다만, '가와시마'는 국내 생산이므로 엔화 약세의 영향은 받지 않고, 내의(속옷)류를 비롯한 가격 인상은 거의 볼 수 없었습니다. 그 결과, '이 품질에 이 저가'라는 지금까지 우리가 고객으로부터 받던 압도적인 지지가 '가와시마'로 옮겨가 버렸습니다.

사장의 이야기의 주제는 무엇입니까?
1 매출이 줄어든 원인
2 경쟁사의 인기 상품
3 엔화 약세에 따른 생산 변화
4 경쟁사와의 품질 비교

정답 1

단어 衣料 의료, 의복 재료, 의류 | メーカー 메이커, 제조사 | 今期 당기, 이번 분기 | 決算 결산 | ライバル会社 라이벌 회사, 경쟁사 | 連続 연속 | 売り上げ 매상, 매출 | 伸びる 자라다, 신장하다 | 我が社 우리 회사 | エアリーテックインナー 에어리테크 이너 (Airy Tech inner), 바람이 잘 통하는 기능성 내의 | 値上げ 가격 인상 | ご存知の通り 아시다시피 | 円安 엔화 약세, 엔저 현상 | 生産 생산 | 国内 국내 | 影響 영향 | 価格 가격 | 品質 품질 | 圧倒的だ 압도적이다 | 支持 지지 | 移る 옮기다, 이동하다, 마음이 변하다 | 原因 원인 | 比較 비교

해설 남자가 궁극적으로 이야기하고자 하는 바를 찾는 문제이다. 남자는 '이번 분기 결산도 마이너스'라고 말하며, 그 원인을 '자사는 해외 생산이 많아 엔화 약세의 영향으로 가격 인상을 했고, 그 결과 고객층이 경쟁사로 이동했다'고 설명한다. 이를 요약한 선택지 1번이 정답이다.

5 🎧 101

男の人が日本茶について話しています。

男　このあいだ外国の人に日本茶をプレゼントしたら、砂糖を入れて家族みんなでおいしく飲んでる、サンキューって言うんで驚いたんですよ。でも、よく考えてみると、コーヒーもブラックで飲んだり、ミルクや砂糖を入れたり、人によって好みが違いますし、ベトナムの人は甘い練乳を入れるし、アイリッシュコーヒーはウイスキー入れるでしょ。紅茶だってそうですよね。ロシアではジャムなんか入れる。まあ、要するに人それぞれ国それぞれで、日本茶が世界の人に愛されるためには、こうやって飲まなきゃいけないんですよ、日本茶は、なんて言ってたらだめなんじゃないかなって、そう思いましたね。

男の人は日本茶に砂糖を入れることについて、どう思っていますか。
1　飲む人がおいしく飲めればそれでいい
2　絶対にやめてほしい
3　外国人は砂糖を入れた方がいい
4　砂糖よりはジャムを入れた方がいい

남자가 일본 차에 대해 이야기하고 있습니다.

남　얼마 전 외국인에게 일본 차를 선물했더니, 설탕을 넣어서 가족 모두가 맛있게 마시고 있다며 고맙다고 해서 놀랐습니다. 하지만 잘 생각해 보니 커피도 블랙으로 마시거나 우유나 설탕을 넣기도 하는 등 사람에 따라 취향이 다르고, 베트남 사람은 달콤한 연유를 넣고 아이리시 커피는 위스키를 넣죠. 홍차도 그렇지요. 러시아에서는 잼 같은 것도 넣습니다. 뭐, 요컨대 사람마다 제각각, 나라마다 제각각이므로 일본 차가 세계인에게 사랑받기 위해서는 '이렇게 해서 마셔야 해요. 일본 차는' 이런 식으로 말하면 안 되지 않을까, 그렇게 생각했어요.

남자는 일본 차에 설탕을 넣는 것에 대해 어떻게 생각하고 있습니까?
1　마시는 사람이 맛있게 마실 수만 있다면 그것으로 된다
2　절대로 안 했으면 좋겠다
3　외국인은 설탕을 넣는 편이 좋다
4　설탕보다는 잼을 넣는 편이 좋다

[정답] **1**

[단어] 砂糖 설탕 | 驚く 놀라다 | 好み 취향, 기호 | ベトナム 베트남 | 練乳 연유 | アイリッシュ 아이리시(Irish), 아일랜드의 ~, 아일랜드풍 | ウイスキー 위스키 | 紅茶 홍차 | ジャム 잼 | 要するに 요컨대 | それぞれ 각기, 제각각

[해설] 남자는 나라나 사람마다 각기 다른 방법으로 음료를 마시는 예를 들며 '요컨대 나라나 사람마다 차를 마시는 방법은 제각각이고 세계인에게 사랑받기 위해서 일본 차는 이렇게 마셔야 한다고 하면 안 된다'고 말한다. 이를 다르게 표현한 1번이 답으로 적당하다. 「要するに」는 앞의 내용을 정리해 화자의 주장이나 생각을 다시 한번 강조하는 역할을 하는 부사라는 점을 기억하자.

問題 4 즉시 응답

실전문제 정답 및 해설

정답

실전문제 ①　　1 3　　2 2　　3 1　　4 1　　5 1　　6 1
　　　　　　　7 3　　8 1　　9 3　　10 2　　11 3　　12 1

실전문제 ②　　1 1　　2 1　　3 3　　4 2　　5 1　　6 3
　　　　　　　7 3　　8 1　　9 3　　10 3　　11 3　　12 1

실전문제 ①

問題 4　문제 4에서는 문제지에 아무것도 인쇄되어 있지 않습니다. 우선 문장을 들으세요. 그리고 그것에 대한 대답을 듣고 1에서 3 중에서 가장 적당한 것을 하나 고르세요.

문제편 374p

1　🎧 102

男　それでは例の件は、前向きに検討しますので。
女　1　もう検討済みですか。
　　2　わかりました。すぐに検討します。
　　3　本当ですか。ありがとうございます。

남　그럼 예의 건은 긍정적으로 검토하겠습니다.
여　1　이미 검토가 끝났습니까?
　　2　알겠습니다. 바로 검토하겠습니다.
　　3　정말입니까? 감사합니다.

정답 3

단어　例の件 예의 건, 일전의 건 | 前向きに 긍정적으로, 적극적으로 | 検討 검토 | ~済み ~가 끝남

해설　「例の件」이라는 말은 '양쪽이 모두 잘 알고 있는 문제'라는 뜻을 내포하고 있다. 질문에서 남자가 '예의 그 문제에 대해서는 긍정적으로(前向きに)검토하겠다'고 말하므로 이에 대한 응답으로는 3번이 적당하다.

2　🎧 103

女　一度そちらの方にお伺いしてご相談させていただいてもよろしいでしょうか？
男　1　はい、すぐ参ります。
　　2　ええ、どうぞ。いつでもおいでください。
　　3　どうぞ、お構いなく。

여　한번 그쪽에 방문해서 상의드리고 싶은데 괜찮으시겠습니까?
남　1　네, 바로 가겠습니다.
　　2　네, 그러세요. 언제든 오세요.
　　3　신경 쓰지 않으셔도 됩니다.

정답 2

단어 伺う 듣다·묻다(聞く), 방문하다(訪ねる)의 겸양어 | 相談 상담, 상의 | 参る 가다(行く), 오다(来る)의 겸양어 | おいで 가다(行く), 오다(来る), 있다(いる)의 존경어 | お構いなく 신경쓰지 말고, 개의치 말고

해설 겸양표현「〜させていただいてもよろしいでしょうか (제가) 〜해도 될까요?」의 정확한 이해를 묻는 문제이다. 여자의 '찾아뵙고 상의를 해도 되겠냐'는 말에 대한 응답으로는 '언제든 오십시오(いつでもおいでください)'라고 하는 2번이 적당하다.「おいで(になる)」는「行く」,「来る」,「いる」모두에 해당하는 존경어이므로 맥락에 맞게 답을 찾는 연습을 해야 한다. 선택지 3번의「どうぞ、お構いなく」는 '신경쓰지 마세요'라는 의미의 관용표현으로 상대방을 배려할 때 사용하는 표현이다.

---

3 🎧 104

女 今度のプロジェクトのリーダーなんて、私にはもったいない仕事です。

男 1 そう言わずに、やってみたら？
  2 そんなに自信あるの？
  3 うん、君には簡単すぎると思う。

여 이번 프로젝트의 리더라니, 저에게는 과분한 일입니다.

남 1 그렇게 말하지 말고, 해보면 어때?
  2 그렇게 자신 있어?
  3 그래, 너에게는 너무 쉬운 것 같아.

정답 1

단어 プロジェクト 프로젝트, 연구, 과제 | リーダー 리더, 지도자 | もったいない 아깝다, 과분하다 | 簡単だ 간단하다

해설 프로젝트의 리더를 맡긴다는 말에, 여자가 '나에게는 과분한 일'이라며 부담스러운 심정을 표현하고 있다. 이에 대한 응답으로는 '한번 해 보라'고 격려하는 선택지 1번이 자연스럽다.

---

4 🎧 105

女 山本君、また部屋散らかして。さっさと片付けなさいよ。

男 1 はい、今やります。
  2 うん、すっきりしたよ。
  3 えー、まだ終わらなかったんですか？

여 야마모토 군, 또 방을 어지르고. 빨리 치워.

남 1 네, 지금 할게요.
  2 응, 개운해졌어.
  3 앗, 아직 안 끝난 건가요?

정답 1

단어 散らかす 어지르다, 늘어놓다 | さっさと 빨리, 어서 | 片付ける 치우다, 정리하다 | すっきりする 말끔해지다, 개운해지다

해설 '빨리 방을 정리하라'라는 말에 대한 응답으로는 '지금 하겠다'고 하는 1번이 가장 적당하다. 2번의「すっきり 말끔한, 개운한」은 '의문스럽거나 석연치 않은 부분이 사라지거나 해소된 상태'에 쓴다. 뉘앙스를 이해하기 쉽지 않은 어휘이므로 잘 기억해 두자.

---

5 🎧 106

男 ごめん、僕の分のコピーもとっておいてほしいんだけど。

女 1 わかった。何部ずつ？
  2 うん、じゃ、何にする？
  3 いいよ。ホットでいい？

남 미안, 내 것도 복사해 놔 주었으면 하는데.

여 1 알았어. 몇 부씩?
  2 응, 그럼 뭘로 할래?
  3 좋아. 뜨거운 걸로 하면 돼?

정답 **1**

단어 コピーをとる 복사하다, 카피를 뜨다 | 〜ずつ (수량 표현과 함께 쓰여) 〜씩 | ホット 핫(hot), 뜨거운 것

해설 '내 것도 복사해 주었으면 한다'는 남자의 말에 대한 응답으로는 선택지 1번이 자연스럽다. 신문이나 책, 서류 등을 세는 단위인 「部 부」도 함께 기억해 두자.

---

6 🎧 107

女 今日のライブのチケット、言ってくれれば用意したのに。

男 1 え、うそ！そうだったんだ。
　 2 じゃ、今度持って来てくれる？
　 3 せっかく買ってくれたのにごめん。

여 오늘 라이브 공연 티켓, 말해 주었다면 준비했을 텐데.

남 1 뭐, 거짓말! 그랬어?
　 2 그럼 다음에 가져다 줄래?
　 3 모처럼 사 주었는데 미안.

정답 **1**

단어 ライブ 라이브 (공연), 콘서트, 생방송 | 用意 준비, 마련 | せっかく 모처럼

해설 라이브 공연 티켓을 구하지 못한 남자에게 여자가 '미리 말했다면 구해줄 수 있었다'고 말하는 상황이다. 이에 대한 응답으로는 '그랬어?'라는 놀라움을 표현하는 선택지 1번이 자연스럽다.

---

7 🎧 108

女 私たち、明日から海外出張ね。通訳のほう、よろしくお願いね。

男 1 うまくいってよかったですね。
　 2 気をつけて行ってきます。
　 3 がんばって、やってみます。

여 우리 내일부터 해외 출장이지. 통역 부분, 잘 부탁해.

남 1 잘 해결되어서 다행이네요.
　 2 조심해서 다녀오겠습니다.
　 3 열심히 해보겠습니다.

정답 **3**

단어 出張 출장 | 通訳 통역 | 気をつける 조심하다, 주의하다

해설 해외 출장에서 통역을 부탁한다는 말에 대한 응답으로 '잘 해결되었다'라고 하는 선택지 1번은 적절하지 않고, 함께 가는 출장이므로 맥락상 2번도 적절하지 않다. 정답은 3번이다.

---

8 🎧 109

男 この翻訳もう一度はじめからやり直すって訳にはいかないかな。

女 1 今さらそんなこと言っても始まりませんよ。
　 2 余計なお世話よ。
　 3 少しは見習いたいものですね。

남 이 번역, 처음부터 다시 할 수는 없을까?

여 1 이제 와서 그런 말을 하셔도 어쩔 수가 없어요.
　 2 쓸데없는 참견이야.
　 3 조금쯤은 본받고 싶네요.

정답 **1**

[단어] 翻訳 번역 | やり直す 다시 하다 | ～訳にはいかない ～할 수는 없다 | ～ても始まらない ～해도 소용이 없다 | 余計なお世話 쓸데없는 참견 | 見習う 본받다

[해설] 「～する訳にはいかないか ～할 수는 없을까?」는 불가능한 상황이라는 것을 알면서도 부탁을 해야 할 때 사용하는 표현이다. 이에 대한 응답으로는 거절할 때 사용하는 문형인 「～ても始まらない ～해도 어쩔 수가 없다, 소용없다」를 사용한 1번이 적당하다.

---

9 🎧 110

男 この危機を山田君一人で乗り切れるかな？
女 1 一人だったら乗れますよ。
　 2 まだ間に合いますよ。
　 3 彼を信じましょう。

남 이 위기를 야마다 군 혼자서 극복할 수 있을까?
여 1 혼자라면 탈 수 있어요.
　 2 아직 늦지 않았어요.
　 3 그를 믿어 봅시다.

[정답] 3

[단어] 危機 위기 | 乗り切る 뛰어 넘다, 극복하다

[해설] 남자는 제삼자인 야마다 군의 이야기를 하며 그가 '위기를 극복할 수 있을까?'라고 묻는다. 따라서 응답으로도 제삼자의 이야기를 하고 있는 선택지 3번이 적당하다.

---

10 🎧 111

男 希望の会社じゃないにしろ、来てほしいっていうところがあるなんて、よかったじゃない。
女 1 はい、自分の気持ちにやっと気づきました。
　 2 はい、そこで力が出せるようにがんばります。
　 3 はい、ずっとやりたかったことなので嬉しいです。

남 희망하는 회사가 아니더라도 와 주면 좋겠다는 회사가 있다니, 잘 됐네.
여 1 네, 제 자신의 마음을 이제야 깨달았습니다.
　 2 네, 그곳에서 힘을 발휘할 수 있도록 노력하겠습니다.
　 3 네, 줄곧 하고 싶었던 일이라서 기쁩니다.

[정답] 2

[단어] 希望 희망 | 気づく 깨닫다, 눈치 채다

[해설] 「～にしろ」는 '～라고 해도, ～든'이라는 뜻으로 뒤에는 기분이나 주장, 판단의 내용이 온다. 비록 희망하던 회사는 아니지만 잘 됐다고 격려하고 있으므로 '그곳에서 열심히 하겠다'라고 대답하는 2번이 정답이다.

---

11 🎧 112

女 メールで問い合わせたんだけど、3日経っても返事がないの。
男 1 一度問い合わせてみたら？
　 2 知らない方がいいこともあるよ。
　 3 電話で聞いた方がいいかも。

여 메일로 문의해 봤는데 3일 지나도 답장이 안 와.
남 1 한번 문의해 보면?
　 2 모르는 게 나은 일도 있어.
　 3 전화로 물어보는 게 좋을지도 몰라.

[정답] 3
[단어] 問い合わせ 문의 | 経つ 지나다, 경과하다 | 返事 대답, 답장

[해설] 메일로 문의했는데 답장이 오지 않았다는 말에 대한 응답으로는 '메일 말고 전화로 묻는 게 좋다'는 3번이 가장 자연스럽다. 이미 문의했기 때문에 1번은 답이 될 수 없고, 2번은 문맥에 맞지 않으므로 오답이다.

---

12 🎧 113

女 学校の周りの食堂、どこも似たものだよね。
男 1 うん、もう飽きちゃったね。
    2 うん、おいしくて迷っちゃうね。
    3 うん、近くにあればいいのにね。

여 학교 주위의 식당, 어디나 비슷하네.
남 1 응, 벌써 질려 버렸어.
    2 응, 맛있어서 망설여지네.
    3 응, 가까이 있으면 좋을 텐데.

[정답] 1
[단어] 周り 주변 | 似る 닮다, 비슷하다 | 飽きる 싫증 나다, 물리다 | 迷う 헤매다, 망설이다

[해설] 학교 주위 식당이 어디든 비슷하다는 말에 대한 응답으로는 비슷하기 때문에「もう飽きちゃった 벌써 질렸다」라고 대답하는 선택지 1번이 적절하다.

실전문제 ②

問題 4 문제 4에서는 문제지에 아무것도 인쇄되어 있지 않습니다. 우선 문장을 들으세요. 그리고 그것에 대한 대답을 듣고 1에서 3 중에서 가장 적당한 것을 하나 고르세요.

문제편 375p

1 🎧 114

女 佐々木さん、部長からお電話です。
男 1 今日は部長見てないな。
    2 伝言お願いします。
    3 わかった。こっちに繋いで。

여 사사키 씨, 부장님으로부터 전화입니다.
남 1 오늘은 부장님을 못 봤네.
    2 전언을 부탁합니다.
    3 알았어. 이쪽으로 연결해 줘.

[정답] 3
[단어] 伝言 전언, 말을 전함 | 繋ぐ 연결하다, 잇다

[해설] 다른 사람이 받은 전화를 이쪽으로 '연결해 달라'라고 할 때는 「電話を繋ぐ 전화를 연결하다」, 「電話をまわす 전화를 돌리다」 등의 표현을 사용한다. 정답은 3번이다.

2 🎧 115

女 この前貸してくれた本、すっごい面白かったよ。ありがとうね。 男 1 続編も貸そうか。 　　2 そんなことないよ。 　　3 わかったわかった。	여 얼마 전에 빌려준 책, 너무 재미있었어. 고마워. 남 1 속편도 빌려줄까? 　　2 그런 일은 없어. 　　3 알았어, 알았어.

정답 1

단어 貸す 빌리다 | 続編 속편, 다음 편

해설 여자가 남자에게 '저번에 빌려준 책이 재미있었다'고 감사 인사를 하는 상황이다. 이에 대한 적절한 응답은 '(재미있었다면) 속편(続編)도 빌려줄까?'라고 묻는 선택지 1번이다.

---

3 🎧 116

女 今日の試験、結果はいつ出るの？ 男 1 郵送で送付されるよ。 　　2 オンラインで発表されるよ。 　　3 日曜日の9時だよ。	여 오늘 시험, 결과는 언제 나와? 남 1 우편으로 발송될 거야. 　　2 온라인으로 발표돼. 　　3 일요일 9시야.

정답 3

단어 郵送 우송 | 送付 송부 | オンライン 온라인 | 発表 발표

해설 시험 결과가 언제(いつ) 나오는지 시점을 묻고 있으므로 이에 대한 응답에는 날짜나 요일, 시간 등이 나와야 한다. 정답은 3번이다. 1번과 2번은 결과 발표의 방법에 따른 응답이므로 답으로는 적절하지 않다.

---

4 🎧 117

男 お足元の悪い中、お越しいただきありがとうございます。 女 1 わざわざ時間を割いてくださいましたね。 　　2 あいにくの雨ですね。 　　3 車で参りましたので。	남 악천후에도 와 주셔서 감사합니다. 여 1 바쁘신 와중에 일부러 시간을 내주셨네요. 　　2 공교롭게도 비가 오네요. 　　3 차로 왔으니까요.

정답 2

단어 足元が悪い 날씨나 도로 사정 등으로 이동이 힘든 상태 | わざわざ 일부러, 특별히 | 割く 쪼개다, 할애하다 | あいにく 마침, 공교롭게 | 参る 가다(行く), 오다(来る)의 겸양어

해설 「足元が悪い」는 '눈이나 비 등으로 통행(발밑)이 불편한 상태'라는 의미의 관용표현이다. 선택지 1번의 「時間を割く」는 '(바쁜 와중에) 시간을 내다'라는 관용표현으로 남자의 질문과 같은 시점이어서 답이 될 수 없다. 정답은 2번의 '공교롭게도 비가 오네요'이다.

5 🎧 118

男　あーあ、試験勉強って本当に大変だよ。やってもやってもきりがないよ。
女　1　受かったの？おめでとう。
　　2　じゃあ、今回は大丈夫ね。
　　3　根気よく続けるしかないわ。

남　아, 시험 공부는 정말 힘들어. 해도 해도 끝이 없어.
여　1　합격했어? 축하해.
　　2　그럼, 이번에 괜찮은 거네.
　　3　끈기 있게 계속하는 수밖에 없어.

정답 3

단어　きりがない 끝이 없다 ｜ 受かる 합격하다 ｜ 根気よく 끈기 있게

해설　시험 공부가 '해도 해도 끝이 나지 않아(やってもやってもきりがない) 힘들다'는 말에 대한 응답으로는 그래도 '계속하는 수밖에 없다'고 하는 3번이 적당하다. 1, 2번은 시험을 치르고 난 후에 할 수 있는 응답이다.

---

6 🎧 119

男　すみませんが、この本プレゼント用に包んでもらえますか。
女　1　わあ、ありがとうございます。
　　2　はい、結構です。
　　3　はい、かしこまりました。

남　죄송합니다만, 이 책 선물용으로 포장해 주시겠습니까?
여　1　와, 고맙습니다.
　　2　네, 괜찮아요.
　　3　네, 알겠습니다.

정답 3

단어　包む 싸다, 포장하다 ｜ 結構だ 상당하다, 괜찮다 ｜ かしこまる 삼가 받들다

해설　손님이 점원에서 '책을 선물용으로 포장해 달라'고 말한 상황이므로 정답은 3번이다. 상사나 손님의 지시에 '지시한 대로 하겠다'라고 대답하는 경어표현 「かしこまりました 알겠습니다」를 잘 기억해 두자.

---

7 🎧 120

女　みんなが言ってるからといって、うわさをそのまま信じるのは、よくないんじゃないかなあ。
男　1　うわさになるのはよくないよね。
　　2　うん、信じるべきだよね。
　　3　ちゃんと確かめるべきだよね。

여　모두가 이야기한다고 해서 소문을 그대로 믿어 버리는 것은 안 좋지 않을까?
남　1　소문이 나는 것은 좋지 않지.
　　2　응, 꼭 믿어야 하지.
　　3　제대로 확인해 봐야 해.

정답 3

단어　うわさ 소문 ｜ 信じる 믿다 ｜ 確かめる 확인하다

해설　질문의 이중 부정 부분을 정리하면 '소문을 믿는 것은 좋지 않다'는 뜻이므로 이에 대한 응답으로는 3번의 「ちゃんと確かめるべきだ 제대로 확인해 봐야 해」가 적당하다.

8 🎧 121

女 洗濯機から変な音がするんだけど、修理頼んだ方がいいかな。
男 1 洗濯物を入れすぎただけじゃない？
　　2 最近コインランドリー増えたよね。
　　3 それじゃ進展がないよ。

여 세탁기에서 이상한 소리가 나는데 수리를 부탁하는 게 좋을까?
남 1 세탁물을 너무 많이 넣었을 뿐인 거 아냐?
　　2 요즘 무인 세탁소가 늘어났지.
　　3 그렇게 하면 진전이 없어.

정답 1

단어 洗濯機 세탁기 | 修理 수리 | 頼む 부탁하다, 의뢰하다, 주문하다 | 洗濯物 세탁물 | コインランドリー 무인 세탁소 | 増える 늘어나다 | 進展 진전

해설 여자는 세탁기에서 이상한 소리가 나는데 수리를 부탁하는 게 좋을지 대책을 묻는다. 이에 대한 응답으로는 '세탁물을 너무 많이 넣었을 뿐'이니 수리를 하지 않아도 된다고 말하는 1번이 적당하다.

---

9 🎧 122

男 あ～、暑いなぁ。喉がカラカラになっちゃった。
女 1 風邪、まだ治らないんだ。
　　2 いい音だね。
　　3 お水あげようか。

남 아, 더워. 목이 바짝바짝 타.
여 1 감기, 아직 낫지 않았구나.
　　2 좋은 소리네.
　　3 물 줄까?

정답 3

단어 喉 목, 목구멍 | カラカラ 바싹 마른 상태, 바짝바짝 | 治る 낫다, 치유되다

해설 「カラカラ」는 물기 없이 바싹 마른 상태를 나타내는 의태어이다. 더워서 목이 마르다는 남자의 말에 대한 응답으로는 3번이 자연스럽다.

---

10 🎧 123

男 例の原稿ですが、月曜日までにいただけると大変助かるんですが。
女 1 じゃあ、月曜日に取りに行きます。
　　2 そんなに早くくださるんですか。
　　3 もう少し遅くしてもらえませんか。

남 그 원고입니다만, 월요일까지 해 주시면 대단히 감사하겠습니다만.
여 1 그럼, 월요일에 받으러 가겠습니다.
　　2 그렇게 빨리 주시는 건가요?
　　3 좀 더 늦춰 주실 수 없겠습니까?

정답 3

단어 原稿 원고 | 助かる 도움이 되다 | くださる 주다(くれる)의 존경어 | もう少し 조금 더

해설 질문에 나오는 「～いただけると大変助かるんです ~해주시면 대단히 감사하겠습니다」는 상대에게 매우 정중하게 무엇을 해 달라고 부탁하는 표현이다. '원고를 월요일까지 주시면 대단히 감사하겠다'는 말에 '좀 더 늦춰 달라'는 응답하는 3번이 답으로 적당하다.

| 11 | 🎧 124

男　明日のパーティーは、会費がいらなかったんですよね、確か。
女　1　確かにおっしゃる通りでした。
　　2　ええ、行くつもりです。
　　3　ええ、そうだったと思います。

남　내일 파티는 회비가 필요 없었죠, 분명?
여　1　확실히 말씀하신 대로였습니다.
　　2　네, 갈 생각입니다.
　　3　네, 그랬을 거예요.

정답　3

단어　パーティー 파티 | 会費 회비 | いらない 필요 없다 | おっしゃる 말하다(言う)의 존경어

해설　사실에 대해 정확하게 긍정으로 답변하는 문장인 1번은 대화상 부자연스러우며, 2번은 대화의 맥락상 답이 될 수 없다. 따라서 과거 사실에 대해 동의하는 3번의 '그랬을 거예요'가 정답이다.

| 12 | 🎧 125

男　凄い雨だな。これから台風が上陸するみたいだから、帰りの飛行機飛ばないかもしれないな。
女　1　空港に問い合わせてみます。
　　2　もう少し考えてみましょう。
　　3　何とか直してほしいね。

남　엄청난 비네. 이제부터 태풍이 상륙할 것 같은데, 돌아가는 비행기가 뜨지 않을지도 모르겠어.
여　1　공항에 문의해 볼게요.
　　2　좀 더 생각해 봅시다.
　　3　어떻게든 고쳐주면 좋겠어.

정답　1

단어　凄い 굉장하다 | 台風 태풍 | 上陸 상륙 | 飛ぶ 뜨다, 날다 | 直す 고치다, 수정하다

해설　태풍 때문에 돌아가는 비행기가 운행될지 걱정하는 말에 대한 응답으로 가장 자연스러운 것은 '공항에 문의해 보겠다'고 하는 선택지 1번이다.

問題 5 통합 이해

실전문제 정답 및 해설

정답

실전문제 ①　　① 2　② 3　③ 3　質問1 4　質問2 2
실전문제 ②　　① 2　② 3　③ 3　質問1 1　質問2 4

실전문제 ①

問題 5　문제 5에서는 조금 긴 이야기를 듣습니다. 이 문제에는 연습은 없습니다. 문제지에 메모를 해도 됩니다.

문제지에는 아무것도 인쇄되어 있지 않습니다. 우선 이야기를 들으세요. 그리고 질문과 선택지를 듣고 1에서 4 중에서 가장 적당한 것을 하나 고르세요.

문제편 376p

1　🎧 126

会社で、男の人と女の人が話しています。

男　今度の社員旅行のホテルだけど、どうしようか。田中部長からは、全員で食べたり飲んだりできるような、大きめの宴会場があるところっていうリクエストもらってるんだけど。

女　社員からはやっぱり温泉に入りたいって声が多く出ています。予算は例年通りでいくと、一人あたり1万円以下にしたいですよね。

男　そうだね。どう、いいところあるかな？

女　私いくつかパンフレット集めてみたんですけど、見てみますか？これは「ホテルさくら」。温泉も広い宴会場もあるし、予算もギリギリなんですけど1万円は超えませんでした。結構人気があるみたいで、問い合わせたら、予約は今週中にってことで

회사에서 남자와 여자가 이야기하고 있습니다.

남　이번 사원 여행 때 호텔 말인데, 어떻게 할까? 다나카 부장님에게는 전원이 같이 먹고 마시고 할 수 있는, 좀 큰 연회장이 있는 곳을 요청 받았는데.

여　사원들에게서는 역시 온천에서 목욕하고 싶다는 목소리가 많이 나오고 있습니다. 예산은 예년대로 한다면 한 사람당 만 엔 이하로 하고 싶은데요.

남　그렇지. 어때, 어디 좋은 곳이 있을까?

여　저, 몇 가지 팸플릿을 모아 봤는데 보시겠습니까? 이건 '호텔 사쿠라'. 온천도 넓은 연회장도 있고 예산도 빠듯하지만 만 엔은 넘지 않습니다. 꽤 인기가 있는 듯해서 문의했더니 예약은 이번 주 중으로 해야 한다고

した。こっちの「ホテルひまわり」はまだ空室多いみたいです。やっぱり、お風呂が温泉のお湯じゃないからでしょうね。ただ、近くの露天風呂と契約していて、そこを自由に使えるみたいです。ここも宴会場はオッケーです。

男 なるほどね。じゃ、こっちの二つは？

女 「ホテルかもめ」と「ホテル白鳥」は、予算オーバーなんですけど。どちらも温泉の評判はいいし、宴会もできます。あっ、「ホテル白鳥」は、50名以上の団体だと一人9千円になるって言ってました。

男 今回は参加者が、多くても40人くらいだろうから、うーん。それと、部長にオッケーもらってからってことになると、予約は来週になるよね。となると、来週以降でも確実にとれそうな、ここにしようか。温泉だってないわけじゃないんだし。

女 そうですね。

女の人はどのホテルを予約しますか。

1 ホテルさくら
2 ホテルひまわり
3 ホテルかもめ
4 ホテル白鳥

します. 이쪽 '호텔 히마와리'는 아직 빈방이 많은 것 같습니다. 역시 목욕탕이 온천수가 아니라서 그럴 거예요. 다만 가까운 노천탕과 계약하고 있어서 그곳을 자유롭게 쓸 수 있는 것 같습니다. 여기도 연회장은 문제없습니다.

남 그렇군. 그럼 이쪽 두 군데는?

여 '호텔 가모메'와 '호텔 하쿠초'는 예산 초과입니다만. 양쪽 다 온천의 평판은 좋고 연회도 가능합니다. 아, '호텔 하쿠초'는 50명 이상의 단체라면 한 사람에 9,000엔이 된다고 했습니다.

남 이번에는 참가자가 많아야 40명 정도일 테니, 음…. 그리고 부장님께 오케이를 받고 나서라면 예약은 다음 주가 되겠네. 그렇게 되면 다음 주 이후라도 확실하게 예약을 할 수 있을 것 같은 여기로 할까? 온천도 없는 건 아니기도 하고.

여 그렇네요.

여자는 어느 호텔을 예약합니까?

1 호텔 사쿠라
2 호텔 히마와리
3 호텔 가모메
4 호텔 하쿠초

정답 2

단어 宴会場 연회장 | リクエスト 리퀘스트, 요청 | 温泉 온천 | 予算 예산 | 例年 예년 | 以下 이하 | パンフレット 팸플릿 | 集める 모으다 | ギリギリ 아슬아슬, 빠듯함 | 超える 넘다, 초월하다 | 問い合わせる 문의하다 | 空室 공실, 빈방 | 露天風呂 노천 온천, 노천탕 | 契約 계약 | 自由に 자유롭게 | オッケー 오케이(OK) | なるほど 과연 | 評判 평판 | 団体 단체 | 参加者 참가자 | 確実に 확실하게

해설 찾고 있는 호텔의 조건을 보면 ①큰 연회장이 있어야 하고, ②온천이 있어야 하며, ③한 사람당 만 엔 이하여야 한다. 호텔 가모메는 예산을 넘고, 호텔 하쿠초 역시 50명 이상일 때 9,000엔이지만 참가자는 40명 정도이니 예산이 맞지 않는다. 예약은 부장님께 오케이를 받은 다음 주에 할 수 있으므로 이번 주 안으로(今週中に) 예약해야 하는 호텔 사쿠라도 답이 될 수 없다. 따라서 정답은 2번이다.

---

2 🎧 127

学校でオーケストラ部の部員二人と先生が話しています。

학교에서 오케스트라부 부원 두 사람과 선생님이 이야기하고 있습니다.

女 先生、部活の時間なんですが、午後は塾やほかの用事で抜ける部員たちも多いので、授業が始まる前の、朝の練習時間を増やしたらどうかと思うんですが。

男1 でもさ、朝に強い人、弱い人っているから。朝弱い人も無理に参加させるっていうのはどうかな。

女 そんなの、やる気があれば平気よ。

男1 僕は、朝の練習はこれまで通り自由参加にして、午後の練習の時間を伸ばした方がいいと思います。

男2 ま、ま、ま。確かに、コンクールも近いので、練習する時間を増やした方がいい時期だと思うね。ただ、練習時間の長さよりも、今問題なのは、全体で音を合わせる時間が少ないってことだから。これからは、その時間を増やしましょう。

男1 全体練習っていうことなら、朝もこのままでは厳しいですよね。

男2 そうだね。これからは、だから、午後に全体で音を合わせる時間を必ず作るようにしよう。それで午後だけでは全体練習の時間が足りないってことになれば、その時は朝の練習も増やして、音を合わせることにしましょう。

女·男1 はい、わかりました。

これからは、どのように練習をすることにしましたか。
1 朝の練習時間を増やす
2 午後の練習時間を増やす
3 練習時間はそのままで全体練習を増やす
4 朝の練習時間にも全体練習をする

여 선생님, 동아리 활동 시간 말인데요, 오후에는 입시 학원이나 다른 볼일로 빠지는 부원들도 많으니 수업이 시작되기 전인 아침 연습 시간을 늘리면 어떨까 싶어요.

남1 하지만 말야, 아침에 강한 사람, 약한 사람이 있으니까. 아침에 약한 사람도 무리하게 참가시키는 것은 좀 그래.

여 그런 건 의욕이 있으면 아무렇지도 않아.

남1 저는 아침 연습은 지금까지처럼 자유 참가로 하고 오후의 연습 시간을 늘리는 쪽이 좋을 듯합니다.

남2 자자, 확실히 콩쿠르도 다가오고 있으니까 연습할 시간을 늘리는 편이 좋은 시기라고 생각해. 다만, 연습 시간의 길이보다도 지금 문제인 것은 다 함께 음을 맞추는 시간이 적다는 것이니까, 앞으로 그 시간을 늘리도록 합시다.

남1 다 함께 연습한다고 하면, 아침도 이대로는 힘들겠네요.

남2 그렇지. 앞으로는 그래서 오후에 다 함께 소리를 맞추는 시간을 반드시 만들도록 하자. 그러다가 오후만으로 전체 연습 시간이 모자라게 되면, 그때는 아침 연습도 늘려서 음을 맞추는 걸로 해.

여·남1 네, 알겠습니다.

앞으로 어떻게 연습하기로 했습니까?
1 아침 연습 시간을 늘린다
2 오후 연습 시간을 늘린다
3 연습 시간은 그대로 하고 전체 연습을 늘린다
4 아침 연습 시간에도 전체 연습을 한다

정답 3

단어 オーケストラ 오케스트라 | 部員 부원, 동아리 멤버 | 部活 부(동아리) 활동 | 塾 입시 학원 | 用事 용건, 일 | 抜ける 빠지다, 없어지다 | 増やす 늘리다 | 無理に 무리하게, 억지로 | やる気 의욕 | 平気だ 태연하다 | 伸ばす 늘리다 | コンクール 콩쿠르, 경연회 | 全体 전체 | 厳しい 엄하다, 긴박하다 | 必ず 반드시 | 足りない 모자라다, 부족하다

해설 콩쿠르를 앞두고 여학생은 아침 연습 시간을 늘리자고 하고 남학생은 오후 연습 시간을 늘리자고 한다. 이에 선생님은 '연습 시간의 길이보다도 다 함께 음을 맞춰보는 시간이 적은(全体で音を合わせる時間が少ない) 것이 문제'이니 그 시간, 즉 전체 연습 시간을 늘리자고 한다. 따라서 정답은 3번이다.

우선 이야기를 들으세요. 그리고 두 개의 질문을 듣고, 각각 문제지의 1에서 4 중에서 가장 적당한 것을 하나 고르세요.

イベント会場のアナウンスを聞いて、夫婦が話しています。

女 本日は、ベビー＆キッズフェアにお越しいただきまして、ありがとうございます。各会場についてご案内いたします。まず、入り口に近い第1会場は、赤ちゃんエリアとしまして、世界のベビーカーのモデル展示を行っております。第2会場は、子どもの遊びをテーマとしまして、木のおもちゃの展示および販売を行っております。第3会場は、最近話題のITにフォーカスを当てて、最新のIT教育事情をお伝えしています。出口近くの第4会場では、すでに小学生になったお子さんをお持ちの先輩ママ、パパたちが子育ての悩みに答えてくださっています。こちらでは、全年齢のお子さんのお悩みを相談できます。どうぞ、ご関心のある会場から順にご覧ください。

男 最初はさやかのところから行かない？

女2 ベビーカーは国産のにするって言ったじゃない。それより、心配なのはゆうじよ。来年から小学生だっていうのに、勉強の準備が何もできてないんだから。

男 そうだね。じゃ、そのIT教育を紹介してるところに行こうか。

女2 うん。その後、時間があまったらこの相談会っていうのも覗いてみようよ。

男 うーん、待って。今、ゆうじに大事なのは小学校生活をどうスタートさせるかってことじゃない？勉強より、経験者の話を聞く方が意味があると思うな。

女2 そうね。じゃ、私はそっちに行って、さやかのベビーカーのことも一緒に聞いてみるね。

男 うん。それじゃ、私は先にゆうじのプレゼントを買って、そっちに行くよ。

이벤트 회장의 안내 방송을 들으며 부부가 이야기하고 있습니다.

여1 오늘은 베이비 & 키즈 페어에 와 주셔서 감사합니다. 각 회장에 대해 안내해 드리겠습니다. 우선 입구에 가까운 제1 회장은 베이비 구역으로, 세계의 유모차 모델 전시를 하고 있습니다. 제2 회장은 어린이의 놀이를 테마로 하여 나무 장난감 전시 및 판매를 하고 있습니다. 제3 회장은 최근에 화제가 되고 있는 IT에 초점을 맞춰 최신 IT 교육 사정을 전해 드리고 있습니다. 출구에 가까운 제4 회장에서는 이미 초등학생이 된 자녀 분이 있는 선배 엄마, 아빠들이 육아 고민에 답해 드리고 있습니다. 이쪽은 모든 연령 아이들의 고민을 상담할 수 있습니다. 부디 관심이 있는 회장부터 차례로 봐 주시기 바랍니다.

남 처음에는 사야카와 관련된 곳부터 가지 않을래?

여2 유모차는 국산으로 한다고 했잖아. 그것보다 걱정되는 건 유지야. 내년부터 초등학생인데 공부 준비가 아무것도 되어 있지 않으니까.

남 그렇네. 그럼 그 IT 교육을 소개하는 곳으로 갈까?

여2 응. 그 다음에 시간이 남으면 이 상담회라고 하는 데도 들여다보자.

남 음, 잠깐. 지금 유지에게 중요한 것은 초등학교 생활을 어떻게 시작하게 할까 하는 거 아냐? 공부보다 경험자의 이야기를 듣는 편이 의미가 있다고 생각해.

여2 그렇네. 그럼 난 그쪽으로 가서 사야카의 유모차에 대한 것도 같이 물어볼게.

남 응. 그럼 난 먼저 유지의 선물을 산 다음에 그쪽으로 갈게.

質問1	질문1
女の人はこの後どの会場へ行きますか。	여자는 이 다음 어느 회장에 갑니까?
1 第1会場	1 제1 회장
2 第2会場	2 제2 회장
3 第3会場	3 제3 회장
4 第4会場	4 제4 회장

質問2	질문2
男の人はこの後どの会場へ行きますか。	남자는 이 다음 어느 회장에 갑니까?
1 第1会場	1 제1 회장
2 第2会場	2 제2 회장
3 第3会場	3 제3 회장
4 第4会場	4 제4 회장

정답 질문1 4 질문2 2

단어 ベビー 베이비, 아기 | キッズ 키즈, 어린이 | 会場 회장 | 入り口 입구 | 赤ちゃん 아기 | エリア 에어리어, 구역 | ベビーカー 베이비카, 유모차 | 展示 전시 | 行う 행하다, 실시하다 | おもちゃ 장난감 | 販売 판매 | 話題 화제 | フォーカス 포커스, 초점 | 当てる 맞추다, 적용시키다 | 教育 교육 | 事情 사정 | 出口 출구 | 先輩 선배 | 子育て 육아 | 悩み 고민 | 関心 관심, 흥미 | 国産 국산 | 準備 준비 | あまる 남다, 넘치다 | 覗く 엿보다, 들여다보다 | 大事だ 중요하다

해설 질문1 장내 방송을 들은 뒤 남자는 먼저 사야카와 관련된 곳으로 가자고 하지만, 여자는 그보다는 내년에 초등학생이 되는 유지 쪽이 걱정이라고 한다. 이에 남자는 처음에는 IT 교육을 소개하는 곳에 가자고 하지만, 곧바로 '교육보다는 경험자의 이야기(経験者の話)를 듣는 것이 의미가 있을 것 같다'고 하고 여자도 이에 동의하므로 4번이 정답이다.

질문2 남자의 마지막 대사를 보면 유지의 선물을 산 후에 여자가 있는 곳으로 가겠다(それじゃ、私は先にゆうじのプレゼントを買って、そっちに行く)고 한다. 따라서 남자는 이 다음 장난감 전시와 판매를 하는 제2 회장으로 간다.

실전문제 ②

問題5 문제 5에서는 조금 긴 이야기를 듣습니다. 이 문제에는 연습은 없습니다. 문제지에 메모를 해도 됩니다.

문제지에는 아무것도 인쇄되어 있지 않습니다. 우선 이야기를 들으세요. 그리고 질문과 선택지를 듣고 1에서 4 중에서 가장 적당한 것을 하나 고르세요.

문제편 378p

1 🎧 129

映画撮影の件で男の人と女の人が話しています。	영화 촬영 건으로 남자와 여자가 이야기하고 있습니다.
女 もしもし、撮影の日にちが決まりましたのでご連絡いたしました。	여 여보세요, 촬영 날짜가 결정되어서 연락드렸습니다.
男 そうですか、いつになりましたか。	남 그래요? 언제인가요?

女　来週の水曜日、午前9時からですので、準備よろしくお願いします。10分前には現場にお願いします。

男　撮影の終了予定時間は何時くらいですか。

女　予定では17時終わりになっているんですが、現場の状況が読めないので、1時間ほど前後するかもしれません。

男　わかりました。衣装はどうすればいいですか。

女　衣装はこちらで準備するので大丈夫なんですが、雨のシーンの撮影があるので、下着は2、3枚ご自身で準備をお願いします。

男　あ、そうでしたね。わかりました。現場は駐車できますか。

女　現場に駐車場が併設されてはいるんですが、撮影の車がそこに入る予定なので、当日は駐車場の利用ができないと思います。

男　そうですか？わかりました。

女　では、当日現場でお待ちしてます。よろしくお願いします。

男の人が現場に持っていくものは何ですか。
1　自分の衣装
2　自分の下着
3　自分の車
4　撮影機材

여　다음 주 수요일 오전 9시부터이니 준비 부탁드려요. 10분 전에는 현장에 오시기를 부탁합니다.

남　촬영 종료 예정 시간은 몇 시쯤인가요?

여　예정으로는 17시에 끝나는 걸로 되어 있습니다만, 현장의 상황을 알 수 없으니 1시간 정도 앞당겨지거나 늦춰질 수도 있습니다.

남　알겠습니다. 의상은 어떻게 하면 될까요?

여　의상은 이쪽에서 준비하니 괜찮습니다만, 비 오는 장면의 촬영이 있어서 속옷은 두세 벌 본인이 준비하시기를 부탁드립니다.

남　아, 그랬었지요. 알겠습니다. 현장은 주차할 수 있나요?

여　현장에 주차장이 갖춰져 있기는 하지만 촬영 차량이 거기에 들어갈 예정이라서 당일은 주차장을 이용하지 못할 것 같습니다.

남　그렇습니까? 알겠습니다.

여　그럼 당일에 현장에서 기다리겠습니다. 잘 부탁합니다.

남자가 현장에 가져가는 것은 무엇입니까?
1　자신의 의상
2　자신의 속옷
3　자신의 차
4　촬영 기재

정답 2

단어 撮影 촬영 | 日にち 날짜 | 現場 현장 | 終了 종료 | 読む 읽다, 내다보다, 헤아리다 | 前後する 전후하다, 내외로 하다, 내외이다 | 衣装 의상 | シーン 신, 영화 등의 장면 | 下着 속옷 | 併設 병설(한곳에 갖추거나 세움) | 当日 당일 | 機材 기재

해설 여자의 네 번째 대사를 보면 '비 오는 장면의 촬영이 있으니 속옷은 두세 벌 본인이 준비해 달라(下着は2、3枚ご自身で準備をお願いします)'고 하며 남자도 이에 알았다고 대답한다. 따라서 정답은 2번이다.

2 🎧 130

学生三人が、夏休みのアルバイトについて話しています。

女 あなたたち、まだアルバイト情報見てるの？早く決めなさいよ。いろいろあるでしょ。

男1 うーん、なかなかないんだよ、それが。やっぱりビルの掃除かな。時給も悪くないし。

女 えー？たまにはちょっとしゃれたアルバイトしなさいよ。

男2 そうだよな。夏なんだからアウトドア楽しまなきゃ。

女 そうよ、いいこと言うじゃない。

男2 この道路工事っていうのにするかぁ、健康的だし、な？

女 ほんと、あなたたちってわかってないね。若者の夏なんだから、プールの監視員とかできないの、私みたいに。

男2 オレ、泳ぐの苦手だから。

女 それなら、プールの売店とかでもいいでしょ？私、紹介できるよ。

男2 オレ、昔そんなとこで計算間違えて、すっごく怒られたことあるし、金扱うとこはやだよ。

男1 オレも喫茶店でバイトしてたとき、客の頭にジュースひっくりかえして怒られたことある。ねえ、いっしょにビルの掃除しようよ。

女 怒るよ！

女の学生は何のアルバイトをしますか。
1 道路工事
2 ビルの掃除
3 プールの監視員
4 プールの売店の店員

학생 세 명이 여름 방학 아르바이트에 대해 이야기하고 있습니다.

여 너희들 아직도 아르바이트 정보 보고 있어? 빨리 정해. 여러 가지 있잖아.

남1 음, 그게, 좀처럼 없단 말이지. 역시 빌딩 청소나 할까? 시급도 나쁘지 않고.

여 뭐? 가끔은 좀 멋진 아르바이트 해 봐.

남2 그래 맞아. 여름이니까 야외 활동을 즐겨야지.

여 그래, 좋은 말 하네.

남2 이 도로 공사라는 거 할까? 건강에도 좋고, 그렇지?

여 정말이지, 너희들 뭘 모르는구나. 젊은이의 여름이니까 수영장 안전 요원 같은 거 못 해? 나처럼.

남2 나, 수영 잘 못해서.

여 그럼 수영장 매점 같은 것도 괜찮잖아? 내가 소개해 줄 수 있어.

남2 나, 예전에 그런 곳에서 계산 틀려서 굉장히 혼난 적도 있고 해서 돈 다루는 곳은 싫어.

남1 나도 찻집에서 아르바이트 했을 때 손님 머리에 주스를 엎어서 혼난 적이 있어. 그냥 우리 같이 빌딩 청소 하자.

여 화낸다!

여학생은 어떤 아르바이트를 합니까?
1 도로 공사
2 빌딩 청소
3 수영장 안전 요원
4 수영장 매점 점원

정답 3

단어 アルバイト 아르바이트 | 情報 정보 | 決める 정하다 | 掃除 청소 | 時給 시급 | 監視員 감시원(여기에서는 수영장 안전 요원의 의미로 사용) | しゃれた 멋이 있는, 세련된 | アウトドア 아웃도어, 야외의, 실외의 | 健康的だ 건강적이다 | 若者 젊은이 | プール 풀, 수영장 | 苦手だ 잘 못하다, 거북하다 | 売店 매점 | 紹介 소개 | 計算 계산 | 間違える 틀리다, 실수하다 | 怒る 화내다, 꾸짖다 | 扱う 다루다 | 喫茶店 찻집, 카페 | ひっくりかえす 뒤집어 엎다

[해설] 청소나 도로 공사 등의 아르바이트를 하려는 남자들에게 여자는 '젊은이의 여름이니까 수영장 안전 요원 같은 거 못 해? 나처럼(私(わたし)みたいに)'이라고 말한다. 따라서 정답은 3번이다.

3 🎧 131

문제편 379p

우선 이야기를 들으세요. 그리고 두 개의 질문을 듣고, 각각 문제지의 1에서 4 중에서 가장 적당한 것을 하나 고르세요.

イベント会場(かいじょう)で、アナウンスが流(なが)れています。

女 本日(ほんじつ)は、ご来場(らいじょう)誠(まこと)にありがとうございます。これより、本日(ほんじつ)の会場(かいじょう)およびイベントのご案内(あんない)をさせていただきます。正面(しょうめん)入(い)り口(ぐち)向(む)かって右側(みぎがわ)のスペースでは、フリーマーケットを開催(かいさい)しております。また、向(む)かって左側(ひだりがわ)では、世界(せかい)の工芸品(こうげいひん)の展示(てんじ)を行(おこな)っております。こちらは、お買(か)い求(もと)めいただけるものもございます。また、正面(しょうめん)入(い)り口(ぐち)からステージに続(つづ)く大通(おおどお)りでは、国際色豊(こくさいしょくゆた)かな料理(りょうり)をお召(め)し上(あ)がりいただける、世界(せかい)の料理(りょうり)コーナーがございます。こちらは、ブースによって開催時間(かいさいじかん)が異(こと)なりますので、詳(くわ)しくは各(かく)ブースまでお尋(たず)ねください。ステージでは、11時(じ)より12時(じ)まで、および午後(ごご)1時(じ)から2時(じ)まで人気(にんき)アーティストによるライブがございます。さらに、午後(ごご)2時(じ)からは世界(せかい)の楽器(がっき)を使(つか)った演奏(えんそう)、体験(たいけん)が行(おこな)われます。ぜひ、皆様(みなさま)ご参加(さんか)ください。

男 まずはどこに行(い)こっか？

女 私(わたし)、楽器(がっき)の体験(たいけん)してみたいなぁ。

男 そうだね。でも、それは午後(ごご)からだから。まずは、工芸品(こうげいひん)でも見(み)に行(い)く？

女 それもいいけど、ちょっとお腹(なか)すかない？

男 えっ、朝(あさ)ごはん食(た)べてきたじゃん。もうお腹(なか)すいたの？

女 ちょっとしか食(た)べなかったから。まずは、腹(はら)ごしらえしようよ。

男 そうだね。じゃ、世界(せかい)の料理(りょうり)の方(ほう)に行(い)って……、それから工芸品(こうげいひん)でも見(み)に行(い)こうか。

이벤트 회장에서 안내 방송이 나오고 있습니다.

여 오늘은 방문해 주셔서 대단히 감사합니다. 지금부터 오늘의 회장 및 이벤트 안내를 하겠습니다. 정면 입구를 마주보고 오른쪽 공간에서는 플리마켓을 개최하고 있습니다. 또한, 마주보고 왼쪽에서는 세계의 공예품 전시를 실시하고 있습니다. 여기에서는 구입하실 수 있는 것도 있습니다. 또한, 정면 입구에서 무대로 이어지는 메인 통로에서는 국제적인 느낌이 가득한 요리를 드실수 있는 세계의 요리 코너가 있습니다. 이쪽은 부스에 따라 개최 시간이 다르기 때문에 자세한 것은 각 부스에 문의해 주시기 바랍니다. 무대에서는 11시부터 12시까지, 그리고 오후 1시부터 2시까지 인기 아티스트의 라이브 공연이 있습니다. 또한, 오후 2시부터는 세계의 악기를 이용한 연주, 체험이 실시됩니다. 부디 여러분의 많은 참가 바랍니다.

남 우선 어디에 갈까?

여 난 악기 체험해 보고 싶어.

남 그래. 하지만, 그건 오후부터니까. 우선 공예품이라도 보러 갈래?

여 그것도 괜찮은데, 좀 배고프지 않아?

남 응? 아침 먹고 왔잖아. 벌써 배고파?

여 조금밖에 안 먹어서. 우선 배부터 채우자.

남 그래. 그럼, 세계의 요리 쪽으로 가서……, 그런 다음 공예품이나 보러 갈까?

女 人気アーティストのライブはどうする？
男 僕はあんまり。
女 私も。じゃ、お昼からはフリーマーケットに行って、ライブが終わる頃になったらステージに行こうよ。
男 そうしよっか。

質問1
二人は、午前中は何をしますか。
1 世界の料理コーナーへ行ってから、工芸品を見に行く
2 フリーマーケットへ行ってから、世界の料理コーナーへ行く
3 世界の料理コーナーへ行ってから、人気アーティストのライブへ行く
4 楽器の体験をしてから、世界の料理コーナーへ行く

質問2
二人は、何時頃ステージへ行きますか。
1 11時頃
2 12時頃
3 午後1時頃
4 午後2時頃

여 인기 아티스트의 라이브 공연은 어떻게 할 거야?
남 난 별로.
여 나도. 그럼 점심 때부터는 플리마켓에 가고, 라이브 공연이 끝날 때쯤이 되면 무대로 가자.
남 그렇게 할까?

질문1
두 사람은 오전 중에는 무엇을 합니까?
1 세계의 요리 코너에 간 후, 공예품을 보러 간다
2 플리마켓에 가고 간 후, 세계의 요리 코너에 간다
3 세계의 요리 코너에 간 후, 인기 아티스트의 라이브 공연에 간다
4 악기 체험을 하고 난 후, 세계의 요리 코너에 간다

질문2
두 사람은 몇 시경에 무대로 갑니까?
1 11시경
2 12시경
3 오후 1시경
4 오후 2시경

정답 質問1 1   質問2 4

단어 来場 방문 | 誠に 진심으로 | および 및, 비롯하여 | 正面 정면 | 向かって 마주보고 | 右側 오른쪽 | スペース 스페이스, 공간 | フリーマーケット 플리마켓, 벼룩시장 | 開催 개최 | 工芸品 공예품 | 買い求める 매입하다, 구매하다 | ステージ 스테이지, 무대 | 大通り 큰 길, 중심 도로 | 国際色 국제적인 분위기 | 豊かだ 풍부하다 | 召し上がる 먹다(食べる), 마시다(飲む)의 존경어 | コーナー 코너, 매장 | 異なる 다르다 | 詳しい 자세하다, 상세하다 | ブース 부스, 칸막이로 나뉜 공간, 초소 | 尋ねる 묻다, 질문하다 | アーティスト 아티스트, 예술가 | 楽器 악기 | 演奏 연주 | 体験 체험 | 腹ごしらえ 미리 배를 채움, 미리 식사를 함

해설 행사 내용을 정리해 보면 입구 오른쪽은 '플리마켓', 왼쪽은 '공예품 전시'이며 무대로 향하는 메인 통로에서는 '세계의 요리'를 먹을 수 있다. 무대에서는 '11시~12시, 오후 1시~2시에 인기 아티스트의 라이브 공연'이 있고 '오후 2시부터는 세계의 악기 체험'을 할 수 있다.

質問1 여자가 배가 고프다고 하자 남자는 세계의 요리 코너를 먼저 가자고 제안한다. 그후 '공예품 관람'과 '라이브 공연'의 선택에서 남녀 모두 라이브 공연에는 관심이 없다며 '공예품 관람'을 선택하였으므로 정답은 1번이다.

質問2 두 사람이 무대로 가는 목적은 세계 악기 체험을 하기 위해서이다. 안내 방송의 마지막 부분에서 오후 2시까지 인기 아티스트의 라이브 공연이 있고, 그 이후에 세계 악기 연주 및 체험이 시작된다고 하므로 '오후 2시경'인 4번이 정답이다.

JLPT N2

Test

모의고사

모의고사 정답 및 해설

정답

1교시

문자·어휘

問題1　[1] 1　[2] 2　[3] 4　[4] 3　[5] 4
問題2　[6] 3　[7] 2　[8] 1　[9] 4　[10] 3
問題3　[11] 2　[12] 1　[13] 2　[14] 1　[15] 3
問題4　[16] 2　[17] 1　[18] 3　[19] 2　[20] 4　[21] 2　[22] 4
問題5　[23] 3　[24] 2　[25] 1　[26] 2　[27] 4
問題6　[28] 2　[29] 4　[30] 3　[31] 2　[32] 1

문법

問題7　[33] 4　[34] 2　[35] 2　[36] 4　[37] 3　[38] 2
　　　　[39] 1　[40] 3　[41] 2　[42] 4　[43] 4　[44] 3
問題8　[45] 2　[46] 4　[47] 3　[48] 4　[49] 3
問題9　[50] 4　[51] 3　[52] 2　[53] 2　[54] 1

독해

問題10　[55] 3　[56] 4　[57] 2　[58] 1　[59] 2
問題11　[60] 2　[61] 1　[62] 4　[63] 4　[64] 3　[65] 3
　　　　 [66] 2　[67] 1　[68] 2
問題12　[69] 3　[70] 2
問題13　[71] 4　[72] 1　[73] 1
問題14　[74] 3　[75] 2

2교시

청해

問題1　[1番] 1　[2番] 3　[3番] 3　[4番] 2　[5番] 2
問題2　[1番] 3　[2番] 4　[3番] 1　[4番] 2　[5番] 2　[6番] 1
問題3　[1番] 4　[2番] 2　[3番] 3　[4番] 4　[5番] 1
問題4　[1番] 3　[2番] 2　[3番] 3　[4番] 1　[5番] 2　[6番] 3
　　　　[7番] 1　[8番] 2　[9番] 1　[10番] 2　[11番] 3　[12番] 1
問題5　[1番] 3　[2番] 2　[3番] 質問1 1　質問2 3

1교시 언어지식(문자·어휘·문법)

問題 1 _____ 의 단어의 읽는 법으로 가장 적당한 것을 1·2·3·4에서 하나 고르세요. 　　문제편 385p

[1] 人間の心と体は密接につながっている。

　1 みっせつ　　　2 みつせつ　　　3 みっしつ　　　4 みつしつ

[정답] 1 인간의 마음과 몸은 밀접하게 연결되어 있다.

[단어] 心 마음 | 密接に 밀접하게 | つながる 연결되다 | 密室 밀실

[해설] 「密 빽빽할 밀」의 음독은 「みつ・みっ」이며, 「接 이을 접」의 음독은 「せつ」이다. 「密接」는 '아주 가까움, 또는 그런 관계'라는 뜻이다. 「密」를 사용한 음독 명사인 선택지 3번의 「密室」와 「密閉 밀폐」도 함께 기억해 두자.

---

[2] 地球の70%は海が占めています。

　1 きめて　　　2 しめて　　　3 こめて　　　4 ためて

[정답] 2 지구의 70%는 바다가 차지하고 있습니다.

[단어] 地球 지구 | 占める 차지하다 | 決める 결정하다 | 込める 포함하다 | 貯める 모으다

[해설] 「占 점령할 점/점칠 점」의 음독은 「せん」, 훈독은 「占める 점유하다, 차지하다」이다. 선택지의 동사 모두 「한자 + める」 구조의 동사이므로 한자와 뜻을 구분하여 기억해 두자.

---

[3] 危険が迫ったときその場から逃亡するのはしかたがない。

　1 ちょうぼう　　　2 ちょうもう　　　3 とうもう　　　4 とうぼう

[정답] 4 위기가 다가왔을 때, 그 장소에서 도망치는 것은 어쩔 수 없다.

[단어] 迫る 다가오다, 임박하다 | 場 장소 | 逃亡 도망 | しかたがない 어쩔 수 없다 | 眺望 조망 | 長毛 장모, 긴 털

[해설] 「逃 도망칠 도」의 음독은 「とう」, 훈독은 「逃げる 도망치다」, 「逃がす 놓아주다」, 「逃す 놓치다」, 「逃れる 달아나다, 벗어나다」이며 「亡 잃을 망」의 음독은 「ぼう」이다. 한국어의 영향으로 「もう」로 읽지 않도록 주의해야 한다.

---

[4] 子どもみたいに幼稚なけんかは止めて話し合おう。

　1 ようが　　　2 ようすい　　　3 ようち　　　4 ようしい

[정답] 3 아이처럼 유치한 싸움은 그만두고 함께 이야기하자.

[단어] 幼稚だ 유치하다 | けんか 싸움 | 止める 그만두다, 멈추다 | 話し合う 서로 이야기하다, 의논하다

[해설] 「幼 어릴 유」의 음독은 「よう」, 훈독은 「幼い 어리다, 미숙하다」이다. 음독 명사인 「幼児 유아」, 「幼少 유소」 등의 예시를 통해 기억해 두자. 또한 형태가 비슷한 「幻 환상」과 혼동하지 않도록 주의해야 한다.

5 車のハンドルは両手で握ります。

1 まもります　　2 はかります　　3 さわります　　**4 にぎります**

정답 **4** 자동차 핸들은 양손으로 쥡니다.

단어 ハンドル 핸들 | 両手 양손 | 握る 쥐다, 잡다 | 守る 지키다 | 計る 세다, 헤아리다 | 触る 접촉하다, 만지다

해설 「握쥘악」의 음독은 「あく」, 훈독은 「握る 잡다, 쥐다」로 음독 명사인 「握手 악수」도 함께 기억해 두자. '잡다'라는 의미의 동사는 「握る」, 「つかむ」, 「取る」 등 여러 가지가 있는데 「こぶしを握る 주먹을 쥐다」, 「チャンスをつかむ 찬스를 잡다」, 「ものを取る 물건을 손에 들다」 등과 같은 표현을 통해 뉘앙스의 차이를 구분할 수 있다.

問題2 ＿＿＿＿＿ 의 단어를 한자로 쓸 때 가장 적당한 것을 1・2・3・4에서 하나 고르세요.　　문제편 386p

6 まず名前と連絡先をとうろくしてください。

1 問録　　2 問禄　　**3 登録**　　4 登禄

정답 **3** 우선 이름과 연락처를 등록해 주세요.

단어 連絡先 연락처 | 登録 등록

해설 「録기록할 록」은 '기록하다'라는 의미로 음독 「ろく」로만 읽는다. 음독 명사인 「記録 기록」, 「録音 녹음」 등도 함께 기억해 두자. 선택지에 나온 「禄복 록」은 '녹(급여), 포상'이라는 의미이며, 이 외에도 '녹색, 초록'이라는 뜻을 가진 「緑푸를 록」이 비슷한 형태의 표기 한자로 출제되기도 한다.

---

7 この問題について活発なとうろんをお願いします。

1 討倫　　**2 討論**　　3 訂倫　　4 訂論

정답 **2** 이 문제에 대해 활발한 토론을 부탁합니다.

단어 活発だ 활발하다 | 討論 토론

해설 「討論」은 「討칠 토」와 「論논할 론」으로 이루어져 있다. 「検討 검토」, 「議論 의론, 의논」 등의 관련 단어도 함께 기억해 두자. 선택지 3, 4번의 「訂바로잡을 정」은 '바로잡다'라는 뜻으로 음독으로 읽는 한자이다. 「訂正 정정」, 「改訂 개정」 등의 예시를 통해 기억해 두자.

---

8 音楽が私を夢の世界にみちびいてくれた。

1 導いて　　2 誘いて　　3 率いて　　4 促いて

정답 **1** 음악이 나를 꿈의 세계로 인도해 주었다.

단어 夢 꿈 | 導く 이끌다, 인도하다 | 誘う 권유하다, 유혹하다 | 率いる 인솔하다, 이끌다 | 促す 재촉하다, 독촉하다

해설 「導く」는 '이끌다, 인도하다'라는 뜻으로 「導인도할 도」의 훈독이다. 3번은 「率いる 이끌다」이며, 2번은 「誘う 권유하다」, 4번은 「促す 재촉하다」가 바른 어휘이다.

9 パーティーにしょうたいされたのは有名人ばかりだった。

1 紹持　　　2 紹待　　　3 招持　　　4 招待

정답 **4** 파티에 초대 받은 것은 유명인뿐이었다.

단어 招待 초대 | 有名人 유명인

해설 「招待」는 표기 문제에서 출제 빈도가 높은 한자이다. 「招 부를 초」의 음독은 「しょう」, 훈독은 「招く 손짓하여 부르다, 초대하다」로, 모양이 비슷한 선택지 1, 2번의 「紹 이을 소」와 구분할 수 있도록 「紹介 소개」 등의 예시를 통해 구분하여 기억해 두자.

---

10 昼間乾かしたシャツが今もしめっぽい。

1 泡っぽい　　　2 温っぽい　　　3 湿っぽい　　　4 濡っぽい

정답 **3** 낮에 말린 셔츠가 지금도 축축하다.

단어 昼間 주간, 낮, 낮 동안 | 乾かす 말리다 | 湿っぽい 축축하다, 눅눅하다 | 泡 거품 | 温かい 따뜻하다 | 濡れる 젖다, 축축해지다

해설 「湿 축축할 습」의 음독은 「しつ」, 훈독은 「湿る 습하다, 축축하다」이다. 음독 명사 「湿度 습도」, 「湿気 습기」도 자주 출제되는 단어이므로 함께 기억해 두자. 또한 2번의 「温める 따뜻하게 하다, 데우다」와 형태가 비슷해 표기 문제에 함께 출제되는 경우가 많으니 잘 구분하도록 하자. 선택지 1번은 「泡 거품」, 4번은 「濡れる 젖다」가 바른 어휘이다.

問題3 (　　)에 들어가기에 가장 적당한 것을 1・2・3・4에서 하나 고르세요.　　문제편 387p

11 日本語学校では試験だけでなく出席(　　)も重要です。

1 量　　　2 率　　　3 比　　　4 割

정답 **2** 일본어 학교에서는 시험뿐만 아니라 출석률도 중요합니다.

단어 出席率 출석률 | 重要だ 중요하다

해설 「率」는 '비율'이라는 의미의 접미어이다. 사용 예로는 「合格率 합격률」, 「進学率 진학률」, 「失業率 실업률」 등이 있다. 1번 「量」는 「収穫量 수확량」, 3번 「比」는 「人口比 인구비」, 4번 「割」는 「頭割 인원수대로 나눔」과 같이 사용한다.

---

12 新聞の利用度を年代や男女(　　)に整理した。

1 別　　　2 用　　　3 分　　　4 例

정답 **1** 신문의 이용도를 연대와 남녀별로 정리했다.

단어 利用度 이용도(이용하는 빈도 수) | 年代 연대 | 整理 정리

해설 「別」는 문제에서와 같이 접미어로 사용하면 '구별'이라는 의미가 되며, 접두어로 사용하면 「別扱い 특별한 취급」과 같이 '특별한, 다른'이라는 의미를 더한다. 2번 「用」는 '~에 사용되는 것', 3번의 「分(け)」는 '나눔, 구분'이라는 뜻의 접미어로 각각 「実験用 실험용」, 「使い分け (목적에 따라) 가려 씀」 등의 예시로 기억해 두자. 4번 「例」는 접미어가 아닌 명사로 '본보기, 예시, 선례'라는 뜻이다.

13 今日は(　)外国の教育制度について勉強した。
　　1 多　　　　2 諸　　　　3 各　　　　4 類

정답 **2** 오늘은 여러 외국의 교육 제도에 대해 공부했다.

단어 制度 제도

해설 「諸」는 '여러, 많은'이라는 의미의 접두어이다. 「諸問題 여러 문제」, 「諸事情 여러 사정」 등의 표현도 함께 기억해 두자. 1번 「多」는 '수나 양이 많은', 3번 「各」는 '각각의, 각자의'라는 의미의 접두어이며, 4번 「類」는 '공통된 종류나 무리'라는 의미의 접미어로 각각 「多量 다량」, 「各方面 각 방면」, 「紙類 지류, 종이류」와 같이 사용한다.

---

14 勤務は交替(　)で行っています。
　　1 制　　　　2 形　　　　3 状　　　　4 法

정답 **1** 근무는 교대제로 실시하고 있습니다.

단어 勤務 근무 | 交替 교체

해설 「制 절제할 제」는 '만들다, 규정하다, 억제하다' 등의 다양한 뜻이 있는데, 문제에서와 같이 접미어로 사용할 때는 '제도'라는 의미이다. 「制」를 활용한 예시로는 「通信制 통신제」, 「予約制 예약제」, 「会員制 회원제」 등이 있다. 2번 「形」는 '형태·모양', 3번 「状」는 '증서·편지·상태', 4번 「法」는 '수단·방법·법률'을 의미하는 접미어이다. 각각 「長方形 장방형, 직사각형」, 「招待状 초청장」, 「案内状 안내장」, 「液体状 액체 상태」, 「学習法 학습법」, 「使用法 사용법」, 「労働法 근로법」 등의 예시를 통해 기억해 두자.

---

15 山に近い地域はまだ(　)開発で自然が残っている。
　　1 不　　　　2 前　　　　3 未　　　　4 後

정답 **3** 산에서 가까운 지역은 아직 미개발이어서 자연이 남아 있다.

단어 地域 지역 | 開発 개발 | 自然 자연 | 残る 남다

해설 '아직 개발되지 않았다'라는 문맥이 되어야 자연스러우므로 선택지 3번 「未開発 미개발」이 정답이다. 부정의 접두어 「未」는 '아직 그 상태에 이르지 않다'라는 뜻으로 「未完成 미완성」, 「未発表 미발표」 등의 단어에 사용한다. 1번 「不」는 '부정', 2번 「前」은 '전(시간)'이라는 의미의 접두어이다. 각각 「不可能 불가능」, 「不景気 불경기」, 「不愉快 불쾌함」, 「前首相 전 수상(총리)」와 같이 사용한다.

問題4 (　)에 들어가기에 가장 적당한 것을 1·2·3·4에서 하나 고르세요.　　　문제편 388p

16 その子は誰に対してもあいさつを(　)。
　　1 明かさない　　2 欠かさない　　3 隠さない　　4 済まさない

정답 **2** 그 아이는 누구에게도 인사를 빠뜨리지 않는다.

단어 あいさつ 인사 | 欠かす 빠뜨리다 | 明かす 밝히다, 털어 놓다 | 隠す 숨기다 | 済ます 끝내다

해설 괄호 앞에 있는 '인사'와 연결하기에 자연스러운 것은 선택지 2번의 '빠뜨리지 않는다(欠かさない)'이다. 1, 3, 4번의 「明かす」, 「隠す」, 「済ます」도 함께 기억해 두자.

17 体操競技では( )がいい演技を見せると得点が高くなる。

1 バランス　　　　2 スムーズ　　　　3 カバー　　　　4 リスク

정답 **1** 체조 경기에서는 밸런스가 좋은 연기를 보이면 득점이 높아진다.

단어 体操 체조 | 競技 경기 | 演技 연기 | 得点 득점 | バランス 밸런스, 균형 | スムーズ 스무스, 원활함 | カバー 커버, 보충 | リスク 리스크, 위험

해설 각 가타카나어의 뜻을 생각했을 때 자연스럽게 이어지는 어휘는 선택지 1번 「バランス」이다. 「バランスがいい 균형이 좋다」, 「バランスを取る 균형을 잡다」와 같은 표현으로 묶어서 기억해 두자. 2번의 「スムーズ」는 '지체되지 않고 원활하게 진행됨'을 의미하며 「スムーズに進む・進行する 원활하게 진행되다」처럼 사용한다.

18 人気があるレストランだから4人の席を( )するのは大変だ。

1 予想　　　　2 保管　　　　3 確保　　　　4 発行

정답 **3** 인기가 있는 레스토랑이어서 4인 좌석을 확보하는 것은 어렵다.

단어 席 자리 | 確保 확보 | 大変だ 힘들다, 큰일이다 | 予想 예상 | 保管 보관 | 発行 발행

해설 문맥상 '자리를 잡는 것은 어렵다'라는 내용이 되어야 하므로 선택지 3번 「確保」가 정답이다. 선택지의 단어 모두 뒤에 「する」를 붙여서 사용할 수 있는 명사이므로 각각의 뜻을 확실히 알아두도록 하자.

19 子供と一緒に遊園地に行ったら、乗り物に乗るのに3時間も待たされて( )してしまった。

1 すっかり　　　　2 ぐったり　　　　3 ばったり　　　　4 ぎっしり

정답 **2** 아이와 함께 유원지에 갔더니, 놀이 기구를 타는 데 3시간이나 기다려서 녹초가 되어 버렸다.

단어 遊園地 유원지 | 乗り物 탈 것(여기에서는 놀이공원의 놀이 기구라는 의미로 사용) | すっかり 완전히, 아주 | ぐったり 녹초가 됨, 축 늘어짐 | ばったり 뜻밖에 마주치는 모양, 딱, 갑자기, 뚝 | ぎっしり 가득, 빽빽이

해설 문맥상 '오래 기다려서 피곤했다'라는 내용이 되어야 하므로 '체력이나 기력이 다한 모습'을 나타내는 선택지 2번의 「ぐったり」가 정답이다. 1번은 「すっかり忘れる 까맣게 잊다」, 3번은 「ばったり会う 딱 마주치다」, 4번은 「ぎっしり詰まる 빽빽하게 차 있다」의 표현을 통해 기억해 두자.

20 短い期間だったが外国での研修は私にとって大きな( )があった。

1 役割　　　　2 発達　　　　3 吸収　　　　4 収穫

정답 **4** 짧은 기간이었지만 외국에서의 연수는 나에게 있어 큰 수확이 있었다.

단어 期間 기간 | 研修 연수 | 役割 역할 | 発達 발달 | 吸収 흡수 | 収穫 수확

해설 「収穫」는 '농작물을 거두어 들이다'라는 뜻 외에도 '어떤 일을 한 성과'라는 뜻이 있다. 맥락에 맞는 어휘는 선택지 4번이다.

모의고사 **247**

21 日本の人口問題について報告がありましたが、いくつかの数字は事実と(　　)しています。
1 不正　　　　　　2 相違　　　　　　3 反対　　　　　　4 誤解

정답　**2**　일본의 인구 문제에 대해 보고가 있었습니다만, 몇 개의 숫자는 사실과 상이합니다.

단어　人口 인구 | 報告 보고 | 数字 숫자 | 事実 사실 | 不正 부정 | 相違 상이 | 反対 반대 | 誤解 오해

해설　'일부 숫자는 사실과 다르다'는 내용의 문장이므로 괄호 안에는 '상이, 서로 다름'이라는 뜻의 선택지 2번 「相違」가 정답이다. 반대 의미의 문형 「〜に相違ない ~임에 틀림없다」도 함께 기억해 두자.

---

22 大学に合格することを(　　)毎日遅くまで勉強している。
1 もとめて　　　　2 ひかえて　　　　3 さだめて　　　　4 めざして

정답　**4**　대학에 합격하는 것을 목표로 매일 늦게까지 공부하고 있다.

단어　合格 합격 | 求める 바라다, 구하다 | 控える 삼가다, 줄이다, 대기하다 | 定める 정하다, 확정하다 | 目指す 목표로 하다, 노리다

해설　문맥상 '대학 합격을 목표로 공부한다'라는 내용이 되어야 하므로 괄호 안에는 '처음부터 그것만을 목표로 한다'는 뉘앙스의 선택지 4번 「目指す 목표로 하다, 노리다」가 들어가야 자연스럽다. 1번의 「求める」와 혼동하지 않도록 주의하자. 2번의 「控える」는 「大学受験を控えて勉強する 대학 수험을 앞두고 공부한다」처럼 사용해야 자연스럽다.

問題5　_____의 단어와 의미가 가장 가까운 것을 1·2·3·4에서 하나 고르세요.　　　문제편 389p

23 新しい企画を話し合う予定だったが、雑談だけで終わってしまった。
1 紹介　　　　　　2 願望　　　　　　3 おしゃべり　　　4 気配り

정답　**3**　새로운 기획을 의논할 예정이었지만, 잡담만으로 끝나 버렸다.

단어　企画 기획 | 雑談 잡담 | 紹介 소개 | 願望 원망, 원하고 바람 | おしゃべり 수다 | 気配り 배려

해설　'쓸데없이 하는 말이나 대화'라는 의미의 「雑談」과 바꿔 쓸 수 있는 표현은 '이야기, 수다'라는 뜻을 가진 선택지 3번 「おしゃべり」이다. 「おしゃべり」는 '수다쟁이, 말이 많은 사람'을 가리키기도 한다는 것을 기억해 두자.

---

24 コンピューターがたびたび動かなくなる。
1 必ず　　　　　　2 何度も　　　　　3 突然　　　　　　4 いっせいに

정답　**2**　컴퓨터가 자주 멈춘다.

단어　たびたび 여러 번, 자주, 번번이 | 動く 움직이다 | 必ず 반드시, 꼭 | 何度も 몇 번이나, 여러 번 | 突然 돌연, 갑자기 | いっせいに 일제히

해설　「たびたび」는 같은 일이 몇 번이나 반복해서 일어날 때 사용한다. 따라서 서로 바꿔 쓸 수 있는 표현으로는 선택지 2번 「何度も」가 적절하다. 같은 의미인 「しばしば 자주, 종종」도 함께 기억해 두자.

---

25 いつかは終わるのがブームというものだ。
1 流行　　　　　　2 発展　　　　　　3 不況　　　　　　4 成功

248　JLPT 합격 시그널 N2

정답 **1** 언젠가는 끝나는 것이 붐이라는 것이다.

단어 終わる 끝나다 | ブーム 붐, 유행 | 流行 유행 | 発展 발전 | 不況 불황 | 成功 성공

해설 「ブーム」는 '어떤 현상이 갑자기 유행하거나 번성함'이라는 의미이므로 유의어는 선택지 1번의 「流行」이다. 또한 3번 「不況」는 반대되는 의미이므로 함께 기억해 두면 좋다.

---

26 去年買ったものがわずかに残っています。

1 ひとつだけ　　2 すこしだけ　　3 だいたい　　4 ぜんぶ

정답 **2** 작년에 산 것이 아주 조금 남아 있습니다.

단어 去年 지난해 | 残る 남다 | ひとつだけ 한 개만 | すこしだけ 조금만 | だいたい 대강, 대부분 | ぜんぶ 전부

해설 「わずかに」는 '수량이나 정도, 가치, 시간 등이 매우 적음'이라는 의미로, 서로 바꿔 쓸 수 있는 표현은 선택지 2번의 「少しだけ」이다. 1번 「一つだけ」는 정확한 수량을 나타내고 있으므로 답으로는 적절하지 않으며 3, 4번은 반대의 의미를 가진 표현이다.

---

27 お勘定を済ませた人は帰ってもいいです。

1 食事が終わった　　2 約束を守った　　3 書類を出した　　4 お金を払った

정답 **4** 계산을 마친 사람은 돌아가도 됩니다.

단어 勘定 계산, 돈을 지불함 | 済ませる 끝내다 | 帰る 돌아가다 | 払う 지불하다

해설 「勘定」의 의미를 알아야 풀 수 있는 문제이다. 「お勘定を済ませる 계산을 끝내다」처럼 '금액을 지불하다'라는 의미로 사용하며, 비슷한 표현으로는 선택지 4번의 「お金を払う 돈을 지불하다」 외에도 「お会計をする 회계·계산을 하다」 등이 있다. 3번의 「書類を出す 서류를 제출하다」도 하나의 관용표현으로 기억해 두자.

問題6 다음 단어의 사용법으로 가장 적당한 것을 1·2·3·4 중에서 하나 고르세요.　　문제편 390p

28 保つ

1 暑い時は外に置かないで冷蔵庫に保ちます。
2 いつまでも若さを保つには毎日運動が必要です。
3 約束を保つ人は誰からも信用されます。
4 小さい動物は家の中で保てば安全です。

정답 **2** 언제까지나 젊음을 유지하려면 매일 운동이 필요합니다.

단어 保つ 가지다, 유지하다 | 暑い 덥다 | 置く 두다 | 冷蔵庫 냉장고 | 若さ 젊음 | 信用 신용 | 安全 안전

해설 「保つ」는 '어떤 상태가 변하지 않고 계속 이어지다, 유지하다'라는 의미이다. 맥락에 맞게 사용된 것은 선택지 2번의 「若さを保つ 젊음을 유지하다」이다. 3번에는 「守る 지키다」가 들어가야 하며, 1번에는 「保管 보관」, 4번에는 「飼う 기르다, 사육하다」를 활용한 표현이 들어가야 한다.

29 利益

1 外国映画を見るとその国を理解する利益になる。
2 新しい商品は宣伝の利益もあってとてもよく売れた。
3 自転車旅行の利益は訪ねた町の人たちと話ができることです。
4 この本を売った利益はすべて社会団体に寄付されます。

정답 **4** 이 책을 판매한 이익은 모두 사회 단체에 기부됩니다.

단어 利益 이익 | 理解 이해 | 商品 상품 | 売れる 팔리다 | 宣伝 선전 | 訪ねる 방문하다 | 団体 단체 | 寄付 기부

해설 「利益」는 '물질적이나 정신적으로 도움이 되거나 또는 돈을 벌어들인 수익'이라는 뜻으로, 맥락에 맞게 사용한 선택지 4번이다. 1번은 「~理解するのに役に立つ ~이해하는 데 도움이 되다」, 2번은 「効果 효과」, 3번에는 「利点 이점」이 들어가야 자연스럽다.

---

30 質素

1 この金属は大部分が質素です。
2 計算してみたらおつりが質素です。
3 収入が限られているので質素な生活をしています。
4 難しいのでもっと質素に説明してください。

정답 **3** 수입이 한정되어 있기 때문에 검소한 생활을 하고 있습니다.

단어 質素 검소 | 金属 금속 | 大部分 대부분 | 計算 계산 | おつり 거스름돈 | 収入 수입 | 限られる 제한되다, 한정되다

해설 「質素」는 '사치하지 않고 간소하게 생활함'이라는 뜻이며 「質素な暮らし・質素な生活 검소한 생활」처럼 사용한다. 맥락에 맞게 사용한 선택지 3번이 정답이다. 1, 2, 4번에는 각각 「炭素 탄소」, 「不足 부족」, 「簡単 간단」이 들어가야 자연스럽다.

---

31 とっくに

1 人気があるゲームは発売するととっくに売れてしまう。
2 冷蔵庫にあったケーキはとっくに食べてしまった。
3 あの人とは今でもとっくに会うことがある。
4 連絡が来ればとっくに出発するつもりです。

정답 **2** 냉장고에 있던 케이크는 벌써 먹어 버렸다.

단어 とっくに 벌써, 훨씬 전에 | 発売 발매 | 出発 출발

해설 「とっくに」를 맥락에 맞게 사용한 선택지 2번이 정답이며, 「とっくに食べてしまった 벌써 먹어 버렸다」에서와 같이 '현재보다 훨씬 이전의 시점에 상황이 진행되었다'는 뉘앙스로 사용한다. 발음이 비슷한 「特に 특히」와 혼동하지 않도록 주의하자. 1, 3, 4번에는 「すぐに 바로」, 「時々 때때로」, 「ただちに 즉시, 바로」가 들어가야 자연스럽다.

32 合図

1 リーダーの合図があればいつでも出発できるように準備した。
2 学校からレポートをいつまでに出せばよいか合図があった。
3 台風が近づいているので早く家に帰るよう合図があった。
4 明日は6時にベルが鳴るように時計の合図をセットした。

정답 1 리더의 신호가 있으면 언제라도 출발할 수 있도록 준비했다.

단어 合図 신호 | 準備 준비 | 台風 태풍 | 近づく 가까이 가다(오다) | ベル 벨 | 鳴る 울다, 울리다

해설 「合図」는 '일정한 표지, 소리, 몸짓 등으로 특정한 정보를 전달하거나 지시함'을 의미하는 표현으로 맥락에 맞게 사용한 것은 선택지 1번이다. 2, 3번은 「指示 지시」나 「お知らせ 공지」가 들어가야 자연스러우며, 4번은 「アラーム 알람」이 들어가야 한다.

問題7 다음 문장의 ( )에 넣기에 가장 적당한 것을 1·2·3·4에서 하나 고르세요. 〔문제편 392p〕

33 課長「午後の会議で今度の商品について説明するのは田中くんだっけ？」
田中「はい。でもさっき資料を( )なんで、まだ読み終わってないんですが…。」
1 渡しただけ　　2 渡そうとしただけ　　3 渡したばかり　　4 渡されたばかり

정답 4 과장　오후 회의에서 이번 상품에 대해 설명하는 것은 다나카 군이었나?
다나카　네. 하지만 방금 자료를 막 건네받아서, 아직 다 읽지 못했습니다만….

단어 商品 상품 | 資料 자료 | 渡す 넘기다, 건네다 | ～ばかりだ 막 ~했다, ~한 지 얼마 되지 않다

해설 「さっき ～たばかりだ 방금 ～막 하다」는 '동작이 끝난 지 얼마 되지 않았다'는 것을 의미하는 문형으로, 다나카 군이 서류를 건네받은 것이므로 수동형인 「渡される」를 사용해야 한다. 따라서 정답은 선택지 4번이다.

---

34 田中「友だちと待ち合わせしたんですが、駅の改札口は他にもありますか。」
駅員「全部で4つあります。人が多くて( )から、電話したほうがいいですよ。」
1 探すしかない　　2 探しようがない　　3 探さざるを得ない　　4 探しかねない

정답 2 다나카　친구와 만나기로 약속했습니다만, 역 개찰구는 다른 곳에도 있습니까?
역무원　전부 네 군데 있습니다. 사람이 많아서 찾을 수 없을 테니 전화하는 편이 좋아요.

단어 待ち合わせ 만나는 약속 | 改札口 개찰구 | 駅員 역무원 | 探す 찾다 | ～しかない ～밖에 없다 | ～ざるを得ない ～하지 않을 수 없다 | ～かねない ～할 지도 모른다

해설 '사람이 많아 찾으려고 해도 찾을 방법이 없다'는 의미의 문장이 되어야 하므로 '～하려 해도 ～할 방법이 없다'라는 의미의 문형「ます형 + ようがない」를 활용한 표현이 들어가야 한다.

---

35 大会ではいつも新記録を出して優勝していたが、その記録は世界的に見れば予選に出られる程度( )知ってがっかりした。
1 だけではないことを　　2 でしかないことを　　3 にほかならないことを　　4 に相違ないことを

정답 **2** 대회에서는 항상 신기록을 내서 우승했지만, 그 기록은 세계적으로 보면 예선에 나갈 수 있을 정도밖에 되지 않는다는 것을 알고 실망했다.

단어 新記録 신기록 | 優勝 우승 | 予選 예선 | 程度 정도 | ～だけではない ~뿐만이 아니다 | ～でしかない ~밖에 되지 않는다, ~에 불과하다 | ～にほかならない (바로) ~인 것이다 | ～に相違ない 임에 틀림없다

해설 문장 마지막의 「がっかりした 실망했다」에서 기록이 대단하지 않음을 나타내는 문장인 것을 알 수 있다. 따라서「～でしかない」를 사용한 선택지 2번이 정답이다.「～しかない ~밖에 없다」와 혼동하지 않도록 구분해서 공부해 두자.

---

36 本当は自分の力でなんとかしたかったが、こんな状況では親に(　　)。
1 頼まないわけはない　　2 頼まないでほしい　　3 頼まないどころではない　　**4 頼まざるを得ない**

정답 **4** 실은 자기 힘으로 어떻게든 하고 싶었지만, 이런 상황에서는 부모님께 부탁할 수밖에 없다.

단어 状況 상황 | 親 부모 | 頼む 부탁하다 | ～ないわけはない ~지 않을 리는 없다 | ～てほしい ~해 주길 바라다 | ～どころではない ~할 때(상황)가 아니다 | ～ざるを得ない ~하지 않을 수 없다, ~할 수밖에 없다

해설 자기 힘으로 어떻게든 하고 싶었지만 '부모님에게 부탁할(親に頼む) 수밖에 없다, 해야 한다'는 의미의 문장이 되어야 하므로 선택지 4번의 「～ざるを得ない」가 정답이다. 「～ざるを得ない」 앞에는 동사의 ない형이 온다는 것도 반드시 기억해 두자.

---

37 友だちの結婚式で受付の人に「遠くから(　　)ありがとうございます。」と挨拶された。
1 お伺いしてくださって　　2 お運びくださって　　**3 お越しくださって**　　4 お呼びくださって

정답 **3** 친구의 결혼식에서 접수처 사람에게 '멀리서 와 주셔서 감사합니다'라고 인사받았다.

단어 結婚式 결혼식 | 受付 접수, 접수처 | 挨拶 인사 | 伺う 묻다(聞く), 방문하다(訪ねる)의 겸양어 | 運ぶ 운반하다, 나르다

해설 '접수처의 사람에게 인사받았다'라는 내용이므로 존경표현인 3번「お越しくださってありがとうございます 와 주셔서 감사합니다」가 정답이다.「お越し」는「行く」와「来る」의 존경표현으로「お越しください 와 주십시오」의 형태로도 자주 사용되니 기억해 두자.

---

38 （電車内の放送）
「次は川井駅です。特急電車は3番線にお乗り換えです。(　　)特急券は別にお買い求めください。」

1 さらに　　**2 ただし**　　3 いったん　　4 あいにく

정답 **2** (전철 내 방송) 다음은 가와이 역입니다. 특급 열차는 3번 선으로 갈아타 주세요. 단, 특급권은 따로 구입해 주세요.

단어 特急 특급 | 乗り換え 환승 | ～券 ~권, 티켓 | 買い求める 돈을 내고 사다, 구입하다 | さらに 한층 더, 더욱 더 | ただし 단, 다만 | いったん 일단 | あいにく 공교롭게

해설 '전철을 갈아타야 하지만 특급권은 따로 구입해 달라'고 하므로, 앞에 나온 내용에 조건이나 예외를 덧붙일 때 사용하는 선택지 2번「ただし」가 들어가야 한다.

39 A「このお菓子、このままおいとくと悪くなっちゃうかな。」
　　B「うん。今日中に食べる(　　)明日になるんなら冷蔵庫に入れなくちゃね。」
　　1 ならともかく　　2 だけあって　　3 とはいうものの　　4 のにくらべて

정답 **1**　A 이 과자 이대로 두면 상할까?
　　　　B 응. 오늘 중에 먹는다면 또 몰라도 내일 (먹게) 된다면 냉장고에 넣어야 해.

단어 悪くなる (상태가) 나빠지다, (음식 등이) 상하다 | ~ならともかく ~면 몰라도 | ~だけあって ~인 만큼 |
　　　 ~とはいうものの ~라고는 하지만 | ~のにくらべて ~하는 데 비해

해설 '오늘이라면 괜찮지만 내일은 안 된다'는 문맥이므로 '~라면 몰라도'라는 의미의 '~ならともかく'가 정답이다. 「~はともかく ~는 차치하고, ~는 둘째 치고」도 함께 기억해 두자.

---

40 金曜日の勤務を(　　)3日間休めるので旅行に行けるようになった。
　　1 代わってあげることが　　2 代わってくれることも　　**3 代わってもらうことで**　　4 代わってやることと

정답 **3** 금요일 근무를 바꿔 줘서 3일간 쉴 수 있으므로 여행을 갈 수 있게 되었다.

단어 勤務 근무 | 代わる 바꾸다, 대신하다

해설 '남이 나를 대신해서(代わってもらうことで) 근무해 주어서' 쉴 수 있는 것이므로 '내가 남에게 무엇인가를 해주는' 선택지 1번과 4번은 시점이 달라 답이 될 수 없으며, 2번은 '대신해 주는 것도'라는 뜻으로 맥락상 맞지 않는다. 정답은 3번이다.

---

41 社員「課長、会議が終わりましたから会議室を整理してからもどります。」
　　課長「あ、ご苦労さん。少ししてから別の会議をする予定だから電気は(　　)。」
　　1 つけた後にもどって　　**2 つけたままにしておいて**　　3 つけるのを忘れないで　　4 つけるようにして

정답 **2** 사원　과장님, 회의가 끝났으니 회의실을 정리한 후에 돌아가겠습니다.
　　　　과장　아, 수고했어. 조금 후에 다른 회의를 할 예정이니까 불은 켠 채로 둬.

단어 整理 정리 | もどる 들어가다 | ご苦労さん 수고했어(인사) | 別の 다른 | 電気 전기, 전깃불, 전등 | つける 켜다, 틀다

해설 문말표현을 먼저 생각하고 선택지에서 답을 고르는 것이 좋다. 과장은 '조금 후에 다른 회의를 할 예정이니 전깃불을 켠 상태로 두라'고 말하고 있다. 따라서 「~ままに ~(한) 채로」와 「~しておく ~해 두다」를 활용한 2번이 정답이다.

---

42 この商品は発売されてから他にない使いやすさが認められ、少しずつその良さが評価(　　)。
　　1 されかかっている　　2 させはじめている　　3 させられようとしている　　**4 されつつある**

정답 **4** 이 상품은 발매된 후로 다른 상품에는 없는 편리한 사용감을 인정받아, 조금씩 그 장점이 평가되고 있다.

단어 発売 발매 | 認める 인정하다 | 使いやすい 쓰기 편하다 | 少しずつ 조금씩 | 評価 평가

해설 '수동·사역·사역 수동'의 차이를 묻는 문제로, 구분이 어려우며 출제 빈도가 높으므로 반드시 기억해야 한다. 「評価される 평가받다(수동)」와 「~つつある ~하는 중이다(진행)」가 접속한 선택지 4번이 정답이다. 1번은 「~される ~당하다(수동형)」, 2번은 「~させる ~하게 하다(사역형)」이며, 3번은 「~させられる 남이 시켜서 ~하다(사역 수동)」이므로 답으로는 적당하지 않다.

43 ダイエットの本に毎日お菓子を(　)食べていたら30キロも太ったという話が出ていた。
1 食べたくても　　2 食べたいように　　3 食べ続けながら　　**4 食べたいだけ**

정답 **4** 다이어트 책에 매일 과자를 먹고 싶은 만큼 먹었더니 30kg이나 살이 쪘다는 이야기가 나와 있었다.

단어 お菓子 과자 | 太る 살찌다

해설 「〜だけ」에는 '〜만, 뿐(한정)' 외에도 '〜만큼(정도)'라는 의미가 있다. '매일 과자를 먹고 싶은 만큼 먹었더니 살이 쪘다'는 문맥이므로 선택지 4번이 정답이다.

---

44 息子はもうおもちゃを喜ぶ子どもではない。誕生日には何を(　)。
1 買ってあげたいのだろうか　　2 買いたかったことか
3 買ってほしいのだろうか　　4 買いたがっていたことか

정답 **3** 아들은 더는 장난감을 기뻐하는 어린아이가 아니다. 생일에는 무엇을 사주기를 바랄까?

단어 息子 아들 | おもちゃ 장난감 | 喜ぶ 좋아하다, 기뻐하다

해설 아들은 장난감을 좋아하는 어린애가 아니므로 '생일날에 아들이 무엇을 원할까'라는 문맥이 되어야 하므로 「買う 사다」에 「〜てほしい 〜해 주길 바라다」가 접속한 선택지 3번이 정답이다.

問題8 다음 문장의 ＿★＿에 들어가기에 가장 적당한 것을 1・2・3・4에서 하나 고르세요.　　문제편 394p

45 後輩「先輩、職場を楽しくするためにはどうすればいいでしょうか。」
先輩「そうだね。まずみんなに＿＿＿　＿＿＿　★　＿＿＿ことから始めたらどう？」
1 身近な　　**2 ような**　　3 あいさつする　　4 という

정답 **2** (3→4→2→1) 후배　선배님, 직장을 즐겁게 하려면 어떻게 하면 좋을까요?
　　　　　　　　　 선배　글쎄. 우선 모두에게 인사를 하는 것 같은 친숙한 일부터 시작하면 어때?

단어 後輩 후배 | 先輩 선배 | 職場 직장 | 身近だ 친숙하다, 가깝다

해설 밑줄 뒤의 「ことから」앞에는 선택지 모두가 올 수 있다. 이럴 경우에는 선택지만으로 말을 만들어 보는 것이 좋다. 밑줄 앞에서 '모두에게'라고 하고 있으므로 맨 처음에는 「あいさつする(3)」가 와야 하며 그 뒤로는 「というような(4→2)」가 이어지고, 그 후 「身近な(1)」가 이어져 '인사를 하는 것 같은 친숙한'의 순서로 연결되는 것이 가장 자연스럽다.

---

46 この子がスポーツを＿＿＿　＿＿＿　★　＿＿＿と思ったが、来年受験なのでがまんさせた。
1 いったときに　　2 やりたい　　3 したいと　　**4 やらせて**

정답 **4** (3→1→4→2) 이 아이가 스포츠를 하고 싶다고 말했을 때 하게 해 주고 싶다고 생각했지만, 내년에 수험이어서 참게 했다.

단어 受験 수험 | がまんする 참다, 인내하다

해설 두 개의 선택지 「やりたい」, 「したいと」를 문맥에 맞춰 연결하는 기초 문법을 이해하는지를 묻는 문제이다. 먼저 밑줄 앞은 조사 「〜を」로 끝나고 있으니 「したいといったときに(3→1)」의 순서가 되어야 한다. 또한 수수표현 「〜てやる(4) 〜해 주다」는 「やらせてやりたい(4→2) 하게 해 주다」로 이어져 밑줄 뒤의 「〜と思ったが」와 연결되는 것이 자연스러우므로 3→1→4→2의 순서가 되어야 한다.

47 マンガの世界では「愛する人のため＿＿＿ ＿＿＿ ★ ＿＿＿負けない」という主人公が活躍する。

1 だって　　　2 なら　　　3 くるしみに　　　4 どんな

정답 **3** (2→4→3→1) 만화의 세계에서는 '사랑하는 사람을 위해서라면 어떤 괴로움이라도 지지 않는다'는 주인공이 활약한다.

단어 負ける 지다 ｜ 主人公 주인공 ｜ 活躍 활약 ｜ くるしみ 괴로움, 고통 ｜ だって ~일지라도, ~도, ~조차도

해설 우선 밑줄 앞의 '사랑하는 사람을 위해서'의 뒤로는 가정표현「なら ~라면(2)」가 와야 하며, 그 뒤로는「どんなくるしみにだって 어떤 괴로움이라도(4→3→1)」라는 의미의 문장이 되어야 문맥상 자연스럽다.「だって」의 의미를 정확히 기억해 두자.

---

48 A「入国カードに日本での住所を書くことになってるけど、ホテルの住所知ってる？」
B「えっ？名前しか知らないけど、どうしよう。」
A「じゃあ、ホテルの名前を書く＿＿＿ ＿＿＿ ＿＿＿ ＿＿＿住所までは知らないって言えばいいよ。」

1 書いて　　　2 聞かれたら　　　3 だけ　　　4 住所はどこかと

정답 **4** (3→1→4→2) A 입국 카드에 일본에서의 주소를 쓰게 되어 있는데, 호텔 주소 알아?
B 어? 이름밖에 모르는데 어떡하지?
A 그럼 호텔 이름만 일단 쓰고, 주소는 어디냐고 물으면 주소까지는 모른다고 말하면 돼.

단어 入国 입국 ｜ 住所 주소

해설 먼저 밑줄 앞「書く」다음에는 '할 수 있는 한, ~만큼'이라는 의미의「だけ(3)」가 가장 먼저 와야 하며「書いて(1)」로 연결되어야 한다. '주소를 물으면 모른다고 말하면 돼'라는 내용이므로「住所はどこかと聞かれたら 주소는 어디냐고 물으면(4→2)」가 그 뒤로 이어져야 자연스러운 문장이 된다.

---

49 子どもは甘いものが好きだといいますが＿＿＿ ＿＿＿ ★ ＿＿＿としてもおかしくはない。

1 いろいろな子供がいる　　　2 子供がいた　　　3 甘いものが嫌いな　　　4 のだから

정답 **3** (1→4→3→2) 아이는 단 것을 좋아한다고 합니다만, 여러 아이가 있으니까 단 것을 싫어하는 아이가 있다고 해도 이상하지는 않다.

단어 いろいろな 여러, 다양한 ｜ 嫌いだ 싫어하다 ｜ おかしい 이상하다

해설 밑줄 뒷 부분을 해석해 보면 '~라고 해도 이상하지 않다'이므로 그 앞으로는 앞에서 말한 것과 반대되는 내용이 와야 한다. 따라서 밑줄 앞에는「甘いものが嫌いな子供がいた 단 것을 싫어하는 아이가 있다(3→2)」가 와야 한다. 문맥상 1→4→3→2의 순서가 자연스럽다.

問題9 다음 글을 읽고, 글 전체의 내용을 고려하여 50 에서 54 안에 들어갈 가장 적당한 것을 1·2·3·4에서 하나 고르세요.

문제편 396p

> 사람은 누구라도 불행을 친구로 삼고 싶지는 않은 법입니다. 보통 친구는 많을수록 좋다고 합니다만, 불행이라는 친구는 많기는커녕, 단 한 명이라도 불행이 친구로서 나타나는 것은 환영할 수 없습니다. 그럼에도 불행을 친구로 비유하면, 거기에는 50 꽤 깊은 의미를 느낄 수 있습니다.
> 　친구와는 서로 끌리는 법입니다. 즉, 상대와 자신이 닮은 부분이 있기 때문에 친해질 수 있습니다. 그렇다면 불행을 친구로 삼고 싶지 않은 사람은, 자신이 불행에게 51 미움받도록 해야 합니다. 누구도 불행이 좋아하는 인간은 52 되고 싶지 않은 법입니다. 그럼 불행이 싫어하는 것에는 어떤 것이 있을까요? 예를 들면 괴로울 때에도 따뜻한 말을 걸어 주는 가족이 있는 것. 일의 노고와 성취감을 함께 나눌 수 있는 동료가 있는 것. 그리고 진심으로 믿을 수 있는 친구가 있는 것. 그 외에도 53 더 여러 가지가 있을지도 모릅니다만, 그 중에서도 중요한 것은 역시 자신이 혼자가 아니라는 것을 떠올리는 것입니다. 당신 주위를 보았을 때, 불행이 싫어하는 가족, 동료, 친구가 자신을 지키고 있다는 54 생각이 들지 않습니까? 불행에게 미움받기 위해서는, 부디 이 사람들과 사이 좋게 지내 주세요.

단어　不幸 불행 | 普通 보통 | 現れる 나타나다, 드러나다 | 歓迎 환영 | 意味 의미 | お互い 서로 | ひかれあう 서로 끌리다 | つまり 즉, 요컨대 | 相手 상대 | 似る 닮다 | 仲良い 사이좋다 | 好く 좋아하다 | 嫌う 싫어하다 | 温かい 따뜻하다 | 苦労 고생 | 達成感 달성감, 성취감 | 分け合う 서로 나누다 | 仲間 동료 | 重要だ 중요하다 | 思い出す 생각이 나다, 떠오르다 | 嫌がる 싫어하다 | 守る 지키다 | ぜひ 꼭, 부디, 제발

50　1 どうせ　　　　2 とうてい　　　　3 やはり　　　　4 なかなか

정답 4

해설　불행을 친구로 삼고 싶은 사람은 없다고 말한 뒤, 역접 접속사인 '그럼에도(でも)'로 연결하여 지금부터 이어질 내용이 예상과 다른 방향으로 흘러갈 것임을 나타내고 있다. 50 에는 선택지 4번의 「なかなか 꽤, 상당히」가 들어가야 자연스럽다. 1번 「どうせ 어차피, 결국은」은 '숙명적으로 그렇게 정해져 있어 그 외 선택의 여지가 없을 때', 2번 「とうてい 도저히, 아무리 해도」는 '어떤 수단·방법을 사용해도'라는 뜻으로 부정표현이 함께 쓰이므로 답으로는 적당하지 않다.

51　1 嫌っている　　　2 嫌う　　　3 嫌われる　　　4 嫌わせる

정답 3

해설　'친구란 서로 끌리는 법이며 상대와 자신이 닮은 점이 있기 때문에 친해질 수 있다'고 전제하고 있으므로 불행과 친해지지 않기 위한 방법, 즉 '불행에게 미움받는 방법'에 대한 내용이 이어져야 한다. 따라서 괄호 안에는 「嫌う 싫어하다」의 수동형인 「嫌われる 미움받다」가 들어가는 것이 적당하다.

52　1 なりたいものです　　　　2 なりたくないものです
　　 3 なりたくなります　　　　4 なりたくないわけです

정답 2

해설　내용상 '누구라도 불행이 좋아하는 인간이 되고 싶지는 않다(なりたくない)'가 되어야 하므로 선택지 1번은 답이 될 수 없다. 강한 단정을 나타내는 문말표현 「〜ものだ 〜하는 법이다」를 활용한 2번이 정답이다. 「〜ものだ」는 이 외에도 '〜하구나(감탄)', '〜하곤 했다(회상)'의 용법으로도 쓰인다.

| 53 | 1 ずっと | 2 もっと | 3 そのうえ | 4 せめて |

정답 2

해설 불행이 싫어하는 것에 대해 구체적인 예를 든 후에 '그 외에도 53 여러 가지가 있다'고 말하므로 '현재 상태 그 이상'이라는 뜻이 있는 선택지 2번 「もっと 더, 더욱」이 정답이다. 1번은 「ずっと 훨씬, 줄곧」, 3번은 「そのうえ 게다가, 또한」, 4번은 「せめて 최소한, 적어도」이다.

| 54 | 1 気がしませんか | 2 気をつけませんか | 3 気にしませんか | 4 気にいりませんか |

정답 1

해설 「気」가 들어가는 관용표현을 찾는 문제로 「気がする 느낌·기분·생각이 든다」를 활용한 선택지 1번 「気がしませんか 생각이 들지 않습니까?」가 정답이다. 2번의 「気をつける 조심하다, 주의하다」, 3번의 「気にする 걱정하다」, 4번의 「気に入る 마음에 들다」도 함께 기억해 두자.

1교시 독해

問題10 다음 (1)에서 (5)의 글을 읽고, 다음 질문에 대한 답으로 가장 적당한 것을 1·2·3·4에서 하나 고르세요.

(1) 문제편 398p

'선택적 주휴 3일제'를 정부가 추진한다고 한다. '주휴 3일제 = 주4일 근무제'라는 것이다. 그러나 단순히 노동 시간이 짧아진다는 것이 아니다. 1일 8시간, 5일이면 합계 40시간의 노동이, 4일이면 32시간이 되는 것이 아니라는 것이다. 그 중에는 1일 10시간에 4일로 하는 회사도 있을 것이다. 혹은 주 노동 시간은 32시간으로 단축하고, 그만큼 급여를 줄이는 회사도 있을 것이다. 과연 급여를 줄이면서까지 휴일을 늘리기 바라는 사람이 있을지 어떨지. 또한 휴일을 늘리고 사원의 급여도 올린다고 하는 이상적인 회사가 나타날지 어떨지, 지켜볼 필요가 있을 것이다.

단어 選択的 선택적 | 政府 정부 | 推進 추진 | イコール 이콜(=) | 労働 노동 | 単純に 단순히 | 短縮 단축 | 給料 급료, 급여, 월급 | 減らす 줄이다 | 果たして 과연 | 減給 감급, 감봉, 급여를 줄임 | 理想的 이상적 | 現れる 나타나다 | 見守る 지켜보다 | 評価 평가 | 反対 반대 | 給与 급여, 급료 | 明確だ 명확하다 | 判断 판단 | 意思 의사

55 '선택적 주휴 3일제'에 대해 필자는 어떻게 생각하고 있는가?
1 노동 시간이 짧아진다는 것이므로 높게 평가해야 한다.
2 노동 시간 단축의 결과, 급여가 줄어들게 되므로 반대해야 한다.
3 노동 시간과 급여의 관계가 명확하지 않으므로 지금 바로는 판단할 수 없다.
4 감봉하더라도 휴가를 늘릴지 사원의 의사를 확인할 때까지 판단할 수 없다.

정답 3

해설 필자는 단순히 노동 시간이 짧아지는 것이 아니라 노동 시간 변화에 따른 감봉, 더 나아가 휴일을 늘리고 사원의 급료도 올리는 이상적인 회사가 있을지 등에 대한 의문을 제기하며 '지켜볼 필요가 있다'고 말하므로 정답은 3번이다.

(2) 이하는 거래처에서 보내온 메일이다.

> 야마다 식품 주식회사
> 경리부 나카야마 아키라 님
>
> 항상 신세지고 있습니다.
> 　일전에 당사의 사내 행사를 위해 귀사에 배달 도시락 50개를 주문했습니다. 대금은 배달 시에 청구서를 받아서, 이달 말일까지 입금 처리를 하는 약속으로 주문했습니다만, 기상 악화로 참가자 수에 대폭 변동이 생겼습니다. 어쩔 수 없이 전날에 주문한 개수를 35개로 수정한다는 뜻을 연락드리고, 양해를 구한 후에 당일 상품을 수령했습니다. 그러나 배달 담당하시는 분이 지참한 청구서가 당초 주문 개수에서 변경되어 있지 않아서, 청구서의 재발행을 부탁드렸는데, 다음날 재방문하겠다고 해서 기다리고 있었습니다만, 1주일이 경과한 현재 청구서는 당사에 도착하지 않았습니다.
> 　실제로 당사에서 수령한 개수는 수정한 수량과 일치했으므로, 귀사의 배송 기록을 조사하면 확인하실 수 있을 거라고 생각합니다. 당사에서도 회계 처리 사정상, 이대로 방치할 수는 없으니, 시급히 조사한 후에 다시 청구서 송부를 부탁드립니다.
>
> 제1상사 총무부
> 다카기 카즈히로

[단어] 株式会社 주식회사 | 経理部 경리부 | 行事 행사 | 御社 귀사, 상대 회사의 높임말 | 出前 배달 | 弁当 도시락 | 代金 대금 | 配達 배달 | 請求書 청구서 | 入金 입금 | 処理 처리 | 天候 기후, 날씨 | 悪化 악화 | 参加者 참가자 | 大幅な 대폭적인 | 変動 변동 | 生じる 생기다, 발생하다 | やむをえず 어쩔 수 없이, 부득이하게 | 修正 수정 | 旨 뜻, 취지 | 了解 양해 | 得る 얻다 | 当日 당일 | 商品 상품 | 受領 수령 | 担当 담당 | 持参 지참 | 変更 변경 | 再発行 재발행 | 再訪 재방문 | 経過 경과 | 数量 수량 | 一致 일치 | 配送 배송 | 記録 기록 | 調査 조사 | 会計 회계 | 処理 처리 | 都合 형편, 사정 | 放置 방치 | 至急 지급, 시급, 매우 급함 | 送付 송부 | 総務部 총무부 | 訂正 정정

[56] 이 메일의 요건은 무엇인가?

1 참가자가 줄었으니 도시락의 주문 개수를 변경해 주길 바란다.
2 실제로 배달된 도시락 개수를 조사해 주길 바란다.
3 변경 처리가 정확하게 되었는지 아닌지를 확인해 주길 바란다.
4 청구서 내용을 정정하여 시급히 보내주길 바란다.

[정답] 4

[해설] 필자의 회사는 사내 행사를 위해 도시락 50개를 주문했으나 기상 악화로 참가 인원수가 변경되어 도시락 수량을 35개로 변경하고 35개를 수령했다. '수량 변경에 따라 새로 수정한 청구서를 다시 발행하도록 부탁했지만 아직 도착하지 않았으므로 빨리 보내 달라'는 것이 주요 내용이므로 정답은 4번이다.

---

(3)

> '마인드풀니스'라는 것은 '지금 이 순간의 자신의 기분과 마음의 상태, 근육과 호흡의 상태 등을 관찰하고 자각하며 받아들이는 활동'을 말합니다. 이로 인해 스트레스가 되는 외부로부터의 압박을 줄이고, 눈앞의 일에 집중할 수 있습니다. 마인드풀니스를 사원 연수에 도입함으로써 생산성 향상으로 연결하는 기업도 늘고 있습니다. 연수 중에 스포츠 선수나 심리학자가 제작한 영상을 보거나 해서 자신의 몸 상태나 마음 상태를 인식하는 것입니다. 기업이 적극적으로 대응하는 것은 이 활동이 뇌 과학에서도 '심신이 가지는 본래 능력을 충분히 발휘시키는 데 유효'하다고 보고 있으며, 실제로 눈에 보이는 효과가 나타나기 때문일 것입니다.

[단어] 瞬間 순간 | 状態 상태 | 筋肉 근육 | 呼吸 호흡 | 観察 관찰 | 自覚 자각 | 受け入れる 받아들이다 | ストレス 스트레스 | 外部 외부 | 圧迫 압박 | 集中 집중 | 社員研修 사원 연수 | 取り入れる 도입하다 | 生産性 생산성 | 向上 향상 | つなげる 연결하다, 잇다 | 企業 기업 | 心理学者 심리학자 | 制作 제작 | 認識 인식 | 積極的 적극적 | 取り組む 대처하다, 대응하다 | 脳科学 뇌 과학 | 心身 심신, 몸과 마음 | 本来 본래 | 発揮 발휘 | ~にほかならない ~임이 분명하다, ~임이 틀림없다 | 解放 해방 | 業務 업무 | 証明 증명

57 '마인드풀니스'에 대해 필자의 생각과 맞는 것은 어느 것인가?

1 모든 기업의 생산성을 향상시킬 수 있다.
2 스트레스에서 해방시킴으로써 업무 등에 집중할 수 있는 효과가 있다.
3 뇌 과학에 의해 효과를 증명하는 편이 좋다.
4 스포츠 선수와 심리학자에게도 유효하다.

[정답] 2

[해설] 필자는 먼저 마인드풀니스에 대해 설명한 후, 이로 인해 스트레스가 되는 외부로부터의 압박을 줄이고 업무에 집중할 수 있으며, 이를 사원 연수에 도입하는 기업도 늘고 있다고 말한다. 따라서 정답은 2번이다.

---

(4) 이하는 어느 회사가 거래처에 통지한 안내문이다.   문제편 401p

> 거래처 각위
>
> 당사에서 제조하고 있는 원예 식물용 비료 '후시기'입니다만, 제조 공장의 기계 상태 이상으로 인해 현재 제조를 할 수 없게 되었습니다. 따라서 제품 출하의 일시 중지를 부탁드리는 바입니다. 출하 중지 시기는, 제품이 소진되는 대로 하겠으며, 출하 재개 시기는 5월 중순을 예정하고 있습니다. 단, 공장의 복구 상황에 따라 변동될 가능성이 있으므로 그때는 다시 연락 드리겠습니다.
>
> 불편을 드리게 되겠지만, 아무쪼록 잘 부탁드립니다.
>
> 주식회사 간쿄
> 영업 부장 스즈키 신이치

[단어] 各位 각위, 여러분 | 製造 제조 | 園芸植物 원예 식물 | 肥料 비료 | 不調 상태가 나쁨 | つきまして 따라서, 그런고로, 그러한 까닭으로 | 出荷 출하 | 一時停止 일시 정지 | 停止 정지 | 製品 제품 | 再開 재개 | 中旬 중순 | 復旧 복구 | 変動 변동 | 改めて 다시, 새롭게 | 不便 불편 | 営業部 영업부 | 延期 연기 | 早まる 빨라지다, 서두르다

58 이 안내문에서 전하고 싶은 것은 무엇인가?

1 제품이 소진되고 나서 5월 중순까지 출하가 불가능할 예정이지만, 재개 연기의 가능성도 있다.
2 현재부터 5월 중순까지 출하 불가능할 예정이지만, 재개 연기의 가능성도 있다.
3 공장 기계가 멈춘 후부터 5월 중순까지 출하 불가능할 예정이지만, 재개가 빨라질 가능성도 있다.
4 공장 기계가 멈춘 후부터 5월 중순까지 출하 불가능할 예정이지만, 재개가 빨라질 가능성은 없다.

[정답] 1

[해설] 전달·안내문의 경우 「つきましては 그런고로」, 「ただし 단」, 「しかし 그러나」와 같은 접속사 뒤에는 앞 내용에 대한 조건이나 예외, 반대 의견이 덧붙으며, 그 뒤에 주로 문제와 관련된 본 용건이 이어진다. 본문을 보면 '비료의 출하 중지 시기는 제품이 소진된 후이며, 출하 재개 시기는 5월 중순 예정이지만 복구 상황에 따라 변동될 가능성도 있다'고 하므로 이 두 가지 사항을 모두 포함한 1번이 정답이다.

(5)

현대 사회에서는 커뮤니케이션 능력이 필요하다고 흔히 말하지만, 그것은 단순히 어학 능력을 가리키는 것이 아니며 또한 상대의 이야기를 듣기만 하는 능력도 아닐 것이다. 확실히 상대의 이야기를 듣고 그 의도를 이해하는 것은 중요할 것이다. 그러나 그것만으로는 커뮤니케이션의 절반밖에 의미하지 않는다. 실제로는 상대의 의도를 이해할 수 없는 경우도 있을 것이며, 이쪽의 의도를 상대가 이해할 수 없는 경우도 있기 때문이다. 그때 어떻게 커뮤니케이션을 할 것인지, 바로 그 능력이야말로 요구되고 있다고 할 수 있을 것이다.

[단어] 現代社会 현대 사회 | コミュニケーション 커뮤니케이션, 의사소통 | 能力 능력 | 単に 단순히 | 語学 어학 | 指す 가리키다 | 意図 의도 | 理解 이해 | 半分 반, 절반 | 求める 구하다, 요구하다 | 役に立つ 도움이 되다

[59] 필자의 생각과 맞는 것은 어느 것인가?

1 커뮤니케이션 능력은 실제로 도움이 되는 능력이라고는 할 수 없다.
2 이해할 수 없을 때야말로 커뮤니케이션 하는 능력이 중요하다.
3 커뮤니케이션 능력은 상대를 이해하는 능력을 말한다.
4 커뮤니케이션 능력이 의미하는 것은 실제의 절반뿐이다.

[정답] 2

[해설] 필자는 커뮤니케이션 능력은 상대의 이야기를 듣고 그 의도를 이해하는 것도 중요하지만, 실제로는 상대의 의도를 이해하지 못하는 경우나 상대가 나의 의도를 이해하지 못하는 경우도 있기 때문에, 그럴 때 어떻게 커뮤니케이션을 하는가에 따른 능력이야말로 커뮤니케이션에 있어서 중요하다고 말한다. 정답은 2번이다.

問題11 다음 (1)에서 (3)의 글을 읽고, 다음 질문에 대한 답으로 가장 적당한 것을 1·2·3·4에서 하나 고르세요.

(1)

이기주의에 반해서 이타주의라는 것이 있습니다. 자신의 이익밖에 생각하지 않는 자기 중심의 사고방식이 이기주의입니다. 그에 반해서 가난한 사람, 곤란에 처한 사람을 위해, 혹은 사회를 위해서 자신의 이익을 목적으로 하지 않고 행동하는, 타인을 도와주는 것이 이타주의입니다. 곤란에 처한 사람을 돕는 것은 당연한 것이며, 대지진 등 자연재해가 일어났을 때에는 많은 사람이 자원봉사로서 현지로 달려갑니다.
그러나 그러한 이타 행위가 정말 도움이 되고 있는지 어떤지는 ①당사자에게 물어보지 않으면 알 수 없습니다. 더 이상 입지 않게 된 옷을 모아서 아프리카의 가난한 지역에 보내면, 현지 상점의 옷이 팔리지 않게 되기 때문에, 그 자리에서 버려지고 있었다라는 일도 현실로 일어나고 있습니다. 결국은 이타도 역시 ②자기만족에 지나지 않는다, 즉 이기적인 행위가 아닌가, 라는 것입니다.
이러한 의문에 대해서 현대에는 '효과적 이타주의'라고 하여, 이타적 행동을 일으킬 때에는 가장 효과적인 방법을 선택해야만 한다는 사고방식이 있습니다. '우리들은 자신이 할 수 있는 가장 많은, 가장 좋은 일을 해야만 한다'라고 생각하고 결과를 수치화해서 비교하는 것입니다. 예를 들어 1만 엔의 지원으로 어느 정도의 효과를 얻을 수 있는지를 수치로 나타내는 것입니다. 그건 그것대로 모든 것을 돈으로 계산하는 것은 지원을 받는 쪽의 기분이 보이지 않게 되어 버립니다. 그럼에도 필요하고 효과적인 지원을 할 수 있다면 그것을 평가해야만 할 것입니다. 자기만족으로 끝내지 않기 위해서라도.

단어 利己主義 이기주의 | 利他主義 이타주의 | 利益 이익 | 貧しい 가난하다 | 困る 힘들다, 곤란하다 | 目的 목적 | 行動 행동 | 他者 타자, 타인 | 援助 원조, 도와줌 | 助ける 도와주다 | 当たり前 당연함 | 大地震 대지진 | 自然災害 자연재해 | ボランティア 볼런티어, 자원봉사 | 現地 현지 | 駆け付ける 달려가다 | 行為 행위 | 当事者 당사자 | アフリカ 아프리카 | 商店 상점 | 売れる 팔리다 | 捨てる 버리다 | 現実 현실 | 結局 결국 | 自己満足 자기만족 | 疑問 의문 | 数値化 수치화 | 比較 비교 | 支援 지원 | 計算 계산 | 被害者 피해자 | 追求 추구 | 否定 부정 | 金額 금액 | 全面的に 전면적으로 | 賛成 찬성

60 ①당사자라고 하는데, 누구를 말하는가?

1 이타적 행위를 하는 사람
2 이타적 행위를 받는 사람
3 자연재해 피해자
4 자원봉사를 하는 사람

정답 2

해설 '이타주의(利他主義)'란 자신의 이익을 목적으로 하지 않고 타인을 돕는 것인데, 이타 행위가 정말 도움이 되고 있는지 어떤지는 도움을 받는 당사자에게 물어봐야 한다고 말하므로 정답은 2번이다.

61 ②자기만족에 지나지 않는다라고 하는데, 어떤 것인가?

1 이타 행위도 이기적인 결과가 되는 경우가 있다.
2 이타 행위는 자기만족이어서는 안 된다.
3 이기주의자는 자기만족을 추구하는 법이다.
4 이기주의자가 결과적으로 도움이 되는 경우도 있다.

정답 1

해설 '입지 않는 옷을 모아 가난한 지역에 보냈더니, 현지 상점의 옷이 팔리지 않게 되어 그 자리에서 버려졌다'는 부분에서 알 수 있듯이 원조를 받는 당사자에게는 진정한 의미의 도움이 되지 않는 경우도 있을 수 있다. 결국 자기 중심적인 사고에서 이타적 행위는 자기만족에 지나지 않기 때문에 그 결과 이기적인 행위와 다르지 않다고 할 수 있다. 따라서 정답은 1번이다.

62 '효과적 이타주의'에 대해 필자의 생각과 맞는 것은 어느 것인가?

1 받는 쪽의 기분을 부정하는 것이므로 좋은 평가는 할 수 없다.
2 모든 것을 금액으로 판단하는 것이므로 좋은 평가는 할 수 없다.
3 받는 쪽의 기분도 돈으로 계산할 수 있으므로 좋은 평가를 주어야만 한다.
4 전면적으로 찬성할 수는 없지만 좋은 평가를 주어야만 한다.

정답 4

해설 '결국 이타주의도 자기만족에 지나지 않는 이기적인 행위이지 않을까'라는 의문에 대해 필자는 '남에게 이익이 되는 행동을 일으킬 때는 가장 효과적인 방법을 선택해야 한다는 효과적 이타주의(効果的利他主義)'라는 사고방식을 언급하며 '결과를 수치화 해서 비교하면 지원을 받는 사람의 마음이 보이지 않게 되지만, 그럼에도 필요하고 효과적인 지원을 할 수 있다면 평가해야만 한다'고 말하므로 4번이 정답이다.

(2)

> 나의 어릴 적, 큰 즐거움 중 하나는 버스 가장 뒷 좌석에 뒤돌아 앉아서 밖을 보면서 덜컹덜컹 흔들릴 때마다 머리가 천장에 부딪힐 것 같은 것을 여동생과 둘이서 꺄악, 꺄악 하면서 즐기던 것이었다. 거기가 가장 흔들리는 자리라는 것을 잘 알고 있었다. 전쟁 중이라서 일본의 도로 사정은 시골도 도시도 좋지 않았다고 생각한다. 흔히 있는 일이지만, 어느 날 할머니가 '너는 어른이 되면 무엇이 되고 싶니?'라고 물었다. 나는 망설임 없이 '버스 운전사가 되어 많이 덜컹덜컹 흔들면서 운전해서 모두를 즐겁게 할 거야'라고 대답했다. 그러자 빙긋 웃고 있던 할머니가 갑자기 무서운 얼굴이 되었다. '버스 운전사라는 건 사람의 목숨을 맡고 있는 중요한 일이에요. 그런 장난스럽고 성실하지 못한 마음으로 하는 일이 아니에요'라고 혼났다.
>
> 버스를 흔들면 모두가 기뻐할 거라고 생각한 것은 나의 ㈜어리석은 착각이었다. 방법은 틀렸지만, 바보 같은 아이가 생각했던 것은 어떻게든 모두가 기뻐하는 일을 하고 싶다, 라는 것이었다고 생각한다. 과자 가게 주인이 되고 싶은 아이와 같은 사고 회로였다. 좋은 선생님을 만난 사람은 교사가 되기를 지망하는 경우가 있다. 소중한 사람의 목숨을 의료로 구원받은 사람은 의사가 되기를 지망하는 경우가 있다. 다른 사람이 기뻐하는 일을 하는 것은 인간의 근원적인 욕망이다. 인간이라는 존재의 본질은 다른 사람이 기뻐하는 것이 사람의 기쁨이라는 인간 욕망의 구조에 있다.
>
> (미타 무네스케『현대 사회는 어디로 향하나』이와나미쇼텐)
>
> (주) 어리석은: 생각이 얕은

[단어] 楽しみ 즐거움 | ガタガタ 덜컹덜컹 | ゆれる 흔들리다 | 天井 천장 | 戦争 전쟁 | 田舎 시골 | 都会 도시 | 祖母 조모, 할머니 | ためらわず 망설임 없이 | 運転手 운전사 | うんと 매우, 몹시 | にこにこ 싱글벙글 | あずかる 맡다, 보관하다 | ふざける 장난치다, 까불다 | まちがい 틀림, 실수 | ばかだ 바보같다 | お菓子屋さん 과자 가게 주인 | 思考 사고 | 回路 회로 | 恵まれる 혜택을 받다, 만나다 | 志望 지망 | 医術 의술 | 救う 구하다 | 根源的 근원적 | 欲望 욕망 | 存在 존재 | 本質 본질 | 構造 구조

63 갑자기 무서운 얼굴이 되었다라고 하는데 어째서인가?

1 할머니는 버스 운전사는 위험한 일이라고 생각했기 때문에
2 할머니는 버스 운전사라는 일은 필자에게 맞지 않는다고 생각했기 때문에
3 할머니는 필자가 더 중요한 일을 해 주었으면 하고 생각했기 때문에
4 할머니는 필자의 일에 대한 이해가 불성실하다고 생각했기 때문에

[정답] **4**

[해설] 커서 무엇이 되고 싶냐는 질문에 주저하지 않고 '버스 운전사가 되어 모두를 흔들리는 좌석으로 기쁘게 해 주겠다'고 대답한 필자에게 할머니는 '버스 운전사는 사람의 생명을 맡고 있는 중요한 일이므로, 그런 불성실한 마음으로 해서는 안 된다'며 혼냈다고 한다. 즉, 할머니는 필자의 직업에 대한 태도에 화를 낸 것이므로 정답은 4번이다.

64 필자가 버스 운전사가 되고 싶다고 생각한 것은 어째서인가?

1 여동생과 함께 일을 할 수 있다고 생각했기 때문에
2 사람에게 도움이 되는 중요한 일이라고 생각했기 때문에
3 모두를 기쁘게 하고 싶다고 생각했기 때문에
4 쉽게 착각하는 바보 같은 아이였기 때문에

[정답] **3**

해설   필자는 버스를 흔들리게 운전하면 자신처럼 모두가 기뻐할 거라고 생각한 것은 어리석은 착각이며, 이것은 '어떻게든 모두가 기뻐하는 일을 하고 싶다(何とかして、みんながよろこぶ仕事がしたい)'는 생각에서 기인했기 때문이라고 설명하고 있다. 따라서 정답은 3번이다.

65 필자의 생각과 맞는 것은 어느 것인가?

1 타인에게 배운 것은 타인에게 가르쳐 주고 싶다고 생각하는 법이다.
2 의사를 지망하는 사람은 과거에 목숨을 구원받은 경험이 있다.
3 사람은 다른 사람이 기뻐하는 일을 하고 싶다고 생각하는 법이다.
4 사람의 욕망은 일의 종류에 의해 변화하는 법이다.

정답 3

해설   이 문제는 버스 운전사가 되어 사람들을 기쁘게 만들고 싶었던 필자의 어릴 적 경험과 연관 지어, 일에 대한 필자의 생각을 찾는 것이 포인트이다. 맨 마지막 부분에서 사람들이 기뻐하는 일을 직업으로 삼는 것은 인간의 근본적인 욕망이며, 인간 존재의 본질은 사람들이 좋아하는 일을 하는 것이 기쁨이고 즐거움이라고 인간의 욕망의 구조를 설명하므로 정답은 3번이다.

---

(3)

문제편 408p

①많은 사람은 자신의 목소리를 모릅니다. 공기를 통한 자신의 목소리가 남에게 어떤 식으로 들리고 있는지를 모른다. 자신이 낸 목소리는 공기를 진동시켜 상대의 귀에 도달하는 것이며, 그것이 더 나아가 상대의 청각에 인지되고 나서야 비로소 목소리가 되는 것이므로, 상대가 잘 듣고 인지한 소리를 알 방법은 엄밀히 말해서 없습니다. (중략)

목소리에 무언가 트러블이 일어나지 않는 한, 대부분의 사람은 목소리를 의식하지 않습니다. 자신의 목소리가 남에게 어떻게 전해지고 있는지 뿐만 아니라, 자신의 목소리를 자신이 어떻게 느끼는지, 그런 것도 별로 생각하지 않습니다. 그러나 목소리에는 그 사람의 온갖 정보가 포함되며, 그것은 말할 때마다 줄줄 흘러 넘치고 혹은 훤히 비쳐 보입니다. 태어나 자란 환경도, 체격이나 골격도, 그때의 신체와 마음 상태까지도.

②자신의 목소리를 아는 것은, 좀처럼 알 수 없는 자신이라는 것을 진지하게 바라보는 계기가 되기도 합니다. 누구나 자신은 이렇게 하고 싶다, 이게 좋다, 저건 싫다, 라는 것은 알고 있어도 그것은 감정의 움직임에 불과합니다. 그러한 감정을 품은 주체로서의 자신을 알고 있다고 말할 수 있는 사람은 얼마나 있을까요?

부모의 피를 이어받고 태어나, 주위를 둘러싼 것을 흡수하여 자라고, 배우고, 공부하고, 다양한 체험을 해 온 자신. 그리고 지금 어떤 몸 상태이며 어떤 정신 상태로, 무엇을 바라고 무엇을 위해서 이야기하고 있는지— 그 모든 것이 드러나 있는 것이 목소리인 것입니다.

목소리와 마주하는 것은 자신의 과거와 마주하고 자신의 현재와 마주하는 것입니다. 그것은 틀림없이 장래의 자신을 또렷하게 그려내는 일이 되기도 하겠지요.

(야마자키 히로코 『목소리의 과학』 NHK 출판)

단어 声 목소리 | 通す 통하다, 통과시키다 | 発する 발하다, 일으키다 | 振動 진동 | 聴覚 청각 | 認知 인지 | 聴き取る 듣다 | 厳密に 엄밀하게 | トラブル 트러블, 문제 | 起こる 일어나다 | 意識 의식 | 情報 정보 | 伝わる 전달되다 | あらゆる 온갖, 모든 | ぽろぽろ 뚝뚝, 주르륵 | こぼれ落ちる 흘러 넘치다, 넘쳐 떨어지다 | 透けて見える 훤히 비쳐 보이다 | 生まれ育つ 나고 자라다 | 環境 환경 | 体格 체격 | 骨格 골격 | なかなか 좀처럼 | 真剣に 진지하게 | 見つめる 바라보다, 응시하다 | きっかけ 계기 | 宿す 품다, 머금다 | 主体 주체 | 受け継ぐ 계승하다, 이어받다 | 取り巻く 둘러싸다 | 吸収 흡수 | さまざまな 다양한 | 体験 체험 | 体調 몸 상태, 컨디션 | 精神状態 정신 상태 | 向き合う 상대하다, 마주보다 | くっきり 또렷이, 선명하게 | 描き出す 그려내다 | 録音 녹음 | 客観的 객관적

66 ①많은 사람은 자신의 목소리를 모릅니다라고 하는데, 어떤 의미인가?

    1 자신의 목소리를 녹음하여 객관적으로 들은 적이 없다는 것
    2 자신의 목소리가 어떻게 전해지고 있는지를 알 방법이 없다는 것
    3 자신의 목소리는 공기 진동에 의해 상대의 귀에 도달한다는 것
    4 자신의 목소리를 자신이 어떻게 느끼는지를 알 방법이 없다는 것

[정답] **2**

[해설] 자신이 낸 목소리는 공기를 진동시켜 상대에게 전해지고, 더 나아가 상대의 청각으로 인지되어야 목소리가 되는 것이므로, 상대가 듣고 인지한 목소리를 알 수 있는 방법은 엄밀하게 말하면 없다고 말한다. 따라서 밑줄이 의미하는 것은 2번이다.

67 ②자신의 목소리를 아는 것에 대해서 필자는 어떻게 생각하고 있는가?

    1 자신이라는 존재와 마주하는 계기가 된다.
    2 자신의 감정의 움직임을 아는 계기가 된다.
    3 자신의 희망이나 좋고 싫음을 아는 계기가 된다.
    4 자신의 몸 전체를 이해하는 계기가 된다.

[정답] **1**

[해설] 밑줄 바로 뒤의 문장에서 정답을 찾을 수 있다. 밑줄 앞에서 목소리에는 그 사람의 모든 정보가 담겨 있어 이야기할 때마다 투영되어 나타난다고 하며, 뒤이어 자신의 목소리를 안다는 것은, 좀처럼 이해하기 어려운 자신을 진지하게 응시할 수 있는 계기가 된다고 말한다. 따라서 정답은 1번이다.

68 필자의 생각과 맞는 것은 어느 것인가?

    1 목소리에는 자신의 온갖 정보가 담겨 있지만, 그것을 아는 것은 어렵다.
    2 자신의 목소리를 이해함으로써 자신의 장래를 상상할 수 있게 된다.
    3 목소리와 마주함으로써 자신의 마음을 컨트롤 할 수 있게 된다.
    4 타인의 목소리를 알 수 있다면, 그 사람을 컨트롤 할 수 있게 된다.

[정답] **2**

[해설] 필자는 목소리는 자신의 주위를 둘러싼 모든 정보를 흡수하고 있고, 태어나 성장해 지금에 이르기까지의 모든 것이 나타나 있어서 목소리와 마주하는 것은 자신의 과거와 현재를 마주하는 것이라고 말한다. 또한 그로 인해 틀림없이 장래의 자신을 선명하게 그려낼 수 있다고 말하고 있으므로 2번이 정답이다.

問題12 다음 A와 B의 글을 읽고, 다음 질문에 대한 답으로 가장 적당한 것을 1·2·3·4에서 하나 고르세요.   [문제편 410p]

A

    인간의 욕구는 '생리적 욕구'에서 시작해서 마지막은 '자아실현의 욕구'에 이른다고 한다. 자아실현의 전 단계는 소위 '사회적 욕구'라고 불린다. 그 욕구가 채워지면 다음은 인생에 있어 자기 자신의 목표를 정하고 그것을 실현하는 것이다. 분명 그것이 실현된다면 그 이상의 기쁨은 없을 것이다.
    그러나 사람들은 생활을 위해서 일을 하고 있으며, 그 일을 하면서 자아실현을 하고 있는 것은 아닐까? 돈을 위해, 그리고 가족을 위해, 사회를 위해 일을 한다. 동시에 그것이 자기 자신을 위해서이기도 하다. 실제 그런 이상적인 케이스는 드물지만, 자아실현만이 목표는 아니라는 것이다.

B

> 자아실현이라는 말은 조심해야만 한다. 누구나 자아실현을 추구하는 사회는 경쟁을 전제로 한 사회이기 때문이다. 자아실현을 하기 위해서는 자금이 필요하며, 자금을 자유롭게 사용하기 위해서는 사회 계급의 상위에 존재해야만 하기 때문이다. 거기에는 반드시 승자와 패자가 존재한다. 그리고 세상 대부분의 사람은 경쟁에서 패배한 사람인 것이다. 즉 자아실현을 할 수 있는 것은 극히 일부의 사람에 지나지 않는다는 것이다. 그렇게 해서 자아실현을 했다고 하더라도 그것이 인간의 진정한 기쁨이라고 할 수 있을까?
> 　실은 인간의 진정한 기쁨은 타인과의 관계 속에 있다. 자기 자신에 연연해 있는 한, 이 기쁨은 발견하지 못할 것이다.

[단어] 生理的欲求 생리적 욕구 | 自己実現 자아실현 | ～に至る ～에 이르다 | 段階 단계 | いわゆる 소위, 이른바 | 社会的欲求 사회적 욕구 | 満たす 채워지다, 충족되다 | ～における ～에서의 | 目標 목표 | 定める 정하다 | 実現 실현 | 同時に 동시에 | 理想的だ 이상적이다 | ケース 케이스, 경우 | 追求 추구 | 競争 경쟁 | 前提とする 전제로 하다 | 資金 자금 | 階級 계급 | 上位 상위 | 勝者 승자 | 敗者 패자 | 敗れる 지다, 패배하다 | ～に過ぎない ～에 지나지 않는다 | 他者 타자, 타인 | 関係 관계 | こだわる 구애되다, 집착하다 | ～限り ～(하는) 한 | 見いだす 발견하다, 찾아내다

69 '자아실현을 이룬 경우'에 대해 A와 B는 어떻게 말하고 있는가?

1 A도 B도 최고의 기쁨이라고 말하고 있다.
2 A도 B도 진정한 기쁨이라고는 할 수 없다고 말하고 있다.
3 A는 최고의 기쁨이라고 말하고, B는 진정한 기쁨이라고는 할 수 없다고 말하고 있다.
4 A는 최고의 기쁨은 아니라고 말하고, B는 진정한 기쁨이라고는 할 수 없다고 말하고 있다.

[정답] 3

[해설] '자아실현을 한 경우(自己実現ができた場合)'에 대해 A는 '단계별 욕구가 채워진 다음 자신의 목표를 정하고 그것이 실현된다면 그 이상의 기쁨은 없을 것이다(それが実現できたら、それ以上の喜びはないだろう)'라고 말한다. B는 '자아실현을 추구하는 사회는 경쟁을 전제로 한 사회이며, 많은 사람은 경쟁에 따른 승자와 패자 중 대부분 패자이기 때문에 자아실현을 할 수 있는 사람은 일부에 불과하다'고 한다. 또한 마지막에서 '인간의 진정한 기쁨은 인간 관계 속에 있다'고 하며 자기 자신에 연연해 있는 한, 이 기쁨은 발견하지 못할 것이라고 하고 있으므로 정답은 3번이다.

70 A와 B가 공통되게 말하고 있는 것은 무엇인가?

1 자아실현을 하기 위해서는 돈이 필요하다.
2 실제로 자아실현을 할 수 있는 사람은 많지 않다.
3 자아실현보다 일 쪽이 중요하다.
4 자아실현보다 인간관계 쪽이 중요하다.

[정답] 2

[해설] A는 '사람들은 실제로는 생활을 위해 일을 함으로써 자아실현을 하고 있으며, 그것은 동시에 자기 자신을 위한 것(자아실현)이지만 실제로 그런 이상적인 케이스는 드물다(実際、そんな理想的なケースは少ない)'라고 말한다. B 역시 '자아실현을 할 수 있는 것은 극히 일부의 사람에 불과하다(自己実現できるのは、ほんの一部の人に過ぎない)'라고 말한다. 따라서 A, B 모두 자아실현에 대한 의견은 다르지만, 그 의견을 뒷받침하는 내용으로 '실제로 자아실현을 할 수 있는 사람은 많지 않다'라고 말하는 것을 알 수 있다. 정답은 2번이다.

問題13 다음 글을 읽고 다음 질문에 대한 답으로 가장 적당한 것을 1·2·3·4에서 하나 고르세요.

문제편 412p

동일본대지진은 많은 생명과 인연을 끊고, 축적해 온 지역 문화를 모조리 앗아갔다.
(중략)
별안간 빼앗긴 생명과 인연에 의해 나는 '무엇을 위해 사는가?'를 자문하는 사람들이 있다. 이 질문은 슬픔 속에서 자신의 존재 이유를 잃어버린 사람들을 찌른다. 또한 직접 피해를 입지 않은 사람들 중에도 같은 자문에 시달리고 있다. 그 질문은 생명의 본질에 관련된 것이다. 한편으로 최근의 경제 위기 속에서 일자리를 잃고 거처를 빼앗긴 사람들의 직업 훈련을 통해 느낀 것은 '무엇을 위해서 일하는가?'라는 노동의 본질을 둘러싼 질문이다. ①이것은 '무엇을 위해서 사는가'라는 것에 깊게 관련된 (주1)같은 의미의 질문으로서 나타나고 있다.
(중략)
가가와현의 초등학교에서 시작된 ②'도시락의 날'이라는 활동이 있다. 식단·재료 구입·조리·도시락 통에 담기·정리……. 부모의 도움을 빌리지 않고 아이들만으로 도시락 만들기를 처음부터 끝까지 완수하고, 그것을 학교에 가져와서 먹는 활동이다. 이 활동을 발안하고 실천한 다케시타 카즈오 씨(전 중학교 교장)는 아이들이 건강하게 자라는 환경 만들기로써 실천하고, 그 효과는 부모와 지역이 아이들을 기른다는 의식을 높여, 아이들이 그 어른들의 마음을 받아들이면서 자립해 간다는 이야기를 많이 고안했다(스토리를 다양하게 짰다)고 말한다. 그 중에 ③이런(주2) 에피소드가 있었다. 자기 혼자 만드는 도시락 활동을 한 후, 어느 아이가 자신의 깨달음을 감상으로 정리했다.
'분명 나 혼자서 도시락은 만들었다. 하지만 나는 쌀을 만들지 않았다. 물고기는 어부가 잡아 주었다. 어부가 탄 배를 만든 사람이 있다. 물고기를 트럭으로 운반해 준 사람이 있다. 운반해 온 도로를 만든 사람이 있다. 내가 사용한 냄비·솥을 만든 사람이 있다. 집에 전기와 가스를 연결해 주는 사람이 있다. 많은 사람이 일해서 그 덕에 내가 도시락을 만들 수 있었다.'
그리고 마지막에 '하지만 나는 누구 하나, 그 사람들을 알지 못한다'고 덧붙였다.
'도시락을 만든다 = 식사를 만든다'는 행위를 둘러싸고 많은 사람들의 '노동'이 있어 생명이 성립하고 있다는 것을 깨닫는 것은, 일하는 것과 사는 것의 본질을 깨닫는 것이다. 한편으로 그 본질은 잘 보이지 않고 느끼기 힘들다, 라는 것을 마지막 말이 이야기하고 있다. 도시락의 날이라는 활동은 생명을 성립시키고 있는 다양한 관계 = 연대를 불러 일으키고, 무엇을 위해·누구를 위해 일하는가, 라는 본질을 깨닫게 해 준다.

(후루무라 노부히로「케어와 협동노동― '일한다'는 것의 인간성과 사회성을 연결한 노동의 양상」
『케어란 무엇인가』미네르바쇼보)

(주1) 동의 : 같은 의미

(주2) 에피소드 : 화제, 재미있는 이야기

단어   東日本大震災 동일본대재해, 동일본대지진 | 命 생명, 목숨 | 絆 인연, 유대 | 絶つ 끊다 | 積み上げる 쌓아 올리다 | 奪い尽くす 모조리 빼앗다 | 自問 자문, 스스로 물음 | 見失う (시야에서) 놓치다, 잃어버리다 | 突き刺さる 찌르다, 꽂히다 | 被害にあう 피해를 당하다 | 同様 같음, 같은 모양 | 突きつける 내밀다, 들이대다 | 本質 본질 | ~に関わる ~와 관련되다, 관계되다 | 経済危機 경제 위기 | 失う 잃어버리다 | 居場所 있을 곳, 거처 | 職業訓練 직업 훈련 | 労働 노동 | 立ち現れる 눈앞에 나타나다, 모습을 드러내다 | 弁当 도시락 | 取り組み 대응, 대처, 방안, 활동, 시도 | 献立 식단 | 買い出し 상품을 생산지나 도매시장 등에 가서 삼 | 調理 조리 | 箱詰め 상자에 채움 | かたづけ 정리 | 発案 발안 | 実践 실천 | 健やかに 건강하게, 건전하게 | 育つ 자라다 | 環境づくり 환경 만들기, 환경 조성 | 受け止め 받아들이다 | 自立 자립 | 物語 이야기 | 編み出す 짜내다, 고안하다 | 語る 이야기하다 | エピソード 에피소드 | 感想 감상 | まとめる 하나로 묶다, 정리하다 | 漁師 어부 | 釜 솥 | 付け加える 덧붙이다 | 営み 일, 행위, 작업, 운영 | ~をめぐって ~을 둘러싸고 | 成り立つ 성립하다 | 連帯 연대 | 呼び起こす 불러일으키다 | 材料 재료 | 用意 준비 | 協力 협력 | 表す 나타내다

71 ①이것이라고 하는데, 무엇을 가리키는가?

1 무엇을 위해서 사는가라는 질문
2 자신의 존재 이유를 묻는 질문
3 생명의 본질에 관한 질문
4 무엇을 위해서 일하는가라는 질문

정답 **4**

해설 '이것(これ)'이 가리키는 것은 '무엇을 위해 사는가(何のために生きるのか)와 관련된 같은 의미의 질문'이라고 말하므로 '같은 의미의 질문'의 대상을 찾아야 한다. 밑줄 앞에서 '질문은 생명의 본질(命の本質)과 관련되며 이는 곧 경제 위기 속에서 일자리를 잃고 거처를 빼앗긴 사람들의 직업 훈련을 통해 느낀 '무엇을 위해서 일하는가(何のために働くのか)라는 노동의 본질을 둘러싼 질문'이라고 말하므로 정답은 4번이다.

72 ②'도시락의 날'에 대해 내용과 맞는 것은 다음 중 어느 것인가?

1 집에서 자기 혼자서 도시락을 만들고 그것을 학교에 가져가서 먹는다.
2 집에서 부모님과 함께 도시락을 만들고 그것을 학교에 가져가서 먹는다.
3 자기 혼자서 재료를 준비하여 학교에 가져가서 도시락을 만들어 먹는다.
4 부모님과 지역 사람들이 협력해서 아이와 함께 도시락을 만들고 먹는다.

정답 **1**

해설 '도시락의 날(弁当の日)'은 부모님의 도움 없이 아이들이 재료 준비부터 도시락 통에 담기까지 도시락 싸기의 모든 과정을 직접 하고, 스스로 만든 도시락을 학교에 가져가 먹는 활동을 말한다. 따라서 정답은 1번이다.

73 ③이런 에피소드가 있었다고 하는데, 이 에피소드에 대해서 필자는 어떻게 생각하고 있는가?

1 무엇을 위해·누구를 위해 일하는가라는 본질에 대해 가르쳐 주고 있다.
2 생명을 성립시키는 일을 하는 수많은 사람들의 이야기를 고안했다.
3 아이는 생명을 이루어지게 하는 사람들의 관계에 대해 알아야만 한다.
4 일하는 것과 사는 것의 본질을 깨닫는 것이 어렵다는 것을 나타내고 있다.

정답 **1**

해설 필자는 도시락의 날(弁当の日)의 에피소드를 통해 생명을 둘러싼 여러 관계에서 많은 사람들의 노동이 있고 그로 인해 생명이 성립한다는 점을 깨달을 수 있으며, 이로 인해 '무엇을 위해·누구를 위해 일하는가(何のため·誰のために働くのか)'라는 본질을 깨닫게 해 준다고 분명하게 말하고 있다. 따라서 정답은 1번이다.

問題14 오른쪽 페이지는 어느 시의 공공 시설 이용 안내입니다. 다음 질문에 대한 답으로 가장 적당한 것을 1・2・3・4에서 하나 고르세요.

문제편 414p

74 왕 씨는 시내에 살고 있는 대학생으로, 시외에 살고 있는 대학 친구 두 명과 음악 그룹을 만들어 활동하고 있다. 왕 씨가 음악실을 빌리기 위한 조건을 충족하고 있는 것은 다음 중 어느 것인가?

1 새롭게 시내에 살고 있는 멤버 두 명을 회원으로 해서 단체 등록을 한다.
2 새롭게 시내에 살고 있는 멤버 세 명을 회원으로 해서 단체 등록을 한다.
3 새롭게 시내에 살고 있는 멤버 네 명을 회원으로 해서 단체 등록을 한다.
4 새롭게 시내에 살고 있는 멤버 다섯 명과 시외에 살고 있는 멤버 2명을 회원으로 해서 단체 등록을 한다.

정답 3

해설 일반 단체 등록의 구성 요건을 살펴보면 '①대표자가 시내에 살고 있거나 근무할 것, ②회원이 5명 이상일 것, ③단체 회원의 70% 이상이 시내에 살고 있거나 근무할 것'이라고 되어 있다. 현재의 멤버 상황은 왕 씨만이 시내에 살며 그 외 2명은 시외에 살고 있으므로 부족한 조건을 충족시켜야 한다. 대표자인 왕 씨와 시외에 사는 멤버 2명에 새롭게 시내에 사는 회원 4명을 추가해야 (총 7명) '③단체 회원의 70% 이상(5명)'이 주오 시내에 산다는 조건이 충족되므로 3번이 정답이다.

75 단야 씨는 이미 단체 등록을 마쳤으며, 농구 연습을 하기 위해 실내 체육관을 이용하고 싶어 한다. 단야 씨가 주의해야 할 것은 다음 중 어느 것인가?

1 인터넷에서 이용 예정 7일 전까지 추첨 신청을 한다.
2 인터넷에서 이용 예정 2개월 전 달의 15일까지 추첨 신청을 한다.
3 이용 요금은 이용일 당일에 직접 창구에서 지불한다.
4 이용 요금은 이용일 3일 전까지 직접 창구에서 지불한다.

정답 2

해설 단야 씨가 이용하고자 하는 것은 실내 체육관이며, 「※屋内体育場は、インターネット抽選となります 실내 체육관은 인터넷 추첨입니다」에 이어지는 '인터넷 추첨, 접수 기간에 제한이 있다'는 정보를 꼼꼼히 살펴봐야 한다. 예약 추첨은 '매달 2개월 전의 1일~15일'에 신청 받으며 추첨은 매달 16일에 실시한다고 되어 있으므로 정답은 2번이다.

단어 市立 시립 | 社会 사회 | 教育 교육 | 会館 회관 | 利用 이용 | 登録 등록 | 団体 단체 | 手続き 수속, 절차 | 施設 시설 | 一般 일반 | ~によっては ~에 따라서는 | 種目 종목 | 申請書 신청서 | 本人 본인 | 確認 확인 | 主な 주된, 주요한 | 構成 구성 | 要件 요건 | 代表者 대표자 | 勤務 근무 | 会員 회원 | ~割 ~할, ~% | 日時 일시 | 集会 집회, 모임 | 講習室 강습실, 강의실 | 視聴覚室 시청각실 | 美術 미술 | 工芸 공예 | 和室 일본식 방, 다다미방 | 屋内 실내 | 体育 체육 | ホール 홀 | ギャラリー 갤러리, 화랑 | 展示 전시 | トレーニング 트레이닝, 훈련 | 個人 개인 | 延長 연장 | 申し込み 신청 | 抽選 추첨 | 機械 기계 | 受付 접수 | 使用料 사용료 | ~等 ~등 | 余裕を持つ 여유를 가지다 | 直接 직접 | 未納 미납 | 取り消し 취소 | 納付 납부 | 公共 공공 | 不明だ 불명확하다, 불투명하다 | 該当 해당 | 気軽に 가볍게, 부담 없이 | 問い合わせ 문의

주오(중앙) 시립 사회 교육 회관 이용 안내

1 사회 교육 회관의 이용에는 등록이 필요합니다.

이용에는 단체 등록이 필요합니다. 사회 교육 회관 창구에 오셔서 단체 등록 수속을 해 주세요.

※ 개인 이용 시설(트레이닝실)의 이용에는 필요하지 않습니다.

일반 단체 등록

일반 단체 등록은 주오시 시외의 단체도 등록하실 수 있습니다. 시설에 따라서는 이용할 수 없는 종목·활동이 있습니다. 등록에는 '일반 단체 이용 등록 신청서'와 '본인 확인을 할 수 있는 것'이 필요합니다.

■ **주요 구성 요건**

1. 단체의 대표자가 주오시 시내에 살고 있을 것. 또는 주오시 시내에서 근무할 것.
2. 단체 회원이 5명 이상일 것.
3. 단체 회원의 70% 이상이 주오시 시내에 살고 있을 것. 또는 주오시 시내에 근무하고 있을 것.

2 이용하고 싶으신 시설·일시는 결정하셨습니까?

- 학습(집회) 시설: 강습실, 시청각실, 음악실, 미술 공예실, 다다미방
- 실내 체육관
- 홀, 갤러리(전시 이용)
- 트레이닝실(개인 이용)

이용 시간

매일: 9시부터 21시 (22시까지 연장이 가능합니다)

※ 야간 연장 신청은, 홀은 7일 전, 그 외의 시설은 3일 전까지 부탁드립니다.

예약 추첨회

매달 1일과 2일 (1월은 4일과 5일)에 이용 시설에서 예약 추첨회가 열립니다.

※ 실내 체육관은 인터넷 추첨입니다.

■ **추첨 신청 접수 기간 (매달 2개월 전 1일~15일)**

■ **매달 16일에 기계로 자동 추첨을 실시합니다.**

주의해 주세요!!

사용료 등 지불 접수 시간에 대해

사용료 지불 접수 시간은 오후 8시까지입니다. 지불할 때는 여유를 가지고 창구로 와 주세요.

※ 트레이닝실 이용은 이용 시에 직접, 이용 시설 접수 창구에서 이용 시간만큼의 요금을 지불해 주세요.

사용료 지불과 예약의 미납 취소에 대해

- 예약 후, 예약일로부터 7일 이내에 지불해 주세요.
- 납부 기간이 지나면 '주오시 공공 예약 시스템'에서 자동적으로 예약이 취소되므로 주의해 주세요.

3 불명확한 점은 해당 사회 교육 회관에 부담 없이 문의해 주세요.

주오시 사회 교육 회관 : 03-3546-4801

2교시 청해

問題 1 문제 1에서는 우선 질문을 들으세요. 그리고 이야기를 듣고 문제지의 1에서 4 중에서 가장 적당한 것을 하나 고르세요. 그럼 연습해 봅시다.

例 🎧 132-01

문제편 418p

会社で男の人と女の人が話しています。女の人は、この後、まず何をしなければなりませんか。

女 今日からこちらでお世話になります、田中です。よろしくお願いします。

男 あ、よろしく。じゃ、仕事の説明をするからこっちに来て。

女 はい。

男 朝出勤したら、まず机を拭いたり、ごみを捨てたり、簡単な掃除をして。

女 はい。

男 それから、部長が出勤してきたら、お茶をいれて、その日のスケジュールの確認をしてください。

女 ええと、お茶はこちらにあるものでいいんでしょうか。

男 そう、それ。今日は掃除はいいので、お茶からよろしく。

女 分かりました。

女の人は、この後、まず何をしなければなりませんか。
1 仕事の説明を聞く
2 簡単な掃除をする
3 部長にお茶をいれる
4 スケジュールの確認をする

最もよいものは3番です。解答用紙の問題1の例のところを見てください。最もよいものは3番ですから、答えはこのように書きます。では始めます。

회사에서 남자와 여자가 이야기하고 있습니다. 여자는 이 다음에 우선 무엇을 해야 합니까?

여 오늘부터 이곳에서 신세지게 된, 다나카입니다. 잘 부탁드립니다.

남 아, 잘 부탁해. 그럼 업무 설명을 할 테니까 이쪽으로 와 줘.

여 네.

남 아침에 출근하면 우선 책상을 닦는다든지 쓰레기를 버린다든지, 간단한 청소를 하고.

여 네.

남 그 다음에 부장님이 출근하시면 차를 타고, 그 날의 스케줄을 확인해 주세요.

여 저기, 차는 여기에 있는 걸로 괜찮을까요?

남 응, 그거. 오늘은 청소는 됐으니까 차부터 부탁할게.

여 알겠습니다.

여자는 이 다음에 우선 무엇을 해야 합니까?
1 업무 설명을 듣는다
2 간단한 청소를 한다
3 부장님께 차를 타 드린다
4 스케줄 확인을 한다

가장 적당한 것은 3번입니다. 답안지 문제 1의 예 부분을 보십시오. 가장 적당한 것은 3번이므로, 답은 이렇게 적습니다. 그럼 시작하겠습니다.

정답 **3**

단어 お世話になる 신세를 지다 | 出勤 출근 | 拭く 닦다 | いれる (차, 커피 등을) 타다, 우리다

해설 여자가 아침에 출근한 후 해야 할 일은 '책상을 닦고, 쓰레기를 버리는 등의 간단한 청소를 한 후 부장님의 차를 타고 스케줄을 확인하는 것'이다. 하지만 마지막에 남자가 '오늘은 청소는 됐으니 차부터 부탁한다'고 말하므로 정답은 3번이다.

1番 132-02

문제편 419p

大学で男子学生と女子学生が話しています。二人はどのデザインにしましたか。

女 来月の留学生歓迎会、ポスターのデザインを決めなきゃいけないんだけど、これどうかな？日本語とエスペラントで書いてみたんだけど。

男 うん、シンプルでいいと思うよ。でも、これだとエスペラントの下に日本語訳、みたいになってるけど、みんな日本語を勉強して留学した学生なんだから、日本語を上にしたら？

女 ああ、そうしようか。あと、字の並びを曲線にして、虹みたいな形にしようと思って……。こんなのどう？上と下で円を描くようにして。

男 おー、おしゃれなデザインになったね。でも逆はどう？

女 逆？

男 そう。これだと、上下で閉じてる感じになるでしょ？だから、こうやって……。こっちだと、広がっていく感じがするよね。

女 そうね。こっちのほうがよさそう。これでいくわ。

男 うん、よろしくね。

二人はどのデザインにしましたか。

대학에서 남학생과 여학생이 이야기하고 있습니다. 두 사람은 어느 디자인으로 했습니까?

여 다음 달 유학생 환영회 포스터 디자인을 정해야 하는데, 이건 어떨까? 일본어와 에스페란토로 써 봤는데.

남 응, 심플하고 좋은 것 같아. 하지만 이렇게 하면 에스페란토 밑에 일본어 번역한 것처럼 되는데, 다들 일본어를 공부하고 유학 온 학생이니까 일본어를 위에 두는 게 어때?

여 아, 그렇게 할까? 그리고 글자 배열을 곡선으로 해서 무지개 같은 형태로 하려고 하는데……. 이런 건 어때? 위와 아래로 원을 그리는 것처럼 해서.

남 오, 세련된 디자인이 됐네. 근데 반대는 어때?

여 반대로?

남 그래. 이렇게 하면 상하로 막혀 있는 느낌이 들잖아? 그러니까 이렇게 해서……. 이쪽으로 하면, 넓어지는 느낌이 나잖아.

여 그렇네. 이쪽이 좋을 것 같아. 이걸로 할게.

남 응, 부탁해.

두 사람은 어느 디자인으로 했습니까?

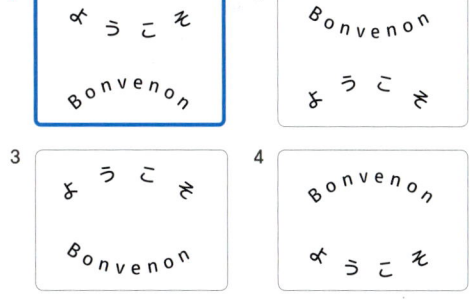

정답 1

단어 デザイン 디자인 | 歓迎会 환영회 | ポスター 포스터 | エスペラント 에스페란토, 19세기 말에 고안된 국제 공용어이자 보조어 | シンプル 심플, 단순 | 訳 번역 | 並び 배치, 배열, 늘어선 모양 | 曲線 곡선 | 虹 무지개 | 円 원, 동그라미 | 描く 그리다 | おしゃれだ 멋지다, 세련되다 | 逆 반대, 거꾸로 | 閉じる 닫히다, 끝나다 | 広がる 넓어지다, 펼쳐지다 | 感じ 느낌

[해설] 문제나 선택지에 그림이 제시되어 있다면 그림의 특징을 먼저 파악해야 한다. 일본어를 공부하는 유학생이니까 일본어를 위로 두면 어떠냐는 남자의 의견을 여자가 수락하므로 선택지 2, 4번은 답이 될 수 없다. 또한 글자의 배열을 무지개 모양으로 해서 원형으로 만들겠다는 여자의 말에 남자가 '반대는 어때(逆はどう)? 상하로 닫혀 있는 것보다 넓어져 가는(広がっていく) 느낌이 좋을 것 같다'고 말하고 이 역시 여자가 수긍하므로 정답은 1번이다.

2番 🎧 132-03 　　　　　　　　　　　　　　　　　문제편 419p

市役所の窓口で職員と男の人が話しています。男の人はこの後まず何をしなければなりませんか。

女　では、この申請書にご記入の上、こちらの窓口に申請してください。今からですと、書類のお渡しは来週になります。あらかじめご了承ください。料金はあちらの会計窓口でお願いします。身分証明書は今お持ちですか？

男　あのー、身分証明書を家に忘れちゃって。取りに帰ってもいいですか？

女　すみません、窓口は5時でしまってしまいますので……。

男　じゃあ、間に合わないか。

女　申請書といっしょに身分証明書のコピーを同封して郵送していただければ、申請は可能ですよ。後日、お待たせせずにすぐにお渡しできますが。

男　そうなんですか？ そうしようかな。お金はあちらで払うんですかね。

女　それはお受け取りの際に……。

男の人はこの後まず何をしなければなりませんか。
1　書類の料金を払う
2　身分証明書を取りに家に帰る
3　身分証明書のコピーをとる
4　必要書類を郵送する

시청 창구에서 직원과 남자가 이야기하고 있습니다. 남자는 이 다음 우선 무엇을 해야 합니까?

여　그럼 이 신청서에 기입하신 후, 이쪽 창구에서 신청해 주세요. 지금 하시면 서류를 건네 드리는 건 다음 주가 됩니다. 미리 양해 부탁드립니다. 요금은 저 쪽의 회계 창구에서 부탁드립니다. 신분증은 지금 가지고 계십니까?

남　저, 신분증을 집에 두고 와서요. 가지러 다녀와도 괜찮을까요?

여　죄송합니다. 창구는 5시에 마감이 되기 때문에…….

남　그럼 시간에 맞지 않겠네요.

여　신청서와 함께 신분증 사본을 동봉해서 우편으로 보내주시면 신청은 가능합니다. 나중에 기다리지 않고 바로 전해 드릴 수 있습니다만.

남　그렇습니까? 그렇게 할까요? 요금은 저쪽에 지불하는 거죠?

여　그건 받으실 때…….

남자는 이 다음 우선 무엇을 해야 합니까?
1　서류 요금을 지불한다
2　신분증을 가지러 집에 돌아간다
3　신분증을 복사한다
4　필요 서류를 우편으로 보낸다

[정답] 3

[단어] 市役所 시청 | 窓口 창구 | 申請書 신청서 | 記入 기입 | 書類 서류 | お渡し 건네줌, 교부 | あらかじめ 미리, 사전에 | 了承 승낙, 양해 | 会計 회계, 계산 | しまる 닫히다, 끝나다 | 同封 동봉 | 郵送 우송, 우편으로 보냄 | 後日 후일, 나중에 | 受け取り 수취, 수령

[해설] 여자는 신분증 사본을 신청서와 함께 우편으로 보내서 신청할 수도 있다고 말하며, 남자가 이에 '그렇게 할까요?'라며 긍정하고 있으므로 가장 먼저 해야 하는 것은 신분증을 복사하는 것이다. 마지막에 '요금은 서류를 받을 때'라고 하므로 1번은 답이

아니며, 창구 업무가 5시에 끝나서 신분증을 집에서 가져올 시간이 없으므로 2번 역시 오답이다. 4번은 3번 이후에 해야 하는 일이므로 답이 될 수 없다.

3番 🎧 132-04

문제편 420p

大学で先生が話しています。学生たちはこのあと何をしますか。

男 前回の授業で、データを分析するにあたり、データ活用の目的を明確にする重要性について話しました。そうしないと、不必要な対象や項目を整理することができず、データが無駄になりかねない、という話でしたね。宿題で、そのデータ活用の目的について、各自、簡単に発表できるようにしておくこと、と言いましたが、皆さん準備はいいですか？今日は、その後で、いよいよデータ分析の具体的な方法について説明していくつもりです。

学生たちはこのあと何をしますか。
1 データ分析の結果をはっきりさせる
2 データの内容を整理する
3 データ活用の目的を発表する
4 データ分析の具体的な方法を調べる

대학에서 선생님이 이야기하고 있습니다. 학생들은 이 다음 무엇을 합니까?

남 저번 수업에서 데이터를 분석하는 데 있어서, 데이터의 활용 목적을 명확하게 하는 중요성에 대해 이야기했습니다. 그렇게 하지 않으면 불필요한 대상이나 항목을 정리할 수 없어서 데이터를 낭비하게 될 수도 있다, 라는 이야기였지요. 숙제로 그 데이터 활용의 목적에 대해 각자 간단히 발표할 수 있게 해 두라고 말했습니다만, 여러분 준비는 되었습니까? 오늘은 그 후에 드디어 데이터 분석의 구체적인 방법에 대해서 설명할 예정입니다.

학생들은 이 다음 무엇을 합니까?
1 데이터 분석 결과를 명확하게 한다
2 데이터 내용을 정리한다
3 데이터 활용 목적을 발표한다
4 데이터 분석의 구체적인 방법을 조사한다

정답 3

단어 データ 데이터 | 分析 분석 | 活用 활용 | 目的 목적 | 明確 명확 | 重要性 중요성 | 対象 대상 | 項目 항목 | 整理 정리 | 無駄になる 쓸모없게 되다 | ～かねない ~할지도 모른다 | 宿題 숙제 | 各自 각자, 각기 | 具体的 구체적 | 調べる 조사하다

해설 이야기 후반에 '숙제로 데이터 활용의 목적에 대한 발표 준비를 해 두라'고 한 후 준비가 되었는지 묻고 있다. 따라서 정답은 선택지 3번이다. 1번은 구체적 언급이 없으며, 2번은 데이터 활용의 목적을 밝힌 후에 하는 일이고, 4번은 숙제 발표가 끝난 후에 하는 이루어질 수업 내용이므로 답으로 적당하지 않다.

4番 🎧 132-05

문제편 420p

会社で、男の人と女の人が話しています。女の人はチケットをどのように予約しますか。

男 山本さん、来週一緒に行く出張、新幹線のチケットなんだけどね……。
女 あ、部長。あとで二人分予約しておくつもりです。

회사에서 남자와 여자가 이야기하고 있습니다. 여자는 티켓을 어떻게 예약합니까?

남 야마모토 씨, 다음 주에 함께 가는 출장의 신칸센 티켓 말인데…….
여 아, 부장님. 나중에 두 사람 분을 예약해 둘 생각입니다.

男　実は、新人の田中君も連れて行こうと思うんだ。

女　分かりました。一人追加ですね。これも往復でとっておきます。

男　それでね、僕はもう一件用事ができて、そこにも田中君を連れて行こうと思うんだ。あ、もちろん山本さんは予定通り先に帰ってもらっていいからね。何時に帰れるかわからないから、その時のチケット、僕らの分はいいよ。

女　分かりました。じゃあ、とりあえず予約は行きの分だけにしておきます。

男　うん、後はこっちでやるから、頼むね。

女の人はチケットをどのように予約しますか。
1　片道で二人分
2　片道で三人分
3　往復で二人分
4　往復で三人分

남　실은 신입인 다나카 군도 데리고 가려고 해.
여　알겠습니다. 한 명 추가네요. 이것도 왕복으로 예약해 두겠습니다.
남　그런데 나는 한 건 더 용무가 생겨서 거기에도 다나카 군을 데리고 가려고 해. 아, 물론 야마모토 씨는 예정대로 먼저 돌아가도 괜찮아. 몇 시에 돌아갈 수 있을지 모르니까 그 때의 티켓, 우리 거는 괜찮아.
여　알겠습니다. 그럼 우선 예약은 가는 편만 해 두겠습니다.
남　응, 나머지는 이쪽에서 할 테니까 부탁할게.

여자는 티켓을 어떻게 예약합니까?
1　편도로 두 사람 분
2　편도로 세 사람 분
3　왕복으로 두 사람 분
4　왕복으로 세 사람 분

정답 2

단어　チケット 티켓, 표 | 連れて行く 데려가다 | 追加 추가 | 往復 왕복 | 用事 용무 | とりあえず 일단, 우선 | 行きの分 가는 편 | 頼む 부탁하다, 주문하다 | 片道 편도, 일방

해설　「とりあえず 우선」, 「まず 먼저」와 같은 접속사는 '다른 일보다 우선 해야 하는 일'을 나타내므로 잘 확인해 두자. 남자는 먼저 추가되는 인원과 일정에 대해 설명하고, 이를 들은 여자는 마지막에 '우선 예약은 가는 편만 해 두겠습니다(とりあえず予約は行きの分だけにしておきます)'라고 한다. 따라서 정답은 선택지 2번이다.

5番　🎧 132-06　　　　　　　　　　　　　　　　　　문제편 421p

会社で男の人と女の人がプレゼンの打ち合わせをしています。二人はプレゼンでまず何をしますか。

男　明日のプレゼンだけど、まずは商品の新しい機能についての説明でいいよね？

女　そうね……。ねえ、今回は価格をかなり安くしたことがポイントじゃない？ってことは、値段の発表をしてからのほうが、興味持ってもらえるんじゃない？

회사에서 남자와 여자가 프레젠테이션에 대한 회의를 하고 있습니다. 두 사람은 프레젠테이션에서 우선 무엇을 합니까?

남　내일 프레젠테이션 말인데, 우선은 상품의 새로운 기능에 대한 설명으로 괜찮지?
여　글쎄……. 근데 이번에는 가격을 매우 저렴하게 한 것이 포인트 아냐? 그러면 가격 발표부터 하는 쪽이 관심을 가져 주지 않을까?

男 ああ、いいね。この安さ、ちょっと「びっくり」だもんね。まず場を盛り上げてから、ってわけか。

女 その次に、実際の商品を手に取ってもらうのね。手に取ってもらってから、いろいろ意見を聞かせてもらうの。

男 うん、おもしろそう。でもそうなると新機能の説明はいちばん最後ってこと？実物を手にしながら説明を聞いたほうがわかりやすいと思うけど…。

女 ああ、そっちのほうがもっと効果あるかもね。まずは視覚に訴えて、その説明を聞く。

男 うん、いいんじゃない？意見聞いた後に説明ってのも変だしね。

二人はプレゼンでまず何をしますか。
1 新しい機能について説明する
2 価格を発表する
3 実物を見てもらう
4 意見を聞く

남 아, 좋네. 이 저렴함, 좀 놀랍지. 우선 현장 분위기를 끌어 올리고 나서 하자는 거지?

여 그 다음에 실제 상품을 손에 들어보게 하는 거지. 손에 들어본 후에, 여러 가지 의견을 들어 보는 거야.

남 응, 재미있을 것 같아. 하지만 그렇게 되면 새로운 기능 설명은 가장 마지막에 하는 거야? 실물을 손에 들고서 설명을 듣는 쪽이 이해하기 쉽다고 생각하는데…….

여 아, 그쪽이 더 효과가 있을지도 모르겠네. 우선은 시각에 호소하고 그 다음에 설명을 듣는다.

남 응, 괜찮지 않아? 의견을 듣고 난 후에 설명한다는 것도 이상하고 말이야.

두 사람은 프레젠테이션에서 우선 무엇을 합니까?
1 새로운 기능에 대해 설명한다
2 가격을 발표한다
3 실물을 보여준다
4 의견을 듣는다

정답 2

단어 プレゼン(=プレゼンテーション) 프레젠테이션, 제안 | 打ち合わせ (사전) 협의, 의논, 회의 | 機能 기능 | 価格 가격 | ポイント 포인트 | 値段 가격 | 興味 흥미, 관심 | 場 장소, 분위기 | 盛り上げる 고조시키다 | 実際 실제 | 手に取る 손에 쥐다 | 実物 실물 | 視覚 시각 | 訴える 호소하다 | 変だ 이상하다

해설 새로운 기능보다 가격이 매우 싼 것이 포인트이므로 가격 발표부터 하는 것이 관심을 가질 것이라는 여자의 말에 남자도 동의하고 있으므로 정답은 2번이다. 1, 3, 4번은 가격 발표를 한 후의 진행 사항이므로 답이 될 수 없다.

問題2 문제2에서는 우선 질문을 들으세요. 그 후 문제지의 선택지를 읽으세요. 읽을 시간이 있습니다. 그리고 이야기를 듣고 문제지의 1에서 4 중에서 가장 적당한 것을 하나 고르세요. 그럼 연습해 봅시다.

例 🎧 132-07　　　　　　　　　　　　　　　　　　　문제편 422p

大学で女の学生二人が話しています。女の学生はどうして髪の毛を切ったのですか。

女1 あれ？もしかして髪の毛、切った？
女2 うん。来週面接だから思い切って短くしちゃった。
女1 そっか。私はまた失恋したのかと思ったよ。

대학에서 여학생 두 사람이 이야기하고 있습니다. 여학생은 어째서 머리를 잘랐습니까?

여1 앗? 혹시 머리 잘랐어?
여2 응. 다음 주에 면접이라서 눈 딱 감고 짧게 해 버렸어.
여1 그렇구나. 난 또 실연 당한 줄 알았어.

女2 違うよ。でも、短くしたら髪の毛洗うのが、前より楽になったよ。
女1 本当？
女2 うん。シャンプーは少しでいいし、髪はすぐに乾くし。
女1 へー。でも、朝セットするのが大変じゃない？
女2 そんなことないよ。5分もかからないくらい。
女1 そうなんだ。そんなにいいなら、私も短くしようかな。
女2 いいんじゃない？

女の学生はどうして髪の毛を切ったのですか。
1 髪を洗うのが大変だから
2 失恋したから
3 来週面接だから
4 朝セットするのが大変だから

最もよいものは3番です。解答用紙の問題2の例のところを見てください。最もよいものは3番ですから、答えはこのように書きます。では始めます。

여2 그렇지 않아. 근데, 짧게 했더니 머리 감는 게 전보다 편해졌어.
여1 정말?
여2 응. 샴푸는 조금이면 되고, 머리는 금방 마르고.
여1 흠. 하지만 아침에 머리 다듬는 게 힘들지 않아?
여2 그렇지 않아. 5분도 걸리지 않을 정도야.
여1 그렇구나. 그렇게 좋으면 나도 짧게 할까?
여2 괜찮지 않을까?

여학생은 어째서 머리를 잘랐습니까?
1 머리를 감는 것이 힘들어서
2 실연 당해서
3 다음 주 면접이라서
4 아침에 머리 다듬는 게 힘들어서

가장 적당한 것은 3번입니다. 답안지 문제 2의 예 부분을 보십시오. 가장 적당한 것은 3번이므로, 답은 이렇게 적습니다. 그럼 시작하겠습니다.

정답 3

단어 髪の毛 머리카락 | 切る 자르다 | 面接 면접 | 思い切って 눈 딱감고, 과감하게, 큰맘 먹고 | 失恋 실연 | 洗う 씻다, (머리를) 감다 | シャンプー 샴푸 | 乾く 마르다 | セットする 세팅하다, 머리 모양을 다듬다

해설 여학생은 머리를 자른 후의 장점에 대해 길게 설명하지만, 자른 이유는 대화의 시작 부분에서 바로 알 수 있다. 첫 부분에서 '다음 주에 면접이라서(来週面接だから) 눈 딱 감고 짧게 했다'라고 하고 있으므로 정답은 3번이다.

1番 🎧 132-08   문제편 423p

テレビで作家が話しています。新人賞を受賞したのはなぜだと言っていますか。

男 ええ、40歳で新人賞というのも何だか恥ずかしい気がしますが、やはり嬉しかったです。私は若い頃から、それこそ高校生の頃から小説を書いていました。でも当時は全く駄目で。大学を卒業後、事務の仕事をしながら頑張っていたんですが、30になる頃には書くことを完全に諦めてしまいました。それで、心機一転、

텔레비전에서 작가가 이야기하고 있습니다. 신인상을 수상한 것은 어째서라고 말하고 있습니까?

남 음. 40세에 신인상이라는 것도 왠지 부끄러운 기분이 듭니다만, 역시 기뻤습니다. 저는 젊은 시절부터, 그야말로 고교생 시절부터 소설을 썼습니다. 하지만 당시에는 전혀 잘 되지 않았어요. 대학을 졸업한 후, 사무 업무를 하면서 열심히 했습니다만, 30세가 되었을 즈음에는 쓰는 것을 완전히 포기해 버렸습니다. 그래서 심기일전

情報通信の会社に転職して、新しい仕事に打ち込んでいるうちに、ある専門誌からコンピュータに関する記事を頼まれたんです。それがきっかけで、もう一度小説を書き始めました。仕事の専門知識を使って書いたロボットの小説です。今思うと、それが良かったんでしょうね。一度は小説を諦めた身ですからね。何だか不思議ですよね。

하여 정보 통신 회사에 이직해서 새로운 일에 열중하고 있는 사이에, 어느 전문지에서 컴퓨터에 관한 기사를 부탁 받았습니다. 그것을 계기로 다시 한번 소설을 쓰기 시작했습니다. 업무의 전문 지식을 활용해서 쓴 로봇 소설입니다. 지금 생각하면 그게 좋았나 봐요. 한번 소설을 포기했던 입장이니까요. 왠지 신기하네요.

新人賞を受賞したのはなぜだと言っていますか。
1 一度完全に書くのをやめたから
2 高校時代から書いてきたから
3 仕事の知識を生かせたから
4 専門誌に記事を書いたから

신인상을 수상한 것은 어째서라고 말하고 있습니까?
1 한번 완전히 쓰는 것을 그만두었기 때문에
2 고교 시절부터 써 왔기 때문에
3 업무 지식을 살릴 수 있었기 때문에
4 전문지에 기사를 썼기 때문에

정답 3

단어 作家 작가 | 新人賞 신인상 | 受賞 수상 | 恥ずかしい 부끄럽다, 창피하다 | 気がする 생각이 들다, 느낌이 들다 | それこそ 그야말로 | 小説 소설 | 全く 전혀 | 駄目だ 안 되다, 소용없다 | 事務 사무 | 完全に 완전히 | 諦める 포기하다 | 心機一転 심기일전 | 通信 통신 | 転職 전직, 이직 | 打ち込む 몰두하다 | 専門誌 전문 잡지 | 記事 기사 | きっかけ 계기 | 知識 지식 | 身 몸, 자신, 신세, 입장 | 不思議だ 신기하다, 묘하다

해설 남자는 고등학생 시절부터 소설을 썼으나 그때는 잘 되지 않았고, 대학 졸업 후에 정보 통신 회사에서 일을 하다가 컴퓨터 관련 기사를 써 달라는 부탁을 받은 것을 계기로 전문 지식을 활용해서(仕事の専門知識を使って) 다시 한번 로봇에 관한 소설을 쓰게 됐다고 말한다. 따라서 정답은 3번이다.

2番 132-09 문제편 423p

会社の休憩室で男の人と女の人が話しています。男の人は健康のために何をすると言っていますか。

女 来週健康診断か。ねえ、健康のために何かしてる？
男 まあ、少しはね。やっぱり睡眠は大事だと思ってよく寝るようにしてるけど。
女 へえー、私もそうしなきゃとは思うんだけど、忙しいとついね。
男 食事とか、気を使ってる？
女 うん、ダイエットのために、夜は食べないことが多いかな。

회사 휴게실에서 남자와 여자가 이야기하고 있습니다. 남자는 건강을 위해 무엇을 한다고 말하고 있습니까?

여 다음 주 건강 검진이네. 저기, 건강을 위해서 뭔가 하고 있어?
남 뭐, 조금은. 역시 수면은 중요하다고 생각해서 잘 자려고 하고 있지만.
여 오, 나도 그래야 된다고 생각은 하는데 바쁘면 어느새.
남 식사라든가 신경 쓰고 있어?
여 응, 다이어트를 위해서 밤에는 먹지 않는 경우가 많아.

男 夜食べないっていうんじゃなくて、遅い時間に食べるのをやめればいいと思うよ。僕は晩ごはんはなるべく8時までに済ませるようにしてる。 女 でも、どうしても遅くなっちゃう時もあるでしょ？ 男 そうだね。そういうときは、僕も同じかな。食べるか食べないかよりも、睡眠時間を確保することを重視してるんだ。 女 ふーん、いろいろ考えてるんだね。 男の人は健康のために何をすると言っていますか。 1 栄養やカロリーなど食事に気を使う 2 晩ごはんを食べないでダイエットする 3 どんなに仕事が忙しくても夜8時までに寝る 4 食事ができなくても寝る時間を確保する	남 밤에 먹지 않는다고 할 게 아니라, 늦은 시간에 먹는 것을 그만두면 된다고 생각해. 나는 저녁 식사는 되도록 8시까지 마치려고 하고 있어. 여 하지만 아무래도 늦어질 때도 있지 않아? 남 그렇지. 그럴 때는 나도 똑같아. 먹을지 먹지 않을지보다도 수면 시간을 확보하는 것을 중시하고 있어. 여 흠, 여러모로 생각하고 있구나. 남자는 건강을 위해 무엇을 한다고 말하고 있습니까? 1 영양이나 칼로리 등 식사에 신경을 쓴다 2 저녁 식사를 하지 않고 다이어트한다 3 아무리 일이 바빠도 오후 8시까지 잔다 4 식사를 못하더라도 자는 시간을 확보한다

정답 4

단어 休憩室 휴게실 | 健康診断 건강 검진 | 睡眠 수면 | つい 그만, 무심코 | 気を使う 신경을 쓰다 | ダイエット 다이어트 | 済ませる 끝내다, 때우다 | 確保 확보 | 重視 중시, 중요시 | 栄養 영양 | カロリー 칼로리

해설 남자는 건강을 위해 '늦은 시간에는 먹지 않는 것이 좋다고 생각하고 저녁 식사는 되도록 8시까지는 끝내려 한다'고 말하지만, 그 후 바로 '그보다는 수면 시간 확보를 가장 중시한다'고 하므로 정답은 선택지 4번이다.

3번 🎧 132-10

テレビでレポーターが観光客にインタビューしています。観光客は何が一番気に入っていると言っていますか。 女 このみどり町は夏の間、避暑地として観光客に人気です。今日は旅行に来られた方にお話をうかがいたいと思います。こんにちは、こちらへは初めて来られたんですか？ 男 ええ、毎年夏は海外へ行っていたんですが、今年は仕事で休みが十分取れなくて。でも、すぐ来られるっていいですね。近場でこんなところがあるなんて知りませんでした。 女 この町の印象はいかがですか？	텔레비전에서 리포터가 관광객에게 인터뷰하고 있습니다. 관광객은 무엇이 가장 마음에 든다고 말하고 있습니까? 여 이 미도리 마을은 여름 동안 피서지로 관광객에게 인기입니다. 오늘은 여행을 오신 분들에게 이야기를 들어보려고 합니다. 안녕하세요. 이곳에는 처음 오셨습니까? 남 네, 매년 여름에는 해외에 갔습니다만, 올해는 일로 휴가를 충분히 받을 수 없어서요. 근데 바로 올 수 있다는 게 좋네요. 근처에 이런 곳이 있는 줄 몰랐습니다. 여 이 마을의 인상은 어떻습니까?

男　はい、涼しくて、さすが高原の町って感じですね。とても気持ちがいいです。
女　特産のアイスクリームはもう召し上がりましたか？
男　いえ、まだなんですが、もちろんここに来たからには、食べて帰るつもりです。
女　ぜひ。濃厚な味わいですよ。また、ここは昨年公開されたアニメ映画の舞台としても有名で、以前より多くの方が訪れるようになりました。
男　ええ、そこは予想以上の人出でしたね。静かな場所が好きな人には向かないけど、僕はあまり気にしないので。海外もいいけど、準備が大変ですからね。それがいらないところが一番かな。

観光客は何が一番気に入っていると言っていますか。
1　近くて気軽に来られること
2　涼しくて快適なこと
3　アイスクリームがおいしいこと
4　アニメ映画の舞台になったこと

남　네, 시원해서 역시 고원 마을이라는 느낌이네요. 무척 기분 좋습니다.
여　특산품인 아이스크림은 이미 드셨는지요?
남　아니요. 아직입니다만, 물론 여기 온 이상은 먹고 돌아갈 생각입니다.
여　꼭 드세요. 매우 진한 맛이에요. 또한 여기는 작년에 개봉된 애니메이션 영화의 배경으로도 유명해서, 전보다 많은 분이 방문하게 되었습니다.
남　네, 그곳은 예상 이상의 인파였지요. 조용한 장소를 좋아하는 사람에게는 적합하지 않지만, 저는 그다지 신경 쓰지 않거든요. 해외도 좋지만 준비가 힘드니까요. 그럴 필요가 없는 점이 가장 좋은 것 같아요.

관광객은 무엇이 가장 마음에 든다고 말하고 있습니까?
1　가깝고 부담 없이 올 수 있는 것
2　시원하고 쾌적한 것
3　아이스크림이 맛있는 것
4　애니메이션 영화의 배경이 되었던 것

정답 1

단어 レポーター 리포터 | 観光客 관광객 | インタビュー 인터뷰 | 避暑地 피서지 | 休みを取る 휴가를 내다 | 近場 가까운 곳 | 印象 인상 | 涼しい 시원하다 | さすが 역시, 과연 | 高原 고원 | 特産 특산 | ～からには ~한 이상은 | 濃厚だ 농후하다, 매우 진하다 | 味わい 맛, 풍미 | 公開 공개, (영화) 개봉 | アニメ 애니메이션 | 舞台 무대 | 有名だ 유명하다 | 訪れる 방문하다 | 予想 예상 | 人出 인파 | 向く 어울리다 | 気軽に 가볍게, 부담 없이 | 快適だ 쾌적하다

해설 관광객은 휴가를 충분히 낼 수 없을 때 '바로 올 수 있는 곳이 근처에 있어서 좋다'고 한 후, '해외도 좋지만 준비가 힘든데, 그것이 필요 없다는 점이 가장 좋다(海外もいいけど、準備が大変ですからね。それがいらないところが一番かな)'라며 장점을 설명한다. 두 가지 내용이 모두 들어간 선택지 1번이 정답이다.

4番 🎧 132-11　문제편 424p

時計屋で女の人と店員が話しています。店員が今日中に、時計を渡すことができないのはなぜですか。

女　すみません、この腕時計、こちらで購入したものではないんですが、修理してもらえますか？
男　あ、はい。お渡しは明日以降になりますが、よろしいですか？

시계방에서 여자와 점원이 이야기하고 있습니다. 점원이 오늘 안에 시계를 돌려줄 수 없는 이유는 무엇입니까?

여　저기요, 이 손목시계 여기에서 구입한 것은 아닙니다만, 수리해 주실 수 있습니까?
남　아, 네. 돌려 드리는 건 내일 이후가 됩니다만, 괜찮으십니까?

女 今日中には無理でしょうか。
男 ええ、特別なモデルなので、詳しい者でないと……。
女 そうなんですか。
男 あいにく外出中なもので… 部品はうちにもありますので、戻りましたらすぐ。
女 ああ、よかった。他のお店で、在庫を取り寄せるのに時間がかかるって言われちゃったんです。
男 限定品ですからねえ。モデルによっては、もう部品を製造していないなんてものもありますが、これは大丈夫ですよ。明日にはお渡しできるようにしておきますので、ご安心ください。

店員が今日中に、時計を渡すことができないのはなぜですか。
1 この店で買ったものではないから
2 修理できる人が今いないから
3 部品の在庫がないから
4 部品がもう作られていないから

여 오늘 안으로는 무리일까요?
남 네, 특별한 모델이라서 잘 아는 사람이 아니면…….
여 그런가요.
남 공교롭게도 외출 중이라서… 부품은 저희 가게에도 있어서 돌아오면 바로 (수리하겠습니다).
여 아, 다행이네요. 다른 가게에서 재고를 주문해서 가져오는 데 시간이 걸린다고 들었거든요.
남 한정판이니까요. 모델에 따라서는 더 이상 부품을 제조하지 않는 것도 있습니다만 이건 괜찮습니다. 내일은 돌려드릴 수 있도록 할 테니, 안심하세요.

점원이 오늘 안에 시계를 돌려줄 수 없는 이유는 무엇입니까?
1 이 가게에서 산 것이 아니기 때문에
2 수리할 수 있는 사람이 지금 없기 때문에
3 부품 재고가 없기 때문에
4 부품이 더 이상 만들어지고 있지 않기 때문에

[정답] 2

[단어] 渡す 넘기다, 인도하다 | 腕時計 손목시계 | 購入 구입 | 修理 수리 | 以降 이후 | 無理だ 무리이다 | 特別だ 특별하다 | モデル 모델 | あいにく 공교롭게, 마침 | 外出中 외출 중 | 部品 부품 | 戻る 돌아오다 | 在庫 재고 | 取り寄せる 가져오게 하다, 주문하여 받다 | 限定品 한정품 | 製造 제조

[해설] 여자의 손목시계가 특별한 모델이어서 이를 잘 아는 사람이어야 수리할 수 있는데 '공교롭게도 외출 중이라서(あいにく外出中なもので), 부품은 재고가 있으니 돌아오면 바로(戻りましたらすぐ)' 수리하겠다고 말하므로 정답은 2번이다.

5番 🎧 132-12　　　　　　　　　　　　　　　　문제편 425p

喫茶店で男の人と女の人が音楽について話しています。女の人がこの曲を好きな理由は何ですか。

女 あ、ねえ、この曲、私大好きなの。
男 今流れてるやつ？ 何年か前、ドラマの主題歌になってたよね。僕も見てたよ。
女 うん、ドラマの放送の次の日に、学校で友達とドラマについて話すのが楽しくって… この曲聞くと、あの頃が懐かしくなるの。

카페에서 남자와 여자가 음악에 대해 이야기하고 있습니다. 여자가 이 곡을 좋아하는 이유는 무엇입니까?

여 앗, 저기 이 곡, 나 굉장히 좋아해.
남 지금 나오는 노래? 몇 년 전 드라마 주제가였지. 나도 봤어.
여 응, 드라마 방송 다음 날에 학교에서 친구와 드라마에 대해 이야기하는 것이 즐거워서… 이 곡 들으면 그때가 그리워져.

男 この歌、歌詞もいいんだよね。意味が深くて。

女 うん、今なら共感できるところが多いかな。当時は若くて、あまりわからないまま聞いてたんだけどね。

男 確か、この歌を歌ってる歌手が結婚したことも話題になったよね。

女 そう。友達がファンだったから、大騒ぎしてたの。そういうのも含めて、いい思い出だな。

女の人がこの曲を好きな理由は何ですか。
1 ドラマの内容が良かったから
2 聞くと学生時代を思い出すから
3 学生時代に聞いて感動したから
4 歌っている歌手のファンだから

남 이 노래, 가사도 좋지. 의미가 깊어서.

여 응, 지금이라면 공감할 수 있는 부분이 많지. 당시에는 어려서 별로 이해 못한 채로 들었지만 말야.

남 하긴, 이 노래를 부른 가수가 결혼한 것도 화제가 됐었지.

여 맞아. 친구가 팬이라서 엄청 난리였어. 그런 것도 포함해서 좋은 추억이네.

여자가 이 곡을 좋아하는 이유는 무엇입니까?
1 드라마 내용이 좋았기 때문에
2 들으면 학창 시절이 생각나기 때문에
3 학창 시절에 듣고 감동했기 때문에
4 노래를 부르는 가수의 팬이기 때문에

정답 2

단어 曲 곡 | 理由 이유 | 流れる 흐르다 | 主題歌 주제가 | 放送 방송 | 懐かしい 그립다 | 歌詞 가사 | 共感 공감 | 話題 화제 | ファン 팬 | 大騒ぎ 난리, 소동 | 含める 포함하다 | 思い出 추억

해설 여자는 이 노래를 들으면 '드라마 방송 다음 날 학교 친구들과 드라마에 대한 이야기하던 그때가 떠올라 그리워진다(あの頃が懐かしくなる)'라고 하므로 이를 다르게 표현한 2번이 정답이다.

6번 🎧 132-13

ゴミ置き場で男の人と女の人が話しています。女の人は男の人に何を注意しましたか。

女 あら、それってお酒のビンや缶ですか。

男 ええ、昨日は引越し祝いをしてちょっと飲みすぎました。

女 でもね、今日は燃えないゴミを出す日じゃありませんよ。

男 あ、そうですか。すみません。引っ越したばかりで何も知らなくて。

女 不動産屋さんがちゃんと教えなかったのね。そのゴミはあさって金曜日。エレベーターの横に書いてありますから、後でよく読んでくださいね。

男 はい。おとなりにあいさつした時、聞けばよかったんですけど… 忘れちゃって。

쓰레기장에서 남자와 여자가 이야기하고 있습니다. 여자는 남자에게 어떤 주의를 주었습니까?

여 어? 그거 술병이랑 캔인가요?

남 네, 어제 집들이를 해서 좀 과음했어요.

여 그런데 오늘은 타지 않는 쓰레기를 내놓는 날이 아니에요.

남 아, 그런가요? 죄송해요. 이사한 지 얼마 안 돼서 아무것도 몰라서요.

여 부동산에서 제대로 가르쳐주지 않았나 봐요. 그 쓰레기는 모레 금요일. 엘리베이터 옆에 써 있으니 나중에 잘 읽어 보세요.

남 네. 옆집에 인사했을 때 물어보면 좋았을 텐데… 잊어버려서요.

女 それと燃えるゴミを入れるふくろは決まっていて、近くのスーパーやコンビニで売ってますよ。

男 わかりました。今度から気をつけます。

女の人は男の人に何を注意しましたか。
1 ごみを出す日をまちがえたこと
2 お酒を飲みすぎたこと
3 おとなりにあいさつをするのを忘れたこと
4 ごみを入れるふくろが違っていたこと

여 그리고 타는 쓰레기를 넣는 봉투는 정해져 있고 근처 슈퍼마켓이나 편의점에서 팔아요.

남 알겠습니다. 다음부터 주의하겠습니다.

여자는 남자에게 어떤 주의를 주었습니까?
1 쓰레기를 내놓는 날을 틀린 것
2 술을 너무 마신 것
3 이웃에게 인사하는 것을 잊은 것
4 쓰레기를 넣는 봉투가 다른 것

[정답] 1

[단어] ゴミ置き場 쓰레기장 | 注意 주의 | ビン 병 | 缶 캔 | 引越し祝い 집들이 | 飲みすぎる 많이 마시다, 과음하다 | 出す 내다, 내놓다 | 不動産屋 부동산 | ふくろ 봉투 | 決まる 결정되다 | 気をつける 조심하다, 주의하다

[해설] 남자가 빈병과 캔(타지 않는 쓰레기)을 버리는 것을 보고 여자가 주의를 주는 내용으로, 그 요지는 '오늘은 타지 않는 쓰레기를 버리는 날이 아니에요(今日は燃えないゴミを出す日じゃありませんよ)'라는 말에서 확실히 알 수 있다. 정답은 1번이다. 이어서 나오는 타는 쓰레기에 대한 내용은 부연 설명이므로 정답과는 관계가 없다.

問題3 문제3에서는 문제지에 아무것도 인쇄되어 있지 않습니다. 이 문제는 전체적으로 어떤 내용인가를 묻는 문제입니다. 이야기 전에 질문은 없습니다. 우선 이야기를 들으세요. 그리고 질문과 선택지를 듣고 1에서 4 중에서 가장 적당한 것을 하나 고르세요. 그럼 연습해 봅시다.

문제편 427p

例 132-14

テレビで男の人が話しています。

男 では、おじゃまします。うわー、広いですね。皆さん、どうですか、このお部屋。すごく素敵ですよね。きれいに掃除されていますし、広くて、大変気持ちいいです。また、この南側の大きな窓からは富士山が見えるんです。うわー、すごい大きいですね。こんなにきれいな富士山を見たのは初めてです。晩ご飯には、ホテルオリジナルのカニ鍋がお部屋で食べられるそうです。また、お部屋のこちら側には、温泉もついているんです。ほかの部屋の人たちは入りませんから、時間を気にしないでゆっくりお風呂に入っていただけるとのことです。

텔레비전에서 남자가 이야기하고 있습니다.

남 그럼 실례하겠습니다. 와, 넓군요. 여러분 어떤가요, 이 방. 상당히 멋지네요. 깨끗하게 청소되어 있고, 넓고 굉장히 기분이 좋습니다. 또한 이 남향의 큰 창문에서는 후지산이 보입니다. 와, 굉장히 크네요. 이렇게 선명한 후지산을 보는 건 처음이에요. 저녁 식사는 호텔 오리지널인 게 찌개를 방에서 먹을 수 있다고 합니다. 또한 방의 이쪽에는 온천도 붙어 있어요. 다른 방의 사람들은 들어오지 않으니 시간을 신경쓰지 않고 느긋하게 탕에 들어가실 수 있다고 합니다.

男の人は何について話していますか。
1 アパートの部屋について
2 富士山の旅行について
3 いいホテルについて
4 温泉の入り方について

最もよいものは3番です。解答用紙の問題3の例のところを見てください。最もよいものは3番ですから、答えはこのように書きます。では始めます。

남자는 무엇에 대해 이야기하고 있습니까?
1 아파트 방에 대해
2 후지산 여행에 대해
3 좋은 호텔에 대해
4 온천에 들어가는 방법에 대해

가장 적당한 것은 3번입니다. 답안지 문제 3의 예 부분을 보십시오. 가장 적당한 것은 3번이므로, 답은 이렇게 적습니다. 그럼 시작하겠습니다.

정답 3

단어 おじゃまします (인사말) 실례하겠습니다 | 素敵だ 근사하다, 멋지다 | 掃除 청소 | 南側 남쪽 | 富士山 후지산 | オリジナル 오리지널, 원본, 독창적 | カニ鍋 게 찌개(탕) | 温泉 온천 | つく 붙다

해설 남자가 텔레비전에서 소개하는 장면으로 「どうですか、このお部屋」 어떤가요. 이 방」이라는 말에서 방 혹은 객실을 소개하고 있다는 것을 알 수 있으며, 방의 특징에 대해 '호텔 오리지널 식사 및 온천'을 들고 있으므로 정답은 3번임을 알 수 있다.

1번 🎧 132-15

テレビの健康番組で、女の人が話しています。

女 枕を選ぶ時、皆さんは何を重視しますか？頭の位置が高すぎたり低すぎたりすると首に負担がかかるため、枕の高さは重要です。また同じように枕の硬さも適切なものを選ぶ必要があります。ただ、これらは実際に使ってから分かることで、自分に合ったものを見つけるというのはなかなか簡単ではありません。少々お値段の張るものもありますし、高いものを買って後悔、というのも嫌ですよね。そこで、私は空気の通りの良い枕を選んで買うことをお勧めします。どんなにいい枕でも衛生的に使用することができなければ、快適な睡眠にはつながりませんからね。

女の人は何について話していますか。
1 枕と健康の関係
2 首が痛くなる原因
3 枕の価格の基準
4 良い枕の選び方

텔레비전의 건강 프로그램에서 여자가 이야기하고 있습니다.

여 베개를 고를 때, 여러분은 무엇을 중요시합니까? 머리 위치가 너무 높거나 너무 낮거나 하면 목에 부담이 가기 때문에 베개 높이는 중요합니다. 또한 마찬가지로 베개의 경도(단단한 정도)도 적절한 것을 고를 필요가 있습니다. 다만, 이런 것들은 실제로 사용해야만 알 수 있어서, 자신에게 맞는 것을 발견하는 것은 좀처럼 간단하지 않습니다. 다소 가격이 비싼 것도 있어서, 비싼 것을 사고 후회하는 것도 싫지요. 그래서 저는 통기성이 좋은 베개를 골라서 사는 것을 추천합니다. 아무리 좋은 베개라도 위생적으로 사용하지 못하면, 쾌적한 수면으로는 이어지지 않으니까요.

여자는 무엇에 대해 말하고 있습니까?
1 베개와 건강의 관계
2 목이 아프게 되는 원인
3 베개 가격의 기준
4 좋은 베개를 고르는 방법

정답 **4**

단어 番組 방송 프로그램 | 枕 베개 | 位置 위치 | 負担 부담 | 硬さ 딱딱함, 경도 | 適切だ 적절하다 | 値段が張る 비싸다, 값나가다 | 後悔 후회 | 空気 공기 | 通りが良い 잘 통하다 | 勧める 추천하다, 권장하다 | 衛生 위생 | 快適だ 쾌적하다 | 睡眠 수면 | つながる 연결되다, 이어지다

해설 도입부에서 여자는 '베개를 고를 때 여러분은 무엇을 중요시하는지' 물은 뒤, 이와 관련된 정보들을 말한다. 먼저 '높이, 경도, 가격' 등의 베개를 고르는 일반적인 조건을 말한 후 '나는 통기성이 좋은 베개를 골라서 사는 것을 추천합니다(私は空気の通りの良い枕を選んで買うことをお勧めします)'라고 하며 그 이유에 대해 설명한다. 따라서 정답은 4번이다.

2番 🎧 132-16

講演会で講師の男の人が話しています。

男 人の感情に影響を与える脳内の物質は、実はその多くが腸の中で作られているという研究があります。腸内で生成された幸せホルモンと呼ばれる物質が脳に届けられることで、リラックスしたり、安心感や幸福感をもたらすのだそうです。そのため、腸内環境をよくすることは体の健康管理において重要であるのみならず、心の健康を保つためにも有効なのです。

男の人は何について話していますか。
1 感情と脳の関係
2 感情と腸の関係
3 脳内で作られる物質
4 健康管理の重要性

강연회에서 강사인 남자가 이야기하고 있습니다.

남 사람의 감정에 영향을 주는 뇌 속의 물질은, 사실 그 대부분이 장 속에서 만들어진다는 연구가 있습니다. 장내에서 생성된 행복 호르몬이라고 불리는 물질이 뇌에 전달됨으로써, 릴랙스하거나 안심감이나 행복감을 가져온다고 합니다. 그렇기 때문에 장내 환경을 좋게 하는 것은 몸의 건강 관리에 있어 중요할 뿐만 아니라, 마음의 건강을 유지하기 위해서도 효과적인 것입니다.

남자는 무엇에 대해 이야기하고 있습니까?
1 감정과 뇌의 관계
2 감정과 장의 관계
3 뇌 속에서 만들어지는 물질
4 건강 관리의 중요성

정답 **2**

단어 講師 강사 | 感情 감정 | 影響 영향 | 与える 주다, 부여하다 | 脳 뇌 | 物質 물질 | 腸 장 | 生成 생성 | ホルモン 호르몬 | 届ける 보내다, 전달하다 | リラックス 릴랙스, 긴장을 풀고 쉼 | 幸福 행복 | もたらす 가져가다(오다), 초래하다 | 環境 환경 | 保つ 유지하다 | 有効だ 유효하다, 효과적이다

해설 접속사 「実は 실은」은 '불필요한 설명을 생략하고 사실을 말하면'이라는 뜻으로 뒷부분을 주의해서 들어야 한다. 도입부에서 '사람의 감정에 영향을 주는 물질 대부분은 뇌가 아닌 장에서 만들어진다'고 한 뒤, '장에서 만들어진 행복 호르몬이라는 물질이 뇌에 전해져 안심감과 행복감을 주므로 장내 환경을 좋게 하는 것이 몸과 마음의 건강 관리에 있어 중요하다'고 하므로 선택지 2번이 정답이다.

3番 🎧 132-17

テレビでアナウンサーが話しています。

女 最近、旅行を一人で楽しむ、いわゆる一人旅というスタイルが人気です。家族や友人と一緒に観光をするのもいいですが、若い人たちからは、一人の方が自由で気楽だという声を聞くようになりました。以前と比べて職場の労働環境が改善されたこともあり、休暇が取りやすくなったという状況もあるようです。そのようなニーズを受けて、観光地や宿泊施設なども一人旅の客を呼び込もうとしています。受け入れ側の体制が整うことで、一人旅をより楽しみやすくなったというのも一因と言えるかもしれません。

アナウンサーは何について話していますか。
1 一人旅の特徴
2 一人旅を選ぶ条件
3 **一人旅が人気の理由**
4 一人旅の楽しみ方

텔레비전에서 아나운서가 이야기하고 있습니다.

여 최근 여행을 혼자서 즐기는, 이른바 혼자 하는 여행 스타일이 인기입니다. 가족과 친구와 함께 관광을 하는 것도 좋습니다만, 젊은 분들로부터는 혼자가 자유롭고 마음이 편하다는 의견을 듣게 되었습니다. 이전과 비교해 직장의 노동 환경이 개선된 것도 있고, 휴가를 내기 쉬워졌다는 상황도 있는 것 같습니다. 그러한 요구를 받아들여 관광지나 숙박 시설 등도 혼자 여행하는 손님을 끌어들이려 하고 있습니다. (손님을) 받아들이는 쪽의 체제가 정비됨으로써, 혼자 하는 여행을 보다 즐기기 쉽게 되었다는 것도 하나의 원인이라 할 수 있을 지도 모릅니다.

아나운서는 무엇에 대해 이야기하고 있습니까?
1 혼자 하는 여행의 특징
2 혼자 하는 여행을 선택하는 조건
3 **혼자 하는 여행이 인기인 이유**
4 혼자 하는 여행을 즐기는 방법

[정답] 3

[단어] 一人旅 혼자 다니는 여행 | いわゆる 이른바, 소위 | スタイル 스타일 | 友人 친구 | 気楽だ 편하다, 태평하다 | 以前 이전 | 職場 직장 | 労働環境 노동 환경 | 改善 개선 | 休暇 휴가 | ニーズ 니즈, 수요 | 宿泊施設 숙박 시설 | 呼び込む 불러들이다, 끌어들이다 | 受け入れる 받아들이다 | 体制 체제 | 整う 정비되다, 갖추어지다 | 一因 한 원인, 한 요인 | 特徴 특징 | 条件 조건 | 楽しみ方 즐기는 방법

[해설] '혼자 하는 여행'과 관련해 어떤 내용을 일관되게 이야기하는지를 주의하며 듣도록 하자. '이전에 비해 노동 환경이 개선되어 휴가를 쉽게 낼 수 있고, 관광객을 받아들이는 체제가 정비돼 혼자 여행을 즐기기 쉬워진 것도 한 원인'이라며 혼자 하는 여행이 인기가 있는 이유에 대해 말하고 있으므로 정답은 3번이다.

4番 🎧 132-18

大学の食堂で、留学生と女の人が話しています。

女 マイケル君って、日本語上手だよね。
男 国でちょっと勉強したからね。その時は漢字が一番大変だったけど。
女 大学の授業はどう？専門用語とか、難しいでしょ？

대학 식당에서 유학생과 여자가 이야기하고 있습니다.

여 마이클 군은 일본어 잘하네.
남 모국에서 조금 공부했으니까. 그때는 한자가 가장 힘들었지만.
여 대학 수업은 어때? 전문 용어라든가 어렵지?

男 そうだね。でも、それは日本人の学生にとっても同じだと思うんだ。
女 まあ、そうかな。私も教授の話が難しくて分からないことってあるし。レポートとかは？
男 ゼミの先生が今年は免除してくれてるんだ。来年書く時はきっと大変だろうな。今は、代わりに面接テストがあるんだけど、そのために文献は読まなきゃいけなくて。うちの教授、あれもこれもと資料を紹介してくれるから、きついんだ。でも、本当に勉強になってるし、教授には感謝してるよ。

留学生は大学の授業についてどう考えていますか。
1 漢字や専門用語が多くて留学生には難しい
2 教授の話が難しくて日本人学生でもわからない
3 レポートを書くのは大変だから免除してほしい
4 資料をたくさん読むのは大変だがとても勉強になる

남 그렇긴 하지. 하지만 그건 일본인 학생에게도 마찬가지라고 생각해.
여 뭐 그럴 거야. 나도 교수님 이야기가 어려워서 모르는 것이 있고. 리포트 같은 건 어때?
남 세미나 선생님이 올해는 면제해 주고 있어. 내년에 쓸 때는 분명 힘들겠지. 지금은 대신에 면접 테스트가 있는데 그것 때문에 문헌을 읽어야 해서. 우리 교수님이 이것저것 자료를 소개해 주셔서 힘들어. 하지만 정말 공부가 돼서 교수님께는 감사하고 있어.

유학생은 대학 수업에 대해 어떻게 생각하고 있습니까?
1 한자와 전문 용어가 많아서 유학생에게는 어렵다
2 교수님의 이야기가 어려워서 일본인 학생이라도 모른다
3 리포트를 쓰는 것은 힘들어서 면제해 주었으면 한다
4 자료를 많이 읽는 것은 힘들지만 매우 공부가 된다

[정답] 4

[단어] 漢字 한자 | 専門用語 전문 용어 | レポート 리포트 | 免除 면제 | 代わりに 대신에 | 面接 면접 | 文献 문헌 | きつい 힘들다, 가혹하다 | 感謝 감사

[해설] '교수님의 이야기가 어려워서 못 알아들을 때가 있다'고 말하는 것은 여자이므로 2번은 답이 될 수 없으며, 1번과 3번은 대화 내용과 맞지 않으므로 오답이다. 유학생의 마지막 말을 보면 '교수님이 자료를 많이 소개해 주셔서 힘들지만 정말 공부가 된다'고 하므로 정답은 4번이다.

5番 🎧 132-19

会社の休憩室で男の人と女の人が話しています。

男 今朝、寝坊しちゃって、危うく遅刻するところだったよ。
女 また？ この前もそんな事言ってたよね。毎朝同じ時間に目覚まし時計をセットするの、やってる？
男 ああ、この前アドバイスしてくれたのね。平日は毎日やってるよ。
女 そう？ あと寝る前にお酒を飲まないようにするって言ってたじゃない？ あれは今もやってる？
男 あれは、結局続かなかった。

회사 휴게실에서 남자와 여자가 이야기하고 있습니다.

남 오늘 아침에 늦잠 자서 하마터면 지각할 뻔 했어.
여 또? 요전에도 그런 얘기 했었잖아. 매일 아침 같은 시간에 알람 시계를 맞춰 두고 있어?
남 아, 얼마 전에 조언해 줬었지. 평일은 매일 하고 있어.
여 그래? 그리고 자기 전에 술을 마시지 않겠다고 말하지 않았어? 그건 지금도 하고 있니?
남 그건 결국 계속하지 못했어.

女 そりゃあ、寝坊するのも当たり前よ。
男 代わりに早く寝るようにしてるんだよ。でも週末の朝はゆっくり寝てるから、今度は夜眠れなくなっちゃったり。
女 早く寝る習慣をつけるのは大事だけど、眠れないとイライラしたりするでしょ？それくらいなら、起きて眠くなるのを待った方がいいらしいよ。それより、前にも言った通り、日頃の習慣が大切よ。平日だけじゃなくて休日もやってみたら？

女の人は何について話していますか
1 毎日同じ時間に起きられるようにする方法について
2 お酒が朝起きる時間に与える影響について
3 夜眠れなくてもイライラしないですむ対策について
4 毎日の習慣を変えることの難しさについて

여 그래서야. 늦잠 자는 것도 당연하네.
남 대신에 일찍 자려고 하고 있어. 하지만 주말 아침은 늦게까지 자니까 이번에는 밤에 자지 못하게 된다거나.
여 일찍 자는 습관을 들이는 건 중요하지만, 잠을 자지 못하면 짜증나거나 하잖아? 그럴 정도라면 일어나서 잠이 오는 것을 기다리는 게 좋다고 해. 그것보다 전에도 말한 대로 평소 습관이 중요해. 평일뿐만 아니라 휴일도 해 보면 어때?

여자는 무엇에 대해 이야기하고 있습니까?
1 매일 같은 시간에 일어날 수 있게 하는 방법에 대해
2 술이 아침에 일어나는 시간에 미치는 영향에 대해
3 밤에 잠을 못 자도 짜증내지 않는 대책에 대해
4 평소 습관을 바꾸는 것의 어려움에 대해

정답 1

단어 休憩室 휴게실 | 寝坊 늦잠 | 危うく 하마터면 | 遅刻 지각 | 目覚まし時計 알람 시계 | セット 세트, 세팅 | アドバイス 어드바이스, 조언 | 平日 평일 | 結局 결국 | 当たり前だ 당연하다 | 習慣 습관 | イライラする 짜증나다 | ～ないですむ ~않고 잘 해결되다 | 日頃 평소 | 対策 대책

해설 늦잠을 자서 지각할 뻔했다는 남자의 말에 여자는 '매일 같은 시간에 알람 시계를 맞춰 두는지', '자기 전에 술을 마시지 않기로 한 약속은 지키고 있는지' 등을 묻고, 가장 마지막에 '평소 습관이 중요하니 평일뿐만 아니라 휴일에도 해 보라'라고 말한다. 이 모든 내용을 통괄하고 있는 선택지 1번이 정답이다.

問題 4 문제 4에는 문제지에 아무것도 인쇄되어 있지 않습니다. 우선 문장을 들으세요. 그리고 그것에 대한 대답을 듣고 1에서 3 중에서 가장 적당한 것을 하나 고르세요. 그럼 연습해 봅시다. 문제편 428p

例 🎧 132-20

女 そんな大事なこと、なんでもっと早く言ってくれなかったの？
男 1 ゆっくりしてしまって、すみません。
　 2 本当に、早く言ってくださいよ。
　 3 すっかり忘れていました。

最もよいものは3番です。解答用紙の問題4の例のところを見てください。最もよいものは3番ですから、答えはこのように書きます。では始めます。

여 그렇게 중요한 일을 어째서 좀 더 빨리 말해주지 않은 거야?
남 1 느긋하게 해 버려서 죄송합니다.
　 2 정말이지, 빨리 말해 주세요.
　 3 완전히 잊고 있었습니다.

가장 적당한 것은 3번입니다. 답안지 문제 4의 예 부분을 보십시오. 가장 적당한 것은 3번이므로, 답은 이렇게 적습니다. 그럼 시작하겠습니다.

정답 **3**

단어 大事だ 중요하다 | すっかり 완전히, 모두

해설 중요한 사안에 대해 미리 말해 주지 않은 것에 대해 여자가 책망하고 있는 상황이므로 이에 대한 적절한 응답은 선택지 3번이다.

1番 🎧 132-21

女 もう少し周りに気を遣ってくださればと……。
男 1 分かりました。使ってあげます。
　 2 ええ、気をつけてください。
　 3 すみません、気をつけます。

여 조금 더 주위에 신경 써 주셨으면…….
남 1 알겠습니다. 사용해 드리겠습니다.
　 2 네, 조심해 주세요.
　 3 죄송합니다. 주의하겠습니다.

정답 **3**

단어 周り 주변, 주위 | 気を遣う 신경을 쓰다, 배려하다

해설 「気」가 들어가는 관용표현을 정확히 알고 있는지를 묻는 문제로, '조금 더 신경을 써 주셨으면' 뒤에 생략된 말을 유추해야 한다. 「気を遣う」는 '마음이나 정신적인 부분에서 배려한다'는 뜻으로 '신경을 써 달라'는 상대의 요구·부탁에 「気をつける 주의하겠다」로 응답한 3번이 정답이다.

2番 🎧 132-22

女 山田君って、昨日で3日連続遅刻よ。さすがに今日は……。
男 1 うん、きっと遅刻だね。
　 2 うん、大丈夫だろうね。
　 3 うん、来ないと思うよ。

여 야마다 군 말이야, 어제로 3일 연속 지각이야. 아무래도 오늘은…….
남 1 응, 분명 지각이네.
　 2 응, 괜찮을 거야.
　 3 응, 오지 않을 거라고 생각해.

정답 **2**

단어 連続 연속 | さすがに 과연, 역시, 아무래도

해설 여기서 「さすがに」는 평가의 대상이 특정 상황에서 다른 결과를 보였을 때 사용된 경우이다. '어제까지 3일 연속 지각했지만, 아무래도 오늘은 (지각하지 않겠지)'라는 내용의 대화가 되어야 하므로 정답은 2번이다.

3番 🎧 132-23

男 この評論家、言い方はともかく、言ってることは正しいんだよね。
女 1 うん、言い方が上手なんだよね。
　 2 え、そんなにうまい言い方かな？
　 3 言い方も考えればいいのにね。

남 이 평론가, 말투는 어떻든 간에 하는 말은 맞네.
여 1 응, 말을 잘해.
　 2 앗, 그렇게 말을 잘하나?
　 3 말투도 신경 쓴다면 좋을 텐데.

정답 **3**

단어 評論家 평론가 | 言い方 말씨, 말투 | ～はともかく ～는 그렇다 치고, 어떻든 간에, ～는 둘째 치고

해설 「AはともかくB」는 두 가지 사항을 비교하여 'A는 어쨌든 B가 중요하다'는 의미를 나타낼 때 사용하는 표현이다. 평론가에 대해 '말투는 그렇다 치고 말하는 내용은 옳다'는 의미의 문장이므로 이에 대한 응답으로 적절한 것은 선택지 3번이다.

4番 🎧 132-24

女 ねえ、鈴木さんのあの感じ、何か知ってそうじゃない？

男 1 ほんと、怪しいよね。
　　2 僕もそうじゃないと思ったよ。
　　3 そうね、知らないだろうね。

여 저기, 스즈키 씨의 저 분위기, 뭔가 아는 것 같지 않아?

남 1 정말, 수상하네.
　　2 나도 그렇지 않다고 생각했어.
　　3 그래, 모르겠지.

정답 **1**

단어 感じ 느낌, 분위기 | 怪しい 수상하다, 의심스럽다

해설 「何か知ってそうじゃない？」라며 의심하고 있는 뉘앙스이므로 적절한 응답은 선택지 1번이다. 「知ってそうじゃない 아는 것 같다」를 부정표현으로 듣고 3번을 답으로 고르지 않도록 주의 하자.

5番 🎧 132-25

女 田中くん、小さいことに、くよくよしてちゃ駄目だよ。

男 1 はい、もっと真面目にやります。
　　2 でも、心配になっちゃうんですよ。
　　3 え、小さいことじゃ、駄目なんですか。

여 다나카 군, 작은 일에 너무 고민하면 안 돼.

남 1 네, 더 성실하게 하겠습니다.
　　2 하지만 걱정이 되어서요.
　　3 앗, 작은 일이면 안 되는 건가요?

정답 **2**

단어 くよくよする 끙끙 앓다, 고민하다 | 駄目だ 안 되다 | 真面目に 부지런히, 성실하게

해설 '작은 일에 너무 고민하면 안 된다'는 말에 「はい、そうです 그 말이 맞습니다」나 「はい、気をつけます 주의하겠습니다」처럼 정해진 말만 답이 되는 것은 아니며, 이 문제와 같이 '그렇기는 한데 걱정이 된다'라는 대답도 답이 될 수 있다는 점에 주의하자. 정답은 2번이다.

6番 🎧 132-26

男 なんか、今日は朝から頭がぼうっとするんだ。

女 1 いいなあ、私なんかさっぱり。
　　2 私も頭に来ちゃったよ。
　　3 大丈夫？風邪じゃない？

남 왠지 오늘은 아침부터 머리가 멍하네.

여 1 좋겠다, 나는 뭐가 뭔지 모르겠어.
　　2 나도 화났어.
　　3 괜찮아? 감기 아니야?

정답 **3**

단어 なんか 왠지, 왠지 모르게 | ぼうっとする 머리가 멍하다 | さっぱり 전혀, 산뜻한 | 頭(あたま)に来(く)る 화가 나다, 열받다

해설 '오늘은 아침부터 머리가 멍하다'는 말은 평소와는 다르게 몸 상태가 좋지 않다는 의미이므로 선택지 3번이 답으로 적당하다. 2번의「頭(あたま)に来(く)る」처럼 신체 부위가 들어간 관용표현을 잘 기억해 두자.

7番 🎧 132-27

女 博物館(はくぶつかん)行(ゆ)きのバス、1時間(じかん)おきだって。

男 1 そうか、けっこう待(ま)つんだね。
　 2 ええっ、行(い)けなくなっちゃったの？
　 3 博物館(はくぶつかん)までそんなにかかるの？

여 박물관 행 버스 한 시간마다 온대.

남 1 그렇구나, 꽤 기다려야겠네.
　 2 어라, 못 가게 됐어?
　 3 박물관까지 그렇게 시간이 걸려?

정답 **1**

단어 博物館(はくぶつかん) 박물관 | ～行(ゆ)き ～행 | ～おき 간격, 걸러 | けっこう 그럭저럭, 꽤

해설 '박물관 행 버스' 뒤에 이어지는 「～おき ～마다, 간격으로」의 의미를 정확하게 알아야 풀 수 있는 문제이다. 버스가 '한 시간 간격으로' 다녀서 오래 기다려야 한다는 말에 대한 응답이므로 선택지 1번이 답으로 적당하다.

8番 🎧 132-28

女 ね、うちのチーム、トップのチームとずいぶん差(さ)がついちゃったねえ。

男 1 優勝(ゆうしょう)できるんじゃない？
　 2 最近(さいきん)調子(ちょうし)悪(わる)いからね。
　 3 本当(ほんとう)にいい勝負(しょうぶ)だよね。

여 근데 우리 팀, 1등 팀이랑 꽤 차이가 벌어져 버렸네.

남 1 우승할 수 있지 않아?
　 2 최근 상태 안 좋으니까.
　 3 진짜 좋은 승부야.

정답 **2**

단어 チーム 팀 | トップ 톱, 선두 | 差(さ)がつく 차이가 나다 | 優勝(ゆうしょう) 우승 | 調子(ちょうし) 컨디션, 상태 | 勝負(しょうぶ) 승부, 경기

해설 「差(さ)がつく」라는 표현을 알면 쉽게 풀 수 있는 문제이다. '1등 팀과 상당히 차이가 난다'고 말하므로 '우승'이나 '좋은 승부'라는 표현은 응답으로 적절하지 않다. 정답은 2번이다.

9番 🎧 132-29

女 急(いそ)ぐからって、タクシーに乗(の)ったけど、かえって遅(おそ)くなっちゃったね。

男 1 電車(でんしゃ)にしとけばよかったね。
　 2 タクシーに乗(の)ればよかったね。
　 3 そうだね、安心(あんしん)したね。

여 서두른다고 택시를 탔는데 오히려 늦어 버렸네.

남 1 전철로 했다면 좋았을 텐데.
　 2 택시를 탔으면 좋았을 텐데.
　 3 그렇네. 안심했어.

정답 **1**

단어 かえって 오히려 | しとく ~해 두다, 「しておく」의 약어

해설 '서둘러 가겠다고 택시를 탔는데 오히려 늦어졌다'는 말에 대한 응답으로는 '택시가 아니었으면 좋았다', '다른 교통수단을 탔더라면 좋았다'는 후회나 아쉬움을 나타내는 선택지 1번이 적당하다.

10番 🎧 132-30

女 その件につきましては、後日お返事いたします。
男 1 ではここで待たせていただきます。
　　2 できれば今日中にお願いしたいんですが……。
　　3 すみませんが、5時は別件がありまして……。

여 그 건에 관해서는 후일 답변 드리겠습니다.
남 1 그럼 여기서 기다리겠습니다.
　　2 가능하면 오늘 안으로 부탁드리고 싶습니다만…….
　　3 죄송합니다만, 5시는 다른 일이 있어서…….

정답 **2**

단어 件 건 | ~につきましては ~에 관해서는 | 後日 후일, 나중에 | 返事 대답, 답변 | 別件 별건, 다른 용무

해설 나중에 '답변을 드리겠다'는 말에 '그럼 여기서 기다리겠습니다(ではここで待たせていただきます)'라는 선택지 1번을 답으로 고르지 않도록 주의하자. 적절한 응답은 '가능한 빠른 답변을 부탁한다'는 의미를 내포하고 있는 2번이다.

11番 🎧 132-31

女 彼、自分では優秀なつもりみたいだよ。
男 1 ええ、本当に頭がいいんですよ。
　　2 私も、彼みたいになりたいな。
　　3 大したことないんだけどね。

여 그 사람은 자신이 우수한 줄 아나 봐요.
남 1 네, 정말로 머리가 좋아요.
　　2 나도 그 사람처럼 되고 싶네.
　　3 별 볼 일 없는데 말야.

정답 **3**

단어 優秀だ 우수하다 | つもり 생각, 작정 | 大したことない 대단치 않다, 별 볼 일 없다

해설 「大したことない」의 뜻을 알면 쉽게 풀 수 있는 문제이다. 제삼자에 대해 '그 사람은 스스로 우수하다고 생각하는 것 같은데, 그렇지 않다'는 뜻으로 한 말이므로 우수하다는 것을 전제로 하고 있는 선택지 1, 2번은 답이 될 수 없다. 정답은 3번이다.

12番 🎧 132-32

男 さきほど見せていただいた書類ですが、コピーを取らせてもらってもよろしいですか。
女 1 まだこれは、お見せすることしかできませんので。
　　2 遠慮しないでおっしゃってください。
　　3 ええ、全部書き直すつもりです。

남 조금 전에 보여주신 서류 말인데요, 복사해도 괜찮겠습니까?
여 1 아직 이건 보여드리는 것만 가능해서요.
　　2 사양 말고 말씀해 주세요.
　　3 네, 전부 다시 작성할 생각입니다.

정답 1

단어 書類 서류 | コピーを取る 복사를 하다 | 遠慮 사양, 겸손 | 書き直す 다시 쓰다, 재작성 하다

해설 이 문제는「～させてもらう」의 문법적 기능을 대화에서 정확하게 듣고 판단하여 대응할 수 있는지를 묻는 문제이다. '복사를 해도 괜찮겠습니까(コピーを取らせてもらってもよろしいですか)'하고 허가를 구하는 물음에 대한 답으로는 선택지 1번이 적당하다. 2번의「遠慮しないで 사양하지 말고」부분만 듣고 답을 섣불리 고르지 않도록 주의하자.

問題5 문제 5에서는 조금 긴 이야기를 듣습니다. 이 문제에는 연습은 없습니다. 문제지에 메모를 해도 됩니다.

문제지에는 아무것도 인쇄되어 있지 않습니다. 우선 이야기를 들으세요. 그리고 질문과 선택지를 듣고 1에서 4 중에서 가장 적당한 것을 하나 고르세요.

문제편 429p

1番 132-33

美術館の受付で職員と男の人が話しています。

女 県内の美術館をお得に回れる共通券は4種類ございます。Aチケットは4,500円で、県内5つの美術館すべてに入ることができてお得になっております。BチケットはAチケットに加えて各館の特別展の入場券もセットになったもので、7,000円です。Cチケットは2,500円で、3つの美術館を自由に選ぶ事ができます。Dチケットは、Cチケットに特別展を加えたもので、4,500円です。

男 あのう、行きたい美術館は4つなんですが、共通券じゃないと、美術館の入場料はいくらなんですか。

女 美術館の入場料はどちらも1,000円です。

男 じゃあ、4つで4,000円だから、Aチケットよりは安いけどCチケットより高いんですね。特別展は？

女 特別展は各館700円です。

男 うーん、特別展は全部行きたいわけじゃないから個別に買うとして、なるべく安く済ませたいし…。これにします。

男の人はどのチケットを買いますか。

1 Aチケット
2 Bチケット
3 Cチケット
4 Dチケット

미술관 접수처에서 직원과 남자가 이야기하고 있습니다.

여 현내의 미술관을 저렴하게 다닐 수 있는 공통권은 네 종류가 있습니다. A티켓은 4,500엔으로 현내 다섯 곳 미술관 모두에 입장할 수 있어서 이득입니다. B티켓은 A티켓에 더해 각 관의 특별전 입장권도 세트인 것으로 7,000엔입니다. C티켓은 2,500엔으로 세 곳의 미술관을 자유롭게 선택하실 수 있습니다. D티켓은 C티켓에 특별전을 더한 것으로 4,500엔입니다.

남 저, 가고 싶은 미술관은 네 곳입니다만, 공통권이 아니면 미술관 입장료는 얼마입니까?

여 미술관 입장료는 전부 1,000엔입니다.

남 그럼 네 곳이면 4,000엔이니까 A티켓보다는 싸지만 C티켓보다 비싸군요. 특별전은?

여 특별전은 각 관 700엔입니다.

남 음, 특별전은 전부 가고 싶은 것은 아니니까 따로 사기로 하고, 가급적 저렴하게 사고 싶으니…. 이걸로 하겠습니다.

남자는 어느 티켓을 삽니까?

1 A티켓
2 B티켓
3 C티켓
4 D티켓

정답 **3**

단어 美術館 미술관 | 受付 접수, 접수처 | 職員 직원 | 県 현, 일본의 행정 구획 중 하나 | お得だ 이득이 되다, 가성비가 좋다 | 回る 돌아다니다 | 共通券 공통권 | 種類 종류 | 加える 더하다 | 特別展 특별전 | 入場 입장 | 個別 개별 | なるべく 가능한 한, 되도록 | 済ませる 끝내다, 때우다

해설 미술관 입장료는 각 1,000엔씩이며 남자가 가고 싶은 곳은 전부 네 곳으로 총 4,000엔이 필요하므로 A티켓(4,500엔)보다는 싸지만 C티켓(2,500엔)보다는 비싸며 특별전은 별도로 700엔이 추가로 든다. 하지만 '특별전은 전부 가고 싶은 건 아니니 개별 구매하고, 가능한 한 싸게 해결하고 싶다(特別展は全部行きたいわけじゃないから個別に買うとして、なるべく安く済ませたい)'라고 한다. 따라서 C티켓 2,500엔에서 한 곳이 추가된 3,500엔에 특별전은 따로 구매하는 것이 저렴하므로 정답은 3번이 된다.

2番 🎧 132-34

市役所で上司と女の人二人が七夕祭りについて話しています。

男 もうすぐ市が主催で行う七夕祭りの時期だけど、実は最近、以前ほど盛り上がらなくなってきているという声があるんだ。

女1 七夕祭りって駅前の商店街を会場にしますよね。最近は郊外に住む人が増えて、交通のアクセスが悪いんですよね。

女2 去年臨時バスを用意したよね。あれをもっと増やしたらどう?

女1 それよりも郊外から車で参加できるように、広い駐車場を確保したほうがいいんじゃないでしょうか。

男 うん、どっちも検討することにしよう。駐車場のほうは近くの小学校を使えばいいか。臨時バスもバス会社に相談して予算次第だね。でも今からじゃ時間的にちょっと無理かな。

女2 参加者を増やすためには、市外の人にももっと参加してもらったほうがいいよね。有名人を呼んでイベントをやるっていうのは?

男 ああ、いいかもしれないね。これも予算の問題があるんだけど、余裕があれば他の町への宣伝は増やすべきかな。

女1 ちょっと待ってください。お祭りの趣旨は、商店街の活性化と地域の交流を増やすことですよね。なので、

시청에서 상사와 여자 두 사람이 칠월 칠석 축제에 대해 이야기하고 있습니다.

남 이제 곧 시가 주최로 시행하는 칠월 칠석 축제 시기인데, 실은 최근 예전만큼 분위기가 고조되지 않고 있다는 의견이 있어.

여1 칠월 칠석 축제는 역 앞에 있는 상점가를 회장으로 이용하는 거죠. 최근에는 교외에 사는 사람이 늘어나서 교통 수단이 불편하잖아요.

여2 작년에 임시 버스를 준비 했었지. 그걸 좀 더 늘리는 건 어때?

여1 그것보다도 교외에서 자가용으로 참가할 수 있도록, 넓은 주차장을 확보 하는 게 좋지 않을까요?

남 응, 둘 다 검토하기로 하자. 주차장 쪽은 근처 초등학교를 이용하면 되겠지? 임시 버스도 버스 회사에 상의해 봐야 하는데 예산에 달려 있지. 하지만 지금부터 하면 시간적으로 좀 무리려나.

여2 참가자를 늘리기 위해서는 시외 사람도 좀 더 참가해 줬으면 좋겠는데. 유명인을 불러서 이벤트를 하는 것은 어떨까요?

남 아, 괜찮을 것 같네. 이것도 예산 문제가 있지만, 여유가 있다면 다른 마을에 선전하는 건 늘려야 하겠지.

여1 잠깐만요. 축제의 취지는 상점가 활성화와 지역 교류를 늘리는 거잖아요. 그래서 이벤트도 시민 분들이 기뻐해

イベントも市民の方が喜んでくれるならいいんですが、ただ単に来場者を増やすためというのはちょっと……。

男 そうだね。まあ、イベントもいいが、まずは市民のために交通の問題を何とかしないことにはね。あとは、予算の範囲内で頑張るしかないな。

問題解決のために、まず何をすることにしましたか。
1 臨時バスを増やす
2 駐車場を確保する
3 有名人を呼んでイベントをする
4 他の町に宣伝する

주면 좋겠지만, 단지 참가자를 늘리기 위해서 한다는 것은 좀…….

남 그렇군. 뭐 이벤트도 좋지만 우선은 시민들을 위해 교통 문제를 어떻게든 해결 해야지. 나머지는 예산 범위 내에서 노력해 볼 수밖에 없겠네.

문제 해결을 위해, 우선 무엇을 하기로 했습니까?
1 임시 버스를 늘린다
2 주차장을 확보한다
3 유명인을 불러서 이벤트를 한다
4 다른 마을에 선전한다

정답 2

단어 上司 상사 | 七夕 칠석, 7월 7일에 하는 전통 행사 | 主催 주최 | 盛り上がる (기세·흥취가) 높아지다, 고조되다 | 声 목소리 | 商店街 상점가 | 郊外 교외 | アクセス 액세스, 접근, 목적지까지의 교통수단 | 臨時 임시 | 用意 준비 | 増やす 늘리다 | 確保 확보 | 検討 검토 | ~次第 ~에 달리다, ~나름이다 | 余裕 여유 | 趣旨 취지 | 活性化 활성화 | 地域 지역 | 交流 교류 | 来場者 방문자 | 範囲内 범위 내

해설 문제에 대해 해결책으로 제시한 여러 의견, 정보를 비교하며 풀어야 한다. 칠석제가 예전만큼 분위기가 고조되지 않는 데 대한 해결책을 말하는 가운데 선택지 1, 3, 4번은 '예산과 시간적으로 무리'여서 답이 될 수 없다. 마지막에 남자가 「まずは市民のために交通の問題を何とかしないことには 우선 시민을 위해 교통 문제를 어떻게든 해결해야 한다」라고 말하므로 정답은 2번이다.

3番 🎧 132-35　　　　　　　　　　　　　　　　　　　　　　문제편 430p

우선 이야기를 들으세요. 그리고 두 개의 질문을 듣고 각각 문제지의 1에서 4 중에서 가장 적당한 것을 하나 고르세요.

携帯電話の料金プランの説明を聞いた後、男の人と女の人が話しています。

男1 当社の携帯電話はお客様のご利用状況に応じて様々なプランを用意しております。まず通話プランです。これは電話を多く使うビジネスマンの方などに向いており、電話をどれだけかけても料金は一定となっております。次に動画プランです。動画をよく見るという方はこのプランに入っていただきますと、利用料は少々高くなりますが、動画が見放題ということ

휴대 전화 요금제 설명을 들은 후, 남자와 여자가 이야기하고 있습니다.

남1 당의 휴대 전화는 고객님의 이용 상황에 따라 다양한 플랜(요금제)가 준비하고 있습니다. 우선 통화 플랜입니다. 이것은 전화를 많이 사용하는 비즈니스맨 분들에게 적합하며, 전화를 아무리 걸어도 요금은 일정합니다. 다음은 동영상 플랜입니다. 동영상을 자주 시청하신다는 분은 이 플랜에 가입하시면, 이용료는 조금 비싸집니다만 동영상을 무제한으로 시청하

になります。それから、とにかく料金を安くしたいという方には格安プランを用意しております。通話や動画など使用した分だけ料金を払っていただきます。携帯電話を普段あまり使わないという方はこちらがよろしいかと思います。最後に当社が販売しているパソコンを別に購入していただくことで、利用料金を半年間無料にするという特別なセットプランも用意しております。

男2 僕、仕事で会社の外に出ることが多いから電話が自由にかけられるのは魅力的だな。あと、パソコンも欲しいのがちょうどあったんだよね。

女 へえー、買い換える予定があるんだっけ？

男2 今持ってるのも、使えないことはないんだけどね。

女 私はプライベートで使うだけだけど、この動画プランってすごいね。

男2 ああ、きみ、確か映画鑑賞が趣味だったよね。

女 うん。ただ映画は他のサービスを利用してるから別に携帯を使わなくてもいいのよね。まあ、私は仕事で使うこともないし、お金がかからないのが一番かな。

男2 そっか。僕も仕事に問題なく使えるのにしよう。パソコンも使い慣れてるのが一番だからな。

質問1

男の人はどのプランにしますか。

1 通話プラン
2 動画プラン
3 格安プラン
4 セットプラン

質問2

女の人はどのプランにしますか。

1 通話プラン
2 動画プラン
3 格安プラン
4 セットプラン

실 수 있습니다. 그리고 일단 요금을 싸게 하고 싶다고 하시는 분들에게는 초저가 플랜을 준비하고 있습니다. 통화와 동영상 등 사용한 만큼 요금을 지불하시면 됩니다. 휴대 전화를 평소 별로 사용하지 않는다고 하시는 분들은 이 플랜이 좋으실 거라고 생각합니다. 마지막으로 당사가 판매하고 있는 컴퓨터를 별도로 구입해 주시면, 이용 요금을 6개월간 무료로 해드리는 특별한 세트(패키지) 플랜도 준비되어 있습니다.

남2 나는 업무로 회사 밖으로 나가는 일이 많으니까 전화를 자유롭게 걸 수 있는 게 매력적이네. 그리고 컴퓨터도 갖고 싶었던 게 있었거든.

여 흠, 새로 살 예정이 있었던가?

남2 지금 가지고 있는 것도 못 쓸 정도는 아니지만 말야.

여 나는 개인적인 일로만 쓰는데, 이 동영상 플랜 굉장하네.

남2 아, 너, 분명 영화 감상이 취미였었지.

여 응. 근데 영화는 다른 서비스를 이용하고 있어서 별로 휴대 전화를 안 써도 된단 말이지. 뭐 나는 업무로 사용하는 일도 없고, 돈이 들지 않는 것이 제일 좋아.

남2 그래? 나도 업무에 문제 없이 사용할 수 있는 걸로 해야지. 컴퓨터도 익숙한 게 가장 편하니까.

질문1

남자는 어느 요금제로 합니까?

1 통화 요금제
2 동영상 요금제
3 초저가 요금제
4 세트(패키지) 요금제

질문2

여자는 어느 요금제로 합니까?

1 통화 요금제
2 동영상 요금제
3 초저가 요금제
4 세트(패키지) 요금제

[정답] [質問1] 1   [質問2] 3

[단어] 携帯電話(けいたいでんわ) 휴대 전화 | 料金(りょうきん) 요금 | プラン 플랜(여기서는 '요금제'의 의미로 사용), 계획 | 当社(とうしゃ) 당사, 우리 회사 | 利用(りよう) 이용 | 状況(じょうきょう) 상황 | ~に応(おう)じる ~에 따르다, 응하다 | 通話(つうわ) 통화 | ビジネスマン 비즈니스맨 | 一定(いってい) 일정 | 動画(どうが) 동영상 | ~放題(ほうだい) 제한 없이 자유롭게 할 수 있음 | 格安(かくやす) 매우 쌈, 초저가 | 使用(しよう) 사용 | ~分(ぶん) ~만큼 | 普段(ふだん) 평소 | 販売(はんばい) 판매 | 購入(こうにゅう) 구입 | 魅力的(みりょくてき)だ 매력적이다 | 買(か)い換(か)える 새로 사서 바꾸다 | プライベート 프라이빗, 개인적, 사적 | 鑑賞(かんしょう) 감상 | 趣味(しゅみ) 취미 | 慣(な)れる 익숙해지다

[해설] [質問1] 남자는 처음에 전화를 자유롭게 할 수 있는 '통화 요금제'와 컴퓨터도 가지고 싶어서 '세트 요금제'가 매력적이라고 하지만 마지막에 컴퓨터는 쓰던 것이 좋다며 번복한다. 따라서 정답은 1번이다.

[質問2] 여자는 '동영상 요금제'에 흥미를 가지지만 영화를 보는 다른 서비스를 이용하고 있어 '돈이 가장 들지 않는 것 가장 좋다(お金(かね)がかからないのが一番(いちばん)かな)'고 한다. 따라서 정답은 3번이다.

시사 JLPT 합격 시그널

일본어능력시험

저자 **우선희, 松岡龍美**

시험직전 막판뒤집기

N2

시사일본어사

문자어휘 기출단어

1 한자 읽기
2 표기
3 단어 형성
4 문맥 규정
5 유의 표현
6 용법

N2

1 : 한자 읽기

어휘	발음	의미
握手	あくしゅ	악수
焦る	あせる	안달하다, 초조해하다
圧勝	あっしょう	압승
圧倒的	あっとうてき	압도적
怪しい	あやしい	이상하다, 수상하다
改める	あらためる	고치다, 개선하다
勇ましい	いさましい	용감하다, 용맹스럽다
傷む	いたむ	아프다, 괴롭다
祝う	いわう	축하하다
映る	うつる	반영하다, 비치다
運賃	うんちん	운임, 운송료
偉い	えらい	훌륭하다, (지위·신분 등이) 높다
大幅に	おおはばに	큰 폭으로
補う	おぎなう	보충하다
幼い	おさない	어리다
納める	おさめる	납입하다
劣る	おとる	뒤떨어지다
介護	かいご	개호, 간호
抱える	かかえる	안다, (책임·부담 등을) 떠안다

어휘	발음	의미
拡充	かくじゅう	확충
隠す	かくす	감추다, 숨기다
下降	かこう	하강
囲む	かこむ	둘러싸다
傾く	かたむく	기울다, 한쪽으로 쏠리다
辛い	からい	맵다
願望	がんぼう	소원
勧誘	かんゆう	권유
記憶	きおく	기억
企画	きかく	기획
競う	きそう	다투다, 경쟁하다
貴重な	きちょうな	귀중한
規模	きぼ	규모
求人	きゅうじん	구인
行事	ぎょうじ	행사
極端	きょくたん	극단
拒否	きょひ	거부
偶然	ぐうぜん	우연
悔しい	くやしい	분하다
軽傷	けいしょう	경상 (가벼운 상처)
継続	けいぞく	계속

어휘	발음	의미
☐ 警備	けいび	경비
☐ 景色	けしき	경치, 풍경
☐ 下旬	げじゅん	하순
☐ 険しい	けわしい	험하다, 험상궂다, 험악하다
☐ 現象	げんしょう	현상
☐ 怖い	こわい	무섭다, 두렵다
☐ 再度	さいど	재차, 두 번
☐ 削除	さくじょ	삭제
☐ 撮影	さつえい	촬영
☐ 賛否	さんぴ	찬부, 찬반
☐ 至急	しきゅう	지급, 시급, 급히
☐ 刺激	しげき	자극
☐ 姿勢	しせい	자세
☐ 絞る	しぼる	(물기를) 짜다, (범위를) 좁히다
☐ 湿る	しめる	축축해지다
☐ 占める	しめる	차지하다
☐ 地元	じもと	그 지방, 근거지
☐ 柔軟	じゅうなん	유연
☐ 情景	じょうけい	정경, 광경
☐ 焦点	しょうてん	초점
☐ 省略	しょうりゃく	생략
☐ 処理	しょり	처리
☐ 進歩	しんぽ	진보

어휘	발음	의미
☐ 垂直	すいちょく	수직
☐ 声援	せいえん	성원
☐ 清潔	せいけつ	청결
☐ 世間	せけん	세간, 세상
☐ 総額	そうがく	총액
☐ 相互	そうご	상호
☐ 装置	そうち	장치
☐ 素材	そざい	소재
☐ 率直な	そっちょくな	솔직한
☐ 備える	そなえる	준비하다
☐ 損害	そんがい	손해
☐ 尊重	そんちょう	존중
☐ 倒す	たおす	넘어뜨리다, 쓰러뜨리다
☐ 抽象的	ちゅうしょうてき	추상적
☐ 抽選	ちゅうせん	추첨
☐ 調節	ちょうせつ	조절
☐ 治療	ちりょう	치료
☐ 務める	つとめる	(역할을) 맡다, 역임하다
☐ 積む	つむ	쌓다, 싣다
☐ 強火	つよび	화력이 센 불
☐ 逃亡	とうぼう	도망
☐ 途端に	とたんに	그 순간에, 찰나에, 바로
☐ 隣	となり	옆

어휘	발음	의미
乏しい	とぼしい	모자라다, 가난하다
伴う	ともなう	동반하다, 따라가다
和やかな	なごやかな	(기색·분위기가) 부드러운, 온화한
握る	にぎる	쥐다
憎い	にくい	밉다
憎む	にくむ	미워하다, 시기하다
除く	のぞく	제거하다, 제외하다
恥	はじ	부끄러움, 수치
外れる	はずれる	빠지다, 떨어지다, 누락되다, 벗어나다
離れる	はなれる	(거리가) 떨어지다, 멀어지다
破片	はへん	파편
針	はり	바늘
比較的	ひかくてき	비교적
等しい	ひとしい	동등하다, 동일하다
批評	ひひょう	비평
含める	ふくめる	포함시키다
負担	ふたん	부담
触れる	ふれる	닿다, 접촉하다
返却	へんきゃく	반환 (되돌려 줌)
貿易	ぼうえき	무역
防災	ぼうさい	방재

어휘	발음	의미
豊富	ほうふ	풍부
乱れる	みだれる	흐트러지다, 혼란해지다, 어지러워지다
密接な	みっせつな	밀접한
密閉	みっぺい	밀폐
戻す	もどす	되돌리다
模範	もはん	모범
敗れる	やぶれる	지다, 패배하다
油断	ゆだん	방심, 부주의
要求	ようきゅう	요구
容姿	ようし	용모와 자태
幼稚	ようち	유치
世の中	よのなか	세상, 세간
略する	りゃくする	생략하다
冷蔵庫	れいぞうこ	냉장고

2 : 표기

어휘	발음	의미
☐ 鮮やかな	あざやかな	선명한
☐ 焦る	あせる	안달하다, 초조해하다
☐ 与える	あたえる	주다
☐ 扱う	あつかう	다루다, 취급하다
☐ 荒い	あらい	거칠다, 난폭하다
☐ 争う	あらそう	싸우다
☐ 勢い	いきおい	기세, 힘
☐ 勇ましい	いさましい	용감하다
☐ 異色	いしょく	이색
☐ 至る	いたる	이르다
☐ 違反	いはん	위반
☐ 腕	うで	팔
☐ 運賃	うんちん	운임
☐ 永久	えいきゅう	영구
☐ 演技	えんぎ	연기
☐ 援助	えんじょ	원조
☐ 訪れる	おとずれる	방문하다
☐ 劣る	おとる	뒤떨어지다
☐ 驚かせる	おどろかせる	놀라게 하다
☐ 介護	かいご	개호, 간호
☐ 開催	かいさい	개최
☐ 拡張	かくちょう	확장
☐ 肩	かた	어깨
☐ 傾く	かたむく	기울다
☐ 簡潔な	かんけつな	간결한
☐ 勧誘	かんゆう	권유
☐ 管理	かんり	관리
☐ 機嫌	きげん	기분
☐ 帰省	きせい	귀성 (고향에 돌아감)
☐ 競う	きそう	경쟁하다, 겨루다
☐ 寄付	きふ	기부
☐ 距離	きょり	거리
☐ 暮らす	くらす	살다
☐ 詳しい	くわしい	상세하다
☐ 系統	けいとう	계통
☐ 警備	けいび	경비
☐ 削る	けずる	깎다, 줄이다
☐ 濃い	こい	짙다, 진하다
☐ 硬貨	こうか	경화 (금속 화폐)
☐ 講義	こうぎ	강의
☐ 講師	こうし	강사
☐ 好調	こうちょう	호조, 순조

어휘	발음	의미
☐ 凍る	こおる	얼다
☐ 焦げる	こげる	타다, 그을리다
☐ 快い	こころよい	기분 좋다
☐ 混乱	こんらん	혼란
☐ 在籍	ざいせき	재적
☐ 逆らう	さからう	거스르다
☐ 誘う	さそう	권유하다, 꾀다
☐ 撮影	さつえい	촬영
☐ 参照	さんしょう	참조
☐ 従う	したがう	따르다, 좇다
☐ 実践	じっせん	실천
☐ 指摘	してき	지적
☐ 湿っぽい	しめっぽい	축축하다, 눅눅하다
☐ 弱点	じゃくてん	약점
☐ 収穫	しゅうかく	수확
☐ 住居	じゅうきょ	주거
☐ 出世	しゅっせ	출세
☐ 趣味	しゅみ	취미
☐ 順調	じゅんちょう	순조
☐ 症状	しょうじょう	증상
☐ 招待	しょうたい	초대
☐ 象徴	しょうちょう	상징
☐ 真剣	しんけん	진지함

어휘	발음	의미
☐ 診断	しんだん	진단
☐ 垂直	すいちょく	수직
☐ 救う	すくう	구하다, 구제하다
☐ 捨てる	すてる	버리다
☐ 精算	せいさん	정산
☐ 製造	せいぞう	제조
☐ 積極的	せっきょくてき	적극적
☐ 接続	せつぞく	접속
☐ 責める	せめる	비난하다, 책망하다
☐ 即座に	そくざに	당장, 즉시
☐ 属する	ぞくする	속하다
☐ 組織	そしき	조직
☐ 備える	そなえる	대비하다, 준비하다, 갖추다
☐ 損	そん	손해, 불리함
☐ 損失	そんしつ	손실
☐ 束ねる	たばねる	하나로 묶다
☐ 頼り	たより	의지, 의지하는 사람
☐ 縮める	ちぢめる	줄이다, 단축하다
☐ 努める	つとめる	힘쓰다, 노력하다
☐ 積もる	つもる	쌓이다
☐ 抵抗	ていこう	저항
☐ 典型的	てんけいてき	전형적

어휘	발음	의미
伝統	でんとう	전통
登録	とうろく	등록
討論	とうろん	토론
担う	になう	짊어지다, 떠맡다
布	ぬの	천
昇る	のぼる	떠오르다, 오르다, 올라가다
俳優	はいゆう	배우
激しい	はげしい	격하다
果たす	はたす	완수하다, 달성하다
離れる	はなれる	떨어지다, 거리가 멀어지다
省く	はぶく	줄이다
破片	はへん	파편
等しい	ひとしい	같다, 동일하다, 동등하다
批判	ひはん	비판
拾う	ひろう	줍다, 습득하다
福祉	ふくし	복지
変更	へんこう	변경
返品	へんぴん	반품
保証	ほしょう	보증
混じる	まじる	섞이다
招く	まねく	초대하다, 초래하다
乱れ	みだれ	혼란, 어지러움

어휘	발음	의미
導く	みちびく	인도하다
見逃す	みのがす	못 보고 놓치다, 묵인하다
迎え	むかえ	맞이함, 마중
恵まれる	めぐまれる	혜택받다, 풍족하다
面倒だ	めんどうだ	성가시다, 귀찮다
催し	もよおし	행사, 개최
養う	やしなう	기르다, 양육하다
破れる	やぶれる	찢어지다, 깨지다
豊か	ゆたか	풍족함, 풍부함
陽気	ようき	(성격이) 밝고 쾌활한 모양, 날씨
欲	よく	욕심
乱暴	らんぼう	난폭
領収書	りょうしゅうしょ	영수증
領収証	りょうしゅうしょう	영수증
礼儀	れいぎ	예의

3 : 단어 형성

어휘	발음	의미
☐ 2対1	2たい1	2대1
☐ 悪影響	あくえいきょう	악영향
☐ 悪条件	あくじょうけん	악조건
☐ アメリカ流	あめりかりゅう	미국류(스타일)
☐ アルファベット順	あるふぁべっとじゅん	알파벳순
☐ 医学界	いがくかい	의학계
☐ 一日おきに	いちにちおきに	하루 걸러
☐ 異文化	いぶんか	이문화
☐ 異分野	いぶんや	다른 분야
☐ 薄暗い	うすぐらい	좀 어둡다, 침침하다
☐ 応援団	おうえんだん	응원단
☐ 親子連れ	おやこづれ	부모 자식이 동행
☐ 音楽全般	おんがくぜんぱん	음악 전반
☐ 風邪気味	かぜぎみ	감기 기운
☐ 会員制	かいいんせい	회원제
☐ 会社員風	かいしゃいんふう	회사원풍, 회사원 같은
☐ 顔写真付き	かおじゃしんつき	증명사진 포함
☐ 学年別	がくねんべつ	학년별
☐ 家族連れ	かぞくづれ	가족 동반
☐ 壁際	かべぎわ	벽가, 벽 쪽
☐ 仮採用	かりさいよう	임시 채용
☐ 仮処分	かりしょぶん	가처분

어휘	발음	의미
管理下	かんりか	관리하, 관리 아래
期限切れ	きげんぎれ	기한이 끝남
危険性	きけんせい	위험성
貴団体	きだんたい	귀하의 단체('상대방의 단체'의 존칭)
旧制度	きゅうせいど	구제도, 이전의 제도
クリーム状	くりーむじょう	크림 상태
結婚観	けっこんかん	결혼관
現実離れ	げんじつばなれ	현실과 동떨어짐
現社長	げんしゃちょう	현 사장, 현재의 사장
現制度	げんせいど	현 제도
現段階	げんだんかい	현 단계
高収入	こうしゅうにゅう	고수입
高水準	こうすいじゅん	높은 수준
高性能	こうせいのう	고성능
国際色	こくさいしょく	국제적 색채
子供連れ	こどもづれ	어린이 동반
再開発	さいかいはつ	재개발
再提出	さいていしゅつ	다시 제출
再放送	さいほうそう	재방송
最有力	さいゆうりょく	가장 유력
作品集	さくひんしゅう	작품집
就職率	しゅうしょくりつ	취직률, 취업률
住宅街	じゅうたくがい	주택가
集中力	しゅうちゅうりょく	집중력

어휘	발음	의미
☐ 主成分	しゅせいぶん	주성분
☐ 準決勝	じゅんけっしょう	준결승
☐ 準優勝	じゅんゆうしょう	준우승
☐ 招待状	しょうたいじょう	초대장
☐ 商店街	しょうてんがい	상점가
☐ 諸外国	しょがいこく	여러 외국
☐ 食器類	しょっきるい	식기류
☐ 初年度	しょねんど	초년도, 첫 해
☐ 諸問題	しょもんだい	여러 문제
☐ 進学率	しんがくりつ	진학률
☐ スキー場	すきーじょう	스키장
☐ 成功率	せいこうりつ	성공률
☐ 政治色	せいじしょく	정치색
☐ 前社長	ぜんしゃちょう	전(이전) 사장
☐ 前町長	ぜんちょうちょう	전(이전) 읍장
☐ 線路沿い	せんろぞい	선로변
☐ 総売上	そううりあげ	총 매상(매출)
☐ 送信元	そうしんもと	송신원
☐ 頼みづらい	たのみづらい	부탁하기 어렵다
☐ 低価格	ていかかく	낮은 가격, 저가
☐ 低カロリー	ていかろりー	저칼로리
☐ 電車賃	でんしゃちん	전차 요금
☐ 東京駅発	とうきょうえきはつ	도쿄역 출발
☐ 同社	どうしゃ	같은 회사, 그 회사

어휘	발음	의미
投票率	とうひょうりつ	투표율
都会育ち	とかいそだち	도시에서 자람
夏休み明け	なつやすみあけ	여름 방학이 끝남(끝난 직후)
日本式	にほんしき	일본식
日本風	にほんふう	일본풍
日本流	にほんりゅう	일본류, 일본식
年代順	ねんだいじゅん	연대순
働き手	はたらきて	일손, 일꾼
花の見頃	はなのみごろ	꽃 구경 절정기
半透明	はんとうめい	반투명
非公式	ひこうしき	비공식
ビジネスマン風	びじねすまんふう	비즈니스맨풍(모습)
一仕事	ひとしごと	어떤 큰 일·사업
副社長	ふくしゃちょう	부사장
副大臣	ふくだいじん	부대신, 차관
不正確	ふせいかく	부정확
文学賞	ぶんがくしょう	문학상
別会場	べつかいじょう	다른 회장
勉強漬け	べんきょうづけ	공부에 열중함, 공부벌레
ボール状	ぼーるじょう	볼 상, 볼 모양
真新しい	まあたらしい	아주 새롭다
真後ろ	まうしろ	바로 뒤
真夜中	まよなか	한밤중
未経験	みけいけん	미경험

어휘	발음	의미
☐ 未使用	みしよう	미사용
☐ ムード一色	むーどいっしょく	무드 일색
☐ 無回答	むかいとう	무응답
☐ 無計画	むけいかく	무계획
☐ 無責任	むせきにん	무책임
☐ 用心深く	ようじんぶかく	신중하게, 조심스럽게
☐ 予約制	よやくせい	예약제
☐ 来学期	らいがっき	다음 학기
☐ 来シーズン	らいしーずん	다음 시즌
☐ 別れ際に	わかれぎわに	헤어지려고 할 때
☐ 和風	わふう	일본풍, 일본식

4 : 문맥 규정

어휘	발음	의미
相次ぐ	あいつぐ	연달아, 잇따라
あいにく		공교롭게도
曖昧	あいまい	애매
あこがれ		동경
アピール		어필, 호소
予め	あらかじめ	미리, 사전에
争う	あらそう	싸우다
アレンジ		어레인지, 배치, 편집
安易に	あんいに	안이하게
いい加減な	いいかげんな	적당한, 엉터리인
抱く	いだく	안다, 품다
一気に	いっきに	단숨에
違反	いはん	위반
意欲	いよく	의욕
いらいら		안달복달, 초조함
打ち消す	うちけす	부정하다, 없애다
うとうと		꾸벅꾸벅
うなずく		(고개를) 끄덕이다, 수긍하다
得る	える	얻다
穏やかな	おだやかな	온화한, 평온한
劣る	おとる	뒤떨어지다
おとろえる		쇠하다, 쇠퇴하다

어휘	발음	의미
☐ 思い切って	おもいきって	과감히, 마음껏
☐ 温厚な	おんこうな	온후한
☐ 解散	かいさん	해산
☐ 解消	かいしょう	해소
☐ 改正	かいせい	개정
☐ 開設	かいせつ	개설
☐ 改善	かいぜん	개선
☐ 解約	かいやく	해약
☐ 抱える	かかえる	안다, 맡다
☐ 欠かさない	かかさない	빠뜨리지 않다, 거르지 않다
☐ 輝かしい	かがやかしい	빛나다, 훌륭하다
☐ 確保	かくほ	확보
☐ 固める	かためる	굳히다, 확고히 하다
☐ かたよる		치우치다, 기울다
☐ 活気	かっき	활기
☐ 格好	かっこう	모습, 모양, 꼴
☐ 活発に	かっぱつに	활발하게
☐ 完了	かんりょう	완료
☐ 気軽に	きがるに	부담 없이, 가볍게
☐ ぎっしり		가득, 잔뜩
☐ 機能	きのう	기능
☐ 求人	きゅうじん	구인
☐ ぎりぎり		빠듯한, 바싹
☐ 苦情	くじょう	불평, 불만, 고충, 푸념
☐ ぐち		푸념

어휘	발음	의미
☐ ぐったり		녹초가 된 모양, 축 늘어진
☐ 悔やむ	くやむ	후회하다, 애석하게 여기다
☐ クリア		클리어, 해결, 합격, 허가
☐ 契機	けいき	계기
☐ 劇的に	げきてきに	극적으로
☐ 気配	けはい	기색, 기척
☐ 限界	げんかい	한계
☐ 見当	けんとう	예상, 예측
☐ 交渉	こうしょう	교섭
☐ 好調	こうちょう	호조, 순조
☐ 誤解	ごかい	오해
☐ こそこそ		소곤소곤, 살금살금
☐ ごちゃごちゃ		어지러이 뒤섞인 모양, 뒤죽박죽
☐ ごろごろ		데굴데굴, 빈둥빈둥
☐ 栽培	さいばい	재배
☐ 差し支える	さしつかえる	지장이 있다
☐ さっぱり		산뜻한, 담백한
☐ シーズン		시즌, 시기
☐ 時間をつぶす	じかんをつぶす	시간을 때우다
☐ 辞退	じたい	사퇴
☐ 締め切る	しめきる	마감하다
☐ 地元	じもと	그 고장, 그 지방
☐ 視野	しや	시야
☐ 邪魔	じゃま	방해, 장해
☐ 収穫	しゅうかく	수확

어휘	발음	의미
柔軟	じゅうなん	유연
上昇	じょうしょう	상승
徐々に	じょじょに	서서히
ショック		쇼크, 충격
じろじろ		빤히, 유심히
進出	しんしゅつ	진출
すっきり		상쾌하고 산뜻한 모양, 말끔히, 깨끗이
スペース		스페이스, 공간, 여백
スムーズに		원활하게, 순조롭게
鋭い	するどい	날카롭다, 예리하다
ぜいたくな		사치스런
成長	せいちょう	성장
接続	せつぞく	접속
設備	せつび	설비
節約	せつやく	절약
迫る	せまる	다가오다, 육박하다
専念	せんねん	전념
相違	そうい	상이, 다름, 틀림
続出	ぞくしゅつ	속출
そそっかしい		덜렁거리다, 방정맞다
ぞろぞろ		많은 사람이 잇달아 움직이는 모양, 줄줄
尊重	そんちょう	존중
ターゲット		타깃, 목표, 표적
体格	たいかく	체격
タイミング		타이밍, 적절한 순간

어휘	발음	의미
蓄える	たくわえる	저장하다, 비축하다
達する	たっする	이르다, 도달하다
たっぷり		듬뿍, 많이
頼もしい	たのもしい	믿음직하다, 미덥다
着々と	ちゃくちゃくと	척척, 순조롭게
中継	ちゅうけい	중계
散らかす	ちらかす	어지르다, 흩뜨리다
通じる	つうじる	통하다, 연결되다
つまずく		발이 걸려 넘어지다
詰まる	つまる	막히다
強み	つよみ	강점
辛い	つらい	괴롭다
提供	ていきょう	제공
訂正	ていせい	정정
適度な	てきどな	적당한
デザイン		디자인
でたらめに		엉터리로, 되는대로
転勤	てんきん	전근
点検	てんけん	점검
添付	てんぷ	첨부
導入	どうにゅう	도입
特色	とくしょく	특색
独特	どくとく	독특
飛び散る	とびちる	사방에 흩날리다
飛びつく	とびつく	달려들다, 덤벼들다

어휘	발음	의미
☐ なだらか		완만함, 순조로움
☐ ニーズ		니즈, 수요
☐ 濁る	にごる	흐려지다, 탁해지다
☐ にっこり		생긋, 방긋
☐ のんびり		한가로이, 유유히
☐ 発揮	はっき	발휘
☐ 話が尽きない	はなしがつきない	이야기가 끊이지 않다
☐ 場面	ばめん	장면
☐ 腹を立てる	はらをたてる	화를 내다
☐ バランス		밸런스, 균형
☐ 反映	はんえい	반영
☐ パンク		펑크, 구멍이 남
☐ 引き止める	ひきとめる	말리다, 붙잡다
☐ ひそひそ		소곤소곤, 속닥속닥
☐ びっしょり		흠뻑
☐ 評価	ひょうか	평가
☐ 評判	ひょうばん	평판
☐ 比例	ひれい	비례
☐ 敏感	びんかん	민감
☐ 不安定	ふあんてい	불안정
☐ 普及	ふきゅう	보급
☐ 含む	ふくむ	포함하다, 머금다
☐ ふさわしい		어울리다
☐ ぶらぶら		어슬렁어슬렁
☐ プレッシャー		프레셔, 심리적 압박

어휘	발음	의미
分析	ぶんせき	분석
分担	ぶんたん	분담
豊富に	ほうふに	풍부하게
本物	ほんもの	진짜, 진품, 실물
ぼんやり		멍하니, 멀거니
マイペース		마이 페이스
まれな		드문, 좀처럼 없는
夢中	むちゅう	열중함, 몰두함
名所	めいしょ	명소, 명승지
目指す	めざす	목표로 하다
面して	めんして	인접해, 마주해, 면해
面倒だ	めんどうだ	귀찮다, 번거롭다
やかましい		시끄럽다, 떠들썩하다
雇う	やとう	고용하다
有効	ゆうこう	유효
有利	ゆうり	유리
油断	ゆだん	방심, 부주의
予測	よそく	예측
呼び止める	よびとめる	불러 세우다
リーダー		리더, 지도자
リラックス		릴랙스, 긴장을 풀고 쉼
割り込む	わりこむ	끼어들다
わりと		비교적

5 : 유의 표현

	어휘	발음	의미
☐	あいまい		애매, 애매모호
	≒ はっきりしない		분명하지 않다
☐	明らかな	あきらかな	분명한
	≒ はっきりした		확실한, 분명한
☐	当てて	あてて	맞혀서, 명중시켜서
	≒ ぶつけて		던져서, 맞혀서
☐	過ち	あやまち	잘못, 실수
	≒ 正しくない	ただしくない	옳지 않다
☐	あやまり		잘못, 틀림, 실수
	≒ 間違っているところ	まちがっているところ	틀린 부분
☐	あわれな		불쌍한, 애처로운
	≒ かわいそうな		불쌍한
☐	案の定	あんのじょう	생각한 대로, 아니나 다를까
	≒ やっぱり		역시
☐	いきなり		갑자기
	≒ 突然	とつぜん	돌연
☐	息抜きした	いきぬきした	한숨 돌렸다, 잠시 쉬었다
	≒ 休んだ	やすんだ	쉬었다
☐	いじって		만지고, 손대고
	≒ 触って	さわって	만지고
☐	依然として	いぜんとして	여전히
	≒ 相変わらず	あいかわらず	변함없이

어휘	발음	의미
☐ 一層	いっそう	한층 더, 더욱더
≒ もっと		더욱, 좀 더, 한층
☐ 一転する	いってんする	일변하다
≒ すっかり変わる	すっかりかわる	완전히 변하다
☐ うつむく		고개를 숙이다
≒ 下を向く	したをむく	아래를 향하다, 밑을 보다
☐ 大げさだ	おおげさだ	요란스럽다, 허풍을 떨다
≒ オーバーだ		오버이다
☐ お勘定は済ませました	おかんじょうはすませました	계산은 끝냈습니다
≒ お金は払いました	おかねははらいました	돈은 지불했습니다
☐ 臆病	おくびょう	겁이 많음
≒ なんでも怖がる	なんでもこわがる	무엇이든 무서워하다
☐ 惜しい	おしい	아깝다, 섭섭하다
≒ もったいない		아깝다
☐ おそらく		아마도, 어쩌면
≒ たぶん		아마
☐ 落ち込んだ	おちこんだ	낙담했다, 침울했다
≒ がっかりした		실망했다
☐ 思いがけない	おもいがけない	의외이다, 뜻밖이다
≒ 意外な	いがいな	의외의
☐ およそ		대충, 대강
≒ だいたい		대강, 대략
☐ 買いしめる	かいしめる	매점하다, 사재기하다
≒ 全部買う	ぜんぶかう	전부 사다

어휘	발음	의미
ガイド		가이드
≒ 案内	あんない	안내
回復する	かいふくする	회복하다
≒ よくなる		좋아지다
概要	がいよう	개요
≒ 大体の内容	だいたいのないよう	대략의 내용
欠かせない	かかせない	빠뜨릴 수 없다
≒ ないと困る	ないとこまる	없으면 곤란하다
かかりつけの		늘 진찰(치료) 받는
≒ いつもいく		항상 가는
かさかさしている		꺼칠꺼칠하다
≒ 乾燥している	かんそうしている	건조하다
かしこい		현명하다, 영리하다
≒ 頭がいい	あたまがいい	머리가 좋다
過剰である	かじょうである	과잉이다
≒ 多すぎる	おおすぎる	지나치게 많다
かつて		일찍이, 전에
≒ 以前	いぜん	이전
勝手な	かってな	제멋대로인
≒ わがままな		제멋대로인, 버릇없는
勘定	かんじょう	계산, 셈
≒ 会計	かいけい	회계, 계산
記憶して	きおくして	기억해서
≒ 覚えて	おぼえて	외워서

어휘	발음	의미
奇妙な	きみょうな	기묘한
≒ 変な	へんな	이상한
くたくただ		녹초가 되다
≒ ひどく疲れた	ひどくつかれた	매우 지치다
くだらない		하찮다, 시시하다
≒ 価値がない	かちがない	가치가 없다
くどい		끈덕지다
≒ しつこい		끈질기다, 끈덕지다
くるんで		휘감아서
≒ 包んで	つつんで	포장해서
見解	けんかい	견해
≒ 考え方	かんがえかた	사고방식
小柄だ	こがらだ	몸집이 작다
≒ 体が小さい	からだがちいさい	몸이 작다
異なる	ことなる	다르다
≒ 違う	ちがう	다르다
再三	さいさん	두세 번, 여러 번
≒ 何度も	なんども	몇 번이나
ささやく		속삭이다, 소곤거리다
≒ 小声で話す	こごえではなす	작은 소리로 이야기하다
指図する	さしずする	지시하다
≒ 命令する	めいれいする	명령하다
定める	さだめる	정하다, 결정하다
≒ 決める	きめる	정하다

어휘	발음	의미
☐ 雑談	ざつだん	잡담
≒ おしゃべり		잡담, 수다
☐ 騒がしい	さわがしい	시끄럽다, 소란스럽다
≒ うるさい	うるさい	시끄럽다
☐ 仕上げる	しあげる	일을 끝내다, 마무리하다
≒ 完成させる	かんせいさせる	완성시키다
☐ じかに		직접
≒ 直接	ちょくせつ	직접
☐ 仕事に取り掛かる	しごとにとりかかる	일에 착수하다
≒ 仕事を始める	しごとをはじめる	일을 시작하다
☐ じたばたしても		발버둥쳐도, 버둥거려도
≒ 慌てても	あわてても	허둥대도
☐ じっと		꼼짝 않고, 가만히
≒ 動かないで	うごかないで	움직이지 않고
☐ 失望した	しつぼうした	실망했다
≒ がっかりした		실망했다
☐ 湿っている	しめっている	습기가 차 있다, 젖어 있다
≒ まだ乾いていない	まだかわいていない	아직 마르지 않다
☐ 終日	しゅうじつ	종일
≒ 一日中	いちにちじゅう	하루 종일, 내내
☐ 収納する	しゅうのうする	수납하다
≒ 仕舞う	しまう	정리하다, 치우다, (서랍 등에) 넣다
☐ 衝突する	しょうとつする	충돌하다
≒ ぶつかる		부딪치다, 충돌하다

어휘	발음	의미
☐ 書籍	しょせき	서적
≒ 本	ほん	책
☐ 所有する	しょゆうする	소유하다
≒ 持つ	もつ	가지다
☐ 真剣に	しんけんに	진지하게
≒ まじめに		진지하게, 진정으로
☐ 慎重に	しんちょうに	신중하게
≒ 十分注意して	じゅうぶんちゅういして	충분히 주의해서
☐ 済ます	すます	끝내다, 마치다
≒ 終える	おえる	마치다
☐ 精いっぱい	せいいっぱい	있는 힘껏, 최대한
≒ 一生懸命	いっしょうけんめい	열심히
☐ 騒々しい	そうぞうしい	시끄럽다
≒ うるさい		시끄럽다
☐ 相当	そうとう	상당히
≒ かなり		꽤
☐ そろう		모이다, (인원 따위가) 차다
≒ 集まる	あつまる	모이다
☐ そろえる		맞추다, 같게 하다
≒ 同じにして	おなじにして	같게 해서
☐ 直ちに	ただちに	곧, 즉시
≒ すぐに		곧, 바로
☐ たちまち		곧, 금새
≒ すぐに		곧, 즉시, 바로

어휘	발음	의미
☐ たびたび		여러 번, 자주
≒ 何度も	なんども	몇 번이나, 여러 번
☐ たまたま		우연히, 때마침
≒ 偶然に	ぐうぜんに	우연히
☐ 縮む	ちぢむ	줄어들다
≒ 小さくなる	ちいさくなる	작아지다
☐ 注目をした	ちゅうもくをした	주목을 했다
≒ 関心を持った	かんしんをもった	관심을 가졌다
☐ 追加する	ついかする	추가하다
≒ 足す	たす	더하다
☐ ついていた		운이 따랐다, 재수 좋았다
≒ 運がよかった	うんがよかった	운이 좋았다
☐ つねに		항상
≒ いつも		늘, 항상
☐ テクニック		테크닉, 기술
≒ 技術	ぎじゅつ	기술
☐ でたらめ		엉터리
≒ 嘘	うそ	거짓말
☐ テンポ		템포, 속도
≒ 速さ	はやさ	속도, 빠르기
☐ 同情した	どうじょうした	동정했다
≒ かわいそうだと思った	かわいそうだとおもった	불쌍하다고 생각했다
☐ 当分	とうぶん	당분간, 잠시 동안
≒ しばらく		잠깐, 한동안

어휘	발음	의미
動揺した	どうようした	동요했다
≒ 不安になった	ふあんになった	불안해졌다
とがる	とがる	(끝이) 뾰족해지다
≒ 細くなる	ほそくなる	가늘어지다
とっくに		훨씬 전에, 벌써
≒ ずっと前に	ずっとまえに	훨씬 전에
とりあえず		우선
≒ 一応	いちおう	우선, 일단
日中	にっちゅう	주간, 낮
≒ 昼間	ひるま	주간, 낮
ハードだ		고되다, 힘들다
≒ 大変だ	たいへんだ	힘들다
引き返した	ひきかえした	되돌아왔다
≒ 戻った	もどった	돌아왔다
卑怯な	ひきょうな	비겁한
≒ ずるい		교활하다
人柄	ひとがら	인품
≒ 性格	せいかく	성격
ブーム		붐, 일시적 대유행
≒ 流行	りゅうこう	유행
ぶかぶかだ		헐렁헐렁하다
≒ とても大きい	とてもおおきい	매우 크다
物騒になってきた	ぶっそうになってきた	세상이 뒤숭숭하고 위험한 상태가 되었다
≒ 安全じゃなくなってきた	あんぜんじゃなくなってきた	안전하지 않게 되었다

어휘	발음	의미
☐ 不平	ふへい	불평
≒ 文句	もんく	불평, 불만, 이의
☐ プラン		플랜, 계획
≒ 計画	けいかく	계획
☐ ほぼ		거의, 대강
≒ だいたい		대체로, 대강
☐ 間際	まぎわ	직전, 막 ~하려는 찰나
≒ 直前	ちょくぜん	직전
☐ まれだ		드물다
≒ あまりいない		별로 없다
☐ まれな		드문, 희소한
≒ ほとんどない		거의 없다
☐ みずから		몸소, 스스로
≒ 自分で	じぶんで	스스로
☐ 妙な	みょうな	묘한
≒ 変な	へんな	이상한
☐ むかつく		화나다, 화가 치밀다
≒ 怒る	おこる	화나다
☐ 無口だ	むくちだ	말이 없다
≒ あまり話さない	あまりはなさない	별로 말하지 않다
☐ 最寄りの	もよりの	가장 가까운
≒ 一番近い	いちばんちかい	제일 가까운
☐ 山のふもと	やまのふもと	산기슭
≒ 山の下のほう	やまのしたのほう	산 밑, 산 아래쪽

어휘	발음	의미
☐ やむを得ない	やむをえない	어쩔 수 없다
≒ 仕方がない	しかたがない	어쩔 수 없다
☐ やや		약간, 좀
≒ 少し	すこし	조금
☐ 優秀だった	ゆうしゅうだった	우수했다
≒ 頭がよかった	あたまがよかった	머리가 좋았다
☐ 愉快な人	ゆかいなひと	유쾌한 사람
≒ 面白い人	おもしろいひと	재미있는 사람
☐ ゆずりました		양보했습니다
≒ あげました		주었습니다
☐ ゆずる		양도하다, 팔아넘기다, 물려주다
≒ 売る	うる	팔다
☐ 油断している	ゆだんしている	방심하고 있다
≒ 気をつけていない	きをつけていない	주의하고 있지 않다
☐ 用心	ようじん	조심, 주의, 경계
≒ 注意	ちゅうい	주의
☐ 用心した	ようじんした	주의했다, 경계했다
≒ 気を付けた	きをつけた	조심했다
☐ 利口な	りこうな	영리한
≒ 頭がいい	あたまがいい	머리가 좋다
☐ レンタル		렌털, 임대
≒ 借りる	かりる	빌리다
☐ わずかに		조금, 약간
≒ 少し	すこし	조금

6 : 용법

어휘	발음	의미
☐ 合図	あいず	신호
☐ 甘やかす	あまやかす	응석을 받아주다
☐ 荒れる	あれる	거칠어지다, 사나워지다
☐ あわただしい		어수선하다, 분주하다
☐ 言い訳	いいわけ	변명
☐ 生き生き	いきいき	생생한 모양
☐ 偉大	いだい	위대
☐ いっせいに		일제히
☐ いったん		일단
☐ 違反	いはん	위반
☐ 引退	いんたい	은퇴
☐ 引用	いんよう	인용
☐ 受け入れる	うけいれる	받아들이다
☐ 打ち明ける	うちあける	(비밀·고민 등을) 숨김없이 이야기하다, 털어놓다
☐ 打ち合わせ	うちあわせ	협의, 회의
☐ 演説	えんぜつ	연설
☐ 延長	えんちょう	연장
☐ 覆う	おおう	덮다, 씌우다, 가리다
☐ 大げさ	おおげさ	과장, 허풍
☐ 思いつく	おもいつく	(문득) 생각이 떠오르다
☐ 温厚	おんこう	온후, 온화
☐ 温暖	おんだん	온난

어휘	발음	의미
☐ 会見	かいけん	회견
☐ 外見	がいけん	외견
☐ 解約	かいやく	해약
☐ かすか		희미함, 어렴풋함
☐ かなう		이루어지다
☐ かばう		(남의 잘못을) 감싸다
☐ 頑固	がんこ	완고
☐ 頑丈	がんじょう	튼튼함, 옹골참
☐ きっかけ		동기, 계기
☐ ぎっしり		가득, 잔뜩
☐ きっぱり		단호히
☐ 急激(に)	きゅうげき(に)	급격(하게)
☐ 傾向	けいこう	경향
☐ 掲示	けいじ	게시
☐ 欠陥	けっかん	결함
☐ 交代	こうたい	교대
☐ 合同	ごうどう	합동
☐ 心強い	こころづよい	마음 든든하다
☐ 快い	こころよい	상쾌하다, 유쾌하다
☐ こつこつ		꾸준히 노력하는 모양
☐ 催促	さいそく	재촉
☐ 栽培	さいばい	재배
☐ 作成	さくせい	작성
☐ さっさと		빨랑빨랑, 재빠르게

어휘	발음	의미
さびる		녹슬다
さまたげる		방해하다, 지장을 주다
質素	しっそ	질소, 검소
しみる		스며들다, 배다
充満	じゅうまん	충만
取材	しゅざい	취재
順調	じゅんちょう	순조로움
生じる	しょうじる	생기다, 발생하다
初期	しょき	초기
初歩	しょほ	초보
印	しるし	표시
深刻	しんこく	심각
世間	せけん	세간, 세상
世代	せだい	세대
節約	せつやく	절약
せめて		적어도, 하다못해
早期	そうき	조기
即座に	そくざに	바로, 즉석에서
続出	ぞくしゅつ	속출
素材	そざい	소재
たくましい		늠름하다, 씩씩하다
多彩	たさい	다채, 다채로움
畳む	たたむ	접다, (빨래·옷 등을) 개다
妥当	だとう	타당

어휘	발음	의미
保つ	たもつ	지키다, 유지하다, 견디다
だらしない		칠칠치 못하다
縮む	ちぢむ	줄어들다, 오그라들다
中断	ちゅうだん	중단
注目	ちゅうもく	주목
頂上	ちょうじょう	정상, 절정
散らかす	ちらかす	흩뜨리다, 어지르다
尽きる	つきる	다하다, 끝나다
手軽	てがる	간편함, 간단함
展開	てんかい	전개
問い合わせる	といあわせる	문의하다
特殊	とくしゅ	특수
とっくに		훨씬 전에, 벌써
とぼしい		모자라다, 부족하다
濁る	にごる	탁해지다, 흐려지다
日課	にっか	일과
鈍い	にぶい	둔하다, 굼뜨다, 무디다
乗り継ぐ	のりつぐ	다른 것으로 갈아타고 목적지로 가다
廃止	はいし	폐지
はずす		떼다, 벗다
発達	はったつ	발달
範囲	はんい	범위
反省	はんせい	반성
ふさぐ		막다, 가리다

어휘	발음	의미
☐ ふさわしい		어울리다
☐ 振り向く	ふりむく	뒤돌아보다
☐ 分解	ぶんかい	분해
☐ 分野	ぶんや	분야
☐ 隔てる	へだてる	사이를 떼다, 가로막다
☐ ベテラン		베테랑, 숙련자
☐ 方針	ほうしん	방침
☐ 補足	ほそく	보충
☐ 保存	ほぞん	보존
☐ ほっと		안심하는 모양
☐ 矛盾	むじゅん	모순
☐ 目上	めうえ	윗사람, 연장자
☐ めくる		넘기다, 젖히다
☐ ものたりない		어딘가 부족하다, 미흡하다
☐ 最寄り	もより	가장 가까움, 근처
☐ 漏れる	もれる	(물·빛 등이) 새다, 누설되다
☐ 役目	やくめ	역할, 임무
☐ 破れる	やぶれる	찢어지다, 깨지다
☐ 行方	ゆくえ	행방
☐ 用途	ようと	용도
☐ 利益	りえき	이익
☐ 略す	りゃくす	생략하다, 간단히 하다
☐ 冷静	れいせい	냉정
☐ 論争	ろんそう	논쟁

필수 문법 총정리

N2

001 ～あげく ～한 끝에

２年間も探し回った**あげく**結局犯人は見つからなかった。
2년이나 찾아다닌 끝에 결국 범인은 찾지 못했다.

002 ～あまり 지나치게 ～한 나머지

子どもは痛さの**あまり**泣き出してしまった。
아이는 너무 아픈 나머지 울어 버렸다.

003 ～以上(は) ～한 이상(은)

試合に出る**以上**、優勝を目指すのは当然だ。
시합에 나가는 이상, 우승을 노리는 것은 당연하다.

004 ～一方(で) ～하는 한편(으로)

経済が発展する**一方で**貧富の差が大きくなっている。
경제가 발전하는 한편으로 빈부 차가 커지고 있다.

005 ～一方だ 점점 더 ～해지다

物価高で生活は苦しくなる**一方だ**。
물가가 높아서 생활은 힘들어지기만 한다.

006 ～上(に) ～한 데다

キノコはビタミンが豊富な**上に**カロリーが低い健康食品だ。
버섯은 비타민이 풍부한 데다가 칼로리가 낮은 건강식품이다.

007 **～上で** ～한 후에

この施設は市の許可を得た**上で**利用してください。
이 시설은 시의 허가를 받은 후에 이용해 주세요.

008 **～上で** ～함에 있어서

日本料理を作る**上で**欠かせないものがしょうゆです。
일본 요리를 만드는 데 있어서 빠질 수 없는 것이 간장입니다.

009 **～上は** ～한 이상은

電車もバスも動かない**上は**歩くしかないだろう。
전철도 버스도 움직이지 않는 이상은 걸어갈 수밖에 없겠지.

010 **～うちに** ～하는 동안에

～ないうちに ～하지 않는 동안에, ～하기 전에

雨が降ら**ないうちに**洗濯をしよう。
비가 오지 않는 동안에 세탁을 하자.

011 **～得る** ～할 수 있다

～得ない ～할 수 없다

奇跡なんてあり**得ない**と思っていた。
기적 같은 건 있을 수 없다고 생각했었다.

012 **～おかげで** ～덕분에

友達が手伝ってくれた**おかげで**早く終わった。
친구가 도와준 덕분에 빨리 끝났다.

013 ～恐(おそ)れがある ～할 우려가 있다

気(き)をつけて運(はこ)ばないとこわれる恐(おそ)れがある。
조심해서 운반하지 않으면 깨질 우려가 있다.

014 ～折(おり)に ～할 때, ～하는 기회에

九州(きゅうしゅう)に出張(しゅっちょう)した折(おり)に名物料理(めいぶつりょうり)も楽(たの)しんできた。
규슈에 출장갔을 때에 명물 요리도 즐기고 왔다.

015 ～かいがあって ～하는 보람이 있게, ～하는 보람이 있어(서)

長年研究(ながねんけんきゅう)したかいがあって、新(あたら)しい治療薬(ちりょうやく)が完成(かんせい)した。
다년간 연구한 보람이 있어 새로운 치료약이 완성되었다.

016 ～限(かぎ)り(は) ～하는 한
～ない限(かぎ)り(は) ～하지 않는 한

無理(むり)な運転(うんてん)でもしない限(かぎ)り事故(じこ)は起(お)きないはずだ。
무리한 운전이라도 하지 않는 한 사고는 일어나지 않을 것이다.

017 ～がたい ～하기 어렵다, ～할 수 없다

彼(かれ)の考(かんが)えは普通(ふつう)の人(ひと)には理解(りかい)しがたい。
그의 생각은 보통 사람에게는 이해하기 어렵다.

018 ～がち ～한 경향, ～하기 십상(이다), ～하기 일쑤(이다)

その子(こ)は体(からだ)が弱(よわ)く、家(いえ)に閉(と)じこもりがちだった。
그 아이는 몸이 약해서 집에 자주 틀어박히기 일쑤였다.

019 〜(か)と思うと ~(인가) 생각했더니, ~인가 싶더니

年が明けた**かと思うと**、もう花見の季節になっている。
새해가 밝았다고 생각했더니 벌써 꽃놀이의 계절이 되었다.

020 〜か 〜ないかのうちに ~하자마자, 채 ~하기도 전에

試験で問題が半分できた**かできないかのうちに**終了のベルが鳴った。
시험에서 문제를 절반도 채 풀기 전에 종료 벨이 울렸다.

021 〜かねない ~할 수도 있다, ~할지도 모른다

古い建物だから台風が来たら倒れ**かねない**。
오래된 건물이라서 태풍이 오면 무너질지도 모른다.

022 〜かねる ~하기 어렵다, ~할 수 없다

まだ調査中だから事件のことは話し**かねる**。
아직 조사 중이므로 사건에 대해서는 말할 수 없다.

023 〜かのように (마치) ~인 듯이, ~인 것처럼

滝の水が落ちる**かのように**強い雨が降り続いた。
폭포수가 떨어지듯이 강한 비가 계속 내렸다.

024 〜からいうと ~에서 보면, ~로 말하면

その人の立場**からいうと**断るしかなかったと思う。
그 사람의 입장에서 보면 거절할 수밖에 없었다고 생각한다.

025 ～からして ～부터가, ～로 미루어 보아

プロの選手は体の動きからしてむだがない。
프로 선수는 몸의 움직임부터가 불필요한 부분이 없다.

026 ～からすると ～의 입장에서 보면

どんな事情があっても被害者からすると犯人は絶対許せない。
어떤 사정이 있더라도 피해자의 입장에서 보면 범인은 절대로 용서할 수 없다.

027 ～からといって ～라고 해서

つらいことがあったからといってお酒ばかり飲んでは体に悪い。
괴로운 일이 있었다고 해서 술만 마셔서는 몸에 해롭다.

028 ～から ～にかけて ～부터 ～에 걸쳐서

ブドウは9月から10月にかけてよくとれる。
포도는 9월부터 10월에 걸쳐서 많이 수확된다.

029 ～からには ～한 이상은

あの選手が出るからには今日の試合はきっと勝つだろう。
저 선수가 나온 이상 오늘 시합은 분명 이길 것이다.

030 ～代わりに ～대신에, ～를 대신해서

この仕事は危険をともなう代わりに利益は大きい。
이 일은 위험을 동반하는 대신에 이익은 크다.

031 ～ぎみ ～한 느낌, ～한 기색

このごろ太りぎみだからダイエットしなくちゃ。
요즘 살이 찌는 느낌이라 다이어트 해야 해.

032 ～きり ～인 채, ～한 채

彼は部屋に入ったきり何時間も出てこない。
그는 방에 들어간 채 몇 시간이나 나오지 않는다.

033 ～きる (다, 완전히) ～하다
～きれる (다, 완전히) ～할 수 있다

みなの応援のおかげで最後まで走りきれた。
모두의 응원 덕분에 마지막까지 달릴 수 있었다.

034 ～くせに ～인 주제에

彼は若いくせに老人のように歩く。
그는 젊은 주제에 노인처럼 걷는다.

035 ～くらいなら ～할 정도라면, ～할 바에야 (차라리)

雨の日に遊びに行くくらいなら家でテレビを見ていた方がましだ。
비 오는 날에 놀러 갈 바에야 집에서 텔레비전을 보는 편이 낫다.

036 ～げ ～인 듯한, ～인 듯이

彼女の悲しげな目が忘れられない。
그녀의 슬픈 듯한 눈을 잊을 수 없다.

037 ～こそ ～이야말로

これこそ日本の伝統の味だと思う。
이것이야말로 일본 전통의 맛이라고 생각한다.

038 ～ことか ～는지, ～인가, ～던가

5年目にやっと合格したのだからどんなにうれしいことか。
5년째에 간신히 합격했으니 얼마나 기쁜 일인가!

039 ～ことだ ① 매우～하다 (놀라움・감동) ② ～해야 한다 (조언・충고)

平日なのにこの通りはにぎやかなことだ。
평일인데도 이 거리는 매우 북적인다.

040 ～ことだから ～이기 때문에

彼女のことだからきっと誰にも親切にしてくれるでしょう。
그녀이니까 분명히 누구에게나 친절하게 해 줄 거예요.

041 ～ことだし ～고 하니까

みんな集まったことだし始めることにしよう。
모두 모였으니까 시작하기로 하자.

042 ～ことだろう 얼마나 ～인가

外国で一人で暮らすのはどんなに大変だったことだろう。
외국에서 혼자 사는 것은 얼마나 힘든 일이었던가.

043 ～こととなると ～이야기만 나오면, ～가 화제가 되면, ～에 관한 일이라면

父は車の**こととなると**子どものように夢中になる。
아버지는 자동차 이야기만 나오면 아이처럼 몰두한다.

044 ～ことなく ～하지 않고

彼は迷う**ことなく**この大学を選んだ。
그는 망설이지 않고 이 대학을 골랐다.

045 ～ことに(は) ～하게도

困った**ことには**連絡しようとしても誰も彼の電話番号を知らなかった。
곤란하게도 연락하려고 해도 아무도 그의 전화번호를 몰랐다.

046 ～ことはない ～할 필요는 없다, ～할 일은 없다

これは映像だからそんなに驚く**ことはない**。
이건 영상이니까 그렇게 놀랄 필요는 없다.

047 ～際(に) ～때, ～일 때(에)

訪問する**際**には必ず連絡します。
방문할 때에는 반드시 연락하겠습니다.

048 ～最中(に) 한창 ～하고 있을 때(에), ～하는 도중(에)

試合の**最中に**雨が降ってきて1時間も中断してしまった。
시합 도중에 비가 오기 시작해서 한 시간이나 중단되어 버렸다.

049 〜(で)さえ ~조차

野生の動物でさえ近づけない場所に人間が行くのは危険だ。
야생 동물조차 가까이 갈 수 없는 장소에 인간이 가는 것은 위험하다.

050 〜さえ 〜ば ~만 있으면

祖父は孫の顔さえ見ればうれしそうにニコニコ笑う。
할아버지는 손자의 얼굴만 보면 기쁜 듯이 싱글벙글 웃는다.

051 〜(さ)せてくれませんか ~하게 해 주시지 않겠습니까? ~해도 될까요?

このパソコンいいですね。私にも使わせてくれませんか。
이 컴퓨터 좋네요. 저도 사용해도 될까요?

052 〜(さ)せてもらえませんか ~하게 해 주실 수 없을까요? ~해도 될까요?

今度の出張に私も同行させてもらえませんか。
이번 출장에 저도 동행하게 해 주시지 않겠습니까?

053 〜ざるを得ない ~하지 않을 수 없다, ~해야만 한다

お金がなくて安いホテルに泊まらざるを得なかった。
돈이 없어서 저렴한 호텔에 묵을 수밖에 없었다.

054 〜しかない ~하는 수밖에 없다

電車がいつ着くかわからないならタクシーで行くしかない。
전철이 언제 도착할지 알 수 없다면 택시로 갈 수밖에 없다.

055 ～次第 ～하는 대로, ～하는 즉시

空港に着き次第、こちらに連絡してください。
공항에 도착하는 대로 이쪽으로 연락해 주세요.

056 ～次第だ ～하는 바이다

新プロジェクトへのご協力をお願いする次第です。
새 프로젝트에 협력을 부탁드리는 바입니다.

057 ～次第で ～에 따라서
～次第だ ～에 달려 있다

選手の体調次第で時には実力が出せないことがある。
선수의 컨디션에 따라 때로는 실력을 내지 못하는 경우가 있다.

058 ～末に ～한 끝에

悩んだ末に、日本に留学することにした。
고민한 끝에 일본에 유학하기로 했다.

059 ～ずにはいられない ～하지 않고는 견딜 수 없다, ～하지 않을 수 없다

楽しみだった旅行が中止になったからがっかりせずにはいられなかった。
기대했던 여행이 중지되어서 실망하지 않을 수 없었다.

060 ～せいで ～한 탓에

酒を飲みすぎたせいでまだ頭が痛い。
술을 너무 마신 탓에 아직 머리가 아프다.

061 ～だけあって (과연) ~인 만큼

映画賞を受賞した**だけあって**その俳優の演技は感動的だった。
영화상을 수상한 만큼 그 배우의 연기는 감동적이었다.

062 ～だけに ① ~인 만큼 (적합함·알맞음) ② ~이기에, 이기 때문에 (예상의 반대)

高校のとき、陸上選手だった**だけに**彼女は走るのが速い。
고등학교 때 육상 선수였던 만큼 그녀는 달리는 것이 빠르다.

063 ～だけましだ ~만으로도 다행이다

この会社は給料は安いが仕事がある**だけましです**。
이 회사는 월급은 적지만 일이 있는 것만으로도 다행입니다.

064 たとえ ～ても 설령 ~라고 해도

彼は**たとえ**疲れてい**ても**休みたいと言ったことがない。
그는 설령 지쳤더라도 쉬고 싶다고 말한 적이 없다.

065 ～たところ ~했더니, ~했는데

駅の人に聞い**たところ**台風で電車が遅れるそうだ。
역무원에게 물었더니 태풍으로 전철이 지연된다고 한다.

066 ～たとたん(に) ~하자마자, ~한 순간

窓を開け**たとたん**外の冷たい風が入ってきた。
창문을 연 순간 바깥의 찬 바람이 들어왔다.

067 〜たび(に) ~할 때마다

この学校では学生たちが卒業する**たびに**校庭に木を植える。
이 학교에서는 학생들이 졸업할 때마다 교정에 나무를 심는다.

068 〜だらけ ~투성이

いつ掃除したのか部屋の中はほこり**だらけ**だった。
언제 청소했는지 방 안이 먼지투성이였다.

069 〜ついでに ~하는 김에

郵便局に行った**ついでに**記念切手を買ってきた。
우체국에 간 김에 기념우표를 사왔다.

070 〜っけ ~던가? ~였나? ~였지?

あの人、このごろよく見るんだけど誰**だっけ**。
저 사람, 요즘 자주 보는데 누구였지?

071 〜っこない ~할 리가 없다

家を1時間早く出れば学校には遅れ**っこない**。
집을 한 시간 일찍 나오면 학교에는 늦을 리가 없다.

072 〜つつ ① ~하면서 (동시 진행) ② ~하면서도 (역접)

体に悪いと知り**つつ**タバコがやめられない。
몸에 해로운 것을 알면서도 담배를 끊을 수 없다.

073 〜つつある 〜하는 중이다, 〜하고 있다

台風は西から東京に近づき**つつあった**。
태풍은 서쪽에서 도쿄로 다가오고 있었다.

074 〜って ① 〜래, 〜라고 하던데 (전문) ② 〜라는 것은 (주제)

キムさんが過労で倒れた**って**。
김 씨가 과로로 쓰러졌대.

075 〜っぽい 〜한 경향(성질)이 있다, 〜스럽다, 〜한 느낌이 있다

夏は白**っぽい**服を着るが汚れやすい。
여름은 흰색 계열 옷을 입지만 더러워지기 쉽다.

076 〜つもりで 〜한 셈치고
〜つもりだ 〜라고 생각하다

無くしたお金は旅行した**つもりで**、忘れることにした。
잃어버린 돈은 여행한 셈 치고 잊기로 했다.

077 〜てからでないと 〜하고 나서가 아니면, 〜하지 않으면

その人の話を聞い**てからでないと**どうするか決められない。
그 사람의 이야기를 들은 후가 아니면 어떻게 할지 결정할 수 없다.

078 〜てから(は) 〜한 후로(는)

たばこをやめ**てからは**体も軽くなり毎日よく眠れます。
담배를 끊은 후로는 몸도 가벼워지고 매일 잘 잡니다.

079 ～てこそ ～해야 비로소

ダイエットは毎日続け**てこそ**効果が現れる。
다이어트는 매일 계속해야 비로소 효과가 나타난다.

080 ～てしかたない ～해서 견딜 수가 없다

昨日遅くまで起きていたから、今眠く**てしかたない**。
어제 늦게까지 깨어 있었기 때문에 지금 졸려서 견딜 수가 없다.

081 ～てしょうがない ～해서 견딜 수가 없다

会社を定年でやめたが趣味もないから退屈**でしょうがない**。
회사를 정년으로 그만두었는데 취미도 없어서 지루해서 견딜 수가 없다.

082 ～てたまらない ～해서 견딜 수가 없다

猫の行動を見ていると何をしてもかわいく**てたまらない**。
고양이의 행동을 보고 있으면 무엇을 해도 귀여워서 견딜 수가 없다.

083 ～てならない ～해서 견딜 수가 없다

大きな交通事故を見てから車に乗るのがこわく**てなりません**。
큰 교통사고를 본 후로 차에 타는 것이 무서워서 견딜 수가 없습니다.

084 ～てはじめて ～하고 나서 비로소

年をとっ**てはじめて**人生の意味を考えるようになった。
나이가 들고서야 비로소 인생의 의미를 생각하게 되었다.

085 〜ではないか
① 〜한 것이 아닌가, 〜가 아닌가 (감동) ② 〜이다, 〜이지 않을까 (판단)

どう考えてみても彼には解決する力がない**ではないか**。
아무리 생각해 봐도 그에게는 해결할 능력이 없지 않은가.

086 〜てほしい
〜하길 바란다, 〜했으면 좋겠다

あなたを思う私の気持ちだけはわかっ**てほしい**。
당신을 생각하는 나의 마음만은 알아주었으면 좋겠다.

087 〜手前
〜했기 때문에 (체면상)

怖いのは平気だと言った**手前**、ホラー映画は嫌だと言えなかった。
무서운 것은 아무렇지도 않다고 했기 때문에 공포 영화는 싫다고 말할 수 없었다.

088 〜てまで
〜해서까지

いくら大事な仕事でも体をこわし**てまで**することはない。
아무리 중요한 일이라도 몸을 망치면서까지 할 것은 없다.

089 〜てみせる
〜하겠다, 〜해 보이겠다

今年こそはあの大学に入っ**てみせる**。
올해야말로 그 대학에 들어가겠다.

090 〜てもさしつかえない
〜해도 괜찮다, 〜해도 상관없다

1日前までは予約を取り消し**てもさしつかえない**そうだ。
하루 전까지는 예약을 취소해도 괜찮다고 한다.

091 〜というか 〜というか ~라고 해야 할지 ~라고 해야 할지

あの人は頑固というかわがままというか、人の話をまったく聞かない。
저 사람은 완고하다고 할지 제멋대로라고 할지, 남의 이야기를 전혀 듣지 않는다.

092 〜ということだ ① ~라고 한다 (전문) ② ~이다, ~라는 것이다 (결론)

ニュースによると今年の冬は雪の降る日が多いということだ。
뉴스에 의하면 올해 겨울은 눈이 내리는 날이 많을 거라고 한다.

093 〜というと ① ~라고 하면 (연상) ② ~라면, 그렇다면, 그렇다는 것은 (확인)

桜というと小学校の入学式を思い出す。
벚꽃이라고 하면 초등학교 입학식이 떠오른다.

094 〜というものだ ~라는 것이다

自分が損をしないことだけを考えるのは利己主義というものだ。
자신이 손해보지 않는 것만을 생각하는 것은 이기주의라는 것이다.

095 〜というより ~라기 보다, ~라고 하기 보다

最近の家族は親子というより友達のように見える。
요즘 가족은 부모 자식간이라기 보다 친구처럼 보인다.

096 〜といった ~와 같은, ~라고 하는

総合学習では自然体験、国際理解といった特別な授業をする。
종합 학습에서는 자연 체험, 국제 이해와 같은 특별한 수업을 한다.

097 ~通り(に) ~대로, ~한 그대로

私が言った**通りに**やればこんな結果にはならなかったはずだ。
내가 말한 대로 했다면 이런 결과는 되지 않았을 것이다.

098 ~とか ~라고 하던데, ~라고 한다

あの女性は一人で5人の子どもを育てた**とか**。
저 여성은 혼자서 다섯 명의 아이를 키웠다고 한다.

099 ~どころか ① ~은커녕 ② ~은 물론

これだけ会社に貢献したんだから課長**どころか**部長に昇進できるよ。
이만큼 회사에 공헌했으니 과장은 물론 부장으로 승진할 수 있어.

100 ~ところだった ~할 뻔했다

ガスを消し忘れてもう少しで火事になる**ところだった**。
가스 끄는 것을 잊어서 자칫하면 화재가 날 뻔했다.

101 ~どころではない ~할 때(상태)가 아니다, ~할 여유는 없다

子どもが入院して家族旅行をする**どころではなかった**。
아이가 입원해서 가족 여행을 할 상황이 아니었다.

102 ~としたら ~라고 한다면

汽車で旅行する**としたら**どこに行きたいですか。
기차로 여행한다면 어디에 가고 싶습니까?

103 〜として ~로서

間食(かんしょく)として食(た)べるならお菓子(かし)より果物(くだもの)のほうがいい。
간식으로 먹는다면 과자보다 과일 쪽이 좋다.

104 〜とすると ~라고 한다면

駅(えき)まで30分(ぷん)かかるとすると9時(じ)には家(いえ)を出(で)よう。
역까지 30분 걸린다고 하면 9시에는 집을 나가자.

105 〜となると ① ~하게 되면 (가정) ② ~가 되면, ~의 상황이 되면

外食(がいしょく)も毎日(まいにち)となると飽(あ)きる。
외식도 매일 하게 되면 질린다.

106 〜とは限(かぎ)らない ~라고는 할 수 없다

デパートで売(う)っているものがみんな高(たか)いとは限(かぎ)らない。
백화점에서 파는 것이 모두 비싸다고는 할 수 없다.

107 〜とみえて ~는지, ~한 모양인지

この本(ほん)が気(き)に入(い)ったとみえて、子(こ)どもは毎日(まいにち)ベッドに入(はい)って読(よ)んでいる。
이 책이 마음에 들었는지 아이는 매일 침대에 들어가서 읽고 있다.

108 〜ないことには ~하지 않고서는, ~하기 전에는

夜(よる)が明(あ)けて明(あか)るくならないことには道(みち)がわからない。
동이 트고 밝아지기 전에는 길을 알 수 없다.

109 〜ないことはない ~이 아닌 것은 아니다, ~하기는 하다

週末（しゅうまつ）も出勤（しゅっきん）すれば来週（らいしゅう）の水曜（すいよう）までにでき**ないことはありません**。
주말에도 출근한다면 다음 주 수요일까지 할 수 있기는 합니다.

110 〜ずにはいられない ~하지 않을 수 없다

その後（あと）の不審（ふしん）な行動（こうどう）から彼（かれ）を犯人（はんにん）と疑（うたが）わ**ずにはいられなかった**。
그 후의 수상한 행동에서 그를 범인이라고 의심하지 않을 수 없었다.

111 〜ないものか ~는 없는 것일까? ~할 수 없는 것일까?

今週中（こんしゅうちゅう）に会（あ）え**ないものか**と何度（なんど）も連絡（れんらく）したが返事（へんじ）は来（こ）なかった。
이번 주 중에 만날 수 없는 걸까 하고 몇 번이나 연락했지만 답은 오지 않았다.

112 〜ないものでもない ~하지 못할 것도 없다, ~할 수도 있다

条件（じょうけん）によっては今度（こんど）の事業（じぎょう）に協力（きょうりょく）し**ないものでもない**。
조건에 따라서는 이번 사업에 협력하지 못할 것도 없다.

113 〜ないわけにはいかない ~하지 않을 수 없다, ~해야만 한다

ネットショップを利用（りよう）するときは会員登録（かいいんとうろく）をし**ないわけにはいかない**。
인터넷 상점을 이용할 때는 회원 등록을 해야만 한다.

114 〜など / 〜なんか / 〜なんて ~따위, ~같은 것

もうすぐお客（きゃく）さんが来（く）るのにテレビ**なんか**見（み）ている場合（ばあい）じゃない。
이제 곧 손님이 오는데 텔레비전 따위 보고 있을 때가 아니다.

115 〜にあたって / 〜にあたり
〜를 맞이하여, 〜함에 있어서, 〜할 때

プールを利用する**にあたって**一つ注意することがあります。
수영장을 이용할 때 한 가지 주의할 것이 있습니다.

116 〜において / 〜における
〜에서, 〜에 있어서

アンケート調査**において**重要なのは信頼性です。
앙케트 조사에 있어서 중요한 것은 신뢰성입니다.

117 〜に応じて
〜에 따라서, 〜에 응해서, 〜에 맞춰서

季節**に応じて**おすすめメニューが変わります。
계절에 맞춰서 추천 메뉴가 바뀝니다.

118 〜に関わらず
〜와는 관계없이, 〜를 불문하고

利用する、しない**に関わらず**料金は同じです。
이용하고 하지 않고에 관계없이 요금은 같습니다.

119 〜に限って / 〜に限り
〜에 한해서

この施設は外国人留学生**に限って**利用できる。
이 시설은 외국인 유학생에 한해서 이용할 수 있다.

120 〜に限らず
〜에 한정되지 않고, 〜뿐만 아니라

スポーツ**に限らず**体を動かす前には準備運動が必要だ。
스포츠뿐만 아니라 몸을 움직이기 전에는 준비 운동이 필요하다.

121 〜に限る 〜하는 것이 제일이다

こんな寒い日は風呂に入ってから早く寝る**に限る**。
이렇게 추운 날은 목욕한 후에 빨리 자는 것이 제일이다.

122 〜にかけては 〜에 있어서는, 〜만큼은

この店は小さくても味と安さ**にかけては**東京で一番だと思う。
이 가게는 작아도 맛과 저렴한 가격만큼은 도쿄에서 최고라고 생각한다.

123 〜に加えて 〜에 더해서, 〜와 함께

その町は自然の美しさ**に加えて**小説の舞台としても有名だ。
이 마을은 자연의 아름다움과 함께 소설의 무대로도 유명하다.

124 〜に越したことはない 〜해서 나쁠 것 없다, 〜하는 것이 좋다

災害に備えて非常食などを準備する**に越したことはない**。
재해에 대비해 비상식(량) 등을 준비하는 것이 좋다.

125 〜に応えて 〜에 부응하여, 〜에 따라서

彼は皆の期待**に応えて**全国大会で優勝した。
그는 모두의 기대에 부응하여 전국 대회에서 우승했다.

126 〜に際して 〜할 즈음해서, 〜함에 있어, 〜할 때

大会の実施**に際して**、資金集めが一番の問題となった。
대회를 실시함에 있어 자금 모으기가 가장 큰 문제가 됐다.

115
〜にあたって
〜にあたり 〜를 맞이하여, 〜함에 있어서, 〜할 때

プールを利用する**にあたって**一つ注意することがあります。
수영장을 이용할 때 한 가지 주의할 것이 있습니다.

116
〜において
〜における 〜에서, 〜에 있어서

アンケート調査**において**重要なのは信頼性です。
앙케트 조사에 있어서 중요한 것은 신뢰성입니다.

117
〜に応じて 〜에 따라서, 〜에 응해서, 〜에 맞춰서

季節**に応じて**おすすめメニューが変わります。
계절에 맞춰서 추천 메뉴가 바뀝니다.

118
〜に関わらず 〜와는 관계없이, 〜를 불문하고

利用する、しない**に関わらず**料金は同じです。
이용하고 하지 않고에 관계없이 요금은 같습니다.

119
〜に限って
〜に限り 〜에 한해서

この施設は外国人留学生**に限って**利用できる。
이 시설은 외국인 유학생에 한해서 이용할 수 있다.

120
〜に限らず 〜에 한정되지 않고, 〜뿐만 아니라

スポーツ**に限らず**体を動かす前には準備運動が必要だ。
스포츠뿐만 아니라 몸을 움직이기 전에는 준비 운동이 필요하다.

121 ～に限(かぎ)る ～하는 것이 제일이다

こんな寒(さむ)い日(ひ)は風呂(ふろ)に入(はい)ってから早(はや)く寝(ね)る**に限る**。
이렇게 추운 날은 목욕한 후에 빨리 자는 것이 제일이다.

122 ～にかけては ～에 있어서는, ～만큼은

この店(みせ)は小(ちい)さくても味(あじ)と安(やす)さ**にかけては**東京(とうきょう)で一番(いちばん)だと思(おも)う。
이 가게는 작아도 맛과 저렴한 가격만큼은 도쿄에서 최고라고 생각한다.

123 ～に加(くわ)えて ～에 더해서, ～와 함께

その町(まち)は自然(しぜん)の美(うつく)しさ**に加えて**小説(しょうせつ)の舞台(ぶたい)としても有名(ゆうめい)だ。
이 마을은 자연의 아름다움과 함께 소설의 무대로도 유명하다.

124 ～に越(こ)したことはない ～해서 나쁠 것 없다, ～하는 것이 좋다

災害(さいがい)に備(そな)えて非常食(ひじょうしょく)などを準備(じゅんび)する**に越したことはない**。
재해에 대비해 비상식(량) 등을 준비하는 것이 좋다.

125 ～に応(こた)えて ～에 부응하여, ～에 따라서

彼(かれ)は皆(みんな)の期待(きたい)**に応えて**全国大会(ぜんこくたいかい)で優勝(ゆうしょう)した。
그는 모두의 기대에 부응하여 전국 대회에서 우승했다.

126 ～に際(さい)して ～할 즈음해서, ～함에 있어, ～할 때

大会(たいかい)の実施(じっし)**に際して**、資金集(しきんあつ)めが一番(いちばん)の問題(もんだい)となった。
대회를 실시함에 있어 자금 모으기가 가장 큰 문제가 됐다.

127　〜に先立って　〜에 앞서, 〜하기 전에

空港では搭乗に先立って手荷物検査を受けなければならない。
공항에서는 탑승에 앞서 수하물 검사를 받아야만 한다.

128　〜に従って　〜에 따라서

冬が近づくに従って日が短くなった。
겨울이 가까워짐에 따라서 해가 짧아졌다.

129　〜にしたところで　〜라고 한들, 〜라고 해서

政府にしたところで国民の反対の声を無視できないだろう。
정부라고 한들 국민의 반대의 목소리를 무시할 수는 없을 것이다.

130　〜にしたら　〜에게는, 〜의 입장에서는

人間がペットをかうのは動物にしたら迷惑なことかもしれない。
인간이 반려동물을 키우는 것은 동물에게는 폐가 되는 일일지도 모른다.

131　〜にしては　〜치고는, 〜로서는

この子は小学生にしては体が大きいし話すことも大人みたいだ。
이 아이는 초등학생치고는 몸이 크고 말하는 것도 어른 같다.

132　〜にしても　〜라고 하더라도

遅刻すると連絡があったにしても、そんなに遅くては待っていられない。
지각한다고 연락했다고 하더라도 그렇게 늦어서야 기다릴 수 없다.

133 〜にしろ / 〜にせよ (아무리) 〜라고 해도

誰が社長になる**にしろ**、会社を立て直すのは簡単ではない。
누가 사장이 된다고 하더라도 회사를 재정비하는 것은 간단하지 않다.

134 〜に過ぎない 〜에 지나지 않는다, 〜에 불과하다

山田さんに学校で会ったのは偶然**に過ぎない**。
야마다 씨를 학교에서 만난 것은 우연에 불과하다.

135 〜に相違ない 〜임에 틀림없다

この書類は原本のコピー**に相違ない**ことを証明します。
이 서류는 원본의 사본이 틀림없음을 증명합니다.

136 〜に違いない 〜임에 틀림없다

彼の態度を見れば事件について何か知っている**に違いない**。
그의 태도를 보면 사건에 대해 무언가 알고 있음에 틀림없다.

137 〜につき ① 〜으로 인해, 〜때문에 ② 〜에 대해서, 〜에 관해서

ただいまセール期間**につき**、商品は返品できません。
현재 세일 기간이기 때문에 상품은 반품할 수 없습니다.

138 〜につれて 〜에 따라서

時間がたつ**につれて**彼の態度も少しずつ変わっていった。
시간이 흐름에 따라 그의 태도도 조금씩 바뀌어 갔다.

139 〜にとって(は) ~에게 있어서(는)

私にとっていとこになる人の結婚式に招待された。
나에게 있어 사촌 되는 사람의 결혼식에 초대됐다.

140 〜に伴って ~함에 따라서, ~하면서

地球の温暖化に伴って異常な気候が続いている。
지구 온난화에 따라 이상 기후가 계속되고 있다.

141 〜にほかならない 다름 아닌 ~이다, ~임에 틀림없다

この一行の文が作家の言いたいことにほかならない。
이 한 줄의 글이 바로 작가가 말하고 싶은 것이다.

142 〜にも関わらず ~임에도 불구하고

あれほど注意したにも関わらずまだ忘れ物をする学生がいる。
그 정도로 주의를 주었음에도 불구하고 아직도 물건을 두고 오는 학생이 있다.

143 〜に基づいて ~에 기초하여, ~을 바탕으로

この検査は法律に基づいて1年に1回無料で行われる。
이 검사는 법률에 근거하여 1년에 1번 무료로 실시된다.

144 〜によって ① ~에 의해, ~때문에 (원인·이유)   ② ~로, ~로서 (수단·방법)
③ ~에 의해(서) (수동의 동작 주체)   ④ ~에 따라서 (대응)

問題は話し合いによって解決されなければならない。
문제는 대화로 해결되어야만 한다.

145 〜によると 〜에 의하면, 〜에 따르면

今日のニュース**によると**選挙の日が決まったそうだ。
오늘 뉴스에 따르면 선거일이 정해졌다고 한다.

146 〜抜く 끝까지 〜하다

42,195kmを走り**抜いた**選手はゴールに着くと倒れてしまった。
42,195km를 끝까지 달린 선수는 골에 도착하자 쓰러져 버렸다.

147 〜のことだから 〜이기 때문에

彼**のことだから**また朝寝坊をして遅れているんだろう。
그 사람이니까 또 늦잠을 자서 늦고 있는 거겠지.

148 〜のみならず 〜뿐만 아니라

気候の変化は動物**のみならず**植物の生育にも影響を与える。
기후 변화는 동물뿐만 아니라 식물의 성장에도 영향을 준다.

149 〜のもとで 〜아래서, 〜밑에서

子どもは優しい両親**のもとで**明るく元気に育った。
아이는 자상한 부모 밑에서 밝고 건강하게 자랐다.

150 〜ばかりか / 〜ばかりでなく 〜뿐만 아니라

この部屋は日当たりがいい**ばかりか**車の騒音も聞こえない。
이 방은 해가 잘 들 뿐만 아니라 자동차 소음도 들리지 않는다.

151 〜ばかりだ 점점 〜할 뿐이다, 점점 〜하게 된다

交通費や公共料金が上がって生活は苦しくなる**ばかりだ**。
교통비와 공공요금이 올라서 생활은 점점 힘들어질 뿐이다.

152 〜ばかりに 〜한 탓에, 〜때문에

かぎをなくした**ばかりに**家の中に入ることができなくなった。
열쇠를 잃어버린 탓에 집에 들어가지 못하게 되었다.

153 〜はさておき 〜은 차치하고, 〜은 제쳐 두고

難しいこと**はさておき**、まずできることから始めよう。
어려운 일은 제쳐 두고, 우선 할 수 있는 일부터 시작하자.

154 〜はずだ (당연히) 〜할 것이다, 〜할 터이다

もう来る**はずだ**が一度電話してみようか。
이제 와야 할 텐데, 한번 전화해 볼까?

155 〜はともかく(として) 〜은 차치하고, 〜은 우선 제쳐 두고

事故の原因**はともかくとして**負傷者の治療を優先させる。
사고 원인은 제쳐 두고 부상자의 치료를 우선한다.

156 〜は別として 〜은 차치하고, 〜은 별개로

売れるかどうか**は別として**アイデアはおもしろい。
팔릴지 어떨지는 차치하고 아이디어는 재미있다.

157 〜はもちろん / 〜はもとより
〜은 물론, 〜은 말할 것도 없고

動物園では子どもはもちろん、大人も楽しめるイベントを開催している。
동물원에서는 아이는 물론 어른도 즐길 수 있는 이벤트를 개최하고 있다.

158 〜反面
〜한 반면

新幹線は安全で快適な反面、料金に不満を持つ人も多い。
신칸센은 안전하고 쾌적한 반면 요금에 불만을 가지는 사람도 많다.

159 〜べきだ
반드시 〜해야 한다

事故の原因がわかったら再発防止の対策を立てるべきだ。
사고 원인이 밝혀졌다면 재발 방지 대책을 세워야만 한다.

160 〜(より)ほかない / 〜ほかしかたがない
〜할 수밖에 없다

えんぴつがないのでボールペンで書くほかなかった。
연필이 없어서 볼펜으로 쓸 수밖에 없었다.

161 〜ほど
〜할수록, 〜만큼, 〜정도로

母が作る料理ほどおいしいものは食べたことがない。
엄마가 만드는 요리만큼 맛있는 것은 먹은 적이 없다.

162 〜まい
① 〜하지 않겠다 (부정 의지) ② 〜하지 않을 것이다 (부정 추측)

彼はあれだけ反省しているからもう同じミスはするまい。
그는 그토록 반성하고 있으니까 더 이상 같은 실수는 하지 않을 것이다.

163 〜までして ~해서까지

どんなに有名な店でも並んで**までして**食べたいとは思わない。
아무리 유명한 가게라도 줄 서면서까지 먹고 싶다고는 생각하지 않는다.

164 〜向きに ~(에) 적합하게, ~(에) 알맞게

最近は独身者**向きに**量を少なくした食材料に人気がある。
최근에는 혼자 사는 사람에게 알맞도록 양을 적게 한 식재료가 인기 있다.

165 〜向けに ~(를) 대상으로, ~용으로

最近の住宅では高齢者**向けに**バリアフリーが進められている。
최근 주택에서는 고령자 대상으로 배리어 프리(장벽 없는 건축 설계)가 진행되고 있다.

166 〜も構わず ~도 아랑곳하지 않고, ~도 신경 쓰지 않고

子どもは服が汚れるの**も構わず**、泥の中で遊んでいた。
아이는 옷이 더러워지는 것도 신경 쓰지 않고 진흙탕에서 놀고 있었다.

167 〜もしない ~도 하지 않다

彼はいくら呼んでも振り向き**もしない**で出ていってしまった。
그는 아무리 불러도 돌아보지도 않고 나가 버렸다.

168 〜もの ~인걸, ~이니까

私が悪いんだ**もの**。このくらいのことはしなくちゃね。
내가 잘못한 걸. 이 정도는 해야 해.

169 〜ものか   〜하나 봐라, 절대로 〜하지 않겠다

もう二度と会う**ものか**と思ったのにまた会いたくなる。
두 번 다시 만나지 않겠다고 생각했는데 또 만나고 싶어진다.

---

170 〜ものだ
① 〜하는 법이다, 〜해야 한다 (당위·충고)
② 〜하곤 했다 (회상)
③ 〜하다니 (감회)

ぶつかったら、知らない人でも謝る**ものだ**。
부딪혔다면 모르는 사람이라도 사과해야 한다.

---

171 〜ものだから   〜해서, 〜인 까닭에

彼が大丈夫だって言う**ものだから**、すっかり信じてしまったんです。
그가 괜찮다고 말해서 완전히 믿어 버렸습니다.

---

172 〜ものではない   〜해서는 안 된다

暑いからといって冷たいものばかり食べる**ものではない**。
덥다고 해서 차가운 것만 먹어서는 안 된다.

---

173 〜ものなら   〜할 수만 있다면

飛べる**ものなら**今すぐ君のところに飛んで行きたい。
날 수만 있다면 지금 당장 너에게로 날아가고 싶어.

---

174 〜ものの   〜이기는 하지만, 〜하기는 했지만(역접)

朝早く出発した**ものの**今日中に着けるかどうかはまだわからない。
아침 일찍 출발했지만 오늘 안에 도착할 수 있을지 어떨지는 아직 모른다.

175 ～やら ～やら ～이기도 하고 ～이기도 하고

電車が遅れる**やら**サイフを忘れる**やら**ここに来るまでいろいろあった。
전철이 늦기도 하고 지갑을 두고 오기도 하고, 여기에 오기까지 여러 가지 있었다.

176 ～ようがない ～(하려고 해도) 할 수가 없다

あの新人はやる気がないから指導のし**ようがない**。
저 신입은 의욕이 없어서 지도할 수가 없다.

177 ～ようか ～まいか ～할지 말지

留学**しようか、するまいか**先生に相談してみた。
유학을 할지 말지 선생님께 상담해 봤다.

178 ～ようではないか ～하지 않겠는가, ～하자

早く終わるようにもう少しがんば**ろうではないか**。
빨리 끝나도록 조금 더 힘내자.

179 ～ようとしている 막 ～하려고 하고 있다

小鳥が初めて飛**ぼうとしている**姿を見て感動した。
작은 새가 처음으로 날려고 하는 모습을 보고 감동했다.

180 ～ように ① ～처럼, ～같이 ② ～하도록, ～하게끔

先生に聞かれてもすぐ答えられる**ように**ちゃんと予習をしてきた。
선생님이 물어도 바로 대답할 수 있도록 제대로 예습을 해 왔다.

181 〜ようにして ~하는 것처럼

足を持ち上げる**ようにして**歩けば痛くないです。
다리를 들어 올리는 것처럼 걸으면 아프지 않습니다.

182 〜ようものなら (만약에) ~했다가는, ~하려고 하면

その家に近づ**こうものなら**中から大きな犬に吠えられてしまう。
그 집에 다가가려고 하면 안에서 큰 개가 짖어 버린다.

183 〜わけだ ~하는 것도 당연하다, ~할 만도 하다

重い荷物を持って歩いてきたから腰が痛い**わけだ**。
무거운 짐을 들고 걸어 왔으니 허리가 아플 만도 하다.

184 〜わけではない ~라는 것은 아니다, (반드시) ~인 것은 아니다

値段が高い料理がすべておいしい**わけではない**。
가격이 비싼 요리가 모두 맛있는 것은 아니다.

185 〜わけにはいかない ~할 수는 없다

どんなに止められても私が行かない**わけにはいかない**。
아무리 말려도 내가 가지 않을 수는 없다.

186 〜わりに(は) ~에 비해서(는), ~치고(는)

今度の試験は難しかった**わりには**よくできたと思う。
이번 시험은 어려웠던 것 치고는 잘 봤다고 생각한다.

187 〜をきっかけに ~을 계기로

ワールドカップの開催をきっかけにサッカーへの関心が高まった。
월드컵 개최를 계기로 축구에 관심이 높아졌다.

188 〜を契機(けいき)に ~을 계기로

署名運動を契機に住民の団結が強まった。
서명 운동을 계기로 주민의 단결이 강해졌다.

189 〜をこめて ~을 담아서

母の誕生日には心をこめてケーキを作った。
엄마의 생일에는 마음을 담아서 케이크를 만들었다.

190 〜を中心(ちゅうしん)として ~을 중심으로 (해서)

この地域を中心として周辺には茶畑が広がっている。
이 지역을 중심으로 주변에는 차 밭이 펼쳐져 있다.

191 〜を通(つう)じて ① ~동안, ~내내 (시간의 지속) ② ~을 통해서 (수단·매개)

この業種は一年を通じて年末が一番忙しい。
이 업종은 일 년 중 연말이 가장 바쁘다.

192 〜を通(とお)して ① ~을 통틀어서, ~내내 (시간의 지속) ② ~을 통해서, ~에게 (수단·매개)

私は小学校6年間を通して無欠席だった。
나는 초등학교 6년 내내 결석하지 않았다.

193　〜を 〜として　~을 ~로서, ~을 ~로 해서

現場に残った足跡をてがかりとして犯人を捕まえることができた。
현장에 남은 발자국을 단서로 범인을 잡을 수 있었다.

194　〜を問わず　~을 불문하고

男女を問わず結婚する年齢はだんだん遅くなっている。
남녀를 불문하고 결혼하는 연령은 점점 늦어지고 있다.

195　〜を抜きにして　~없이, ~를 빼고

今度のプロジェクトはチームワークを抜きにしては成功できない。
이번 프로젝트는 팀워크 없이는 성공할 수 없다.

196　〜をはじめ(として)　~을 비롯한, ~을 비롯해서

市民マラソンには高校生をはじめとして多くの市民ランナーが参加する。
시민 마라톤에는 고등학생을 비롯한 많은 시민 러너(주자)가 참가한다.

197　〜をめぐって　~를 둘러싸고

ゴミ処理場の建設をめぐって様々な立場から反対の声が起こった。
쓰레기 처리장 건설을 둘러싸고 다양한 입장에서 반대의 목소리가 일어났다.

198　〜をもとに　~을 토대로, ~에 기초해서

全国大会への出場は各地域での成績をもとに決められる。
전국 대회(로의) 출장(출전)은 각 지역에서의 성적을 토대로 결정된다.

199 **〜んじゃない** ～하면 안 된다, ～하지 마라

初(はじ)めてやるんだから失敗(しっぱい)しても気(き)にする**んじゃない**。
처음 하는 거니까 실패해도 신경 쓰지 마라.

200 **〜んだって** ～래, ～한대

田中(たなか)さんは風邪(かぜ)をひいたから今日(きょう)は休(やす)む**んだって**。
다나카 씨는 감기에 걸려서 오늘은 쉰대.

시사 JLPT 합격 시그널

시험직전 **막판뒤집기**

N2

Since1977

시사 Dream,
Education can make dreams come true.

Designed by SISA Books